„1556 Perkwerch etc."
Das Schwazer Bergbuch

III. Band
Der Bergbau bei Schwaz in Tirol im mittleren 16. Jahrhundert

„1556 Perkwerch etc."
Das Schwazer Bergbuch

Herausgegeben von Christoph Bartels, Andreas Bingener und Rainer Slotta

Mit einem Beitrag von Beatus Frey

III. Band

Der Bergbau bei Schwaz in Tirol im mittleren 16. Jahrhundert

Christoph Bartels und Andreas Bingener

Bochum 2006

Veröffentlichungen aus dem Deutschen Bergbau-Museum Bochum, Nr. 142

Das Forschungsprojekt, aus dem diese Publikation hervorging, wurde gefördert durch die RAG Aktiengesellschaft, Essen.

Die Deutsche Bibliothek – CIP-Einheitsaufnahme

„1556 Perkwerch etc." –Das Schwazer Bergbuch
Bd. III: Der Bergbau bei Schwaz in Tirol im mittleren 16. Jahrhundert

Christoph Bartels/ Andreas Bingener/ Rainer Slotta, Bochum 2006

© Deutsches Bergbau-Museum Bochum

Satz, Layout und Titelgestaltung
Karina Schwunk

Herstellung
Grafisches Centrum Cuno GmbH & Co. KG, Calbe

ISBN 3-937203-22-2

Inhalt

I. Grundlagen — 613

1. Naturgegebene Grundlagen — 613
   a) Zur Geographie der Schwazer Region — 613
   b) Die Lagerstätten — 620
   c) Die Nutzung der Wälder — 629
   d) Die Nutzung des Wassers — 632

2. Gesellschaftliche Grundlagen — 635
   a) Territorium und Landesherrschaft — 635
   b) Bergrecht, Landrecht und Stadtrecht — 640
   c) Die Berggemeinde Schwaz – keine Stadt — 647

3. Grundlagen der Technik und Arbeitsorganisation — 668
   a) Erzgewinnung, Gesteinsarbeit und Förderung — 668
   b) Die Aufbereitung der Erze — 673
   c) Das Hüttenwesen — 677
   d) Die Lehenschaften — 680
   e) Was ist eine Grube? — 683

II. Der Schwazer Bergbau — 701

4. Die Entwicklung von den Anfängen bis zum Höhepunkt der Förderung 1523 — 701
   a) Die Anfänge — 701
   b) Anmerkungen zur Römerzeit — 704
   c) Wiederaufnahme und Blütephase bis 1523 — 707

5. Die Entwicklung seit 1525 — 718
   a) Die Produktion und die Produktionskosten — 718
   b) Die Gruben — 722
   c) Die Gewerken — 733
   d) Die Lehenhauer und die Herrenarbeiter — 740

6. Das Krisenjahr 1552 und seine Vorgeschichte — 745
   a) Der Schmalkaldische Krieg und seine Auswirkungen — 745
   b) Der Knappenaufstand von 1552 — 749
   c) Hunger und verdorbene Lebensmittel — 754
   d) Das Scheitern der Großfirmen Tänzl und Stöckl — 762

7. Der Tiefbau des Falkensteins und die Wasserkunst — 781
   a) Die Hintergründe — 781
   b) Grubenbefahrungen — 787
   c) Negative Entwicklungen des Tiefbaus bis 1550 — 791
   d) Die Wasserkunst und das Verhalten der Gewerken — 791

8. Formierung der Parteien und Standpunkte	805
a) Reislander contra Schönberger	805
b) Der größere Rahmen: Europas Bergstädte	814
c) Direktion oder Tradition?	822
d) Personelles Revirement in der Montanverwaltung	827
9. Die Berginstruktion Ferdinands I. von 1556	836
a) Die Hintergründe	836
b) Die landesfürstliche Sicht	838
c) Das Problem der Silberverkäufe	843
10. Die Bergsynode von 1557	849
a) Ereignisse im Vorfeld	849
b) Ausufernde Debatten	852
c) Regierung und Beamte im Zwiespalt	856
d) Stellungnahme der Großgewerken	858
e) Die „Synode" von 1557	861
f) Streit um Zahlen	867
11. Der Landesfürst wird Großgewerke	877
a) Der Kauf der Firma Herwart	877
b) Direktion statt Tradition	890
c) Planung von Pochwerken am Falkenstein	892
d) Eine Bilanz des landesfürstlichen Faktors	895
12. Zusammenfassung	909
Tafeln aus dem Codex Dip. 856, Tiroler Landesmuseum Ferdinandeum, Insbruck	921
Quellen und Literaturverzeichnis	945
Ungedruckte Quellen	945
Gedruckte Quellen und Literatur	947
Register	961
Register der Personen	961
Register der Orte	964
Sachregister	968

I. Grundlagen

1. Naturgegebene Grundlagen
a) Zur Geographie der Schwazer Region

Irritierenderweise durchsucht man die Literatur (wie auch das Internet) vergeblich nach geographischen Basisdaten zu Schwaz bzw. der Schwazer Region. Das ansonsten sehr informative „Stadtbuch Schwaz" von 1986[1] enthält ebenso wenig ein Kapitel mit geographischen Grunddaten wie Klima und Klimaentwicklung, Siedlungs- und Bewirtschaftungsflächen, Charakterisierung der wesentlichen Landschaftselemente usw., wie das 1993 publizierte „Porträt einer Tiroler Bezirksstadt"[2]. Auch im „Schwazer Buch – Beiträge zur Heimatkunde von Schwaz und Umgebung" von 1951 sucht man vergeblich nach einem entsprechenden Grundlagenartikel[3]. Zwar befassen sich alle genannten Schriften mehr oder weniger ausführlich mit der Geologie der Region. Dennoch bereitete es große Mühe, einige grundlegende Informationen – durchaus lückenhaft! – zusammenzutragen. Eine historische Geographie der Region ist offensichtlich ein Forschungsdesiderat; diese Lücke kann hier natürlich nicht geschlossen werden.

Die Geographie des Schwazer Raums wird grundlegend durch das Tal des Hochgebirgsflusses Inn bestimmt. Die Montansiedlung Schwaz bzw. ihre Hauptelemente Marktort, Dorf und umgebende Knappensiedlungen entwickelten sich im Tal am Flussufer und im unteren Bereich der Hänge, die der Schwemmkegel des Lahnbaches bildet. Die Meereshöhe des Zentrums liegt bei 545 m. Die umgebenden Dörfer im Umfeld der Lagerstätten erstreckten sich auch auf mittlere Höhenlagen, wo sich in Gestalt von Felsterrassen und Schotterterrassen in Höhen um 800 bis 900 m Reste alter Talböden erhalten haben, die, von kleineren Gewässern vielfach gegliedert und durchschnitten, Siedlungsgrund boten, so etwa in den Bereichen Pillberg, Arzberg und Gallzein. Darüber tritt der Schwazer Dolomit an die Oberfläche, *dank seiner Härte tritt er durch schroffere Formen, steileren Abfall hervor, er bildet den felsigen Zug vom Mehrer (1.667 m) zum Reiter Kopf (1.665 m), sein Wahrzeichen im Bild von Schwaz sind die hellen Schrofen des Falkensteins, die östlich über der Stadt bei etwa 1.100 m ü. M. aus dem waldigen Hang hervorschauen*[4]. Überragt wird dieser felsige Zug von den Gipfeln des Kellerjoch-Massivs (Gratzenkopf 2.088 m, Kellerjoch 2.344 m, Arbeserkogel 2.026 m). Die Herausformung der Landschaft in diesem Abschnitt des Inntals zur heutigen Gestalt durch eiszeitliche Gletscherströme hat 1951 R. Klebelsberg nachgezeichnet[5]. Die Lagerstätten des Schwazer Bergbaus befinden sich in den Südhängen des Inntals zwischen den von Süden zum Inn hin fließenden Gewässern bzw. Geländeeinschnitten des Zillertals im Osten und des Pillerbachs im Westen. Die heutige konkrete Landschafts- bzw. Oberflächengestalt verdankt sich großenteils den wiederholten eiszeitlichen Vergletscherungen und Abschmelzprozessen, so das Inntal und das Zillertal. Die höchstgelegenen Stollen befanden sich im Bereich Ringenwechsel etwas unterhalb der 1.500-m-Höhenlinie sowie im Revier Burgstall oberhalb vom Falkenstein nochmals etwa 100 m höher. Hoch gelegen waren auch die Baue

---

[1] Egg et al. 1986.
[2] Andretta/Kandler 1993.
[3] Klebelsberg 1951a.
[4] Klebelsberg 1951b, S. 10; zur Morphologie siehe Österreichische Karte 1: 25.000, 119 (Bl. 2704 Bundesmeldenetz), Schwaz.
[5] Klebelsberg 1951c.
[6] Isser 1904, Tafel IV; Gstrein 1986, S. 28, Zeichnung 7, „Die Bergreviere von Schwaz".

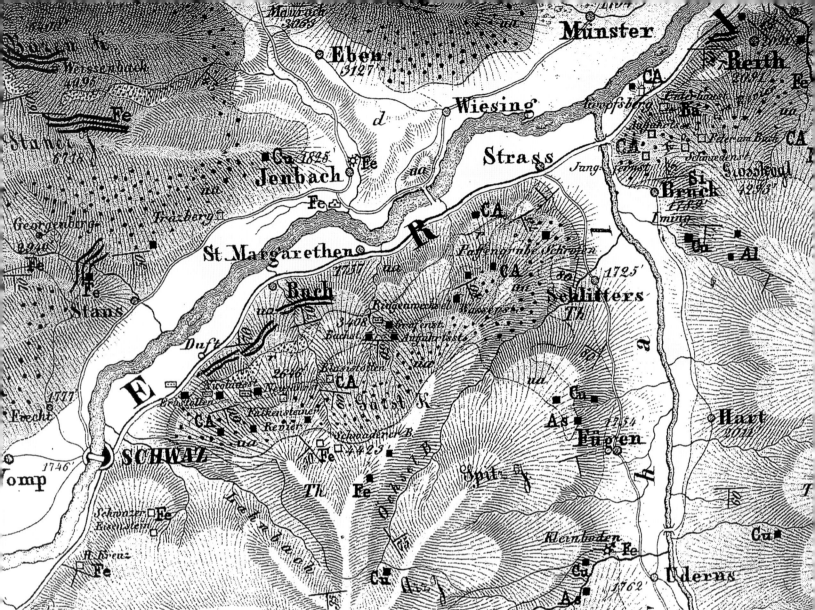

Abb. 2: Die Region Schwaz und ihre wichtigsten Lagerstätten (Geognostische Karte von Tirol, 1849, Ausschnitt). Die Karte entstand zur Frühzeit der industriezeitlichen Nutzung der Lagerstätten. Östlich von Schwaz sind die Reviere Falkenstein, Ringenwechsel, Pfaffengrube und Schrofen mit Kupfer-Silber-Erzen im Schwazer Dolomit eingetragen. Ferner wurden kleinere Kupfererz-Lagerstätten (Cu) und die Eisenstein-Lagerstätten (Fe) erfasst (nach Palme/ Gstrein/ Ingenhaeff 2002, S. 11).

des Schwader Eisensteins, die hier nicht näher betrachtet werden[6]. Im Bereich des Falkensteins wurden die Erzvorkommen bis in eine Tiefe von rd. 250 m unter die Sohle des Sigmund-Erbstollens aufgeschlossen, dessen Mundloch in einer Höhe von rd. 542 m Meereshöhe liegt[7]. Im Revier der Alten Zeche reichten die Erzvorkommen von etwa 1.050 m Seehöhe bis zur Talsohle und wurden von 1510 an durch einen Schachtbau noch etwa 135 m weiter in die Tiefe verfolgt[8]. Ein weiterer Stollen am Westrand des Reviers, der Stollen Heilig-Kreuz bei der gleichnamigen Kapelle bei Pill, lag nur wenige Meter über dem Flussniveau. Er soll

---

[7] Österreichische Karte 1: 25.000, 119 (Bl. 2704 Bundesmeldenetz), Schwaz.

[8] Isser 1905, S. 68-83. Wesentliche Daten werden mit dem Hinweis *mitgeteilt von Sektionsrat A.R. Schmidt*, also ohne überprüfbare Angabe von Quellen bzw. Archiven dargeboten, so S. 70, Anm. 297; S. 73, Anm. 318, 321; S.74, Anm. 323; S. 75, Anm. 335, 328; S. 80, Anm. 353; S. 81, Anm. 355. Siehe auch Nöh 1951, S. 129 und passim. Nöh geht inhaltlich an keiner Stelle über die Mitteilungen Issers hinaus.

1535 durch einen Anstieg des Inn im Gefolge eines Unwetters unter Wasser gesetzt worden sein, bei diesem Unglück kamen der Sage nach 260 Mann ums Leben; Nöh bezweifelte allerdings die Realitätsnähe dieser Überlieferung[9]. Der Kodex Dip. 856 bildet – wie die anderen Handschriften des Bergbuchs von 1556 – den Bereich Alte Zeche zum Teil ab (der westliche Bereich bei Pill mit dem Teilrevier und Stollen Heiliges Kreuz fehlt allerdings) und verzeichnet knapp westlich des Ortsrands von Schwaz schräg unterhalb der Grube Vogelgesang, die mit Stollenmundloch, Halde, Haldensturz und Zechengebäude auf der Halde dargestellt ist, einen *Erbstollen*. Genau darüber findet sich weiter oben im Hang die Bezeichnung *Arzperg* (vgl. Abb. 4, 5). Vom Mundloch dieses Erbstollens führt in der Darstellung ein Schiebeweg für die Förderwagen direkt zu einer Verladestation am Ufer des Inn, sie ist in den Fluss vorgebaut. Die Literatur hat den Umstand, dass sich hier außer dem Sigmund-Erbstollen am Falkenstein ein weiterer Erbstollen bei Schwaz nachweisen lässt, bisher nicht weiter zur Kenntnis genommen. Man muss damit rechnen, dass der spezielle Name auch eine spezielle Funktion ausdrückt. Tatsächlich gab es im Bereich Alte Zeche den einzigen unter die Sohle des Inntals hinabreichenden Abbaubereich neben dem Falkenstein.

Max von Isser und ihm folgend Nöh teilten mit, diese Tiefbaue seien von 1510 an (und damit fünf Jahre früher als die im Falkenstein!) durch einen Schacht aufgeschlossen worden, den man vom St.-Klaus-(Nikolaus-) Stollen in rd. 600 m Entfernung vom Mundloch niedergebracht habe. Isser gab seiner Darstellung eine Zeichnung bei, die nach seinen Angaben eine Nachzeichnung einer Karte in dem von ihm so genannten „Ettenhardtschen Bergbuch" von 1556 darstellen soll. Diese Zeichnung stimmt partiell mit dem Panorama des Bereichs Alte Zeche im Schwazer Bergbuch überein, weicht hinsichtlich der Bezeichnungen und der Lokalisierung von Arealen und Grubenbauen allerdings deutlich von den 1556er Kodizes ab, deren Darstellungen untereinander sowie mit dem Wiener Exemplar des Bergbuchs von 1561 völlig übereinstimmen. Wie diese und in gleicher Lokalisierung und Umgebung zeigt die Abbildung Issers ein Stollenmundloch mit zugehöriger Verladestation am Inn, nennt diesen aber *(3) St. Klauss Stollen u. Kramm*. Es gibt keinen Zweifel, dass derselbe Stollen gemeint ist, der in den anderen Darstellungen als „Erbstollen" bezeichnet ist (vgl. Abb. 4 und Abb. 5). Nach Ansicht älterer Bearbeiter meint die Bezeichnung „Ettenhardsches Bergbuch" eine Abschrift des Schwazer Bergbuchs und damit wohl einen Kodex, der sich heute im Archiv des Deutschen Museums in München befindet (Signatur: HS 1971-1). Auf dem Vorsatzblatt dieser Handschrift befindet sich ein Schriftband mit dem Namen Georg Ettenhardt, darunter ein Wappen mit Helmzier. Es handelt sich um eine Abschrift des Schwazer Bergbuchs, die teils aus dem 16. Jahrhundert, teils aus dem 18. Jahrhundert stammt. Zahlreiche Seiten des alten Kodex – bevorzugt solche mit Miniaturen – sind irgendwann herausgetrennt und im 18. Jahrhundert wieder ergänzt worden. Das betrifft auch die Landschaftsansichten, speziell von Schwaz und hier auch vom Bereich Alte Zeche. Unterstellt man, dass dies tatsächlich die Vorlage Issers war, was allerdings durchaus nicht sicher ist, so dürften sich die Abweichungen aus doppelter Ungenauigkeit – nämlich bei der Ergänzung des Kodex und beim Abzeichnen durch Isser – erklären. Sollte es sich um eine andere Sammlung des Georg Ettenhardt von Schriften und Darstellungen zum Tiroler Bergbau handeln, so könnte diese durchaus auch Kopien oder Teilkopien aus dem Schwazer Bergbuch enthalten haben, darunter von den Landschaftsdarstellungen. Ein Kodex, der der Person Georg Ettenhardt direkt zugeordnet werden könnte oder der Beschreibung Max von Issers aus dem Jahr 1904 irgendwie ent-

---

[9] Vgl. Isser 1904, Kartenbeilagen und Nöh 1951, S. 129.

spräche, ist heute im Landesmuseum Ferdinandeum in Innsbruck, wo er sich nach dem genannten Autor an der Wende zwischen dem 19. und 20. Jahrhundert befand, nicht mehr nachzuweisen[10].

Die Position der Lagerstätten im Wesentlichen unmittelbar am Rand des Flusstals mit Ausgriff unter die Talsohle beeinflusste die Verhältnisse grundlegend, indem die Bergleute im Gegensatz zu anderen Hochgebirgsrevieren mit ihren Familien in Siedlungen wohnen konnten, von denen aus sie täglich ihren Arbeitsplatz von der Wohnung aus zu erreichen vermochten. Auf Knappenhäuser im unmittelbaren Umfeld der Gruben als Unterkunft für längere Arbeitsperioden, wie wir sie in anderen alpinen Revieren vorfinden[11], waren die Grubenbelegschaften bei Schwaz nicht angewiesen.

Das Inntal stellte einen Verkehrsweg von größter Bedeutung dar, indem es einerseits eine Hauptverbindung in den Donauraum und in die Gebiete eröffnete, die den Alpen nördlich vorgelagert sind, andererseits von Innsbruck aus über den Brenner als einem der wichtigsten Pässe des Alpenhauptkamms an eine Hauptverbindung nach Südtirol und weiter ins nördlichen Italien angebunden war. Die Kerne von Schwaz selbst und der umgebenden Dörfer entstanden, so weit bekannt, vor der Nutzung der Lagerstätten und damit auf zunächst agrarischer Grundlage[12]. Für die Entstehung und Entwicklung von Schwaz selbst (Markt und Dorf) haben auch ein Übergang über den Inn – zunächst in Gestalt einer Furt, seit 1333 gab es gesichert eine Brücke – sowie ein günstiger Landungsplatz für die Flussschifffahrt eine Rolle gespielt[13]. Allerdings waren die landwirtschaftlich nutzbaren Flächen der Umgebung von Schwaz so begrenzt, dass sie nur einen gewissen Anteil der zur Versorgung der Bevölkerung erforderlichen Agrarprodukte liefern konnten. Schwaz und Umgebung bzw. das dortige Montanwesen waren daher abhängig vom Import von Gütern sowohl des privaten Verbrauchs als auch seitens des Bergbaus benötigten Materialien. Als besonders wichtige Im-

---

[10] Isser 1904, S. 443, kennzeichnet den fraglichen Kodex so: *Das ... Bergbuch von Georg Ettenhart ist eine handschriftliche Sammlung aller vor 1556 gemachten Erzfunde, Belehnungen, Entbieten, Befehl in Bergwerkssachen betreffend die Berggerichtssprengel Kitzbichl, Rattenberg, Schwaz, Sterzing und Klausen; es wird im Ferdinandeum zu Innsbruck aufbewahrt. Der dickleibige, in Schweinsleder gebundene Foliant enthält eine Fülle interessanter, namentlich auf den Schwazer Bergbau Bezug habende Details mit Abrissen über Tagegegenden in höchst origineller Ausführung, Wir finden darin auch die Schwazer Bergordnung von Herzog Sigmund, einer (sic!) Nachbildung der bekannten Eckelzamschen (sic!) (Schladminger) Bergordnung aus dem Jahre 1408; ferner Ausweise über Belegschaften bei den einzelnen größeren Bergwerken des Landes, über Erträge und Zubußen, über Wechsel und Fronleistungen, über die Metallhälte der geförderten Erze u. s. w.; es ist dieses Bergbuch wohl die einzige Aufzeichnung dieser Art. Ungefähr zur selben Zeit entstand auch die sog. „Peuntingersche Bergtafel", eine tabellarische Aufzeichnung einiger vorwiegend Inntaler Bergbau und der bauenden Gewerken mit Angaben über Belehnungen der bestandeten Schmelzwerke usw. (Nach Mitteilungen von Sektionsrat A.R. Schmidt.) (Siehe Tafel III, Fig. 1).* Der Abbildungshinweis gilt der Darstellung des Bereichs Alte Zeche. Sie mag nach diesen Ausführungen auf einer Kombination der „Bergtafel" und der Abbildungsvorlage beruhen. Merkwürdigerweise schreibt Isser an anderer Stelle diese Tafel dem Jahr 1835 zu (Isser 1905, S. 76, 2. Abs.). Über den Aufbewahrungsort teilt er nichts mit, so dass diese Quelle nicht überprüft werden kann. Die oben aufgezählten Inhalte können eventuell mit dem Schwazer Bergbuch in Teilen in Verbindung gebracht werden. Aber eine Abschrift einer Bergordnung von Herzog Sigmund enthält das Bergbuch ebenso wenig, wie Bergwerkssachen betreffend die Berggerichte Kitzbühel, Rattenberg, Schwaz, Sterzing und Klausen. Auch gibt es dort keine Zusammenstellungen aller Erzfunde und Belehnungen vor 1556. Ein Kodex, der Georg Ettenhard zugeordnet werden könnte, ist im Museum Ferdinandeum heute nicht mehr nachweisbar. Der durch Isser oftmals als Gewährsmann für Daten und Fakten genannte Sektionsrat A. R. Schmidt bzw. dessen immer wieder erwähnte Arbeit von 1857 ist nicht fassbar und entzieht sich deshalb der Überprüfung.

[11] So etwa im Salzburger Revier Gastein - Rauris des Silber- und Goldbergbaus in den Hohen Tauern. Vgl. Ludwig/Gruber 1987; Cech 2001.

[12] Vgl. Hye 2004, S. 321 mit Karte zur Stadtentwicklung von Schwaz; Egg 1986, S. 80; Stolz 1951.

[13] Hye 2004, S. 322; vgl. auch Pirker/ Paschinger 1951.

Abb. 3: Stadtansicht von Schwaz, Kupferstich von Matthäus Merian, 1648 (Original und Foto: Deutsches Bergbau-Museum Bochum).

portwaren sind Brotgetreide, Fleisch, Brennstoff für die Lampen der Bergleute (Unschlitt[14]) und Eisen für Werkzeuge und andere Betriebsmittel zu nennen[15]. Der Inn spielte dabei eine herausragende Rolle als Wasserstraße für den Gütertransport, daneben zogen sich die wichtigsten Straßenverbindungen durch das Inntal. Wurde das Land Tirol von militärischen Auseinandersetzungen betroffen, so bildete das Inntal stets eine wichtige Heerstraße, womit die dort gelegenen Siedlungen, darunter Schwaz, von den Ereignissen berührt wurden.

Das Siedlungsareal von Schwaz am Südhang des Inntals wurde durch den Lahnbach geteilt, der sich im Gefolge von Unwettern immer wieder als schwerwiegende Bedrohung für den Marktort westlich des Baches sowie die Dorfsiedlung auf seiner Ostseite erwies: *Das breite Bett des Lahnbaches, das ähnlich einem Ödlandstreifen vom Inn Richtung Burg Freundsberg verläuft, durchschneidet die dreieckige Siedlungsfläche. Der Bach bedrohte in seiner Unberechenbarkeit Schwaz immer wieder mit Überflutungen und Muren; Wasser und mitgeführtes Geröll veränderten die Form des Siedlungsgebietes und bildeten schließlich den Schuttkegel, auf dem der Großteil der heutigen Stadt liegt. Welche Gefahr vom Lahnbach ausging, lässt sich aus den Aufzeichnungen der Bergchronik erschließen. Im Jahr 1434 führte er Steine und Geröll mit sich und zerstörte eine große Zahl Häuser im Dorf, viele Menschen verlo-*

---

[14] Vgl. Palme 1997.
[15] Zur Problemstellung insgesamt vgl. Westermann 1997.

ren dabei ihr Leben. Etwa 100 Jahre später überraschte das sonst harmlose Gerinne wieder die Bewohner und verursachte Schäden an Betriebsanlagen und Schmelzhütten; viele Brücken, Wege und Gebäude wurden arg in Mitleidenschaft gezogen. Fast 200 Menschenleben sollen die Ausbrüche im 16. und 17. Jahrhundert gefordert haben. Mehrmals ergossen sich Wasser und Schlamm in die Häuser und Gärten, lagen in den Straßen dicke Schutt- und Geröllschichten. Seit diesen unseligen Tagen muss man, um vom Markt ins Dorf zu gelangen, den steilen Schuttkegel des Lahnbichls überwinden. Schließlich wurde das Tal im Siedlungsbereich aufwendig gesichert. Man ließ dem in normalen Zeiten eher unscheinbaren Gewässer ein breites Bett, sicherte die Wohngebiete mit mächtigen Schutzmauern beiderseits des Baches und errichtete Quersperren im Oberlauf, um Schutt zurückzuhalten und die Fließgeschwindigkeit herabzusetzen. Im Mündungsbereich sorgte man durch Ausbau einer Steinrinne für einen raschen Abfluss des Wassers in den Inn[16].

Als ältester, ursprünglich bäuerlich bestimmter Teil von Schwaz wird das Dorf östlich des Lahnbachs angesehen; westlich des Bachlaufs gab es zunächst wohl nur einzelne Höfe. Im Jahr 1326 gestattete König Heinrich dem Berthold von Freundsberg als Grundherrn von Schwaz die Abhaltung eines Wochenmarktes: *Wir Heinrich von gots gnaden chunig ze Beheim und ze Polan hertzog in Chernden und graf ze Tyrol verlehen an disem prief, daz wir unserm getriwem Perchtolden von Friuntzperch und allen sinen erben, die uns zuᵉgehoᵉrnt mit unsers rates rat von sundern gnaden erlaubt haben, daz er einen wochenmarcht haben sol datz Swatsche ie über vierzehen tage an dem samtztag*[17]. Der Markt wurde nicht im Dorf, sondern westlich vom Lahnbach abgehalten und bildete die Grundlage für die Entstehung der Marktgemeinde, die nach Egg bald das Übergewicht gegenüber dem älteren wirtschaftlichen Zentrum der Region, dem nördlich vom Inn gegenüber von Schwaz gelegenen Vomp, erlangte[18]. Schon 11 Jahre nach der Verleihung der Marktrechte ist der Bau einer Marktkirche „Zu Unserer Lieben Frau" nachweisbar, und nach Hye folgte eine planmäßige Anlage der bürgerlichen Marktsiedlung auf die Einrichtung des Wochenmarktes[19]. Unklar ist der ökonomische Hintergrund dieser Entwicklungen. Welche Rolle schon zu dieser Zeit bzw. eventuell für die Marktrechtverleihung der Bergbau spielte, ist nicht klar fassbar. Ein *Arzberg*, dessen Lage im Schrifttum westlich von Schwaz angenommen wird, wurde schon 1273 als klar auf Bergbau hinweisender Flurname erwähnt, und am Beginn der spätmittelalterlichen bis frühneuzeitlichen Blüteperiode des Montanwesens ist für 1426 oder 1427 eine Grubenverleihung unter dem Namen „Alte Zeche" in den Quellen belegt[20]. Man hat daraus geschlossen, der „Arzberg" des 13. Jahrhunderts sei später „Alte Zeche" genannt worden. Dies findet auch darin eine Stütze, dass im Revierbereich Alte Zeche 1556 eine Lokalität „Arzberg" dargestellt und mit dieser Bezeichnung versehen ist. Aber eine zum Verwechseln ähnliche Bezeichnung, „Arzperger", ist als Name einer Grube auch für den Falkenstein bezeugt und in

---

[16] Andretta/Kandler 1993, S. 9-11, Zitat S. 9f.

[17] Zitiert nach Egg 1986, S. 84.

[18] Ebd.

[19] Hye 2004, S. 322.

[20] Egg 1986, S. 89; Nöh 1951, S. 127. Der Vorgang bedarf der Nachprüfung: Egg teilt mit, *noch 1427* seien von Herzog Friedrich an Hans Lang von Schwaz, Hans Kremser, Lorenz Gschwentlin und Hans Rämlein vier Neufunde auf Silber und zwei auf Eisenerz verliehen worden. Nöh erwähnt eine Verleihung der wieder eröffneten Alten Zeche an Christian Kholer im Jahr 1426, allerdings ohne Quellenbeleg. Seine sehr konkreten Angaben in der zitierten Arbeit scheinen allerdings aus dem Studium primärer Quellen herzurühren und verlässlich zu sein.

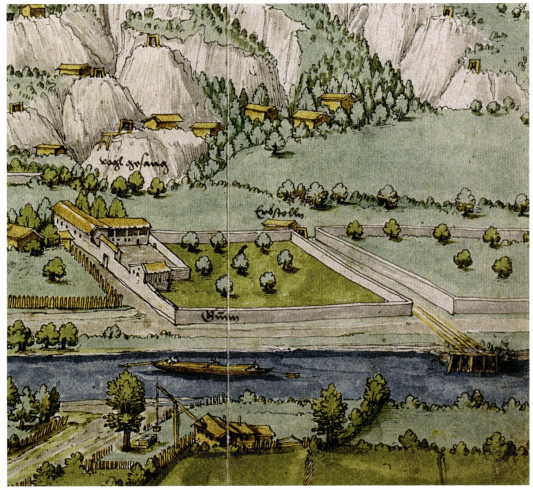

Abb. 4: Ausschnitt aus der Bildkarte „Alte Zeche" (Tafel 7) des Kodex Dip. 856 mit dem dortigen Erbstollen und seiner Verladestelle am Innufer (Original und Foto: Tiroler Landesmuseum Ferdinandeum, Innsbruck).

der Abbildung dieses Teilreviers von 1556 dargestellt und entsprechend bezeichnet[21]. Ob der Flurname der Nennung von 1273 die Lokalität am Falkenstein oder im Bereich „Alte Zeche" meint, erscheint uns als letztlich ungeklärt.

Im Bereich „Alte Zeche" entwickelte sich eine Siedlung bzw. eigenständige Gemeinde, die auch den von Bauernhöfen dominierten Pirchanger umfasste[22]. Als südliche Fortsetzung des Kerns der Dorfsiedlung Schwaz wurden zu den Berghängen hin die Bereiche „Gnein" und „Kraken" mit dem Aufschwung des Bergbaus als Viertel der Bergleute angelegt, die zusammen auch als „Knappei" bezeichnet wurden. In diesem Bereich bestanden im 15. Jahrhundert auch einige Schmelzhütten, die jedoch großenteils wegen der erwähnten Überschwemmun-

---

[21] Dip. 856, Tabelle nach fol. 197 erwähnt für die Grube „Zum Ärzperger" am Falkenstein 1 Stollen von 125 Lehen (875 Klafter = ca. 1.530 m) Länge, Strecken von zusammen 153 Lehen 2 Klafter Länge (1.073 Klafter = ca. 1.875 m), 25 dort arbeitende Lehenschaften und 31 Wagen (*Lauffn Truhen*) zur Förderung im Jahr 1556. Isser 1904, S. 444 erwähnt ferner eine Belegung mit 24 Herrenhauern und 136 Mann *zue lechn u. gedingh*. Hinsichtlich der Daten zu Stollen und Ausdehnung der Baue und der Reihenfolge der Gruben besteht volle Übereinstimmung mit den tabellarischen Aufzählungen im Bergbuch von 1556, so dass dort offenbar nur ein Teil der tatsächlich erhobenen Daten verwendet wurde. Als Quelle nennt Isser das „Ettenhardsche Bergbuch", auch dies weist darauf hin, dass dieses und das Schwazer Bergbuch von 1556 nicht identisch waren – vgl. Anm. 10.

[22] Egg 1986, S. 92.

gen und Muren um 1500 in die Nähe der Orte Jenbach, Pill und Vomp verlegt wurden[23]. Die Stadtansicht von Schwaz im Bergbuch zeigt am Lahnbach unterhalb von der Burg Freundsberg eine als solche auch durch eine Legende gekennzeichnete Schmelzhütte, die durch ihre Rauchfahne leicht kenntlich ist.

Die Reviere Ringenwechsel, Weittal und Weißer Schrofen waren von den Ortschaften bzw. Flecken Maurach, Rotholz und Strass, der Bereich Radaun von Schlitters im Zillertal relativ günstig zu erreichen. Die Reviere Ringenwechsel[24] und Paleiten befanden sich in der Nähe der Orte Buch, St. Margarethen, Schlierbach und Maurach. Es ist anzunehmen, aber bisher nicht aus den Quellen belegt, dass auch in diesen Orten Bergleute lebten, so dass sich die Mannschaften auf eine ganze Reihe von Ortschaften auch außerhalb von Schwaz verteilten. Bei Überlegungen zur Bevölkerungsstärke des eigentlichen Marktortes Schwaz ist dies zu berücksichtigen. Die bedeutendsten Reviere – Falkenstein und Alte Zeche – befanden sich allerdings im direkten Einzugsbereich von Schwaz. Nach den Angaben bei Isser beschäftigte der Falkenstein 1556 insgesamt 6.650 Mann, der Bereich Alte Zeche 1545 zusammen 2.100 Arbeitskräfte. Das sind um die Mitte des 16. Jahrhunderts über 8.500 Arbeitskräfte der Gruben im unmittelbaren Schwazer Umfeld. Auf dem Höhepunkt des Booms am Falkenstein, 1523, dürften es noch deutlich mehr gewesen sein. Fischer rechnete für den Schwazer Revierbereich um 1525 mit etwa 10.000 *unmittelbar im oder am Berg Beschäftigten* und sah die Angaben Issers durch seine eigenen Untersuchungen als bestätigt an[25]. Die Zahlen für den Falkenstein, die Isser mitteilte, sind allerdings anhand der Quellen bisher nicht überprüfbar und geben zu erheblichen Zweifeln Anlass[26]. Indem Schwaz zentraler Marktort für das ganze Revier, Sitz des Bergamtes und Berggerichts, der Gemeinen Gesellschaft der Bergleute sowie der Faktoreien der großen Gewerken war, waren alle Beschäftigten des Montanwesens, zu denen neben den Bergleuten die Hüttenleute, die Forstleute mit den Köhlern, Transportarbeiter, Bergschmiede und Hilfskräfte zu rechnen sind, ferner die Angestellten der Gewerken-Faktoreien und die Bergbeamten, eng an dieses Zentrum gebunden, auch wenn sie nicht unmittelbar dort ihren Wohnsitz hatten.

b) Die Lagerstätten

Die Geologie des Raumes Schwaz und speziell des Kellerjoch-Massivs, in dessen Gesteinen sich die Lagerstätten eingeschaltet finden, ist sehr komplex. Nicht zuletzt deshalb sind die Debatten der Geologen und Mineralogen um die Entstehung und Entwicklung der Gebirgsstrukturen und die Lagerstättengenese bis heute nicht abgeschlossen. Der Stand der Erkenntnisse ist mehrfach und auch in gemeinverständlicher Weise dargestellt worden, auf die ent-

---

[23] Egg 1986, S. 92.
[24] Isser 1905, S. 43, teilt über dieses Revier mit, als Gewerken würden dort 1450 Yörg und Jacob Myllauer und 1455 die Herren von Rettenstayn als Gewerken genannt. 1490 hätten Hans und Christoff Fugger als Erben der Meuttingerschen Handelsgesellschaft hier *die vorzüglichsten Grubengebäude* erworben. Als Beleg gibt er an: *Schwazer Bergbuch von Johannes Ziegler (R.A. Schmidt)* (Anm. 211), bzw. (Anm. 213) *R. A. Sc(h)midt, Schwazer Bergbuch von Johannes Ziegler*. Ein Exemplar des Schwazer Bergbuchs (Museum Ferdinandeum, Cod. 4312, die sog. „Prachthandschrift") wurde von Johannes C. Ziegler 1779 dem Baron Joseph von Sperges, dem Verfasser der Tiroler Bergwerksgeschichte von 1765, geschenkt, dieser Vorgang ist einer lateinischen Widmung des Vorbesitzers Ziegler zu entnehmen, der dort auch Georg von Ettenhardt als angeblichen Verfasser des Buches nennt. Allerdings ist an keiner Stelle von den erwähnten Gewerken die Rede. Der Name Fugger kommt im Schwazer Bergbuch an keiner Stelle vor.
[25] Fischer 2001, S. 215 f; vgl. auch ebd., S 299-306.
[26] Wir halten es für wahrscheinlich, dass die Zahlenangabe nicht nur den Falkenstein, sondern auch die Reviere im „Ringen Wechsel" umfasst. Zu den Einzelheiten vgl. unten Kap. 5b.

sprechenden Arbeiten kann hier verwiesen werden[27]. Nachfolgend sollen nur einige Grundinformationen mitgeteilt werden, deren Kenntnis für das Verständnis der bergbaulichen Entwicklung und etlicher dabei auftretender Probleme erforderlich ist.

Charakteristisch für die geologischen Verhältnisse ist ein von den Fachleuten so genannter Deckenbau des Gebirges. Die Vorgänge, die die Alpen hervorbrachten, umfassten nicht zuletzt weiträumige horizontale Verschiebungen mächtiger Gesteinsserien (Decken), die von ihrer Unterlage abscherten und auf andere Gesteine aufgeschoben wurden. Gesteine aus unterschiedlichen Entstehungsräumen und ganz verschiedenen Bildungsbedingungen sowie erdgeschichtlichen Zeiträumen wurden durch diese Vorgänge zu mächtigen Serien gestapelt und während dieser Vorgänge intensiv durchbewegt und in ihrer inneren Struktur mehr oder weniger stark verändert. Zusätzlich kam es zu bedeutenden vertikalen Bewegungen der Gebirgsblöcke. Aufgrund dessen sind auf engem Raum und teils mit scharfen Grenzen gegeneinander Gesteine höchst unterschiedlicher Struktur und mit unterschiedlichem Verhalten sowohl hinsichtlich der Verwitterung als auch bergbaulicher Beanspruchung, vertreten.

Die wichtigsten Gruppen sind die Innsbrucker Quarzphyllite im Südosten und Südwesten des Kellerjochs mit weniger bedeutenden Eisenstein-Lagerstätten. Die Kellerjochgneise als zweiter wichtiger Gesteinskomplex bilden eine Serie mächtiger Schollen, deren Gesteinsgefüge sehr stark verändert wurde, so dass sie heute vielfach eine schieferartige Struktur aufweisen. In diesen Gesteinen entstanden unter anderem die Lagerstätten des Schwazer und Schwader Eisensteins. In bedeutenden Teilrevieren der Schwazer Bergbauregion wurden Erzlagerstätten abgebaut, die an diese Gneise gebunden sind. Die wichtigsten befanden sich westlich der Marktsiedlung Schwaz. Die Abbaureviere begannen im Westen nahe dem Ort Pill mit dem Revier Heiligkreuz, das zeitweilig erhebliche Bedeutung besessen hat. Den Hauptaufschluss bildete der Heiligkreuzstollen. Allerdings ist nicht hier ein Tiefbau zu suchen, den Isser und ihm folgend Nöh beschrieben, wie Gstrein annahm, er befand sich vielmehr weiter östlich im Bereich des Erbstollens im Revier Alte Zeche; das Schwazer Bergbuch zeigt das Mundloch und die Verladestation am Inn (vgl. Abb. 4), wie oben ausgeführt[28]. Die Teilreviere Zapfenschuh und Alte Zeche schlossen sich nordöstlich an Heiligkreuz an. Hier wurden Stollen von bedeutender Länge ins Gebirge getrieben, und vor allem vor etwa 1550 wurden in großem Umfang Erze abgebaut, wovon z. T. noch heute bedeutende Halden künden[29]. Nach Isser und Nöh soll im Bereich Zapfenschuh und Alte Zeche 1545 eine Mannschaft von insgesamt 2.100 Bergleuten gearbeitet haben. In den 1520er Jahren wurden nach Isser in diesem Teilrevier im Jahresdurchschnitt 5.628 kg Brandsilber erzielt[30]. Hier wurden Erze abgebaut, die in ihrer Zusammensetzung deutlich von denen im Schwazer Dolomit abwichen. Gänge bzw. Gangtrümer von Kupferkies, Fahlerze, Bleiglanz und Zinkblende traten hier auf, man fand auch reiche Silbererze wie Proustit und Pyrargyrit (Rotgültigerze) und Silberblende, die bis zu 70% Silber enthalten konnten. Recht umfangreiche Eisenerzvorkommen boten den Anlass auch für neuerliche Bergbauaktivitäten im 19. Jahrhundert[31]. Südlich an das Re-

---

[27] Gstrein 1978; ders. 1986 (allgemeinverständliche Darstellung mit ausführlichen Literaturhinweisen); Lukas 1971; Friedrich 1968; Pirkl 1961; Schmidegg 1942; ders. 1951; Klebelsberg 1951; A. R. Schmidt 1868.

[28] Vgl. Gstrein 1986, S. 29; im Gegensatz dazu Nöh 1951, S. 129 und Isser 1905, S. 72f., 77f.

[29] Gstrein 1986, S. 29; Egg/Atzl 1951, S. 144f.

[30] Egg/Atzl 1951, S. 144 unter Bezug auf Isser 1893; entsprechende Angaben auch in Isser 1905, S. 74 – hier verweist er hinsichtlich der mitgeteilten Daten auf TLA, Maximilianea XII, Col. 33, 34 sowie ebd., Pestarchiv Suppl. Fol. 898, 899, für die Belegschaftsdaten beruft er sich nur auf eine Mitteilung des Sektionsrates A. R. Schmidt. Vgl. auch Nöh 1951, S. 129f.

[31] Nöh 1951, S. 126f., beschrieb die Gänge etwas näher und teilte mit, dass er selbst die Grubenbaue noch befahren habe. Vgl. Gstrein 1986, S. 29f.

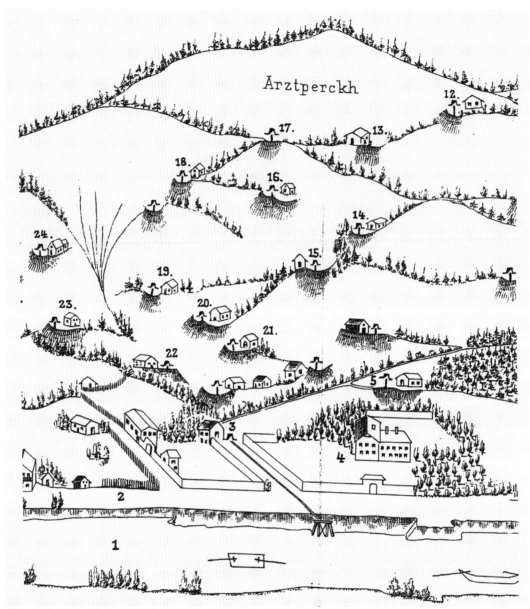

Abb. 5: Zeichnerische Reproduktion einer Bildkarte der Bereiche „Alte Zeche" und „Zapfenschuh" westlich von Schwaz, Ausschnitt (aus: Isser 1904, Tafel III, Foto Deutsches Bergbau-Museum). Es soll sich um eine Wiedergabe einer Bildkarte aus dem Ettenhart'schen Bergbuche ex 1556 handeln. Der schematisch eingezeichnete Erbstollen mit Verladestelle am Inn ist hier als 3 St. Klauss Stollen u. Kramm bezeichnet.

vier Alte Zeche schließt sich der Bereich des Schwazer Eisensteins an, der sich südöstlich im Teilrevier Bruderwald fortsetzt. Es handelt sich im Grundsatz um gleichartige Erzbildungen wie im Bereich Alte Zeche, hier dominierte aber das Eisenerz, die Bunterzvorkommen traten weitgehend zurück. Auch diese Vorkommen wurden im 19. Jahrhundert erneut aufgeschlossen und abgebaut[32]. Östlich von Schwaz, in 4,5 bis 6 km Entfernung, liegt im Gebirge das Revier des Schwader Eisensteins in den Kellerjochgneisen, wo vom 17. Jahrhundert bis 1927 Abbau umging[33]. Die vorgenannten Lagerstätten waren im wesentlichen Gangerze. Nöh be-

---

[32] Ebd., S 127; Isser 1905, S. 64-68; Gstrein 1986, S. 30f.
[33] Schmidt 1868, S. 69f.; Isser 1905, S. 58-63; Gstrein 1986, S. 3f.

richtete beispielsweise über den Bereich Alte Zeche: *Im Alt-Zecher-Revier, das hier immer im engeren Sinne gemeint ist, kennt man 5 Erzgänge, die in Kompassstunde 11-13 streichen*[34]*, mit 40-50° gegen SO einfallen*[35] *und untereinander annähernd parallel liegen. Es sind dies: 1. der Alt-Zecher-Gang als der bedeutendste, etwa 1,5 m mächtig, im Streichen ca. 500 m, im Einfallen 250 m edel erzführend. Er führt überwiegend Fahlerze mit etwas Bleiglanz und war wegen seiner besonders reichen Silbererze (Rotgültigerz) berühmt; 2. der Morgengang (Berta-Hauptgang), etwa 2 m mächtig, im Streichen ca. 300 m, im Einfallen auf etwa 250 m Tiefe edel Erz führend, Kupfer und Schwefelkies vorherrschend; 3. der Abendgang (Berta-Liegendgang)*[36]*, 1,3 bis 2,5 m mächtig, im Streichen auf 180 m im Einfallen auf 275 m Tiefe erschlossen; der Zaphenschuhgang, ca. 2,5 m mächtig, auf ca. 380 m im Streichen und auf 250 m Tiefe erschlossen in guter Erzführung neben Fahlerz, Spateisenstein und Kupferkies, nur wenig Bleiglanz führend; 5. der Kreuzzechengang, am weitesten nach Westen vorgeschoben; Mächtigkeit 3 m, im Streichen ca. 350 m, im Einfallen auf etwa 180 m Tiefe erschlossen. Neben Spateisenstein viel Fahlerz und Bleiglanz führend bei geringem Auftreten von Kupfer- und Schwefelkies*[37]. Die Gangfüllung bestand nicht allein aus Erzen, diese waren vielmehr mit nicht erzhaltigen Mineralien, der Gangart, vielfältig verwachsen. Eine intensive Aufbereitung war erforderlich, und die Mischung verschiedener Komponenten bereitete in der Verhüttung erhebliche Probleme[38].

Eine schiefrige Gesteinsserie mit den Wildschönauer Schiefern – im Raum Schwaz ohne nennenswerte Lagerstätten – unterlagert die Gesteinsserie mit den wichtigsten Lagerstätten der Region, den im Unterdevon entstandenen Schwazer Dolomit. Vor allem in dieser Gesteinsserie treten die Erze mit reichen Gehalten an Kupfer und Silber auf. *So mannigfaltig die Ausbildung und das Erscheinungsbild dieses Karbonatgesteins sind, so leicht ist es im Gelände zu erkennen und von anderen Karbonatgesteinen dieses Gebietes meist gut zu unterscheiden*[39]. Nach seiner Bildung unterlag dieses Gestein über längere Zeiträume der Abtragung. Dies dokumentiert sich in einer Gesteinsserie, die durch Abtragungsschutt des Dolomits gekennzeichnet ist. Er wurde durch ein intensiv rotbraun gefärbtes Bindemittel zu einem Gestein verkittet, das die Bergleute aufgrund seines Erscheinungsbildes als „Schwazer Presswurst" bezeichneten[40].

Im Bereich des Schwazer Dolomits befinden sich die bedeutendsten Lagerstätten der Region, die in zwei Hauptreviere unterteilt werden können, den Falkenstein und den Ringenwechsel, dessen Namen sich von der gegenüber dem Falkenstein geringeren Abgabe vom Silber aus dort gewonnen Erzen an den Landesfürsten, dem so genannten „(ge)ringen Wechsel" ableitet, im Bereich Falkenstein wurde ursprünglich der „schwere Wechsel" erhoben. Der Abbau

---

[34] Streichen: Schnittlinie des Ganges mit einer konstruierten horizontalen Ebene.

[35] Fallen: Neigung gegen eine konstruierte horizontale Ebene. Streichen und Fallen charakterisieren gemeinsam die Raumlage der Gangstruktur.

[36] Die Bezeichnungen Berta-Hauptgang und Berta-Liegendgang stammen aus der Phase der Wiederaufnahme des Bergbaus im 19. Jahrhundert.

[37] Nöh 1951, S. 126.

[38] Nöh 1951, S. 126: *Im engeren Gebiet der Altzeche ... treten in den Spateisensteingängen Kupferfahlerz, Kupferkies, Schwefelkies, Zinkblende, Bleiglanz, Rotgültigerz, Kobalt, Nickel, Schwerspat, Kalkspat und Quarz neben Spateisenstein auf. Diese Erzmusterkarte ist so ziemlich das Unangenehmste, was dem Bergmann und dem Hüttenmann begegnen kann. Beim Kupferschmelzen gehen alle anderen Metalle verloren, beim Bleischmelzen alle mit Ausnahme des Silbers, das sich immer gewinnen lässt. Selbst heute sind diese Erze nur nach sehr komplizierten neuen Aufbereitungsverfahren überhaupt verkaufsfähig zu machen ....*

[39] Gstrein 1986, S. 10f., Zitat S. 11.

[40] Ebd. mit Abbildung.

reichte von der untersten Sohle der Tiefbaue des Sigmund-Erbstollens in rd. 200 m Meereshöhe bis knapp unter den Gipfel des Mehrer Kopfs (1.666 m), womit eine Gesamt-Bauhöhe der Vererzungen von etwa 1.450 m Höhe gegeben war. Bis zum Entstehungszeitraum des Bergbuchs um 1550 war diese gesamte Höhe erschlossen.

Allein die Stollen und Hauptstrecken im Revier Falkenstein addieren sich zu mehr als 200 Kilometern Länge[41]. Einen der ältesten Teile dieses Bergbaureviers bildet nach Gstrein der Bereich Eiblschrofen, für den – wie für eine Reihe weiterer Bereiche – schon bronzezeitliche Erzgewinnung in erheblicher Ausdehnung nachgewiesen wurde[42]. *Das Innere des Eiblschrofens stellt ein wahres Labyrinth von Zechen und Strecken dar. Die Vererzungsdichte scheint in diesem höheren Abschnitt sehr hoch gewesen zu sein. Groß ist die Zahl der Tagebaue, die wir auch noch in den unzugänglichsten Stellen der Felsabbrüche erkennen können*[43]. Hier ereignete sich 1999 ein Felssturz, der Randbereiche der Schwazer Wohnbebauung bedrohte und erhebliches Aufsehen erregte. Die starke Durchörterung des Gebirges mag die Neigung zu Abbrüchen gefördert haben. Bereits die Landschaftsdarstellung des Falkensteins im Schwazer Bergbuch stellt an dieser Stelle Felsabbrüche dar[44]. Auch die Gruben am Mehrer Kopf gehören zu den sehr alten Bergbauen, nach Gstrein standen hier an vielen Stellen die Erze am Tag an; die Stollen im Bereich sind meist verbrochen, über den Bergbau dort ist nur wenig bekannt[45].

Unterhalb vom Eiblschrofen und Mehrer Kopf, im Bereich zwischen der Inntalsohle und einer Höhenlinie von etwa 1050 m, mussten Partien des Alpinen Buntsandsteins und Schiefergesteine, teils auch mächtige, diese überlagernde Lockermassen diluvialer Ablagerungen, durchörtert werden, ehe die Stollen den Erz führenden Schwazer Dolomit erreichen konnten. Zahlreiche bedeutende Stollen bzw. Gruben des 15. und 16. Jahrhunderts setzten in diesem Bereich an: *Folgende wichtige Stollengruppen können wir erkennen: Die tieferen Baue im Bereich Grüntal (z.B. Grüntal-, Allerheiligen- und Franzstollen), die u. a. die am Pfannholz ausbeißenden Erzkörper unterfahren haben. Östlich davon liegen viele wichtige Stollen, die größten waren Thalhammerstollen, Koglmooser Stollen, Michaelstollen und Sigmundstollen. Weiter unterhalb folgt ein mehrere Gruben umfassender Komplex. Die wichtigsten waren: Luxstollen, Grube Graf und Neujahrstollen. Von ihnen existieren noch brauchbare Grubenkarten... Am ‚Stier' liegen z. T. mächtige Halden. Stollen wie Gertraud am Stier oder Jakob am Stier lieferten sicherlich reiche Erze. Von hier weg treffen wir, wenn wir etwa in der Falllinie absteigen, auf durchwegs wichtige Einbaue wie Nothelferstollen, Heiligkreuzstollen (mit sehr weit reichendem Streckennetz), Antonistollen, Obergaßstollen (etwas weniger reich gebaut), Untergaßstollen (wichtiger), Johannstollen (mit sehr verzweigtem Streckennetz), und Nikolausstollen...Nun die Einbaue der nächsten, in südwestlicher Richtung gelegenen „Stollenreihe": Von oben sind es: Der berühmte Rosenstollen, die Grube Alter Kreuz, der sehr reich gebaute Ottilienstollen mit mächtiger Halde, Oberstollen, Unterstollen ... und Magdalenastollen. Die westlichste Stollenreihe wäre: Blaugrübl (höchster, wichtigster Einbau), darunter Magdalenastollen, Kreutzbrünndlstollen (=Katharinastollen), Antoniastollen, noch tiefer der Wolfgangstollen mit großer Halde (beim „Pflanzgarten"). Etwas tiefer ... liegt das Mundloch des Martinhüttstollens. Er stellt meiner Meinung nach den größten Stollen des Falkensteins überhaupt dar (vom Mundloch bis zum tiefsten Ort etwa 3,3 km). Sein*

---

[41] Gstrein 1986, S. 33. Für alle Grubenbaue zusammen schätzt dieser Autor eine Gesamtlänge von gut 500 km.
[42] Goldenberg/Rieser 2004; Rieser/Schrattenthaler 2002.
[43] Gstrein 1986, S. 33.
[44] Taf. VI, S. 928, Bildmitte oben: *gewennt herab gfalln*.
[45] Gstrein 1986, S. 33f.

Streckennetz übertrifft laut Grubenrissen weit jenes des Sigmund-Erbstollens. Der Martinhüttstollen baute vom Westende des Schwazer Dolomits bis zu den ganz im Osten liegenden Rinnern, wobei die angetroffenen Fahlerze durchweg als „edel" bezeichnet wurden, so die zusammenfassende Charakterisierung von Peter Gstrein[46].

Die Erze, die durch die vorstehend genannten Stollen am Falkenstein aufgeschlossen wurden, setzten sich auch in größere Tiefe unter die Sohle des Inntals fort. Nachdem als tiefste Stollen 1490 der Fürstenbau sowie der Sigmund-Erbstollen durch den Bergmeister an den späteren Kaiser Maximilian verliehen worden waren, wurden diese Gruben zunächst oberhalb der Sohle des tiefsten Stollens – dies war der Erbstollen – vorgetrieben. Von 1515 an begann man, von diesem Stollen aus einen Tiefbau anzulegen, der nach nur 18 Jahren 125 Klafter (rd. 240 m) Tiefe erreichte. Dann stellte man aufgrund von Problemen mit dem Grubenwasser das weitere Abteufen ein. Schon 1545 wurden die tiefen Baue verlassen, nur noch bis in eine Tiefe von 15 Klaftern unterhalb der Stollensohle wurde der Grubenbau wasserfrei gehalten und weiterhin Erz abgebaut. Etwa 1550 ereignete sich ein schwerer Bruch im Fürstenbau, und der Schacht wurde verschüttet; damit wurde der Tiefbau zunächst ganz eingestellt. Erst 1556 begann man, nach Einbau einer Maschine zur Wasserhebung die Tiefbaue wieder zugänglich zu machen. Im Bergbuch wird die Hoffnung zum Ausdruck gebracht, dass mit Hilfe der Anlage der Betrieb unter der Stollensohle wieder in Gang gebracht werden könne[47]. Auf den Tiefbau wird unten ausführlich eingegangen.

Der zweite große Bereich der Erzvorkommen im Schwazer Dolomit ist der Ringenwechsel mit mehreren Teilrevieren. Gstrein hat darauf hingewiesen, dass die Vorstellung, es handele sich hier um ein unbedeutendes Bergbaugebiet, wie sie in älteren Arbeiten zum Ausdruck kommt, in die Irre führt. Die wenigen bisher bekannten Angaben zur Produktion aus diesem Bereich bestätigen die Auffassung, hier habe eine durchaus wesentliche und bedeutende Produktion stattgefunden. So wird z.B. für 1538 eine Brandsilberproduktion von 17.043 Mark aus diesem Bereich erwähnt, der Falkenstein erbrachte im selben Jahr 24.256 Mark. Auch 1541 (11.773 Mark), 1542 (12.396 Mark), 1543 (15.491 Mark), 1544 (13.432 Mark), 1546 (12.035 Mark) und 1547 (14.119 Mark) erbrachte das Revier Ringenwechsel eine hohe Produktion[48]. Als ein *Versuchsgebiet mit vielen Stollen und nur kleinen Halden* ist der Bereich ohne Zweifel ganz falsch gekennzeichnet[49]. Allerdings erschöpften sich hier die guten Vorkommen offenbar früher als am Falkenstein. Darauf ist unten zurückzukommen.

Peter Gstrein unterscheidet im Bereich Ringenwechsel die Teilreviere Burgstall mit einer Reihe großer und bedeutender Zechen; er fand hier die ersten Belege für einen schon bronzezeitlichen Kupferbergbau bei Schwaz. Ferner nennt er den Bereich Rotenstein nordöstlich davon mit zahlreichen Tagebauen, die auch auf sehr frühen Bergbau zurückgehen mögen. Hier wurden 37 Stollen lokalisiert, mächtige, bis heute unbewachsene Halden bezeugen eine umfangreiche Bergbautätigkeit. Als weiteres kleines Teilrevier wird Scheielmahd genannt; den Grubenkomplex Weittal kennzeichnet Gstrein als sehr bedeutend. Die weiter östlich anschließenden Teilreviere Pfaffengrube, Roggland und Rodaun werden uns im Zusammenhang mit Zusammenlegungen von Gruben in den 1550er Jahren noch beschäftigen. Zwei weitere Teilreviere liegen im Westen des Gebietes: Weißer Schrofen mit deutlichen Spuren eines früher ausgedehnten und wohl reichen Bergbaus, während im Bereich Hallersberg am

---

[46] Gstrein 1986, S. 34f.
[47] Dip. 856, fol. 157r-159v; Gstrein 1986, S. 52f.
[48] Westermann 1988, S. 105-107.
[49] So Egg/Atzl 1951, S. 143; vgl. Gstrein 1986, S. 38.

Ostrand des Bereichs Ringenwechsel nach den Untersuchungen des Geologen tatsächlich eher mit Versuchsbergbau zu rechnen ist[50].

Die Erzkörper im Schwazer Dolomit waren sehr unterschiedlich strukturiert. Bereits im Bergbuch werden mehrere Formen von Vererzungen unterschieden: die *Flache Clufft* als flach verlaufendes Erzmittel, die *Steende Clufft* (steil stehend), die *Lainende Clufft* mit mäßiger Neigung als eine Art Mittelding zwischen beiden. Ein über längere Strecken anhaltender Erzkörper wird als *Streichende oder fertige Clufft* bezeichnet und gegen *Kurzklufftig* Erz kontrastiert, das als stark zertrümmert und fleckweise im Stein verteilt bildlich dargestellt wird[51]. Neben den „Klüften" als scheibenförmigen Erzkörpern sehr unterschiedlicher Ausdehnung und verschiedener Raumlage sind schlauchförmige Erzanreicherungen, mehr oder weniger massive Erzkörper unterschiedlicher Form und Dimensionierung bei stark schwankenden mittleren Erzgehalten, teils mit grobstückigen Erzanreicherungen, teils mit sehr fein verteilten Erzkörnchen, Erzbreccien und offenbar im Zug der erdgeschichtlichen Vorgänge umgelagerte Erze vorhanden[52]. Die Erzkörper treten sowohl parallel zur ursprünglichen Schichtung als auch in verschiedensten Winkeln zu dieser auf. In den Quellen begegnet immer wieder die Wendung, der Bergbau müsse zwecks Auffindung und Aufschluss der Erzpartien *Klüfft und Kälch* durchörtern und untersuchen. Die Arbeit an den „Klüften" zielte dabei auf die genannten scheiben- oder gangförmigen Vorkommen, das Durchsuchen der „Kälch" der Auffindung der anderen, eher irregulär verteilt erscheinenden Vorkommen, wobei man sich klar darüber war, dass sie an die Karbonatgesteine („Kälch") gebunden waren.

Die Genese der Lagerstätten war und ist umstritten. Die Vorstellungen reichen von einer Entstehung im Zug der Ablagerung der Schichten über eine Genese im Verlauf ihrer späteren teilweisen Abtragung bis hin zu einer Entstehung erst im Zuge der alpinen Gebirgsbildung. Die moderne Forschung ist sich bei allen Unterschieden der Deutungen im Einzelnen darüber einig, dass in jedem Fall ein sehr komplexes Zusammenspiel verschiedener Wirkfaktoren die heute vorfindlichen Erzanreicherungen mehrfach und in verschachtelter Wechselwirkung geprägt hat[53]. In Folge dessen kam es zu einer sehr vielfältigen Gestalt der Vorkommen im Schwazer Dolomit, wobei Struktur und Ausdehnung eines jeweiligen Einzelvorkommens vielfach nur sehr schwer vorauszusehen waren. Am ehesten war das für die gangförmigen Vorkommen in größeren Kluftstrukturen des Gebirges möglich. Für den Bergbau hatte das zur Folge, dass Struktur und Verhalten der Zonen mit Erzvorkommen nur sehr schwer vorhersehbar waren. Man konnte sozusagen überall im Schwazer Dolomit auf Erzvorkommen stoßen. Nur auf den ersten Blick erscheint der Dolomit *als relativ homogener ... Gesteinszug ... In Wirklichkeit liegt dieses Gestein als ein wahrer ‚Fleckerlteppich' von teilweise stark rotierten Dolomitgesteinen vor! Nicht nur die Randbereiche sind vorwiegend tektonisch über-*

---

[50] Gstrein 1986, S. 38-41.

[51] E., S. 41-43, jeweils mit Abbildung; Dip. 856, fol.131v-132v, jeweils mit Abbildung.

[52] Gstrein 1986, S. 26, fasste seine Vorstellungen von der Bildung der Erze kurz so zusammen: *Während jener Zeit, als der Schwazer Dolomit (als Meeresablagerung, d. Verf.) gebildet wurde (Devon), drangen aus der Tiefe im Verlaufe eines mehrphasigen Dehnungsvorgangs metallhaltige Lösungen empor, die entlang vorhandener Wegsamkeiten – diese reichten von ‚offenen' Dehnungsfugen bis in den Intergranularbereich hinein – unsere Fahlerze ausfällen konnten. Als Ergebnis sehen wir schichtungsdiskordante, auf größere Weite anhaltende Erzkörper wie auch reiche Brecciennerze und disseminierte (= fein verteilte) Mineralisationen. Ein Teil der mit Metallionen angereicherten Lösungen gelangte bis zur Erdoberfläche (Meeresboden) hinaus, wo, wenn das entsprechende Milieu gegeben war, es zur Ausfällung der Metalle kam, die nun schicht- oder horizontgebundene Erzanreicherungen entstehen lassen konnten.*

[53] Zusammenfassend und mit weiterführenden Literaturangaben: Gstrein 1986, S. 25-27.

Abb. 6: Handstück mit Schwazit und Sekundärmineralien von einer Althalde bei Schwaz (Bereich Danielboden; Original und Foto: Deutsches Bergbau-Museum Bochum).

prägt. Auch die einzelnen Schollen selbst werden von wichtigen Scherflächen durchsetzt, sie ‚versetzen' (nicht zur Freude des Bergmannes) die Erzkörper[54]. Diese inhomogene, vielfach gestörte Struktur erschwerte es außerordentlich, eine Regelhaftigkeit in der Verteilung der Erzvorkommen zu erkennen und eine Systematik für ihre Aufsuchung zu entwickeln.

Die Erze im Schwazer Dolomit waren recht einheitlich. Es handelte sich um Kupferfahlerze mit durchschnittlich etwa 0,5% Silbergehalt, die heute als **Schwazit** bezeichnet werden. *Die Fahlerze stehen dem Tetraedrit (Cu [Kupfer]-SB [Antimon]-Fahlerz) näher als dem Tennantit (Cu [Kupfer]-As [Arsen] Fahlerz). Die zusätzlichen Gehalte an anderen Mineralien (besonders Hg [Quecksilber] und Zn [Zink]) lassen jedoch, besonders aus der Sicht der mikroskopischen Reflexionsmessung, eine besondere Charakteristik der Schwazer Fahlerze erkennen ... Diese Fakten führen dazu, dieses Mineral als „Schwazit" zu bezeichnen (= Hg [Quecksilber]-, Zn [Zink]-, As [Arsen]) und Ag [Silber]-führender Tetraedrit)*[55].

Die Metallgehalte waren gewissen Schwankungen unterworfen, die Gstrein aufgrund neuerer Analysen so angibt:

Kupfer (Cu)	35-41%
Silber (Ag)	0,3-0,8%
Quecksilber (Hg)	0,4-6%
Arsen (As)	4-8%
Zink (Zn)	4-8%
Antimon (Sb)	15-22%
Eisen (Fe)	1-3%
Mangan (Mn)	0,4-1%

---

[54] Gstrein 1986, S. 12.
[55] Gstrein 1986, S. 18.

Oskar Schmidegg beschrieb die Erze des Schwazer Dolomits 1951 wie folgt: *Die Zusammensetzung des Erzes ist für große Bereiche des Schwazer Dolomits recht gleichmäßig, doch zeigen sich gewisse Unterschiede im Verlauf des Dolomitzuges ... Der Hauptbestandteil, das Kupfer, das über ein Drittel des Gewichts ausmacht, nimmt gegen Osten nur wenig ab, ebenso das Silber, das früher das Hauptziel des Erzabbaus war. Es steht zum Kupfer in einem recht konstanten Verhältnis, indem auf 100 kg Kupfer etwa 1¼ kg Silber gerechnet werden kann. Das Quecksilber, das erst in neuerer Zeit gewonnen wird, ist früher bei der Verarbeitung der Erze in die Luft und damit verloren gegangen ... Ferner haben die Fahlerze einen beträchtlichen Gehalt an Zink, der auch nach Osten abnimmt, einen gleichmäßigen Eisengehalt und einen geringen Mangangehalt. Ferner ist Zinn wiederholt (bis 1-2%) festgestellt worden. Von den Halbmetallen ist in größerer Menge Antimon enthalten, dessen Gehalt im Gegensatz zu den Metallen nach Osten hin um ein volles Drittel ansteigt, während das in geringer Menge vorhandene Arsen unregelmäßige Schwankungen aufweist.*

Das Fahlerz tritt im Gebiet von Schwaz in der Regel derb eingewachsen, ohne erkennbare Kristallgestalt auf, doch sind hin und wieder frei aufgewachsene Kristalle zu finden. In Sammlungen gibt es sogar mitunter sehr schöne Stufen.

Außer Fahlerz kommen andere Erze nur in äußerst geringer Menge vor ...

Häufig sind jedoch die Oxidationsprodukte des Fahlerzes, vor allem Malachit und auch Azurit, die fast überall, wo Fahlerz länger der Luft ausgesetzt ist, auftreten, so auf den alten Halden und in alten Bauen und damit deutlich auffallende Zeichen der Erzvorkommen abgeben ... Ein weiteres Oxidationsmineral ist die Kupfer-Arsen-Verbindung Tirolit in bläulich-grünen Rosetten und Blättchen. An verschiedenen Stellen der Grubenbaue fanden sich besonders in den an Quecksilber reicheren Zonen Zinnober, mit Rotkupfer zusammen als Lebererz bekannt, worin manchmal feine Kügelchen von elementarem Quecksilber auftreten. Zuweilen ist der Dolomit an Klüften mit schwärzlichen Punkten von Kupferschwärze übersät. Fliegenschissig nannten das treffend früher die Bergleute. Schließlich ist noch Realgar zu erwähnen, den man an einzelnen Stellen der Grubenbaue finden kann.

Von anderen Mineralien tritt am häufigsten Quarz auf, der oft in feinen Gängen oder eingesprengt den Dolomit durchsetzt[56]. Obgleich die Halden des Schwazer Bergbaus mehrfach aufgearbeitet wurden, sind dort mit etwas Geduld noch immer Handstücke mit Fahlerz zu finden.

Die Fahlerze von Schwaz sind im Vergleich mit anderen Lagerstätten, etwa den silberhaltigen Blei-Zink-Erzen des Harzes, als reiche Erze zu bezeichnen. Mit ihrem durchschnittlichen Gehalt von 0,5% Silber übertreffen sie den durchschnittlichen Gehalt des Bleiglanzes im Harz von 0,03 bis 0,07% um fast eine Zehnerpotenz[57]. Es ist zudem zu beachten, dass das mit über 30% der Wertschöpfung hinzutretende Kupfer ein wichtiger Wertträger war, allerdings können wir in diesem Bereich die Produktionsmengen nur schlecht belegen. Ausgesprochene Reicherze bilden auch die oben angesprochenen Rotgültigerze des Bereichs Alte Zeche.

---

[56] Schmidegg 1951, S. 42f.
[57] Bartels 1992a, S. 24.

c) Die Nutzung der Wälder

Die Verfügung über Wald und Wasser war für den Montanbetrieb unabdingbar. Was das Holz angeht, traten als Verbraucher einmal die Bergwerke selbst in Erscheinung, indem sie Holz zum Grubenausbau benötigten. In einer dem Schwazer Bergbuch von 1556 beigegebenen Aufstellung über die Gruben des Falkensteins wird mitgeteilt, von den 144 Stollen dieses Reviers mit einer Gesamtlänge von 8.379 Lehen und 1 Klafter (= 58.654 Klafter = ca. 111.200 m) müssten 3.977 Lehen und 1,5 Klafter (27.840,5 Klafter = ca. 52.785m) oder knapp 53 km ausgezimmert werden, ferner eine Gesamtlänge von 1.835 Lehen und 1,5 Klaftern (= 12.846,5 Klafter = ca. 24.350 m) oder gut 24 km an *Ausbrich und Wexl*, also sonstigen Strecken. Man musste also Stollen und Strecken in einer Gesamtlänge von etwa 77 km Länge in Holz ausbauen und diesen Holzausbau unterhalten und ausbessern. Dazu kam die Auszimmerung in den eigentlichen Abbauhohlräumen. Zu einem Stollen gehörte meist eine *Kram*, ein Gebäude über Tage zur Aufbewahrung von Werkzeug, Gerät und Material, in anderen Revieren Kaue genannt, ferner Scheidhäuser oder -Hütten zur händischen Scheidung der Erze. Diese Gebäude waren ebenfalls aus Holz errichtet. Holz benötigte man für die „Bergtruhen" (Förderwagen) und die Bohlengestänge, auf denen diese geschoben wurden, für Förderkübel und für die Fahrten (Leitern), an deren Stelle auch Steigbäume treten konnten.

War schon der Holzbedarf des Bergwerksbetriebs groß, so war der Bedarf der Hütten an Holzkohle und Holz geradezu gigantisch. Mangels einschlägiger Forschungen kann er bisher nicht quantifiziert werden. Nach E. gab es eine *Ordnung mit dem Holz und Gestenngen*, die zum Auszimmern der Stollen, ferner zum Einbau von Verzimmerungen, die taubes Bergematerial in den Gruben sicherten (*Kastenschlahen*), außerdem für die Haspel und Leitern in den Schächten benötigt wurden. Ein (von der landesfürstlichen Bergbauverwaltung?) bestellter Holzkäufer kaufte das Holz auf und sorgte für dessen Verwahrung *in der Herrn gmaine Holzhutten*. Wenn eine Grube Holz benötigte, begab sich der Hutmann dieses Betriebs zum Holzkäufer und erwarb die benötigte Menge, die durch einen eigens angestellten Fuhrmann zur Grube gebracht wurde. Bei der regelmäßigen allgemeinen Rechnungslegung wurden Holz und Fuhrlohn den Gewerken berechnet[58].

Ferner hatten die schmelzenden Gewerken, also diejenigen, die eigene Hüttenwerke betrieben bzw. daran beteiligt waren, eigene Holzmeister, denen Wald zur Abholzung durch *die Obrigkait ausgezaigt* wurde. Das Holz musste die richtige Stempellänge haben und etwa eine Handspanne dick sein. Für 100 Einheiten Holz[59] zahlte man 26 (Pfund?) Veroneser Pfennige. Holz, das länger war als das übliche Stempelmaß, wurde entsprechend teurer verrechnet[60]. Die vorstehenden Angaben finden sich nur in E., in den Kodizes von 1556 wurden sie weggelassen.

Über diese Angaben hinaus widmet sich ein eigener Abschnitt von E. dem *Holzwerch*; er ist mit einer Abbildung versehen[61]; Text und Miniatur entfielen in den Handschriften von 1556, wo stattdessen die landesfürstliche allgemeine Holzordnung vom 17. August 1551 mitgeteilt wird[62]. Es wurde ausgeführt, dass die Schmelzherren und Gewerken sich vom Landesherrn etliche Wälder verleihen ließen. Diese überließen sie zur Bearbeitung den *Fürdin-*

---

[58] E., S. 158.

[59] Der Text beziffert die Größe der Einheit nicht.

[60] Ebd.

[61] E., S. 162-164.

[62] Dip. 856, fol. 58r-67v.

gern, Pächtern, die als gute und ehrliche, befähigte ansässige Leute mit Hausbesitz gekennzeichnet werden. Diese beschäftigten als Arbeitskräfte Holzknechte, die *fur Speis und Lon* 12 bis 15 Kreuzer pro Tag erhielten. Die Höhe des Tagelohns hing von der Höhe und Stärke des zu schlagenden Holzes ab. Die Holzknechte schlugen nach Anweisung der Pächter viele Tausend Stämme, wie es ausdrücklich heißt[63]. Anschließend wurde das Holz auf Stapelplätze gebracht, wo es durch den Holzmeister in Augenschein genommen, abgemessen und gezählt wurde. Hölzer, die nicht der vorgegebenen Länge entsprachen, wurden geringer bezahlt. Pächter und Holzmeister hielten die Angaben je auf einem Kerbholz fest. Schließlich wurde von ihnen darüber eine Abrechnung durchgeführt, die auch den Aufwand für den Transport des Holzes durch die Pächter zu den Köhlern berücksichtigte.

Holz, das nicht für die Kohlenmeiler, sondern für die Bergwerke vorgesehen war, musste die richtige *Stolenhech* (Stollenhöhe) haben, *das ist 8 gueter Mansschuech lang und ein guetn Schuech ubern Stockh*. Der Holzmeister, dem der Wald von den damit belehnten Schmelzern und Gewerken überlassen worden war, und der als eine Art Hauptpächter fungierte[64], hatte für den Transport zu den Gruben zu sorgen, wo er für 100 (Klafter?) Holz 5 Gulden 12 Kreuzer erhielt, je nach den Verhältnissen und der Weite des Transportwegs auch weniger[65]. Dieses Holz war ausschließlich für den Gebrauch in den Bergwerken bestimmt, der Bergrichter und die Schichtmeister (Oberaufseher des Grubenbetriebs[66]) hatten darüber zu wachen; für missbräuchliche Nutzung des für die Gruben bestimmten Holzes wurde empfindliche Bestrafung angedroht[67].

Das zur Verkohlung bestimmte Holz wurde zu den entsprechenden Meilerplätzen gebracht, wo die Köhler es im Auftrag der Schmelzherren verarbeiteten. Der Umfang der Lieferungen wurde auf Kerbhölzern vermerkt, damit mit den Hütten richtig abgerechnet werden konnte. Privatbesitzer von Waldungen stellten nach E. im Eigenbetrieb Holzkohle her und schlossen Verträge mit Schmelzherren ab, die Vorschüsse von 30 bis 100 Gulden gewährten. Diese wurden dann durch Lieferungen von Holzkohle abgegolten. Der durchschnittliche Preis betrug einen Gulden und 24 Kreuzer für ein Fuder (ca. 1,8 m³) Holzkohle[68], wobei angemerkt wird, der Preis könne, je nach Zeitumständen, höher oder niedriger ausfallen. Ausdrücklich wird darauf hingewiesen, dass die Kohlenbrenner je ein Maß für die Kohlen besaßen, das mit einer eingebrannten amtlichen Eichmarke versehen war[69].

In der Region war ein zweiter Großverbraucher von Holz und Holzkohle angesiedelt – die Saline Hall, die enorme Mengen verbrauchte. Die Darstellung der Stadt Hall im Schwazer Bergbuch zeigt die riesigen Holzlager am Inn und den Flößrechen quer über den Fluss, mit dessen Hilfe die den Inn herab geflößten Holzmassen aufgefangen wurden[70].

---

[63] E., S. 163.

[64] Vgl. Dip. 856, fol. 100r, *Holzmaister*; identisch E., S. 124.

[65] E., S. 163.

[66] Vgl. Dip. 856, fol. 95v und 96r, *Der Schichtmaister*; identisch E., S. 116-117.

[67] E., S. 164.

[68] Das Handbuch der Historischen Metrologie (Hg. H. Witthöft), Bd. 3, St. Katharinen 1994, S. 169, gibt ein Fuder-Maß nur für Nassau an. Fessner 1998, S. 23, stellte für den frühneuzeitlichen Steinkohlenbergbau im Bereich der Grafschaft Mark fest: *Das Fuder wurde zumeist synonym mit der Maßeinheit Wagen verwandt und entsprach dem Fassungsvermögen eines zweiachsigen Fuhrwagens mit Steinkohle, der aber in der Praxis nicht immer gleich groß war* und verwies auf eine Umrechnung von 1 Fuder = 1,76 Kubikmeter. Wir nehmen an, dass die Verhältnisse im Schwazer Bergbau dem etwa entsprachen.

[69] E., S. 164.

[70] Winkelmann 1956, Taf. XVIII.

Während das Entwurfsexemplar des Schwazer Bergbauchs dem Holz viel Raum gewährte, indem nicht nur das oben besprochene Kapitel mit zwei Miniaturen enthalten ist, sondern auch die Arbeit der Zimmerleute und ihre Ausrüstung in Text und Miniaturen dargestellt sind, entfielen diese Teile in den 1556er Kodizes, in denen wir stattdessen die Waldordnung von 1551 wiedergegeben finden. Diese Ordnung verdeutlicht, dass aus den Ansprüchen zahlreicher berechtigter Verbraucher – von den Großkonsumenten Saline Hall und den Schmelzhütten für die Schwazer Erze über die einzelnen Gemeinden und ihre unterschiedlich berechtigten Einwohner bis hin zur Landesherrschaft selbst – um die Nutzung der Wälder immer wieder zahlreiche Konflikte zu lösen waren. Die Holzordnung selbst sollte durch eine Sachverständigengruppe, bestehend aus dem landesfürstlichen (Ober-)Waldmeister, den je für den Bezirk zuständigen Waldmeistern, einem Beamten der Saline Hall und einem Schwazer Berggeschworenen, in Anwesenheit des jeweils zuständigen Pflegers oder Richters den Gerichtsleuten und Untertanen jeder Gemeinde jährlich erläutert und neu bekannt gegeben werden. Ausdrücklich wurde erwähnt, dass dies auf Kosten der landesfürstlichen Verwaltung zu geschehen hatte, längere Zeit in Anspruch nahm und bei Bedarf auch zu wiederholen war. Jeder Gemeinde und jedem berechtigten Verbraucher sollte genau angewiesen werden, wo und in welcher Menge Brennholz, Schindeln, Bretter oder Zimmerholz, sowie, wie schon oben erwähnt, Kohlholz und Grubenholz, geschlagen werden durften. Eine wichtige Tätigkeit der Waldmeister und ihrer Gehilfen war neben der Abschätzung und Zuweisung der Mengen, die geschlagen werden durften, die Abgrenzung von Holzschlägen, von Waldweiden und Bergwiesen gegeneinander. Sie hatten besonders darauf zu achten, dass die Grenzen nicht verschoben und überschritten wurden. Streitigkeiten sollten im Zusammenwirken der örtlich zuständigen Gerichtsbarkeit und der zuständigen Waldmeister möglichst gütlich beigelegt werden[71].

Ein besonderes Problem stellte offenkundig die Zweckentfremdung von Holz dar. Für den Bedarf der Ämter, der Bergwerke, der Städte, Gerichte und anderer Verbraucher werde jährlich eine große Menge verschiedenen Holzes geschlagen und an die Landeplätze am Inn gebracht. Dieses Holz werde vor dem gewöhnlichen und ordnungsgemäßen Holzkauf oft heimlich und ohne Erlaubnis verkauft und abgefahren, wobei auch landesherrliche Vorkaufsrechte missachtet würden. Alle Gerichtsherren, Pfleger, Landrichter, Bergrichter, Bürgermeister, Räte, Anwälte sowie sämtliche Amtleute und Diener der Landesherrschaft wurden darauf verpflichtet, gegen solche Unregelmäßigkeiten vorzugehen[72]. Besonderer Wert sollte darauf gelegt werden, alle strafwürdigen Übertretungen (auch schon weiter zurückliegende) zu verfolgen und insbesondere fällige Bußen tatsächlich einzutreiben sowie widerrechtlich entnommenes Holz zu beschlagnahmen und auf Rechnung der landesherrlichen Kassen zu verkaufen[73]. Die vorgesehenen Bußen waren durchaus drastisch. So sollte das unerlaubte Schlagen eines Stammes in zum Einschlag freigegebenen Waldungen mit einem Pfund Berner Pfennige geahndet werden. Erfolgte es in Bannwäldern, die nicht zum Holzschlag freigegeben waren, waren gar 20 Pfund Pfennige pro Stamm fällig – ein Vielfaches des Holzwerts. Mit entsprechend hohen Bußen sollte jede Unredlichkeit im Sinn überhöhter Entnahmen bei genehmigten Einschlägen bestraft werden. Unerlaubtes Roden und Brennen zog Strafen von 10 Pfund nach sich. Sofern die eigentlichen Täter nicht in der Lage seien, die verhängten Bußen zu bezahlen, sollten diejenigen mit den Strafen belegt werden, die diese Dienstleute, Ein-

---

[71] Dip. 856, fol. 58v-59v.

[72] Dip. 856, fol. 66v-67r.

[73] Dip. 856, fol. 65v-66 r.

wohner oder ledigen Knechte in Dienst gestellt hatten oder deren Grundherren waren, damit sie in Zukunft ihre Güter und Häuser von verlässlichen und gutwilligen Personen versehen ließen[74].

Geregelt wurde ferner die – für alle Einwohner durchaus wichtige – Nutzung bestimmter Waldungen für die Waldweide. Auch der Umgang mit trockenem Holz und herab gefallenen Ästen, Holz aus Windbrüchen, Astwerk und minderwertigem Holz, die beim Einschlag anfielen, wurde geregelt. Immer wieder kommt die Zielvorstellung zum Ausdruck, den Wald einer nachhaltigen Nutzung zuzuführen, keine Ressourcen zu verschwenden und einen guten Nachwuchs auf abgeholzten Flächen zu gewährleisten[75].

Insgesamt verdeutlicht die ins Einzelne gehende Lektüre der Waldordnung zum einen die große Bedeutung des Waldes für alle Gruppen und Schichten der Bevölkerung, zum anderen das Konfliktpotenzial im Rahmen der alltäglichen Nutzung der Wälder für die unterschiedlichsten Zwecke und Interessen. Insbesondere die Großverbraucher wurden zum Anlass weit reichender Konflikte. Dass in diesem Zusammenhang die Bergbeamtenschaft nicht gerade zimperlich war, geht aus dem Abschnitt zu den Konflikten zwischen dem Bergbau und den Städten (*Stet beruerenndt*) hervor[76]. In diesem Zusammenhang machten die Verfasser des Schwazer Bergbuchs den doch sehr weit gehenden Vorschlag, in Bergbaugebieten die Stadtrechte aufzuheben oder ruhen zu lassen, solange der Bergbau betrieben werde[77]. Den Vertretern der Städte dürfte dieser Vorschlag sehr wenig gefallen haben. Die Ausführungen machen deutlich, dass den Konflikten durchaus Brisanz innewohnte und nicht nur die Vertreter der Städte ihre Interessen mit recht harten Bandagen durchzusetzen versuchten, wie die Verfasser des Bergbuchs klagten. Eine genauere Untersuchung zur Waldnutzung gehört zu den Forschungsdesideraten im Zusammenhang mit dem Montanwesen von Schwaz.

d) Die Nutzung des Wassers

Bezüglich der Gewässernutzung war die Bergbautechnik des Schwazer Reviers im Vergleich auch mit recht nahe gelegenen Revieren wie Kitzbühel noch wenig entwickelt. In den Teilrevieren Alte Zeche und Ringenwechsel wurden Pochwerke betrieben. Nöh teilte zum erstgenannten Bereich mit: *Das Fördergut bestand aus einem Gemenge verschiedenster Erze, die sehr sorgfältig geschieden werden mussten, um schmelzwürdiges Gut zu erhalten. Da dies mit bloßer Handscheidung nicht möglich war, baute der Bergrichter Jörg Schorpp 1479 beim St.-Klaus-Stollen das erste Waschwerk nach ungarischer Art, wozu das Wasser von höheren Stollen zugeleitet wurde. Die Erze wurden von Hand zerkleinert und auf feststehenden Waschherden nach ihrem spezifischen Gewicht getrennt. Zu Anfang 1500 baute Erasmus Stauber das erste Poch- und Waschwerk nach böhmisch-sächsischer Art mit Wasserradantrieb. Vom*

---

[74] Dip. 856, fol. 63v-64 v.

[75] Als Beispiel Dip. 856, fol. 60r: *Gleicher Gestalt sollen die verhakhten gemainen Waldhölzer und Maisen zu Herwidererzuglung und Wachsung aines schenen Walds in Pan unnd Hayung gelegt werden.*

[76] E., S. 101-105; Dip. 856, fol. 115r-117v.

[77] E., S. 102-103: *Und war ainem Herrn und Lanndtsfursten in Tyrol vil nutzlicher und diennstlicher dieweil die Stett den Perckwerchen mit iren Freyhaiten nit weichen wollen. Davon auch ain Herr und Lanndtsfurst mer Nutzung und Einkomen, dergleichen mer Volckh im Lannd hat. Er thet und stellet, dieweil die Perckhwerch also sein, der Stett Freyhaiten ein und zu Rue, dann der Stett Freyhaiten mugen gegen den Perckhwerchen und derselben Verwonten auch nit stat haben oder sich derselben, dergleichen Nuz und Gewer nit gebrauchen, vil weniger erhalten.* Vgl. Dip. 856, fol. 116r-116v.

Piller Bach wurde das Wasser in einem ca. 1,5 km langen Kanal zugeleitet, der später oberhalb Freundsberg vorbei bis zum Falkenstein-Bergbau verlängert wurde. Der heutige Schiller-Mensi-Weg bezeichnet noch seinen Verlauf. Im Piller Bach bei der Steinwand stand ein großes Schleusenwerk mit Überfallwehr nach noch heute gebräuchlicher Bauart zur Regulierung des Wassereinlaufs. Im Pochwerk wurden auf Stoßherden die einzelnen Erzsorten getrennt und schmelzwürdige Erzschlämme erzielt. Leider teilt Nöh keine Quellenangaben mit; inhaltlich stimmen seine Mitteilungen mit Isser überein, der aber ebenfalls nur wenige heute noch nachvollziehbare Angaben macht[78]. In seiner Kartenbeilage stellte Isser nach einem heute nicht mehr nachgewiesenen Kodex, den er „Ettenhardtsches Bergbuch" nennt[79], drei Gebäude mit Wasserrädern dar. Die Ansicht des Teilreviers Alte Zeche im Schwazer Bergbuch erfasst diesen Bereich nicht, sondern beginnt erst östlich davon[80]. Heute noch sichtbare Reste der Wasserzuleitung vermutet P. Gstrein am Oberrand des Pirchangers. Er wies zugleich auf Widersprüche älterer Darstellungen zu heutigen Geländebefunden hin[81].

Eine andere bergbauliche Wassernutzung, die Versorgung des gerade neu gebauten Wasserrades im Falkenstein, zeigt die Ansicht dieses Teilreviers schematisch[82]. Leider ohne Angabe von Quellenbelegen teilte Mutschlechner 1951 mit, am Falkenstein habe es schon 1460 einige „Waschwerke" gegeben, und 1512 sei das erste Pochwerk errichtet worden; Gstrein formulierte vorsichtig, *1512 soll man den ersten Pocher beim Neujahrstollen errichtet haben … Ein kleineres Pochwerk wurde auch beim Wolfgangstollen (beim „Pflanzgarten") betrieben, wobei neben den Grubenwässern sicherlich auch das kleine, dort vorbei rinnende Bächlein genutzt wurde. Aufgrund der geringen Wassermengen könnte hier unter Umständen auch einmal ein Teich bestanden haben. Die Pochsande sind noch gut erkennbar.* Es bleibt allerdings offen, aus welcher Zeit diese stammen. Es ist jedenfalls zu beachten, dass nach ausdrücklicher Aussage im Schwazer Bergbuch am Falkenstein das Erz nicht gepocht wurde[83]. In Übereinstimmung damit ergaben unsere Untersuchungen, dass am Falkenstein 1563/64 unter Federführung des damaligen Faktors des 1558 gegründeten Österreichischen Handels als Montanunternehmen des Landesherrn erstmals Pochwerke geplant wurden. Darüber wird in Kapitel 11 ausführlich berichtet. Es muss also überprüft werden, ob tatsächlich vor Einbau der Wasserkunst im Falkenstein 1556 eine Nutzung der Wasserkraft zu bergbaulichen Zwecken nachgewiesen werden kann. Mit dem Rinnwerk zum Betrieb dieser Wasserkraftmaschine hat sich jüngst ausführlich Peter Gstrein befasst. Er stellte für das System der Versorgung mit Antriebswasser ohne Berücksichtigung des Abzugsgrabens eine Gesamtlänge von rd. 4.000 m über Tage und rd. 1.600 m unter Tage fest. *Daraus ergibt sich ein für die damalige Zeit ein doch bedeutendes Bauwerk, bei dem die Betriebs- und Erhaltungskosten sicherlich nicht klein waren. Schade ist, dass dieses wichtige Dokument bergbaulicher Baukunst zu einem großen Teil unkenntlich oder … zerstört ist*[84]. Seit der Anlage dieses Bauwerks war die Nutzung der Wasserkraft für den Bergbau von Schwaz in jedem Fall gegeben. Damit war die Nutzung der Wasserkraft für den Bergbau im Revier Schwaz im europaweiten Vergleich allerdings wenig entwickelt. Dass sie auch später nicht entfernt den Umfang und die Bedeu-

---

[78] Nöh 1951, S. 130; vgl. Isser 1905, S. 75. Sein „Ettenhardtsches Bergbuch", das er u. a. als Quelle nennt, ist nicht mehr auffindbar (vgl. Anm. 10), sein Hinweis auf Pestarchiv XVI, fol. 780 wäre zu überprüfen, im Zitat fehlt die Nummer des Aktenbandes. Faszikel meint beim Bestand Pestarchiv nicht Band sondern Abteilung.

[79] Dazu vgl. oben, Anm. 10; zum Problem „Ettenhardtsches Bergbuch" insgesamt vgl. oben, S. 191-197.

[80] Vgl. Winkelmann 1956, Taf. VII.

[81] Gstrein 2004, S. 36 mit Abb. 1.

[82] Vgl. Winkelmann 1956, Taf. VI.

[83] Dip. 856, fol. 155r: *so sein aber am Valkhenstain kaine Schiesser oder Pucher, die das Wasser treibt, aufgericht.* Vgl. auch oben, Bd. 2, Abschnitt 2b, S. 211f., Anm. 101 und Bd. 3, Kap. 11c, Anm. 47.

[84] Gstrein 2004, S. 48.

tung erlangte, wie in anderen Revieren, beispielhaft genannt seien der Harz und das sächsisch-böhmische Erzgebirge[85], dürfte nicht zuletzt Folge des unten zu erörternden Raubbaus im 16. Jahrhundert gewesen sein[86].

Von besonderer Bedeutung waren die Gewässer für Transporte. Neben dem Flößen von Holz auf allen dazu nur irgend geeigneten Wasserläufen waren die Schifffahrt und Flößerei auf dem Inn von überragender Bedeutung. Rolf Kießling konstatierte, *dass die Verkehrslage Tirols, die schon früh durch den Alpentransit – neben dem Weg über den Brenner und Reschen auch die Tauernübergänge – bestimmt war, im Spätmittelalter durch den Inn als Wasserstraße eine neue Qualität erhielt, war doch erst damit der Transport von Massengütern einigermaßen kostengünstig zu gestalten. Nicht zuletzt die Probleme der Versorgung einer rasant wachsenden Bevölkerung ließen sich dadurch lösen,* wobei zugleich auf die Störanfälligkeit des Systems hingewiesen wird[87]. Er hat sich ausführlich mit den Voraussetzungen und der Entstehung des auf der Wasserstraße Inn basierenden Versorgungssystems seit dem 14. Jahrhundert, mit den bestimmenden Strukturelementen der Innschifffahrt und schließlich mit den Einwirkungen von Konjunkturen und Krisen befasst; auf diese Arbeit kann hier verwiesen werden. Insbesondere die Auswertung von Zolllisten erlaubt, dass *der umfassende Charakter der Versorgung des Schwazer Reviers und der gesamten Tiroler Bergbauregion über die Bergfahrten der Innschiffe ... damit nachvollzogen werden* kann. Die Versorgung mit Lebensmitteln (besonders Fleisch und Getreide) und Betriebsmitteln für die Bergwerke (bes. Unschlitt, Eisen, Leder) beruhte weitgehend auf der Innschifffahrt[88].

---

[85] Zum Harz Bartels 1992; ders. 2004; zum Erzgebirge vgl. Wagenbreth/Wächtler 1986.
[86] Vgl. unten. S. 690-694.
[87] Kießling 2004, S. 96.
[88] Ebd., S. 103-107, Zitat S. 107. Zu den technischen Voraussetzungen der Innschifffahrt vgl. Stuffer 2004 (im selben Band).

2. Gesellschaftliche Grundlagen

a) Territorium und Landesherrschaft

Das Land Tirol und insbesondere dessen Bergbau spielten eine besondere Rolle für den Aufstieg des Hauses Habsburg zur Weltmacht. Es waren ganz wesentlich der Bergbau und die darauf basierende Metallproduktion, die den Aktivitäten der Habsburger die nötigen Finanzmittel bereitstellte, wobei der Silberproduktion eine besonders wichtige Rolle zufiel. Tirol und speziell Schwaz wurden schon 1476 durch einen Chronisten als *die gemeine und unerschöpfliche Geldquelle ganz Oberdeutschlands* bezeichnet[1]. Grundlage der Nutzung dieser Geldquelle durch das Haus Habsburg war dessen Stellung als Landesherren in der Grafschaft Tirol, die in der zweiten Hälfte des 14. Jahrhunderts an die Habsburger gelangt war. Als solche beanspruchten sie das Bergregal. Die Tatsache, dass zur Entstehungszeit des Schwazer Bergbuchs der Tiroler Landesfürst Ferdinand I. zugleich römisch-deutscher König war und damit die seit dem 15. Jahrhundert gegebene enge Verbindung Tirols zu den Königen bzw. Kaisern fortgesetzt wurde, verlieh der Bindung des Montanwesens in Tirol an die Machthaber im Reich einen besonderen Akzent[2].

Zugleich führte dies dazu, dass stets nicht lediglich Angelegenheiten des Landes Tirol unlöslich mit dem Montanwesen der Region Schwaz verknüpft waren. Nicht immer zur Freude etwa der Tiroler Landstände spielten Fragen der Reichspolitik und ihrer Finanzierung eine wesentliche Rolle für den Umgang der Fürsten mit dem Montanwesen und ihren „Getreuen Kammerleuten", als die die „Bergverwandten" in ihrer Gesamtheit stets angesprochen wurden. Der seit dem 16. Jahrhundert sich zunehmend äußernde Unmut über die ausländischen Gewerken, vornehmlich die Augsburger Großkaufleute und hier besonders über die Fugger[3], hatte nicht zuletzt damit zu tun, dass man – immer wieder und sicher nicht ganz zu Unrecht – den Eindruck gewann, Angelegenheiten des Reichs gingen zu Lasten Tirols, etwa wenn Moritz von Sachsen im Zusammenhang des Schmalkaldischen Kriegs 1552 ins Inntal einmarschierte und es in der Folge der Ereignisse in Schwaz zu Unruhen und schweren Versorgungsengpässen, kam, wie an anderer Stelle näher erläutert wird[4].

Die Stellung der Montanen als „Getreue Kammerleute" drückte sich in einem besonderen Rechtsstatus aus, der alle dem Montanwesen verbundenen Personenkreise bis hin zu den Handlangern und Tagelöhnern und ihren Angehörigen zu persönlichen Gefolgsleuten des Fürsten machte. In Schwaz war dies besonders ausgeprägt, weil als Besonderheit hier kein Stadtregiment mit entsprechenden Befugnissen zwischengeschaltet war. Der Landesfürst

---

[1] Suhling 1983, S. 105f.

[2] Palme 1998, S. 17-22, 61-65, 120-122.

[3] Vgl. Palme 1998, S. 65 und 121. *Es gelang der Regierung auch, durch das Verbinden der <u>sozialen Frage</u> mit der <u>nationalen</u>, die Bergarbeiter als Bundesgenossen im Kampf gegen die ausländischen Großunternehmer zu gewinnen* (S. 121). Es muss doch bezweifelt werden, dass die römisch-deutschen Könige und Kaiser ihre nicht aus Tirol stammenden Kreditgeber als „ausländische Großunternehmer" bekämpft haben. Eine deutliche ideologische Prägung ist hier noch in der Geschichtsschreibung der Gegenwart wahrnehmbar. Ausführlich befasste sich mit diesen Fragen: Fischer 2001 in seinem Kapitel „Tradition und Gehalt eines Feindbildes", S. 99-111. Er stellte z.B. für Ferdinand I., der seinerzeit als Tiroler Landesherr noch nicht König war, im Zeitraum 1525/26 fest: *Er konnte und wollte es sich schließlich mit seinen Finanziers nicht verderben* (S. 108). Während er auf Drängen der Bauern angeblich über die gänzliche Aufhebung der großen Kaufmannsgesellschaften (besonders der Fugger) verhandelte, *bemühten sich seine Räte in den oberdeutschen Städten, bei den Fuggern und bei Hans Paumgartner, erfolgreich um neue Darlehen* (S. 109).

[4] Vgl. unten Kap. 6.

und seine Regierung waren in einem so direkten und unmittelbaren Sinn Obrigkeit, dass sie selbst bei alltäglichen Angelegenheiten wie minimalen Krediten für die Betreiber von Kleingruben oder Reparaturen an den Fleischbänken an der Schwazer Innbrücke tätig wurden[5]. Dass hieraus erhebliche Konfliktpotentiale erwuchsen, belegen einmal die ständigen Querelen zwischen dem für die dem Montanwesen verbundenen „Kammerleute" zuständigen Berggericht und dem Landgericht, in dessen Zuständigkeit Untertanen und Angelegenheiten fielen, die nicht dem Montanwesen verbunden waren. Das Konfliktpotential lag zumeist im Detail. Im praktischen Alltag war die Grenze zwischen dem Montanwesen und anderen Bereichen des Lebens und Arbeitens nicht so leicht zu ziehen, immer wieder ging es um die Frage, ob Personen und Angelegenheiten ganz, überwiegend oder eben doch eher untergeordnet dem Montanwesen zuzuordnen waren, und eben in den Zweifelsfällen beanspruchten oft genug die Vertreter der Montanverwaltung und -gerichtsbarkeit sowie Verwaltungsebenen außerhalb der Montansphäre bzw. die Landgerichtsbarkeit konkurrierend die Hoheit und Entscheidungsgewalt[6]. Das Montanwesen von Schwaz beschäftigte eine große Menschenmenge und produzierte und konsumierte Güter für bzw. aus weit entfernten Regionen. Schon deren massenhafter Transport beanspruchte Infrastrukturen wie die Straßen, die durchaus nicht unbedingt von Seiten des Montanwesens unterhalten wurden: Wer finanzierte Reparaturen, die aufgrund der Massentransporte erforderlich wurden? In den Städten des Inntals gab es, wie überall, Regularien für den Durchgangsverkehr von Waren. Sollten diese auf die Produkte und Versorgungsgüter des Montanwesens angewendet werden? Hier gab es viele – und nach den Texten des Schwazer Bergbuchs heftige – Konflikte.

Es ist immer wieder betont worden, dass das Bergrecht des Alpenraums und etwa der bedeutenden Montanreviere des sächsisch-böhmischen Raums und an deren Rechtskodifikationen orientierter anderer Reviere wie etwa des Harzes, wesentliche Unterschiede aufweisen[7]. Was dabei aus dem Blick zu geraten droht, ist die Tatsache, dass sie bei allen bestehenden Unterschieden auf dem selben Fundament aufbauen, wenn es um das Verhältnis zur Obrigkeit geht, nämlich auf dem Regalrecht. Überall beanspruchte die Obrigkeit ein finanziell ergiebiges Mitbaurecht am Bergbau und eine Partizipation an den Einkünften, die aus den Montanprodukten erzielt wurden. Überall waren die Bergwerke gewerkschaftliche Betriebe mit der charakteristischen Aufteilung in ideelle Teile, die ähnlich Immobilien gehandelt, vererbt, geteilt und zusammengeschlagen, eventuell ausgetauscht werden konnten. Die Binnenorganisation der bergrechtlichen Gewerkschaften mochte sich darin unterscheiden, dass die Anteile nach unterschiedlichen Zahlenschlüsseln gerechnet wurden: Während die Betriebe im böhmisch-sächsischen Bergrechtskreis zumeist auf der Basis von 128 Teilen beruhten, zu denen noch solche mit Sonderrechten hinzutreten (oder in denen solche mit umgriffen sein) konnten[8], gab es in Schwaz die Teilung in Neuntel, die jeweils wiederum in Viertel geteilt waren, so dass man auf der Basis von 36 Teilen zu rechnen pflegte[9]. Aber diese waren, genauso wie die 128 Teile anderswo, weiter unterteilbar, womit hier eigentlich mehr als rechnerische Unterschiede nicht bestehen[10]. Das Prinzip der Organisation des bergbaulichen Besitzes in Tei-

---

[5] Einzelheiten werden im folgenden Abschnitt erörtert.
[6] Vgl. dazu den Disput zwischen Landrichter und Bergrichter, E., S. 79-100; Dip. 856, fol. 101r-114v.
[7] Vgl. z.B. Ludwig 1989, S. 29f.
[8] Als beispielhafte Übersicht vgl. Henschke 1974, Abschnitt: Das Oberharzer Bergrecht, S. 30-41.
[9] Vgl. unten Kap. 3e.
[10] Fischer 2001, Anhang 2, S. 297f. Die Fugger hielten z.B. 1527 an der Grube zu S. Johanns u. Veronica 5/4, 1/8, 3/64 und 1/96, was in der Praxis bedeutet, dass sie von den insgesamt 36 „Vierteln", in die der Grubenbesitz eingeteilt war, 5 ganz besaßen, mithin 5/36, dazu eines zur Hälfte (+ 1/72), drei zu je einem Sechzehntel (+ 3/576) und eines zu einem Vierundzwanzigstel (+ 1/864). Hier wird deutlich, dass die Besitzaufsplitterung teils sehr kleine Anteile entstehen ließ.

len, die zumeist (mehr oder weniger breit) gestreut waren, und damit des Betriebs der einzelnen Bergwerke durch je ein Besitzerkonsortium, nicht durch einzelne Betreiber, galt hier wie da.

Es wird oft wenig beachtet, dass nicht nur in Bergwerken Sachsens, des Harzes usw. die Landesherren als Anteilseigner und damit Mitbetreiber der Montanbetriebe in Erscheinung traten, sondern auch in Schwaz. Es erfolgten auch dort Grubenverleihungen an den Landesherrn als dem mit dem Abbaurecht für die entsprechende Grube Belehnten, der damit das Recht erwarb, sich seine Mitgewerken aussuchen zu können und also bei der Gründung eines Bergbaubetriebs über dessen Führung zu entscheiden[11]. Er konnte die Anrechte nutzen, um den Betrieb selbst nach seinen Vorgaben zu führen und zu leiten, oder sie gegen bestimmte Leistungen an andere abtreten. Es ist nicht richtig, dass der Unterschied zwischen Montanbetrieben des „alpenländischen Bergrechtskreises" und des „sächsisch-böhmischen Bergrechtskreises" darin bestünde, dass im einen Kreis (alpenländisch) Privatunternehmen das Feld überlassen worden wäre und im anderen der Bergbau „Staatsbetriebe" gebildet hätte. Vielmehr war etwa in Schwaz der Landesherr durchaus selbst auch Bergbauunternehmer, wie das Beispiel Falkenstein belegt: Immerhin trat Maximilian persönlich 1490 dort als derjenige in Erscheinung, dem mit dem Fürstenbau und dem Erbstollen Abbauberechtigungen verliehen wurden, die in der Folgezeit ganz außerordentliche Bedeutung erlangen sollten. Und auch zahlreiche andere Gruben wurden im 16. Jahrhundert als „landesherrlich" geführt, eben weil der Fürst hier der Hauptgewerke (möglicherweise in Einzelfällen auch der Alleingewerke, die Klärung dieser Frage ist ein Forschungsdesiderat) war. Und im sächsischen Bergrechtskreis gab es Privatbeteiligte von außerordentlichem Einfluss auf das betriebliche Geschehen und die Gesamtentwicklung der Montanbetriebe, hier ist etwa an die Großgewerken und Metallhändler aus Leipzig zu erinnern, oder an Thurzo und seine Mitgewerken mit großem Einfluss etwa auf den Bergbau des Rammelsbergs in seiner neuen Blütephase seit den 1470er Jahren.

Es waren überall dem Landesherrn verpflichtete Berggerichte, die über einen geregelten Ablauf in den Revieren zu wachen hatten. Freilich wurden die Bergrechte, die diese zu handhaben hatten, in Tirol noch bis 1513 nach aus dem Mittelalter herrührenden Praktiken weistumsartiger Rechtssetzung durch die Montanen selbst bei anschließender Bestätigung durch den Herrscher „erfunden", während es sich andernorts um zunehmend von der Obrigkeit gesetztes Recht handelte. Aber es bleibt zu beachten, dass dabei die Montanen durchaus gehört wurden, und wichtige Angelegenheiten, wie das zu beachtende Regelwerk zur Organisation des Verhältnisses zwischen den Instanzen Berggericht und Landgericht auch in Schwaz ganz selbstverständlich durch Regierungs- bzw. landesherrliches Dekret geordnet wurden[12]. Und auch die Schwazer Großgewerken der Zeit um 1550 führten ihre Bergbaubetriebe keineswegs so, dass sie wichtige Entscheidungen, etwa über den Zusammenschluss von Bergwerken, selbstständig und nach von ihnen formulierten Betriebsnotwendigkeiten getroffen hätten, hier hatte die Obrigkeit ein Wort mitzureden; ohne deren Genehmigung konnten derartige Dinge nicht durchgeführt werden[13].

---

[11] Paul 2005: Isser 1905/1924, S. 36 gibt nach TLA, Maximilianea XII, Nr. 32 an, dass 1513 bei 18 Gruben der *Pawherr* der Landesfürst war. Dies ist allerdings nicht so zu verstehen, dass er die Grube allein betrieb, sondern dass er Träger der Verleihung der entsprechenden Abbauberechtigung war, wer im Einzelnen die Grubenteile inne hatte, ist nicht angegeben.

[12] Dip. 856, fol. 44r: *nachdem sich uber diese vorgemelte Articl zwischen Perkh- unnd Landtrichter von wegen Gerichtßzwanngs vil Speen und Irrung zuegetragen, hat die kunigklich Regierung zu Ynsprugg daruber Abschid geben unnd mit kü*[niglicher] *M*[ajestät] *Innsigl gefertigt.*

[13] Vgl. Ludwig 2003.

Wenn die Landesherren Berechtigungen, die ihnen aus der Regalität des Montanwesens heraus zustanden, verpachteten oder verpfändeten, was bekanntlich bei Schwaz seit dem 15. Jahrhunderten Gang und Gäbe war[14], führten sie damit eine Praxis fort, die seit dem hohen Mittelalter im Montanwesen durchaus üblich war, man denke nur an die spezifische Konstellation von Landesherrschaft, Stadt Goslar und Montanwesen bis 1527, als Herzog Heinrich der Jüngere von seinen Vorfahren verpfändete Rechte am Montanwesen für hohe Summen zurückkaufte, um sie anschließend durch von seiner Verwaltung geleitete Betriebe zu nutzen[15]. Nichts anderes taten Ferdinand I. und seine Verwaltung 1558, als sie die Berechtigungen der Augsburger Firma Herwart erwarben, die sich über eine Kette von Entwicklungen letztlich aus der früher erfolgten Abtretung (also Verpfändung) von Rechten auf Einkünfte aus dem Montanwesen durch die Landesfürsten herleiteten[16]. Auch in den geographischen Räumen mit Bergrecht sächsisch-böhmischer Prägung waren insbesondere die Seigerhütten, die Kupfer und Silber produzierten, in den Händen von durch Großkaufleute gebildeten Konsortien, ganz wie im Tiroler Montanwesen. Und wenn es um den Metallhandel ging, so beanspruchten die Fürsten hier wie dort Vorkaufsrechte und eine Festlegung der Metallpreise, sie konnten aber nicht verhindern, dass Metallhändler großen Einfluss auf die Preisgestaltung und die Warenströme erhielten.

Durch das Verhältnis der Landesfürsten zu den Montanen als deren „getreue Kammerleute" und dessen Ausgestaltung beanspruchten diese auch in Tirol und besonders in Schwaz das Montanwesen als Feld wirtschaftlicher staatlicher Sondernutzung. Unübersehbar kommt dies in den zähen Verhandlungen um alle möglichen Formen der „Begnadigungen" und landesherrlichen „Hilfen" für die Gewerken des Bergbaus in Schwaz zum Ausdruck, die gerade in den 1550er Jahren teils geradezu erbittert geführt wurden. Es ist kein Zufall, dass nicht etwa die Ankaufpreise für die Metalle, insbesondere für Silber, schlichtweg den Marktentwicklungen angepasst und so kalkuliert wurden, dass für alle Beteiligten ein Gewinnanteil verblieb, sondern der Landesherr beharrte darauf, Preise zu bestimmen, die sich nicht am Markt orientierten, weil dies eben sein Hoheitsrecht war. Er gewährte statt Preiserhöhungen „Hilfen" und „Gnaden" (die allerdings praktisch wie Preiserhöhungen wirkten, indem sie die Einnahmen pro Mengeneinheit Silber erhöhten)[17], und er verhielt sich damit gerade so wie die Fürsten etwa des Welfenhauses[18]. Diese gingen aber früher als der Tiroler Landesherr dazu über, im durch das Regalrecht strukturierten Gefüge der Montanwirtschaft aus einer Mitunternehmer-Rolle durch Auslösung verpfändeter Berechtigungen den Platz eines führenden Unternehmers einzunehmen. Dabei ist zu betonen, dass es nicht „der Staat" war, der hier tätig wurde. Es waren fürstliche Persönlichkeiten, wie der Herzog Julius von Braunschweig-Wolfenbüttel, die sich persönlich auch in der Rolle der Führung von Unternehmen engagierten[19]. Insbesondere im Hüttenwesen ist dabei zu beobachten, wie sie sich mit System und großem Erfolg

---

[14] Das erste bekannte Geschäft dieser Art schloss Herzog Sigmund am 1. Januar 1456 mit der Handelsgesellschaft Ludwig Meutting in Augsburg ab, vgl. Egg 1986, S. 111; Abdruck des Vertrags bei Worms 1904, S. 132-135. Meutting lieh dem Fürsten in vier Tranchen 35.000 rheinische Gulden (nicht 40.000, wie Egg fälschlich angibt), die dieser in Silber, die Mark nach Wiener Gewicht zu 7,75 Gulden gerechnet, zurückzahlte. Der Fürst durfte nach dem Vertrag bis zur Rückzahlung der Summe das Tiroler Silber an niemand anderen abgeben. Der Gesellschaft Meutting fiel bei diesem Geschäft der Wechsel in Höhe von 2,75 Gulden pro Mark zu, außerdem erhielt sie einen Zins von 5% p. a. auf die noch nicht abgelösten Teile der Kreditsumme; vgl. Worms 1904, S. 69f.

[15] Bartels 2004, S. 68-70 und 77f.

[16] Zu den Einzelheiten siehe unten Kap. 11.

[17] Zu den „Gnaden" und „Hilfen" vgl. Westermann 1988, S. 43-46.

[18] Henschke 1974, S. 136f.

[19] Kraschewski 1989.

als konsequente Modernisierer betätigten[20]. Dies taten sie, im Gegensatz zu den Großgewerken des Schwazer Montanwesens, nicht nur im Feld des Hüttenwesens, sondern ebenso im Bereich des Bergbaus selbst. Tatsächlich investierten sie beträchtliche Gelder in den Bergbau, indem sie große Stollenbauten in erheblichem Umfang finanzierten und für ein in den Zeitverhältnissen modernes Equipment der Bergwerke sorgten. Tatsächlich verhielten sich diese Fürsten weit eher in einem schon modernen Sinn unternehmerisch, als die Großgewerken von Schwaz: Sie investierten beträchtliches Kapital mit dem Ziel seiner Verzinsung[21].

Gerade das verweigerten die Gewerken in Schwaz aber bei vergleichsweise kleinen Projekten, wie dem Einbau einer Wasserhebemaschine im Tiefbau des Falkensteins. Die Einzelheiten zur Entwicklung dieses Projekts werden unten in Kapitel 7 dargestellt. Hier ist schon darauf hinzuweisen, dass die Initiative keineswegs von den Gewerken ausging, die etwa so die Rentabilität ihrer Betriebe hätten steigern wollen. Sie hatten im Gegenteil die Stilllegung der größten Teile des Tiefbaus im Falkenstein 1545 veranlasst und auf den schweren Bruch, der um 1550 den Schacht unbrauchbar machte und damit dem Abbau unter der Stollensohle zunächst ein Ende setzte, gar nicht reagiert. Die Initiative ging von den Bergbeamten aus, die aber die größte Mühe hatten, ihre Pläne in die Praxis umzusetzen. Als hauptsächliches Hindernis erwies sich die Unwilligkeit der Gewerken, zu investieren[22]. Vielmehr nutzten sie die entstehenden Debatten, um erstens eine Beteiligung des Landesherrn in Höhe von 1/3 der anfallenden Kosten durchzusetzen. Viel wichtiger aber war eine Verminderung der abzuführenden Abgaben, indem die Tiefbaue des Falkensteins während der auf den Einbau der Wasserhebemaschine folgenden zwanzig Jahre nur mehr den Geringen Wechsel anstatt des bis dahin zu entrichtenden Schweren Wechsels abführen mussten. Ein weiteres Hindernis bestand darin, dass die Bergbeamten von Schwaz hinsichtlich der in wichtigen Revieren des europäischen Bergbaus ihrer Zeit längst üblichen Maschinen auf Wasserkraftbasis zur Grubenentwässerung und Förderung ganz unerfahren waren[23]. Die Großgewerken des Bergbaus mobilisierten aber nun nicht etwa ihre andernorts tätigen einschlägigen Spezialisten, was etwa der Firma Fugger aufgrund ihrer europaweiten Verbindungen nicht schwer gefallen sein dürfte, sondern sie überließen es der Beamtenschaft, die Dinge irgendwie schließlich zu regeln. Das Verhalten der Gewerken in dieser Sache provozierte geradezu energischere Eingriffe der Landesherrschaft in das Montanwesen, die Übernahme unternehmerischer Initiativen an Stelle der Gewerken, die den Betrieb gar nicht nachhaltig zu entwickeln versuchten, sondern sich auf möglichst hohe kurzfristige Gewinne konzentrierten.

Basierend auf dem Regalrecht hatte sich die Landesherrschaft resp. Zentralmacht des römisch-deutschen Reichs in Gestalt der großen Metallhändler und später auch Gewerken als Kreditgeber seit dem 15. Jahrhundert Partner herangezogen, die an einer langfristig angelegten, systematischen Entwicklung von Bergbau nur unter den Vorzeichen von Wachstum interessiert waren. Ausbleibendes Wachstum führte zu schrumpfender Rentabilität, Schrumpfung stellte die Existenz der Betriebe in Frage, wie Scheuermann in aller Deutlichkeit herausgearbeitet hat[24]. In dieser Situation forderte man seitens der Gewerken Garantien des Souveräns, durch weitere „Hilfen" und „Gnaden" die Rentabilität auch unter neuen wirtschaftlichen Vorzeichen zu gewährleisten. Soweit dies verweigert wurde, kam es tatsächlich zur Aufgabe des Engagements im Montanwesen, wie der Rückzug zunächst der Tänzl und Stöckl

---

[20] Bartels et al. (2006), im Druck.
[21] Henschke 1974, S. 128f. (Investitionen in den Stollenbau) und S. 340-351: *Die fürstlichen Unternehmer und die Bergherren.*
[22] Zu den Einzelheiten vgl. Kap. 7.
[23] Zu den Wasserkraftmaschinen vgl. Agricola 1556/1977, bes. die Bücher 6 und 8.
[24] Scheuermann 1929, S. 56.

im Jahr 1552[25], dann der Verkauf ihrer Anteile seitens der Herwart 1558 belegt. Dass dies durchaus keine „Konkurse" oder „Bankrotte" darstellte, auch wenn sich Gläubiger im Rahmen der Vorgänge zum teilweisen Verzicht auf Forderungen bereit erklärten, erhellt die weitere Entwicklung der ehemaligen Schwazer Gewerkendynastien. Die Tänzl verlagerten ihre Aktivitäten und treten uns als wichtige Eisenproduzenten z. B. in Süddeutschland entgegen, obgleich sich höchst negative Entwicklungen ihres Engagements im Schwazer Montanwesen nicht zuletzt aus völlig überzogenen Gewinnentnahmen für den Ausbau des Prunkschlosses Tratzberg ergeben hatten[26]. Sie vermochten aber entscheidende Teile ihres Vermögens zu sichern. Ebenso verhielt es sich im Fall der Stöckl. Noch bis zum Beginn der 1560er Jahre konnten sie ihr Stadtpalais in Schwaz halten, das heute als Rathaus dient und unübersehbar von dem Reichtum kündet, den die Familie Stöckl auch nach ihrem Ausscheiden als Großgewerken des Schwazer Montanwesens zu bewahren vermochte. Es wurde 1563 für 11.000 Gulden an den Landesfürsten verkauft[27]. Ganz eindeutig rangierte die Bewahrung eines dem Adel angeglichenen Lebensstils für diese Gewerkendynastien vor unternehmerischem Engagement – also Investitionen und dauerhafter Betriebsentwicklung – im Montanwesen. Sehr gut bekannt ist diese Tendenz für das berühmte Handelshaus der Augsburger Fugger hinsichtlich der Generationen nach Anton Fugger[28]. Aber es handelt sich durchaus nicht um ein spezifisches Verhalten dieser Familie bzw. Kaufmannsdynastie. Vielmehr ist dieses Streben nach dem Adel angepasstem Lebensstil und im Gefolge eine Investition der Gewinne aus dem Montanwesen nicht in dessen Betriebe, sondern in den Erwerb von Schlössern, Grundherrschaften und Luxusgüter bei den Familien der Großgewerken insgesamt zu beobachten, ob sie nun ursprünglich in Tirol oder anderswo ihre Wurzeln hatten.

b) Bergrecht, Landrecht und Stadtrecht

Das Bergrecht von Schwaz gründlich aufzuarbeiten und die wesentlichen Texte zu edieren, bildet vorläufig ein Desiderat der Forschung. Die Kompilation der Schwazer Erfindungen, wie sie im Bergbuch (Kodizes von 1556) zu finden ist, hat schon 1791 Thomas Wagner in seinem *Corpus Juris Metallici* in einer recht zuverlässigen Edition bekannt gemacht, freilich weitgehend unkommentiert[29]. Er wies deutlich darauf hin, dass diese Sammlung allerdings nie Rechtsverbindlichkeit erlangt hat. Untersuchungen zur Bergrechtsentwicklung unter Maximilian I. sind an der Universität Innsbruck im Gang. Eine kürzlich unter dem Titel „Kodex Maximilianeus" von Peter Mernik vorgelegte Sammlung von 422 bergrechtlichen Einzelbestimmungen ist nicht, wie man aufgrund des Titels annehmen könnte, eine Sammlung bergrechtlicher Bestimmungen allein aus der Zeit Maximilians, sondern gibt eine wohl im 18. Jahrhundert entstandene und im 19. Jahrhundert nochmals abgeschriebene Sammlung von Bergrechten wieder, deren Entstehungszusammenhänge und Zweckbestimmung letztlich nicht geklärt sind[30]. Hermann Hämmerle bezeichnete 1951 diese Sammlung, deren Original ihm freilich nicht zugänglich war, und von dem er annahm, es gehe auf die Zeit Maximilians I. zurück, als „Kodex Maximilianeus". Das Original sei noch von Sperges (1765) und Wörz (1842) zitiert worden[31]. Mernik vermutet nun nachvollziehbar, dass die von ihm

---

[25] Zu den Einzelheiten vgl. Kap. 6.
[26] Egg 1951, S. 39f.
[27] Egg 1975, S. 64.
[28] Scheuermann 1929, S. 124f.; Pölnitz/Kellenbenz 1986, S. 428f.
[29] Wagner 1791 Sp. 137-163.
[30] Mernik 2005, S. 31f.
[31] Hämmerle 151, S. 148.

aufgefundene Sammlung mit genau 422 Artikeln mit diesem zu identifizieren sei, wobei allerdings fest steht, dass ein Teil der Bestimmungen erst lange nach der Zeit Maximilians entstand. Die von Peter Mernik vorgelegte Transkription und Übersetzung der 422 Artikel dient nach den Worten des Herausgebers einer allgemeinen Information über das Tiroler und besonders das Schwazer Bergrecht, die der Band zweifellos leistet, eine rechtshistorische Aufarbeitung bzw. kritische Edition will und kann er nicht ersetzen[32].

Peter Fischer betonte, dass *von wenigen Ausnahmen abgesehen ... die Initiative zur Regulierung der Verhältnisse im Montanbereich von den Bergbautreibenden selbst* ausging, *und zwar sowohl von der Unternehmerseite (Schmelzer und Gewerke) als auch von Seiten der Arbeiterschaft*[33]. Die aktive Rolle speziell der Unternehmerseite erhellt auch der Anlass von 1525, mit dessen Hilfe die Gewerken des Falkensteins in erheblichem Umfang auch bergrechtliche Angelegenheiten regelten und hierfür schließlich die Bestätigung des Landesherrn erhielten, was von Karl-Heinz Ludwig als ein *konjunkturpolitischer Clou* gekennzeichnet wurde[34]. Die Praxis und der Gedanke, von Seiten der Bergbau Treibenden selbst auf die Regelung bergrechtlicher Fragen nachdrücklichen Einfluss ausüben zu wollen, waren auch in der Mitte des 16. Jahrhunderts noch stark genug verankert, um insbesondere die Gewerken nach der Krise des Jahres 1552[35] mit Nachdruck auf eine Bergsynode dringen zu lassen, um nun notwendig gewordene Regelungen zu treffen. Es handelte sich um ein traditionelles Instrument, das schon 1408 im „Schladminger Bergbrief" deutlich in Erscheinung getreten war, wie in der Literatur ausführlich dargelegt[36]. Vertreter der Gewerken, der Bergleute und Funktionsträger der Obrigkeit traten zusammen, um Probleme zu beraten, Lösungen zu formulieren und diese schließlich dem Souverän zur Billigung zuzuleiten, womit der Prozess der „Erfindung" rechtlicher Regelungen seinen Abschluss fand. Peter Fischer fasste zusammen: *Insgesamt fällt auf, dass sich die stete Bergrechtsentwicklung im Schwazer Bezirk vornehmlich auf Initiative und unter regelmäßiger Beteiligung der den Bergbau tragenden Gruppen vollzog. Dabei ließen sowohl Maximilian als auch Ferdinand der Berggemeinde enorme Freiräume. Dies ist bemerkenswert, gingen doch ansonsten die landespolitischen Intentionen dieser Herrscher deutlich in die entgegen gesetzte Richtung...Wenn im Montansektor das ansonsten vorherrschende Bestreben, ‚jede autonome Bewegung möglichst im Keim zu ersticken', nicht zum Tragen kommt...*sei dies *ein Ergebnis der besonderen finanzpolitischen Relevanz des Montansektors, dessen reibungslosen Betrieb es zu gewährleisten galt. Dabei hatten sich die Landesherren schon früh daran gewöhnt, den Rat der Gewerken und Schmelzherren einzuholen. Seit dem späten 15. Jahrhundert mussten sie offenbar auch akzeptieren, dass das Wort der Bergleute nicht übergangen werden durfte, wollte man der gesamten Montankonjunktur förderlich sein*[37].

Dem Bergrecht lag das lange vor dem Aufblühen des Tiroler Bergbaus im 15. Jahrhundert in den Ländern des Reichs (und darüber hinaus) allgemein durchgesetzte Bergregal in Verbindung mit der Bergbaufreiheit zugrunde. Die Bergbaufreiheit bestand im Wesentlichen darin, die „Bergverwandten" – alle direkt oder in dienender Funktion dem Montanwesen zugeordneten Arbeitskräfte, Anteilseigner und Funktionsträger – von den feudalen Lasten und Bindungen vor allem der agrarisch basierten Bevölkerung zu befreien und sie in verschiedener

---

[32] Mernik 2005, S. 267.
[33] Fischer 2001, S. 80.
[34] Ludwig 2003; vgl. auch ders., 2004.
[35] Zu den Einzelheiten vgl. Kap. 6.
[36] Vgl. z.B. Fischer 2001, S. 75-83.
[37] Fischer 2001, S. 82f.

Weise materiell und rechtlich zu privilegieren, damit sie ungehindert ihren montanistischen Tätigkeiten nachgehen konnten. Dies war notwendig, um das durch das Bergregal eingeforderte finanzielle Mit-Nutzungsrecht des Königs[38], das schon längst faktisch an die Landesherren abgetreten worden war[39], tatsächlich realisieren zu können. Aus dem Bergregal leiteten sich nicht nur die Abgaben an die Landesherren, sondern auch deren Anspruch auf Ordnung und Überwachung des Montanwesens durch spezielle Funktionsträger her. Um die Prinzipien von Bergfreiheit und Bergregal praktisch umsetzen zu können, wurden die Bergverwandten als spezielle „Kammerleute"[40] der Landesherren unter ein besonderes Recht und eine spezielle Gerichtsbarkeit gestellt, für das sich die Bezeichnung „Bergrecht" lange etabliert hat, obgleich es tatsächlich deutlich mehr umgreift als nur den Bergbau im engeren Sinn.

Die Gewinnung und Verarbeitung der Mineralien erfolgte in aller Regel in mehr oder weniger gebirgigen Gegenden, die freilich und auch gerade für die Zwecke des Montanbetriebs land- und forstwirtschaftlich genutzt wurden und genutzt werden mussten. Besonders klar tritt dies im Bezug auf die Forstwirtschaft zu Tage. Neben die Montan- und die Agrarproduktion und die hieran gebundenen Bewohner der Region traten Städte mit ihren besonderen Rechten, wobei Schwaz seiner Rechtsstellung und Organisation nach Marktflecken war, nicht, wie in anderen Montanzentren, Bergstadt mit einer spezifischen Variante auf Bergfreiheit und Bergregal ausgerichteter Stadtrechte[41].

Für das Schwazer Montanwesen konkurrierten daher in allen Aspekten des Zivilrechts und der niederen Strafgerichtsbarkeit (mit Ausnahme von Schwerkriminalität) das Bergrecht und das Landrecht bzw. deren Vertreter in Gestalt des Pflegers und Landgerichts auf der einen sowie des Berggerichts auf der anderen Seite. Nicht unwichtig für die Verhältnisse im Schwazer Montanbezirk wie insgesamt in Tirol war die Tatsache, dass die bäuerliche Bevölkerung, anders als in sonstigen Ländern, im Landtag als Stand repräsentiert war, was auf deren Bestreben zur Wahrung ihrer Rechte nicht ohne Einfluss blieb.

Schwierig konnte die Abgrenzung zwischen Berg- und Landrecht schon bezüglich der Frage sein, ob eine Person oder ein Personenkreis in den jeweiligen Zuständigkeitsbereich fiel und vor allem wann und unter welchen Umständen ein Wechsel eintrat. Welches Gericht war zuständig, wenn ein Bergmann verstarb und Frau und unmündige Kinder hinterließ, eine Familie, aus deren Kreis niemand aktuell im Montanwesen tätig war? War der schon lange existierende landwirtschaftliche Nebenerwerb nun Haupterwerb und nun also das Landgericht zuständig? Ein Bergmann stritt mit einem Händler oder Handwerker um Zahlungen oder Gewährleistungen – welches Gericht hatte zu entscheiden? Es entstand Streit um die Nutzung von Wegen auf Gemeindeland für bergbauliche Transporte – wo lag die gerichtliche Kompetenz? Man stritt über ein Waldstück, das einerseits ein Dorf für sich beanspruchte, andererseits das Montanwesen, die Parteien bezichtigten sich gegenseitig missbräuchlicher Nutzung – wie war dieser Fall zu regeln?

---

[38] Erstmals formuliert auf dem Reichstag von Roncaglia 1158; vgl. Hägermann 1984 sowie Bartels 2004, S. 150-152.

[39] Mit der Goldenen Bulle von 1356 wurde das Bergregal förmlich an alle Kurfürsten des Reichs abgetreten, allerdings schon bald in der Praxis von allen Landesherren beansprucht. Vgl. Kroker 1984.

[40] Dip. 856, fol.70r-70v: *Dann so ain Gotßgab unnd Perkhwerch erfunden unnd erpaut, ...so sollen dann die Perkhwerchverwonten, es seyen Gewerkhen, Verweser, Diener, Arzknappen, Schmelzer, Gruebenschreiber, Schmid, Zimerleut, Arzsämer und Furleut, auch all annder Personen dem Perkhwerch verwont und zuegeherig, ...trewlichen befurdert ... werden, dann sy sein des Herrn und Lanndtsfursten Camerleuth, auch Erfinder der verporgen Schäz ....*

[41] Zu den Einzelheiten vgl. den folgenden Abschnitt.

Abb. 7: Schloss Freundsberg oberhalb der Altstadt von Schwaz (Foto: Deutsches Bergbau-Museum Bochum).

Das Schwazer Bergbuch erläutert im Entwurfsexemplar und in den endredigierten Kodizes von 1556 die besonderen Bergfreiheiten und damit die Abgrenzung zwischen Berg- und Landrecht in 25 Abschnitten.

1. Zunächst wird in einer allgemeinen Einleitung die Notwendigkeit spezieller Bergfreiheiten erläutert. Als Gründe werden angeführt: Die Gefährlichkeit der Bergarbeit, die begrenzte Zahl derer, die bergwerkskundig sind und es wagen, in diesem Feld ihr Hab und Gut zu riskieren, und die Notwendigkeit, zur Aufnahme und Erhaltung von Bergwerken besondere Anreize zu schaffen. Der Landesherr, der aus dem Bergbau Einnahmen erzielen wollte, hatte die Aufgabe, den Bergbau und die Bergverwandten zu fördern und zu schützen[42].
2. Aus diesen Überlegungen resultierten zunächst das wichtige Recht der Freizügigkeit der Bergwerksverwandten mitsamt ihren Angehörigen und ihrer Habe sowie ihre Befreiung von allen Zöllen und Steuern[43].

---

[42] Dip. 856, fol. 69r-70r; E., S. 9-10.
[43] Dip. 856, fol. 70r-70v; E., S. 10-11.

3. Ein neu zuziehender Bergwerksverwandter musste vor dem Berggericht eine eidesstattliche Erklärung abgeben, dass er den Nutzen des Landesherrn fördern und dessen Berggerichtsobrigkeit gehorsam sein würde[44].
4. In allen bürgerlichen Sachen der Bergbauverwandten hatte das Landgericht keine Zuständigkeit[45].
5. Alle Bergwerksverwandten genossen zwei Wochen vor und nach Weihnachten, Ostern und Pfingsten Verfolgungsfreiheit und mussten in dieser Zeit auch nicht zu Aussagen vor Gericht erscheinen[46].
6. Bergwerksverwandte wurden nicht in Schuldhaft genommen, sondern sollten auch als Beklagte ihrer Arbeit nachgehen, es sei denn, es wäre ein spezieller Befehl der Landesherrschaft ergangen[47].
7. Schulden eines Bergwerksverwandten wurden durch das Berggericht geregelt[48].
8. Jeder Bergbauverwandte hatte das Recht, seinen Lohn einzuklagen und, sofern notwendig, mit Gütern des Schuldners abgefunden zu werden[49].
9. Bergwerksverwandte waren von allen Landessteuern befreit, denn indem sie Fron und Wechsel erarbeiteten, waren alle ihre Verpflichtungen dem Land gegenüber abgegolten[50].
10. Jeder Bergwerksverwandte durfte ungehindert und ohne mit Abgaben belegt zu werden, überall für seine Lebensbedürfnisse einkaufen[51].
11. Wer Waren zu Handelszwecken im „Fürkauf" erwarb, unterlag hinsichtlich dieser Handelstätigkeit dem Landrecht und eventuellen Landessteuern[52].
12. Ausgenommen davon war der Handel zum alleinigen Zwecke der Versorgung der Bergleute (Pfennwerthandel)[53].
13. Gerichtskosten waren so niedrig wie möglich zu halten[54].
14. Mindestens vier Mal jährlich wurde öffentlich Berggericht gehalten. Hier war jeder Bergwerksverwandte berechtigt, Klage zu erheben, die entweder durch gütliche Einigung unter Vermittlung des Berggerichts oder durch dessen Urteil zu erledigen war[55].
15. Der Bergrichter und der Bergmeister hatten dem jeweils „Erstbegehrenden" Gruben, Schmelzwerke, Wälder, Wassernutzungsrechte, Meierstätten sowie Grundstücke für Hofstätten, (Berg-)Schmieden, Kohlenschuppen, Erzniederlagen (Kästen) und was sonst benötigt wurde, zu verleihen[56].
16. Die Bergverwandten durften auf allen freien und offenen Gewässern für ihren Bedarf fischen sowie frei Vögel fangen[57].
17. Das Hab und Gut aller Bergbauverwandten unterstand der Berggerichtsbarkeit, es sei denn, es war mit Grundzinsen oder herrschaftlichen Abgaben belastet, für die das Landgericht zuständig war[58].

---

[44] Dip. 856, fol. 70v; E., S. 11.
[45] Dip. 856, fol. 70v-71r; E., S. 11-12.
[46] Dip. 856, fol. 71r; E., S. 12.
[47] Dip. 856, fol. 71r; E., S. 12.
[48] Dip. 856, fol. 71v-72r; E., S. 12-13.
[49] Dip. 856, fol. 72r; E., S. 13-14.
[50] Dip. 856, fol. 72v-73r; E., S. 14-15.
[51] Dip. 856, fol. 73r; E., S. 15.
[52] Dip. 856, fol. 73r; E., S. 15-16.
[53] Dip. 856, fol. 73r; E., S. 16.
[54] Dip. 856, fol. 73v; E., S. 16.
[55] Dip. 856, fol. 73v-74r; E., S. 17.
[56] Dip. 856, fol. 74r; E., S. 17.
[57] Dip. 856, fol. 74r; E., S. 17, dazu dort eine ganzseitige Miniatur.
[58] Dip. 856, fol. 74r-74v; E., S. 19.

18. Wer Bergwerksteile besaß, aber nicht beruflich im Bergwesen tätig war, unterstand dem Landgericht[59].
19. Wer seinen Lebensunterhalt im Montanwesen erwarb und zugleich Handel mit Lebensmitteln und sonstigen Verbrauchsgütern für die Bergleute (Pfennwerthandel) trieb, unterlag in allen Sachen dem Bergrecht[60].
20. Wer die Bergarbeit aufgab, aber weiterhin von seinen Gütern oder Ersparnissen in seinem als Bergmann erworbenen (Söll-)Haus lebte, unterstand weiter dem Berggericht. Nahm er eine Tätigkeit außerhalb des Montanwesens auf, so fiel er von da an in den Bereich des Landgerichts[61].
21. Von Unzucht und Schwerkriminalität abgesehen, urteilte über alle Bergwerksverwandten das Berggericht; stellte es schwere Vergehen fest, verwies es diese Sachen an das Landgericht[62].
22. Wer offensichtlich schwere Vergehen begangen hatte, konnte auch als Bergwerksverwandter vom Landrichter gefangen gesetzt werden. Stellte sich eine mindere Schwere der Anklage heraus, wurde er dem Berggericht überstellt[63].
23. Fiel ein Bergbauverwandter einem Verbrechen zum Opfer, so war für seine Hinterlassenschaften das Berggericht zuständig, für den Täter aber das Landgericht[64].
24. Die Witwe eines Bergmanns unterstand so lange dem Bergrecht, bis ihre Kinder mündig und rechtsfähig waren[65].
25. Sollten in einer Sache mehr Berggerichtsuntertanen als dem Landrecht unterstehende Personen verhört werden, so war das Berggericht zuständig, umgekehrt das Landgericht[66].

Diese doch recht ausführlichen Bestimmungen verhinderten es indessen nicht, dass anhaltende Debatten und Streitigkeiten zwischen den Land- und Berggerichten um Zuständigkeiten und Kompetenzen ausgetragen wurden. Es wurde offensichtlich immer und immer wieder versucht, die Rechtmäßigkeit einer besonderen Gerichtsbarkeit für das Montanwesen generell in Abrede zu stellen. Dies ist verständlich, denn ohne allen Zweifel genossen die Bergverwandten im Vergleich mit zahlreichen ihrer Zeitgenossen Privilegien, durch die sich andere oftmals in ihren Rechten beschnitten sahen. Die Bergfreiheiten legalisierten Schurf- und Abbautätigkeit auf und unter fremdem Grund, wenn auch nicht ohne Entschädigung, was oft genug zum Konfliktgegenstand wurde, entzog doch die Bergbautätigkeit oft große Areale sonstiger Nutzung. Untertanen, die sich den vielfach armen, handarbeitenden Knappen durchaus ebenbürtig oder überlegen fühlten, sahen sich gleichwohl nicht selten rechtlich schlechter gestellt als diese. Waren, die für die Bergwerke bestimmt waren, wurden hinsichtlich Steuern und Abgaben anders behandelt als oft dieselben Waren mit anderer Bestimmung – es fiel im Einzelfall nicht immer leicht, die entsprechenden Unterscheidungen zu treffen bzw. die Berechtigung derartiger Unterschiede einzusehen.

Der Abschnitt „Städte berührend" im Bergbuch berichtet über eine ganze Fülle von Konflikten zwischen Städten im Inntal und ihren Räten und sonstigen Vertretern einerseits und den Bergbau Treibenden andererseits, die aus den Bestrebung der Städte resultierten, z. B. ei-

---

[59] Dip. 856, fol. 74v; E., S. 19-20.
[60] Dip. 856, fol. 74v; E., S. 20.
[61] Dip. 856, fol. 75r-75v; E., S. 20.
[62] Dip. 8956, fol. 75v; E., S. 20-21.
[63] Dip. 856, fol. 75v; E., S. 21.
[64] Dip. 856, fol. 76r; E., S. 22.
[65] Dip. 856, fol. 76v; E., S. 22-23.
[66] Dip. 856, fol. 76v-77r; E., S. 23.

ne Gleichbehandlung von Kaufleuten bzw. ihren Waren durchzusetzen, ungeachtet ihrer Tätigkeit innerhalb oder außerhalb der Montansphäre. Die Städte und umliegenden Flecken in den Bergbauregionen hätten sich heftig und unnachgiebig gegen die Gewerken und sonstige Bergbauverwandte gesträubt und zugleich auf deren Geld gezielt. Sie hätten zur Begründung auf Rechte verwiesen, die angeblich älter seien als die des Bergbaus. Sie hätten von den Bergbau Treibenden geradezu jährliche Zahlungen erpresst. In Kufstein etwa habe man von den Erzen und anderen Waren für den Bergbaubetrieb Straßenzölle und andere Abgaben gefordert, obgleich die Transporte das Stadtgebiet gar nicht berührt hätten. Bei Kitzbühel sei ein Lagerhaus der Gewerken aufgebrochen worden, man habe das dort aufbewahrte Kupfer weggenommen und nur unter Abzug eines Teils zurückgegeben und also förmlich eine Abgabe illegal erzwungen.

In Suma, die Stet haben sich in etlichen Vällen gegen den Perkhwerchen unnd derselben Verwonten so fräfenlich und muetwillig gehalten, das es nit alles wol nach Lenngs zu beschreiben. Ist auch gannz beschwerlichen, des inen solliches bisheer gestat unnd zuegesehen worden unnd wäre ainem Herrn unnd Lanndtsfursten vil nuzlicher unnd diennstlichen, dieweil die Stet den Perkhwerchen mit iren Freyhaiten nit weichen wellen...er tet unnd stellet (dieweil die Perkhwerch also sein) der Stet Freyhaiten ein unnd zu Rue[67]. Die Schöpfer des Bergbuchs empfahlen also nichts weniger, als die Stadtrechte und städtischen Freiheiten zumindest zeitweilig abzuschaffen, damit diese lästige Konfliktpartei ausgeschaltet werden könnte. Dass diese Vorstellungen Widerspruch und Konflikte provozieren mussten, liegt auf der Hand. Selbstbewusst wird als Vergleichsbeispiel das Militär angeführt. Zur Erhaltung und Beschirmung seiner Kammergüter, zu denen als wertvollste die Bergwerke zählten, müsse der Landesherr Militär aufstellen, das er in Städte und Gerichtsbezirke lege. Die Kriegsleute hätten das durch nichts und niemanden eingeschränkte Recht, die Macht und die Gewalt, z.B. überall alles einzukaufen, was sie benötigten. Kriegsleute seien niemandem verantwortlich als ihrem Landesherrn, Städten und Gerichten seien sie keine Rechtfertigung schuldig. Das Gleiche gelte für die Bergbauverwandten, *dann sy sein Erfinnder, Erhalter, Erpawer unnd Befurderer der verporgen Schäz, als des Herrn unnd Lanndtsfursten Camerleut. Das sey ain besonnder Volkh unnd Personen, die allain irer ordenlichen Perkgerichtsobrigkait Gehorsam unnd Unnderthenigkait zu erzaigen schuldig sein, kunn weder Nuz, Gwer oder ainiche Statfreyhaiten zu inen nit gebraucht oder furgewenndt werden*[68]. Hier werden also Bergrecht und Stadtrecht in scharfem Gegensatz gesehen, wobei deutlich absolutistisch beeinflusste Vorstellungen anklingen, wenn zwecks Förderung des Bergbaus dem Landesherrn empfohlen wird, Stadtrechte stark einzuschränken bzw. zeitweilig aufzuheben und die montanistischen Kammerleute und ihre Ansprüche denen des Militärs gleichgesetzt werden. Dass andernorts nicht lange zuvor Bergstädte neu gegründet worden waren[69], in denen sich Bergrecht und städtische Freiheiten durchaus fruchtbar ergänzten und aufeinander abgestimmt waren, und so blühende Gemeinwesen mit nicht nur großer Wirtschaftskraft, sondern auch einem regen Kulturleben entstanden, blieb solchen Vorstellungswelten fremd, die auch in diesem Aspekten recht eng und unflexibel erscheinen. Nicht nur, dass die große Montansiedlung Schwaz keine Stadt war und entsprechende Rechte und Einrichtungen nicht besaß. Sie wurden vielmehr von führenden Funktionsträgern des Bergbaus geradezu abgelehnt und zum Gegenstand von Konfrontationen gemacht.

---

[67] Dip. 856, fol. 116r.
[68] Dip. 856, fol. 117v.
[69] Im sächsischen Erzgebirge z.B. Schneeberg, Annaberg; im böhmischen Erzgebirge St. Joachimsthal, dazu im Überblick: Bartels 1997, S. 56-68.

Dem deutlichen Bestreben nach Autonomie in allen „Bergsachen" entsprach nicht etwa die Vorstellung, entsprechende Rechte und eine ihnen gemäße Stellung sei auch anderen, etwa den Stadtgemeinden, einzuräumen. Vielmehr leitete sich die Autonomievorstellung für die Bergbausphäre aus der Überzeugung ab, als speziellen Kammerleuten und Findern verborgener Schätze sei ihnen insgesamt eine Sonderrolle zuzubilligen, aufgrund deren Andere zu weichen und zurückzutreten hätten – etwa die Städte. Ganz anders als in anderen Bergbauregionen wurde (Berg-)Stadtrecht nicht als Bestandteil der Bergrechte insgesamt betrachtet und behandelt[70].

c) Die Berggemeinde Schwaz – keine Stadt

Vorbemerkung

Schwatz ist allr Perckwerch muter – mit dieser Zeile aus dem Tiroler Landreim wollte sein Verfasser, Georg Rösch von Geroldshausen, königlicher Rat der Regierung zu Innsbruck, im Jahr 1557/58 die Bedeutung von Schwaz als einer der bedeutendsten Bergbaugemeinden des 16. Jahrhunderts hervorheben[71]. Inwieweit der Schwazer Bergbau Richtung weisend für den europäischen Bergbau war, darauf wird im Verlauf dieser Untersuchung noch näher einzugehen sein[72]. Während zum Bergbau in der Region Schwaz seit dem Beginn des 20. Jahrhunderts wichtige wissenschaftliche Arbeiten vorliegen[73] und auch die kunstgeschichtliche Bedeutung von Schwaz und seiner Künstler gewürdigt wurde[74], fehlt eine zusammenfassende Ortsgeschichte bis zum heutigen Tag. Insbesondere zur Rechts-, zur Verwaltungs- sowie zur Sozial- und Wirtschaftsgeschichte der Berggemeinde im nichtmontanen Bereich sind wir für das spätere Mittelalter und die frühe Neuzeit kaum unterrichtet.

Neben Wien war Schwaz eine der größten Ansiedlungen in Österreich. Vergleicht man die Bergbausiedlung mit Territorialstädten, so wird deutlich, dass die im unteren Inntal gelegene Marktgemeinde Einwohnerzahlen aufwies, die durchaus mit denen der Bergstadt Joachimsthal (1534 über 18.000 Bewohner) oder mit denen von Städten wie Prag, Erfurt oder Bologna vergleichbar sind[75]. Der Sitz der Tiroler Landesregierung, die Stadt Innsbruck, mit ihren etwa 5.000 Bewohnern dürfte auf die Zeitgenossen dagegen vergleichsweise überschaubar gewirkt haben[76]. Die vorgestellten Zahlen beruhen weitgehend auf groben Schätzungen. Sie lassen jedoch erahnen, mit welchen Schwierigkeiten die Tiroler Landesregierung

---

[70] Zum Verhältnis Stadt und Bergbau insgesamt vgl. Kaufhold/Reininghaus 2004.

[71] Kirnbauer 1964, S. 7 u. bes. 382. Vgl. auch die Ausgaben des Schwazer Bergbuchs von 1556. Hier heißt es z. B. im Innsbrucker Kodex Dip. 856, fol. 58v: *Dieweil hievor die Erfindunng über das Perkhwerch zu Schwaz, als das Haubt unnd Muetter aller anndern Perkhwerch dis Lanndts begriffen* […]. Die Autoren des Schwazer Bergbuchs bezogen sich offenbar nur auf Tirol.

[72] Zweifel bezüglich der Führerschaft des Schwazer Bergbaus auf technischem Gebiet erhob bereits Peter Gstrein. Auch was die bergrechtlichen Verhältnisse und die wirtschaftliche Entwicklung angeht, orientierte man sich wohl eher nicht am Beispiel des Schwazer Bergbaus. Vgl. Gstrein 2003, S. 78-80, 82-84 u. 93.

[73] Vgl. vor allem: Wolfstrigl-Wolfskron 1903, bes. S. 30-125; Worms 1904; Isser 1904; Egg 1964; Egg/Gstrein/Sternad 1986.

[74] Vgl. hierzu Gritsch 1939/1951; Egg 1951; Köberl 1951; Knapp 1951.

[75] Westermann 1997/1, S. 434.

[76] Grass/Holzmann 1982, S. 177.

Abb. 8: Blick auf Schwaz von Süden, Postkarte, um 1950 (Deutsches Bergbau-Museum Bochum).

und die ihr unterstehenden Funktionsträger vor Ort, Bergrichter, Landrichter und Pfleger, bei der Verwaltung der Berggemeinde konfrontiert waren. Es ergibt sich die Frage, die bislang in den einschlägigen regionalhistorischen Publikationen kaum zufrieden stellend beantwortet wurde, wie nämlich drei höhere Amtsträger und ihre Hilfskräfte, die ja ihre eigentlichen Aufgaben z.B. in der Verwaltung des Montanwesens auch noch wahrnehmen mussten bzw. für das Gerichtswesen und die Grundherrschaft im Landgericht Freundsberg zuständig waren, eine Siedlung von der Größe und dem Zuschnitt von Schwaz überhaupt lebensfähig halten konnten. Die Magistrate zeitgenössischer Städte sahen sich bereits mit zahlreichen Problemen konfrontiert, mit denen sich auch heute noch Stadt- und Gemeindeverwaltungen herumschlagen müssen. Neben der Instandhaltung und Verbesserung der Verteidigungseinrichtungen, die es in Schwaz nicht gab, waren Straßen und Wege instand zu halten und nach den Markttagen zu reinigen, die Einwohner benötigten sauberes Trinkwasser, die Abwässer, der Unrat sowie tote Tiere waren zu entsorgen. Bauvorschriften mussten erlassen und Maße und Gewichte geeicht werden. In Schwaz stand z.B. die Fronwaage, eine landesfürstliche Einrichtung, die mit Personal besetzt werden musste. Bauaufwendungen für den Uferbereich des Lahnbaches und die Anlegestelle für Innschiffe fielen an und mussten finanziert werden. Man hatte sich um Bettler zu kümmern, bei Epidemien waren Kranke zu versorgen. Die wenigen Beispiele mögen genügen, um aufzuzeigen, dass dies alles unmöglich durch die Angehörigen des Berg- und des Landgerichts allein ohne fremde Hilfe zu leisten war!

Selbst in wesentlich kleineren Gemeinwesen waren zur Bewältigung aller anstehenden öffentlichen Aufgaben zahlreiche Funktionsträger notwendig. Die Verwaltung der nassauischen Territorialstadt Siegen verfügte, bei etwa 2.300 Einwohnern, über einen Personalstand von 20-25 Personen, während in den Diensten der hessischen Residenzstadt Marburg zu Beginn des 17. Jahrhunderts bei einer Einwohnerschaft von 4.400 Menschen rund 20 ständig entlohnte Bedienstete standen[77]. Verlässliche statistische Angaben über die Bediensteten in den Reichs- oder Territorialstädten lassen sich wegen der Ämterhäufung nur selten vorlegen. Karl Bücher ermittelte für Frankfurt am Main im 15. Jahrhundert eine Anzahl von etwa 200 Personen, die in städtischen Diensten standen, dies bei einer Bevölkerung von ungefähr 10.000 Menschen. Nach Leo Schönberg gab es in Lübeck im gleichen Zeitraum bereits mehr als 200 städtische Bedienstete, bei einer Bevölkerungsgröße von mehr als 25.000 Personen[78]. In einer neueren Veröffentlichung zu Schwaz gibt Franz-Heinz von Hye für die Mitte des 16. Jahrhunderts die Größe der Wohnbevölkerung mit etwa 12.500 Personen an[79]. Auch wenn damit die ersten etwas konkreteren Belegschaftszahlen für die Schwazer Bergreviere aus der Mitte des 16. Jahrhunderts nicht in Übereinklang zu bringen sind, sondern die tatsächliche Anzahl der Einwohner wesentlich höher gelegen haben muss, wird deutlich, dass die historische Forschung angesichts dieser Überlegungen nicht länger darauf verweisen kann, dass die massive Konzentration von Bergleuten, Bewohnern des Marktes, Bauern und anderen Einwohnern in Schwaz, auf einem relativ kleinen Raum, nur von zwei Institutionen organisatorisch betreut worden wäre. Angesichts der hier zu erörternden montanhistorischen Fragestellungen kann auf dieses Desiderat der regionalhistorischen Forschung im Folgenden freilich nur kursorisch eingegangen werden.

Quellenlage

Vielfach ist das Fehlen einer umfassenden Schwazer Ortsgeschichte auf die schlechte Quellenlage zurückgeführt worden[80]. In diesem Zusammenhang wird auf den großen Brand von 1809 verwiesen, den die abziehenden bayerischen Truppen verursachten. Der Feuersbrunst fielen am 15. und 16. Mai 1809 nahezu der gesamte Markt Schwaz und auch die örtlichen Archive zum Opfer. Über den Verbleib der Akten des kaiserlichen Bergamts in Schwaz, die angeblich 1809 durch den Brand vernichtet wurden, konnte bereits Max von Isser-Gaudententhurm wichtige Erkenntnisse zusammentragen. Er berichtet in einem Beitrag für die Zeit-

---

[77] Bingener 1997, S. 383; Fuhrmann 1996, S. 58, 282-283 (Angaben zur Personalstärke liegen für 1599 vor. Wie Fuhrmann auf S. 282 in Anm. 302 (dort auch die Nachweise für die einzelnen Kommunen) weiter ausführt, hatte die Stadt Pegau Ende des 15. Jahrhunderts lediglich eine Personalstärke von sechs Mann, während sich Greifswald 1383 schon 18 Bedienstete sowie vier Torwächter leistete. In der Stadt St. Leonhard (Österreich) standen neben Stadtschreiber, Schulmeister und Messner auch Wächter und Stadtdiener auf der Gehaltsliste der Kommune. Die thüringische Stadt Erfurt beschäftigte dagegen 1511 immerhin bereits 86 Funktionsträger, wobei Torhüter und weitere nebenberufliche Arbeitskräfte schon dazugerechnet sind. In der Stadt Zutphen wurden im 15. Jahrhundert neben Stadtsekretär, Schreiber, Arzt, Henker, Marktmeister und Wiesenmeister eine ungenannte Anzahl von Boten, Gerichtsdienern, Torhütern und Stadtwachen entlohnt. In Essen erhielten ebenfalls im 15. Jahrhundert die beiden Bürgermeister, der Schreiber, der Werkmeister, der Henker, der Schutter und ein Arbeiter eine Entlohnung. Ferner wurden vier Pförtner, vier Boten und die Gerichtsfronen, Hirten, Baumhüter und Landwehrverwahrer für ihre Dienste bezahlt. Gegen Ende des Jahrhunderts kamen sechs weitere Funktionsträger hinzu, die aus der Stadtkasse ihren Lohn erhielten.

[78] Bücher 1886, S. 222-224 u. 257-258; Schönberg 1910, S. 43; zu den Bevölkerungsangaben siehe Ennen, S. 226-228.

[79] Hye 2004, S. 325.

[80] Knapp 1929, S. 202-203.

schrift „Berg- und Hüttenmännisches Jahrbuch der k.k. montanistischen Hochschulen zu Leoben und Pribram", dass diese Akten bereits 1805, kurz nach Einrichtung eines königlich bayerischen Bergwerksinspektorats, nach München geschafft wurden[81].

Rund 25 Jahre später findet sich in der regionalen Literatur ein weiterer Hinweis auf den Verbleib wichtiger Schwazer Aktenbestände. Nach Erkenntnissen von Ludwig Knapp gibt es in Schwaz selbst so gut wie keine Archivalien mehr aus der Zeit vor 1809: *Einen erheblichen Teil des umfangreichen Schwazer Bergwerksarchivs brachten die Bayern bei der Invasion 1805 nach München, der übrige Teil verbrannte mit den anderen Schwazer Archiven im Unglücksjahr 1809. In den letzten Jahren wurden in München eine Reihe von Raitbüchern der Pfarrkirche Schwaz aufgefunden, die jetzt den bekannten Historiographen des Pfarrkirchenbaus, Pfarrer Knorringer, zugute kommen*[82]. Das dort eingesehene Raitbuch wurde als Edition 1935 veröffentlicht[83]. Die nach München transportierten Akten des Schwazer Bergwerksinspektorats sollen sich 1929 noch in München auf dem Dachboden eines Ministerialgebäudes befunden haben. Nach Recherchen der Verfasser mit Unterstützung seitens des Bayerischen Staatsarchivs München und des Bayerischen Hauptstaatsarchivs München müssen die Akten als Kriegsverlust des Zweiten Weltkrieges abgeschrieben werden[84]. Dennoch lassen sich mit Hilfe der staatlichen Überlieferung im Tiroler Landesarchiv in Innsbruck entscheidende Informationen zu den oben angesprochenen Fragestellungen finden.

Historischer Abriss der Geschichte von Schwaz im Mittelalter und in der frühen Neuzeit

Die Anfänge von Schwaz gehen auf das 10. Jahrhundert zurück. In einer Urkunde des Jahres 930/931 wird der Ort Schwaz (*Sûates*) erstmals genannt. Damals kam es zu einem Gütertausch der beiden Geschwister Himiltrud und Bernhard mit ihrem Vater, Erzbischof Odalbert von Salzburg. Himiltrud übergab dem Salzburger Erzstift ihren Besitz und 50 Eigenleute in Mulles (= Mils) und Fonapa (= Vomp) sowie Suates (= Schwaz) und Vuisinga (= Wiesing bei Jenbach). Dafür erhielten sie und ihr Bruder u. a. Güter und Leute des Erzbischofs Odal-

---

[81] Isser 1904, S. 408, bes. Anm. 2.

[82] Knapp 1929, S. 202-203.

[83] Schadelbauer 1935/36.

[84] Knapp 1929, S. 202-203. Nach Schreiben vom 18.03.2004 und 04.08.2004 des Bayerischen Hauptstaatsarchivs in München an das Deutsche Bergbau-Museum in Bochum ist das Registraturgut des ehemaligen kaiserlichen Bergamts in Schwaz *sicher nicht in ein staatliches bayerisches Archiv gelangt*. Im Akt „Generaldirektion der Staatlichen Archive Bayerns 339", in dem man Archivalien der bayerischen Okkupation Tirols zusammengefasst hat, finden sich keine Akten des Schwazer Bergwerkarchivs. Sollte sich das Archivgut aus Schwaz noch um 1929 auf dem Dachboden eines Ministerialgebäudes in München befunden haben, so dürfte es dort kaum verblieben sein. Nach Angaben aus München ist zu vermuten, dass das Schwazer Archiv, falls es sich tatsächlich in München befunden hat, 1848 nicht vom Finanzministerium an den Vorläufer des Wirtschaftsministeriums übergeben wurde, sondern an eine Fachbehörde, die Generaldirektion der Berg-, Hütten- und Salzwerke, gelangte, die man später in eine im Staatsbesitz befindliche Aktiengesellschaft umwandelte (= BHS AG). Diese hatte ihren Sitz im so genannten Salinengebäude in München. Bei dem von Knapp erwähnten „Ministerialgebäude" könnte es sich deshalb möglicherweise um das Salinengebäude gehandelt haben, auf dessen Dachboden nachweislich vor dem Zweiten Weltkrieg älteres Archivgut lagerte. Die Gebäude der drei zuvor genannten Behörden sind in den Jahren 1943-1945 stark vom Luftkrieg in Mitleidenschaft gezogen worden. Dabei sind auch Aktenbestände vernichtet worden, ohne dass man von Seiten der Archivbehörden in der Lage wäre, das vernichtete Registraturgut in jedem Einzelfall nachzuvollziehen. Das Salinengebäude in der Ludwigstraße 16 mit Sitz der BHS AG wurde 1943 getroffen. Anhand einer umfangreichen Liste, die auch teilweise ins 16. Jahrhundert zurückreichende Akten verzeichnet, kann man nachvollziehen, welche Akten hier gelagert waren. Doch leider zeigte sich keine Spur des Schwazer Bergamtsarchivs. Die Schwazer Akten müssen nach derzeitigem Stand der Ermittlungen als verschollen gelten.

bert in Wattens (bei Hall), Piettenberg (sö Kraiburg), Ensdorf (nö Kraiburg)[85]. Neben Salzburg scheint auch das Augsburger Benediktinerstift St. Ulrich und Afra Höfe in Schwaz besessen zu haben. Dies ist einer um 1180 ausgestellten Urkunde zu entnehmen. Im 12. Jahrhundert stand das Inntal unter dem Einfluss des mächtigen Geschlechtes der Grafen von Andechs, die als Vögte des Bischofs von Brixen im Inntal zunächst bis 1209 Herrschaftsrechte ausübten. Sie beauftragten ihre Ministerialen (= Dienstmannen), die Herren von Rottenburg, die sich nach ihrer Stammburg Rottenburg oberhalb von Buch nannten, mit der Verwaltung des gleichnamigen Landgerichtes. Drei Vertreter dieses Geschlechtes werden bereits 1149 erwähnt[86]. Nicht zum Verwaltungsbezirk Rottenburg gehörte das Gericht Freundsberg mit dem Hauptort Schwaz. Als Vertreter der Andechser Grafen fungierten hier die Herren von Freundsberg, die ab 1209 in die Dienste der bayerischen Herzöge traten und als deren Ministeriale zahlreiche Herrschaften als Eigentum, Pfand oder Lehen erwarben: im östlichen Unterinntal die Burgen Lichtenwert (vor 1250), Schintelberg (seit 1248/1266), Mehrnstein (seit 1266), Matzen (seit 1282) und Thierberg sowie in der ersten Hälfte des 14. Jahrhunderts als Pfandbesitz die herzoglich-bayerischen Burgen Rosenheim, Trostberg (1336) und Marquartstein im Chiemgau (1349), schließlich noch 1360 Mariastein am Angerberg[87]. Schwaz und die Burg Freundsberg waren aber offenbar Eigenbesitz des Ministerialengeschlechtes, denn 1312 verkaufte Thomas von Freundsberg die Vogtei über Vomp und Schwaz im unteren Inntal dem damaligen Tiroler Landesherrn, dem böhmischen König Heinrich, für 150 Mark Silber (= 42,15 kg). Nur einige Jahre später, 1319, trat Thomas von Freundsberg gegen die Zahlung von 600 Mark Berner in die Dienste des Landesherrn. Wohl im gleichen Jahr verkauften die Herren von Freundsberg ihren Allodialbesitz, die Burg Freundsberg mit dem gleichnamigen Gericht sowie die dazugehörige Grundherrschaft, dem Tiroler Grafen, der ihnen die Herrschaft wieder zu Lehen übertrug[88].

Nach dem Inntaler Steuerbuch von 1312 lebten im Dorf Schwaz und im Ortsteil *In dem Riede* 36 steuerpflichtige Personen. Verzeichnet finden sich hier allerdings nur Steuerzahler, die dem Tiroler Landesherrn abgabenpflichtig waren. Über die Einwohnerzahl von Schwaz sagt dies wenig aus, da neben dem Landesherrn auch die Herren von Freundsberg sowie das Salzburger Erzstift und das Augsburger Benediktinerstift Untertanen in Schwaz besaßen, vom möglichen Einfluss des Stiftes St. Georgenberg und anderer Grundherren ganz zu schweigen[89]. Die mit Namen verzeichneten Einwohner geben allerdings noch keinerlei Hinweise auf mögliche Tätigkeiten im Montanbereich. Bei 18 Personen, deren Geschlecht durch die verzeichneten Vornamen zu identifizieren ist, handelt es sich um Frauen, vermutlich im Witwenstand[90].

---

[85] Hauthaler 1910/1987, Nr. 76, S. 136-138; Stolz 1951, S. 79; Egg 1986, S. 80.

[86] Egg 1986, S. 83; ders. 1964, S. 6.

[87] Fornwagner 1992, S. 200; Egg 1986, S. 84.

[88] Fornwagner 1992, S. 199; Ingenhaeff 2003, S. 77; Egg 1986, S. 84, bringt hingegen Berthold von Freundsberg mit dem Verkauf der Burg, der Grundherrschaft und des Gerichtes Freundsberg an die Tiroler Grafen in Verbindung und datiert das Ereignis auf 1331, allerdings ohne einen Quellenbeleg zu nennen.

[89] Nach einem 1780 angelegten Kataster gab es in Schwaz (Dorf und Marktviertel) u. a. folgende Grundherrschaften: dem Pflegegericht Freundsberg unterstanden insgesamt 120 Häuser, der Pfarrkirche 114, der Herrschaft Tratzberg 41, der Schwazer Bruderschaft zur Unbefleckten Empfängnis Mariae 24, dem Hl. Geist-Spital 38, dem Kloster St. Georgenberg 12, dem Stift St. Afra in Augsburg 26, dem Nonnenkloster St. Martin 13, dem Bergwerks-Bruderhaus 11 Häuser. Frei von Grundherrschaft waren in Schwaz lediglich 42 Häuser. Vgl. Hye 1980, S. 222.

[90] Egg 1986, S. 88-89.

Obwohl die Quellenüberlieferung für das Mittelalter sehr schmal ist, darf man davon ausgehen, dass bereits in der zweiten Hälfte des 13. Jahrhunderts im Schwazer Revier ein florierender Bergbau umging. Im Jahr 1273 besaß Heinrich von Rottenburg einen Schwaighof auf dem Arzberg (= Erzberg) bei Schwaz[91]. Auch der Reviername „Alte Zeche" deutet auf einen bereits im Mittelalter umgehenden Bergbau hin[92].

Das Dorf Schwaz hatte zu Beginn des 14. Jahrhunderts offenbar an Bedeutung gewonnen, denn am 23. April 1326 ließ sich Perchtold (= Berthold) von Freundsberg durch König Heinrich von Böhmen, aus dem Hause Tirol-Görz, die Einrichtung eines Wochenmarktes bestätigen. Der Markt sollte alle 14 Tage samstags stattfinden. Er diente der Versorgung der umliegenden Ortschaften und Höfe mit Lebensmitteln und Gütern des täglichen Bedarfs. Die Tiroler Landesfürsten genehmigten in Schwaz darüber hinaus erstmals 1528 einen so genannten Kirchtagsmarkt, also einen Jahrmarkt[93].

Die Bergbaugemeinde bestand aus mehreren, zunächst weitgehend selbstständigen Ortsteilen. Neben dem Dorf Schwaz entstand nach 1326 auf der westlichen Seite des Lahnbaches das Marktviertel. Infolge des Bergbaus siedelten sich oberhalb des Dorfes Schwaz, am südlichen Hang, die Bergarbeiter mit ihren Familien an, die dort neben den Lehensassen ihre Söllhäuser errichteten, kleine Gebäude mit einem Untergeschoss aus Stein und einem Obergeschoss aus Holz. Weitere Söllhäuser der Bergleute standen auch rechts und links des Lahnbaches, der wegen seiner Überschwemmungen (Wasser und Geröll) stets gefürchtet war. Die Söllhäuser zogen sich auch oberhalb des Marktes Schwaz den Hang aufwärts, knapp bis unter die Burg Freundsberg. Wohnhäuser der Knappen gab es gleichfalls in den Ortsteilen im Ried, am Kraken und in der Einöd. Für die Söllhäuser am Kraken und unterhalb der Burg entstand in der Bevölkerung die Bezeichnung „Knappei". Eine eigenständige Gemeinde, die westlich von Schwaz auf einer Hangterrasse lag, bildete der Ortsteil Arzberg[94]. Im 18. Jahrhundert gehörten folgende Ortsteile zur Gemeinde Schwaz: Marktviertel, Dorf, Ried, Zintberg sowie Arz- und Schlingelberg[95].

Schwaz keine Bergbaustadt?

In der bereits oben angesprochenen Studie geht Franz-Heinz von Hye auf diese Frage ein. Er verweist u. a. darauf, dass Schwaz bereits in den Augen der Zeitgenossen durchaus als Stadt gesehen wurde. In der Gründungsurkunde des Schwazer Franziskanerklosters von 1507, die Kaiser Maximilian I. als Aussteller nennt, wird die Ortschaft als *oppidum* bezeichnet. Ebenso nahm der Tiroler Vizekanzler, Historiker und Kartograph Matthias Burgklehner (1573-1642; auch Burgklechner) in seiner berühmten symbolischen Karte von Tirol, „Aquila Tyrolensis", Schwaz in die Reihe der Tiroler Städte auf. Der Schwazer Bergbeamte Joseph Habtmann bezeichnete Schwaz als „Berg-Stadt"[96].

---

[91] Stolz 1951, S. 79.

[92] Hye 1980, S. 221; Isser 1905, S. 70, zitiert aus der Schwazer Bergchronik: *Aynig alt arztgrüebm seyn allda vil ender in ghang als der Valchenstayn unt vor ime aufftau, daz yar man nit khennet*. Bereits im Jahr 1420 soll nach Isser eine Grube mit Namen *die alt Zöch* wieder in Betrieb genommen worden sein, was für einen weit älteren Bergbau in diesem Schwazer Teilrevier sprechen würde.

[93] Dobsch/Schwind 1895/1968, S. 167-168; Egg 1986, S. 84; Hye 1980, S. 219. Die Urkunde vom 23. April 1326 liegt heute nicht mehr im Original vor, sondern nur noch in einer zeitgenössischen Abschrift. Vgl. Fornwagner 1992, S. 199, bes. Anm. 1017.

[94] Egg 1996, S. 92-95; Hye 1980, S. 214-215.

[95] Hye 1980, S. 221.

[96] Hye 2004, S. 327.

Geht man von der in Schwaz ansässigen Bevölkerung aus, so war die Ortschaft dem Rahmen einer Dorfgemeinde bereits in der Mitte des 15. Jahrhunderts entwachsen. Dem Berggeschrei folgend, hatte sich schon in der zweiten Hälfte des 15. Jahrhunderts eine große Zahl Arbeit suchender Bergleute aus Böhmen, Sachsen und anderen deutschen Landschaften in Schwaz niedergelassen. 40 Bergknappen sollen nach einem Bericht aus dem Jahr 1442 vom Konzil zu Basel in Schwaz gearbeitet haben[97]. Deren Zahl stieg bis 1489 auf 7.400 Bergleute. Im Jahr 1492 berichtet ein venezianischer Gesandter von 4.000 Mann, die am Berg, gemeint ist sicherlich der Falkenstein, arbeiteten[98]. Zeitgenössischen Angaben aus Schwaz zufolge hat man um 1515 mit einer Einwohnerschaft von etwa 20.000 Personen zu rechnen, und 1574 sollen hier rund 24.000 Bewohner gelebt haben. Auch in den Nachbarorten Vomp, Stans, St. Margarethen, Strass, Schlitters und Fügen wohnten zahlreiche Bergleute[99]. Nach dem Tiroler Landreim von 1557/58 waren in Schwaz und seiner direkten Umgebung mehr als 30.000 Menschen mit allem Lebensnotwendigen zu versorgen[100].

Erste konkrete Belegschaftszahlen liegen aus der dritten Dekade des 16. Jahrhunderts vor. Nach einer Bergbeschau für das Ringenwechselrevier von 1526 gab es hier eine Belegschaft von 1.957 Mann, die durch die Belegschaftszahlen für die einzelnen Reviere in der Schwazer Bergchronik eine Bestätigung erhalten[101]. Isser teilt für das Jahr 1545 die Anzahl der Bergknappen im Revier Alte Zeche mit. In 23 Gruben arbeiteten 1.896 Bergleute. Hinzu kamen 144 Mann in den Scheidkramen und Pochwerken sowie 60 Bergschmiede und Zugänger (= Hilfskräfte), zusammen waren es rund 2.100 Arbeiter[102]. Die Zahlen, die für die 1550er Jahre in der Literatur mitteilt werden, sind jedoch mit einer gewissen Vorsicht zu betrachten. Sie werden hier in Ermangelung besseren Zahlenmaterials wiedergegeben[103]. Nach einer Aufstellung von 1554 waren am Falkenstein 70 Ober- und Unterhutleute, 54 Nachthutleute und Schreiber, 350 Zimmermeister und Gestängeleger, 526 Zimmerknechte und Grubenhüter, 570 *Zueweyllner* (= Hilfskräfte), Haspelknechte und Wandbrecher, 750 Truhenläufer, 836 Säuberbuben, 580 Herrenhauer, 1.780 Lehenhauer, 850 Such- und Gedingehauer, 620 Herren- und Lehenscheider bzw. [Halden-]Kutter, 290 Pochknechte und Erzwäscher, 184 Bergschmiede und andere Arbeiter, zusammen 7.460 Personen beschäftigt[104]. Diese Zahl berührt indes nur <u>eines</u> der Schwazer Bergreviere. Im Ringenwechselrevier arbeiteten damals ca. 1.850 Mann, im Revier Alte Zeche etwa 1.900 Bergknappen und auf anderen Gruben in der Umgebung von Schwaz etwa 350 Personen[105]. Hinzu kamen noch einmal 400 Fuhr- und Schiffsleute, Köhler sowie Hüttenarbeiter. Insgesamt sollen in der Region Schwaz ca. 11.400

---

[97] Gemeint sind nach Egg eher 400 Bergleute; vgl. Egg 1986, S. 109.

[98] Egg 1989, S. 212; ders. 1986, S. 109; Isser 1904, S. 415.

[99] Egg 1986, S. 129, nach dem Predigtbuch des Paters Strassgütl (um 1515) und den Aufzeichnungen des Stephan Vinand Pighius in seinem Buch „Herculae prodicio" von 1574. Zum Jahr 1574 vgl. auch Zycha 1907, S. 256, Anm. 2, der die Angaben für unbelegt hält.

[100] Kirnbauer 1964, S. 28.

[101] Fischer 2001, S. 215.

[102] Isser 1905, S. 74; ihm folgend, aber ohne Quellenangabe Nöh 1951, S. 130; dazu auch Fischer 2001, S. 215, bes. auch Anm. 958.

[103] Die von Isser angegebenen Belegschaftszahlen für die Jahre 1554 und 1556 konnten anhand der Quellenüberlieferung nicht verifiziert werden. Vgl. zu den Zahlenangaben bei Isser: Kapitel 5b, S. 726-728.

[104] Isser 1904, S. 438-439; als Beleg führt er an: TLA, Pestarchiv XII, fol. 850, wobei der von Isser gemachte Quellenbeleg so nicht nachprüfbar ist.

[105] Isser 1904, S. 442; als Quellenbeleg führt Isser die Schwazer Bergchronik an: Paul 2005: Isser 1905/1924, S. 310.

[106] Isser 1904, S. 442 (nach der Schwazer Bergchronik); dazu auch Palme 1997, S. 33-34 mit Anm. 8.

Abb. 9: Das Fuggerhaus in Schwaz, 2004 (Foto: Deutsches Bergbau-Museum Bochum).

Menschen im Montanwesen tätig gewesen sein[106]. Isser zitiert eine weitere Aufstellung, die aus einer Ausgabe des Schwazer Bergbuchs von 1556 stammen soll. In der Abschrift der 4. Quartalsrechnung von 1556 für die Bergwerke am Falkenstein wird auch eine Aufstellung der Belegschaften der einzelnen Falkensteiner Gruben wiedergegeben[107]. Danach betrug die Mannschaftsstärke Ende 1556 immerhin 6.650 Personen in 36 Bergwerken[108]. Selbst wenn die Werte um 20-30 % zu hoch angesetzt sein sollten, was nicht ausgeschlossen erscheint (vgl. dazu Kapitel 5b), wird man nicht umhin können, festzustellen, dass die tatsächliche Zahl der Einwohner in dem aus fünf selbstständigen Gemeinden gebildeten Schwaz allein aufgrund der zu berücksichtigenden Arbeiter in den anderen Bergrevieren sowie der Arbeitskräfte im Transportwesen, im Köhlereigewerbe, bei der Waldarbeit und in den Hüttenbetrie-

---

[107] Isser 1904, S. 444; diese Zahlen fehlen allerdings in den drei anderen Kodizes des Schwazer Bergbuchs von 1556 und auch in seinem Manuskript von 1905/1924 verwendet Isser diese Zahlen nicht. Vgl. Paul 2005: Isser 1905/1924, S. 115-116! Siehe hierzu auch die beiden Tabellen in Dip. 856, nach fol. 197r (ohne Foliozählung!); FB 4312, nach fol. 199r (ohne Foliozählung!); Cod. 1203, nach fol. 198r (ohne Foliozählung!).

[108] Isser 1904, S. 444. Die Schwazer Bergchronik verzeichnet für das Jahr 1556 eine Belegschaft des Falkensteins von rund 7.000 Bergleuten; siehe dazu entweder TLM Ferdinandeum, FB 19860: Isser 1905/1924, Bergwerks-Geschichte (= unveröffentlichtes Manuskript), Anhang II (Schwazer Bergchronik), S. 310, oder auch Paul 2005: Isser 1905/1924, S. 310.

ben erheblich höher gelegen haben muss als bei 12.500 Menschen[109]. Völlig außer Acht gelassen werden zumeist die Handwerksbetriebe der Bäcker, Metzger, Büchsenmacher, Schneider, Schuster, Weber, Tischler, Müller, Maurer, Schlosser und Zimmerleute, ganz zu schweigen von den Kaufleuten, Wirten und Kleinhändlern mit ihren Hilfskräften, die sich in Schwaz niedergelassen hatten[110].

Betrachtet man die rechtlichen Aspekte, so wird deutlich, dass der Bergbaugemeinde Schwaz alle Attribute einer mittelalterlichen bzw. frühneuzeitlichen Stadt fehlten[111]. Als sichtbares äußeres Zeichen für eine städtische Ansiedlung galt in Tirol noch im 16. Jahrhundert die Befestigung, insbesondere die Stadtmauer, als Unterscheidungsmerkmal zu den umgebenden Dörfern und Weilern. Dorf und Marktsiedlung Schwaz waren – betrachtet man die Ortsansichten des 16. und 17. Jahrhunderts – von keinerlei Verteidigungseinrichtungen wie Stadttoren, Mauern oder Türmen umgeben. Allerdings scheinen niedrige Mauern Teile des Marktes mit der 1337 errichteten Kirche zu Unserer Lieben Frau vor den Fluten des Inn geschützt zu haben. Einige größere Gebäude, z.B. das Berggericht, das Landgericht, die Faktorei der Fugger oder das Kontor der Firma Stöckl, waren überaus repräsentativ gestaltet und demonstrierten dem Betrachter den Charakter eines festen Hauses[112]. Der Innsbrucker Hans Georg Ernstinger beschreibt in seinem Reisebuch, das er 1610 anfertigte, auch Schwaz. Das große und schöne Dorf sei *mit grossen wolerbauten Heusern geziert, also das* [es] *wohl ainer Statt zu vergleichen, obs gleichwol nit mit Meuern eingefangen*[113].

Eine Vertretung der Bevölkerung nach innen und außen, Bürgermeister und Rat, sucht man in Schwaz gleichfalls vergeblich. In seinem Beitrag zur Verwaltung in den Habsburgischen Erblanden, in den böhmischen Ländern und in Salzburg stellt Christoph Link fest, dass die städtische Selbstverwaltung nach der Eingliederung in das Territorium seit dem Mittelalter stetig zurückgedrängt wurde. In einigen Städten hob man den äußeren Rat in der frühen Neuzeit auf und setzte an seine Stelle einen Bürgerausschuss (!). Teilweise schafften die Behörden die Wahl des Rates ab und setzten Räte auf Lebenszeit ein[114]. Erst 1899 wurde Schwaz offiziell zur Stadt erhoben[115]. Es gab auch keine Stadtverfassung. Ein unabhängiges Stadtgericht, das Verfehlungen oder Straftaten der Bürger oder Einwohner in eigener Regie aburteilen konnte, existierte nicht. Es mangelte der Bergbaugemeinde Schwaz auch an dem Recht, auf dem Tiroler Landtag zu erscheinen (= Landstandschaft, Landtagsfähigkeit)[116]. Lediglich während des Bauernkrieges 1525/26 war die Gemeine Gesellschaft des Bergwerks zu Schwaz im Mai 1525 auf dem Innsbrucker „Teillandtag" erschienen. Seitens der größeren Gewerken hatte Hans Stöckl verlauten lassen, dass er den *eilenden Lanndtag* am 23. Mai zu besuchen beabsichtige. Im Gegensatz zu den Städten, die jeweils zwei Vertreter entsenden durften, war es der Gemeinen Gesellschaft des Bergwerks zu Schwaz gestattet, vier Personen auf den Teil-

---

[109] Vgl. Hye 2004, S. 325.

[110] Eine Aufstellung der sonstigen Gewerbe in Schwaz findet sich in einem Vertrag zwischen den Schwazer Bergwerksverwandten sowie den Schmelzer und Gewerken einer- und den Markt- und Dorfleuten zu Schwaz andererseits. Vgl. TLA, Hs 1588, fol. 2v.

[111] Noch in der im Pfarrarchiv Schwaz verwahrten Kirchenpropstei-Rechnung von 1755 wird Schwaz mit seinen Ortsteilen als Großgemeinde, „Comon", bezeichnet. Vgl. dazu Egg 1986, S. 97-98 mit Anm. 20.

[112] Vgl. die Ortsansicht von Schwaz in den 1556er Kodizes des Schwazer Bergbuchs; gedruckt z. B. bei Winkelmann 1956, S. 283 ff., im Kartenanhang, oder auf dem Umschlag des Werkes von Egg/Gstrein/Sternad, 1986.

[113] Hye 2004, S. 327 (Zitat).

[114] Vgl. dazu: Link 1983, S. 508.

[115] Die Urkunde zur Stadterhebung datiert vom 16. September 1899. Vgl. Hye 1980, S. 214.

[116] Hye 2004, S. 325.

landtag zu entsenden[117]. Zusammenschlüsse von Angehörigen der einzelnen Gewerbe, etwa der Kaufleute, Bäcker, Metzger, Weber, Schmiede, Krämer (*Frätschler* bzw. *Lädler*), Schlosser, Büchsenmacher, Tischler, Müller, Maurer, Zimmerleute, gab es nicht oder nur in rudimentären Ausprägungen. Die Schwazer Bruderschaften, z.B. die Fraternität Unserer-Lieben-Frauen oder die Bruderschaft der Metzger, erfüllten zumeist kirchliche und karitative Aufgaben. Beide schlossen sich im Jahre 1503 zusammen[118]. Es ist nicht zu belegen, dass sich aus der Bruderschaft der Metzger eine Handwerkerkorporation entwickeln konnte. In der mittelalterlichen Stadt Goslar gab es dagegen bereits im 12. Jahrhundert zahlreiche Bruderschaften mit sozial-karitativen Aufgaben. Kaiser Friedrich Barbarossa (1152-1190) und seine Gemahlin Beatrix hatten eine Fraternität privilegiert, die Arme und Kranke unterstützte und für das Begräbnis der Mitglieder sorgte. Im Jahr 1260 schlossen sich die am Rammelsberg bei Goslar beschäftigten Bergleute zu einer Bruderschaft zusammen. Wie andere Korporationen auch, zeichnete sich diese Goslarer Bruderschaft zunächst durch „Werke der Gottesverehrung" aus. Es gab gemeinsame Statuten, Zusammenkünfte und Feste. Man sorgte für in Not geratene Angehörige der Gemeinschaft[119]. Solche rechtlich selbstständigen Zünfte gab es in Schwaz nicht, sieht man einmal von der Gemeinen Bergwerksgesellschaft zu Schwaz als Vertretung der Bergbau Treibenden ab.

Für die Verwaltung von Schwaz mit allen Ortsteilen waren Landrichter, Pfleger und Bergrichter als landesfürstliche Beamte mit ihrem Personal zuständig. Deren Kompetenzstreitigkeiten, nicht nur in Rechtsfragen, erschwerten die Entwicklung des Ortes nicht unerheblich[120]. In den einzelnen Ortsteilen gab es so genannte Viertelmeister und Hauptleute, die den betreffenden Wohnquartieren vorstanden und für die höheren staatlichen Beamten besondere Aufgaben wahrnahmen. So waren die Viertelmeister und Hauptleute z.B. mit dem Einziehen der Landsteuern betraut[121]. Wem diese örtlichen Funktionsträger unterstanden ist ungeklärt. Ein weiterer Umstand, der die Entwicklung des Marktes Schwaz erschwert haben dürfte, liegt in der Zersplitterung der Herrschaftsrechte begründet. Während der Landesfürst durch seine Regalrechte Einfluss auf den Bergbau und die im Montanwesen Beschäftigten ausübte, lagen die Gerichtsrechte im Landgericht und der Gemeinde Schwaz bis 1467 in den Händen des niederadeligen Geschlechtes der Herren von Freundsberg. Der Vertreter der Hoch- bzw. Blutgerichtsbarkeit, der Landrichter, hatte seinen Amtssitz in Vomp[122]. Auf dem linken Innufer stand auch der Galgen als Zeichen der Blutgerichtsbarkeit. Andererseits war Schwaz (Vomp) Sitz des Berggerichtes, wobei dessen Anfänge offenbar in die erste Hälfte des 15. Jahrhunderts zurückreichen. Nach Isser fungierten Stoff Moltl (1420), Wolff Hyllpolt (1428), Yeronimý Erlacher zu Erlach (1435) und Yoss Pachler (1442) als Bergrichter mit Amtssitz in Vomp[123]. In einem Schreiben an den Landesherrn, das vermutlich auf die Zeit um 1440 zu datieren ist, beklagten sich die Schwazer Bergknappen darüber, dass der Bergrichter nicht vor Ort in Schwaz residierte: *Auch gnädigster furst haben wir abgeng von des richters wegen,*

---

[117] Fischer 2001, S. 269-270.

[118] Grass/Holzmann 1982, S. 67-68.

[119] Lauf 2004, S. 115-119.

[120] E., S. 79-100. In der Ausgabe des Bergbuchs von 1556 heißt es: *Nach dem bisheer zwischen den Perkh- und Landtrichtern vil Span und Irrungen gewest, das yeder vermaint es gehe ime der Gerichtszwanng über die Perkhwerchsverwontn und derselben Haab und Guetter zu hanndln und zu gebieten zue* [...]; vgl. Kodex Dip. 856, fol. 101r (Zitat) -114v.

[121] TLA, Hs. 1588, fol. 5r.

[122] Im Jahr 1408 verlieh König Ruprecht dem Niederadeligen Hans von Freundsberg das Halsgericht zu Vomp und wertete damit das Landgericht Freundsberg auf. Letzteres war bis zu diesem Zeitpunkt dem Landgericht Rottenburg in Halsgerichtsfällen untergeordnet gewesen (Schubpflicht). Vgl. Fornwagner 1992, S. 204.

[123] Worms 1904, S. 109; Isser 1904, S. 416; Zycha 1907, S. 248.

der mag nit hausung gehaben in dem margt ze Swatz und hat sich in ein dorf gezogen, da er unser notdurft ze verr ist. Bit wir eur gnad, das uns das gewent werd[124]. Da die Bergknappen ihre Beschwerden an den Tiroler Landesherrn richteten, ist davon auszugehen, dass dieser die Herren von Freundsberg nicht mit dem Bergregal belehnt hatte. Erst im Jahr 1494 residierte mit Sebastian Andorffer der erste Bergrichter in Schwaz[125]. Nach einer ersten Bergordnung für Schwaz vom 10. August 1447 legte Herzog Sigmund der Münzreiche u. a. die Arbeitszeit der Hauer auf acht Stunden fest. Er befahl dem Bergrichter, darauf zu achten, dass die Bergleute, die sich verdingt hatten, auch zur Arbeit antraten, insbesondere wenn sie bereits Geld erhalten hatten. Er ordnete außerdem an, die Erze ordentlich zu scheiden. Sigmund untersagte den Knappen ferner das Fortschaffen von Handsteinen und die Aufarbeitung der Halden, da für den Bergbau jeder Mann gebraucht werde[126]. Im Jahre 1449 erhielten die Bergleute zu Schwaz eine neue, wesentlich umfangreichere Bergordnung, die eine Freiung der Bergwerke und der darin arbeitenden Knappen sowie aller anderen Personen, die mit dem Montanwesen direkt oder indirekt zu tun hatten, beinhaltete. Dieser rechtliche Sonderstatus für die im Montanwesen Tätigen galt ebenso für die Arbeiter auf den Halden, im Wald, in den Schmelzhütten und auf den Meilerplätzen, die damit dem direkten Zugriff des Landgerichts, d.h. des Pflegers und des Landrichters der Herren von Freundsberg, entzogen waren. Mit der rechtlichen Besserstellung der so genannten *Bergwerksverwonten* ging der Aufbau eines eigenständigen Gerichtshofes einher, bestehend aus dem Bergrichter als dem Vorsitzenden und einer Anzahl Geschworener, die man aus der Gruppe der Bergleute rekrutierte. Richter wie Geschworene mussten über einigen Sachverstand verfügen, um über die teilweise verwickelten Verhältnisse unter Tage auch Entscheidungen treffen zu können, so z. B. bei Streitigkeiten über die Vermessungsarbeiten der Schiner (Markscheider). Neben den fachlichen Kompetenzen des Gerichts ist bei der Einsetzung eigener Berggerichte zu berücksichtigen, dass durch den Bergbau eine große Anzahl Arbeitssuchender aus Böhmen, Sachsen und anderen deutschen Landschaften nach Tirol strömte. Die stark zunehmende Bevölkerung stellte die Landgerichte angesichts der verübten Delikte vor kaum zu bewältigende Aufgaben, so dass sicherlich eine gesonderte Justiz mit eigenen Büttel, den Fronboten, für notwendig erachtet wurde. Nicht von der Hand zu weisen ist auch, dass der Tiroler Landesherr vom reichen Bergsegen auf Kupfer und Silber in nicht unbeträchtlichem Maße profitierte. Eine Kontrolle über das Montanwesen mit Hilfe einer eigenen Bergbehörde, besonders bei der Erhebung von Fron und Wechsel, war angesichts der ständigen Geldnot des Landesherrn für die Regierung und Kammer geboten[127].

Die Einrichtung einer eigenständigen landesfürstlichen Bergbehörde aufgrund des landesfürstlichen Regalrechtes brachte jedoch in nicht unerheblichem Maße Probleme mit sich. Die Bergleute waren dem örtlichen Gerichtsherrn durch das exemte Berggericht entzogen. Übergriffe der Bergbau Treibenden in die umliegenden Waldungen konnten kaum geahndet werden. Zwischen 1443 und 1446 richtete Wolfgang von Freundsberg als Grund- und Gerichtsherr in Schwaz, auch im Namen seiner beiden Verwandten Hans und Ulrich, eine Beschwerdeschrift an König Friedrich IV., den Vormund des Herzogs Sigmund von Österreich-Tirol. Danach entstanden ihm wegen der in seinem Gericht angelegten Bergwerke *grosser Bruch und Irrung in mancherlei Weg geschehen an unseren Gründen, Forsten, Wäldern, Bächen, an Leuten und Gütern, an unseren alten Freiheiten, Rechten und Gewohnheiten. Darum ich allzeit begehrt habe und noch begehre, mir widerfahren zu lassen, was uns rechtlich als*

---

[124] Zycha 1907, S. 248; Hye 1980, S. 221, gibt als Erstnachweis für Schwaz als Sitz eines Berggerichtes das Jahr 1434 an.
[125] Isser 1904, S. 434.
[126] Worms 1904, S. 110-111.
[127] Vgl. zum Sonderstatus der Bergbehörden: Mutschlechner 1974, S. 500-502.

Grundherren gebührt, wie das in anderen Ländern und bei anderen Bergwerken eines jeden Herren oder armen Mann Recht ist. In den obgenannten Bergwerken sind jetzt Bergrichter eingesetzt, denen Euer Gnaden großen Sold geben muss. Dieselben greifen mir und meinen Vettern in unser Gericht und Herrlichkeit gegen unser Freiheit und altes Herkommen und nehmen sich an, Gerichtshändel zu richten, zu strafen und zu büssen. Ich meine, das ist nicht recht und begehre wie das anderswo gehalten wird[128]. Die Eingriffe in die Gerichtsrechte der Freundsberger hielten auch nach dem Tod Wolfgangs am 11. September 1449 an. Seine beide Erben Hans und Ulrich von Freundsberg beschwerten sich wiederholt bei Herzog Sigmund, der schließlich 1455 einen Schiedsspruch durch die Landstände fällen ließ, der die Kompetenzstreitigkeiten zwischen Berggericht und Landgericht auf Dauer beilegen sollte, was jedoch nicht gelang, denn die Gerichtsbarkeit über die im Montanwesen Tätigen wurde, mit Ausnahme der Halsgerichtsbarkeit, dem Berggericht zugesprochen[129].

Auch für das Stift St. Georgenberg brachte der Bergbau mancherlei Unannehmlichkeit mit sich. Zu Beginn des 15. Jahrhunderts kam es wegen der Sanierung der Holzbrücke über den Inn bei Schwaz zu einem handfesten Streit zwischen den Herren von Freundsberg und dem Konvent auf dem Georgenberg. Zu den Aufgaben der Herren vom Freundsberg gehörte es, die einzige Brücke über den Inn, die es in weitem Umkreis gab, reparieren zu lassen. Als Gefälligkeit für die Hilfe bei der Wahl zum Klostervorsteher stellte der neue Georgenberger Abt Konrad III. (Abt von 1327-1344) seinem Förderer, bei dem er als Kaplan in Diensten gewesen war, Bauholz, Fuhrwerke, Arbeitskräfte und anderes zum Brückenbau zur Verfügung. Einer seiner Nachfolger, der von 1401-1413 als Abt auf dem Georgenberg regierende Konrad VI. von Urfahr, weigerte sich, bei einer erneut notwendigen Sanierung weitere Gefälligkeiten zu erweisen. Hans von Freundsberg drohte daraufhin, den Abt aus einem Fenster des Klosters in die rund 100 m tiefe Schlucht zu werfen. Als 1439/40 wiederum eine Reparatur anstand und Abt Nikolaus I. Schieferdecker sich wiederum weigerte, Kosten zu übernehmen, kam es hierüber erneut zu heftigen Streitigkeiten. In einem Schreiben an den Vormund des Herzogs Sigmund, König Friedrich IV., wies der Abt darauf hin, dass durch den Silber- und Kupfererzbergbau viele schwere Transporte über die Brücke zu den Schmelzhütten auf das linke Innufer durchgeführt werden mussten. Die Holzkonstruktion hatte dadurch beträchtlichen Schaden genommen, da sie für solche Schwertransporte nicht gebaut worden war. Auf das Angebot einiger Schwazer Gewerken, sich an der Wiederherstellung der Brücke beteiligen zu wollen, reagierte der Freundsberger sehr ungnädig und untersagte jedes Hilfsangebot seitens der Schmelzer und Gewerken: *Geb ainer einen fierer, er wollt in bei gros pein darumb straffen*[130].

Nur wenig später gelangte das Bergwerk der Herren von Freundsberg in Schwaz durch Tausch an den Landesfürsten. Leider lässt sich anhand der Quelle nicht genau festlegen, um welches Bergwerk es sich dabei handelte oder ob eine allgemeine Bergberechtigung im Schwazer Revier gemeint sein könnte: *Ym 1449. jar ist das perkwerch ze Svaz von denen ze Frewntsperck durch tausch an den herzogen Sigmund dez hauss Österreych khumben undt der di erst Frayheyt undt perckhwerchs Ordnungh zue Füderungh solyichn schätz verlychn*[131].

---

[128] Zitiert nach: Egg 1986, S. 99-100; dieser datiert den Beschwerdebrief allerdings auf das Jahr 1430. Vgl. dazu: Fornwagner 1992, S. 207, bes. auch Anm. 1075. Fornwagner weißt nach, dass die schriftliche Klage des Freundsbergers zwischen 1443 und 1446 beim König eingereicht worden sein muss. Der überlieferte Beschwerdebrief ist undatiert.

[129] Fornwagner 1992, S. 207.

[130] Ingenhaeff 2003, S. 78-86 (Zitat S. 85); siehe dazu auch Naupp 2000, S. 11-16, bes. S. 13.

[131] Zitiert nach: Isser 1904, S. 413; vgl. auch von Wolfstrigl-Wolfskron 1903, S. 31; beide gehen zurück auf: TLA, Pestarchiv Suppl. 897.

Im Jahr 1467 verzichteten Hans und Ulrich von Freundsberg endgültig auf ihre gerichts- und grundherrlichen Rechte mit den dazugehörigen Pertinenzen, die sie im Landgericht Freundsberg-Schwaz besaßen. Dafür gab ihnen Herzog Sigmund die beiden Burgen zu Straßberg im Wipptal und St. Petersberg im Oberinntal in Verbindung mit 400 Mark ewiger Herrengült aus den dortigen Gerichten zu Mannlehen[132]. Die Herren von Freundsberg zogen sich danach ins Schwäbische zurück. Ulrich von Freundsberg hatte die schwäbische Adelige Barbara von Rechberg geheiratet. Deren Bruder Bero II. von Rechberg war so hoch verschuldet, dass er die reichsunmittelbare Herrschaft Mindelheim mit Schloss und Stadt verkaufen musste. Als Käufer traten Hans und Ulrich von Freundsberg auf, die die stattliche Summe von 60.000 fl. aufbrachten und damit auch die Schulden des Bero II. von Rechberg übernahmen[133].

Sämtliche Gerichtsrechte im Landgericht Freundsberg lagen somit ab 1467 in den Händen der Tiroler Landesfürsten: für das Landgericht Freundsberg bestellte der Tiroler Landesfürst weiterhin einen Pfleger und einen Landrichter, die aber nur für den Personenkreis zuständig waren, der nicht direkt mit dem Montanwesen in Berührung stand. Die Gewerken und Schmelzer sowie deren Verweser und Diener, die selbstständigen Bergleute (Freigrübler, Kleingewerken, Lehenschafter), die Herrenhauer (lohnabhängige Arbeiter), das Aufsichtspersonal der Gewerken (Hutleute, Einfahrer, Schreiber), die Zimmerleute, die Schmiede und Saumtiertreiber, die für das Montanwesen tätigen Fuhrleute und Innschiffer, die Hüttenleute, die Waldarbeiter sowie die Köhler unterstanden der berggerichtlichen Obrigkeit als Sondergerichtsbarkeit mit dem Bergrichter als dem obersten Funktionsträger[134]. Als Vertreter des Regalherrn nahm er alle mit dem Montanwesen zusammenhängenden Rechtsakte vor, u. a. verlieh er Gruben und enthob Bergbau Treibende von ihrer Pflicht, mit den Arbeiten an ihren Gruben zu beginnen oder diese fortzusetzen (Freiung): Er übte ausschließlich die niedere Gerichtsbarkeit im Berggerichtsbezirk Schwaz, der die Landgerichte Freundsberg und Rottenburg umfasste, aus. Die peinliche Gerichtsbarkeit, z. B. die Verurteilung bei schweren Vergehen wie Mord, Todschlag oder Unzucht, lag in den Händen des Landrichters[135]. Aus einer Holzordnung für die Bergwerke in Tirol von 1460 geht hervor, dass der Landesfürst als Inhaber des Forstregals dem Bergrichter auch die Aufgaben des Wald- und des Holzmeisters übertragen hatte: *Item das ain yeder perkhrichter all jar die weld besech [...]; [...] Von der irrung wegen des perkhgerichts unsers gnedigen Herrn und des landgerichts von Freuntsperg als zu Sterzingen und freuntsperg auch ander gericht, ist also davon gered, was sich in dem Perkhwerch vergieng, es sei in oder bei den grubm, auf den haldn zu der stuben oder gestengn desgleichn bei den smeltzhuttn [...] das sol ain perkhrichter alles zu richtn haben nach perkhwerchs recht.* So oblag dem Bergrichter, zusammen mit dem Bergmeister, die Verleihung der Waldungen an die Hütten- und Bergwerke[136]. Obwohl beide Seiten nach 1467 der oberösterreichischen Regierung in Innsbruck unterstanden, konnte der Dauerkonflikt zwischen den landesfürstlichen Institutionen auch im Verlauf des 16. Jahrhunderts nicht beigelegt werden, wie dies die im „Schwazer Bergbuch" von 1554/56 aufgezeichnete Diskussion zwischen Bergrichter einer- und Pfleger bzw. Landrichter andererseits belegt[137].

---

[132] TLA, Urkunde I 1604 (Kopie des 16. Jahrhunderts, der Vereinbarung vom 8. Dezember 1467, Ausfertigung der Freundsberger für Herzog Sigmund); TLA, Urkunden II 7259 (Kopie von 1587, Ausfertigung des Herzogs für die Freundsberger vom 11. Dezember 1467). Vgl. dazu: Fornwagner 1992, S. 209, bes. Anm. 1082.

[133] Fornwagner 1992, S. 208, bes. Anm. 1080 mit allen Urkunden über den Kauf der Herrschaft sowie der Huldigung der Stadt Mindelheim gegenüber den Freundsbergern. Vgl. demgegenüber die Darstellungen bei: Egg 1996, S. 100 bzw. bei Hye 2004, S. 325.

[134] Mutschlechner 1974, S. 505.

[135] Fischer 2001, S. 84-86.

[136] Mutschlechner 1974, S. 503; zur Holzordnung von 1460 siehe Worms 1904, S. 135-138 (Zitate).

[137] E., S. 79-100, 105-106; Dip. 856, fol. 101r-114v; Cod. 1203, fol. 99r-112v; FB 4312, fol. 93r-107r.

In der ersten Hälfte des 16. Jahrhunderts führten die Kompetenzstreitigkeiten zwischen dem Berggericht auf der einen und den Landgerichten Freundsberg und Rottenburg auf der anderen Seite[138], ebenso wie die durch die stark angewachsene Bevölkerung immer größer werdenden Probleme in Schwaz – es sei hier nur auf die Lebensmittelversorgung mit allen sich daraus ergebenden Schwierigkeiten hingewiesen[139] – zum Eingreifen des Tiroler Landesfürsten. Bereits Kaiser Maximilian I. erließ am 6. Oktober 1512 eine Ordnung, die aus elf Artikeln und einem Schlussabschnitt mit Datumsangabe bestand[140]. Sie war nach Befragung der Institutionen vor Ort (Berg- und Landgericht werden aber nicht ausdrücklich genannt) sowie nach Beratung der Vorschläge durch die Innsbrucker Regierung verfasst worden. Geregelt wurden die gemeinsamen Kompetenzen von Bergrichter und Landrichter bzw. Pfleger für die Ortschaft Schwaz. U. a. sollten beide Institutionen gemeinsam ermitteln, welche Wege und Straßen in der Umgebung von Schwaz, die sich offenbar in einem schlechten Zustand befanden, und mit welchen Mitteln diese zu reparieren waren. Da es in Schwaz offenbar keinen Arzt, keine Hebamme und keinen Wächter gab, wurden Berg- und Landrichter mit der Anstellung und der Bezahlung geeigneter Personen beauftragt. Um das nächtliche „Rumoren"[141], d. h. Lärm, Raufhändel, Schlägereien und Tumulte, zu verhüten, wurde beiden, also dem Berg- und dem Landrichter, befohlen, mit ihren Knechten auf Übertretungen zu achten und die Täter bis zum anderen Morgen ins Gefängnis zu stecken, bis deren Identität festgestellt werden konnte. Danach sollten die Inhaftierten, je nach Gerichtszugehörigkeit, vom Berg- oder vom Landgericht bestraft werden. Mit den Bettlern solle man es in Schwaz halten wie in anderen Städten oder Märkten. Über das Bettelwesen waren Erkundigungen einzuziehen und eine eigene Ordnung darüber aufzustellen. Der Kauf und Verkauf von Branntwein an den festgelegten Bannfeiertagen auf den Gassen oder in den Läden wurde untersagt. Ein weiterer Artikel befasste sich mit den hohen Kosten für die Bewirtung auf Hochzeitsfeiern. Die Anzahl der Gäste wurde begrenzt. Es durften nicht mehr Personen eingeladen werden, als an vier *gemainen* (= gewöhnlichen, nicht zu großen) Tischen Platz nehmen konnten. Hinsichtlich der Wasserversorgung des Marktes Schwaz verfügte die Regierung, dass der Lahnbach nach Anweisung der landesfürstlichen Beamten in den Markt geleitet werden sollte. Außerdem waren die Feuerhacken und -Leitern zu reparieren. Der Landesherr erklärte sich bereit, zum Zwecke der Brandbekämpfung 50 Wasserbehälter, so genannte *Wasserpulgen*, zur Verfügung zu stellen. Der Bergrichter wurde aufgefordert, Bericht über die auswärtigen Getreide- und Weinmaße zu erstatten und was die Gerichtsknechte davon an Gebühren erhoben hätten, auch wo man ihnen die vereinnahmten Gelder wieder abfordere. Des Weiteren wünschte der Landesfürst Informationen über den Sold und den Unterhalt der Gerichtsdiener zu erhalten.

Ein längerer Abschnitt der Ordnung war der Getreideversorgung von Schwaz gewidmet. Hier gab es offensichtlich bereits in der zweiten Dekade des 16. Jahrhunderts nicht unerhebliche Probleme. So gestattete man jedermann den Kauf von Getreide auf auswärtigen Märkten und die Lagerung der Körnerfrüchte in Schwaz. Nicht erlaubt war Ausländern wie Einwohnern der Erwerb von Getreide auf dem Markt in Schwaz, um es dort zu lagern und, so darf man sicherlich ergänzen, in Krisenzeiten mit hohem Gewinn weiter zu veräußern (Fürkauf). Ausgenommen von diesem Verbot waren nur diejenigen, die das Getreide zum eigenen Verbrauch verwenden wollten. Brachten Einwohner oder Auswärtige Getreide nach Schwaz und ließen

---

[138] Mutschlechner 1974.
[139] Vgl. hierzu: Bingener 2005, S. 53-57 u. 61-68.
[140] TLA, Hs 1484. Die in dieser Handschrift vereinigten Ordnungen von 1512 und 1516 liegen hier vermutlich nur in einer zeitgenössischen Abschrift vor.
[141] Zum Begriff „Rumor" vgl. Mutschlechner 1974, S. 506, bes. Anm. 19.

Abb. 10: Der Heilige Daniel mit Erzstufe, Schlägel und Eisen, Fresko, Schwaz, Kreuzgang der Franziskanerkirche (Foto: Deutsches Bergbau-Museum Bochum).

es einlagern, sollten sie dieses den beiden Gerichtsobrigkeiten anzeigen, die dann offenbar den Preis und die Menge zu notieren hatten: *und durch sy aigentlich aufgeschriben werdn, in was Kauf alsdann das Traid an der Lennd* (= Anlege- und Lagerplatz am Innufer) *sey*. Besondere Regelungen gab es für Getreide, welches auf dem Wasserweg nach Schwaz gebracht wurde. Es musste auf dem Schiff angeboten und gewogen werden. Erst acht Tage nach dem Anlanden war es erlaubt, das Getreide in Schwaz einzulagern oder auf andere Schiffe zu verfrachten. Der Fürkauf von Getreide war gänzlich untersagt[142]. Ferner beinhaltet die Ordnung Anweisungen für den Ankauf eines Hauses von den Erben des verstorbenen Oswald von Hausen durch die Tiroler Landesregierung[143].

Nur vier Jahre später, am 20. Juni 1516, erließ der Tiroler Landesfürst eine weitere, umfangreichere Ordnung für Schwaz. Es handelt sich dabei aber keineswegs um eine „*Gerichtsordnung*" Kaiser Maximilians, wie auf einem angeklebten Zettel von späterer Hand in der Handschrift 1484 des Tiroler Landesarchivs zu Innsbruck vermerkt wurde. In 33 Artikeln wird vor allem das tägliche Miteinander der Menschen in Schwaz geregelt, wobei es kaum zu inhaltlichen Überschneidungen der beiden Ordnungen von 1512 und 1516 kommt[144]. Die Ordnung von 1516 richtet sich ausdrücklich an den Schwazer Bergrichter Cristoff Kirchpüchler. In einem Schlussabschnitt, der auch die Datumsangabe enthält (*Geben zu Ynnsprugg am zwainzigistn* [20.] *Tag des Monats Junii Anno 1516* […]), wird er ermahnt, für die Einhaltung der Gebote, Vorschriften und Befehle zu sorgen. Interessant ist die Darlegung der Gründe, die seitens der Regierung bzw. des Landesfürsten eine Aufrichtung der Ordnung notwendig erscheinen ließen. In der Ordnung von 1516 wird auf eine Reihe von Synoden verwie-

---

[142] Mit Fürkauf (Vorkauf) ist der spekulative Vorwegkauf von Waren gemeint, der nach Meinung der Zeitgenossen zur Verteuerung und Verknappung insbesondere der Lebensmittel führte. Vgl. dazu Holbach 1989, Sp. 1027-1028.

[143] TLA, Hs 1484, fol. 2r-3r (Zitat: fol. 2v).

[144] Die Ordnung von 1512 endet auf fol. 3r, während die Ordnung von 1516 auf der gleichen Seite einsetzt: TLA, Hs 1484.

sen, auf denen man zahlreiche Erfindungen und Verordnungen verabschiedete, u. a. auch *in Sachen wie dann zum Tail hernach begriffn*. Doch seien neue Mängel aufgedeckt worden und Beschwerden durch die Gemeine Gesellschaft des Bergwerks zu Schwaz und andere mit dem Montanwesen beschäftigte Personen an die Regierung und den Landesfürsten gelangt, die mit Hilfe der vorliegenden Ordnung abgestellt werden sollten. Offenbar waren die in der Kommune aufgetretenen Probleme mit den Mitteln der aus dem Mittelalter stammenden Rechtsinstitute der (Berg-) Synode, der Erfindung (Weistum) und der Konfirmation (Bestätigung durch den Landesherrn) nicht mehr zu bewältigen, so dass sich der Tiroler Landesfürst und seine Regierung veranlasst sahen, nach den Klagen der Bergwerksverwonten [...] *mit zeitigen Rate der Notturfft und gemainen Nuz nach zu hanndeln und verrer mit gueter Ordnung Einsehung unnd Wendung ze thun bewegt* [...][145].

Inhaltlich unterscheiden sich die von Kaiser Maximilian I. für Schwaz ausgegebenen Regelungen aus dem Jahr 1516 kaum von den Verordnungen, die andere geistliche oder weltliche Herren, nur wesentlich früher, für ihre Städte erlassen haben. Die Anordnungen des Landesfürsten für Schwaz im Einzelnen zu erläutern würde an dieser Stelle sicherlich zu weit führen, doch seien einige Themenkomplexe angerissen, um zu zeigen, mit welchen Sachthemen sich der Tiroler Landesfürst und seine Regierung zu befassen hatten. Man sollte sich auch vergegenwärtigen, dass es sich bei Erzherzog Maximilian von Österreich nicht um einen der zahlreichen Territorialherren im Reich handelte, sondern um den Kaiser selbst!

Eine Reihe von Anordnungen beschäftigte sich mit dem Verkauf von Nahrungsmitteln. So war es den Krämern und Händlern z.B. untersagt, Stände, Bänke und Vordächer vor ihren Häusern oder Läden zu errichten, die den „gemeinen Mann" beim Reiten, Fahren oder Gehen auf der Straße behinderten. Vordächer durften nicht mehr als 2½ Schuh vorkragen und mussten so hoch sein, dass sich niemand daran stoßen konnte. Wagen und Karren, die täglich Brot, Mehl, Getreide, Käse, Eier, Schmalz, Ziger (= Schafs- oder Ziegenkäse bzw. Käse aus entrahmter Milch), Rüben und andere Lebensmittel anlieferten, hatten die Besitzer auf öffentlichen Plätzen abzustellen. Karren und Wagen mit Holz, Stroh oder Heu wurden zur Anlieferung und zum Verkauf auf den Platz vor dem Brüderhaus verwiesen. Brotwagen waren der Länge nach in einer bestimmten Straße abzustellen. Schweine hatten die Metzger oder Viehhändler auf einen Platz am Lahnbach zu treiben, der dafür von der Obrigkeit herzurichten war. Den ortsfremden Krämern sollten die landesfürstlichen Funktionsträger einen besonderen Platz beim Franziskanerkloster anweisen, wo diese ihre Stände aufzuschlagen hatten und ihre Waren feilhalten konnten. Man mag es zwar kaum glauben, aber mit derartigen Fragen der Organisation des Alltags mussten sich mangels städtischer Verfassung und Organe der Kaiser, Karl V., oder sein Bruder, Ferdinand I., in Schwaz selbst befassen. Dazu gehörte auch das Folgende:

Keine geringen Probleme verursachten in Schwaz die Abwässer, Fäkalien und der Unrat. Es wurde untersagt, Regenwasser und Spülwasser von den Häusern direkt auf die öffentlichen Straßen und Wege zu leiten. Auch das Ausschütten von Abwässern durch Fenster oder über Abortanlagen auf die Gassen wurde verboten. Sie waren in den nächsten Bach zu entsorgen. Abfälle, Unkraut und sonstiger fester Unrat mussten aus der Stadt geschafft werden, damit sie nicht die Wege verstopften. Wer aber bei seinem Haus über einen eigenen Innenhof verfügte, dem gestattete man die Entsorgung der Abwässer (Fäkalien) auf die Miststätten. Die Innanlieger sollten ihre Abwässer direkt in den Fluss einleiten. Man untersagte allen Hauseigentümern, Baumaterialien wie Steine oder Holz, aber auch Dung, länger als acht Tage auf

---

[145] TLA, Hs 1484, fol. 3r (Zitat).

öffentlichen Grundstücken vor dem Haus zu lagern, es sei denn, es wurden tatsächlich Bauarbeiten ausgeführt. In der Maximilianeischen Ordnung von 1516 findet sich auch eine in den meisten städtischen Ordnungen aufgeführte Verfügung, in der den Einwohnern untersagt wurde, die *Kacheln oder Pöckh* (= Nachtgeschirre) mit *Harm oder annderm* aus den Häusern auf die Straße zu entleeren. Dies war in Schwaz erst von einer bestimmten Uhrzeit an, im Sommer nicht vor 9.00 Uhr und im Winter nicht vor 8.00 Uhr, gestattet.

Während 1512 nur von einer Hebamme die Rede ist, verpflichtete der Landesfürst seine Beamten, mindestens vier Geburtshelferinnen einzustellen, die jeweils mit 20 fl. rheinisch (fl. rh) zu besolden waren. Daneben sollten zwei Turmwächter (*Turner*) eingestellt werden, die auf dem Turm wachen sollten und – vermutlich mit einem Horn – *den Tag ab- unnd an*[zu]*plasn* hatten. Da es keine Wehr- und Wachtürme in Schwaz gab, kann hier nur der Turm der heutigen Schwazer Pfarrkirche, der Liebfrauenkirche, gemeint sein, deren Turm über einen Umgang verfügt.[146] Der Sold für die Turmwächter (je 40 fl. rh.) sollte wie das Gehalt der Hebammen mit Hilfe einer allgemeinen Umlage finanziert werden: […] *dieselben Turner sollen, auch von ainer gemainen Hilff inmassen wie die Heffamen underhalten werden, wie dann dieselbn Hilff durch die so von Herschafft und Oberigkait verordnet, mitsambt ainem Ausschus nach Vermügen angelegt wirdet*[147]. Die vorstehende, eher beiläufig notierte Bemerkung über eine allgemeine Umlage und einen „Ausschuss" gibt überaus wertvolle Hinweise auf die Verwaltungsstrukturen innerhalb der Gemeinde Schwaz. Die Anstellung und Entlohnung von Hebammen und Wächtern war eine öffentliche Aufgabe, die in Städten üblicherweise durch Bürgermeister und Rat beschlossen und durchgeführt wurde. Den städtischen Gemeinwesen standen Einkünfte zur Verfügung, u. a. Steuern, Gebühren, Zölle und andere Abgaben, mit deren Hilfe die notwendigen öffentlichen Aufwendungen bestritten werden konnten. Für die Bergbaugemeinde Schwaz fehlen bislang jegliche Hinweise auf die Möglichkeit, eigene Steuern oder Abgaben zu erheben und für öffentliche Notwendigkeiten zu verwenden. Der Tiroler Landesfürst, seine Regierung und seine Kammer waren nach 1467 offiziell für alle kommunalen Belange zuständig, dies beinhaltete beispielsweise auch die Verpflichtung zur Instandhaltung der Innbrücke bei Schwaz ab 1467. Darauf wurde oben bereits hingewiesen. Vor Ort waren Bergrichter, Landrichter und Pfleger mit den Problemen konfrontiert. Die landesfürstlichen Beamten hatten die Befehle und Verordnungen ihres Herrn umzusetzen und die korrekte Durchführung zu kontrollieren. Sie waren dabei auf die Mithilfe der betroffenen Einwohner angewiesen, denen es zu diesem Zweck gestattet war, einen Ausschuss zu bilden und für die landesherrlichen Funktionsträger als Hilfspersonal zu fungieren, z.B. bei der Erhebung von Gebühren und Abgaben.

So traten im Jahr 1549 neben den Schmelzern und Gewerken, den Freigrüblern, den Lehenssassen, den Söllleuten, der Vertretung der Gemeinen Bergleute und den Abgesandten der Metzger auch die Mitglieder eines Ausschusses der Markt- und Dorfleute auf und nahmen an den Verhandlungen über eine Beihilfe für die Metzger zum Ankauf von Vieh teil[148]. Im Jahre 1555 kam es zu einer Übereinkunft zwischen den Gewerken und Schmelzern sowie den übrigen im Bergbau Beschäftigten einer- und dem Ausschuss der Markt- und Dorfleute zu Schwaz andererseits, in der die Rechte und Pflichten der einzelnen Parteien in Bezug auf die Ausübung von Gewerbe und Handel (z.B. mit Pfennwerten), aber auch in Miet-, Pacht- und Steuerangelegenheiten festgelegt wurden. Auch hier trat der Ausschuss der Gemeinde als

---

[146] Gritsch 1951, S. 184-186 mit den Abb. 1, 4, 9 u. 10. Zur durchaus üblichen Nutzung von Kirchtürmen zu profanen Wachdiensten vgl. Elkar/Fouquet 1988, S. 169-201; Bingener 1991, S. 329-347.
[147] TLA, Hs 1484, fol. 4v.
[148] TLA, Hs 13, fol. 38v.

selbstständiger Vertragspartner in Erscheinung[149]. In diesem Ausschuss der Markt- und Dorfleute müssen wir die erste Vertretung des Teils der Schwazer Bevölkerung sehen, der nicht im Bergbau tätig war[150].

Während man es in Bezug auf die Hochzeiten bei der Verordnung von 1512 beließ, nur allzu großer Aufwand beim Ausschmücken wurde zusätzlich untersagt, ging man in der Schwazer Ordnung von 1516 in insgesamt zehn Artikeln auf die Versorgung der Bevölkerung mit dem Grundnahrungsmittel Brot ein. Zwar unterstanden die fremden und einheimischen Bäcker sowie die Händler, die Brot anboten, der allgemeinen Tiroler Landordnung, doch hatte die Gesellschaft des Bergwerks zu Schwaz auf einer Synode 1515 durchgesetzt, dass fremde Bäcker ihr Brot nicht auf der Waage kontrollieren zu lassen brauchten, sondern nach dem *Augenschein und Gesicht* verkaufen konnten und bei falschen Brotgewichten nicht zur Rechenschaft gezogen wurden. Einheimische Bäcker hatten allerdings das korrekte Gewicht einhalten müssen. Bei einem Fehlverhalten drohte man den Bäckern eine schimpfliche Strafe (*Schmach*) an und verzichtete auf eine Geldstrafe. Dieses Vorgehen war in zahlreichen Städten des Reichs durchaus üblich. Der Landesherrschaft ging die Ungleichbehandlung von fremden und einheimischen Bäckern, die nach der Tiroler Landordnung auch nicht vorgesehen war, schließlich zu weit. Der Landesfürst befahl, einheimische und fremde Bäcker gleichermaßen anzuhalten, nach der Waage ihr Brot zu backen. Wer gegen die Verordnung verstieß, musste damit rechnen, dass man ihm sein Brot abnahm und es unter den Armen im Spital verteilte. Wenn ein Bäcker wiederholt gegen die Vorschriften verstieß und auch überführt wurde, hatte dieser eine Buße von 25 lb Berner (= Pfund Veroneser Pfennige) zu zahlen. Uneinsichtige wurden mit dem Gefängnis bedroht oder hatten mit einem zeitlich begrenzten Berufsverbot zu rechnen. Auswärtigen Bäckern war es überdies untersagt, unverkauftes Brot wieder auszuführen. Land- und Bergrichter wurden gleichermaßen angewiesen, darauf zu achten, dass die einheimischen Bäcker ihr Brot nur auf der Brotbank oder in ihren Häusern anboten und verkauften. Das Brot sollte gut ausgebacken sein und das korrekte Gewicht haben. Den Weinschenken und Wirten war es untersagt, Brot bei einem Bäcker zu erwerben, der mit ihnen in einem Haus untergebracht war. Stattdessen hielt man sie an, das Brot offen auf der Brotbank einzukaufen. Dem Bäcker, der mit einem Wirt in einem Haus wohnte, nahm man auf diese Weise einen Wettbewerbsvorteil und verhinderte überdies den Fürkauf (Vorkauf) von Brot. Des Weiteren war der Obrigkeit die große Anzahl der Schwazer Bäcker ein Dorn im Auge. Dieses gereiche der Gemeinde Schwaz zu ihrem Nachteil. Deshalb befahl der Landesfürst, dass diejenigen […] *so yezo Maister sein, und sich in Arbait gericht haben, unveranderlich beleibn solln, unzt* (= bis) *sy sich mit der Zeit selbs myndern* […]. Man beschloss außerdem, keine weiteren Meister anzunehmen, bis sich die Zahl der Bäcker auf 20 reduziert haben würde. Nach einigen Paragraphen, die ausschließlich die Bergleute betrafen, erinnerte der Landesfürst u.a. daran, dass niemand eine Lehenschaft übernehme durfte, der nicht selbst im Bergwerk mitarbeitete.

Bei Aufruhr (*Rumor*) und Straftaten wies der Landesfürst den Berg- und den Landrichter zur Zusammenarbeit an, dies galt insbesondere bei Streitigkeiten, bei denen jemand verletzt oder

---

[149] TLA, Hs 1588, fol. 1r-5v; zur Erhebung der Steuern vgl. ebenso TLA, oöKKB, Bd. 247, Reihe Gemeine Missiven, Nr. 29 von 1555, fol. 638r-638v.

[150] Nach Egg 1986, S. 97, gab es für jede der fünf selbstständigen Gemeinden, aus denen Schwaz seit dem späteren Mittelalter bestand (Dorf und Markt Schwaz, Ried, Arzberg und Zintberg), einen eigenen Ausschuss, der aus zwei oder mehr Mitgliedern und einem Kassierer bestand, der den Ausschuss leitete. Die fünf Gemeinden wählten außerdem einen Vorsteher. Leider teilt Erich Egg uns nicht mit, wann die Ausschüsse erstmals eingesetzt wurden bzw. ab wann die Vorsteher gewählt wurden. Einen Quellenbeleg gibt Egg nur für das Jahr 1669 an, als der Vorsteher und der Ausschuss der berg- und landgerichtlichen Gemeinde zu Schwaz genannt werden. Siehe dazu TLM Ferdinandeum, FB 4342, Nr. 22. Die weiteren Angaben Eggs sind nicht überprüfbar.

tödlich verwundet wurde. Die Täter sollten gemeinsam verfolgt und inhaftiert werden. Das Hab und Gut des Straftäters wurde konfisziert. War ein Erzknappe als Täter überführt, lag die Zuständigkeit für dessen Vermögen beim Bergrichter. Erlag das Opfer seinen Verletzungen, so sollte der Täter in jedem Fall dem Landgericht zur Aburteilung übergeben und nicht wie bisher auf Bürgschaft freigelassen werden. Im Falle eines Aufruhrs forderte man von den beiden Richtern und ihren Knechten, sich mutig und tapfer zu verhalten. Den Gerichtsknechten wurde befohlen, sich von Trinkgelagen fernzuhalten und mit den einfachen Gesellen keine *Gemainschafft noch Gesellschaft* [zu] *haben*. Das Tragen von so genannten *Scharphern* (großen Messern)[151] war untersagt. Die obersten landesherrlichen Beamten in Schwaz hatten dieses Verbot zu überwachen.

Man versuchte bereits frühzeitig, die beiden Ordnungen von 1512 und 1516 zeigen dies deutlich, die Zuständigkeiten in der Berggemeinde Schwaz zu regeln. Als ausführende Organe fungierten dabei das Berg- und das Landgericht, wobei sie sich, wie wir herausgearbeitet haben, nachweislich seit 1516 im Dorf und Markt Schwaz eines Ausschusses bedienten, der sich aus den Mitgliedern der Einwohnerschaft zusammensetzte. Die Kompetenzstreitigkeiten zwischen dem Landrichter und dem Bergrichter hielten während des gesamten 16. Jahrhunderts an. In den Jahren 1545 und 1569 erließ der Tiroler Landesfürst zwei weitere Verordnungen, um die Auseinandersetzungen, die besonders wegen der Ausübung des Gerichtszwangs und Eingriffen in die Jurisdiktion des jeweils anderen Gerichts entstanden waren, zu beenden[152].

Die letztendliche Entscheidungsgewalt in allen das Montanwesen und die Bergbaugemeinde Schwaz betreffenden Angelegenheiten hatte der Tiroler Landesfürst selbst. Folglich waren er und seine Regierung und Räte immer wieder mit größeren, aber auch mit marginalen Problemen der Verwaltung und Versorgung von Schwaz befasst.

Als es im Februar 1552 zu Schwierigkeiten bei der Getreideversorgung in Schwaz kam, wandte sich die Gemeine Bergwerksgesellschaft zu Schwaz an König Ferdinand I. und beklagte sich über den großen Getreidemangel und die hohen Preise. Im Mai 1552 kostete das Star Roggen an der Lende in Hall 50 Kreuzer und das Star Weizen 1 fl.[153] Die Bergleute baten den Landesfürsten um Intervention bei Herzog Albrecht von Bayern, damit dieser den ihrer Ansicht nach stattfindenden Fürkauf von Getreide durch die Prälaten, den Adel und die Tiroler Städte verbiete. Den bayerischen Bauern warf sie vor, das Getreide in den Scheunen liegen zu lassen und darauf zu warten, die Vorräte auf dem Markt mit hohem Gewinn weiterverkaufen zu können[154]. Erst mit einer besseren Getreideernte im Jahr 1553 konnte die Bevölkerung wieder mit ausreichend Roggen, Weizen und Gerste versorgt werden. Die Firmen Manlich und Dreiling kauften 1553 mit Erlaubnis der Tiroler Landesregierung zur Versorgung ihrer Schwazer Bergknappen und deren Familien in Österreich und im Land ob der Enns 300 Mut Getreide[155]. Vorsorglich stellten die Innsbrucker Beamten den Getreidehändlern noch einen Passierbrief zur Einfuhr von weiteren 200 Mut Getreide aus. Die Anfragen und Beschwerden der Bergleute legte man dem Landesfürsten zur Entscheidung vor[156].

---

[151] Vgl. den Eintrag „Scherper" in: Grimm/Grimm 1893/1984, Sp. 2591.

[152] Mutschlechner 1974, S. 505-516.

[153] Fischer 1919, S. 49.

[154] TLA, oöKKB, Bd. 228, Reihe Geschäft vom Hof, Nr. 51 von 1552, fol. 21r-21v; TLA, oöKKB, Bd. 229, Reihe Missiven an Hof, Nr. 48 von 1552, fol. 23r-23v; dazu auch Fischer 1919, S. 50.

[155] Bei einem Mut handelt es sich um ein Hohlmaß. Ein Mut = 30 Metzen = 18,54 hl = 1,85 m^3. Siehe dazu Westermann 1997/1, S. 437, Anm. 47.

[156] TLA, oöKKB, Bd. 233, Reihe Geschäft von Hof, Nr. 52 von 1553, fol. 293v-294r; siehe auch: Bingener 2005, S. 56-57.

Im Juli 1550 wurden Reparatur- und Umbauarbeiten an der Schwazer Fleischbank auf der Innbrücke fällig. Die Schwazer Fleischhauer beklagten sich beim Pfleger zu Freundsberg, Chrisandt von Spawer, und beim Bergrichter Sigmund Schönberger über das undichte Dach der Fleischbank auf der Innbrücke. Ein Bericht über das schadhafte Dach und die von Amtszimmermann Bartholomäus empfohlene Sanierung ging dem Landesfürsten umgehend zu. Bereits am 14. Juni 1550 hatte ein gewisser Georg Praun aus Hall für die Metzger ein Gutachten mit einem Kostenvoranschlag erstellt. Praun wies in seinen Ausführungen darauf hin, dass die Fleischbank sehr heruntergekommen und baufällig geworden sei. Der Regen dringe ein und die unter dem Dach gelagerten Häute würden in Mitleidenschaft gezogen. Die Stiege, die von der Brücke auf die Fleischbank ging, musste ebenfalls gerichtet werden. Die Zimmermeister regten an, die Treppe zu verändern und außen am Gebäude der Fleischbank aufzuführen, damit man vor den Verkaufstischen etwas mehr Platz erhielt. Der Bau der Stiege sollte 4 fl. kosten. Seitens der Regierung erteilte man den Metzgern eine Baugenehmigung. Für die Reparaturmaßnahmen an der Schwazer Fleischbank im Jahr 1550 waren schließlich 115 fl. 52 Kreuzer aufzuwenden. Der Fall zeigt, welche kommunalen Belange die Regierung in Innsbruck, letztlich aber der Tiroler Landesfürst selbst, zu entscheiden hatten[157]. Sie mussten geradezu die Funktion von Rat und Bürgermeister übernehmen.

Der direkte Einfluss des Landesfürsten lässt sich auch am Beispiel des Archewegs am Inn aufzeigen[158]. Zur Erhaltung und Befestigung des Innufers und des daran entlang führenden Treidelweges verwendete man, ähnlich wie bei einem Kanal, Holzkästen. Diese Holzkästen mussten alle paar Jahre erneuert werden. Im Bereich von Schwaz wäre dies eine Aufgabe der kommunalen Bauverwaltung gewesen. Da es eine solche in Schwaz nicht gab, hatten sich Pfleger und Bergrichter gleichermaßen darum zu kümmern.

In einem Schreiben vom 12. Mai 1550 berichtete der Pfleger zu Freundsberg, Chrisandt von Spawer, dem Landesfürsten und der Regierung in Innsbruck über die Vorkommnisse. Der Brudermeister des Bruderhauses der Bergwerksgesellschaft zu Schwaz und weitere Anlieger am Archeweg baten den Landesfürsten dringlich um Hilfe. Es ging um die schlechte Befestigung der Wege und um die Uferbefestigung am Inn. Der Pfleger wurde gebeten, sich die Schäden mit einigen Werkleuten anzuschauen und zu überlegen, wie diese zu reparieren seien. Dabei ging es zunächst um eine Wegstrecke von 270 Bergklaftern, immerhin rund 512 m. Die Kosten für die Ausbesserung beliefen sich nach Angaben der Anlieger auf ca. 400 fl. Da die Zeit drängte, hatten die Bittsteller, namentlich der Brudermeister des Bruderhauses als direkter Anlieger, eine Anlage (Sammlung) in Höhe von 300 fl. veranstaltet und den Archeweg ausbessern lassen. Das Geld war jedoch zwischenzeitlich vollständig ausgegeben worden. Der Pfleger wandte sich daraufhin an die Schmelzer und Gewerken, die wegen ihrer am Archeweg stehenden Erzkästen von den Reparaturmaßnahmen besonders profitierten. Die Schmelzer und Gewerken lehnten die Zahlung von Hilfsgeldern jedoch unter dem Einwand ab, dass es ihnen zu teuer sei, sich an den Kosten zu beteiligen, da der Bergbau im Abnehmen begriffen wäre.

Über die Höhe der weiteren Baukosten war man sich zunächst nicht ganz im Klaren. Nach einem Kostenvoranschlag bezifferte man den zusätzlichen Aufwand auf etwa 600 fl. Vom 26. April 1550 datiert ein weiteres Schreiben mit Ausführungen zu diesem Sachverhalt. Es stammt vermutlich vom Statthalteramtsverwalter des Königs, den Regenten und den Kammerräten der oberösterreichischen Lande und ist an den Pfleger zu Freundsberg und den

---

[157] TLA, Pestarchiv XIV, Nr. 261, fol. 25r-27v.
[158] TLA, Pestarchiv XIV, Nr. 261, fol. 42r-48r.

Bergrichter zu Schwaz gerichtet. Danach waren der Brudermeister des Bruderhauses der Bergwerksgesellschaft zu Schwaz und die übrigen Anlieger des Archeweges Inhaber von Häusern, Grundstücken und Gütern in dem in Frage stehenden Bereich.

Dem Pfleger zu Freundsberg befahl man seitens der Regierung, die anfallenden Kosten zu *uberschlagen*, d.h. zu ermitteln. Außerdem versuchte man in Innsbruck in Erfahrung zu bringen, was die Anlieger bisher selbst aufgewendet hatten und wie hoch sich die Aufwendungen für das ins Auge gefasste Projekt insgesamt beliefen. Man wollte seitens der Innsbrucker Verwaltung ermitteln, was der König zur Lösung des Problems, auch finanziell, beitragen könne.

Da die Schmelzer den Archeweg zu ihren Hütten und Schmelzwerken benutzen und nicht entbehren konnten, befahl die Innsbrucker Regierung, dass auf das Bitten der Antragsteller die Schwazer Beamten noch einmal mit den Schmelzherren verhandelten. Die Schmelzer und Gewerken sollten veranlasst werden, sich in angemessener Höhe an den Baukosten zu beteiligen. Der Pfleger zu Freundsberg, Chrisandt von Spawer, wurde schließlich zum Kommissar ernannt. Er zog noch einige sachverständige Personen hinzu. Man besichtigte den Archeweg, doch teilte man den Anliegern die Ergebnisse des Ortstermins und die Beschlüsse der Kommission nicht mit. Der Landpfleger zitierte auf Bitten der Anlieger die Schmelzer bzw. deren Vertreter zu sich. In harten Verhandlungen versuchte er die Schmelzer zu einem Zuschuss zu überreden, doch erhielt er keinerlei Hilfszusagen. Nur die heimischen Großgewerken Stöckl und Tänzl, die Grundstücke *neben ainer Nachparschafft* besaßen, wollten der Kommission 20 fl. übersenden, die sie aber ohnehin als Anlieger zu zahlen verpflichtet waren.

Da die übrigen Anlieger den Weg nicht allein zu unterhalten vermochten und dieser auch durch andere Benutzer gebraucht, *zerfahren und verdorben werde*, richteten sie nochmals an den König die Bitte, man möchte ihnen mit einem Hilfsgeld unter die Arme greifen und dem Pfleger und dem Bergrichter zu Schwarz befehlen, mit den Schmelzern zu verhandeln, damit diese endlich zu den Wegebauarbeiten eine umfassende Hilfe bereit stellten.

Wie die Angelegenheit letztendlich geregelt werden konnte, ließ sich anhand der Akte nicht bis zum Ende ermitteln. Deutlich wird aber auch an diesem Beispiel, dass der Landesfürst und seine Regierung direkt mit der Sache befasst waren und diese auch zu entscheiden hatten. Immer wieder war auch das finanzielle Engagement des Königs gefragt, vielfach auch von den Betroffenen unter dem Hinweis verlangt, dass dieser vom Schwazer Bergbau seinen Nutzen ziehe[159].

---

[159] TLA, Pestarchiv XIV, Nr. 261, fol. 42r-48r.

3. Grundlagen der Technik und Arbeitsorganisation

a) Erzgewinnung, Gesteinsarbeit und Förderung

Die Gewinnung der Erze erfolgte, wie insgesamt der Vortrieb aller Grubenbaue, ausschließlich in Handarbeit mit den verschiedenen Schlägeln und Fäusteln, Bergeisen, Keilen und Brechstangen[1]. Die Arbeitstätigkeiten sind sehr gut in den Miniaturen des Bergbuchs dargestellt worden, seine Wertschätzung als bedeutende Quelle des europäischen Montanwesens geht nicht zuletzt darauf zurück. Die Schlägel und Fäustel des Bergbaus stellten verschieden dimensionierte Hämmer dar, die meisten der Werkzeuge sind sowohl im Entwurfsexemplar als auch in den Kodizes von 1556 in Detailzeichnungen und in verschiedenen Szenen im Einsatz dargestellt.

Zur Keilhaue wird mitgeteilt, dass sie ganz aus Eisen bestand, ungefähr eineinhalb Spannen lang war und etwa zwei Pfund wog. Sie hatte ein Öhr oder Loch zwecks Befestigung des Stiels, ihre Breite betrug etwa zwei Finger, sie war etwas gekrümmt und die Spitze war gestählt. Man führte sie wie einen Pickel mit beiden Händen und benutzte sie bei der Arbeit in schiefrigem und sonst gut zu bearbeitendem Gestein und zur Erweiterung von Hohlräumen[2]. Die Arbeit mit der Keilhaue bei der Anlage eines neuen Schurfs ist in E., Abb. 4, S. 35 dargestellt. Die 1556er Kodizes haben beide Abbildungen übernommen[3]. Auch in der ersten Miniatur des Entwurfsexemplars wird die Keilhaue gezeigt, die hier ein Knappe auf der Schulter trägt[4]. Der Keilhaue sehr ähnlich, aber etwas größer und am Stielansatz mit Eisenfedern zur Sicherung versehen war der *Judenhamer*, der wie die Keilhaue benutzt wurde, jedoch in härterem Gestein[5]. In den Abbildungen der Kodizes von 1556 ist dieses Werkzeug besonders dem Bergrichter zugeordnet, auch in einer Abbildung des Bergrichters in E. ist das Werkzeug zu identifizieren[6]. Die besonders charakteristischen Werkzeuge des Abbaus und der Gesteinsarbeit waren Schlägel und Eisen. Eine Detaildarstellung des Schlägels findet sich sowohl in E. als auch in den Handschriften von 1556[7]. Dieses klassische Werkzeug des vorindustriellen Bergbaus war in Schwaz etwas mehr als eine Spanne lang, etwa drei Pfund schwer und besaß einen achteckigen Querschnitt, das Stielloch befand sich symmetrisch in der Mitte, beide Schlagbahnen waren gestählt. Untrennbar zum Schlägel gehörten die Berg-

---

[1] Zu den Werkzeugen des Altbergbaus in weiteren Zusammenhängen vgl. Körlin/Weisgerber 2004.

[2] E., S. 68, Nr. 50, mit folgender Texterläuterung: *Ain Keyllhaw ist aus Eisen gmacht, bey anndterthalber Spann lanng und wigt gmaingklichen zwai Phunndt schwär. Hat ain Or oder Loch, darin der Still gmacht wierdet. Ist nahennt zween Finnger prait, etwas in die flach und krump hinndter sich gschmidt. Dieselbig Keilhaw wierdt auf den Schifer und geschnaittigen Ortten und Pirgen zu dem Arbaiten und zu weitnen gebraucht. Es ist auch die Keilhaw am Spiz gestählt. Cost das Pfund Eisen 9 Fierer.*

[3] Dip. 856, fol. 128r *Ain Newschurff* und 146v, *Keilhaw*

[4] E., S. 8, Nr. 1, diese Abbildung wurde nicht in die 1556er Kodizes übernommen.

[5] E., S. 69 oben, Nr. 51, mit folgender Texterläuterung: *Der Judenhamer ist auch aller von Eisen und vasst der Keilhaw gleich gmacht. Wierdt auch zu solicher Arbait wie die Keilhaw gebraucht. Allain ist der Judenhamer grösser und hat ob des Stills oder Helbs ain Hauben uber sich, ungevärlichen zween Zwerchfinger hoch. Und der Still ist unnden unnd oben an dem Orth, da der im Judenhamer steckht mit eisnen Federn, die durch den Judenhamer geen, beschlagen, damit derselbig dester weniger ob dem Helb gee oder gebrochen werde.* Eine Abbildung dieser schweren Keilhaue im Einsatz findet sich nicht.

[6] E., S. 81, Nr. 67; Dip. 856, fol. 91v, fol. 102r, fol. 106r.

[7] E., S. 71, Nr. 55, mit Texterläuterung auf der folgenden Seite: *Ain Schlegl ist gannz eisnen, mer als ainer Spannen lanng, etwa bei dreyen Phunnden schwär, inn acht Egg scheiblig unnd auf beden Ortten eben unnd gestählt gschmidt. Hat in der Mitten ain schmals Loch, nahennt zween Finnger lanng, darein das Helb gesteckht wierdet. Cost 8 Kreuzer.* Dip. 856, fol. 148v.

eisen, die im Grundsatz gestielte Meißel darstellten. Zwei Formen werden im Bergbuch vorgestellt, das Stufeisen und das Ritzeisen. Ersteres hatte einen viereckigen Querschnitt, war in unabgenutztem Zustand etwa eine Spanne lang und ein Pfund schwer, das Loch für den Stiel war viereckig, zwei Drittel der Länge entfielen auf die schlanke, pyramidenförmige Spitze, die gestählt wurde. Etwa ein Drittel der Länge bildete den Schlagkopf. Die Stufeisen unterlagen starker Abnutzung, wie die Abbildung deutlich demonstriert[8]. Den praktischen Einsatz von Schlägel und Eisen stellen mehrere Abbildungen dar. In der Darstellung der „Flachen Kluft"[9] sind zwei Bergleute mit diesen Werkzeugen bei der Arbeit, die ein schmales Erzband abbauen. In der folgenden Abbildung der „stehenden Kluft" bearbeitet ein Bergmann einen annähernd senkrecht verlaufenden Erzgang[10]. In der sehr lebendigen Darstellung des „Feldortes" zwecks Untersuchung des Gebirges und Aufschluss neuer Erzanbrüche sowie der „Lehenschaft" als eigentlichem Abbaubetrieb sehen wir einen Hauer kniend, einen anderen auf einem Brett sowie einen Dritten auf einem Steinblock sitzend bei der Hereingewinnung von Erz[11]. Schließlich ist eine weitere Darstellung der Arbeit mit Schlägel und Eisen in der Abbildung „Ritz" vorhanden. Diese demonstriert vor allem die Arbeit mit den schweren Schlenkerfäusteln, Keilen und dem Brecheisen[12]. Es wird beschrieben, dass in hartem Gestein von den Bergleuten zunächst eine Rille ausgehauen wurde, in die dann zwischen je zwei Gleitbleche („Stücke") ein oder in gewissen Abständen mehrere Keile eingebracht wurden. Diese trieb man dann mit schweren Fäusteln ein, die einen biegsamen Steil besaßen, wie die Abbildung deutlich zeigt[13]. Der biegsame Stiel entlastete die Gelenke, verlangte allerdings zugleich erhebliche Übung bei der Handhabung des Werkzeugs, das man bis in die Neuzeit im Bergbau benutzte und als Schlenkerfäustel bezeichnete. Dieses Werkzeug ist zusammen mit Keilen und „Stücken" auch in einer Detailzeichnung dargestellt[14]. Die Arbeit mit dem Schlenkerfäustel wird auch auf zwei weiteren Miniaturen dargestellt, nämlich bei den Abbildungen „Lehenschaft" und „Durchschlag"[15].

Das losgebrochene Erz bzw. Gestein wurde mit den ebenfalls klassischen Geräten Kratze und Trog aufgenommen und in die Förderwagen bzw. Fördertonnen geladen. Kratze und Trog gehörten noch bis zur Mitte des 20. Jahrhunderts zu den Bestandteilen der Arbeitsgeräte im

---

[8] E., S. 73, Nr. 57, mit folgender Texterläuterung: *Ittem ain Stuefeisn ist gannz eisnen und in vier Egg geschmidt, aines Phunndts schwär, bei ainer Spann lanng. Hat in der Mitt ain viereggets Loch, darein das Hell gesteckht wierdet. Und ist an dem ainen Ort gar spizig, scharff und gestählt. Das brauchn die Lechnheyer und Arbaiter auf den hertten Pirgen und Stain zu der Arbait. Doch schlagen sy albegen inn solicher Arbait mit dem Schlegl auf das Eisen. Gibt in ain Pfundt umb 9 Fierer.* Drei Bergeisen werden dargestellt: ein ungebrauchtes, ein mittelstark abgenutztes mit schon deutlich reduzierter Spitze und kräftig ausgebildetem Schlagbart und ein fast ganz heruntergeschlagenes. Dip. 856, fol. 149r.

[9] E., S. 41 unten, Nr. 14; Dip. 856, fol. 131v, oben.

[10] E., S. 42 oben, Nr. 14; Dip. 856, fol. 131v, unten.

[11] E., S. 44, Nr. 19 und 20; Dip. 856., fol. 132v und 133r.

[12] Die Arbeit mit der Brechstange wird auch in der Abbildung *Durchschlag* dargestellt – E. S. 51, Nr. 31; Dip. 856, fol. 138r. Das Werkzeug wird als *Renngstang* auch in einer Detailzeichnung wiedergegeben: E., S. 75, Nr. 61; Dip. 856, fol. 150v.

[13] E., S. 50 unten, Nr. 30; der Erläuterungstext teilt mit: *Wann man in ainem Gepurg hartte Pretter oder sonnst hartte Stain erpaut, dergleichen in verhautten Zechen, wo man das bekomen mag, so hawen unnd machen die Arbaiter mit Schlegl und Eisn ain Runst [o]der Schram in den Stain, kurzer und lennger nach Glegnhait des Purgs, etwo bei ainer Spann tieff und zwerchen Hanndt weit, alsdann sezen die Arbaiter albegen zwai eisen Stugkh nebenainander und ainen Keil darzwischen in di Miten ein und schlagen also mit eisnen Puchern auf die eisnen Keyl. Damit treiben sy das Pirg voneinannder und werffen grosse Wenndt herab. Das haist man Riz; ist ainer grosser, der annder klainer, nach Glegenhait des Purgs.* Dip. 856, fol. 137 v.

[14] E., S. 70, Nr. 53 und 54; Dip. 856, fol. 147v und 148r.

[15] E., S. 44, Nr. 20 und S. 51, Nr. 31; Dip. 856, fol. 133r und fol. 138r.

[16] E., S. 47, Nr. 24; Dip. 856, fol. 136r.

Erzbergbau. Sie sind dargestellt auf einer der großformatigen Miniaturen des Entwurfsexemplars (S. 32, Nr. 3), ferner in der Abbildung „Zeche"[16]. Auch die Abbildung der „Klaubebuben" des Entwurfs, die in umgearbeiteter Form teilweise in die Darstellung der „Säuberbuben" in den 1556er Kodizes einging, zeigt mehrere Bergtröge und einen Jungbergmann, der Erz mit der Kratze in einen Trog füllt[17]. Eine Detailzeichnung der Kratze hat Eingang in die Darstellung der charakteristischen Werkzeuge des Bergbaus gefunden[18]. Der eisenbeschlagene Förderwagen, in Schwaz Bergtruhe genannt, wurde ausführlich beschrieben. Sie wurde aus Bohlen zusammengefügt und mit Eisenbändern beschlagen. Sie war rd. eine Elle hoch, eineinhalb Ellen lang und ein Drittel einer Elle breit. Die Basis bestand aus einer rechteckigen starken Bohle, die vorne und hinten ein bis zwei Handbreiten vorstand, so dass man vorne ein Grubenlicht auf den Vorsprung setzen konnte. Am Boden waren zwei Achsen mit Nägeln befestigt, die die ungleich großen Räder, Walzen genannt, trugen. Sie bestanden aus Baumscheiben und darüber gezogenen Eisenreifen. Die eine Achse mit einem Paar größerer Räder war kurz hinter dem Schwerpunkt des Förderwagens angebracht, diejenige mit den kleineren Rädern nahe dem Vorderrand. Diese Konstruktion erleichterte das Manövrieren der Förderwagen, besonders in Kurven. Ein leerer Förderwagen wog etwa 50 Pfund nach Wiener Gewicht und kostete 12 Pfund Berner Pfennige oder 2 Gulden und 24 Kreuzer[19]. Die Bergtruhen liefen auf Bohlengestängen aus zwei parallelen Hölzern mit einem schmalen Zwischenraum. Die Förderwagen waren vorne im Boden mit einem so genannten Leitnagel versehen, einem Eisenzapfen, der etwa zwei Finger breit vor der vorderen Achse durch den Boden gesteckt wurde, in den erwähnten Zwischenraum des Gestänges griff und so die Förderwagen in der Spur hielt[20]. Eine Klappe oder Ähnliches zur Entleerung besaßen die Truhen nicht, sie wurden zu diesem Zweck umgestürzt. Eine Darstellung der Förderung mit der Bergtruhe auf Bohlengestänge findet sich bei der Abbildung des Haspels[21]. Die Bohlengestänge zur Förderung waren, wie die Förderstollen, oft viele Kilometer lang. In den Kodizes von 1556 trat eine weitere Abbildung mit dem Truhenläufer zu denen des Entwurfsexemplars hinzu, die dort im Rahmen eines Vorentwurfs vorgesehen aber noch nicht ausgeführt ist[22]. Die Förderung von Erz und taubem Gestein, das auf den Halden vor den Stollenmundlöchern abgekippt wurde, erfolgte hauptsächlich durch die Stollen, das heißt annähernd horizontal bei ganz leichtem Ansteigen der Sohle, um den Abfluss des einsickernden Grundwassers zu gestatten, zum Mundloch hin gesehen ergab sich ein leichtes Gefälle, das auch das Schieben der gefüllten Förderwagen erleichterte. Vor dem Stollenmundloch wurde das Gestänge auf eine hölzerne Sturzbrücke am Hang geführt, über die das taube Gestein auf die Halde abgekippt werden konnte[23]. Das Erz dagegen führte man zum Scheidhaus nahe dem Stollenmundloch,

---

[17] E., S. 149, Nr. 96; vgl. Dip. 856, fol. 124r.

[18] E., S. 67 unten, Nr. 49; Dip. 856, fol. 146r.

[19] E., S. 64-65, Nr. 45, der Text zur Abbildung lautet: *Ain Pergktruhen ist aus Laden, ungevarlichen annderthalber Elln lanng, ainer Elln hoch und aines dritten Tails ainer Elln weit gmacht. Unnd unden daran ain viereggget Holz, so lanng die Truhen ist, das bei ainer, zwerhn Hanndt an yedem Ort fur geet, nach der Lenng der Truhen daran geschlagen. Darauf sezt man am vordern Ort dz Licht. Aldann wierdt die selbig Truhen mit eisnen Panndtn uberzogen, das die Truhen mit Holz unnd Eisen bei funfzig Phunnden wienischs Gwichts schwar ist. Darnach hat weiter dieselbig Truhen am unndtern Taill auf dem viereggen Holz zwo eisnen Axn genaglt und an denselben Axen vier Radl, so man Walzn nennt. Dieselben Walzen sein von ganntzem Holz zwech abgeschniten, auch mit eisnen Rinngen uberzoggn und eisnen Puxn dardurch geschlagen, das sy an den eisnen Axn geen. Die vordern zwo Walzen sein nidrer unnd die hinndtern zwo höher unnd nahennt ainer Spann hoch. Dieselben hinndtern hohern zwo Walzen miessen den merern Taill der Truhen tragen. Damit laufft und furdert man den Perg unnd annders aus der Grueben an den Tag. Die cost 12 Pfund Perner.* Vgl. Dip. 856, fol. 144v-145r.

[20] Detaildarstellung: Dip. 856, fol. 145r.

[21] E., S. 49, Nr. 28; Dip. 856, fol. 136v.

[22] Dip. 856, fol. 124r, vgl. E., S. 139, Erwähnung des Truhenläufers als Gliederungs-Stichwort.

[23] Abbildung *Hallden* mit zwei Stollenmundlöchern und den davor aus Hölzern erbauten Sturzbrücken in E., S. 37, Nr. 7; Dip. 856, fol. 129r.

das zu den Hütten und Gebäuden gehörte, die die Gruben über Tage zur Lagerung von Material, zum Aufenthalt der Mannschaften und zur Erzscheidung errichtet hatten. Man nannte diese übertägigen Gebäude in ihrer Gesamtheit in Schwaz „Kram"[24], in anderen Revieren hießen sie „Kaue".

Eine Tabelle im Anhang der 1556er Kodizes informiert über die Anzahl der Förderwagen, die in den einzelnen Gruben des Falkensteins benutzt wurden, und zwar dreigeteilt in diejenigen, die aus dem Stollenmundloch nahen Abbauorten, aus solchen in mittlerer Entfernung und aus den am weitesten vom Mundloch entfernten zu Tage gebracht wurden. Die Gesamtzahl der benutzten Förderwagen belief sich auf 1.131, von denen 246 von den am weitesten entfernten Orten zu Tage zu schieben waren, 345 von solchen in mittlerer Entfernung und 540 von denen, die dem Mundloch relativ nahe lagen[25]. Die Entfernung spielte eine Rolle für die Entlohnung der „Truhenläufer", die die Förderung in den Stollen und Strecken besorgten. Die Förderung im Falkenstein war wohl um die Mitte des 16. Jahrhunderts auf gewisse Stollen besonders konzentriert. Denn für die Grube *Sonwennten*, die nach den Angaben der Tabelle ein eher kleiner dimensioniertes Streckennetz hatte, werden allein 98 Förderwagen erwähnt[26]; nähere Einzelheiten sind nicht bekannt.

Aus Bauen unterhalb der Stollensohle wurde mit Handhaspeln gefördert. Auf zwei Stützen wurde ein Wellbaum gelagert, der beiderseits mit einer Kurbel ausgestattet und damit für die Bedienung durch zwei Mann ausgelegt war. Auf den bzw. vom Wellbaum wurde das Seil auf- und abgewickelt, an das der Förderkübel angeschlagen war. Die Kübel waren aus Holz gefertigt und mit Eisenbändern verstärkt, ein eiserner Henkel diente zum Anschlagen an das Seil[27]. Die Schachtförderung war insgesamt im Schwazer Bergbau von wesentlich geringerer Bedeutung als in anderen Revieren. Nur zeitweilig (1515 bis ca. 1550, dann wieder nach 1556) erlangte sie für die Tiefbaue des Falkensteins und des Reviers Alte Zeche (nach 1510, Einzelheiten bisher unbekannt) größere Bedeutung. Es ist aber angesichts der Bedeutung gerade des Tiefbaus im Falkenstein recht erstaunlich, dass man es in der Förderung sowohl von Erz und Bergen als auch hinsichtlich der Wasserförderung allein beim Haspelbetrieb beließ und sich erst zur Abfassungszeit des Bergbuchs erstmals in Schwaz mit dem Einsatz von Maschinen zur Förderung und Wasserhaltung mit Antrieb durch Wasserräder befasste, nachdem man seit 1515 einen Tiefbau von bedeutender Tiefen- und Lateralerstreckung (rd. 240 m Tiefe und Hauptstrecken von mehreren 100 m Länge beidseits des Schachtes, genauer nicht rekonstruierbar) angelegt hatte. Daraus spricht ein ausgeprägter Konservatismus hinsichtlich der Vorgehensweisen im technischen Betrieb, der auch in der Erzaufbereitung deutlich wahrnehmbar ist.

Zur Abbautechnik in den Zechen hat sich Peter Gstrein vor allem auf der Grundlage von Beobachtungen in alten Grubenbauen geäußert[28]. Allgemein konstatierte er, dass man nach Erreichen eines Erzkörpers diesen durch meist zwei Strecken in nicht zu großer Entfernung voneinander zu erkunden suchte, die sich wohl meist an den Baufeldgrenzen einerseits und der Struktur des Erzkörpers andererseits orientierte. Man kombinierte einen ersten Abbau von Erz mit der Erkundung der Lagerstättenstruktur. Recht bald wurde erkennbar, ob man eine gangförmige oder lagerartige Vererzung vor sich hatte, mit anderen Worten einen im Grundsatz plattenförmigen Erzkörper, dessen Raumlage sich auch bald zu erkennen gab. Je nach Raumlage des Lagers oder Ganges waren die Strecken eher nebeneinander oder übereinander angeordnet. Richtungsparallel durchörterten sie den Erzkörper bis zu seiner oberen und unteren Begrenzung (flache Strukturen) respektive den Grenzflächen zu beiden Seiten (steil stehend) und ermittelten so seine Mächtigkeit. Von Bedeutung waren weiter das Streichen, d.h. eine Schnittlinie des Erzkörpers (oder genauer seiner Begrenzungen) mit einer gedachten horizontalen Fläche, und das Fallen, d.h. seine Neigung in eine gewisse Richtung des

Kompasses, rechtwinklig zur Streichlinie gemessen. Waren zwei Strecken in einer gewissen Länge durch das Erz bzw. die vererzte Partie getrieben, so konnte man auf kleinere bis mittlere räumliche Erstreckung deren Struktur schon recht gut überblicken und den Bereich zwischen diesen Strecken nunmehr in Abbau nehmen, gleichzeitig setzte man die Erkundungsstrecken weiter fort oder untersuchte erkennbar werdende Strukturlinien, etwa Begrenzungen des Erzkörpers. Steil stehende Erzkörper wurden nicht nur durch Strecken, sondern auch durch schachtähnliche Grubenbaue zur Tiefe hin (Gesenke) oder in die Höhe (Hochbrüche) untersucht. Gstrein unterschied gangförmigen Abbau in flacher sowie geneigter Lage. Die vergleichsweise günstigsten Bedingungen boten mehr oder minder horizontale Vorkommen: *Zu Beginn der Abbautätigkeit mussten alle tauben Berge auf die Halde geworfen oder in einem bereits verlassenen Abbau deponiert werden. Da beim Abbau das vererzte Gestein abtransportiert wird, erhält man im Abbau selbst schon bald so viel „Luft", dass man die Berge in der Zeche selbst deponieren konnte. Dies geschah in Form großer geschütteter Haufen, die bis zur Firste hinaufreichten. Dazwischen mussten Wege für die Förderung frei bleiben. Am Ort des Abbaus war immer alles Lockermaterial von der Sohle entfernt, um möglicherweise nach der Teufe wegziehende Erze sofort erkennen zu können*[29]. Etwas andere Bedingungen setzten geneigte gangförmige Vorkommen: *Der Abbau der hangenden Erze war einfach, da nach der Firste gearbeitet wurde und das Haufwerk von selbst auf die „Sondierstrecke" herabfiel. Dabei arbeiteten die Hauer auf Holzbühnen, die auf quer eingeschlagenen Balken aufgebaut waren und die sie über entsprechend lange Leitern erreichten. Besonders wenn die Erze auch nach der Sohle zu verhaut wurden, musste man „Versatzdecken" (= „Verdecke") einsetzen, d. h. es wurde im Abbau mittels Trockenmauerung (selten) oder Holzeinbau ein starker Zwischenboden erstellt, auf dem die anfallenden tauben Berge deponiert wurden. Damit sollte verhindert werden, dass sich weiter unten arbeitende Hauer durch herab fallende Gesteinsstücke verletzten. Zudem war es möglich, einen bedeutenden Teil des tauben Haufwerks im Abbau zu belassen. Weit schlechter hatten es jene, die unterhalb der Fördersohle Erz abbauten, da der Großteil des Haufwerks nach oben geschafft werden musste*[30]. Hier unter anderem kamen die erwähnten Haspel zum Einsatz. Schließlich gab es „Kobelförmige" Abbaue: *Bei diffus verteilten Erzen oder bei mehreren nahe beieinander liegenden flächigen Mineralisationen war aufgrund der Raumgröße der Einbau entsprechender Verdecke nicht mehr möglich. Dementsprechend musste hier, besonders wenn von oben nach unten abgebaut wurde – und das war ja meist der Fall – das gesamte Haufwerk abtransportiert werden. Erst wenn gewisse Abschnitte als ausgeerzt galten, konnte dort versetzt werden. Wie noch vorhandene alte Balkenwerke zeigen, wurde teilweise auch nach der Firste gearbeitet. Dabei war das Erreichen dieser oftmals 20 Meter und mehr über der Abbausohle gelegenen Orte aus „technischer" Sicht sicherlich dem Begehen eines rasanten Klettersteiges unserer Zeit gleichzusetzen, nur waren damals die Sicherheitsvorkehrungen nicht in der von uns gewohnten Art gegeben*[31].

---

[24] Abbildungen in E., S. 38, Nr. 8; Dip. 856, fol. 129v.

[25] Dip. 856, Tabellenanhang nach fol. 197.

[26] Ebd. Nr. 33.

[27] Abbildungen in E., S. 48, Nr. 27 sowie S. 49, Nr. 28; Dip. 856, fol. 136v. Man hat hier die Elemente der beiden Abbildung aus E. in einer einzigen zusammengeführt.

[28] Gstrein 1986, S. 50-52.

[29] Gstrein 1986, S. 51.

[30] Ebd.

[31] Ebd., S. 52.

In der Abbauarbeit bemühte man sich, natürliche Kluftflächen zu nutzen, um das Material zu lockern. Das Erz und das Gestein wurden in Brocken und Blöcken, die gelegentlich Tonnen wiegen konnten, gelöst, die größeren Stücke zerkleinerte man mit schweren Fäusteln und eventuell mit Keilen in handliche Partien, die abgefördert werden konnten. Nach Möglichkeit schied man schon grob Erz von taubem Gestein, ehe man das Fahlerz zur Weiterverarbeitung zu Tage brachte und das taube Material über oder unter Tage deponierte.

b) Die Aufbereitung der Erze

Für die Erzaufbereitung ist die Tatsache von großer Bedeutung, dass die Lagerstätten im Schwazer Dolomit monomineralisch waren, also nur ein Mineral im Mittelpunkt der Gewinnung und Verarbeitung stand, nämlich der Kupfer und Silber enthaltende Schwazit. Alle anderen Mineralien sind lediglich akzessorisch, Verwitterungsprodukte mögen in der Frühzeit der Lagerstättennutzung – also vorgeschichtlich – anfangs eine gewisse Bedeutung besessen haben, für den hier betrachteten Zeitraum waren sie aber nicht von Bedeutung. Der Schwazit kam von derben Massen bis hin zu ganz feinkörnigen und fein verteilten Einsprengungen vor. Letztere wurden aber erst in späteren Jahrhunderten für den Bergbaubetrieb wichtig, zur hier untersuchten Zeit konnten sie aus aufbereitungs- und hüttentechnischen Gründen noch nicht verwertet werden. Man konzentrierte sich auf die Derberze, die teils zusammenhängende, gang- oder lagerartige Massen bildeten, teils in das Gestein als mehr oder weniger konzentrierte Vorkommen von Einsprengungen verteilt waren.

War das erzhaltige Gestein zu Tage gefördert, so wurde es mit dem Scheideisen[32] auf Unterlegblöcken aus Hartstein zerkleinert. Man trennte weitgehend reine Erzstücke in einer Größe von nicht mehr als ca. 3 cm Durchmesser ab, stärker verwachsenes Erz wurde kleiner geschlagen und in drei Fraktionen mit Setzsieben von unterschiedlicher Maschenweite getrennt. Das Grobsieb diente der Trennung des groben und feineren Korns, wobei das grobe Material ausgelesen und ggf. weiter zerkleinert wurde. Das Kernsieb mit einer Maschenweite, die noch einen kleinen Würfel hindurch ließ, und das Schlammsieb dienten der eigentlichen Scheidung von erzhaltigem und taubem Material[33]. Federnd aufgehängt an einem flexiblen Arm, wurden die Siebe wiederholt in das mit Wasser gefüllte, so genannte Setz-

---

[32] Abbildungen und Beschreibung in E., S. 32, Nr. 3 und S. 72, Nr. 56. Der beschreibende Text auf S. 72 lautet: *Schaideisen hat gleich die Schwär und Lenng wie ain Schlegl, auch in der Miten ain soliches Loch. Aber das Schaideisn ist nahennt in vier Egg und doch mer flach geschmidt. Ist auch auf beden Ortten eben mit ainer scharffen Pan auf der ainen Seiten, zum Straich etwas pas erhebbt und gestäehlt. Mit disem Schaideisn wierdt das Arz von dem eeden Stain am Tag geschaiden unnd das Ärzt zu klainen Stieffen geschlagen.* Vgl. Dip. 856, fol.148v-149r.

[33] Abbildung und Beschreibung der Siebe in E., S. 76 f, die Beschreibungen lauten:
Ain Grebsib ist aus eisnen Dräten gmacht. Hat ain hulzene runde Zarg, etwo mer als ain halbe Elln. Im Poden unnd die Löcher darynng, das ainer schier mit ainem Finnger dardurch faren mag, weit, damit rebbt man den klainen unnd grossen Perg voneinannder.
Ain Kernsib ist auch aus eisnen Trättn gmacht und hat ain hulzene Zarg. Derselb gättren Poden hat so weitte Löcher, das man ainen clainen Wirffl dardurch schieben mag oder fellen kan. Dises Sib wierdt zu dem Ärztmachn unnd damit der Stain davon kom im Wasser maiststails gebraucht.
Schlamsib ist auch aus eisnen Tränten gmacht, doch gar enng, das ainer kaum mit ainer klainen Nadl oder Glufen dardurch mag. Das hat auch ain hulzene Zarg und wierdt das Ärzt so gar klain dermalen unnd zu ainem Schlam gemacht, ist von dem eden und lezen Perg im Wasser gebraucht unnd geschaiden. Vgl. Dip. 856, fol. 150v-151v.

fass rasch eingetaucht[34]. Dabei erhielt das leichtere Material (= taubes Gestein) etwas Auftrieb und reicherte sich in einer oberen Schicht an, die von Zeit zu Zeit mit einer Art Schieber abgezogen werden konnte, die schweren (Erz-) Bestandteile sammelten sich am Boden des Siebes. Das Material feinerer Körnung fiel durch das Sieb und wurde anschließend dem Schlammsieb aufgegeben, durch dessen Öffnungen nur mehr eine dünne Nadel passte, um mit diesem in gleicher Weise verarbeitet zu werden. Die Waschprodukte mussten einen bestimmten Grad der Konzentration erreichen, der durch die Probe, d. h. durch Verschmelzen einer kleinen Menge, Abtrennen der dabei entstehenden Schlacke und Messung der Gehalte an Silber und Kupfer recht exakt ermittelt werden konnte. Vielfach wurde er aber offenbar geschätzt, und hier gab es viele Anlässe zu Streitigkeiten.

Wohl aufgrund der Tatsache, dass bei den Erzen des Schwazer Dolomits nur eine Abscheidung von taubem Gestein erforderlich war, nicht etwa auch eine Trennung verschiedener Komponenten des Erzes, konnte man hier noch immer an der urtümlichen Technik der reinen Handscheidung festhalten[35]. In anderen Revieren trennte man zwar in Handscheidung noch größere taube Bestandteile einerseits und größere Stücke reiner Erze andererseits ab, bereitete aber anschließend das verwachsene Erz in Pochwerken auf. Hier ist daran zu erinnern, dass Schwaz ganz auf Reicherze ausgerichtet war (und blieb), während andere Reviere sich schon lange auf dem Weg zu einer immer stärkeren Verwertung ärmerer Erze befanden, weil die Reicherzvorräte sich dort rasch erschöpften. Die Pochtechnik spielte für diese Umorientierung eine ganz entscheidende Rolle. Der endgültige Durchbruch kam, als man in der Erzgewinnung mit Hilfe des Schießens mit Schwarzpulver eine Technik entwickelte, welche dem Abbau ärmerer – aber vielfach massenhaft vorhandener – Erze adäquat war[36]. Es erscheint bezeichnend, dass in der Verarbeitung der komplex zusammengesetzten Gangerze im Kellerjochgneis des Bereichs Alte Zeche um dieselbe Zeit die Verarbeitung in Pochwerken bei Schwaz schon üblich war[37].

Es ist davon auszugehen, dass die traditionelle Handscheidung, die nach dem Bergbuch die am Falkenstein 1556 noch allein praktizierte Aufbereitungsmethode der Erze aus dem Grubenbetrieb darstellte, auch einen wesentlichen Grund dafür darstellte, in Schwaz noch am Lehenschaftssystem festzuhalten, das in anderen wichtigen Revieren[38] schon längst durch reine Lohnarbeit abgelöst worden war. Der Lehenhauer als am Betriebsgewinn zu einem gewissen Prozentsatz Mitbeteiligter hatte ein vitales Interesse daran, dass hochwertiges Scheidwerk produziert wurde. Davon hing sein Gewinn ebenso ab wie derjenige der Gewerken, für die er den Abbau betrieb. Dadurch war eine enge Kontrolle der Scheidearbeit gewährleistet.

Wohl nur bei der Verarbeitung der „Haldenerze", dies waren die (durchaus beachtlichen!) Anteile von Erz, die in älterer Zeit mit auf die Abraumhalden gelangt waren, wurden auch Pochwerke eingesetzt. Von Wasserrädern über eine Nockenwelle gehobene Pochstempel mit schwerem Eisenschuh zerstießen das Erz zu feinem Sand, der anschließend über Waschher-

---

[34] Abbildung in E., S. 149, Nr. 95, vgl Dip. 856, fol. 153r.

[35] Dip. 856, fol. 155r: *Wiewol auf vilen Perkhwerchen die Halden maistail durch die Pucher unnd Schiesser zu Klain unnd auf den Wäschwerchen der eed Perg unnd Ärzt im Wasser voneinander auf grossen Wäschhaubten gebracht und die Ärzt zu Kaufmansguet gemacht werden, so sein aber am Valkhenstain kaine Schiesser oder Pucher, die das Wasser treibt, aufgericht, sonnder werden die Halden, Perg, Pruch, Felsen, Zägl unnd was darzue gehert nur durch die Arbaiter mit der Hanndt auf Huerten, Röb, Kesstln, Klaubplettern, Prennten unnd in annder Weg voneinannder geschaiden unnd alle Monat das Arzt den Gwerkhen, wie vor in dem Form der Spanzetl geschriben befunden wirt, verkaufft.* Diese Textpassage ist in E. noch nicht enthalten.

[36] Vgl. Bartels 1992, Kap. 4 a und 5.

[37] Nöh 1951.

[38] So etwa in Sachsen oder im Harz, vgl. Henschke 1974, Bartels 1992.

de und Grabensysteme im Wasserstrom einer Schwerkraftsortierung unterworfen wurde. Der leichtere taube Sand wurde weggespült, das Erz wurde als Schlamm (Schlieg oder Schlich genannt) abgetrennt[39]. Wir wissen heute, dass die Pocharbeit eine ganz entscheidende technische Weiterentwicklung im Bereich der Erzaufbereitung war, damit auch eine ökonomisch sehr wichtige Innovation. Mit Hilfe dieser Technik konnte letztlich ein bedeutend höherer Prozentsatz des Erzinhalts der Lagerstätten nutzbar gemacht werden als durch reine Handscheidung. Um die Mitte des 16. Jahrhunderts war in Schwaz der Nutzen der Pochwerke aber von führenden Fachleuten, darunter auch der Bergrichter als oberster Bergbeamter, noch keineswegs anerkannt, sondern wurde vielmehr als für die Qualität des produzierten Roherzes nachteilig betrachtet, wie an anderer Stelle ausgeführt. Lediglich einer Nutzung der Pochwerke für die Aufbereitung der alten Halden räumte man eine gewisse Nützlichkeit ein[40].

In einem scharfen und auffallenden Gegensatz zu diesen aus den Primärquellen ermittelten Informationen stehen Mitteilungen in der so genannten Schwazer Bergchronik. Es handelt sich nach Max von Isser, der diese am Beginn des 20. Jahrhunderts in sein Manuskript zur Schwazer Bergbaugeschichte aufnahm, um eine Abschrift eines ihm unbekannten Originals, die 1792 angefertigt worden sein soll. Diese Abschrift befand sich nach Isser im Besitz des Ministerialrats (Sektionsrats) Alois Richard Schmidt (1804-1899). Dieser war u. a. einer der Gründer des Schwazer Bergwerksvereins, der von 1855/56 an die Wiederbelebung des Bergbaus bei Schwaz vorantrieb[41]. Die Chronik bringt Nachrichten über den Zeitraum zwischen 1420 und 1728. Sie ist in einer seltsam antiquierten Diktion und Orthographie abgefasst, der gegenüber Originalquellen des 16. Jahrhunderts geradezu modern und weit stärker neuhochdeutschem Sprachgebrauch angenähert erscheinen[42]. Heute ist nur mehr die maschinenschriftliche Fassung Issers von der fraglichen Chronik überliefert.

Ihre Mitteilungen sind teils recht merkwürdig. So wird zum Jahr 1650 mitgeteilt, es sei eine neue Wasserhebemaschine (*new wasser Höbmachyn*) im Falkenstein erbaut worden[43], eine Diktion, die jedenfalls nicht dem 17. Jahrhundert entstammen dürfte und auch für das erste Drittel des 18. Jahrhunderts anachronistisch wirkt. Der Begriff „Wasserhebemaschine" ist jedenfalls im frühen 17. Jahrhundert völlig ungebräuchlich. In einem 1730 erschienenen Bergwerkslexikon gibt es die Begrifflichkeit nicht, wir lesen stattdessen: *Wasser-Kunst, ist eine künstliche Machine wodurch die Wasser aus der Grube 100 und mehr Lachter tieff gehoben werden, sind deren unterschiedliche, als: Taschen-Wercke, Roß-Künste etc*[44]. Ähnlich steht es um die Mitteilung, man habe 1520 ein großes neues Pochwerk bei dem Fürstenbau Erbstollen erbaut, wodurch das Ausbringen an Schmelzerz um zwei Drittel gesteigert worden sei (*dahero yetztunt daz ausspryng an smeltzarzt zween Tryttayl von ender zue gnumben hat*)[45]. Die Begrifflichkeit „Ausbringen" ist im Hinblick auf die Erzaufbereitung erst vom 19. Jahrhundert an üblich. Auch eine Steigerung des „Ausbringens" in dieser Art zu berechnen, mutet hinsichtlich des frühen 16. Jahrhunderts unzeitgemäß an. Das schon zitierte Lexikon kennt 1730 den Begriff in folgender Bedeutung: *Ausbringen, das ist, bey der Roh- und Bley-Ar-*

---

[39] Vgl. Dip. 856, Tafel „Pochwerk" am Ende des Kodex.

[40] Vgl. Bd. II, S. 210-213.

[41] Isser 1905/ 1924, S. 3 f., Anm. 6; Althans 1857.

[42] Besonders auffallend ist ein geradezu inflationärer Einsatz des Buchstabens Y, der von den Schreibgewohnheiten in den Primärquellen des 16. Jahrhunderts und auch von denen, die bei Joseph von Sperges (1765) festzustellen sind, deutlich abweicht.

[43] Paul 2005: Isser 1905/1924, S. 319.

[44] Minerophilus 1730, Sp. 710.

[45] Paul 2005: Isser 1905/1924, S. 304.

Abb. 11: Aufbereitung von Haldenerz und Erzklein in den Teilrevieren des „Ringenwechsels" und der „Alten Zeche". (= Tafel 21, „Erzaufbereitung" des Kodex Dip. 856. Original und Foto: Tiroler Landesmuseum Ferdinandeum, Innsbruck).

beit das Gewichte und Halt recht ausschmelzen[46]. In höchst auffallendem Gegensatz zur Benutzung ziemlich modern wirkender Begriffe steht die geradezu betont altertümlich wirkende Textgestaltung und Schreibweise. Merkwürdig mutet auch an, dass 1523 in der Kirche St. Martin in Schwaz ein (nicht mehr vorhandener) marmorner Gedenkstein gesetzt worden sein soll, auf dem mitgeteilt worden wäre, im besagten Jahr sei eine Ausbeute von 55.855 Mark und drei Lot Silber erzielt worden[47]. Tatsächlich wurde im Jahr 1523 die höchste je erzielte Jahresproduktion an Silber aus dem Falkenstein im genannten Umfang erreicht, aber das konnte man im entsprechenden Jahr nicht gut wissen. An anderer Stelle wird, wie in einer im 18. Jahrhundert am Erbstollen des Falkensteins errichteten Gedenktafel auch, behauptet, Erzherzog Sigmund habe persönlich den Erbstollen angeschlagen. Er war im Jahr zuvor wegen körperlicher und geistiger Gebrechen zum Rücktritt genötigt worden, und Maximilian I. hatte ihn als Tiroler Landesfürst abgelöst. Dieser ließ sich laut Schwazer Bergbuch den Erbstollen und den Fürstenbau verleihen und schlug persönlich den Stollen an, den er pietätvoll nach seinem Vorgänger benannte. Ob letzterer überhaupt körperlich dazu in der Lage gewesen wäre, auch nur symbolisch einen Stollen anzuhauen, muss sehr bezweifelt werden. Es gibt kurz gesagt gute Gründe, die Mitteilungen der fraglichen Chronik mit größter Vorsicht zu behandeln, genauere Überprüfungen erscheinen dringlich. So seien die Mitteilungen über Pochwerke hier nicht einfach übergangen. Ob sie zutreffen, erscheint sehr fraglich. Es wird dort gesagt, 1512 habe man bei der Grube „14 Nothelfer" das erste Pochwerk gebaut, 1517 eines am Martinhüttstollen, 1518 ein weiteres bei der Ottiliengrube, 1519 eines bei der Kreuzgru-

---

[46] Minerophilus 1730, Sp. 62.
[47] Paul 2005: Isser 1905/1924, S. 306.

be und 1520 ein Pochwerk am Erbstollen[48]. Mit den Mitteilungen über die Erzaufbereitung im Schwazer Bergbuch und sonstigen zeitgenössischen Quellen sind diese Pochwerke nicht in Übereinklang zu bringen, so dass zumindest die Frage zu stellen ist, ob die überlieferten Jahresangaben zutreffend sind.

Nicht unbeachtet kann in diesem Zusammenhang bleiben, dass bei der erneuten Aufnahme des Bergwerksbetriebs durch den Schwazer Bergwerks-Verein von 1855 an in den Althalden in großer Menge die damals so genannten Fürschläge vorhanden waren. Es handelte sich um Rückstände der Handscheidung, die teils zu eigenen Halden aufgehäuft, teils schichtweise in die Bergehalden eingelagert waren. Diese Halden bzw. Haldenanteile enthielten große Massen von Erzkörnern. *Jene besonderen Fürschlag-Halden finden sich vorzugsweise in den östlichen Grubenrevieren, sind leicht aufzusuchen und können, da sie nur wenige taube Stücke enthalten, ohne weitere Vorbereitung zum Pochwerk gebracht werden ... In einzelnen Halden, wie am Kreuz, Ottilie, Martinhütte, sind eine Menge derbe Erzkörner, meist bis zu Haselnussgröße*[49]. Ausgerechnet dort aber sollen im frühen 16. Jahrhundert Pochwerke in Betrieb genommen worden sein, wie oben erwähnt. Der Bergwerks-Verein hatte für 198 Halden bei Schwaz eine staatliche Verleihung 1857 bereits erhalten oder beantragt, um diese Erzreste zu verwerten, die aus der Handscheidung des Erzes zur Blütezeit des Bergbaus stammten und nur deshalb in die Halden gelangten, weil keine Pochwerke zur Verarbeitung des Erzkleins eingesetzt worden waren.

c) Das Hüttenwesen

Die Gewerken verarbeiteten die Erze in eigenen Hüttenwerken, auch der Landesherr betrieb in Rattenberg eine Hütte. Mit den Schmelzprozessen selbst hat sich höchst eingehend Lothar Suhling befasst, auf dessen umfangreiche Ausführungen hier verwiesen werden kann, sie geben nach wie vor den aktuellen Kenntnisstand wieder[50].

Hatte das Entwurfsexemplar noch die Beschreibung des Hüttenprozesses nach dem Bericht Leonard Härrers von vor 1510 wiedergegeben und damit den Arbeitsgang der Verhüttung zumindest im Prinzip umrissen, so entfielen diese Mitteilungen in den Kodizes von 1556. Stattdessen wird ausgeführt, der Verfasser des entsprechenden Abschnitts sei im Schmelzwesen unerfahren und traue sich deshalb nicht zu, einen entsprechenden Bericht zu geben. Die Gewerken, die Hütten betrieben, hielten ihre Verfahrensweise streng geheim, und jeder verfolge seine eigenen Rezepte. Man könne bei Schmelzvorgängen wie bei der Alchemie leicht fehlerhafte Angaben aufschreiben, wodurch möglicherweise andere zu falschen Schlussfolgerungen oder Handlungen veranlasst würden. In diesem Fall würde man schlecht über den Verfasser sprechen. Es sei aber jedenfalls so, dass nunmehr viel mehr Silber aus dem Kupfer und aus den Schlacken erzielt werde, als vor Jahren geschehen[51].

Einen kurz gefassten Bericht erstattete der Schreiber nur über das *Valkenstainer Arztschmelzen im Schwären Wechsel*[52]. Auf einen Ofen komme für eineinhalb Erzschichten 16 Star Falkensteiner Erz zuzüglich drei „Par" Schlacken sowie Schiefer soviel man benötige. Aus die-

---

[48] Paul 2005: Isser 1905/1924, S. 303-304.
[49] Althans 1857.
[50] Suhling 1976, passim.
[51] Dip. 856, fol. 162v.
[52] Dip. 856, fol. 163v-165r.

sem Schmelzen des Roherzes als erstem Verarbeitungsschritt erziele man 450 Pfund reichen Kupferstein und 50 Pfund „Koblat", dies ist ein unreines Kupfer mit hohem Silbergehalt[53]. Der erhaltene Kupferstein, der pro Zentner 12,5 Lot Silber enthalte, werde gesammelt und ausgewogen.

Es folge als zweiter Verarbeitungsschritt dann eine „reiche Bleischicht", zu der man dem Ofen folgendes Material aufgab:
- 1.700 Pfund Kupferstein
- 1.100 Pfund Herdblei, Glätte und Lech (sehr unreiner Kupferstein[54]) mit einem durchschnittlichen Silbergehalt von 0,5 Lot pro Zentner
- 200 Pfund Schneeberger Bleierz mit 2 Lot Silber pro Zentner
- 200 Pfund armes Gossensasser Erz mit 2 Lot Silber pro Zentner
- 200 Pfund gewöhnliches Bleierz mit 0,5 Lot Silber pro Zentner
- 200 Pfund Villacher Bleierz ohne Silbergehalt
- 450 Pfund Hartwerk (verunreinigtes Rohkupfer[55]) mit 9 Lot Silber pro Zentner
- 900 Pfund Seigerkrätze oder Kienstöcke (kupferreiche Restprodukte aus dem Prozess der Kupferseigerung) mit 16 Lot Silber pro Zentner

Den dritten Verarbeitungsschritt bilde die so genannte Mittelschicht. Dem in der ersten Schicht verbleiten Stein würden dabei in diesem Schmelzgang zugesetzt
- 1.200 Pfund Herdblei, Glätte und Lech mit 0,5 Lot Silber pro Zentner
- 200 Pfund Schneeberger Bleierz mit 2 Lot Silber pro Zentner
- 200 Pfund armes Gossensasser Bleierz mit 2 Lot Silber pro Zentner
- 200 Pfund gewöhnliches Bleierz mit 0,5 Lot Silber pro Zentner
- 100 Pfund Villacher Bleierz ohne Silbergehalt
- 450 Pfund Hartwerk mit 7,5 Lot Silber pro Zentner
- 1.100 Pfund Kienstöcke, aus denen das Blei ausgeseigert ist, mit 9 Lot Silber pro Zentner

Den nächsten Schritt bildete die arme Bleischicht.
Dem zuvor erzielten reichen Kupferstein mit etwa 4 Lot durchschnittlichem Silbergehalt im Zentner wurden nun zugesetzt:
- 700 Pfund Herdblei, Glätte und Lech mit 0,5 Lot Silber pro Zentner
- 400 Pfund Kienstöcke mit 7 Lot Silber pro Zentner.

Was nicht mitgeteilt wird, ist die Tatsache, dass man aus jedem Schmelzgang erstens Blei mit einem gewissen Silbergehalt (reich, mittel, arm) und zweitens Kupferstein erzielte. Das erhaltene Blei wurde nach dem Bericht im Bergbuch abgetrieben, wobei man das Ergebnis von je 15 der zuvor geschilderten Schmelzgänge ansammelte, was sich auf etwa 126 Zentner Blei belief. Diesem Blei gab man 10 Zentner des Kobolt (Koblat) aus dem ersten Schmelzgang mit 38 bis 39 Lot Silber pro Zentner zu und trieb dieses Schmelzgut ab, bis der Silberblick sichtbar wurde.

Der dreimal verbleite Stein aus der letzten Bleischicht, ungefähr 30 Zentner mit bis zu drei Lot Silbergehalt, wurde mit 6 bis 7 Zentnern grobem Hartwerk verschmolzen, daraus erhielt man dasjenige Hartwerk mit einem Silbergehalt von 8,5 Lot pro Zentner, das bei den Bleischichten aufgeschlagen wurde. Der übrig bleibende Stein werde dann einmal gedörrt

---

[53] Suhling 1976, S. 189.
[54] Ebd., S. 190.
[55] Ebd., S. 189.

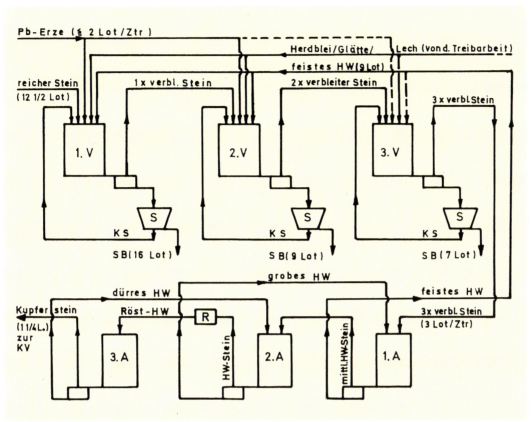

Abb. 12: Schema des Verhüttungsverfahrens der Erze aus dem Falkenstein (ohne Rohschmelzen) im so genannten Abdarrprozess um die Mitte des 16. Jahrhunderts (aus: Suhling 1976, Abb. 23, S. 158).

und heiße nunmehr mittlerer Hartwerkstein mit 4 Lot Silbergehalt. Dieser werde dann nochmals gedörrt und dann Hartwerkstein genannt, welcher nun pro Zentner 1 Lot 3 Quint Silber enthalte. Man lasse fünf Partien dieses Steins zusammenkommen, der dann geröstet werde und anschließend Hartwerkrost heiße. Daraus komme der Kupferstein, der im Zentner 1 Lot und 1 Quint Silber enthalte, wobei nicht mitgeteilt wird, wie der Verfahrensschritt verläuft. Schließlich, so heißt es am Ende dieses Berichts, sammle man diesen Kupferstein zu einer Menge von etwa 400 Zentnern an, die sechsmal „umgeschlagen" würden, bis sie genügend geröstet seien, um sich zu Kupfer verschmelzen zu lassen[56].

Lothar Suhling hat den siebenstufigen Prozess, der sich aus diesen Angaben rekonstruieren lässt, graphisch dargestellt. Die „Bleischichten" stellten spezielle Varianten des Zusammenschmelzens von silberhaltigem Kupfer sowie Blei dar, wobei das Blei als Silbersammler fungierte. Als Produkte entstanden erstens der Stein, der in einem ersten mehrteiligen Schritt im Weg des Verbleiens entsilbert und dann in den folgenden Schritten zu Kupfer aufgearbeitet wurde, zweitens Schlacke. Das Verbleien des Steins führte zur Trennung von Kupfer in Gestalt von Kienstöcken, die in den Prozess zurückgeführt wurden, und silberhaltigem Blei. Der Schmelzprozess nach der ersten Stufe, in der man den sulfidischen Rohstein erschmolzen hatte, diente im Grundsatz der Umsetzung von Silber- und Bleisulfiden zu Silber, Blei und Kupferstein. Suhling erläuterte: *Da diese Umsetzungen Gleichgewichtsvorgänge sind (Hin- und Rückreaktionen) kommt es darauf an, den Materialfluss so zu gestalten, dass das Gleichgewicht sich in mehreren Stufen auf jeweils unterschiedlichem Niveau neu einstellt und dabei*

---

[56] Mit dem sechsmaligen Umschlagen waren wohl sechs Röstvorgänge gemeint.

das gewünschte Produkt (nämlich Silber, d. Verf.) *einerseits im Extraktionsmittel (hier: Kupfer – Blei – Legierung) angereichert wird, andererseits im Substrat (Kupferstein) verarmt.* Suhling wies ferner darauf hin, dass es sich, im Gegensatz zum Rohkupferfrischen nach dem Seigerhüttenprozess, *bei der Entsilberung des Kupfersteins nach dem Abdarrprozess und der gewöhnlichen Bleiarbeit,* wie er hier dargestellt ist, *um eine Flüssig-Flüssig-Extraktion handelt: Der geschmolzene Kupferstein geht in der Bleilegierung nicht in Lösung, sondern entmischt sich aufgrund der Dichtedifferenz*[57].

Die Angaben machen deutlich, dass es sich um einen sehr fein abgestimmten und ausdifferenzierten Prozess handelte. Die für die Bleiarbeit benötigten Erze aus Villach, Gossensass und anderen Bleilagerstätten hatten zur Folge, dass das Montanwesen von Schwaz nicht etwa nur von den Rohstoffen der eigenen Lagerstätte abhängig war, sondern auch von der Zulieferung aus anderen. Dies gilt auch für andere Reviere der Produktion von Kupfer und Silber, wie etwa die Mansfelder Region mit den Kupferschiefern, das sächsische Erzgebirge oder das böhmische Joachimsthal. Auch für diese war eine Bleiversorgung von auswärts sehr wichtig, wobei dort metallisches Blei bezogen wurde, nicht sulfidisches Bleierz wie in Schwaz[58].

d) Die Lehenschaften

Die eigentliche Erzgewinnung wurde in Schwaz an Lehenschaften vergeben, dies erfolgte in der Regel an Weihnachten eines jeden Jahres als dem Beginn des im Montanwesen gebräuchlichen Rechnungsjahrs im Rahmen des so genannten Hinlass. Hier wurden die Lehenschaften in aller Regel auf ein Jahr vergeben, worüber eine „Spanzettel" genannte schriftliche Vereinbarung geschlossen wurde. So jedenfalls in der Theorie und in der Darstellung des Schwazer Bergbuchs. Es ist allerdings anzumerken, dass sich die Gewerken im Streit mit den Landesherren und deren Beamtenschaft teils offen weigerten, den Hinlass überhaupt noch geordnet vorzunehmen, was als Druckmittel gegenüber der Obrigkeit gedacht war, teils unter der Hand Lehenschaften nicht oder nicht über die gesamte vereinbarte Zeit hinweg beschäftigten. Sie hatten die Tendenz, statt der am Betriebsgewinn mitbeteiligten Lehenschafter vermehrt lohnabhängige Herrenhauer heranzuziehen, wie unten belegt wird.

Die Vereinbarung[59] benannte die Namen der Lehenschafter und bezeichnete genau die Örtlichkeit, an der abgebaut werden sollte, sowie die Begrenzung der Berechtigung und Richtung der Auffahrung. Dabei wurde auf die in den Grubenbauen eingeschlagenen Zeichen der Vermesser (Schiner) Bezug genommen. Die Dauer der Vereinbarung wurde genau angegeben. Die Lehenhauer sollten das Erz so aufarbeiten, dass es per Ster (Hohlmaß, etwa 50-70 kg Erz entsprechend[60]) 10 Pfund Berner Pfennige an Wert erreichte. Es war ihnen nicht gestattet, ihrerseits wiederum Häuer zu beschäftigen, sie durften aber Leute zur Erzaufbereitung anstellen, denen sie nicht mehr als vier bis viereinhalb Pfund Berner Pfennige an Wochenlohn bezahlen durften. Den Lehenhauern war es nicht erlaubt, neben ihrer Bergarbeit ein Gewerbe zu treiben. Sie mussten ihr eigenes Werkzeug benutzen. Für den Bezug des benötigten Unschlitts für das Geleucht sowie des Eisens für die Werkzeuge waren sie an bestimmte Lieferanten gebunden.

---

[57] Suhling 1976, S. 155 mit Anm. 188.
[58] Westermann 1986.
[59] Dip. 856, fol. 133v-134v.
[60] Winkelmann 1956, S. 276.

Das Erz sollte in drei verschiedene Sorten geschieden werden: Stuferz als reines Erz ohne taube Beimengungen, Kern als ausgeschlagenes Erz in etwa walnussgroßen Stücken mit anhaftendem taubem Material sowie Schramklein, ausgeschlagenes Erz in kleineren Stücken. Sofern Pochgut anfiel, sollte es getrennt abgeliefert werden. Jede abgemessene Erzportion sollte je nach Qualität einzeln bezahlt werden. Sofern die Lehenhauer das gewonnene Erz nicht selbst schieden, musste der Fröner (der zuständige Rechnungsbeamte des Bergamts) jeden Verarbeitungsschritt mit seinen Mengen notieren. Die Gewerken als Besitzer der Grube bestimmten Erzkäufer aus den Reihen ihrer Angestellten, die das Erz von den Lehenhauern erwarben. Dieser Angestellte musste ein für jeden einsehbares Angebot für das Erz abgeben. Hatte das zu berechnende Erz nicht den gewünschten Wert von 10 Pfund bzw. konnte man sich über den Preis nicht einigen, so sollten die Lehenhauer das Rohschmelzen auf ihre Kosten durchführen und den Rohstein auf Silber probieren sowie abwiegen lassen. Für jede Mark Silber, die so als Gehalt der Charge ermittelt wurde, hatten ihnen die Gewerken bzw. deren Angestellte dann 27 Pfund Berner Pfennige und sechs Kreuzer zu vergüten. Jeder Gewerke sollte dann von dem produzierten Rohstein den seinem Anteil an der Grube entsprechenden Teil erhalten. Ausdrücklich wurde ferner bestimmt, dass diejenigen Ster Erz, die den gewünschten Wert von 10 Pfund erreichten, in gleicher Zahl auf die einzelnen Neuntel Grubenanteile aufzuteilen waren. Wurden darüber hinaus einige Ster Erz gehauen, so wurden diese in einen Kasten geschüttet und man bezahlte die Hauer dafür zunächst „auf Herrenarbeit". Die Gewerken teilten dieses Erz unter sich auf und hatten den Kaufpreis dafür im nächsten Monat bar zu bezahlen.

Besonders auffallend an diesen Bestimmungen ist, dass streng darauf geachtet wurde, jedem beteiligten Gewerken eben das Erz zukommen zu lassen, was ihm aufgrund seines Anteils zustand. Es waren in größeren Gruben Dutzende von Lehenschaften tätig, wie die Tabelle am Schluss des Bergbuchs ausweist. So hatte *St. Martin Huttn* 80 und *St. Wolfgang Huttn* sogar 91 Lehenschaften[61]. Die Frage ist allerdings, ob diese auch tatsächlich alle tätig waren oder eine Sollziffer aus dem Blickwinkel der Bergbeamten darstellten. Jede Erz hauende Lehenschaft teilte das gewonnene Erz in Ster auf die einzelnen Neuntel der Gewerken auf, jeden Monat entstanden so in den größeren Gruben Hunderte von kleinen Erzportionen, die unter die Gewerken zu verteilen waren. Genau dasselbe Bestreben wird aus dem Goslarer Bergrecht des 14. Jahrhunderts deutlich, das insbesondere dafür Sorge zu tragen sucht, dass jeder Berechtigte auch ganz sicher genau das Erz aus den verschiedenen Abbaupunkten erhielt, das ihm aufgrund seiner Beteiligung zur persönlichen Weiterverwendung zustand. Dort erwies sich dieser Partikularismus allerdings schon um 1310 als hinderlich für den Betrieb, und die Hauptbeteiligten, Kloster Walkenried und der Rat der Stadt als Vertreter der städtischen Bergherren, schlossen zwecks Beilegung von Streitigkeiten einen Vertrag, demzufolge künftig nicht mehr das Erz, sondern die Erträge geteilt werden sollten. Es ist aufschlussreich, hinsichtlich des Umgangs mit dem Roherz in Schwaz noch immer die partikularistischen Tendenzen wahrzunehmen, die in Goslar schon gut 200 Jahre zuvor als hinderlich erkennbar wurden und die man mit der Reorganisation des Betriebs im 15. Jahrhundert beseitigte[62].

Der „Spanzettel" war deutlich erkennbar auf Lehenschaften ausgerichtet, die das sog. „Teilerz" produzierten, dasjenige Erz also, das aufgrund seines Silbergehalts den Wert von 10 Pfund Berner oder 12 Gulden 6 Kreuzer pro Ster erreichte. Man war auf eine Gewinnung von besonders reichen Erzen orientiert, an denen natürlich jeder Grubenteilhaber seinen gebührenden Anteil beanspruchte. Die komplizierte Teilungspraxis entsprach diesen noch stark

---

[61] Dip. 856, Tabelle nach fol. 197.
[62] Bartels 1997, S. 45-51 und ders., 2004, S. 162-166 und S. 183-188 (Vertragstext von 1310 mit Übersetzung)

am Mittelalter orientierten Verhältnissen. Es wird allerdings unten gezeigt werden, dass nur noch ein untergeordneter Anteil der Produktion in diesem hochwertigen „Teilerz" bestand, das seinen Namen wegen der Aufteilung unter die einzelnen Gewerken und zwischen diesen und den Lehenschaftern trug. Die den Lehenhauern bezahlte „Erzlosung" bildete die Abgeltung desjenigen Anteils am gewonnenen Erz, der ihnen selbst zustand. Aber den mengenmäßig weit überwiegenden Anteil am produzierten Roherz bildete das so genannte „Freierz". Nach unten im Einzelnen zu diskutierenden Rechnungsunterlagen des Fröners leisteten die Lehenschafter für dieses Erz von geringerem Wert keine Abgabe an die Gewerken, es war abgabenfrei - deshalb der Name. Es wurde den Lehenhauern nach dem geschätzten Silbergehalt bezahlt. Auch solche Arbeitsverhältnisse wurden „hingelassen" und galten als Lehenschaften, es handelte sich aber im Grunde um eine Form von Akkord[63].

So ausführlich aber auch die Lehenschaften im Bergbuch behandelt wurden, von denen es am Falkenstein nach der erwähnten Tabelle 1556 insgesamt 972 gab[64], ihre Bedeutung war zumindest bereichsweise nicht mehr sehr groß, wie sich aus folgenden Daten ergibt, die für den Erbstollen aus den Jahren 1545 bis 1549 überliefert sind. Den Gewerken entstanden an Betriebskosten zwei Kategorien, nämlich die *Samcost* und die *Losung*. Unter dem erstgenannten Posten verstand man alle Gemeinkosten für den Grubenbau einschließlich der Materialkosten und Löhne für die Herrenhauer als Lohnarbeiter. Die (Erz-)Losung war das Kaufgeld, das die Gewerken den Lehenhauern für das von ihnen gehauene Erz bezahlten[65]. Im Erbstollen entfiel nur mehr ein kleiner Teil der Kosten auf die Losung, dagegen der weit überwiegende Teil der Ausgaben auf die Gemeinkosten:

Jahr	Samkost (Gulden/Kreuzer/Pfennige)	Erzlosung (Gulden/Kreuzer/Pfennige)	Erzförderung (Ster, ohne Bruchteile)
1545	1.859/44/2	108/68/0	rd. 3.145
1546	3.005/54/3	749/04/0	rd. 4.645
1547	3.384/14/2	705/00/4	rd. 4.335
1548	3.660/16/1	105/45/0	rd. 3.534
1549	3.613/49/4	34/12/0	rd. 3.588

Gemeinkosten, Erzlosung und Förderumfang des Erbstollens im Falkenstein 1545-1549[66]

Es fällt auf, dass besonders nach 1547 im Erbstollen des Falkensteins die Kosten für die Erzlosung und damit die Bezahlung der Teilerz produzierenden Lehenschaften absolut und relativ sowohl zu den Gesamtkosten als auch zur Förderung stark zurückging. Daraus kann nur geschlossen werden, dass auch die eigentliche Erzgewinnung hier weitgehend in die Lohnarbeit übernommen wurde. Waren im Jahr 1546 immerhin etwa 26% der Kosten auf die Teilerze bzw. die entsprechenden Lehenhauer entfallen, so waren es 1547 noch etwa 22%, 1548 nur noch etwa 3% und 1549 weniger als 1%. Nun kann dieser Betrieb nicht ohne weiteres als repräsentativ für alle Gruben gelten, immerhin aber drückt sich mindestens hier eine deut-

---

[63] Zu den Einzelheiten vgl. unten Kap. 5d.
[64] Dip. 856, Tabelle nach fol. 197.
[65] Dip. 856, fol. 135v: *Arzlosunng: So die Gesellen auf iren Arbaiten unnd Lehenschafften Ärz hawen, umbschlagen unnd tailn, das kauffen alßdann die Gewerkhen von inen. Dasselbig Kauffgelt umb das Ärzt haist man Ärzlosung.*
Samcost: Alles Gelt unnd Unkosten, so über die Grueben und Gepew ausserhalben der Lehenheier oder Arzlosung aufflaufft, das die Gwerkhen bezaln muessen, das haist man Samcost.
[66] TLA, Pestarchiv XIV, Nr. 261, fol. 1r-4r.

liche Tendenz aus, von den klassischen Lehenschaften abzugehen. Eine Übersicht aus dem Jahr 1539 verdeutlicht, dass seinerzeit nur noch ein Bruchteil der „hingelassenen" – d. h. zu Weihnachten auf die Dauer zumeist eines Jahres vergebenen – Arbeiten im Bereich auf dem Zintberg oberhalb von Schwaz, überhaupt als Lehenschaften betrachtet wurden, nämlich 13 von 141[67]. Zumindest die klassische Lehenschaft mit Teilung der Erze oder der Abgeltung des den Lehenhauern zustehenden Anteils in Geld und damit einer echten Beteiligung am betrieblichen Gewinn aus den Erzen war schon in den Jahren vor der Abfassung des Schwazer Bergbuchs deutlich auf dem Rückzug, und zwar ganz besonders im Bereich des Erbstollens, wie die oben mitgeteilten Zahlen belegen.

e) Was ist eine Grube?

Nur auf den ersten Blick mag diese Frage naiv anmuten. Adolf Zycha stellte schon 1907 fest, dass in dieser Hinsicht Unklarheiten im Schrifttum herrschten, die einen durchaus wesentlichen Einfluss auf die Sicht der Montangeschichte des Raumes Schwaz ausüben können. So fanden sich zu seiner Zeit und finden sich bis zum heutigen Tag in der einschlägigen Literatur immer wieder Wendungen, die vom Grubenbesitz einzelner Gewerken – bevorzugt von Großgewerken wie den Fuggern, den Tänzl oder Stöckl – sprechen. Diese Kennzeichnung erweckt den Eindruck, die einzelnen am Bergbau beteiligten Firmen hätten je auf ihre Rechnung bestimmte Gruben betrieben. Zycha merkte dazu an: *Nicht ohne Zusammenhang wohl mit dem zu dieser Zeit* [d.h. im 16. Jahrhundert, d. Verf.] *so überaus starken Vergesellschaftungstrieb, der jedes Risiko zu teilen trachtete, aber auch andererseits wegen der ebenso charakteristischen Abneigung gegen den Großbetrieb auf Seiten der Allgemeinheit bauten selbst die geldkräftigsten Gewerken je in einem kleinen Grubenmaße mit anderen zusammen. Nur aus der Summe solcher Anteile setzte sich ihre Großunternehmung zusammen. Es ist daher richtig, nicht von dem ausgedehnten* **Gruben***besitz z. B. der Fugger, sondern von ihrem ausgedehnten* **Teil***besitz zu sprechen. Um dies gerade für die Fugger zu bewähren: aus ihrer Inventur von 1527 ist jetzt bekannt geworden, dass sie in Gossensaß an 13, am Schneeberg an 19 Gruben Anteile verschiedenster Größe bis herab zu 1/96 besaßen; am Falkenstein hatten sie an 45 Gruben – es gab ein Jahr vorher im ganzen 142 – ‚mehr oder minder große Anteile'. Nach Dobel bauten sie im Jahre 1544 Teile an 40 Gruben des Falkenstein, an 19 des Ringenwechsels usw. Ebenso wird von anderen Großgewerken immer ihr Besitz an Teilen, nicht an Gruben hervorgehoben*[68].

Schon der berühmte zeitgenössische Montanist des 16. Jahrhunderts, Georgius Agricola, hatte den Teilbesitz als gewöhnliche Form des Bergwerkseigentums gekennzeichnet und diese Praxis mit wirtschaftlichen Aspekten begründet. Ein Einzelner sei mit den notwendigen Investitionen oft überfordert. Es sei auch unklug, in nur eine Grube zu investieren: *Denn wer allein eine einzige Grube betreibt, wird zwar, so ihm ein günstiges Geschick einen an Erzen und anderen Mineralien reichen Gang beschert, ein sehr reicher Mann; wenn aber ein widriges Geschick ihm einen armen oder tauben Gang gibt, verliert er für immer alle aufgewandten Kosten. Wer jedoch gewerkschaftlich mit anderen Geld in mehrere Gänge einer durch Erzreichtum bekannten Gegend steckt, der büßt selten Geld und Mühe ein, sondern meist entspricht der Erfolg seinen Wünschen. Da auf jeden Fall von zwölf von einer Gewerkschaft belegten Gängen schon ein einziger an Erzen reicher Gang den Gewerken nicht nur das aufgewandte Geld wiedergibt, sondern noch einen Gewinn abwirft, so wird ganz sicher der Berg-*

---

[67] TLA, Pestarchiv XIV, Nr. 609, fol. 79-85.
[68] Zycha 1907, S. 284, Hervorhebungen im Original.

bau glänzend und einträglich für die sein, die denen gar zwei, drei vier oder noch mehr Gänge Erz schütten[69].

Die Praxis des Teilbesitzes wurde im Bergbau von Schwaz durchgängig befolgt, weiter unten werden konkrete Beispiele belegt und diskutiert. Es gab mit anderen Worten keine Gruben einzelner Gewerken, ausgenommen die so genannten Eigengrübler. Dies waren Bergleute, die auf eigene Rechnung Kleingruben unterhielten, in denen sie in aller Regel mehr oder weniger nur Sucharbeiten unternahmen. Es gab ferner Kleingewerken, die nur geringen Anteil am Grubenbesitz insgesamt hatten, oft bevorzugt an Kleinbetrieben. Auch darauf ist zurückzukommen. Dennoch sprechen Autoren noch in recht neuen Veröffentlichungen immer wieder von „Gruben der Fugger", „Gruben der Tänzl" usw.: *Durch den Bankrott Antonis vom Ross 1491 übernahm Paumgartner für eine Schuld von 32.000 Gulden, die Ross bei ihm stehen hatte, seine Schwazer Bergwerke und Schmelzhütten* teilte etwa noch 1986 Erich Egg mit[70]. An anderer Stelle schreibt er: *Eine entscheidende Wende trat schon 1557 ein, als die Gesellschaft Paul Hörwart ihre gesamten Falkensteiner Anteile um 63.000 Gulden ... dem Tiroler Landesfürsten verkaufte. Die Römische Kaiserliche Majestät führte diese Bergwerke als ‚Österreichischen Berg- und Schmelzwerkshandel' in eigener Regie weiter*[71]. Hier muss der Leser davon ausgehen, nunmehr habe der Landesfürst eigene Bergwerke betrieben. Dies ist aber unzutreffend, er erwarb die **Anteile** an zahlreichen Bergwerken (unter anderem am wichtigen Falkenstein) und wurde auf diese Weise zum Mitgewerken, dem als wichtigste Mit-Teilhaber die Fugger gegenüberstanden, mit denen gemeinsam er nun Bergbau betrieb. Es bedeutet einen ganz erheblichen Unterschied, ob hier der Landesherr auf eigene Rechnung eigene Gruben betrieb, oder ob er dies in Gesellschaft mit anderen Großgewerken (zuletzt schließlich nur noch mit den Fuggern) tat. Zum Verständnis aller Entwicklungen ist es sehr entscheidend, dass die (Groß-)Gewerken – und ein solcher wurde der Landesfürst 1558, wie unten ausführlich dargelegt wird – in Gemeinschaft den Bergbau, etwa im so wichtigen Falkenstein, betrieben und damit unausweichlich dazu gezwungen waren, miteinander zu kooperieren, was den Grubenbetrieb anging.

Die oben zitierte Wendung Zychas, auch die Großgewerken hätten „je in einem kleinen Grubenmaße" mit anderen zusammen ihre Teile gebaut, lässt annehmen, jede Grube für sich genommen hätte ein kleines Grubenmaß gehabt. Zycha äußerte sich in der Frage der Grubenmaße nicht genauer, meint allerdings: *gleichwohl blieb das alte System der selbständigen Kleinbetriebe aufrecht. Nicht nur in dem Sinn, dass die Gruben des herkömmlichen, engen, für alle gleichen Maßes auch weiterhin die technischen Einheiten bildeten: sie sind auch Gegenstand je einer Unternehmung geblieben*[72]. Unten wird gezeigt werden, dass die Auffassung von den kleinen und vor allem für alle gleichen Grubenmaßen unzutreffend ist. Max von Isser machte zur Größe der Gruben völlig widersprüchliche Angaben. Er führte an einer Stelle aus: *Die k. k. Hofbibliothek in Wien verwahrt eine von Bergrichter Adam Kolar verfasste Zusammenstellung der in der Periode 1520 bis 1550 am Falkenstein bestandenen Bergwerkslehen und deren Inhaber. Hiernach war der ganze Berg in eine große Anzahl Lehensfelder geteilt, deren*

---

[69] Agricola 1556/1977, S. 23, vgl. auch S. 68: *Wenn aber oft große Kosten für ein Bergwerk aufzubringen sind, so zieht der Gewerke, dem der Bergmeister zuerst allein das Abbaurecht verliehen hatte, mehrere andere Gewerke, die mit ihm eine Gewerkschaft bilden, heran; diese bringen dann, jeder nach seinem Anteil, die Kosten auf und teilen die Ausbeute oder die Zubuße für die Gruben. Wenn also auch die Grubenfelder und die Stollen unteilbar bleiben, so wird doch von wegen der Lasten und der Ausbeute eine jede Grube oder ein Stollen gleichsam als Ganzes in Anteile geteilt.*
[70] Egg 1986, S. 116.
[71] Egg 1986, S. 127.
[72] Zycha 1907, S. 286.

jedes ein Parallelopiped von sieben Schwazer Berglachter (Lehenmaß) Länge bei ebensolcher Breite und zehn Lachter Tiefe bildete, d. s. 49 Quadratklafter = 173 m^2, beziehungsweise 490 Kubiklachter = 3.252, 5 m^3, anschließend zählt er die Besitzer der einzelnen Lehen auf, je 96 sollen dem Landesherrn und den Fuggern gehört haben, den Stöckl, Tänzl, Paumgartner und Füeger je 48, anderen Besitzern je 36, 24 und 12 Lehen. Zusammen, so wird behauptet, seien es 588 gewesen, sie hätten 28.812 Quadratlachter bzw. 101.724 Quadratmeter Flächenumfang gehabt[73]. In völligem Widerspruch dazu steht die Liste der Gruben am Falkenstein nach dem Schwazer Bergbuch, die Isser, was die Längenmaße angeht, in Übereinstimmung mit den Handschriften wiedergab. Dort werden die Maße der „Stollen, Ausbrüche und Wöxl" von insgesamt 36 Gruben am Falkenstein aufgezählt, die Längenausdehnungen von bis zu 592 Lehen = 4.144 Klafter = ca. 7.700 m oder 7,7 Kilometer Stollen in der Grube St. Wolfganghüttn erreichten. Die sonstigen Strecken dieser Grube sind mit nochmals 315 Lehen = 2.205 Klafter = ca. 4.100 m angegeben. Das macht zusammen ein Streckennetz von 11,8 km Länge aus[74]. Diese Angaben, die sich um eine reichliche Zahl weiterer Beispiele vermehren ließen, sind mit den obigen Ausführungen über „Kleingruben" in keiner Weise zur Deckung zu bringen. Aus welchen Quellen Isser die Angaben über die Berglehen im oben zitierten Sinn bezogen hat, bleibt unklar, denn er gibt als Referenz an: *mitgeteilt von Sektionsrat A. R. Schmidt*[75]. Der Hinweis auf die Hofbibliothek in Wien hilft nicht weiter, denn dort bzw. bei der Nachfolgeinstitution ist eine entsprechende Zusammenstellung nicht nachweisbar. Ein Bergrichter Adam Kolar müsste 1550 oder kurz danach tätig gewesen sein, um eine Liste zu verfassen, die von 1520 bis 1550 reichte. In Schwaz war er jedenfalls nicht Bergrichter, denn dieses Amt übte seit spätestens 1539/40 und bis 1556 Sigmund Schönberger aus, wie an anderer Stelle im Einzelnen belegt[76]. Wir konnten einen Adam Kolar in den von uns herangezogenen Quellen nicht nachweisen. Man kann höchstens spekulieren, dass die oben genannten Maße sich auf die übliche Ausdehnung einer Lehenschaft zu einem Zeitpunkt zwischen 1520 und 1550 bezogen haben. Aber angesichts von 972 Lehenschaften, die allein 1556 für den Falkenstein genannt werden[77], fast doppelt so viel wie die merkwürdigen „Berglehen" (588), macht auch das keinen rechten Sinn. Und mit den Bergteilen etwa der Fugger, für deren Anzahl zu verschiedenen Zeiten Scheuermann Belege beibrachte[78], ist auch keinerlei Übereinstimmung zu erkennen. Wichtig ist indessen, dass Issers Angaben ein einheitliches Maß für alle Gruben einmal dezidiert behaupten („Berglehen" des Zeitraums 1520 bis 1550) und an anderer Stelle für 1556 ebenso unmissverständlich ganz verschiedene räumliche Ausdehnungen der Gruben am Falkenstein dokumentieren. Die kleinste der 1556 aufgelisteten Gruben, *St. Wolf*(gang) *ob der Kron* hatte ein Streckennetz von insgesamt 124 Lehen und 3 Klaftern = 871 Klafter = ca. 1.610 m. Auch das ist schon eine beachtliche Ausdehnung[79]. Wäre das ganze „Berglehen" nur 20 Klafter lang, so könnte man es in seiner kompletten Länge mit Hilfe dieser Strecken und Stollen 43,5 Mal durchfahren, eine absurde Vorstellung.

Dass die Gruben von ihrer Ausdehnung her sehr unterschiedlich waren, ist u. a. den Angaben im Bergbuch zum Falkenstein deutlich zu entnehmen, die dort zur Ausdehnung der Grubenbaue gemacht wurden. Es leuchtet ohne weiteres ein, dass die Gruben *Fürstenbau Erbstollen,* deren Stollen und Strecken 1556 eine Gesamtlänge von 4.156,5 Klaftern hatten, und *St. Wolfganghüttn,* die mit 6.357 Klaftern die größte Ausdehnung hatte, doch wohl anders dimensio-

---

[73] Isser 1904, S. 431.

[74] Dip. 856, Tabelle nach fol. 197; Isser 1904, S. 444f.

[75] Isser 1904, S. 431, Anm. 58.

[76] Vgl. Kap. 8d.

[77] Dip. 856, Tabellenanhang nach fol. 197.

[78] Scheuermann 1929, S. 17 (Grubenbesitz 1547) und 147 (Grubenteile 1565).

[79] Dip. 856, Tabelle nach fol. 197 und Isser 1904, S. 444-445.

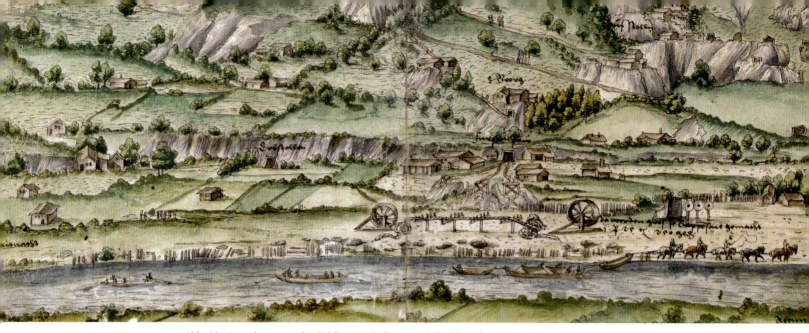

Abb. 13: Ausschnitt aus der Bildkarte „Falkenstein" (Tafel 6) des Kodex Dip. 856 mit dem Furstenpaw (rechts unten) und dem Erbstollen (links unten) sowie zahlreichen Betriebsgebäuden, weiteren Stollenmundlöchern und Halden am Hang (Original und Foto: Tiroler Landesmuseum Ferdinandeum, Innsbruck).

niert waren, als *St. Yörg in Prannt* mit insgesamt 1.036 Klaftern. Wenn man mit aller Vorsicht noch auf Issers nicht verifizierbare Belegschaftsangaben schaut, waren es 380, 450 bzw. 60 Mann[80]. Nun lassen natürlich die Ausdehnung des Streckennetzes und Angaben zur Belegschaft zu einem bestimmten Zeitpunkt nur bedingt Rückschlüsse zum Grubenfeld zu, denn es kam nicht zuletzt auf die Ergiebigkeit der abgebauten Vorkommen an. Hier helfen uns aber die Angaben zu den Stollen ein Stück weiter.

Die Grube Fürstenbau Erbstollen unterhielt einen Stollen. Dieser eine Stollen war der Erbstollen des Falkensteins. Das Grubenfeld besaß eine obere Grenze, es reichte in unbegrenzte Teufe und hatte hinsichtlich seiner Ausdehnung in alle horizontalen Richtungen keine Begrenzungen. Dieses Grubenfeld war entstanden, als die zunächst im Jahr 1490 als zwei Gruben verliehenen Bergwerke „Fürstenbau" und „Erbstollen" zu einer Grube vereinigt wurden, ehe 1515 der Tiefbaubetrieb begann[81]. Es sei hier schon darauf hingewiesen, dass kein anderer als der Landesherr, Maximilian, kurz nach Übernahme der Landesherrschaft mit beiden Gruben belehnt worden war, das vergisst kein Bericht über den Schwazer Bergbau zu erwähnen. Dies steht in höchst merkwürdigem Kontrast zu der Aussage im Bergbuch, der Landesherr solle nicht selbst im Bergbau tätig werden, denn niemand wolle ihn dort zum Nachbarn haben[82]. Nach einer mit einem klaren Quellenbeleg versehenen Angabe Issers war der Landesfürst schon 1513 mit 18 Gruben belehnt[83], also Mitgewerke. Der Fürstenbau betrieb zunächst einen eigenen Stollen oberhalb vom Erbstollen, dessen weiterer Vortrieb aber mit dem Zusammenschluss eingestellt wurde[84]. Das Mundloch des Fürstenbau-Stollens ist auf der Bilddarstellung des Falkensteins im Bergbuch zu sehen und diente seinerzeit dazu, einen Teil des Wassers für den Betrieb der Wasserkunst in den Berg zu leiten[85]. Heute ist das Streckennetz des Fürstenbaus noch durch eine Schrägverbindung vom Erbstollen aus erreichbar, wie

---

[80] Dip. 856, Tabelle nach fol. 197 und Isser 1904, S. 444-445.

[81] Dip. 856, fol. 157v.

[82] Dip. 856, fol. 81r. *Der Herr und Landtsfurst sol nit pawen, dann niemant ist gern sein Nachper. Es mag im sonst nit fälen, sy kunnen auch kain gressere Furderung darzue nit thun, dann die Gewerkhen bey iren Freyhaiten handthaben, schurmen, inen auch gnedig und gonstig sein. Deßgleichen die Gewaltigen am Hof, wann es ist ye Fursorg, das ander in furfallenden Kriegen und Rechtfertigungen dadurch gedruckht werden.*

[83] Isser 1904, S. 421, er verweist auf TLA, Maximilianea, Fasz. XII, Nr. 32.

[84] Dip. 856, fol. 157v.

[85] Dip. 856, Tafel Falkenstein, siehe Winkelmann 1956, Taf. VI.

Gstrein mitteilte[86]. Das Grubengebäude hatte eine Obergrenze („Firsteisen") und eine Untergrenze („Sohleisen"), dagegen keine seitlichen Begrenzungen. Ob das Feld des Erbstollens bis 1515, als der Tiefbaubetrieb begann, eine definierte Untergrenze hatte, ist unklar. Dies ist aber deshalb zu vermuten, weil man sich bis dahin mit Abbau oberhalb von der Stollensohle begnügte. Die Verleihung von 1490 **ohne seitliche Grubenfeldgrenzen** („abschneidend Eisen") ist überraschend, genauso, wie die Tatsache, dass Fürstenbau, Erbstollen und Tiefbau von 1515 an stets als eine Grube mit nur einer Begrenzung in der Firste genannt sind. Denn nach den Angaben des Schwazer Bergbuchs war eine Grube definiert durch ein Feld mit je einer Markscheide an der Firste und Sohle und senkrecht zu denkenden Markscheiden, die das Feld an beiden Seiten begrenzten. Es erstreckte sich, wie alle anderen in einem Teilrevier, in eine bestimmte Richtung[87], in die es unbegrenzt war, es sei denn, die Verleihung träfe irgendwo auf ein Feld mit älteren Rechten. Man hat aber 1490 ausweislich der Beschreibung des Falkensteins im Bergbuch selbst nicht nach dieser Regel verliehen.

Nichts deutet darauf hin, dass es nach der Verleihung der beiden Gruben im Falkenstein 1490 dort weitere Neuverleihungen gegeben hat, dies waren wohl die letzten damals noch bergrechtlich freien Felder. Ansonsten wurden höchstens Gruben erneut verliehen, die zeitweilig stillgestanden hatten. Vor der Verleihung von 1490 pflegten die Gruben auch seitlich begrenzt zu sein, man verlieh also in einer Bauhöhe nicht nur eine Grube, wie den Fürstenbau, sondern mehrere nebeneinander, die mithin die Markscheiden zu ihren Nachbargruben und denen die über und unter ihnen abbauten, zu beachten hatten[88]. Für ältere Verleihungen blieb dies – der Theorie nach – auch nach 1490 so. Auch im Bereich Alte Zeche gab es von 1510 an einen Erbstollen mit Tiefbau, dem offenbar auch keine Untergrenze gesetzt war. Die neuartige Verleihpraxis ist also Jahrzehnte vor dem Bergbuch auch dort zu beobachten[89]. Die alten Grubenverleihungen nach Stollenrecht, die den Zwang zum Stollenvortrieb mit einschlossen, wurden aber auch verändert, und zwar durch Zusammenschlüsse, wie sie auch für Fürstenbau und Erbstollen bezeugt sind.

Dass auch am Falkenstein zahlreiche dort in den 1550er Jahren bauende Gruben aus Zusammenschlüssen hervorgegangen waren, kann an der Anzahl der Stollen abgelesen werden. Nur wenige der Gruben sind mit nur einem Stollen genannt, wie etwa Fürstenbau/Erbstollen. Die Grube St. Wolfganghütten hatte 5, die Herrengrube gar 15 Stollen, St. Johanneskron sowie St. Achatz und Lettnerin verfügten über je 10, die meisten Gruben hatten zwei bis vier Stollen[90]. Bezeugt sind solche Zusammenschlüsse im Rahmen des „Anlass" von 1525, der offenkundig besonders auf eine Reduzierung der Ausgaben zielte. Aus dem Dokument geht hervor, dass es Zusammenschlüsse auch zuvor schon gegeben hatte[91].

---

[86] Gstrein 1986, S. 36.

[87] Dip. 856, fol. 140v-144r, die Kapitel über die Vermessung mit Miniaturen; zur Richtung ebd., Erläuterungen zu den Tafeln Falkenstein – die Richtung ist 11 Uhr mittags – und Ringenwechsel (zwischen 10 und 11 am Schrofen). Vgl. Winkelmann 1956, Taf. IV und VI.

[88] Die Lage der Gruben über- und nebeneinander wird beispielhaft verbildlicht durch Dip. 856, Tafel Herrenwald; vgl. Winkelmann 1956, Taf. 5, links.

[89] Vgl. S. 614-616 sowie Abb. 4 und 5.

[90] Dip. 856, Tabelle nach fol. 197.

[91] Ludwig 2004 mit dem kompletten Quellentext. Die Zusammenlegungen werden erwähnt für: 1) St Jörg unter dem Tiefen Stollen vereinigt mit den *verainten* [!!] *Grueben zu Sandt Wolfgang und Simon Judas*, hier waren also schon zuvor Gruben vereinigt worden. 2) Die Gewerken von St. Jörgen und St. Wolfgang haben sich vereinigt, die Grubenteile von St. Veit und Joseph im Nassental aufgekauft und ihre Gruben mit dem Tiefen Stollen und Martein Helena vereinigt. Die unter 1) und 2) genannten Grubenkomplexe haben untereinander Feldesteile ausgetauscht. 3) St. Johannis Veronika und ihre - schon zuvor – vereinten Gruben haben mit dem Tiefenstollen eine Felderbereinigung vorgenommen. 4) Die Gewerken von St. Lienhart Michel und von St. Jörg im Brand haben gemeinsam St. Fabian aufgekauft und das Feld geteilt. 5) Die Gewerken der Grube Cron haben die der Grube Rösch ausgekauft und übernehmen ihr Feld (S. 104). Zu den Einsparungen vgl. S. 103, Sp. 3.

Bei genauem Hinsehen erweist sich also das, was scheinbar einheitlich als „Grube" bezeichnet wurde, als eine große Anzahl untereinander durchaus sehr verschiedener Bergbaubetriebe. Es gab da einzelne Gruben, die noch ursprünglichen Verleihungen mit nur einem Stollen und in Feldesgrenzen, wie sie zu Beginn der spätmittelalterlichen Bergbauaktivitäten für alle Verleihungen eines jeweiligen Teilreviers verbindlich waren, entsprochen haben mögen. Es gab Gruben mit höchst unterschiedlicher Feldesausdehnung, die aus Zusammenschlüssen (und zwar oft mehrfach) hervorgegangen waren, aber alle dadurch gekennzeichnet waren, dass sie obere, untere und seitliche Begrenzungen zu berücksichtigen hatten. Der Fall einer Verleihung einer seitlich unbegrenzten, scheibenförmigen Grubenberechtigung wurde oben für den Fürstenbau erläutert, es gab schließlich die Erbstollen mit auch zur Teufe hin unbegrenztem Feld. Die Spanne reichte vom Ein-Mann-Betrieb (Eigengrübler) über Klein- und Mittelbetriebe bis hin zu Großbergwerken. Das Schwazer Bergbuch setzt indessen Stollen und Grube gleich und informiert an anderer Stelle nur ganz beiläufig darüber, dass auch Gruben „zusammengeschlagen" werden können, die man dann auch als Zechen bezeichnete[92]. Die Dinge werden so wenig deutlich ausgedrückt, dass auch ein höchst aufmerksamer Beobachter wie Zycha zu dem Fehlschluss verleitet wurde, alle Gruben seien Kleingruben mit gleichen Maßen, wie oben stehendes Zitat belegt. Dass jedes dieser so unterschiedlichen Gebilde rechtlich als eine Grube definiert war, bedingte ein Minimum an Gemeinsamkeiten:

- Es musste mindestens ein (Förder-)Stollen stets mitgeführt werden.
- Es musste mindestens ein Feldort zur Untersuchung des Gebirges und zwecks Prospektion betrieben werden[93].
- Eine Grube hatte neun Anteile, die je in Viertel aufgeteilt waren, also in 36 Viertel; ein Viertel ist also 1/36 der ganzen Grube. Die Viertel konnten weiter geteilt werden in Achtel, Sechzehntel usw. Ein Sechzehntel entspricht 1/144 Anteil an der gesamten Grube.
- Es bestand (theoretisch) Betriebszwang, d. h. bei Nichtbetrieb erlosch nach einer Weile die Berechtigung.
- Zusammenschlüsse bedurften einer Sanktionierung durch die Obrigkeit.
- (Mindestens) ein Hutmann führte den technischen Betrieb, der in den Großgruben natürlich in Reviere unterteilt war, die je ihre eigenen Aufsichtspersonen hatten.

Sonst aber konnten diese Gruben je nach Umständen ganz und gar verschiedene Bergwerke darstellen. Mit Hilfe der formalen Definition als eine Grube wurden Abrechnungseinheiten und Verwaltungseinheiten definiert, denen theoretisch gleiche Rechte zustanden und die gleichen Verpflichtungen zu erfüllen hatten. Aber die wichtige Frage der räumlichen Begrenzungen der Grubenfelder und damit der Abbauberechtigungen zeigt, dass eine gleiche Rechtsstellung nicht wirklich gegeben war.

Die Übereinstimmung mit dem „guten alten Recht" wurde also definitorisch hergestellt, dahinter verbarg sich indessen eine dynamische Entwicklung der Grubenfelder weg vom Klein- und hin zum Großbetrieb. Das bedeutet nicht, dass alle Kleinbetriebe verschwunden wären.

---

[92] Dip. 856, fol. 128v: *So der Schurff unnd Paw … aufgeschlagen, auch Joch unnd Stempl, dergleichen Zimer gesetzt sein, damit der Paw nit widerumb eingee oder einfalle, so haist man alsdann denselben Paw, wann der in das Pirg kombt unnd gebauet wirdet, ain Stolln oder Grueben*, und fol. 136r: *Ain Zech. Wann in ainer Grueben oder Paw im Pirg ain Ort oder weite ausgearbait wierdet, dasselbig, es sey klain oder groß, haist man ain zech. So werden dann bey den Perkhwerchen auch offt, als am Tag unnd im Gepirg etliche Gruben und Gepew zusammengeschlagen und vertragen. Und so das beschicht, nennt man dieselbigen Austaillungen des Pirgs am Tag wol auch Zechen.*

[93] Dip. 856, fol. 132v *Welliches Ort in ainer Grueben oder Paw an die Geng geet, sey im Pirg gerad furan oder auf ain Seiten, das haist ain Veldort oder Veldpaw.*

Aber die Tendenz zur Schaffung großer zusammenhängender Grubenfelder mit möglichst wenigen Begrenzungen und möglichst wenigen Verpflichtungen zum Betrieb von Stollen und Suchorten ist eindeutig zu erkennen. Sie wird unten noch am Beispiel näher beleuchtet. Die definitorisch hergestellte Übereinstimmung von sich tatsächlich wandelnden Praktiken mit „gutem altem Recht", während sich unter der Hand in Wahrheit erhebliche Änderungen auch der Rechtssituation vollzogen, konnte vielfältig auch in der Entwicklung des Bergbaus im Harz von 16. bis zum 18. Jahrhundert beobachtet werden. Dort wandelte sich der Bergbau von einem frühneuzeitlichen Montangewerbe zu früher Bergbauindustrie bei formaler Weitergültigkeit der Bergrechte aus dem 16. Jahrhundert, die freilich eine allmähliche Umdeutung erfuhren und bald nur mehr eine Hülle für in Wahrheit grundlegend gewandelte Inhalte abgaben. Parallele Prozesse zu den Wandlungen des Begriffs vom Grubenfeld in Schwaz konnten im Harz hinsichtlich der Erzförderung und ihrer Maße aufgedeckt werden, wo definitorisch alles beim Alten blieb, sich die Begriffe aber wie Hülsen um neue Inhalte legten[94]. Die Dinge dürften hinsichtlich der Grubenfelder bei Schwaz ihren Anfang damit genommen haben, dass man jedem mit der Verleihung eines Grubenfeldes gleiche Startchancen einzuräumen versuchte. Das geschah offenbar nicht mechanisch durch Verleihung immer gleich großer Felder. Das kann daran abgelesen werden, dass die Bauhöhen in den verschiedenen Teilrevieren unterschiedlich festgelegt waren. Aus den Bildkarten bzw. den dazu gegebenen Texterläuterungen geht hervor, dass im Revier Ringenwechsel das senkrechte Maß zwischen Firste und Sohle 15 Klafter betrug, wogegen im Revier Alte Zeche dieses Maß auf 13 Klafter festgelegt war. Für den Falkenstein wird besonders erwähnt, dass das Maß nach dem Gangfall drei Schnüre oder 21 Klafter betrage[95]. Zum Maß nach dem Gangfall wird ausgeführt, dass es sich nach den Gegebenheiten richte, das generelle Grubenmaß war 21 Klafter, bei flachfallenden Gängen wurde ein geringeres Maß zwischen Firste und Sohle eingeräumt[96]. Die Bemessung wurde also nicht nach starren Regeln vorgenommen, sondern den Gegebenheiten in einigem Umfang angepasst.

Der Zusammenschluss von Gruben und die Veränderungen der Verleihpraxis in Bezug auf die Feldesgrenzen mögen durch diese flexible Handhabung in Bezug auf den Zuschnitt des jeweiligen Baufeldes gefördert worden sein. Die Zusammenschlüsse führten dazu, dass sich hinsichtlich der anfangs einander in etwa gleichenden Einzelgruben bald immer größere Unterschiede einstellten, es entstanden größere und besonders wichtige Grubenbetriebe, eine Tendenz, die sich offenbar auch die Politik zu Nutze machte und die sie zugleich förderte – ob bewusst, sei dahingestellt. Es ist sicher nicht als Zufall zu betrachten, dass Maximilian, kaum dass er 1490 die Landesherrschaft in Tirol angetreten hatte, sich zwei für die Zukunft äußerst bedeutende Feldesbereiche am Falkenstein verleihen ließ. Der Landesfürst legte die Hand auf den noch freien Teil dieses seit Jahrzehnten so ertragreichen Berges. Dieser Umstand wurde immer wieder geschildert, so etwa bei Sperges[97], und es wurde daran immer wieder festgemacht, dass und wie sehr der Fürst als Förderer des Bergbaus und insgesamt des

---

[94] Vgl. Bartels 1992, bes. Kap. 2; ders. 1987 passim.
[95] Dip. 856, Tafeln Ringenwechsel, Herrenwald, Falkenstein und Alte Zeche, vgl. Winkelmann 1956, Taf. 4-7.
[96] Dip. 856, fol. 141v: *Und hat die Grueben, so das mas furgebracht, bey dem Durchschlag ainen steennden oder stukhln Gang getroffen, so bleibt ir zwischen Furst und Sol vil Mass, doch auch nit mer, alß sovil Clafftern zu einer Grueben Maß benennt ist, als am Valkhenstain drey Schnuer, ds ist ainundzwainzig Klafftern. Hat aber ain Grueben bey dem Durchschlag ain flachen Ganng erpaut, so bleibt derselben Grueben zwischen Furst unnd Sol ain klainers Maß als am Valkhenstain, dann etlich Grueben nur biß in acht, neun zehen oder aidliff Clafftern mer oder weniger haben.*
[97] Sperges 1765, S. 103.

Montanwesens gewirkt habe. Den Akt des persönlichen Anschlagens des Erbstollens, sozusagen als ersten Spatenstich, hat man immer wieder hervorgehoben[98].

Maximilian handelte aber wohl nicht nur aus dem Wunsch heraus, den Bergbau zu fördern. Er sicherte sich mit der Belehnung mit den beiden größten Gruben im Falkenstein die Filetstücke des Schwazer Bergbaus. Hier lag in den nächsten Jahrzehnten der Schwerpunkt der Schwazer Erzgewinnung, und bis 1523 steigerte sich die Metallproduktion immer mehr. Das Bergbuch berichtet über die Entwicklung der Gruben nach der Belehnung des Herrschers in merkwürdig dürr und distanziert wirkenden Wendungen. Maximilian habe dann zusammen mit anderen Gewerken den Betrieb der Gruben aufgenommen[99]. Es bleibt ein Desiderat der Forschung, die näheren Umstände aufzuhellen, unter denen diese Gewerkschaften gebildet wurden. Die Hauptgewerken des Falkensteins sind bekannt, dies waren hauptsächlich die schmelzenden Gewerken, die Brandsilber in die Haller Münze lieferten. Der Landesfürst war zugleich Herrscher des römisch-deutschen Reichs, sein Geldbedarf war bekanntlich gewaltig. Maximilian war ein kriegerischer Herrscher, seine militärischen Unternehmungen entwickelten sich ziemlich kurzfristig und verlangten ebenso kurzfristig umfangreiche flüssige Geldmittel. Mit den Gruben hatte Maximilian die Verfügung über Werte, die Sicherheiten boten. Er hatte die Möglichkeit, sich seine Mitgewerken auszusuchen und dürfte die Anteile kaum verschenkt haben – aber hier gilt es, wie gesagt, noch Forschungslücken zu schließen. Über die weitere Entwicklung wird mitgeteilt, die Gewerkschaften des Erbstollens und des Fürstenbaus seien in Streit geraten und hätten sich 1515 verglichen und beschlossen sich zu vertragen und zu vergleichen, was die Wendung für einen Grubenzusammenschluss darstellt. Man betrieb nur mehr einen Stollen weiter, der mehr als 2.000 Klafter aufgefahren wurde. 1515 begann der Tiefbau, der in geradezu furioser Geschwindigkeit aufgeschlossen wurde. Es vergingen nur 22 Jahre, bis man etwa 240 m in die Tiefe vorgedrungen war und neun Hauptsohlen („Läufe") aufgeschlossen hatte[100]. Schon um 1532, so meldet das Bergbuch, seien jährlich bis zu 15.000 Mark Silber allein aus den Erzen des Erbstollenbereichs erzeugt worden[101], die Gesamterzeugung aus dem Falkenstein betrug in diesem Jahr 41.521 Mark 3 Lot[102], es kamen also gut 36 % davon aus der Großgrube mit dem Tiefbau.

Die Habsburger versicherten sich bekanntlich besonders der Augsburger Großkaufleute als Kreditgeber, die dafür Silber und Kupfer zu günstigen Konditionen als Abzahlung der Zinsen und Kreditsummen verschrieben bekamen. Man zog hier praktisch immer wieder Wechsel auf die Zukunft, denn es war die Produktion zukünftiger Jahre, über die da Verträge geschlossen wurden[103]. Da die Erzeugung von Kupfer und Silber, wenn auch mit Schwankungen, bis

---

[98] So z. B. Gstrein 1986, S. 35. Ihm unterlief allerdings eine Verwechselung, denn er teilt mit Herzog Sigmund (nach dem der Stollen benannt ist) habe Hand angelegt, es war jedoch Maximilian.

[99] Dip. 856, fol. 157r -157v. *„Weylennd Kayser Maximilian hochleblichister Gedechtnus hat im 1490. Jar den Furstenpaw und Erbstollen an den Perkhmaister als zwayer Grueben Recht und Gerechtigkait zu emphaen begert. Die sein irer May(e)stat verlihen, wie Erfindung unnd Perkwerchsrecht ist. Da hat ir May(e)stat baide Grueben aigner Person besicht und beschaut, auch aufschlagen unnd schurffen, nemlichen die ain ausser Sannt Martins Kirchen gleich unnd neben bey der Lanndtsrassen unnd die Halden hinaus gegen dem Yn in Schwazer Feld richten lassen. Dieselbig Grueben, genennt Sannt Sigmundt beym Furstenpaw, wie noch heutigs Tags am Tag unnd im Gepirg gepawen unnd innegehabt wierdet. Die annder Grueben hat ir Mayestat hinab, bas gegen dem Stainpruch unnder eeden Feld, auch gleich bey der Lanndstrassen, aufschlagen unnd schurffn lassen unnd die genennt zum Erbstollen. Diese baiden Grueben haben alsdann die Gwerckhen mit Hilff irer M(ajestä)t in das Pirg gepawen"*. Der gesamte Bericht nimmt fol. 157r-160r ein.

[100] Gstrein 1986, S. 53. Das Steckennetz unter der Stollensohle erreichte nach seinen Angaben eine Länge von über 7 km.

[101] Dip. 856, fol. 158r.

[102] Westermann 1988, S. 103.

[103] Vgl. Scheuermann 1929, Kap. I, Abschnitt V, „Geldgeschäfte", S. 27-47.

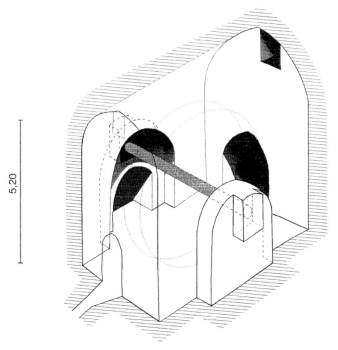

Abb. 14: Radstube „Feuergezäher Gewölbe" des Rammelsbergs bei Goslar aus dem 14. Jahrhundert, ausgemauert in gotischen Spitzbögen, das ehemals vorhandene Wasserrad ist einskizziert (aus Bartels 1996b, S. 243; Maßstab in m).

1523, also nach der fraglichen Grubenbelehnung 33 Jahre lang, immer ausgeweitet werden konnte, funktionierte das System zunächst durchaus – allerdings um einen Preis, der jeden gelernten Bergmann sehr schmerzen musste, nämlich um den des Raubbaus. Die Wechsel auf die Zukunft wollten eingelöst werden. Es entstand ein starker Anreiz, die Produktion zu steigern, um jeden Preis. Steigende Produktion war der Nachweis für die Sicherheit der Kredite. Wachstum wurde in diesem Spiel mit gewaltigen Summen zu einem höchst bedeutsamen Faktor, denn dieses garantierte, dass die Wechsel eingelöst werden könnten. Stagnation war schon sehr ungünstig und ein Rückgang höchst gefährlich, gefährdete er doch die Kredite und fälligen Zinsen.

Die Kaufleute ihrerseits konnten die hohen Kreditzahlungen an die Herrscher nicht leisten, ohne selbst Kredite aufzunehmen – sie erlangten sie unter anderem, indem auch sie Silber und Kupfer verkauften, das erst in Zukunft produziert werden würde. Es lag ein hohes Risiko darin, wenn eventuell weniger erzeugt werden konnte, als an Lieferungen schon fest zugesagt worden war: Es sank dann nicht einfach die Produktion und damit die Einnahmen. Vielmehr rissen Finanzlöcher auf, die Existenz gefährdend für die Kreditoren der Habsburger werden konnten und wurden, wie sich zeigte. Jeder musste in dieser Atmosphäre dafür sorgen, dass Zinsen und Kreditsummen pünktlich zurückgezahlt wurden, damit die eigenen Verpflichtungen bedient werden konnten. Die waren so kalkuliert, dass vereinbarte Zeiten und Lieferumfänge eingehalten werden mussten, sollten die Geschäfte am Ende profitabel sein. Die Geschäfte mit der Schwazer Metallproduktion der Zukunft verlangten geradezu danach, kurzfristig eine möglichst hohe Produktion zu erzielen. Man riss aus den Grubenbauen die besten Vorkommen heraus, baute nur diesen nach, wie spätere Entwicklungen nachdrücklich belegen.

Ein Beispiel für die Kreditverträge und deren Verknüpfung mit den Metallgeschäften erläuterte Ludwig Scheuermann näher, den Vertrag von Hohenfurt vom 27. November 1541: *Anton Fugger gewährte darin dem König Ferdinand ein Darlehen von 80.000 fl. zu 5 v. H. Dieser Zins war aber nicht der einzige Vorteil, den er aus dem Darlehen zog. In dem Vertrag war außerdem noch ausbedungen worden, dass den Fuggern 30.000 Mark Silber zu 8 fl. (ohne den Wechsel, zusammen also 9 2/3 fl.) und 12.500 Zentner Kupfer zu 6½ fl. geliefert werden mussten. Hier haben wir es also mit einem der berühmten ‚Metallkäufe' zu tun. Anton Fugger berechnete, dass ihm dabei aus jeder Mark Silber 1 fl. und aus jedem Zentner Kupfer 2½ fl. Gewinn fließen sollten: das ergab also über den Zinsgenuss hinaus noch einen Gewinn von 61.250 Gulden, der mithin der Höhe des Darlehens selbst ziemlich nahe kam! ... Schon kurz nach seinem Abschluss hatte Anton Fugger ein Drittel aller daraus fließenden Ansprüche und Vorteile an Anton Haug und Sebastian Neithart abgetreten, die dafür natürlich auch ein Drittel des Darlehens bestritten. Gerne tat er das sicher nicht; denn die Vorteile waren so außerordentlichhe, dass er ohne Not kaum einen Teil davon aus der Hand gegeben hätte. Allein hatte sich eben der König zu so drückenden Bedingungen auch nur verstanden, weil sein Geldbedarf ein ganz ungewöhnlicher war, - größer als selbst ein Fugger ihn auf seine alleinigen Schultern zu nehmen sich getrauen durfte. Anton Fugger griff daher rasch zu, nachdem aber der Vertrag einmal abgeschlossen war, erweiterte er als vorsichtiger Kaufmann dessen Grundlage und die Tragfähigkeit seiner eigenen überlasteten Geldkraft durch Hinzuziehung der Augsburger Weltfirma*[104].

Schon 1537, nur 22 Jahre nach dem Beginn, wurde das Abteufen im Falkenstein eingestellt, bald darauf die Tiefbaue sukzessive aufgegeben, bald hielt man nur noch rd. 30 m Bauhöhe unterhalb des Erbstollens wasserfrei – vermochte aber weiterhin aus dieser Bauhöhe soviel Erz zu fördern, dass dennoch Gewinne erzielt werden konnten[105] – aber geringere als zuvor, was als höchst gefährliche Situation begriffen wurde. Aber diese Tatsachen belegen, dass man bei weitem nicht alles Erz in diesen ersten 30 m unter der Stollensohle abgebaut hatte, das in den Zeitverhältnissen gewinnbringend verwertet werden konnte. Sondern man hatte sehr viel davon zurückgelassen, stattdessen die unter geringeren Kosten leichter zu gewinnenden Erze in größerer Teufe angegriffen. Schon 1545 wurde mit Billigung der Obrigkeit der Tiefbau bis auf die erwähnten rd. 30 m verlassen, hauptsächlich um die hohen Löhne für die zahlreichen Wasserheber – das Bergbuch spricht von fünf bis sechshundert Wasserknechten und jährlichen Lohnkosten von über 20.000 Gulden[106] – einzusparen.

In anderen Bergbaurevieren hatte bereits im 13. Jahrhundert der Einbau von Wasserkraftanlagen zur Grubenentwässerung eingesetzt – im Schwarzwald in den beiden letzten Jahrzehnten des 13. Jahrhunderts, in Iglau zu Beginn des 14. Jahrhunderts in einer Anlage, die 1315 (!) immerhin zwei Stollen und sechs Wasserräder umfasste und ausdrücklich dazu diente, Wasserknechte (*snvrzier et sumpfuller*) einzusparen[107]. Ebenfalls im 14. Jahrhundert begannen entsprechende Projekte im Freiberger Bergbau (1379)[108] und im Rammelsberg bei Goslar[109]; die Erfolge ließen allerdings teils lange auf sich warten. Im europäischen Bergbau der Zeit des boomenden Bergbaus bei Schwaz nach dem Eingriff Maximilians gab es längst entwickelte technische Hilfsmittel, um Tiefbaue systematisch und nachhaltig zu betreiben. Es gab andernorts längst solche Tiefbaue, sie waren profitabel und zugleich technisch auf dem Stand der Zeit. Dabei verfügten diese Bergwerke über vielfach weitaus ärmere Erze als Schwaz, so etwa der berühmte Rammelsberg bei Goslar[110].

---

[104] Scheuermann 1929, S. 30.

[105] Dip. 856, fol. 158v (1545) *sein die Zechen, Fert unnd Gepew unnder des Gestenngs bis an funfzehen Clafter, so die Gwerckhen noch erhalten, herauf alle mit Wasser anganngen unnd ersoffen, das niemand mer hinab mugen. Aber die finfzehen Clafftern haben di Gwerckhen dannoch etliche Jar mit dem Wasserheben erhalten. Unnd ist noch darynnen sovil Ärz gehawen worden, da sy ain Überschus gehebt und nicht verpawt.*

[106] Dip. 856, fol. 158v.

[107] Haasis-Berner 2004, S. 57-69 (Schwarzwald); Stromer 1984, S. 53 mit Anm. 19 (Iglau).

[108] Urkundenbuch Freiberg, Teil 2, Leipzig 1886, Nr. 933; vgl. Stromer 1984, S. 53. Der fragliche Stobinberg befand sich in Freiberg und die Arbeiten standen in unmittelbarem Zusammenhang mit der Auffahrung des Tiefen Fürstenstollens, wie sich aus den Quellen ergibt. Der Vorgang wartet auf eine eingehende technikgeschichtliche Bearbeitung.

[109] Die Bemühungen begannen 1360 und führten schließlich 1456 zum endgültigen Erfolg, nachdem seit 1407 in mühsamen Schritten begonnen worden war, die Gruben wieder aufzunehmen. Vgl. Bornhardt 1931, S. 39f. und 76-88.

Schwaz war bis in die 1550er Jahre ein Eldorado des Geldverdienens, aber technisch ausgesprochen rückständig. Wo in Goslar im Rammelsberg 1456 erfolgreich eine mechanisierte Wasserhaltung eingebaut wurde, die zusammen mit etwas später (wieder) einsetzenden günstigen wirtschaftlichen Bedingungen einen Boom auf der Basis weitaus ärmerer Lagerstätten als bei Schwaz von ca. 1470 bis 1525 ermöglichten[111], erfolgte in Schwaz die Wasserhaltung noch bis in die 1550er Jahre, als sie schließlich eingestellt und der Tiefbau zeitweilig aufgegeben wurde, in primitivster Handarbeit. Die Gewerken investierten auch in den Jahren höchster Gewinne in den Gruben nicht in zeitgemäße Bergbautechnik. Sie achteten vielmehr peinlich darauf, keinen Groschen aufzuwenden, der nicht kurzfristig unbedingt ausgegeben werden musste. In eine Sicherung des Abbaubetriebs auf mittlere und längere Frist, wie sie unter ganz unterschiedlichen Grundvoraussetzungen etwa in Goslar unter der Regie der Stadt und ihres Rates oder im Meißener Land unter der dirigierenden Hand der sächsischen Kurfürsten und ihrer Verwaltung erfolgreich betrieben wurden, indem für den Einsatz zeitgemäßer, moderner Technik im Grubenbetrieb beträchtliche Aufwendungen gemacht wurden[112], floss im Falkenstein vor 1556 für solche Zwecke nicht ein Groschen, und zwar selbst dann nicht, als man im Nachbarrevier Kitzbühel in den 1540er Jahren sehr erfolgreich mit entsprechenden Maßnahmen begann. Dort waren teils dieselben Gewerken aktiv, wie in Schwaz[113]. Es war nicht so, dass man die seinerzeit moderne Bergbautechnik nicht kannte. Die Großgewerken von Schwaz waren auch in Revieren engagiert, in denen die fortgeschrittene Technik erfolgreich genutzt wurde[114]. Sie nutzten gezielt und erfolgreich modernste zeitgenössische Verhüttungsmethoden, bauten Hüttenwerke, die mit den europäischen Standards ohne weiteres mithalten konnten, ja an der Spitze standen.

Im Bergbau des Schwazer Reviers dagegen blieb es bei einer Organisation und Technik, die der Zeit um ein Jahrhundert hinterher hinkte. Es gab Arbeitskräfte, die sich das letztlich zumuten ließen, wenngleich sie immer einmal auch heftig aufbegehrten. Sogar das Gehobenen- und Großbürgertum richtete sich – erstaunlich genug! – in einer Situation ein, in der alle vitalen Elemente eines funktionierenden städtischen Gefüges, die in viel kleineren und viel weniger bedeutenden Siedlungen seit einem Vierteljahrtausend gewohnter Alltag waren, fehlten – in einer der größten Siedlungen Österreichs, die eben keine Stadt war[115]. Das jahrzehntelang wichtigste Bergbauzentrum Europas, Schwaz, besaß das nicht, was schon bei der Gründung etwa Annabergs im sächsischen Erzgebirge 1495 und St. Joachimsthals im Böhmischen 1519 ganz selbstverständliche Voraussetzung war: Stadtrecht und damit einhergehend die einschlägigen Strukturen und Freiheiten. Schwaz war im Sinne sozialwissenschaftlicher und geographischer Definitionen zwar eine der bedeutendsten (Berg-)Städte des kontinentalen Europa, aber rechtlich und organisatorisch Marktflecken. Das Mittelalter war längst Vergangenheit, aber eine seiner großen Schöpfungen hatte Schwaz nicht erreicht: die städtische Selbstverwaltung, von der spezifisch dem Montanwesen adaptierten Verfassung der Bergstädte gar nicht zu sprechen. In Schwaz kümmerten sich römisch-deutsche Könige und Kaiser persönlich z.B. um die Fleischbänke, Brückenreparaturen und Erzkästen am Flussufer, wie im vorangehenden Kapitel belegt.

---

[110] Bartels 1988, S. 9-11.

[111] Bartels 1997; siehe auch Bornhardt 1931.

[112] Wagenbreth/Wächtler 1986, S. 45.

[113] Mutschlechner 1968, S. 141-145.

[114] Hier ist z.B. an das Engagement der Fugger im ungarischen Bergbau bei Neusohl zu erinnern. Ihr Partner war Johann Thurzo, der gegen Ende des 15. Jahrhunderts im Goslarer Bergbau erhebliche (allerdings zunächst nicht erfolgreiche) Anstrengungen gemacht hatte, den dortigen Bergbau technisch zu verbessern. Vgl. Bornhardt 1931, S. 109-118.

[115] Vgl. die Ausführungen zu Schwaz in Kap. 2c.

Die Verhältnisse waren eher zurückgeblieben, gleichwohl enorm profitträchtig. Man beließ sie in ihrer Entwicklungsstufe, beutete gerade die Unentwickeltheit der Zustände aus, um sie dann sich selbst zu überlassen. Ludwig Scheuermann stellte fest, dass schon die Gründung des Tiroler Handels als aus dem sonstigen Geschäftsbetrieb der Fugger 1548 heraus gelöstes selbstständiges Unternehmen durch eventuelle Pläne zu dessen Liquidation seitens des Unternehmenspatriarchen Anton Fugger motiviert war, der jedenfalls die Möglichkeit schuf, diesen Geschäftszweig rasch und ohne stärkere Beeinträchtigung des Gesamtunternehmens der Fugger auflösen zu können[116]. Schwaz galt ihm offensichtlich acht Jahre vor der Vollendung des Schwazer Bergbuchs als unternehmerisches Auslaufmodell. Was immer unter einer Grube verstanden wurde: investieren wollte man da jedenfalls nicht[117], sondern allenfalls die Kosten senken.

Schon zwei Jahre nachdem 1523 die höchste Silbermenge, die aus den Erzen des Falkensteins bei Schwaz jährlich je erzielt wurde, erzeugt worden war, hatten die führenden Beteiligten des Bergbaus vor allem eins im Sinn: ihre Kosten zu senken. Sie nutzten 1525 die Situation des Bauernkriegs, um diejenigen Gruben am Falkenstein, die nicht aus der Verleihung an Maximilian 1490 hervorgegangen waren, sondern schon zuvor und unter anderen Bedingungen gebaut hatten, mit den Erstgenannten zu einem Gesamtbetrieb auf Zeit zu vereinigen. Der ganze Betrieb am bzw. im Falkenstein, so urteilten zeitgenössische leitende Bergbeamte, sei durch den „Anlass" der Gewerken von 1525 und dessen Billigung durch den Landesfürsten in Wahrheit zu einer einzigen Grube geworden. Die durch den Anlass von 1525 bewirkte Reduzierung der Zahl der formal als Rechnungs- und Verwaltungseinheiten existierenden Gruben von um 100[118] auf nun noch rd. 40 machte gut 60 Stollen sowie Feldörter samt deren Arbeitskräften und Hutleuten zu Einsparungspotential – eine beträchtliche Verminderung der Sach- und vor allem Personalausgabe. Im Jahr 1556 werden noch 36 „Hauptgruben" des Falkensteins erwähnt[119]. Hinzu kamen noch kleine „Eigengruben" einiger selbstständiger Kleingewerken.

Über die Zusammenlegung von Gruben haben sich umfangreiche Unterlagen aus der Entstehungszeit des Schwazer Bergbuchs erhalten, die Grubenkomplexe des „Ringenwechsels" östlich vom Falkenstein betreffen. Einem Bericht vom 12. Januar 1554[120] ist zu entnehmen, dass die Schmelzer und Gewerken im Ringenwechsel zunächst mündlich bei den Hinlassverhandlungen am Jahresende 1553 angekündigt hatten, Gruben zusammenfassen zu wollen. Es handelte sich nach dem Bericht der Bergbeamten um 4 Gruben im Bereich Roggland, 23 Gruben in Bereich Obere Radau, 40 Gruben im Bereich Untere Radau (nämlich die Pfaffengrube mit 34 Stollen und die Gruben im Boden mit 6 Stollen) und 33 Gruben im Bereich

---

[116] Scheuermann 1929, S. 5-10, bes. 9f.

[117] Scheuermann 1929, S. 50f., belegte, dass Anton Fugger in Tirol und speziell in Schwaz in den Jahren nach 1548 in erheblichem Umfang und offenkundig gezielt Liegenschaften und insbesondere Bergwerksbeteiligungen in seinen Bilanzen abschrieb.

[118] Isser 1904, S. 419-421 gab eine Liste aus dem TLA, Maximilianea, Fasz. XII, Nr. 32 mit 100 Gruben des Falkensteins im Jahr 1513 wieder. Sie nennt die Grubengebäude (*Gruebmgepay*) und Bauherren (*Pawherr*), was Isser offenbar zu der irrtümlichen Annahme verleitete, diese seien die Besitzer. Es handelt sich aber um die Empfänger der ursprünglichen Belehnung, die stets Mitgewerken hatten. Für 18 Gruben wird als Bauherr der Landesfürst genannt. Es würde eine eigene Forschungsaufgabe darstellen, diesen Bergbaubeteiligungen des Landesherrn näher nachzugehen.

[119] Dip. 856, Tafel Falkenstein, Erläuterung *Valkhenstain hat von dem Furstenpaw bis hinauf zu Sannt Arhaci Lettnerin 36 Hauptgrueben. Die haben 144 Stolln.* Aus der letzten Aussage ist vielleicht zu schließen, dass es ursprünglich wenigstens 144 Gruben waren, vorausgesetzt, man erfasste noch alle Stollen, die einmal verliehen worden waren.

[120] TLA, Pestarchiv XIV, Nr. 778, fol. 1-12.

Eichhornegg, die jeweils zu einer Grube zusammengefasst werden sollten. Gemeint sind die ursprünglich verliehenen Gruben, die erwähnte Pfaffengrube mit 34 Stollen war nämlich bereits zusammengefasst, ebenso wie der Bereich im Boden mit 6 Stollen. Es existierten dort schon lange zwei Grubenbetriebe – nicht etwa 40 – mit bergamtlichem Segen, diese beiden sollten nun zusammengelegt werden. Die zwei Grubenbetriebe waren allerdings längere Zeit vorher aus insgesamt 40 ehemals selbständigen Grubenbetrieben entstanden. Die bergamtliche Betonung dieses Umstandes korrespondiert mit einer immer wieder zu beobachtenden Abneigung der meisten Bergbeamten gegen den Großbetrieb. Sie konnten ihn schlecht kontrollieren. Wie in der Bürokratie so üblich, war ihnen pro zu bearbeitender Betriebseinheit ein gewisser Aufwand zugestanden, nicht weniger, aber auch nicht mehr. Was „Grube" hieß wurde mit einer Einheit Bearbeitungsaufwand bedacht. Bei einem aktiven Streckennetz von einigen hundert Metern konnte ein Aufsichtsbeamter z.B. eine Befahrung abhalten, bei der er sich tatsächlich persönlich zu überzeugen vermochte, was in jedem Winkel des Grubenbaus geschah. Aber wo die Grube 40 solcher Einheiten umfasste, waren nur mehr Stichproben möglich. Man hätte Wochen mit einer Befahrung aller Grubenbaue zubringen müssen, und das in dem sicheren Wissen, dass da, wo man zuerst kontrolliert hatte, in der Zwischenzeit alle möglichen gänzlich regelwidrigen Dinge geschehen sein konnten.

Ausführliche erläuternde Unterlagen zur geplanten (und später mit geringfügigen Modifikationen auch obrigkeitlich gebilligten) Zusammenlegung der Gruben finden sich bei einer Abschrift des bergamtlichen Berichts, der durch den Hüttenmeister von Rattenberg, Jacob Zoppl, die Schwazer Bergmeister Sigmund Schamberger und Thoman Vasl[121], den Erzkäufer Erasmus Reislander, den Schichtmeister am Weißen Schrofen, Jacob Schiefer, erstattet wurde, welche namentlich erwähnt werden. Mitgewirkt haben ferner die nicht namentlich genannten Berggerichtsgeschworenen zu Schwaz. Nach Scheuermann wird hier der Erzkäufer Erasmus Reislander erstmals greifbar, der zum Gegenspieler der Beamtengruppe werden sollte, auf die das Schwazer Bergbuch zurückgeht. Das Gutachten der Beamten an die Regierung, *in dem auch zum erstenmal der „Erzkäufer" Reislander auftaucht und sich durch den ganzen Ton des Schreibens sofort unverkennbar als dessen geistiger Vater darstellt,* erkenne teilweise eine Berechtigung des Standpunktes der Großgewerken an, kritisiere diese aber auch scharf[122].

In der Pfaffengrube waren 33 ursprüngliche Verleihungen zusammengefasst[123], sie gehörte den Herren Manlich und Dreiling gemeinschaftlich mit allen 36 Vierteln. Die Pfaffengrube ist auf der Bildtafel des Bergbuchs mit der Darstellung des Bereichs Ringenwechsel benannt[124]. Sie sollte vereinigt werden mit der Grube im Boden, die aus 5 ursprünglichen Verleihungen bestand[125]. Damit die Gruben zusammengefasst und zu einem Bau gemacht werden können, sollen die Gruben St. Sebastian Veit, St. Gilgen und St. Johannes, drei offenbar

---

[121] Wohl verschrieben, vermutlich sind gemeint der Bergrichter Sigmund Schönberger und der Bergmeister Thoman Vasl.

[122] Scheuermann 1929, S. 73f.

[123] TLA, Pestarchiv XIV, Nr. 704, fol. 18r, die folgenden Verleihungen zählten 1553 zur Pfaffengrube: *St. Steffan, St. Michel, St. Wolfgang, St. Andreas, Unser Fraw Glukh, St. Martin Brenners Grueben, Unnser Fraw Otten Grueben, 14 Nothelfer und St. Kathrein, St. Matheus, St. Daniel, St. Johann, St. Joseph, St. Martin, St. Martin ob unser Fraw und Creuz Tagwercherin.* Dies sind allerdings nicht 33 sondern 15 Gruben, diese müssen also selbst mindestens teilweise schon aus früheren Zusammenlegungen hervorgegangen sein, wie etwa schon der Name *14 Nothelfer und St. Kathrein* nahe legt.

[124] Dip. 856, Tafel Ringenwechsel, vgl. Winkelmann 1956, Taf. IV.

[125] TLA, Pestarchiv, XIV, Nr. 704, fol. 18v, die Einzelverleihungen im Boden waren: *St. Matheus, H(erzog) Sigmund, beym Abraham, beym Daniel und St. Martin.* Die Grube im Boden gehörte der Gesellschaft Manlich & Dreiling zu einer und Mathias Manlich zur anderen Hälfte (je 18 Viertel).

noch selbstständige Kleingruben, „ausgekauft" werden, da sie sonst als Fremdkörper im ansonsten zusammengefassten Grubenfeld liegen würden. Die Kommission der Bergbeamten befand, hier bestehe keine Notwendigkeit eines erneuten Vertrags. Die Pfaffengrube existiere als Zusammenschluss von 34 Gruben schon lange unangefochten. Die Grube im Boden bedürfe auch keiner Neuordnung. Es wird angemerkt, die Mathias Manlich gehörende Hälfte rühre aus dem Tänzelschen Handel her[126].

In der Hohen Radau gehörten 8 ursprünglich verliehene Bergwerke bereits zusammen und die Besitzer waren Manlich & Dreiling mit 33 Vierteln und Mathias Manlich mit 3 Vierteln. Der Wert eines Viertels wird mit 25 Gulden angegeben.[127]. Eine zweite vereinigte Grube bildeten hier 6 ehemalige Einzelgruben, 16 Viertel gehörten den „Herren Herwardt", 20 Viertel dem Kleingewerken Hanns Schmid zu Straß. Der Wert eines Viertels ist mit 15 Gulden angegeben[128]. Eine dritte vereinigte Grube bestand aus sieben ehemaligen Einzelgruben, Manlich & Dreiling hielten 28 Viertel, die Herren Herwardt sowie Sigmund Erlacher je 4 Viertel im Wert von geschätzten 12 Gulden pro Anteil[129]. Ein viertes für den Zusammenschluss vorgesehenes Bergwerk bestand aus zwei alten Gruben, Manlich & Dreiling hielten 27,5 Viertel, Mathias Manlich besaß 3,5 Viertel, den Herwart gehörten 4 und Sigmund Erlacher 1 Viertel; das Viertel wurde mit einem Wert von 15 Gulden veranschlagt[130]. Eine fünfte Grube war aus drei alten Verleihungen gebildet worden, 32 Viertel gehörten den Manlich und Dreiling, 2 Viertel Sigmund Erlacher und 2 weitere Hans Schmid von Straß; hier wurde nur ein Wert von 5 Gulden pro Viertel angesetzt[131].

Die fünf zu vereinigenden und je aus mehreren Altverleihungen bestehenden Gruben hatten als Anteile insgesamt 45 Neuntel = 180 Viertel. Der Besitz verteilte sich insgesamt wie folgt:

- Manlich & Dreiling: 120,5 Viertel
- Herwardt 24 Viertel
- Hans Schmid (Straß) 22 Viertel
- Sigmund Erlacher 7 Viertel
- Mathias Manlich 6,5 Viertel

Gesamt 180 Viertel (= 5x 36 Viertel)

---

[126] TLA, Pestarchiv XIV, Nr. 778, fol. 4v.

[127] TLA, Pestarchiv XIV, Nr. 704, fol. 20r. Es handelte sich um die zusammengefassten *Gruben St. Notburg, Unnser Fraw im Moos und St. Christoff* jeweils *unnter Jochs*, ferner die *Gruben Ruebagleher, St. Margareth, St. Urban, Fundtgrueben und St. Barbara*.

[128] TLA, Pestarchiv XIV, Nr. 704, fol. 20v. Es handelte sich um die alten Einzelgruben *St. Kathrein, Unser Fraw, St. Georg, St. Franzise, St. Leonhardt und St. Daniel*.

[129] TLA, Pestarchiv XIV, Nr. 704, fol. 21r. Die ursprünglichen Verleihungen waren gewesen: *all Heyligen, Unser Fraw im gruen Rynnen. St. Mathias unter dem Weg, Ober Auffartt, St. Jacobus unter der Auffartt und St. Oswald*.

[130] TLA, Pestarchiv XIV, Nr. 704, fol. 21v. Es handelte sich um die alten Gruben *St. Michael St. Anna* (offenbar ein schon früherer Zusammenschluss) und *die Kunigin*.

[131] TLA, Pestarchiv XIV, Nr. 704, fol. 21v. Die drei Altverleihungen waren *St. Philip Jacob* (vermutl. ein früherer Zusammenschluss), *St. Sebastian und Silber Zech*.

Wurde daraus nun wieder *ain Grueben Gerchtigkhait als 9/9 oder 36/4* aufgeteilt, so verteilten sich diese Anteile wie folgt:

- Manlich & Dreiling   6 Neuntel = 24 Viertel
- Herwardt   1 Neuntel =   4 Viertel
- Hans Schmid   1 Neuntel =   4 Viertel
- Mathias Manlich   ½ Neuntel =   2 Viertel
- Sigmund Erlacher   ½ Neuntel =   2 Viertel[132]

In zwei Stufen der Zusammenlegung waren so aus 26 Gruben zunächst fünf entstanden und am Schluss war es eine einzige geworden. Aufgrund der gelegentlich auftretenden Doppelnamen der 26 Verleihungen ist zu vermuten, dass einige von ihnen zuvor schon aus einer noch weiter zurückliegenden Vereinigung von Feldern hervorgegangen waren.

Im Bereich Eichhornegg, ebenfalls bildlich dargestellt im Tafelteil des Bergbuchs, lagen die Verhältnisse ganz ähnlich, nur dass es mehr am Grubenbesitz Beteiligte gab. Es sollten dort 12 Gruben, die bis auf zwei aus früheren Zusammenschlüssen von zwei bis sechs Altverleihungen hervorgegangen waren, nunmehr zu einer Grube vereinigt werden. Dabei war vorgesehen, vier Kleingewerken auszuzahlen, die an der neu zu bildenden vereinigten Zeche je ein Viertel (also einen Anteil von je 1/36) gehalten hätten. Als Gewerken der vereinigten Zeche Eichhornegg sollten verbleiben:

- Manlich & Dreiling mit 3   Neunteln oder 12 Vierteln
- Kessenthaler   mit 2   Neunteln oder   8 Vierteln
- Pimbel   mit 1,5 Neunteln oder   6 Vierteln
- Mathias Manlich   mit 1   Neuntel   oder   4 Vierteln
- Herwardt   mit   2 Vierteln

Die aufzukaufenden Anteile sollten je zur Hälfte an Kessenthaler und Manlich übergehen[133].

Im Bereich Roggland verhielten sich die Dinge prinzipiell genauso, hier sollten an der vereinigten Grube am Ende Manlich & Dreiling 24 Viertel und Herwardt sowie Fugger je 2 Viertel halten[134]. Den Planungen für die Zusammenlegung der Gruben sind zwölf Monatsabrechnungen des Jahres 1553 für den Gesamtbereich Ringenwechsel von der Hand des Fröners Matthias Scholl beigegeben. Da solche Abrechnungen für den Bergbau bei Schwaz bisher nicht bekannt sind, fügen wir die Zahlenwerke in der Anlage bei. Es wurde ausgerechnet, dass im Durchschnitt für einen Grubenanteil von einem Neuntel der gebauten Gruben an Samkost (Löhne der Hauer und des Aufsichtspersonals, Materialkosten, „Erzlosung" = Zahlungen an die Lehenschaften) 9.268 Gulden 5 Kreuzer und 2 Pfennig aufzuwenden gewesen waren. Für die gewonnenen Erze waren durchschnittlich pro Gruben - Neuntel 7.168 Gulden 5 Kreuzer und 3 Pfennige bezahlt worden.

Um sich die Dimensionen der Ausgaben deutlich zu machen, müssen die genannten Summen mit 9 multipliziert werden. Danach beliefen sich die Ausgaben für Gemeinkosten (Samkost) im Ringenwechsel auf gut 83.400 Gulden, die Erzlosung mit rd. 64.500 Gulden trat hinzu, so dass sich eine Gesamt-Ausgabensumme von 149.900 Gulden im Jahr 1553 ergibt! Diese Summe wurde nicht von den Gewerken, sondern vom Rechnungsführer des Bergamts ermittelt, ohne Zweifel waren das die tatsächlich verausgabten Summen. Leider fehlen die Un-

---

[132] TLA, Pestarchiv XIV, Nr. 104, fol. 22r.
[133] TLA, Pestarchiv XIV, Nr. 104, fol. 24r-28r.

terlagen über die Einnahmeseite auf Grundlage der mit diesen Ausgaben gewonnenen Erze. Dieses Zahlenmaterial wirft Licht auf die Bedeutung, die dem Revier Ringenwechsel noch nach der Krise von 1552 zukam. Mit Recht hat schon 1986 Peter Gstrein die Auffassung kritisiert, es handele sich beim Ringenwechsel um *ein Versuchsgebiet mit vielen Stollen und nur kleinen Halden. Hier waren wohl auch Erzfunde, aber nur kurze Erzadern im Dolomit, die das Unternehmen weniger ergiebig und mehr kostspielig machten. Die vielen Gruben zeugen nicht so sehr für die Ergiebigkeit, dazu haben sie viel zu kleine Halden, sondern eher für verzweifelte Versuche, die Ausbeute zu steigern*[135]. Wer Geländebegehungen und Befahrungen der alten Gruben durchführe, könne sich leicht vom Gegenteil überzeugen, so Gstrein[136]. Weiter wird hier deutlich, dass die Zusammenlegungen wirtschaftlich von erheblicher Bedeutung gewesen sind.

Insgesamt hatte man an Roherz im Ringenwechsel etwas mehr als 7.576 Star Grubenerz und 4.014 Star Halden- und Brucherz, durchschnittlich auf jedes Neuntel Anteil gerechnet, gewonnen, das sind insgesamt 68.184 Star Grubenerz und 36.126 Star Halden- und Brucherz, zusammen also 104.310 Star. Bei einer Berechnung des Star Erz auf 50 bis 70 Kilogramm sind dies etwa 6.000 t Erz, nimmt man einen Mittelwert an[137]. Die Gewinnungsmenge aus der Aufarbeitung von Halden ist bemerkenswert hoch. Der Grubenbetrieb für sich betrachtet hatte im Schnitt ein erhebliches Defizit zu verzeichnen, das zeitgenössisch als „Verbauen" bezeichnet wurde. Ohne die Zahlen für die aus den Erzen erzeugten Metallmengen und die dafür erzielten Erlöse zu kennen, bleibt die Rechnung aber undurchsichtig. Denn es kann durchaus sein, dass für Kupfer und Silber zusammen insgesamt Erlöse erzielt wurden, die das Defizit im Grubenbetrieb nicht nur ausglichen sondern auch nach dessen Abzug noch deutliche Gewinne erlaubten. In diesem Fall wäre die Bezahlung der Erze schlicht im Schnitt zu niedrig angesetzt gewesen. Da die Großgewerken zugleich die Betreiber der Hüttenwerke waren, konnten sie solche Manipulationen vornehmen, um die Lage der Gruben schlechter aussehen zu lassen, als sie wirklich war. Im Grunde war es schon eine Art Manipulation, die Gruben überhaupt als selbstständige Einheiten zu behandeln, da sie Teile von verzweigten Besitzkomplexen darstellten, deren Wirtschaftlichkeit sich eigentlich nur im Ganzen überblicken ließ. Da mochten durchaus Einzelbetriebe rechnerisch defizitär sein, der Komplex insgesamt aber profitabel. Die von Scheuermann ermittelten Daten für die Kapitalrendite des Unternehmens Fugger zur selben Zeit[138] lassen annehmen, dass dies der Fall war, denn er zeigte zwar eine sinkende Tendenz auf, aber es wurden eindeutig mit der Montanproduktion insgesamt Gewinne erzielt. Die Bergbeamten argwöhnten, die Gewerken rechneten ihre Gruben bewusst arm. Sie seien mit ihren Plänen zur Zusammenlegung darauf aus, die ihnen lästigen noch beteiligten Kleingewerken aus dem Bergbau herauszudrängen und sich zu alleinigen Herren der Gruben zu machen: *Ir Paulustigkait* sei *wenig bezeugt, wie sich dann solichs in Verlauffung der Mannschafft und dern Artzhauern warhaftig wol befunden hat. Es sei*

---

[134] TLA, Pestarchiv XIV, Nr. 104, fol. 30r-31r.

[135] Egg/Atzl 1951, S. 143.

[136] Gstrein 1986, S. 38.

[137] Im 19. Jahrhundert wird in Tirol ein Star mit dem Äquivalent 30,57 bzw. 30,75 Liter angegeben, vgl. Witthöft, Handbuch der Historischen Metrologie, Bd. 2, St. Katharinen 1993, S. 473. Rechnet man nach Winkelmann (1956, S. 276) 1 Star zu 50-70 kg, so ergibt sich bei 50 kg eine Gesamtmenge von 5.215,5 t, rechnet man mit 70 kg, so sind es 7.301,7 t.

[138] Scheuermann 1929, S. 56, der für 1548-49 einen Reingewinn des Tiroler Handels von rd. 73.685 Gulden und eine Kapitalrendite von durchschnittlich 7,985%, für 1550-51 von 56.217 fl. und 6,460%, für 1552-53 von 46.120 fl. und 5,878% und für 1554-55 von 33.892 fl. und 3,865% berechnete. Zugleich stellte er fest, dass von den beiden Geschäftsbereichen Berghandel und Schmelzhandel der erstere 1548 und 1557 ein Defizit aufwies, der Schmelzhandel aber einen weit darüber hinausgehenden Überschuss (S. 77).

vielmehr ihr wahres Motiv, *villaicht die Gepirg und Zechen derhalben in ain Verainigung zu bringen, und also damit daß gannz Gepirg in ir Hand und Regierung einzunemmen und innezuhaben gedenken auf dass verrner dieser Orten niemandt einkommen muge.* Sie seien wohl darauf aus, *ainen Stollen nach dem andern zu verlassen, …durch wellich Aufflassung der Stollen und Gruebn volgend der Rinwexl immer zue ganz zu Hauffen fiele.* Durch ihre Misswirtschaft seien schon *die zween Tail von der Pergkwercksgesellschafft am Ringenwechsl verloffen.* Hier wird auf das Ende der Unternehmen Stöckl und Tänzl angespielt. Wenn nicht Einsicht einkehre, würden auch die noch bestehenden, in die Hände der Manlich und ihrer Teilhaber übergegangenen Betriebe untergehen. Der König sei *inen den Schmelzern und Gewerkhen unnd sonderlichen den Inhabern des Stöcklischen und Tännzlischen Hanndels darumben mit so ansehlichen Gnaden und Hilffen entgegen gegangen.* Man solle also keine weiteren Zusammenlegungen fordern, sondern es sollten die *Perckhwerch tapfer belegt und gepawen werden unnd Irer Kn. Mjt.* (königlichen Majestät, d. Verf.) *Mannschafft deren Orten erhalten und Fron und Wexel gefurdert werden.* Letztlich sei das Vorhaben der Grubenzusammenlegung *der gemainen Perkhwerchsordnung groslichen zuwider.* Schließlich drohte man den Gewerken an, die Gruben beim nächsten Hinlass anderen Interessenten zuzusprechen, wenn sie nicht gebaut würden. Diese recht scharfe und den Konflikt offensichtlich nicht scheuende Umgangsweise mit den Gewerken schrieb Scheuermann, wie oben belegt, im Wesentlichen Erasmus Reislander zu. Sie fand die Billigung der Regierung, denn das Schreiben ist ausgefertigt von den Statthaltern, Regenten und dem Kammerrat der Oberösterreichischen Lande[139]. Der Vorgang verdeutlicht, dass sich Reislander mit seiner Vorstellung, man müsse den Gewerken nun energisch entgegentreten, bei der Regierung zunehmend durchsetzen konnte. Allerdings wurde mit geringfügigen Modifikationen die Zusammenlegung der Gruben doch gestattet.

Die ausführliche Berginstruktion, die König Ferdinand I. 1556 ergehen ließ (vollständiger Abdruck im Anhang Bd. 2, S. 529-554), ging auf den Vorgang der Grubenzusammenlegung und die Konsequenzen für die weitere Entwicklung ein: Die Schmelzer und Gewerken hätten das Zugeständnis genutzt, um aussichtsreiche Feldörter und andere Grubenbaue einzustellen. Besonders im Ringenwechsel sei das zu beobachten. Der Zusammenschluss habe nicht zu einer Besserung der Situation geführt, sondern vielmehr zu deren Verschlechterung. Sie hätten versprochen, Geld, das sie sonst im Rahmen von Streitigkeiten durch Stillstand und Gerichtskosten verloren haben würden, nun in Hoffnungsbaue zur Erschließung neuer Erze zu investieren, was nicht geschehen sei. Die Gewerken hätten die zusammengelegten Gruben zum Teil stillgelegt. Es werde bei mancher Abrechnung festgestellt, dass nun weniger Erz im ganzen Ringenwechsel gehauen werde, als zuvor in einer der noch nicht zusammengeschlossenen Gruben. Es wird der Vorwurf erhoben, durch schlechte Erzbezahlung hätten die Gewerken besonders die Lehenhauer vom Berg vertrieben, obgleich doch der Landesfürst mit allen Mitteln versuche, sie am Berg zu halten. Sie bezahlten ihnen das Ster Erz nur mit etwas mehr als sieben Pfund Berner Pfennigen, obgleich es 14 oder 15 Pfund wert gewesen wäre[140].

Schon Scheuermann sah den sich zuspitzenden Konflikt zwischen den Großgewerken einerseits sowie Beamten und Regierung andererseits. Es ist nicht zu übersehen, dass die Gewerken eine Tendenz hatten, den Betrieb einzuschränken. Ungeachtet aller Vorhaltungen bestanden sie darauf, es müssten ihnen von Seiten der Regierung finanzielle Zugeständnisse ge-

---

[139] TLA, Pestarchiv XIX, Nr. 778, fol. 7v-10v. Eine gleich lautende Abschrift des Berichts mit den Unterschriften der Bergbeamten ist enthalten in TLA, Pestarchiv XIV, Nr. 704, fol. 2-8.
[140] TLA, Pestarchiv XIV, Nr. 477, fol. 10r-11r. (siehe Anhang, S.536f.).

macht werden. Zum Beweis, dass daran kein Weg vorbei führe, boten sie im Rahmen der Konflikte sogar an, ihre Bücher vorzulegen[141].

Die Bergbeamten sahen wohl insgesamt den Trend zur Schaffung von Großgruben, der, wie gezeigt, keineswegs auf den Falkenstein begrenzt war, in der sich entwickelnden Krise mit großer Skepsis. Mit ihrer Vorstellung von solider Bergmannsarbeit war das, was sie etwa im Tiefbau des Falkensteins miterlebten, nicht zu vereinbaren. Wenn die Verfasser des Bergbuchs äußerten, niemand wolle Nachbar des Königs im Bergbau sein[142], muss das angesichts einer Tradition des Mitbaus der Landesfürsten an den Gruben als kaum verdeckte Schuldzuweisung verstanden werden. Der Konflikt war ernsthaft genug, um sogar recht offene Kritik nicht nur an der Regierung, sondern auch am Herrscher selbst zu üben. Die Verfasser des Bergbuchs nahmen die Konflikte wahr, wenn sie davon sprachen, es sei zu besorgen, dass andere durch das Verhalten der *Gewaltigen am Hof* in *Kriegen und Rechtfertigungen* verwickelt würden[143], zugleich identifizierten sie damit aus ihrer Sicht und wiederum kaum verdeckt die ihrer Auffassung nach Schuldigen.

Zusammenfassend ist festzustellen, dass die Gruben, ganz anders als vielfach in der Literatur angegeben, ihr Gesicht deutlich wandelten. Unverkennbar ist die Tendenz zur Vergrößerung der Grubenfelder, sie ging einher mit dem Bestreben, Grenzen zu beseitigen, die Raum greifende Aktivitäten unter Tage behinderten. Es wird auch deutlich, dass die noch bestehenden Kleingruben von den Großgewerken als hinderlich angesehen wurden. Es war ihnen offenbar am liebsten, diese Überbleibsel einer vergangenen Zeit zu beseitigen. Die Bergbeamten (und zwar wohl in ihrer Gesamtheit) dagegen wünschten die Kleingruben zu erhalten und die Lehenschaften zu fördern, die sie, wie immer wieder gesagt wurde, als wichtigen Garanten dafür ansahen, dass neue Erzvorkommen erschlossen würden.

---

[141] Ebd., fol. 13r (siehe Anhang, S. 539).
[142] siehe Anm. 82 mit Wiedergabe des Quellentextes.
[143] Ebd.

II. Der Schwazer Bergbau

4. Die Entwicklung von den Anfängen bis zum Höhepunkt der Förderung 1523

a) Die Anfänge

Einen Hinweis auf frühen Bergbau im Raum Schwaz geben die Ausgaben des Schwazer Bergbuchs von 1556. Sicherlich hatte man in der Mitte des 16. Jahrhunderts keine Nachweise für das tatsächliche Alter der Bergwerke genannt, dennoch ahnten die Bearbeiter des Bergbuchs, dass sie hier keine Anlagen aus hochmittelalterlicher Zeit vor Augen hatten, sondern dass die größtenteils offen stehenden unterirdischen Abbaue oder auch die im Tagebau ausgebeuteten Pingen ein beträchtliches Alter haben mussten: *Dann zu den alten auch der Römer unnd Haiden Zeiten unnd Regierungen hat man in der Gemain gar wenig Personen befunden, so die Perkhwerch in der Tieff arbaiten und pawen wellen, wie man dann noch zu unnsern Zeiten an etlichen Ortten an den Pirgen haidnisch Zechl in den Tag gehanngen befindet*[1]. Bis vor einigen Jahren war man über den prähistorischen Bergbau im Schwazer Revier auf Vermutungen angewiesen. So äußerte Robert R. von Srbik in seiner Arbeit über das Montanwesen in Tirol und Vorarlberg die Ansicht, dass vorgeschichtlicher Bergbau in Schwaz nachweisbar sei. Schlacken und Gussformen, die in der Tischofer Höhle im Kaisergebirge aufgefunden wurden, sollen seiner Ansicht nach nicht aus Kitzbühler Erzen hergestellt worden sein. Dafür habe man Schwazer Kupfererz verwendet. Einen Beweis für seine 1929 geäußerte Ansicht blieb er freilich schuldig[2]. A. Jäger berichtete 1845 über seine Funde am Eiblschrofen. Dort hatte er durch Kupferoxyd grünlich eingefärbte Tierknochen und Steinwerkzeuge entdeckt: *Diese Gegenstände und vor allem die steinernen Werkzeuge, welche man dort ebenfalls gefunden hat, scheinen auf eine sehr frühe Zeit des Bergbaus zurückzuführen. Sie weisen jedenfalls auf eine Periode, wo man in Ermangelung der jetzigen Bergbauinstrumente sich mit dem Ausbrennen des Gesteins und mit steinernen Keulen und Meißeln behelfen mußte*[3].

Hatte Albert Nöh 1948 noch berichtet, dass bereits zur Zeit der Illyrer am Falkenstein bei Schwaz, insbesondere im Gebiet von Eiblschrofen und Mehrerkopf Bergbau auf Kupfer und Silber betrieben worden sei[4], ebenso am Arzberg im Bereich des Schwazer Eisensteins, stellten die Untersuchungen von Erich Egg und Albert Atzl die Hoffnung auf Nachweise für alten prähistorischen Bergbau wieder in Frage. In den als Heidenzechen bezeichneten Gruben konnten Bohrlöcher nachgewiesen werden, die auf einen Betrieb der Anlagen nicht vor 1680 hinzudeuten schienen[5]. Im Jahr 1960 durchgeführte metallurgische Untersuchungen, die zum Ziel hatten, eine Verbindung zwischen Lagerstätten und Fertigprodukten herzustellen, führten zu dem Fehlschluss, dass die Fahlerze aus dem devonischen Schwazer Dolomit in der Bronzezeit nicht zur Kupfer- bzw. Bronzeherstellung verwendet wurden. Ein Vergleich der Metallverteilungsmuster, der für jede Lagerstätte ganz spezifischen so genannten impurities pattern, förderte zu Tage, dass die Muster der in Tirol und Vorarlberg gemachten archäologischen Funde nicht mit denen der Fahlerzlagerstätten im Schwazer Revier (Falken-

---

[1] Dip. 856, fol. 69r.
[2] Srbik 1929, S. 120-121, 129; Gstrein 1981, S. 35.
[3] Zitiert nach Rieser/Schratthaler 1998/99, S. 139-140.
[4] Nach Gstrein 1981, S. 35-36.
[5] Egg/Atzl 1951, S. 136; Gstrein 2003, S. 75.

stein, Großkogel, Kleinkogel, Gratlspitz) bzw. der Kupferkieslagerstätten im Raum Kitzbühel (Kelchalm, Kupferplatte) übereinstimmten. Stattdessen ergab sich eine Kongruenz mit den Erzen aus der Alten Zeche (Berta-Gänge) im Südwesten von Schwaz, insbesondere mit dem dort anstehenden Kupferkies: *Die Hauptmasse der Nordtiroler Urnenfelderbronzen besteht aus einem Kupfer, das aufgrund seiner elementmäßigen Kennzeichnung nicht zu dem Kupferkies der Nordtiroler Grauwackenzone, wie er sich im Typus Kelchalm fassen lässt, in Relation gesetzt werden kann. Eine echte, anhand von Erz- und Objektanalysen aufgebaute Relation konnte hingegen für das Bergbaugebiet Schwaz/Pirchanger – Alte Zeche-Berta-Gänge erstellt werden. ... Eine urzeitliche Verhüttung von Fahlerz des Typus Falkenstein wurde nicht erwiesen. Daraus ergibt sich das Problem, ob überhaupt während der Urzeit Fahlerze abgebaut und verhüttet wurden*[6].

Diese Ergebnisse müssen heute allerdings als überholt gelten. Bereits 1963 konnte Gstrein drei Scherben eines bronzezeitlichen Gefäßes am Mundloch eines Stollens am Nordhang des Gallzeiner Joches (Revier Burgstall am Ringenwechsel) in über 1.300 Meter Höhe sicherstellen. Bei Vermessungs- und Kartierungsarbeiten im gleichen Stollen, die 1975 durchgeführt wurden, fand er weitere Scherben, die von Archäologen als hallstattzeitlich klassifiziert werden konnten. Damit waren erstmals Nachweise für den Bergbau auf Fahlerze im Bereich des Schwazer Dolomits in vorgeschichtlicher Zeit erbracht[7]. Dass die Funde in einen größeren Zusammenhang eingeordnet werden müssen, belegen ältere bronzezeitliche Funde aus Schwaz. Die bereits 1904 ausgegrabenen Objekte, die wahrscheinlich aus der Zeit um 1000 v. Chr. stammten, fanden in der Forschung aber wenig Beachtung. Sie sind allerdings heute nicht mehr auffindbar. Franz von Wieser barg sie bei Bauarbeiten auf dem Kirchhof von St. Martin im Dorf Schwaz. Es handelte sich um sechs große Aschenurnen und einige weitere kleinere Gefäße aus Ton sowie einige Bronzebeigaben, darunter ein 26,5 cm langes Messer mit geschweifter Klinge und massivem Griff sowie ein 3,5 cm langer Meißel, der an beiden Enden eine scharfe Schneide besaß. Zwei Armringe, zwei Haarnadeln, ein Ohrring, ein Gürtelhaken und einige weitere kleine Gegenstände gehörten gleichfalls zu den Grabbeigaben der Urnenfelderleute. Weitere Hinweise auf eine Besiedlung Tirols in der Bronzezeit ergeben sich auch durch die Begräbnisstätten in Hötting, Wilten, Mühlau, Volders und Matrei, die gleichfalls der Urnenfelderkultur zuzurechnen sind[8]. Frühbronzezeitliche Siedlungsspuren konnten 1980 bei Ausgrabungen auf dem Buchberg bei Wiesing im unteren Inntal nachgewiesen werden[9].

Die in den Jahren 1994/95 und 1997-1999 durchgeführten archäologischen Grabungen und Geländebegehungen lieferten weitere Belege für einen ausgedehnten Fahlerzbergbau im Gebiet zwischen Brixlegg und Schwaz. Brigitte Rieser und Hanspeter Schrattenthaler konnten mehr als 50 Fundstellen prähistorischen Fahlerzbergbaus und einen Fundplatz mit Fahlerzverhüttung nachweisen. Beim Abbau der Fahlerze im harten Dolomitgestein wandten die vorgeschichtlichen Bergleute zur Erleichterung ihrer Arbeit die Methode des Feuersetzens an. Dabei entstanden durch die Gewinnungstechnik die typischen kuppelartigen Formen der Grubenhohlräume. Schon die bronzezeitlichen Bergleute sorgten dafür, dass sich die Belästigung durch Rauch in Grenzen hielt. Sie legten für den Abzug der Rauchgase Kamine an, so in einem Abbau am Blutskopf bei Gallzein (Ringenwechsel), in den Heidenzechen bei Schwaz (Falkenstein), bei einer Grube am Kleinkogel und einem Abbau an der Gratlspitze[10]. Bereits

---

[6] Zitiert nach Goldenberg/Rieser 2004, S. 38. Siehe ebenso: Rieser/Schrattenthaler 1998/99, S. 140; Gstrein 2003, S. 75-76.

[7] Gstrein 1981, S. 39-45.

[8] Egg 1986, S. 78-79, mit Foto der Funde von 1904.

[9] Goldenberg/Rieser 2004, S. 38.

[10] Rieser/Schrattenthaler 1998/99, S. 140-141.

1992 hatte Gstrein am Eiblschrofen Abbaue mit Resten von Feuersetzungen festgestellt, die mittels der ^{14}C Methode datiert werden konnten. Sie verweisen, zusammen mit der dort ebenfalls sichergestellten Keramik, in die späte Bronzezeit[11]. Zahlreiche Fundplätze unter Tage zeigten neben bronzezeitlichen Abbauspuren auch Hinweise auf mittelalterlichen und frühneuzeitlichen Bergbau, auf die Arbeit der Bergleute mit Schlägel und Eisen. Von den bronzezeitlichen Auffahrungen zweigten vielfach wesentlich jüngere Strecken ab. In einem der vorgeschichtlichen Abbaue am Eiblschrofen stellte Peter Gstrein in tieferen Bereichen mehrere Bohrlöcher fest[12]. Angesichts der Aktivitäten, die der Schwazer Bergwerks-Verein ab den 1850er Jahren im Ringenwechsel, im Falkensteiner Revier und in weiteren Revieren im Raum Schwaz entwickelte, ist dies allerdings nicht weiter verwunderlich. Gerade die älteren, höher gelegenen Gruben wurden vom neuzeitlichen Bergbau nochmals gründlich untersucht[13]. Auch am Moosschrofen bei Brixlegg lokalisierten die Archäologen zwei größere und einige kleine vorgeschichtliche Grubenbaue. Auch hier stellte man neben Schlägel- und Eisenarbeit den Einsatz von Bohrmeißeln für die Arbeit mit Sprengstoff fest[14]. Die bronzezeitlichen, feuergesetzten Abbaue erstreckten sich z. T. bis zu 65 m in den Berg, so am Eiblschrofen. Man konnte sie in Höhen von 550 m bis fast auf 1.900 m ü. NN feststellen. Daneben bauten die vorgeschichtlichen Bergleute ihre Erze auch in Pingen an der Tagesoberfläche ab. Die Pingen erreichten Durchmesser von 2-10 m und eine Teufe von bis zu 8 m, wobei diese Tagebaue durch bronzezeitliches Fundmaterial, Keramik, Knochen- und Steingerätschaften, deutlich von den verstürzten mittelalterlichen Mundlöchern zu unterscheiden waren. Pingen fanden sich auf dem Reither Kopf, in Obertroi, Gallzein und am Koglmoos, zumeist dort, wo auf Verebnungsflächen die Erzgänge ausbissen und den vorgeschichtlichen Bergleuten deutliche Hinweise auf die Lagerstätte gaben[15].

In der Nähe von Schwaz am Falkenstein und Eiblschrofen mit den so genannten Heidenzechen, kuppelförmigen meist tagesnahen Grubenbauen, die alle feuergesetzt sind, konnten in 15 Abbauen Steinschlägel, Fäustel, Scheidplatten und Knochenwerkzeuge geborgen werden. Die Abbaue dienten vermutlich auch als Wohnplätze, denn neben zahlreichen Keramikscherben fanden sich ein Ahlengriff sowie Werkzeuge aus Knochen, die zur Lederverarbeitung gedient haben mögen, ferner Reste von Mahlzeiten (Knochen)[16].

Am Koglmoos in 1.180 m Höhe gab es gleichfalls feuergesetzte Abbaue und Pingen sowie eine vorgeschichtliche Abbau- und Aufbereitungshalde. Das Fundmaterial umfasst Keramikscherben, Knochen und Steingeräte, einen prähistorischen Spinnwirtel aus dunkelgrauem Ton sowie einem Fußabdruck eines Bergmanns, der durch Versinterung erhalten blieb[17].

Weitere Fundplätze gab es in Gallzein und Obertroi – hier entdeckte man auch Metallfunde (einen Teil einer Kette, ein verbogenes Stück Kupferblech sowie ein Kupferröhrchen) – Rafflhöhe (trichterförmige Bergbaupingen mit Steingeräten, Keramikscherben und Knochen), Reither Kopf (Gebiet mit etwa 60 Pingen rund um die Ortner Kapelle), Kleinkogel (20 feuergesetzte Abbaue, Anhänger aus Knochenmaterial und eingeritzten Schrift- oder Symbolzeichen), Großkogel (feuergesetzte Abbaue, bis in die frühe Bronzezeit zurückreichend), Moos-

---

[11] Gstrein 2003, S. 76.
[12] Gstrein 2003, S. 76.
[13] Althans 1857, S. 4-11.
[14] Goldenberg/Rieser 2004, S. 42.
[15] Rieser/Schrattenthaler 1998/99, S. 142-143.
[16] Rieser/Schrattenthaler 1998/99, S. 143-144; zu den Knochen und den Knochenwerkzeugen vgl. auch Rieser 1999, S. 53-54.
[17] Rieser/Schrattenthaler 1998/99, S. 145.

schrofen, Sommerau (feuergesetzte Abbaue, Pingen, Abbau- und Aufbereitungshalden), Hintersommerau, Mauken (Schmelzplatz im Bereich des Maukengrabens), Holzalm, Gratlspitz, Hauserjoch, Hösljoch und Tiergarten[18].

Während in den Bergbaurevieren in Kitzbühel und in Mitterberg eine Reihe von vorgeschichtlichen Hüttenplätzen nachgewiesen werden konnten, gelang die Lokalisierung eines Hüttenplatzes im Raum Schwaz/Brixlegg erst bei Ausgrabungen 1994/95 im Bereich Sommerau-Maukengraben. Das Revier Maukengraben bot den bronzezeitlichen Berg- und Hüttenleuten überaus günstige Voraussetzungen für die Anlage eines Schmelzofens. Hier, auf einer Geländestufe in rund 950 m Höhe, stand ausreichend Wasser zur Verfügung, und es fand sich Lehm zum Bau der Öfen. Außerdem konnten die bronzezeitlichen Hüttenleute auf die in unmittelbarer Nähe gelegene Fahlerzlagerstätte zugreifen. Zahlreiche Funde konnten geborgen werden. Eine Untersuchung der großen Schlackenhalde, geschätzte 50-100 Tonnen Material, ergab, dass hier während der späten Bronzezeit, im 12.-10. Jahrhundert v. Chr., polymetallische Kupfererze, insbesondere Fahlerze, verhüttet wurden. Neben Keramik, die in die gleiche Zeit deutet, fand man in der Schlackenhalde das Teilstück eines Gebläsetopfes[19].

Während das Alpenvorland ab dem 5. Jahrhundert v. Chr. unter den Einfluss keltischer Volksstämme geriet, suchten die Bewohner des Inntals über den Brenner hinweg Kontakt zur Bevölkerung des Eisack- und Etschtals bis hin nach Valsugana und Nonsberg. Es kam vermutlich auch zur Einwanderung von Bevölkerungsteilen aus dem Süden nach Nordtirol. Deutlich werden die Gemeinsamkeiten durch Vergleiche der bei Ausgrabungen gemachten Funde, so durch Formen und Verzierungen der Keramik. Der im unteren Inntal ansässige rätische Volksstamm darf zum so genannten Fritzens-Sanzeno-[Kultur-]Kreis gerechnet werden, der über eine gemeinsame Schrift und, so darf man interpretieren, Sprache verfügte[20].

b) Anmerkungen zur Römerzeit

Angesichts des umfangreichen prähistorischen Fundmaterials ist es schon recht verwunderlich, dass die Römer den Raum Schwaz weitestgehend gemieden haben sollen. Bei Erich Egg findet sich eine kurze Nachricht über römische Funde in Schwaz. In einer Gendarmeriechronik aus dem Jahre 1934 wird unter dem Datum 30. Juni berichtet: *Anlässlich einer Grundaushebung am Rennhammerplatz wurden alte römische Funde gemacht. Es handelte sich um Tonölgefäße und einen Münztiegel. Die Gegenstände wurden in das Ortsmuseum gegeben*[21]. Sie sind leider verloren gegangen.

Im 2. Jahrhundert v. Chr. vollzogen sich größere politische Veränderungen. Die römische Republik war gezwungen, ihre Nordgrenze gegen kriegerische Volksstämme aus Germanien zu verteidigen. Zwischen 183 und 181 v. Chr. gründeten die Römer Aquileia als Stützpunkt für militärische Aktionen in Oberitalien und im Alpenraum. Von hier aus konnten römische Truppenverbände gegen keltische Einfälle in Oberitalien vorgehen, gleichzeitig sicherten sich die Römer den Zugang zu wichtigen Metallvorkommen, besonders in den Tauern (Gold)[22]. Dadurch erhielt die Bevölkerung im östlichen Alpengebiet schon früh Kontak-

---

[18] Rieser/Schrattenthaler 1998/99, S. 145-152; Rieser 1999, S. 31-44.
[19] Rieser 1999, S. 40-41, Goldenberg/Rieser 2004, S. 41-49.
[20] Lang 1985, S. 62-65; Kellner 1985/1, S. 77-79.
[21] Egg 1996, S. 80.
[22] Walde 1985, S. 68.

te zum römischen Staat und zur römischen Kultur. Im späten 2. Jahrhundert v. Chr. schloss Rom mit dem Regnum Noricum, einem Staatsgebilde, das aus verhältnismäßig unabhängigen Gaufürstentümern bestand, einen Freundschaftsvertrag, eine so genannte „Bundesgenossenschaft", ab. Dieser gewährte den Römern u. a. Gastfreundschaft, d. h. sie konnten sich auch mit ihrem Militär im Gebiet des Königreichs Noricum aufhalten. Als nun die germanischen Stämme der Kimbern, Teutonen und Ambronen 113 v. Chr. das norische Königreich angriffen, versuchten die Römer, ihre Gegner bereits jenseits der Alpen aufzuhalten. Dieser Versuch misslang offenbar, denn in der Nähe von Noreia, dessen Lage unbekannt geblieben ist, fügten die beiden germanischen Stämme den Römern eine vernichtende Niederlage zu. Der Zug der Kimbern und der keltischen Tiguriner 102 v. Chr. konnte von den Römern unter Catulus an der Etsch aufgehalten werden. Der Zug führte die germanischen Stämme nicht über die Zentralalpen, z.B. den Brennerpass, sondern vermutlich über die südlichen bzw. südöstlichen Voralpen an die Etsch bzw. nach Venetien. Nach dem Abzug der Germanen normalisierte sich die Lage im Noricum wieder, und die zuvor bereits intensiv gepflegten Handelskontakte konnten wieder aufgenommen und ausgebaut werden[23].

Raubzüge rätischer Stämme in der Westschweiz in den Jahren 45 und 44 v. Chr. nahmen die Römer zum Anlass, die Alpenregion planmäßig unter ihre Kontrolle zu bringen. Der mit 3.000 römischen Kolonisten besiedelte, stark befestigte römische Stützpunkt Aosta sicherte den Römern zunächst einmal wichtige Alpenübergänge, so den Großen und Kleinen St. Bernhard. Die Römer erhielten damit eine Verbindung nach Oberitalien sowie nach Mittel- und Südgallien. Die Römer suchten nun das gesamte Alpenvorland in ihren Herrschaftsbereich zu integrieren. Dazu mussten sie weitere Alpenpässe für ihre Truppen absichern, um ihnen einen ungehinderten Durchzug zu ermöglichen und Aufmarschmöglichkeiten zu schaffen[24].

Von den Jahren 16/15 v. Chr. an eroberten die Römer planmäßig mit großem Aufwand die Alpen. Drusus, der Schwiegersohn von Kaiser Augustus, zog mit zwei Legionen von Oberitalien nach Norden. Er besiegte zunächst die Volksstämme an der Etsch nördlich von Trient, bevor er vermutlich über den Vintschgau und den Reschenpass einer- und über den Brenner andererseits ins Inntal zog, um die dortigen rätischen Völker der Breonen und Genaunen zu unterwerfen[25].

Unter Kaiser Domitianus (81-96 n. Chr.) erreichte das Römische Reich seine größte Ausdehnung nach Norden. Die Grenzlinien zu den Germanen wurden durch Kastelle gesichert, hölzerne Wachtürme und kleinere befestigte Militärlager kamen hinzu. Der Steinausbau des Limes erfolgte wahrscheinlich erst unter Kaiser Caracalla (211-217 n. Chr.), so dass die römische Grenzverteidigung unter den Angriffen der Markomannen während der Regierung des Kaisers Marcus Aurelius (161-180 n. Chr.) sehr schnell zusammenbrechen konnte. Die Alamannen unternahmen ab 213 erste Kriegszüge gegen den rätischen Limes. Sie wurden durch die Truppen Caracallas erfolgreich zurückgeschlagen[26].

Die bereits unter Tiberius (14-37 n. Chr.) gegründeten Siedlungen Kempten (Cambodonum), Bregenz (Brigantium) und Augsburg (Augusta Vindelicum) verdanken ihre Entstehung militärischen Erfordernissen. Sie dienten den Römern als weitere Stützpunkte zur Beherrschung

---

[23] Haider 1989, S. 21-22; nach neueren Forschungen scheint gesichert zu sein, dass die Kimbern, Teutonen und Ambronen 113 v. Chr. auf ihrem Marsch nach Oberitalien keineswegs die Zentralalpen überschritten und auch nicht das Inntal berührten; Conta 1989, S. 14; Walde 1985, S. 68.
[24] Walde 1985, S. 68-69.
[25] Walde 1985, S. 70.
[26] Kellner 1985/1, S. 77-78.

Abb. 15: Das Stift Wilten und der Zugang zum Brenner. Ausschnitt aus der Bildkarte „Innsbruck" (Tafel 15) des Kodex Dip. 856 (Original und Foto: Tiroler Landesmuseum Ferdinandeum, Innsbruck)

des Alpenraumes. Unter Kaiser Claudius (41-54 n. Chr.) erfolgte der Bau der Via Claudia Augusta von Meran über den Reschenpass nach Imst und Tarrenz sowie weiter über den Fernpass nach Füssen und Augsburg[27]. Die direkte Anbindung an Italien mit seiner florierenden Wirtschaft wurde gestärkt, und die grenznahen Provinzen gliederte man in den römischen Staatsverband ein. Die Straßenverbindungen machten schnelle Truppenverlegungen möglich. Der alte Weg über den Brenner wurde vermutlich erst unter Septimius Severus (193-211 n. Chr.) zu einer befestigten und leistungsfähigeren Straße ausgebaut. Veldidena (Innsbruck-Wilten) mit seinem Kastell stellte damals einen wichtigen Straßenknotenpunkt zur Sicherung der Wege über den Brenner und über den Reschen ins Inntal dar. Nicht weit entfernt gelangte man über den Fernpass, Füssen und Kempten nach Augsburg. Im Verlauf des 3. Jahrhunderts dürfte sich seine Bedeutung noch vergrößert haben, da auf den Straßen größere Truppenverbände hin und her bewegt werden konnten. Die gut ausgebauten Wege waren ebenso für den ständig zunehmenden Handelsverkehr der Römer mit dem Voralpengebiet von entscheidender Bedeutung. Zweirädrige Lastkarren, vierrädrige Transportwagen, Reiter, Reisewagen und Fußgänger bevölkerten die wichtigsten Straßenverbindungen zwischen dem Norden und Italien[28].

---

[27] Huter 1978, S. 474; Kellner 1985/2, S. 85.
[28] Kellner 1985/2, S. 85-88.

Auch wenn sich die Römer und ihre Verbündeten häufig nur kurz im Inntal aufgehalten und die höheren Regionen gemieden haben sollten, den nach Edelmetallen oder Eisenerz suchenden Prospektoren der Römer können die Eisen-, Kupferkies- und Fahlerzlagerstätten des unteren Inntals um Brixlegg, Schwaz oder im Zillertal eigentlich nur durch Zufall verborgen geblieben sein.

c) Wiederaufnahme und Blütephase bis 1523

Die Wiederaufnahme des Bergbaus im unteren Inntal erfolgte mit großer Sicherheit nicht erst im 15. Jahrhundert. Erich Egg weist mit Recht auf die urkundliche Nennung eines Hofes am Arzberg (= Erzberg) im Jahr 1273 hin[29]. Über den Umfang des Montanwesens lassen sich anhand solcher Spuren in den Schriftquellen zwar keinerlei Aussagen treffen, doch muss die Besiedlung der klimatisch wenig begünstigten Schattenseite im Inntal beim heutigen Schwaz bestimmte Gründe gehabt haben. Für landwirtschaftliche Zwecke war die Gegend kaum geeignet, da sich das Getreide in der kurzen Wachstumsperiode nur schlecht entwickeln konnte. Außerdem trat der Lahnbach häufig über seine Ufer und führte bei Unwettern oder lang anhaltenden Regenfällen stets große Mengen Geröll mit, was die Behausungen der dort lebenden Bewohner bedrohte. Da bereits die Menschen der Bronzezeit die reichen Erzlagerstätten erkannt hatten und diese ausbeuteten, ist es nicht sehr wahrscheinlich, dass erst im beginnenden 15. Jahrhundert Bergleute die Lagerstätten erneut ausgebeutet haben sollen. Ein Fingerzeig hierfür ist neben den Reviernamen Alte Zeche und Arzberg die Erhebung von Schwaz zum Marktort unter den Herren von Freundsberg im Jahr 1326, die auch hier, in unmittelbarer Nähe zum Falkenstein, ihre Stammburg errichteten. Die Einrichtung eines Wochenmarktes diente vermutlich nicht nur der Versorgung der umliegenden, zum Herrschaftsbereich der Freundsberger gehörigen Dorfbewohner mit Gütern des gehobenen Bedarfs, mit allen Dingen, die nicht für die alltägliche Lebensführung benötigt wurden. Die im Markt Schwaz angesiedelten Handwerker und Händler beschafften sicherlich vor allem die von einer größeren Anzahl von Personen benötigten Lebensmittel, darüber hinaus aber auch alles, was für das Montanwesen benötigt wurde: Holz, Eisen und Unschlitt. Ansonsten wäre die Aufrichtung eines Marktes durch den Freundsberger nicht notwendig gewesen[30].

Abb. 16: Die spätgotische Pfarrkirche in Schwaz mit den charakteristischen Dächern aus Kupferplatten (Foto: Deutsches Bergbau-Museum Bochum).

Wahrscheinlich zu Beginn des 15. Jahrhunderts setzt die Hochphase des Montanwesens in Schwaz ein, wobei ein genauer Zeitpunkt nicht zu ermitteln ist und die Ansichten der For-

---

[29] Egg 1964, S. 7; Stolz 1951, S. 79.
[30] Stolz 1951, S. 79.
[31] Egg 1964, S. 7-8.
[32] Paul 2005: Isser 1905/1924, S. 299.

schung hierüber auseinander gehen. Der Bergbau auf Fahlerze im Schwazer Revier soll der Sage nach seinen Beginn im Jahr 1409 genommen haben. Die Magd Gertrud oder Margaret Kandlerin beobachtete danach beim Hüten des Viehs einen Stier, der mit seinen Hörnern oder Hufen eine Erzader am Koglmoos freilegte. Die Bergwerke „Kandlerin", „St. Jakob am Stier" und „St. Margarethe" am Falkenstein dürften ihren Namen wohl nach der Sage erhalten haben, wie Egg bereits feststellte[31]. Die Schwazer Bergchronik, die leider nur in einer Abschrift bei Max von Isser vorliegt, setzt den Anfang der Aktivitäten im Bereich der Schwazer Fahlerzlagerstätten auf das Jahr 1420: *Dy awfftan new raych arzt Grüebm am Valchnstayn syll frembds perckh Volch awss Beheymb, Saxn undt mer teuschn lantn nach Svatz prynnght*[32]. Im Schwazer Bergbuch findet sich sowohl im Bochumer Entwurfskodex wie in den 1556er Ausgaben jeweils ein Hinweis auf das Einsetzen des Bergbaus am Falkenstein im Jahr 1446. Im Bochumer Entwurfskodex lautet die entsprechende Textstelle: *Es ist yezt bei 108 Iaren, das die erst Grueben am Valkhenstain emphannen worden*[33]. Auf der Bildtafel mit der Stadtansicht von Schwaz in den 1556er Ausgaben des Bergbuchs lautet der Text: *1556. Schwaz ligt im Gericht Freundtsperg bey 1500 Schritten von dem Valkhenstain. Unnd ist yezt 110 Jar, das die erst Grueben, genant Sant Martin beim Ärzperg, Inhalt des Lehenpuechs umb die Grueben bey dem Perkhgericht verhannden, empfangen worden*[34]. Das Einsetzen bergmännischer Tätigkeit ist aber sicherlich vor das Jahr 1446 zu datieren. Der Text des Bergbuchs ist an dieser Stelle nicht korrekt, denn das den Verfassern zur Verfügung stehende Berglehenbuch weist bereits für die Jahre 1427 und 1441 erste Einträge auf. Erzherzog Friedrich IV. von Tirol (1406-1439) verlieh im Jahr 1427 vier Fundgruben auf Silbererz und zwei auf Eisenerz an Hans Lang von Schwaz, Hans Kremser, Lorenz Gschwentlin und Hans Rämlein *an dem Gepirg ob Schwaz*, mit der Auflage, dass dort Schladminger Bergrecht gelten sollte: *… damit si und ir erben das nu fürbaß mügen üben und arbaiten, nuczen und nießen in allen den rechten, die unser perkhwerk zu Sledming hat …*[35]. Im Jahr 1441 vollzog König Friedrich III. als Vormund des Tiroler Erzherzogs Sigmund eine Verleihung der rechten Herrengrube am Eiblschrofen (Falkenstein) an den damals noch in Innsbruck ansässigen Kaufmann Jakob Tänzl und dessen Gesellschaft[36].

Während Stephen Worms davon ausgeht, dass der Bergbau bereits vor 1448 betrieben, aber erst nach diesem Jahr *in größerem bergmännischen Stile in Angriff genommen wurde*[37], gibt Max von Wolfstrigl-Wolfskron das Jahr 1421 an. Letzterer errechnet das Datum nach einem Hinweis in einem oberösterreichischen Kammerkopialbuch der Reihe *Embieten und Bevilch* (fol. 499) aus dem Jahr 1571 (rechnet man davon ausgehend 150 Jahre zurück, kommt man auf das Jahr 1421): *Und ist nemlichen die sach an dem, wiewol das Perkwerch zu Schwatz numer ob den anderhalb hundert jarn bei unsern geliebten vorfordern ertzhertzogen zu Österreich und graven zu Tyrole tz hochloblicher und seliger gedechtnus in grossem anseclichen thuen und wirden gewest ist […]*[38]. Bereits Worms kritisierte zu Recht, dass die Angaben in dem Kopialbuch von 1571 viel zu vage seien, um darauf *eine präzise Bestimmung des Jahres, in welchem der Schwazer Bergbau begonnen hat*, zu gründen, denn die Bezeichnung *ob den anderhalb hundert jarn* bedeutet ungefähr 150 Jahre und ist deshalb für eine genaue Datierung nicht brauchbar[39].

---

[33] E., S. 24.
[34] Zitiert nach Dip. 856.
[35] Ladurner 1864, S. 316-318; Knapp 1929, S. 210; ders. 1932, S. 15 (Zitat); Egg 1964, S. 8.
[36] TLA, Hs. 1587 (Schwazer Lehenbuch).
[37] Worms 1904, S. 1; die Anfänge reichen bei ihm in die Zeit von 1428 bis 1439 zurück (vgl. S. 14-17).
[38] Wolfstrigl-Wolfskron 1903, S. 31.
[39] Worms 1904, S. 2-3.

Isser geht dagegen von dem Einsetzen des Schwazer Bergbaus um 1420 aus. Erste Gewerken am Falkenstein sollen *Lamprecht Erlachr, Lux G. Vogler und Kunrat Ronntl* gewesen sein[40]. Ihnen folgten um das Jahr 1428 *Achatz Troll, Urban Kadlr und Abram Hoffr*[41]. Wenige Jahre später besaß der Falkenstein bereits rund 40 Stollen, wobei Isser keine Quellenbelege angibt und offen lässt, woher seine Informationen stammen[42]. Weitere Quellen, die nicht unmittelbar auf das Montanwesen zurückgehen, geben zusätzliche hilfreiche Informationen. In einem Feuerstättenverzeichnis für Schwaz aus dem Jahr 1427 taucht unter den Hausbesitzern auch ein *Hanns Artzknapp* auf. Es ist davon auszugehen, dass es sich zu dieser Zeit bei dem Namen noch um eine Berufsbezeichnung handelte[43]. In einem 1427 angelegten Verzeichnis der landesfürstlichen Grunduntertanen zu Schwaz findet man neben einer Person mit Namen *Erzperger* auch einen *Ertzknapp* und einen *Erzperg*[44]. Die 1427 durch Erzherzog Friedrich IV. erlassene Gossensasser Bergordnung führt Schwaz zwar nicht ausdrücklich auf, doch geht Egg, im Gegensatz zu Worms oder Hämmerle, davon aus, dass diese Ordnung für sämtliche Bergwerke in Tirol, also auch für die Anlagen in Schwaz Geltung haben sollte: […] *und alle andere perkwerck in unserm lande der graffschaft Tirol sulln dieselbn recht auch die obgenantn zeit haben, und auch die recht, die in disem unserm brieve geschriben stend*[45].

In den Jahren 1439/1440 eskalierte der Streit zwischen den Herren von Freundsberg und den Benediktinern auf dem Georgenberg wegen der Sanierung der Innbrücke bei Schwaz. Der Georgenberger Abt wies gegenüber den Landesfürsten darauf hin, dass die Brücke dem Kloster keine Einkünfte verschaffe, sondern nur ein Ausgabenposten sei. Wegen der *swern wegen, geladen mitt ärz, kupfer, kol vnd holz* war die Brücke offenbar schwer beschädigt worden. Holzlieferungen wurden z.B. für die Auszimmerung der Bergwerke auf der Schwazer Seite benötigt, während das Erz zu den Schmelzhütten auf der anderen Innseite geschafft werden musste. Jedenfalls herrschte bereits 1439 als Folge des Montanwesens ein solcher Schwerlastverkehr, dass die Holzbrücke über den Inn dringend einer Reparatur bedurfte[46].

Der florierende Bergbau in Schwaz, der sich den reichen Fahlerzlagerstätten zugewandt hatte, könnte durchaus mit der technischen Innovation des Seigerverfahrens in einem Zusammenhang stehen. Das herkömmliche Verfahren der Silberextraktion durch Verbleien des Kupfersteins könnte nach und nach abgelöst worden sein, denn das vermutlich bereits ab der zweiten Hälfte des 14. Jahrhunderts in Nürnberg entwickelte Verfahren, das es ermöglichte, in einem mehrstufigen Prozess Silber aus silberhaltigen Kupfererzen zu gewinnen, versprach eine höhere Silberausbeute und einen höheren Gewinn. Das Seigerverfahren fand, von Nürnberg ausgehend, seine Verbreitung über ganz Europa[47]. Suhling geht davon aus, dass der Saigerprozess um 1430 möglicherweise eine technische Weiterentwicklung erfuhr, oder es zumindest zu einer *technologischen Anpassung des Verfahrens an spezielle Produktionsbedingungen (Beschaffenheit der Betriebsmittel, Qualität der Rohstoffe etc.) kam*[48]. Ob das Seigerverfahren bzw. ein speziell auf die Schwazer Fahlerze abgewandelter Prozess schon vor 1450

---

[40] Isser 1904, S. 412; Paul 2005: Isser 1905/1924, S. 17, wobei sich Isser zunächst einmal auf Sperges (1765) als Gewährsmann beruft, dann auf Matthias Burgklechners „Tiroler Adler" von 1609, 1619/20 u. 1641.

[41] Bei Isser 1904, S. 412, treten die drei neuen Gewerken bereits um 1420 hinzu.

[42] Schon Zycha 1907, S. 248, beklagt diesen Umstand.

[43] TLA, Hs. 12 (Feuerstättenverzeichnis); Egg 1964, S. 8 mit Anm. 20 (S. 60).

[44] TLA Hs. 1587 (Schwazer Lehenbuch); Egg 1986, S. 89.

[45] Worms 1904, S. 103 (Zitat), seine Gegenposition vertritt er auf S. 14-17; Hämmerle 1951, S. 152/155; Egg 1964, S. 8; ders. 1986, S. 101.

[46] Ingenhaeff 2004, S. 80-82.

[47] Grundlegend dazu Suhling 1976, S. 55-61.

[48] Suhling 1976, S. 56.

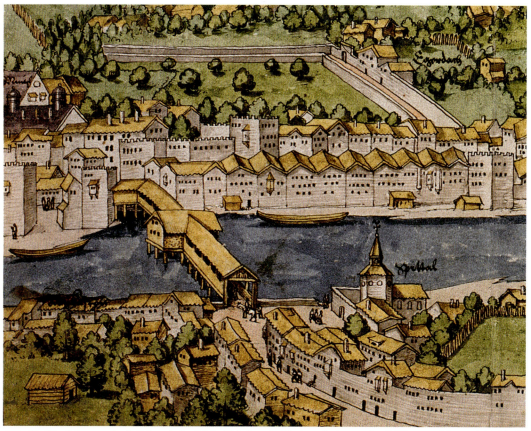

Abb. 17: Die Schwazer Innbrücke mit den Fleischbänken, 1556. Ausschnitt aus der Bildkarte „Schwaz" (Tafel 1b) des Kodex Dip. 856 (Original und Foto: Tiroler Landesmuseum Ferdinandeum, Innsbruck).

im unteren Inntal Anwendung fand, lässt sich nach dem heutigen Kenntnisstand nicht sagen. Festzustehen scheint, dass der bayerische Herzog Ludwig der Reiche die Kupferseigerung in eigener Regie auf seinem Hüttenwerk in Brixlegg/Rattenberg betreiben ließ. Im Jahr 1467 suchte der Herzog Unterstützung bei Nürnberger Hüttenmeistern und Unternehmern. Er gewann offenbar den Goldschmied Hans Lochhauser als Brenn- und Seigermeister sowie den ebenfalls aus Nürnberg stammenden Schmelzmeister Hans Ulrich für sein Hüttenwerk zu Brixlegg[49]. Ein erster, Ende des Jahres 1467 durchgeführter Versuch brachte offenbar noch nicht den gewünschten Erfolg. Die zwei im Frühjahr 1468 veranlassten Schmelzproben mit jeweils 10 Zentnern Kupfer erbrachten noch nicht den erhofften Erfolg, auch wenn sich nach Abzug der Löhne für die Hüttenarbeiter ein kleiner Gewinn ergab[50]. Für die Entwicklung in Schwaz bietet der Bericht des Schwazer und Rattenberger Gewerken Leonhard Härrer, der zwischen 1511 und 1516 mit Paul von Lichtenstein eine Bergbaugesellschaft gründete, die rund 11.810 Mark Brandsilber herstellte, Informationen über den Tiroler Abdarrprozess. Nach Härrers Tod im Jahr 1516 führten seine Erben den Betrieb noch bis 1520 weiter[51]. Seine Abhandlung zum Schmelzwesen in Schwaz dürfte um 1500 entstanden sein. Danach hatten *die Schwazer im Anfang ihr Erz geschmelzt*. Nach Lothar Suhling handelt es sich hierbei um ein noch sehr unzulängliches Verfahren zur Extraktion des Silbers aus Kupferstein[52]. Wie

---

[49] Suhling 1976, S. 64-65.
[50] Suhling 1976, S. 65-66.
[51] Westermann 1988, S. 92-98; Egg 1963, S. 33, Anm. 14.
[52] Suhling 1976, S. 67 mit Anm. 283.

Härrer weiter mitteilt, gelangten zwei Männer aus Nürnberg nach Schwaz, die Schmelzversuche anstellten und denen es schließlich gelang, den Silbergehalt im Zentner Kupfer auf 3-4 Lot zu reduzieren und den Verbrauch von Blei einzuschränken[53]. Bei den beiden Fachleuten handelte es sich um Peter Rumel [auch *Ruml* oder *Rummel*] von Lichtenau († 1519 in Vomp bei Schwaz) sowie um Klaus Schlosser. Rumel entstammte einer Nürnberger Patrizierfamilie. Zeitweise bekleidete er das Amt eines Tiroler Hauskämmerers. Als Schwazer Gewerke und Schmelzherr produzierte er zwischen 1479 und 1492 rund 14.688 Mark Brandsilber und 5.183 Zentner Kupfer[54]. Um 1480 gelang es Rumel und Schlosser offenbar, das zuvor in Schwaz praktizierte Schmelzverfahren weiterzuentwickeln und den besonderen Anforderungen in Schwaz anzupassen[55]. *Sie gingen nicht mehr vom Verbleien des Kupfererzes, sondern vom Überführen des Silbers aus den Rohkupferphasen aus, bei denen durch mehrmaliges Rösten Kobolt und Hartwerk entstanden. Der Kobolt wurde als besonders silberhältig sofort in den Treibherd gegeben, das Hartwerk durch wiederholtes „Drischen" (Bleizugaben) und Saigern in Kupfer und Silber getrennt*[56]. Im so genannten Tiroler Abdarrprozess dienten reiche Fahlerze als Rohstoffbasis.

Der Markt Schwaz entwickelte sich ab 1430 rasch zu einem Zentrum der Silber- und Kupferproduktion von *europäischer Bedeutung*[57]. Der Augsburger Großkaufmann Jakob Herwart nahm bereits 1431 Geschäftsbeziehungen nach Schwaz auf und deckte sich auf dem Schwazer Markt mit Silber ein. Eine erste landesfürstliche Abrechnung über die Schwazer Silberproduktion datiert aus dem Jahr 1434[58]. Erzherzog Sigmund sah sich deshalb 1447 veranlasst, eine eigene Bergordnung für Schwaz zu erlassen, in der u. a. die täglichen Schichten der Hauer auf acht Stunden festgelegt wurden. Ferner bestimmte die Ordnung, dass keine Halden aufbereitet werden durften, und dass die Hutleute alle Gruben gleich zu behandeln hatten. Ferner durften keine Erze oder Handsteine ohne Erlaubnis der landesherrlichen Beamten vom Berg entfernt werden[59]. Nur zwei Jahre später, 1449, wurde eine neue, wesentlich umfangreichere Bergordnung für Schwaz durch den Landesfürsten erlassen und zwar auf Bitten der am Schwazer Bergbau Beteiligten. Ein Gutachten, angefertigt durch Konrad Kuchenmaister und Rudolf Jaufner, wurde ganz offensichtlich von den Schwazer Gewerken, Schmelzern sowie den Angehörigen der Gemeinen Gesellschaft des Bergwerks zu Schwaz beraten und abgesegnet. Dies weist auf den in Tirol noch bis ins 16. Jahrhundert hinein praktizierten *originären kollegialen Entstehungsprozess der Schwazer Bergrechtsaufzeichnungen* hin. Auf den Tiroler Bergsynoden wurde das Bergrecht in intensiven Diskursen beraten und anschließend den Landesfürsten zur Bestätigung vorgelegt, so wie dies bereits 1449 geschehen war[60]. An der Wende vom 15. zum 16. Jahrhundert gelang es Kaiser Maximilian, das althergebrachte, noch stark an das mittelalterliche Weistumsrecht erinnernde bergmännische Gewohnheitsrecht mit dem landesherrlichen Gebotsrecht zu verbinden. Die Bergsynoden ermöglichten den Schmelzern, Gewerken und der Gemeinen Bergwerksgesellschaft, d.h. den Bergknappen, neben den landesfürstlichen Räten und Beamten eine Mitwirkung an der Berggesetzgebung. Man blieb in Tirol sehr viel länger als beispielsweise im Harz oder in Annaberg der Berggesetzgebung nach „altem Herkommen" verhaftet[61]. Dies spiegelt sich auch

---

[53] Kirnbauer 1961, S. 187.

[54] Westermann 1988, S. 72-82; Egg 1964, S. 16-17; Kirnbauer 1961, S. 187 mit Anm. **).

[55] Egg 1963, S. 33, Anm. 15; Westermann 1988, S. 55.

[56] Egg 1986, S. 108.

[57] Egg 1964, S. 9.

[58] Egg 1964, S. 8.

[59] Worms 1904, S. 110-111.

[60] Worms 1904, S. 111-129; Ludwig 1985, S. 83; Tschan 2004, S. 43-45.

[61] Tschan 2004, S. 43-45.

in der Forderung der Gewerken 1555/56 nach einer allgemeinen Bergsynode wider, wie sie 1557 dann auch tatsächlich zustande kam und in deren Zusammenhang die Entstehung des Schwazer Bergbuchs zu sehen ist.

Die gewachsene Bedeutung des Schwazer Montanwesens spiegelt sich auch darin wider, dass im Jahr 1456 die Handelsgesellschaft des Ludwig Meuting aus Augsburg Erzherzog Sigmund für seine Hofhaltung ein Darlehen in Höhe von insgesamt 35.000 Gulden gegen Überlassung des in Schwaz, Gossensass und in den übrigen Tiroler Orten erzeugten Silbers zum Preis von etwas weniger als 8 Gulden rheinischer Währung für die Mark Silber gewährte[62]. Der Meutinger Gesellschaft war somit gestattet, das durch die Gewerken an den Landesfürsten zu liefernde Silber zu 8 Gulden je [Gewichts-]Mark (nach Wiener Maß: 276,98 Gramm) aufzukaufen. Er zahlte dabei 5 Gulden als Schmelzlohn an die Gewerken, und 3 Gulden erhielt der Landesfürst für den Wechsel. Da der Marktpreis für eine Mark Silber aber bei etwa 10 Gulden lag, konnte er aus dem Weiterverkauf des Silbers rund 20% Gewinn erwirtschaften. Darüber hinaus verpflichtete sich der Landesfürst zur Zahlung von Darlehenszinsen in Höhe von 20%[63].

Der aus Venedig stammende Anthoni vom Ross engagierte sich in Schwaz als Bergbauunternehmer und Metallhändler. Er setzte den lukrativen Weg der Anleihen an den Landesherrn ab 1472 konsequent fort. Wie bereits die Gesellschaft des Konrad Meutinger vereinbarte er mit dem Landesfürsten statt einer Darlehensrückzahlung in barem Geld – hier ergab sich der Gewinn aus dem Zinsaufschlag – einen so genannten „Silberkauf", d.h., der Landesherr überließ dem Kreditgeber einen Teil oder auch die gesamte Silberproduktion für eine bestimmte Zeit, mit Ausnahme des Silbers, das in die Meraner bzw. später in die Haller Münze geliefert werden musste. Die Möglichkeit, das Silber vom Landesherrn zu einem festgelegten Preis zu erwerben und anschließend mit Gewinn weiter zu veräußern, war außerordentlich lukrativ. Zusätzlich winkten noch etwa 20% Zinsen. Ross leitete schließlich die Münzstätte in Hall, die man 1477 aus Meran/Südtirol ins Inntal verlegt hatte, und setzte zusammen mit dem Landesfürsten eine Münzreform in Tirol durch. Dank der hohen Silberproduktion stand dem Tiroler Landesfürsten zunächst genügend Silber zur Verfügung, um mit dem Tiroler Silberguldiner, erstmals 1486 geprägt, einen gleichwertigen Ersatz für den rheinischen Goldgulden zu erlangen. Den Guldiner nannte man bald überall „Taler". Die Talerprägungen verbreiteten sich in Mitteleuropa, wo sie schnell zur gängigen Währung wurden[64]. Anthoni vom Ross stellte Erzherzog Sigmund wiederholt größere Anleihen zur Verfügung. 1472 waren es 2.096 Gulden, wofür ihm der Silberkauf verschrieben wurde. Partner bei diesem Geschäft war Hans Paumgartner aus Kufstein, der nach dem „Bankrott"[65] des Anthoni vom Ross im Jahr 1491 dessen Grubenanteile aufkaufte und eine marktbeherrschende Stellung im Metallhandel erlangte. Hans Paumgartner besaß Silbergrubenanteile in Rattenberg und Kitzbühel. Er erhielt 1472 von den bayerischen Herzögen, die damals noch Landesherren im unteren Inntal waren, das Privileg, für drei Jahre die gesamte Silberproduktion in den Gerichten Rattenberg und Kitz-

---

[62] Worms 1904, S. 132-135.
[63] Egg 1958, S. 11-12; ders. 1964, S. 10.
[64] Egg 1964, S. 12.
[65] Ob es sich wirklich um einen Bankrott im rechtlichen Sinne, also um einen Austrag vor Gericht handelte, konnte bislang nicht geklärt werden. Bei allen folgenden Fällen von Zahlungsunfähigkeit eines größeren Gewerken lässt sich feststellen, dass die Großgläubiger oder Mitanteilseigner an den Gruben den völligen Zusammenbruch eines Geschäftspartners dadurch verhinderten, dass sie dessen Anteile übernahmen und die Gläubiger zumindest teilweise befriedigten. Nichts fürchteten die Gewerken allerdings so sehr wie einen gerichtlich verordneten Stillstand der Förderung bis zur Klärung der Verhältnisse. Dies hätte unweigerlich zu einem Verlaufen der Mannschaft geführt, da Verhandlungen vor Gericht gewöhnlich längere Zeit dauerten.

bühel aufzukaufen. Im gleichen Jahr verband er sich mit dem Rattenberger Gewerken Virgil Hofer sowie Anthoni vom Ross und gewährte Erzherzog Sigmund ein weiteres Darlehen. Im Krieg zwischen Tirol und Venedig 1486/87 brachte er zusammen mit Anthoni vom Ross, der sich seinerseits Geld bei den Fuggern geliehen hatte, 100.000 Gulden auf. Die Fugger hatten sich bei Ross mit immerhin 23.600 Gulden engagiert. Es gelang ihnen damit erstmals, im Tiroler Metallhandel Fuß zu fassen[66]. Großgewerken und Tiroler Landesfürsten profitierten gemeinsam von einer sich rasch ausweitenden Brandsilberproduktion seit den 1470er Jahren. Danach gewann man zwischen 1470 und 1479 203.861 Mark 1 Lot Brandsilber, 1480-1489 waren es 399.950 Mark 1 Lot und von 1490-1499 bereits 413.409 Mark 12 Lot[67].

Entwicklung der Brandsilberproduktion des Falkensteins von 1470-1523[68]

Jahr	Anzahl der schmelzenden Gewerken	Brandsilber (Mark/Lot)	Kupfer (Zentner)
1470	38	12.232/03	4.281
1471	36	8.153/15	2.854
1472	42	18.009/15	6.303
1473	36	16.995/14	5.949
1474	35	17.720/11	6.202
1475	36	18.286/08	6.400
1476	26	24.746/02	8.661
1477	31	30.938/13	10.829
1478	30	30.267/02	10.593
1479	25	26.509/14	9.278
1480	24	27.490/02	9.622
1481	20	27.935/15	9.778
1482	18	37.159/09	13.006
1483	17	48.097/03	16.834
1484	16	32.576/10	11.402
1485	15	49.882/05	19.953
1486	15	52.663/10	21.065
1487	15	44.466/14	17.787
1488	16	41.589/14	16.636
1489	17	38.087/15	15.235

---

[66] Egg 1964, S. 12.
[67] Westermann 1988, S. 25.
[68] Westermann 1986, S. 206; ders. 1988, S. 60-99.

Jahr	Anzahl der schmelzenden Gewerken	Brandsilber (Mark/Lot)	Kupfer (Zentner)
1490	18	41.565/13	16.626
1491	17	44.100/15	17.640
1492	14	43.815/06	17.526
1493	14	39.627/15	15.851
1494	13	41.091/10	16.437
1495	14	41.323/04	16.529
1496	14	38.674/03	15.470
1497	16	42.418/00	16.967
1498	14	42.086/02	16.834
1499	11	38.705/05	15.482
1500	11	41.643/04	16.657
1501	12	44.498/05	17.799
1502	11	43.378/12	17.352
1503	10	38.126/04	15.251
1504	8	32.905/12	13.162
1505	9	31.468/05	12.587
1506	7	34.236/10	13.695
1507	8	32.525/15	13.010
1508	7	31.196/14	12.468
1509	9	39.356/02	15.742

Jahr	Anzahl der schmelzenden Gewerken	Brandsilber (Mark/Lot)	Kupfer (Zentner)
1510	9	38.770/07	15.508
1511	10	39.405/09	15.762
1512	9	44.129/07	17.652
1513	9	46.731/03	18.692
1514	9	42.445/11	16.978
1515	9	50.146/00	20.058
1516	9	51.691/04	20.677
1517	9	46.057/08	18.423
1518	8	42.542/10	17.017
1519	8	38.443/10	15.377
1520	8	39.277/03	15.711
1521	7	35.458/00	14.183
1522	9	38.776/03	15.110
1523	8	55.855/01	22.342

Abb. 18: Epitaph des Gewerken Christian Tänzl in der Pfarrkirche Schwaz, angefertigt 1491 von Bildhauer Wolfgang Leb aus Wasserburg am Inn aus rotem Marmor (Foto: Deutsches Bergbau-Museum Bochum).

Von 1500-1509 betrug die Gesamtproduktion an Brandsilber vom Falkenstein 369.309 Mark 3 Lot, von 1510-1519 waren es 440.363 Mark 5 Lot und von 1520-1529 422.241 Mark 6 Lot[69]. Die Zahlen dokumentieren anhand der überlieferten Listen eindrucksvoll die rasch ansteigende Edelmetallproduktion bis in die 1520er Jahre. Es fällt auf, dass es in der Dekade von 1480 bis 1489, im Vergleich zu den vorausgehenden zehn Jahren, zu einem Anstieg um

---

[69] Westermann 1988, S. 25, unter Bezug auf die Handschrift im TLA, Pestarchiv XIV, Nr. 897.

rund 96% kam. Einen nicht geringen Anteil daran dürfte das neue Schmelzverfahren gehabt haben, wir berichteten bereits hierüber. Deutlich wird auch, dass der 1515 begonnene Tiefbau im Falkenstein zu einer erneuten Steigerung der Brandsilberproduktion führte, wie die Ziffern für die Jahre 1515 bis 1525 eindrucksvoll belegen. In den elf Jahren betrug die Gesamtproduktion immerhin 496.100 Mark 9 Lot Brandsilber, d.h. im Durchschnitt rund 45.100 Mark Brandsilber im Jahr. Die größten Produzenten von Brandsilber waren u. a.: Christian Tänzl und sein Sohn von 1470-1534 mit 356.103 Mark 4 Lot; Hans Fueger und seine Erben von 1470-1529 mit 209.016 Mark 3 Lot; Jörg Perl von 1470-1500 mit 117.420 Mark 6 Lot; Virgil Hofer und seine Erben von 1475-1515 mit 305.338 Mark; Hans Stöckl von 1481-1498 mit 21.450 Mark 15 Lot; Peter Rumel von 1479-1492 mit 14.964 Mark 14 Lot, Hanns Grunhofer von 1483-1503 mit 45.881 Mark 7 Lot; Hans Stöckl und Zyprian von Serntein von 1501-1507 mit 46.452 Mark 8 Lot; Hanns Paumgartner von 1507-1534 mit 282.222 Mark 13 Lot; Jörg und Hans Stöckl 1510-1526 mit 92.874 Mark 7 Lot; Cristoff Reiff und seine Erben von 1511-1534 von 41.068 Mark 9 Lot; Hans und Ambrosius Hochstätter von 1521-1529 mit 21.019 Mark 15 Lot; Jakob Fugger zusammen mit Hans Stöckl in Rattenberg und in Jenbach mit 39.091 Mark 13 Lot[70]. Bei den in den Listen der Brandsilberproduktion genannten Gewerken handelt es sich im Übrigen um Gewerken, die gleichzeitig als Schmelzhüttenbetreiber tätig sind bzw. dem Landesherrn Silberbarren abliefern. Damit ist jedoch noch nichts über die Anzahl der am Falkenstein insgesamt tätigen Gewerken gesagt, von denen es wesentlich mehr gab als die in den Brandsilberproduktionslisten Verzeichneten.

Nicht nur die Gewerken und Schmelzhüttenbetreiber profitierten vom reichen Bergsegen am Falkenstein und im Ringenwechselrevier in Schwaz. Über Fron und Wechsel flossen erhebliche Mittel in die landesfürstlichen Kassen. Steueraufkommen, Zölle, Gebühren und die Abgaben der Gewerken und Schmelzer reichten aber zumeist nicht aus, um den immensen Finanzbedarf der Habsburger zu befriedigen. Unter Kaiser Maximilian I. häufte das Haus Habsburg etwa sechs Millionen Gulden Schulden an, die unter seine beiden Enkel, Karl und Ferdinand, aufgeteilt wurden, wobei Ferdinand allerdings den größeren Teil übernahm. Ein nicht unbeträchtlicher Teil an dem „Wald von Schulden" war auf den Krieg mit Venedig (1508-1516) zurückzuführen, den Kaiser Maximilian I. verlor[71]. Nach seinem Tod stieg der Schuldenberg nochmals stark an, als die Wahl seines Enkels Karl zum deutschen König und letztlich zum Kaiser anstand. Die Wahl kostete das Haus Habsburg etwa 850.000 Gulden. Ein großer Teil gelangte als Bestechungsgelder an die deutschen Kurfürsten. Die Wahl des französischen Königs, Franz I., konnte zwar verhindert werden, doch die vom Haus Habsburg benötigten Summen waren nur über eine kurzfristige Anleihepolitik aufzubringen. 1519 stellte allein das Augsburger Handelshaus der Fugger für die Wahl Karls V. nahezu 550.000 Gulden zur Verfügung. Um die Rückzahlung von 415.000 Gulden sicher zu stellen, verschrieb man Jakob Fugger das Recht zum Aufkauf des Silbers aus den Schwazer Bergwerken[72]. Ferdinand I. erhielt bei der Erbteilung mit seinem Bruder Karl neben den österreichischen Herzogtümern die Grafschaft Tirol und die Vorlande als erbliche Herrschaft. Nach außen fungierte er zunächst als „Gubernator"; er vertrat seinen Bruder im Reich, während dieser nach Spanien aufbrach. Die während der ungeklärten Nachfolgefrage ausbrechenden Aufstände und Unruhen, besonders in den österreichischen Erblanden, wurden von Ferdinand I. 1521/22 teilweise blutig niedergeschlagen[73]. Dennoch war er auf eine Zusammenarbeit mit den Ständen, insbesondere in Tirol, angewiesen. Auf seinem ersten Landtag 1523 konfrontierte er die Mitglieder des Tiroler Landtages mit einer Forderung von 150.000 Gulden, die durch Steu-

---

[70] Westermann 1988, S. 129-139.
[71] Kohler 2003, S. 72-73.
[72] Egg 1964, S. 27; Fischer 2001, S. 25.
[73] Kohler 2003, S. 76-84.

ern finanziert werden sollten. Zur Unterstützung seiner Forderung teilte er der Ständevertretung mit, welche finanziellen Belastungen auf dem Land Tirol lagen: der Großkredit der Fugger in Höhe von 415.000 Gulden war auf die Bergwerke versichert, andere Geldgeber forderten 400.000 bis 500.000 Gulden; von 210.000 Gulden, die Kaiser Maximilian dem Herzog Georg von Sachsen noch aus den Zeiten der Burgunderkriege schuldete, war die Hälfte auf Tirol verwiesen, wobei der Gesamtbetrag dieser Schuld samt Zinsen auf insgesamt 320.000 Gulden angewachsen war[74]. Dem Schwäbischen Bund waren noch Kriegshilfen in Höhe von 50.000 Gulden zu zahlen, und den Tiroler Schmelzherren schuldete man weitere 40.000 Gulden. Ferdinand bezifferte die Gesamtschulden, die trotz der Entschuldungsaktion des habsburgischen Schatzmeistergenerals Gabriel von Salamanca auf Tirol lagen, mit 1.415.000 Gulden[75]. Die imperialen Pläne der Habsburger waren letztlich nicht allein über die Erhebung höherer Steuern durch die Landstände zu finanzieren. Die Einkünfte der Tiroler Landesfürsten aus dem Bergbau dienten dazu, sich mit Hilfe von Anleihen finanziell einen größeren Spielraum zu verschaffen. Dafür opferte man letztlich aber für einige Zeit die Kontrolle über den Bergsegen, denn die Kredite mussten langfristig über die Verschreibung der Erträge aus dem Montanwesen abgesichert werden. Alle Seiten machten sich aber abhängig vom reichlichen Fluss des Bergsegens, denn nur durch stetige Gewinne konnten die gewährten Anleihen auch zurückgezahlt werden.

Wohl eher ein Opfer seines Strebens nach einem Adelstitel als einer sich abzeichnenden Krise im Bergbau wurde 1522 Martin Paumgartner aus Kufstein. Seine Zahlungsunfähigkeit führte dazu, dass sein Hauptgläubiger, der Augsburger Jakob Fugger, zusammen mit Hans Stöckl aus Schwaz die Bergwerksanteile des Paumgartner in Schwaz, Rattenberg und Lienz sowie das Schmelzwerk in Kundl übernehmen musste, um einen weiter reichenden Einbruch der bergbaulichen Aktivitäten in den genannten Revieren zu vermeiden[76]. Auch hier dürfte es wie in ähnlich gelagerten Fällen, etwa 1552 bei den Stöckl und Tänzl, nicht zu einem Bankrott mit einem gerichtlichen Austrag gekommen sein. Ein Bankrott war unter allen Umständen zu vermeiden, denn längere Stillstandszeiten der Gruben zogen ein Verlaufen der Bergleute nach sich. Ein unabsehbarer Schaden wäre entstanden[77].

---

[74] Kohler 2003, S. 73.
[75] Fischer 2001, S. 27-28.
[76] Egg 1964, S. 27.
[77] Vgl. Kap.6d.

5. Die Entwicklung seit 1525

a) Die Produktion und die Produktionskosten

Wie zuvor dargestellt hatte im Jahr 1523 die Produktion des Falkensteins – und damit höchstwahrscheinlich des Schwazer Bergbaus insgesamt – ihre größte Ausdehnung erreicht. Dies konnte allerdings zu diesem Zeitpunkt niemand voraussehen. Im frühen 16. Jahrhundert hatte nach den vorliegenden Untersuchungen zum Bergbau in Tirol das Revier Schwaz die bei weitem größte Bedeutung aller Bergbaubezirke im Land[1]. So wird denn auch in der zeitgenössischen Darstellung des Lebens und Wirkens des Kaisers Maximilian I., „Der Weiß Kunig", rühmend erwähnt: *Er hat in seinem kunigreich, neben anndern grossen perckwerchen allain ain perckwerch in Tirol zu sbaz* (Schwaz) *gehabt, das Ime Iedes Jars, fron und wexl tragen hat, anderthalb tausent gulding*[2]. Nicht nur im Vergleich der Tiroler Reviere sondern auch im europäischen Vergleich tritt die herausragende Rolle von Schwaz trotz gewisser Unsicherheiten der Datenerhebung deutlich in Erscheinung; Peter Fischer fasste auf der Basis der durch Ekkehard Westermann ermittelten Daten zusammen: *Im ersten Viertel des 16. Jahrhunderts wird aus Schwazer Erzen mehr als die Hälfte des in den fünf führenden Revieren* (Europas) *erschmolzenen Silbers gewonnen. Zu dieser Zeit ist Schwaz somit das bedeutendste Zentrum der europäischen Silbergewinnung. Das Jahr 1523 markiert den Produktionshöhepunkt der Schwazer Reviere. Mit 131.439 Mark Brandsilber erwirtschaftete man 62% der Gesamtproduktion der fünf Reviere. Den höchsten Anteil mit 68% erreichte man 1515, allerdings mit der zweithöchsten Jahresfördermenge von 118.094 Mark Brandsilber*[3]. Bei diesen Ziffern ist allerdings zu berücksichtigen, dass es sich um Schätzwerte handelt. Genaue Angaben liegen nur für den Falkenstein vor. Lediglich für 1541 und 1542 sowie für 1546 und 1547 liegen Zahlenangaben auch für die Reviere Ringenwechsel und Alte Zeche sowie für die Produktion des fürstlichen Hauskammeramtes vor. Aus ihnen ergibt sich nach Westermann eine prozentuale Verteilung der Silbererzeugung auf die genannten Bereiche von:

- Falkenstein = 50%
- Ringenwechsel = 20%
- Alte Zeche = 20%
- Hauskammeramt = 10%

Dieses Verhältnis nahm Westermann für den ganzen Zeitraum zwischen 1470 und 1545 an, wobei er zugleich darauf hinwies, dass man gegen dieses Vorgehen aufgrund erkennbarer Schwankungen nach Zeit und Teilrevier methodische Bedenken und Einwände durchaus erheben könne[4]. Wenn also aus rechnerischen Gründen sehr genau wirkende Daten im obigen Zitat von Fischer angegeben sind, handelt es sich dennoch um nicht mehr als um Näherungswerte, die nicht überstrapaziert werden dürfen. Dies gilt zumal für die Entwicklungen nach 1545 bzw. 1550, als es zunehmend zu Einschränkungen des Bergbaus in den verschiedenen Teilrevieren kam, die bisher nur für den Falkenstein hinsichtlich ihrer Auswirkungen

---

[1] Fischer 2001, S. 61.
[2] Treitzsaurwein, Marx, Der Weiß Kunig. Eine Erzehlung von den Thaten Kaiser Maximilian des Ersten, Wien 1775 (Faksimile Weinheim 1985), S. 82.
[3] Fischer 2001, S. 63; Westermann 1986, S. 201.
[4] Westermann 1986, Anlage 6, S. 207.

auf die Silberproduktion genauer in den Quellen erfasst worden sind[5]. Vergleicht man damit die – wie dargelegt, mit Vorsicht zu handhabenden – Zahlenangaben bei Isser für die Bereiche Alte Zeche und Ringenwechsel, so wird immerhin erkennbar, dass sich die Einschränkungen der Produktion in ähnlichen Dimensionen bewegt haben dürften wie am Falkenstein. Es stellt ein dringendes Forschungsdesiderat dar, die von Isser genannten und nur summarisch ausgewerteten Quellen neuerdings zu untersuchen. Sie sollen für den Bereich Ringenwechsel alle Gewerken und das von ihnen jeweils gebrannte Silber für den Zeitraum 1460 bis 1520 aufführen, außerdem die Produktionsdaten bis 1550[6]. Weitere Daten fasste er aufgrund anderer Quellen bis zum Jahr 1599 zusammen[7]. Auch für den Bereich der Alten Zeche brachte er Produktionsdaten mit Hinweis auf teils dieselben Quellen, die für den Bereich Ringenwechsel angeführt sind[8]. Betrachtet man diese Daten in ihrer Gesamtheit, so ist die Annahme Westermanns zur prozentualen Be-

Abb. 19: Blick auf die Halden des Falkensteins, im Vordergrund die Klosterkirche St. Georgenberg-Fiecht nördlich von Schwaz (Foto: Deutsches Bergbau-Museum Bochum).

teiligung der Hauptreviere von Schwaz an der Gesamtproduktion so gut abgesichert, wie es der derzeitige Forschungsstand erlaubt. Eine detaillierte Auswertung der quantifizierenden Quellen kann allerdings durchaus Korrekturen dieser Abschätzungen erforderlich machen. Ob die Daten, die Westermann für die Gesamtproduktion von Schwaz zugrunde legte, deutlich nach unten korrigiert werden müssen, wie Fischer annahm[9], kann erst nach weiteren quellengestützten Untersuchungen entschieden werden. Es erscheint durchaus möglich, dass die Reviere außerhalb des Falkensteins zeitweilig auch mehr als 40-50% der Gesamtproduktion des Raumes Schwaz lieferten.

Genaue und kritisch überprüfte Zahlen für den Falkenstein verdanken wir den Arbeiten Ekkehard Westermanns, sie werden nachfolgend zusammengefasst.

---

[5] Westermann 1988, Zahlenangaben 1470 bis 1623. Fischer (2001, S. 68f.) merkte an, dass durch Nöh 1951 ohne Quellenangabe (tatsächlich auf Isser 1904/05 basierend!) sowie Issers Zahlen zur Produktion auch für die Reviere Ringenwechsel und Alte Zeche vorgelegt worden sind. Allerdings handelt es sich um Werte für Zeiträume von zehn Jahren, deren Quellenbasis dringend zu überprüfen wäre.

[6] Isser 1905, S. 44, Anm. 221 mit Hinweis auf TLA, Pestarchiv Suppl. 898 und 899 sowie Pestarchiv I, Fol. 181-185.

[7] Isser 1905, S. 47, Anm. 232 mit Hinweis auf TLA, Pestarchiv Suppl. Fol. 946.

[8] Isser 1905, S. 74 mit Anm. 322, sowie S. 79 mit Hinweis auf TLA, Pestarchiv Fasz. XVII, Fol. 716-730.

[9] Fischer 2001, S. 69.

Entwicklung der Brandsilber- und Kupferproduktion des Falkensteins von 1522 bis 1569[10]

Jahr	Anzahl d. schmelzenden Gewerken	Brandsilber (Mark/Lot)	Kupfer (Zentner)
1522	9	38.776/03	15.510
1523	8	55.855/01	22.342
1524	10	49.977/07	19.991
1525	11	47.875/11	19.150
1526	8	40.223/02	16.089
1527	8	40.394/12	16.158
1528	8	38.081/02	15.232
1529	8	36.322/13	14.529
1530	6	35.731/12	14.293
1531	6	36.448/05	14.579
1532	6	41.521/03	16.608
1533	6	38.646/06	15.459
1534	6	40.663/07	16.265
1535	6	36.475/01	14.590
1536	5	35.999/00	14.400
1537	6	21.984/10	8.794
1538	6	24.256/03	9.703
1539	6	30.832/01	12.333
1540	6	30.597/02	12.239
1541	6	29.005/11	11.602
1542	6	28.016/04	10.677
1543	6	25.547/05	11.207
1544	6	27.876/07	10.219
1545	6	27.142/03	11.151
1546	6	26.691/08	10.857
1547	6	24.816/14	9.927
1548	6	26.796/02	10.718
1549	6	26.937/13	10.775
1554	4	24.026/04	9.610
1555	4	20.055/11	8.022
1556	4	23.652/11	9.461
1557	4	23.704/12	9.482
1558	5	22.784/15	9.114
1559	5	24.169/11	9.668
1560	5	23.216/04	8.242
1561	5	25.672/07	9.114
1562	5	24.924/01	8.848
1563	5	20.815/04	7.389
1564	5	17.518/11	6.219
1565	5	18.604/01	6.604
1566	3	17.474/02	6.203
1567	3	17.367/06	6.165
1568	3	18.281/05	6.490
1569	3	18.335/04	6.509

Die Situation einer allgemeinen politischen Umbruchstimmung, wie sie die Jahre der Unruhen des Bauernkriegs mit sich brachte, fiel in eine Phase höchster Produktion, nicht etwa von sich verdeutlichenden Tendenzen eines Abschwungs. Die Gesamtproduktion des Falkensteins betrug 1521 insgesamt 35.458 Mark Silber, im Folgejahr 38.776 Mark und schnellte dann auf 55.855 Mark im Jahr 1523 hoch. Bis 1534 erreichte sie dann stets Werte, die diejenigen von 1521/22 regelmäßig und zum Teil ganz bedeutend übertrafen. Hier gibt sich ein beträchtliches Schwanken des Produktionsumfangs zu erkennen, das in den Jahren zuvor ebenfalls zu erkennen ist[11]. Dasselbe gilt für die Kupferproduktion, deren Umfang aufgrund der gekoppelten Erzeugung in einem mehrstufigen Hüttenprozess schon zeitgenössisch rechnerisch auf Grund der Silbererzeugung ermittelt wurde[12]. Aber für die Zeitgenossen ließen diese Ziffern – anders als der langfristige Vergleich mit der späteren Entwicklung – für die Zeit bis 1525 in keiner Weise einen allgemeinen Abwärtstrend erkennen, eher das Gegenteil.

Wenn also die Gewerken des Falkensteins mit dem „Anlass" des Jahres 1525 und dessen Bestätigung durch den Landesherrn im selben Jahr die Zusammenlegung von Gruben und eine Vereinheitlichung von Betriebsverhältnissen durchsetzten, so kann dies nicht als Reaktion auf insgesamt verschlechterte Betriebsverhältnisse gedeutet werden. Sie selbst gaben klar an, dass sie *die schwär uncosst, so auf das perckhwerch täglich erwachset, abstellen wellen*. Es würden *vil unnützer Örter gepaut, die Gotzgab mit schwärer Costung gehaut und verschwendt*. Man habe Gruben vereinigt, Kleingruben aufgekauft und Örter eingestellt *zur Abstellung der schwären und grossen Costen, damit die löblich Gotsgab nit so unnützlich wie ain zeither verschwennt werde*. Man klagte an keiner Stelle über einen Rückgang der Metallerzeugung, vielmehr allgemein über *gemaines perckhwerchs notturft...Abfall des perckwerchs, Zertrennung und verlauffung der Mannschaft und des armen Volckh*. Die Initiative sei von denjenigen *ausserhalb der frey und aigen Grueben, so sich am maisten und hertisten am Valckhnstain verpauen auch unntzher etlich und vil Jar schwärlich verpaut und die maist mue und arbait am perg und bey dem gericht* aufgewendet hätten, ausgegangen[13].

Nun war die allgemeine Unruhe der Zeit Ursache von Weggang von Mannschaften, nicht ein Niedergang des Bergbaus. Nach Feststellungen Fischers war z.B. der Kriegsdienst attraktiv genug, um den Bergmannsberuf wenigstens zeitweilig aufzugeben[14]. Er kam zu dem Ergebnis, Forderungen und Beschwerden der Bergleute hätten sich in den Bauernkriegsunruhen eher gegen Ladenbesitzer und Händler vor Ort gerichtet, wobei den Fuggern eine gewisse Sündenbock-Rolle zugeschrieben worden sei, als gegen die Gewerken oder gar die Obrigkeit, die vielmehr mit der Haltung der „Gemeinen Gesellschaft der Bergwerke" als Interessenvertretung der Mannschaften durchaus zufrieden gewesen sei[15]. Davon, dass die Bauernkriegsunruhen bis zum Zeitpunkt der Formulierung des „Anlass" durch die Gewerken den Bergbau wirklich nachhaltig im Sinne von Betriebseinschränkungen betroffen hätten, kann keine Rede sein. In den Jahren 1524 und 1525 betrug die Brandsilberproduktion des Falkensteins rd. 50.000 bzw. rd. 47.900 Mark, gut 25% mehr als während der Jahre 1521 und 1522.

---

[10] Nach Westermann 1988, S. 102-114 und ders. 1986, S. 209. Wegen der Zahlen des vorangehenden Zeitraums vgl. oben S. 713f.

[11] Westermann 1988, S. 97-104 und passim.

[12] Vgl. dazu Westermann 1986, Anlage 2, S. 204.

[13] Ludwig 2004, S. 103, Sp. 3 und 104, Sp. 3.

[14] Fischer 2001, S. 196f.

[15] Fischer 2001, S. 254: *Die Rolle, welche die Bergleute, insbesondere die gemeinen Gesellschaften der Bergwerke zu Schwaz, beim Ausbruch des Tiroler Bauernkriegs im Mai 1525 gespielt haben, war so recht nach dem Geschmack des Landesherrn.*

War 1523 ein herausragend gutes Jahr hinsichtlich der Silbererzeugung gewesen, so waren die beiden Folgenden jedenfalls sehr gute Jahre, weit über dem Durchschnitt des Zeitraums 1500 bis 1522 liegend. Wenn sich Gewerkschaften bzw. Gruben über „Verbauen" und zu hohe Kosten beklagten, wie der Anlass von 1525 als Begründung für die Maßnahmen der Zusammenlegung von Gruben und betrieblichen Vereinheitlichung ausführt, so störte man sich wohl in erster Linie an einem Kostengefälle zwischen verschiedenen Betrieben.

b) Die Gruben

Es sei zunächst an den 1515 zusammengeschlossenen Betrieb Erbstollen/Fürstenbau erinnert, der im selben Jahr den Vortrieb des Erbstollens zu Gunsten des Fürstenstollens eingestellt hatte und seitdem nur mehr den Fürstenbau-Stollen weiterführte[16]. Im Jahr 1526 arbeiteten im Erbstollen 818 von insgesamt 4.576 Beschäftigten des Grubenbetriebs am Falkenstein, im Fürstenbau weitere 168, das sind zusammen 21,7 % der Gesamtbelegschaft, wie die Quellen der „Bergbeschau" ausweisen, die im genannten Jahr durchgeführt wurde[17]. Der Betrieb unterhielt einen Stollen (Fürstenstollen); er hatte vier Hutleute und zwei Grubenschreiber, also sechs Mann an Aufsichtspersonal. Im Durchschnitt entfielen also 136 Mann auf einen Aufseher. Ein sehr großer Betrieb war auch die Grube *Tieffstollen, St. Niclas bei der Archen, St. Kathrein auf der Laymzech* mit 575 Beschäftigten und immerhin zehn Mann an Aufsichtspersonal[18]. Hier entfielen also rechnerisch etwa 57 Mann auf einen Aufseher. Wie viele Stollen unterhalten werden mussten, ist nicht bekannt. Eine kleine Grube wie *Zu der Cron, St. Johann, St. Thoman, Zum Rech, St. Ruprecht, Schefgruben* hatte 19 Beschäftigte, darunter drei Aufseher[19]. Sie hatte nach den bergrechtlichen Bestimmungen mindestens einen Stollen zu unterhalten. Eine weitere kleinere Grube, *All Heyligen, St. Jacob*, hatte 21 Beschäftigte, drei Aufseher[20] und musste ebenfalls einen Stollen unterhalten. Die Beispiele könnten erheblich vermehrt werden, für eine Gesamtübersicht ist auf Fischer zu verweisen[21]. In einer Tabelle dokumentiert er 46 Grubenbetriebe, die die Originalquelle ausweist. Er geht aber merkwürdiger Weise von 150 Gruben aus, die besichtigt worden seien. Fischer merkt allerdings an: *Bei der Besichtigung wurden zusammengeschlagene Grubenkomplexe auch gemeinsam bilanziert. Die Eigentumsverhältnisse blieben dabei völlig unberücksichtigt*[22]. Die letztere Bemerkung ist deshalb unverständlich, weil das Zusammenschlagen von Gruben darin bestand, aus zuvor mehreren Gewerkschaften eine neue Gewerkschaft zu formieren, die dann den Betrieb in den zusammengelegten Feldern als nunmehr bergrechtlich wieder einer Grube fortführte. Der Vorgang wurde oben in allen Einzelheiten am Beispiel von Gruben des Ringenwechsels beleuchtet[23]. Das Zusammenschlagen bedeutete, wie auch aus dem Anlass von 1525 in aller Deutlichkeit hervorgeht, ganz wesentlich eine Neuordnung der Besitzverhältnisse, wobei man die Altbesitzer in eben dem Umfang an der neuen Gesellschaft beteiligte, der ihnen an den zuvor getrennten Betrieben gehört hatte. Alternativ dazu wurden ihre Anteile von denjenigen Gewerken aufgekauft, die Teilhaber des zusammengeschlossenen Betriebs

---

[16] Zu den Einzelheiten siehe oben, S. 686-688.
[17] Abdruck der Daten bei Fischer 2001, Anlage 3, S. 304.
[18] Ebd., S. 303.
[19] Ebd., S. 299.
[20] Ebd., S. 301.
[21] Fischer 2001, S. 299-306 (Daten der Bergbeschau für 46 Grubenbetriebe des Falkensteins).
[22] Fischer 2001, S. 305, Anm. 12.
[23] Vgl. oben S. 604-697.

blieben oder wurden. Die 46 am Falkenstein im Jahre 1526 von einer bergamtlichen Kommission besichtigten Gruben waren die dort zu diesem Zeitpunkt offiziell nach Bergrecht existierenden Betriebe. Nur in sieben Fällen werden Gruben mit nur einem Namen erwähnt[24]. Alle anderen werden mit mindestens zwei oder mehr Namen genannt, eine sogar mit 13 Namen[25]. Nicht in die Beschau einbezogen wurden einige Frei- und Eigengruben als Kleinstbetriebe. Es ist davon auszugehen, dass die mit mehreren Namen benannten Betriebe aus Zusammenschlüssen hervorgegangen waren. Im Jahr 1525 war im Rahmen des Anlass ein Grubenkomplex entstanden, der *sant Jörgen unter dem Tueffenstollen mit den selben verainten grueben zu sandt Wolfgang und Simon Judas geschlagen und die tail vergleicht und verait* hatte. *Weiter hat oder haben die Gewerckhen zu sant Jorgen und sant Wolfgang nach irer verainigung denen Gewerckhen zu sant Veit und Josephen im Nassental ire teil mitsambt allen derselben grueben, nutzung und zuegehor abkaufft.*[26]. Die Formulierung, man habe die Teile „verglichen und vereint", weist darauf hin, dass es sich um einen Vorgang der Zusammenlegung von Feldern und Gewerkschaften gehandelt hat, wie er oben am Beispiel der Gruben im Ringenwechsel für einen Zeitraum rd. 25 Jahre später geschildert wurde[27]. Der Hinweis auf die bereits vereinten Gruben, die mit St. Simon und Judas zusammengefasst wurden, weist auf schon früher erfolgte Zusammenlegungen hin. So begegnet uns der fragliche Zusammenschluss dann auch in der Bergbeschau als Komplex von acht ehemaligen Einzelgruben[28]. Er hatte eine Gesamtbelegschaft von 342 Mann und gehörte damit zu den vier größten nunmehr betriebenen Gruben des Falkensteins. Weitere Zusammenlegungen im Anlass von 1525 betrafen den Grubenkomplex Tiefstollen und den angrenzenden Bereich mit St. Johannes und St. Veronica[29]. Beim Tiefstollen handelte es sich um den zweitgrößten Grubenbetrieb am Falkenstein mit 575 Mann Gesamtbelegung[30]. Was im Anlass zusammengelegt wurde, waren mithin nicht kleine und mittlere Gruben des Reviers Falkenstein. Vielmehr ging es bei den Zusammenschlüssen gerade um die größten Zechen, die man auf diese Weise wirtschaftlich vorteilhaft zu entwickeln suchte. Betrachtet man den Anlass von 1525 und die Daten aus der Bergbeschau von 1526 im Vergleich, so tritt diese Tendenz sehr deutlich hervor.

Die Zahlen lassen ferner erkennen, dass sich nicht nur in zusammengeschlossenen Feldern Grubenbetriebe von zumindest mittlerer Größe zu entwickeln vermochten. So hatte zwar *St. Wolfgang im Brand* nur 10 Beschäftigte (darunter ein Hutmann) und *Zum Oswald Ebmair* sieben (darunter ebenfalls ein Hutmann). Aber *St. Martin beym Artzperg* hatte 86 Mann Grubenbelegung (darunter ein Hutmann und ein Grubenschreiber), *St. Anthoni* 94 Arbeitskräfte (darunter 2 Hutleute, 2 Grubenhüter und ein Grubenschreiber) und *St. Wolfgang im Tullergassl* 83 Mann (bei 2 Hutleuten, zwei Grubenhütern und einem Schreiber)[31]. Die ursprüng-

---

[24] *St. Wolfgang im Brand, Zum Wunderlich, Zum Oswald Ebmair, St. Martin beym Artzperg, St. Anthoni, St. Wolfgang im Tullergass,* und *St. Erasm unter der Prügken.* Fischer 2001, S. 299-304.

[25] Ebd, S. 300: *Herrengueb, Wunderpurg, St. Pauls in der Wandt, St. Johans Stelwagen, St. Daniel, Zum Loch, Weinreb, St. Andre der alt, Talheimerin, St. Sigmund, Frasmontag, St. Simon Judas, St. Rueprecht.*

[26] Ludwig 2004, Anlass von 1525, S. 103, 3. Spalte und S. 104, 1. Spalte.

[27] Vgl. oben, S. 694-697.

[28] Fischer 2001, S. 303: *St. Martein beim Kalchofen, Zum Pruckl, St. Jörg unterm Tieffenstollen, Unser Frau im Eystal, St. Simon Judas, St. Wolfgang ob der Hütten, St. Philipp u. Jacob, St. Veith im Nassental.*

[29] Ludwig 2004, Anlass von 1525, S. 104, Spalte 3: *Als sannt Johannis Veronica mitsambt Iren verainten grueben in des Tueffenstollen mass mit etlichen Lehenschafften und gepewen gelegen ist, dsgleichen der Tueffenstollen auch etliche gepew in sant Johannes und Veronica mass gehabt hat, haben die gewerckhen beider Grueben sich mitainander vertargen und ain tail dem andern die gepew, was in irem mass ist, übergeben und zuegestelt laut desselben vertrag.*

[30] Fischer 2001, S. 303.

[31] Fischer 2001, S. 299-303.

lich verliehenen Einzelfelder erlaubten also die Entwicklung von Gruben mit beachtlicher Belegschaftsstärke, die im Gesamtvergleich mittelgroße Betriebe bildeten.

Insgesamt gesehen verdeutlicht das Zahlenmaterial der Bergbeschau, dass, wie oben schon festgestellt, hinter dem Begriff „Grube" Betriebe völlig unterschiedlicher Struktur und Ausdehnung standen. Die Belegschaftsziffern variierten zwischen 7 und 818. Nur drei Gruben hatten weniger als 10 Beschäftigte, sechs weitere Belegschaftsstärken zwischen 11 und 25 Mann, zehn Gruben beschäftigten 26-50 Mann, 13 weitere 51-100 Arbeitskräfte, vier zwischen 101 und 150 Bergleute, je ein Betrieb hatten 168 bzw. 212 Beschäftigte, vier Gruben beschäftigten je mehr als 340 Mann. Mit zusammen 2.085 Bergleuten waren die letztgenannten mit rd. 46% an der Gesamtbelegschaft des Falkensteins beteiligt, während 32 Gruben mit bis zu 100 Mann Belegung insgesamt 1.529 Bergleute oder rd. 33% aller Beschäftigten stellten[32]. Kleinbetriebe spielten kaum mehr eine Rolle am Falkenstein, eine breitere Gruppe entfiel auf mittelgroße Bergwerke, unverkennbar ist die Tendenz einer Konzentration der Belegschaften vor allem in größeren bis sehr großen Gruben.

Die Betriebe hatten offenkundig durchaus unterschiedliche Kostenstrukturen, was bei der Breite der unterschiedlichen Betriebsgrößen nicht verwundern kann. Die Zahlen für das Aufsichtspersonal machen das besonders deutlich. Natürlich wirkte ein Verhältnis von einem Aufseher auf 136 oder auf 57 Mann Belegschaft (bei den oben genannten Großgruben mit 818 bzw. 575 Mann) im Vergleich zu einem Verhältnis von 1:7 bei den kleinsten Einheiten auf die Gesamtkosten. Die großen Gruben hätten 117 bzw. 82 Aufsichtspersonen beschäftigen und entlohnen müssen, um bei den durchschnittlichen Kosten für die Aufsicht mit den beiden erwähnten kleinen Bergbaubetrieben auf gleichem Niveau zu liegen. Die vier ausgewählten Beispielgruben markieren die niedrigsten bzw. höchsten Zahlenrelationen von Gesamtbelegschaft und Aufsehern (Hutleute, Grubenhüter, Schreiber)[33].

Insgesamt befand sich die Entwicklung im Umbruch vom kleineren bis mittleren Grubenbetrieb mit Beschäftigtenzahlen bis um ca. 100 Mann hin zu wenigen Großbetrieben mit jeweils mehreren Hundert Beschäftigten. In diese Entwicklung griffen die Gewerken mit Hilfe des „Anlass" ein, und zwar deutlich zwecks Förderung des Großbetriebs. Das ausgerechnet die sehr großen Betriebe, die Gegenstand von Zusammenlegungen waren, unter besonderem Kostendruck gelitten haben sollen, wie die Gewerken einleitend im „Anlass" erklärten, ist doch wohl zu relativieren: Vielleicht waren ihre Durchschnittskosten im Vergleich zum größten und zugleich jüngsten Betrieb, dem Erbstollen, vergleichsweise hoch. Dort hatte man ein unbegrenztes Grubenfeld zur Verfügung, sieht man von dem Bereich oberhalb der Firste des Fürstenbaus ab. Erst ein Jahrzehnt zuvor hatte der Tiefbau begonnen.

Er muss sogleich Zugang zu enorm reichen Erzreserven eröffnet haben, denn 1515 wurde nach 42.445 Mark Silberausbeute im Vorjahr eine Produktion von 50.146 Mark aus dem Falkenstein erzielt, 1516 waren es sogar 51.691, auch 1517 immerhin 46.057. Danach ging allerdings die Produktion zunächst wieder erheblich zurück, 1519 und 1520 lag sie nur bei 38.000-39.000 Mark um 1521 sogar auf 35.458 Mark zu sinken[34]. Diese Entwicklungen in kurzer Zeit weisen darauf hin, dass man mit der Aufnahme des Tiefbaus und seinem raschen Ausbau innerhalb weniger Jahre eine exorbitant hohe Produktion erreichte. Betrachtet man die Entwicklung der Silberproduktion aus dem Falkenstein über längere Zeiträume, so fällt auf, dass in der Blütezeit zwischen 1490 und 1535 die Produktion um 40.000 Mark Silber

---

[32] Fischer 2001, S. 299-304.
[33] Ebd.
[34] Westermann 1988, S. 94-97.

schwankte, ehe 1515 bis 1517 eine erste Spitze der Silbererzeugung wahrnehmbar ist, 1523 bis 1525 eine zweite[35].

Danach stellte sich bis 1534 erneut ein Zustand ein, bei dem die Produktion um 40.000 Mark schwankte. In den Jahren 1535 und 1536 fiel sie dann zurück, um 1537 auf nur mehr 21.984 Mark abzusinken, das ist eine Verminderung um fast 50% gegenüber 1534. Wiederum kann diese Entwicklung mit Ereignissen im Tiefbau in Verbindung gesetzt werden: 1535 gab man das weitere Abteufen auf, von 1537 an sind die tiefen Sohlen sukzessive unter Wasser geraten. Das trifft mit dem Tiefpunkt der Produktion im selben Jahr zusammen. Die sehr großen Schwankungsbreiten werden auch an der nachfolgenden Entwicklung weiter deutlich, denn es gelang schon 1539, die Silberproduktion des Falkensteins wieder auf 30.832 Mark zu steigern, also gegenüber 1537 um fast 50%. Dieses Niveau vermochte man bis 1542 etwa zu halten, dann kam es zu einem neuerlichen Rückgang auf rd. 24.800 Mark im Jahr 1548[36]. Aufgrund schwindender Produktion wurde 1545 der Tiefbau mit Ausnahme eines Bereichs bis 15 Klafter unterhalb der Sohle des Erbstollens aufgegeben[37]. Zugleich wurde der „Anlass"-Vertrag des Jahres 1525 aufgelöst[38]. Es ist sehr auffallend, dass die weitestgehende Aufgabe des Tiefbaubetriebs mit dieser Maßnahme zusammenfiel – offenkundig war der Tiefbau und damit gleichzeitig die lange Zeit größte Grube des Falkensteins ein zentrales Element der Vereinbarungen; als er seine Bedeutung verlor, war auch der Vertrag nicht mehr wesentlich. Die erwähnten Maßnahmen hatten aber nicht etwa einen weiteren Rückgang der Produktion zur Folge. Ganz im Gegenteil stieg sie bis 1550 wieder auf knapp 30.000 Mark Silber an. Daraus ist zunächst zu schlussfolgern, dass die Erzreserven des Falkensteins keineswegs erschöpft oder nahezu erschöpft waren, wie man aus den immerwährenden Klagen der Gewerken über schlechte Anbrüche und „Verbauen" – also einen defizitären Bergbaubetrieb – schlussfolgern könnte. Wo immer wieder Produktionssteigerungen vom geschilderten Umfang in wenigen Jahren möglich waren, hatte man offensichtlich Erzreserven und zwar auch relativ kurzfristig mobilisierbare. Denn es wurden weder jahrelange Aufschlussarbeiten getätigt, noch verlagerte man die Produktion etwa in andere Gruben.

Nach der Bergbeschau von 1526 werden in den Quellen zum Falkenstein neue Grubennamen nicht mehr genannt. Alle Namen der 36 Gruben des Falkensteins, die in der Liste des Schwazer Bergbuchs 1556 aufgeführt werden, sind mit Grubennamen zu identifizieren, die bereits bei der Bergbeschau dreißig Jahre zuvor erwähnt wurden. Der Vergleich macht es ferner möglich, zum großen Teil den Namen von 1556 ungefähr 130 ältere Einzelgruben zuzuordnen, die bei der Aufzählung der 46 Betriebe von 1526 mitgeteilt werden. Es wird so möglich, drei Entwicklungsstadien der Gruben am Falkenstein zu fassen: Erstens einen Zeitraum vor 1527 mit etwa 150 Einzelgruben. Es kann allerdings vorläufig nichts darüber gesagt werden, bis wann die genannten Gruben selbstständig waren bzw. wann Zusammenschlüsse erfolgten. Zweitens die Situation im Jahr 1526. Die Quelle zur Bergbeschau in diesem Jahr informiert darüber, welche Zusammenschlüsse bis dahin erfolgt waren und welche Größe hinsichtlich der Belegschaften die am Falkenstein betriebenen Gruben seinerzeit hatten. Ferner wird die Anzahl der Lehenschaften pro Grube mitgeteilt, was auf den Umfang des Abbaubetriebs schließen lässt. Drittens ist der Zustand von 1556 erfassbar: Das Schwazer Bergbuch macht deutlich, welche der Gruben auch 1556 noch betrieben wurden, wobei auch hier die Anzahl der Lehenschaften mitgeteilt wird, so dass die Bedeutung der Gruben abschätzbar wird.

---

[35] Zu den Daten vgl. Westermann 1988, S. 60-112.
[36] Ebd.
[37] Dip. 856, fol. 158v.
[38] Müller 1955, S. 273.

In der Literatur existieren Angaben zu den Grubenbelegschaften für die Jahre 1554 und 1556, sie wurden zuerst 1904 durch Max von Isser veröffentlicht[39]. Die Angaben für 1554, nach denen 7.460 Mann insgesamt am Falkenstein beschäftigt gewesen wären, sollen aus dem Bestand Pestarchiv des Tiroler Landesarchivs entnommen worden sein. Isser zitierte: *Pestarchiv, Fasz. XII, Fol. 580*[40]. Nun meint aber in der Gliederung des fraglichen Bestandes „Faszikel" nicht etwa einzelne Aktenbände, sondern Abteilungen, deren einzelne Akten mit arabischen Ziffern ausgewiesen sind. Bei einigen der Abteilungen sind es mehr als Tausend. Folglich ist eine Angabe wie die Issers nicht nachvollziehbar, da undeutlich bleibt, welche Akte aus Abteilung XII gemeint sein mag. Wir konnten das Original zu Issers Angaben daher nicht ausfindig machen. Die Angaben für 1556 sollen aus einem Exemplar des Schwazer Bergbuchs entnommen worden sein. In keinem der überlieferten Exemplare finden sich allerdings Mitteilungen über die Belegschaftsstärke. Vielmehr sind Tabellen enthalten, die über die Zahl und Länge der Stollen, der Suchorte und der zu verzimmernden Abschnitte im Grubengebäude informieren, ferner über die Anzahlen der eingesetzten Förderwagen sowie die Zahl der Lehenschaften[41].

In Issers Veröffentlichung treten Angaben über die Zahl der beschäftigten Herrenarbeiter sowie Lehen- und Gedingehauer hinzu, sonst stimmen die mitgeteilten Zahlen mit der Tabelle aus dem Bergbuch völlig überein. Seltsamerweise hat Isser selbst allerdings die Belegschaftszahlen in sein erst 2005 als Faksimile gedrucktes Manuskript „Schwazer Bergwerks-Geschichte", entstanden 1905 und mit einem Vorwort versehen (und überarbeitet?) im April 1924[42], **nicht** mitgeteilt. Hier findet sich auf S. 115f. die Tabelle aus dem Schwazer Bergbuch, aber eben **ohne** die Belegschaftszahlen. Anstatt dessen wird zwei Seiten zuvor eine pauschale Übersicht über die Belegschaftszahlen am Falkenstein mitgeteilt, als Quellenangabe bring Isser die Anmerkung: *Diese Belegschafts-Spezifikation stammt von Erasmus Reyssländer u. ist in der k. u. k. Hofbibliothek Wien hinterlegt. Mitgeteilt von A. R. Schmidt „Unterinntaler Erzbergbaue 1857"*[43].

Schon 1907 rügte Zycha diese Art von Quellennachweis[44]. Weder die Verfasser dieser Studie noch vor wenigen Jahren Peter Fischer waren in der Lage, die fragliche Schrift von R.A. Schmidt von 1857 über die Erzbergbaue im Unterinntal aufzufinden[45]. Genauso war es nach Zycha schon dem Verfasser Hammer im Jahr 1905 ergangen, der vermutete, es handele sich um handschriftliche Notizen[46]. Ebenso wenig gelang es, eine Zusammenstellung von Reislander mit den fraglichen Daten zu ermitteln. Man kann daher nur vermuten, dass Max von Isser in seiner Publikation von 1904 die Zahlen aus dieser Quelle der Tabelle des Schwazer Bergbuchs hinzugefügt hat. Für zusätzliche Verwirrung sorgt die Tatsache, dass Isser neben dem Schwazer Bergbuch eine von ihm so genannte „Peuntingersche Bergtafel" erwähnt, es soll dies *eine tabellarische Aufzeichnung einiger vorwiegend Inntaler Bergbaue und der bauenden Gewerken mit Angaben über Belehnungen der bestandeten Schmelzwerke u. s. w.* sein, wiederum *nach Mitteilungen von Sektionsrat A. R. Schmidt*[47]. Ausgesprochen pikant ist der

---

[39] Isser 1904, S. 438f. und 444f.
[40] Isser 1904, S. 438, Anm. 79.
[41] Dip. 856, Tabelle nach fol. 197.
[42] Paul (Hrsg.) 2005.
[43] Paul 2005: Isser 1905/1924, S. 112, Anm. 366.
[44] Zycha 1907, S. 248, Anm. 2.
[45] Fischer 2001, S. 413, mit den vorfindlichen Veröffentlichungen von Alois R. Schmidt.
[46] Zycha 1907, S. 248, Anm. 2.
[47] Isser 1904, S. 443, Anm. 93.

Umstand, dass Isser oder sein Gewährsmann Schmidt die Daten nicht nur zu der Tabelle des Schwazer Bergbuchs hinzugefügt zu haben scheint, sondern auch die Überschrift des Tabellen-Originals wohl so „ergänzt" wurde, dass der Eindruck entsteht, dort seien die Zahlen zur Belegschaft enthalten gewesen. Während er in seinem Manuskript von 1905/1924 den korrekten Titel der Quelle[48] wiedergibt – kleine Lesefehler fallen nicht ins Gewicht – ist in seiner Veröffentlichung 1904 hinzugefügt: *auch wi vill mannschafft beleghet seynt*[49]. Es unterliegt erheblichem Zweifel, dass dies ein Originalzitat darstellt.

Die pauschalen Angaben Issers in seinem Manuskript zur Schwazer Bergbaugeschichte nennen 6.900 Arbeitskräfte für das Revier Falkenstein insgesamt im Jahr 1556, darunter findet sich auch eine Anzahl von *Herrn- und Gedygnhescheyder* von 250 Mann[50]. Die Erzscheider waren nicht im Grubenbetrieb selbst beschäftigt, sondern in den Scheidhäusern über Tage. Zieht man die Zahl 250 von 6.900 ab, so erhält man genau die Gesamtzahl der arbeitenden Mannschaft des Falkensteins (6.650), die Isser in seinem Aufsatz von 1904 in der fraglichen Tabelle auswies[51]. Es ist damit davon auszugehen, dass er hier einen Verschnitt aus zwei Quellen geliefert hat, wobei eine davon jeder Nachprüfung entzogen ist, da weder die Arbeit des Sektionsrates A. R. Schmidt von 1857 noch die diesen Ausführungen zu Grunde liegenden Quellen mehr zu ermitteln sind, was schon 1905/07 aufgefallen war[52]. Ergänzend ist hier anzumerken, dass eine detaillierte Belegschaftsaufstellung für 1589, die Isser mitteilt, ebenfalls den Quellenvermerk trägt: *Mitgeteilt und ergänzt* (!!) *von A. R. Schmidt: Unterinntaler Erzbergbaue 1857*[53]. Isser beklagt an gleicher Stelle, eine entsprechende Aufstellung, die Wolfstrigl-Wolfskron für 1582 mitteilte[54], sei *sehr ungenau wiedergegeben*[55]. Leider fehlt zu dieser Aufstellung bei Wolfstrigl-Wolfskron jeder Quellennachweis. Somit sind fataler weise alle bisher in der Literatur mitgeteilten Übersichten über Beschäftigtenzahlen des Falkensteins im 16. Jahrhundert an den Originalquellen nicht überprüfbar, ausgenommen die Bergbeschau von 1526.

Die Zahlen Issers für 1554 und 1556 erscheinen nicht zuletzt ziemlich problematisch, weil sie eine gegenüber 1526 um deutlich mehr als 50% (1554) bzw. um annähernd diesen Prozentsatz (1556) vergrößerte Mannschaft am Falkenstein ausweisen. Während für 1526 eine Gesamtbelegschaft von 4.576 Mann belegt ist, soll 1554 die Zahl 7.640 betragen haben, 1556 sollen 6.650 Mann am Falkenstein gearbeitet haben. Hatte aber 1526 die Produktion des Falkensteins an Silber 40.223 Mark betragen und in den drei Jahren zuvor im Durchschnitt bei über 50.000 Mark gelegen, so betrug sie 1556 nur 23.652 Mark[56]. Bezogen auf das Jahr 1526 handelt es sich um einen Rückgang von etwa 41%, bezogen auf die durchschnittliche Produktion der Jahre 1523 bis 1526 von mehr als 50%. Dies würde nichts anderes bedeuten, als

---

[48] Paul 2005: Isser 1905/1924, S. 115f., vgl. Dip. 856, fol. 197r: *Hernach das Abziehen der volgennden Gepew am Valkhenstain, so auf der Gwerkhen Bevelch durch die Huetleut in der vierten Raitunng des 1556. Jars beschehen, umb Erkundigunng willen, wie teuff ermelte Stolln unnd Ausbrich, was darunnder zu zimern, wie vil Orter unnd Hilffn gepawt, auch wie beschwerlich die Furdernus sey.*

[49] Isser 1904, S. 444f. Die höchst merkwürdige Schreibweise des Hilfsverbs „sind" – *seynt* – kommt z.B. auf den 197 Blatt von Dip. 856 nicht vor und ist auch in E. nicht zu finden; es ist uns auch sonst beim Quellenstudium nicht aufgefallen.

[50] Paul 2005: Isser 1905/1924, S. 112.

[51] Isser 1904, S. 444.

[52] Zycha 1907, S. 248, Anm. 2.

[53] Isser 1904, S. 454f.; Paul: Isser 1905/1924, S. 131f.

[54] Wolfstrigl-Wolfskron 1903, S. 88f.

[55] Paul 2005: Isser 1905/1924, S. 130, Anm. 420.

[56] Westermann 1988, S. 98-100 und 111.

dass die Gewerken, zu denen bekanntlich einige der bedeutendsten europäischen Unternehmer und Unternehmen der damaligen Zeit zählten, den Rückgang der Produktion mit einer gewaltigen Vermehrung der Arbeiterschaft beantwortet hätten! In den Originalquellen der Jahre 1552 bis 1558 monieren indessen führende Bergbeamte, Regierungsmitglieder und eine ausführliche königliche Berginstruktion immer und immer wieder eine Abnahme der Belegschaften, einen quantitativen Rückgang nicht nur der Metallerzeugung sondern der Erzförderung und der Mannschaften[57]. Nach einem Bericht der Regierung in Innsbruck an den Hof von 1555 war z. B. die Folge der Grubenzusammenlegungen im Revier Ringenwechsel, über die oben ausführlich berichtet wurde, dass von ehemals 3.000 Mann in diesem Bergbaubereich nur noch 800 übrig geblieben waren *und darzue inn den verainigten drey Zechen, alls bey 37 Grueben, jetzt nit mehr alls drey Veldörtter gepaut werden*[58].

Hier ergeben sich mit anderen Worten krasse und für uns nicht auflösbare Widersprüche, weil die Originalquellen zu den Angaben bei Isser, die bis hin zu Peter Fischer immer wieder in die Literatur übernommen wurden, nicht überprüfbar sind. Fischer konstatierte: *Es entsteht der Eindruck, als habe man in Zeiten spürbar rückläufiger Erträge zunächst durch eine deutliche Aufstockung beim Personal reagiert und dann erst in den letzten Jahrzehnten der 16. Jahrhunderts die Belegschaft empfindlich reduziert*[59]. Eine derartige Vorgehensweise wäre allerdings unternehmerisch ausgesprochen merkwürdig und passt in gar keiner Weise zu den aus den Quellen ermittelbaren Vorgängen. Die Folge der Krise von 1552, auf die anschließend ausführlich eingegangen wird, bestand nicht in einer Vermehrung, sondern in einer Verminderung der Mannschaften. Das Trachten der Gewerken ging schon 1525, bei einem Höchststand der Produktion, dahin, Kosten und Personal einzusparen, wie oben dargelegt. Es ist äußerst unwahrscheinlich, dass angesichts dieser schon für 1525 am Falkenstein nachweisbaren Bestrebungen tatsächlich bis 1554 fast 3.000 zusätzliche Bergleute dort einen Arbeitsplatz gefunden haben sollen. So berichtet Ludwig Scheuermann über die Zeit um 1555: *Die ... Landtschaft ... habe erfahren, „wie die perckhwerch in baiden Gerichten Rattemberg vnnd Rottemburg seider einstandt der newen, dessgleichen der andern auslenndischen Gwercken halben" von Tag zu Tag immer weiter herunterkommen, und daß schon über 3.000 Knappen von dort weg und außer Lands in den Krieg oder sonst wohin entlaufen seien. Auch der Falkenstein sei „in etwas abnemmen kummen"*[60].

Angesichts der mitgeteilten Probleme um die Zahlen, die in der Literatur zu den Belegschaften genannt werden, wurden in die folgende Tabelle nur die anhand von Primärquellen verifizierbaren Daten aufgenommen. Es muss zukünftigen Forschungen vorbehalten bleiben, die Daten in der älteren Literatur nicht nur zu überprüfen, sondern eindeutig belegbare Daten aus den Quellen zu ermitteln und ggf. die Quellen aufzuspüren, auf die sich insbesondere Isser stützte. Wie bereits Westermann hinsichtlich der Produktionsdaten empfahl[61], sollten auch die Belegschafts-

---

[57] Als Beispiel: TLA, ööKKB, Bd. 243, Reihe Geschäft von Hof, Nr. 54 von 1555, fol. 308r, links am Rand: *Verlauffung der Knapp vom Perckhwerch*. Daneben Text: *Wir achten auch nicht weniger als ir für die maist Ursach, daß sich die Knappen aus Tiroll von den Perckhwerchen in die Krieg und andere Ortt verlauffen, das gedachte Schmeltzer und Gwerckhn sy mit den Ärtzkhauffen und Lönen, auch mit der lanngsamen Zalung und beschwärlichen Pfennwerdt dermaßen tringen und beschwären. Nicht dest weniger ist unser genediger Bevelch, das ir in Zeit fürfallender Kriegsleuff und sonsten Verordnung thut, damit berürter Perckhwerch in disem Fal sovill müglichen verschont und die Mannschafft im Lanndt erhalten werde*. Vgl auch: TLA, ööKKB, Bd. 244, Reihe Gutachten an Hof, Nr. 51 von 1555, fol. 409v.

[58] TLA, ööKKB, Bd. 243, fol. 308r, Reihe Gutachten an Hof, Nr. 51, 1555, fol. 336v. Vgl. oben, Kap. 3, S. 695-698.

[59] Fischer 2001, S. 213, er nennt die folgenden Zahlen der Gesamtbelegschaft des Falkenstein: 1526: 4.576; 1554: 7.460; 1556: 6.650; 1582: 4.056; 1589: 4.166; 1590: 2.257.

[60] Scheuermann 1929, S. 80.

[61] Westermann 1988, S. 25.

ziffern, die Max von Isser mitteilt, nicht mehr genutzt werden, soweit sie nicht durch Quellenbelege eindeutig abgesichert werden können. Eine komplette Überprüfung der Quellenhinweise Issers – und damit auch der Grundlagen nachfolgender Arbeiten wie z.B. der wichtigen Publikationen von Erich Egg – war im Rahmen der vorliegenden Arbeit nicht möglich.

Die Gruben am Falkenstein nach der Bergbeschau von 1526 und der Grubentabelle von 1556[62]

Laufende Nr.	Vor 1526, Grubennamen	1526 eine Grube Belegschaft ges. Anzahl	1526 Lehenschaften Anzahl	1556 Name	1556 Lehenschaften Anzahl
1 a b	- Erbstollen - St. Jörg - Fürstenpaw - St. Martin beym Kaltenprunnen	818 168 (1515 zusammengeschlossen)	21 99	Furstenpaw	9
2	St. Martin bei der Hütten St. Helena	212	27	S. Martin Huttn	80
3	- St Martin beim Kalchofen - Zum Pruckl - St. Jörg untern Tieffenstollen - Unser Frau im Eystal - St. Simon Judas - Wolfgang ob der Hütten - St. Philipp und Jacob - St. Veit im Nassental	342	63	S. Wolfgang Huttn	91
4	- Tieffstollen - St. Niclas bei der Archen - St. Kathrein auf der Laymzech	575	100	Zum Teuffnstolln	60
5	- St. Johannes - St. Veronica - St. Martein Gürtl - Kalchgrueben - St. Bartlme	63	12	S. Johannes Veronica	14
6	- St. Erasm undter der Prügken	28	1	---	---
7	- St. Otilg - St. Gilg - St. Leonhardt	67	8	S. Ottilia	15
8	- St. Florian - St. Florentz - St. Jörg - Zum Kindl im Ried	23	3	S. Florenz im Ried	13

---

[62] Quellen: Fischer 2001, S. 299-304 und Dip. 856, Tabelle nach fol. 197, übereinstimmend TLA, Pestarchiv XIV, Nr. 772, fol. 13r-14v.

Laufende Nr.	Vor 1526, Grubennamen	1526 eine Grube Belegschaft ges. Anzahl	1526 Lehenschaften Anzahl	1556 Name	1556 Lehenschaften Anzahl
9	- St. Wolfgang im Tullergassl		14	S. Wolfgang im Gässl	28
10	St. Anthoni	94	11	S. Anthoni	55
11	- Zum Pründl - Hl. Kreuz	350	55	Creuzpründl	50
12	- St. Cristof - St. Augustin - St. Johannes - Hl. Kreuz im Ried	17	1	---	---
13	- St. Erasm - St. Stefan - St. Erhardt - St. Wolfgang - Vierzehn Nothelfer	84	13	Nothelffer	56
14	- Rotgruben - Unser Fraw - St. Leomhardt - St. Dionisi - New Jar	150	27	Rotgrueben	51
15	- St. Gerdraud - St. Andre im Wald - St. Niclaus	106	26	S. Gerdraut	61
16	- St. Michel - St. Eloy	92	12	S. Michel Eloy	11
17	- St. Marx - St. Peter	38	2	---	---
18	- St. Martein beim Stier - St. Jacob bei der Texn - St. Barbara im Wald	145	22	S. Jacob Stier	44
19	- St. Jörg im Wald - St. Lucey	65	18	S. Jörg Lucein	34
20	- Unser Fraw undter der Veronica - St. Katzem zum Grafen	80	15	Unnser Fraw Graf	18
21	- Zum Oswald Ebmaier	7	1	---	---
22	- St. Wolfgang - Zum Lux - St. Oswald	40	12	S. Wolfgang Lux	15
23	- St. Martin beym Artzperg	86	12	Zum Ärzperger	25
24	- Zum Frentzl - St. Marx	40	9	Zum Frännzen	39
25	- Zum Esl und Köchl	28	6	---	---
26	- Pirchnerin - Undter Helferin	25	5	Pürchnerin	12

Laufen-de Nr.	Vor 1526, Grubennamen	1526 eine Grube Belegschaft ges. Anzahl	1526 Lehenschaften Anzahl	1556 Name	1556 Lehenschaften Anzahl
27	- Unser Frau - Prunlehner - St. Matheis	31	11	Prunnlehner	13
28	- St. Andre im Gruental - St. Sebastian - St. Notpurg - Auffart	61	22	S. Andree Gruental	19
29	- Herrengrueb - Wunderpurg - St. Pauls in der Wandt - St. Johans Stelwagen - St. Daniel - Zum Loch - Weinreb - St. Andre der Alt - Talhamerin - St. Sigmund - Frasmontag - St. Simon Judas - St. Rueprecht	106	34	Herrn Gruebn	20
30	- St. Sigmund - St. Niclas - Unser Frauen	52	25	? S. Sigmund im Prant	12
31	- Zum Wunderlich	42	14	Zum Wunderlich	16
32	- St. Michel - St. Lienhardt - Ober Helferin im Brandt	73	25	St. Leonhart Michel	18
33	- St. Jorg im Brand	53	13	S. Jörg im Prannt	9
34	- St. Martin - St. Wolfgang - Unser Frau aufm Koglmoos	12	2	U. Fraw Koglmoß	4
35	- St. Martein - St. Rueprecht - St. Jacob in der Wandt - Heilig Kreutz - St. Andre - St. Gregori - Unser Frau	46	7	St. Jacob Wandt	4
36	- St. Peter - Silbermuel - Kuelnluft - St. Rueprecht - St. Daniel - St. Niclas	42	8	Silbermül	18

Laufende Nr.	Vor 1526, Grubennamen	1526 eine Grube Belegschaft ges. Anzahl	1526 Lehenschaften Anzahl	1556 Name	1556 Lehenschaften Anzahl
37	- St. Martein neben der Täxn - Zu der Eysentür	31	10	Eisenthür	4
38	- St. Michel - Ober Sunwendten - Undter Sunwendten - Kandlerin - St. Otmar	9	5	Sonwennten	4
39	- St. Barbara - Suntag - Jägerin - St. Peter - St. Kathrin	17	4	---	---
40	- Zu der Cron - St. Johann - St. Thoman - Zum Rech - St. Ruprecht - Schefgrueben	19	3	St. Johanns Cron	27
41	- St. Wolfgang im Brand	10	4	?S. Wolfgang ob der Cron	6
42	- St. Veit - St. Pauls - St. Ruprecht - Unser Frau Lettnerinn - St. Achacj - St. Gall	44	11	S. Achaci Lettnerin	10
43	- St. Anna im Hohenprandt - St. Jenewein und Albein daselbst	6	---	---	---
44	- Zum Heiligen Kreuz - Altmair	75	17	---	---
45	- All Heylign - St. Jacob	21	5	---	---

Wesentlichen Entwicklungen der bedeutendsten Einzelgrube im Schwazer Revier, des Erbstollens, wird im 7. Kapitel der vorliegenden Arbeit zusammenhängend nachgegangen, darauf sei an dieser Stelle bereits hingewiesen.

c) Die Gewerken

Mit Ausnahme von Peter Fischer wird in der Literatur fast einhellig der Standpunkt vertreten, die Zahl der Bergbaugewerken sei mit derjenigen der Schmelzer gleichzusetzen. So führte etwa Kellenbenz aus, man habe am Falkenstein 1475 noch 33 Gewerken gezählt, bis 1495 sei deren Zahl auf 14 zurückgegangen. Ebenso argumentierte z.B. Palme[63]. In seinen Betrachtungen über die Gewerkenfamilie Tänzl schrieb Egg: *So setzt seit 1500 langsam der Vorgang ein, dass alle Mittelunternehmungen von wenigen Großkapitalgesellschaften aufgesaugt wurden, nachdem vorher die Mittelbetriebe die Kleinunternehmer aufgefressen hatten. Ein Blick auf die Zahl der Schmelzer und Gewerken am Falkenstein zeigt dies sehr deutlich:*

- *1472   42 Gewerken (keine Ausländer)*
- *1482   18 Gewerken (keine Ausländer)*
- *1492   14 Gewerken (keine Ausländer)*
- *1502   11 Gewerken (1 Ausländer)*
- *1512   9 Gewerken (2 Ausländer)*
- *1522   9 Gewerken (3 Ausländer)*
- *1532   6 Gewerken (3 Ausländer)*
- *1542   6 Gewerken (3 Ausländer)*
- *1555   4 Gewerken (nur Ausländer)*[64]

Egg erwähnte immerhin noch, dass es sich um Schmelzer und Gewerken handelte, während etwa Kellenbenz nur noch von Gewerken sprach. In der Edition der Brandsilberlisten des Falkensteins von Ekkehard Westermann werden in der Kopfleiste Schmelzer/Gewerken genannt, bei den Jahressummen durchgängig für jedes Jahr eine bestimmte Anzahl von Gewerken, wodurch der Eindruck entstehen kann, dies seien **alle** Gewerken des Falkensteins. Peter Fischer hat allerdings herausgestellt, dass dies unzutreffend ist. Er stellte fest, dass um 1520 neben den ohne Zweifel dominierenden Großgewerken, die zugleich Schmelzer waren und also Silber in die Münze in Hall einlieferten, auch Mittel- und Kleingewerken durchaus vertreten waren. Diese veräußerten allerdings das von ihnen erzeugte bzw. ihnen zustehende Erz entweder an die schmelzenden Gewerken oder an den Erzkäufer der Bergbauverwaltung. Die Großgewerken und die Landesherrschaft unterhielten Hüttenwerke, in denen auch Erz aus Bergteilbesitz verarbeitet wurde, der nicht in Händen der Schmelzherren lag. Ferner zeigte er auf, dass z.B. die Fugger am eigentlichen Bergbaubesitz in weit geringerem Umfang beteiligt waren, als ihre bestimmende Stellung im Metallhandel annehmen lässt. Während sie letzteren zumindest zeitweilig fast ganz zu dominieren vermochten, waren sie 1526 mit knapp 177 Vierteln am Falkenstein mit seinen damals 45 Gruben beteiligt, was rechnerisch einem Anteil von 10,9 % entspricht[65]. Zwanzig Jahre später war ihr Anteil auf etwa 18% gestiegen[66].

---

[63] Kellenbenz 1988, S. 21; Palme 1996, S. 298.

[64] Egg 1951, S. 41.

[65] Fischer war sich unsicher, ob er für 1526 alle 142 erwähnten Grubennamen, alle 150 erwähnten Gruben oder nur die 46 Einheiten der Bergbeschau seiner Rechnung zu Grunde legen sollte. Nicht zuletzt der Anlass von 1525 belegt indessen, wie oben ausgeführt, dass die Gruben tatsächlich zusammengefasst wurden, so dass 1526 tatsächlich 45 je einer Gewerkschaft gehörige Grubenbetriebe existierten, deren Felder allerdings großenteils auf der Zusammenlegung älterer Einzelverleihungen beruhte. Der Anteil der Fugger ist nicht von 142 Gruben ausgehend zu etwa 3,5% zu berechnen, sondern Fischers Alternativberechnung auf der Basis von 45 Gruben hat Gültigkeit.

[66] Fischer 2001, S. 125-143; zum Anteilsbesitz der Fugger an den Gruben vgl. S. 128.

Fischer fasste seine Ergebnisse so zusammen: *Insgesamt haben die Untersuchungen zu den Eigentumsverhältnissen am Falkenstein im ersten Drittel des 16. Jahrhunderts ergeben, dass die Gewerkenlandschaft weit vielfältiger war als bislang angenommen. Das bisher gängige Bild beruhte auf einer unzulässigen Gleichsetzung von Schmelzherren und Gewerken, was zum einen auf die Quellensituation, zum anderen aber auch auf einen mehr oder weniger ideologisch verstellten Blick auf die großen, oft oberdeutschen Handelsgesellschaften zurückzuführen ist, deren dominierende Position im (Metall-)Handel und enge Verflechtung mit der Landes- und Reichspolitik der Habsburger sowohl das nationale als auch das kritische Denken seit dem späten 15. Jahrhundert bis in unsere Tage nicht nur in Tirol bestimmte. Abgesehen davon, dass es offensichtlich auch bei den Großgewerken Formen des Mitbaus von Anteilen fremder oder anverwandter Gewerken gab, finden wir noch eine beträchtliche Anzahl Tiroler Mittel- und Kleingewerken. Auch der viel beschriebene Konzentrationsprozess sowie das Eindringen und die Dominanz oberdeutschen Kapitals im Schwazer Montanwesen gestalteten sich differenzierter als bisher dargestellt. ...*

Die Oberdeutschen hatten also in den 20er Jahren keineswegs als Gewerken die dominierende Position, die ihnen immer wieder zugeschrieben wird. Wir befinden uns vielmehr in einer Phase, wo sie gerade erst im Begriff stehen, auch als Gewerken entscheidend Fuß zu fassen, nachdem es ihnen zunächst als Kreditoren, dann als Schmelzherren zusammen mit einheimischen Handelshäusern gelungen war, zuerst den Zirkulationsprozess von Silber und Kupfer und dann den vorgeschalteten Verhüttungsprozess zu beherrschen[67].

Der Prozess einer immer weiteren Durchsetzung der Großgewerken schritt nach den 1520er Jahren weiter fort, indem die Zahl der Großgewerken ab- und das Gewicht einzelner Firmen, besonders der Fugger, zunahm. Aber auch zur Entstehungszeit des Schwazer Bergbuchs finden wir im Bergbau von Schwaz noch Klein- und Mittelgewerken. Als Kleingewerke mit Anteilen im Bereich des Ringenwechsels ist z.B. Hans Schmid aus Straß nahe Schwaz belegt, der dort nicht nur an Gruben beteiligt war, die 1554 zusammengelegt wurden, sondern auch Teilhaber der neuen Grubengewerkschaft blieb[68]. Auch ein Großgewerke war an den Transaktionen beteiligt, Sigmund Erlacher. Er hielt 1550 immerhin 192,5 Viertel an 15 produzierenden Gruben, weitere 121 Viertel Anteile besaß er an sieben Bergwerken *in Freiung*, das waren Gruben, denen bergamtlich gestattet worden war, den Betrieb zeitweise einzustellen und die also seinerzeit kein Erz förderten[69]. Das sind zusammengenommen 313,5 Viertel,

---

[67] Fischer 2001, S. 142f.
[68] TLA, Pestarchiv XIV, Nr. 704, fol. 21v-22r, vgl. Kap. 3, S. 696-697.
[69] TLA, Pestarchiv XIV, Nr. 261, fol. 59r-59v:
Sigmunndtn Erlacher aigen Tail Perckhwerchen im ringen unnd swarn Wexl unnter des Hern Perckhrichters Sigmundtn Schemperger Verwaltung:
Zum obern † [= Kreuz] *am Radaun: 20/4; Zum unntern †* [= Kreuz] *am unntern Radaun: ¼; S. Anna in Roßkopfn: 20/4; S. Cristoff inn Roßkopfnn: 10/4; Zu der 12 Potnschidung am Rotnnstain: 24/4; S. Feit Rotnnstain: 24/4; S. Sigmunndt unnd Rueprecht am Rotnstain: 24/4; Zum Glückh, Rotnst[ein]: 24/4; Unnser Frau Gluckh am Rotnnst[ein]: 4/4; Unnser Frau im Weitntal: 2½ /4; S. Gedraut und Jorg im Weitntal: 6/4; S. Gedraut, Purgstall: 9/4; S. Pauls, Maria Madalen am Valckenstain: 12/4; S. Anna im Schreyen Waldl: 8/4; S. Cristoff am Streit 4/4;*
Summa 47 G[anze = Neuntel] *4½ Viertl*
Sigmundtn Erlacher aigen Tail Perckhwerch, so inn Freyunng sin:
S. Marchem inn Roßkopfn: 20/4; S. Partlme inn Roßkopfn: 20/4; S. Kathrein am Rotnstain: 24/4; Zum † [= Kreuz] *im Öxlpach: 4/4; Alheiligen inn der Paleitn: 32/4; Aufm Meriachen [?] bei 5 Grueben: 12/4; Im Werer Pach bei drey Grueben: 9/4*
Summa: 30 G[anze = Neuntel] *1 V*[iertel].

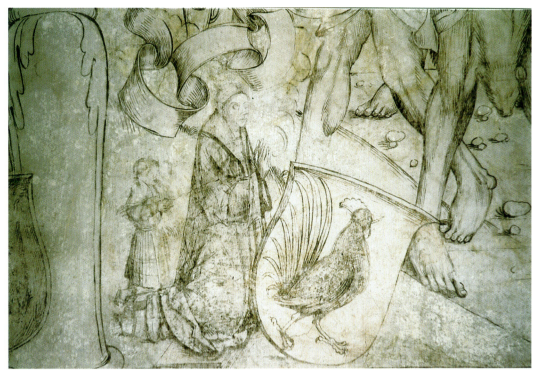

Abb. 20: Stifterbild des Hans Stöckl aus dem Freskenzyklus des Franziskanerklosters in Schwaz, um 1530 (Foto: Deutsches Bergbau-Museum Bochum).

womit Erlacher fast doppelt so viele Grubenteile besaß wie die Fugger 1526 am Falkenstein. Auch wenn man nur von den produzierenden Gruben ausgeht, lag sein Besitz höher.

Wir können also noch in der Mitte des 16. Jahrhunderts, kurz vor der Übernahme wesentlicher Teile des Grubenbesitzes durch den Landesfürsten bzw. seine Verwaltung, einen nicht schmelzenden Großgewerken in Schwaz belegen. Von 1470 bis 1497 ist Lamprecht Erlacher als einheimischer schmelzender Gewerke des Falkensteins stets nachgewiesen[70]. Seinen Hüttenbetrieb übernahmen nach seinem Tod 1498 seine Schwiegersöhne, Sebastian Andorfer und Hans Kaufmann, die den Hüttenbetrieb aber 1502 aufgaben[71]. Wir können nur vermuten, dass der Anteilbesitz des Sigmund Erlacher an den Gruben bei Schwaz im Jahr 1550 auf die Besitzungen des Großgewerken Lamprecht Erlacher zurückzuführen ist, wir also einen von dessen Nachkommen vor uns haben, Detailstudien liegen nicht vor. Aber ganz unabhängig von dieser Frage einer Verwandtschaft mit dem schmelzenden Gewerken des ausgehenden 15. Jahrhunderts ist der Nachweis eines Gewerken von derartigem Gewicht, der gleichwohl nicht selbst Silber einlieferte bzw. verschmolz, sondern sein Erz an andere Hüttenbetreiber abgegeben haben muss, von erheblicher Bedeutung. Auch 1550 war der Bergbaubesitz keineswegs ungeteilt in den Händen der Hüttenherren aus dem oberdeutschen Raum. Beim Umfang der Beteiligungen muss Sigmund Erlacher einigen Einfluss besessen haben.

Sehr interessant ist die Tatsache, dass seine *aigen Tail Perckhwerchen im ringen unnd swarn Wexl unnter des Hern Perckhrichters Sigmundtn Schemperger Verwaltung* standen. Der oberste Beamte des Landesherrn in Schwaz hatte also durchaus auch mit den wirtschaftlichen Angelegenheiten des Bergbaus zu tun, er vertrat neben seinem Amt die Interessen eines

---

[70] Westermann 1988, S. 60-88.
[71] Fischer 2001, S. 120.

Abb. 21: Grabdenkmal des Großgewerken Hans Dreiling, verstorben 1573, von Alexander Colin und Hans Christof Löffler, Bronzeguss, Pfarrkirche Schwaz (Foto: Deutsches Bergbau-Museum Bochum).

Gewerken mit beträchtlichen Beteiligungen an den Gruben. Hier tritt ein weiteres Motiv zu Tage, sich den Interessen der neben den schmelzenden Großgewerken aus Augsburg sonst Beteiligten besonders zuzuwenden, wie das für die Urheber des Bergbuchs belegt werden kann.

In ganz auffälliger Weise tritt in den Quellen des mittleren 16. Jahrhunderts die Gruppe der *Schmelzer und Gewerken* immer und immer wieder in Erscheinung. Gemeint ist jene personell kleine Gruppe von Großgewerken, die zugleich Hüttenbetreiber und Bergbaugewerken waren. Diejenigen, die nur Grubenbeteiligungen hielten, aber zur Abgabe der Erze an die Hüttenbesitzer gezwungen waren, mussten naturgemäß ein Interesse an möglichst guter Bezahlung des Roherzes haben. Dieses Interesse teilten sie mit den Lehenschaftern. Sie bildeten tatsächlich mit diesen zusammen eine Interessengruppe, die unter schlechter Bezahlung des Erzes, über die ja beständig auch von den Bergbeamten geklagt wurde, jedenfalls leiden musste. Die Berginstruktion König Ferdinands vom 3. Mai 1556 stellte fest, es sei durch die Erzkäufer der Schmelzer und Gewerken beim Ankauf von Erz streng und mitleidlos verfahren worden, weshalb zum Schaden des Bergbaus viele Lehenhauer und geradezu die besten Arbeiter zum Weggang veranlasst worden seien[72]. Natürlich musste schlechte Erzbezahlung auch für einen Gewerken wie Sigmund Erlacher (bzw. für seinen Verwalter Schönberger) ausgesprochen nachteilig sein, denn er konnte aus seinen Grubenteilen nur über den Verkauf des gewonnenen Erzes Gewinn ziehen. Der Weg über den Metallhandel war ihm versperrt. Auch ließ sich trefflich mit den Lehenhauern argumentieren, wo in Wirklichkeit solche Gewerkeninteressen zumindest mit gemeint waren.

---

[72] TLA, Pestarchiv XIV, Nr. 477, fol. 10v; vgl. den Abdruck im Anhang von Bd.2, S. 529-554.

Abrechnungen aus dem Jahr 1553 für die Gruben im Ringen Wechsel, an denen auch Sigmund Erlacher beteiligt war, belegen einen durchaus regen Betrieb. Sowohl die Erzproduktion als auch die ausgewiesenen Kosten mit den Posten Allgemeinkosten (*Samcost*) und *Erzlosung* – Bezahlung des Erzes an die Lehenhauer – belaufen sich auf beachtliche Summen. Abgerechnet wurde über 31 Gruben, die durchschnittlich im Jahr pro Viertel Anteil Kosten von über 130 Gulden verausgabten[73]. Insgesamt hatten die fraglichen Gruben Ausgaben von mehr als 145.000 Gulden im Jahr 1553, hier wurden also große Umsätze getätigt. Geht man davon aus, dass die 192,5 Viertel, die Sigmund Erlacher 1550 an 15 Gruben hielt, etwa solche Kosten verursachten, so errechnet sich ein Gesamtbetrag seiner Ausgaben für den Grubenbetrieb aufgrund seiner Beteiligungen von über 25.000 Gulden. Diese modellhafte Rechnung soll lediglich verdeutlichen, dass Anteile des erwähnten Umfangs auf ganz erhebliche Umsätze des Teilbesitzers schließen lassen, denn derartigen Ausgaben mussten ja entsprechende Einnahmen gegenüberstehen. Hier handelte es sich zwar nicht um Summen, mit denen die großen Augsburger Firmen zu kalkulieren pflegten. Aber es handelte sich hier im Vergleich sowohl mit den schmelzenden Großgewerken als auch mit den noch nachzuweisenden Kleingrubenbetreibern um ein kaufmännisches Engagement, das zwischen diesen Polen angesiedelt war. Sigmund Erlacher würde man heute als mittelständischen Unternehmer ansehen. Aufgrund der Quellenlage muss offen bleiben, in welcher Anzahl solche Vertreter eines unternehmerischen Mittelstandes tätig waren.

Dass Erlacher durchaus nicht allein dastand, belegt folgender Vorgang: Im Februar 1552 wurde der Regierung in Innsbruck mitgeteilt, dass Jacob Zoppl der Ältere die Grube *Die Rose* am Falkenstein von Sebastian Tilger für 1.200 Gulden erworben hatte. Der Vorbesitzer war *in das Arzkaufferambt ... ain namhaffte Summa Gellts schuldig gewest, die er aber, als wir bericht sein, nit allein nit bezalen, sonndern auch seine Grueben, so der kn. Mt.* [der königlichen Majestät] *Furpfandt gewesen, aus Unvermugen nit underhalten kunden, daraus erfolgt, daß die Stollen und Gepew nit wenig eingannen, Häspel und Kästen prechen, dadurch vil hoffenliche Örter unnd Zechen mit Perg vergangen.* Der Käufer hatte die Schulden des Vorbesitzers in Höhe von 1.030 Gulden übernommen und etwa 500 Gulden zwecks Wiederaufnahme des Grubenbetriebs investiert[74]. Die Transaktion hatte also einen Gesamtumfang von mehr als 2.700 Gulden, eine durchaus nicht unbedeutende Investition in den Bergbau. Um dieselbe Zeit feilschten die Großgewerken, darunter die Fugger, mit der Landesherrschaft um eine Investition von 15.000 Gulden für die Wasserkunst im Erbstollen, wie unten näher dargelegt wird. Weder Jacob Zoppl noch zuvor Sebastian Tilger gehörten zu den schmelzenden Gewerken[75], sondern wir zählen sie zur Gruppe mittelständischer Beteiligter des Montanwesens.

Es gab neben dieser Gruppe ferner die *Gwerckhen von freyen und aigen Grueben im schwären und ringen Wechsel.* Die Regierung in Innsbruck ordnete in der Krisensituation des Jahres 1552, auf die unten näher eingegangen wird, an, dem Erzkäufer der landesherrlichen Bergbauverwaltung zu Schwaz, Paul Obrist, sollten aus dem Hüttenamt 1.500 bis 2.000 Gulden zur Verfügung gestellt werden. Mit dem Geld sollte *den Gewerckhen unnd armen Gsel-*

---

[73] TLA, Pestarchiv XIV, Nr. 704, fol. 32-56, vgl. die tabellarische Wiedergabe im Anhang. Addiert man alle Endsummen für Samkost und Erzlosung und teilt anschließend durch die Anzahl der Gruben (31), so erhält man die Durchschnittskosten pro Neuntel, die nochmals durch vier zu teilen sind, um den entsprechenden Wert pro Viertel zu ermitteln.

[74] TLA, oöKKB, Bd. 232, Reihe Gemeine Missiven, Nr. 26 von 1552, fol. 155r-155v.

[75] Dies ergibt sich aus den Namen der schmelzenden Gewerken bei Westermann 1988, S. 60-110.

len im Abschlag derer ausstehende auszethailende Summen für Erzbezahlung eine Anzahlung geleistet werden, damit die Gewerken nicht wegen ausbleibender Zahlungen ihre Beteiligungen aufgeben würden[76]. Die Summe lässt annehmen, dass doch eine gewisse Anzahl von Kleingewerken vorhanden war. Diese Gewerken werden in der Quelle ausdrücklich mit *armen Gesellen* in einem Atemzug genannt, es handelte sich um Kleingewerken, die auf die Bezahlung ihrer Erze geradeso angewiesen waren, wie ein unvermögender Arbeiter auf seinen Lohn.

Aus dem Jahr 1539 blieb eine nicht unterzeichnete Eingabe an das Bergamt erhalten, in der Beschwerde über die Großgewerken geführt wurde, vermutlich von einem der kleineren Gewerken des Falkensteins. Dort heißt es: *Darumb ist zu gedenckhen, das der Valkhenstain von unndten piß obrist zu ainer Grueben ist worden, ausgenomen die frey und aigen Grueben, die nit im Anlas sind. Dann die Herren im Anlas, die geben bey und fort aneinander uber und thun Furschin, das den verpotten ist nach Perkhwerchs Ordnung und Prauch, und wo ain Grueben nit hin mag glangen, da khumbt ain ander aus demselbigen Stollen. Damit so verdirbt man das Perkhwerch unnd ist nit ein khlainer Artigkl*[77]. Diese bemerkenswerte Stellungnahme macht zunächst deutlich, dass auch Zeitgenossen die Tendenz zum Großbetrieb höchst eindeutig sahen und benannten. Es wird sehr klar erkannt, dass der schon mehrfach erwähnte „Anlass" genau diesen Zweck verfolgte: einen vereinheitlichten Großbetrieb zu schaffen, der Zugriff auf den ganzen Berg ermöglichte. Es wird ferner deutlich, dass die Grubenbetreiber keineswegs eine monolithische Gruppe mit einer gemeinsamen Interessenlage waren.

Für die Kleingewerken konnten sich die Verhältnisse rasch und gründlich wandeln, wie einer undatierten Eingabe des Michel Reiter von 1549 und der bergamtlichen Stellungnahme zu seinem Schreiben vom 12. November desselben Jahres zu entnehmen ist. Er habe zusammen mit seinem Vater nun fast 50 Jahre im Bergwerk gearbeitet, meist in Eigengruben. Die Stellungnahme der Bergbeamten nennt als Gruben Reiters *St. Jakob* und *St. Maria Magdalena* am Rotenstein. Er habe auch mit anderen zusammen (-wohl seinem Schwager-) in Gruben investiert, so schrieb Reiter weiter in seiner Eingabe, erwähnt wird eine Summe von 1.500 Gulden. Von den Bergteilen und der Arbeit in der eigenen Grube hätten er selbst, sein Vater und seine Schwester lange Jahre gut leben können. Er habe ein Haus gekauft und seine Bergteile abbezahlt; es ist aufgrund dieser Aussage zu vermuten, dass er zwecks Erwerbung der Anteile an den Gruben ein Darlehen aufgenommen hatte. Der bergamtliche Bericht benennt diese Teile: Reiter besaß drei Anteile (Viertel) der Grube *Könige am Horlaberg*, vier Teile (4 Viertel = 1 Neuntel) der Grube *St. Michael im Herrenwald* sowie jeweils acht Teile (8 Viertel = 2 Neuntel) der Gruben *St. Johannes* und *St. Jakob am Brotberg*. Der Bergrichter und der Erzkäufer schätzten 1549 den Wert der Teile auf 200 Gulden ein. Reiter teilte weiter mit, während der letzten zwei Jahre sei in den Gruben, an denen er Teile hielt, nicht mehr so viel Erz gehauen worden und er habe sich verschulden müssen. Er habe zunächst sein Silbergeschmeide und anderes versetzt. Er wolle aber seine Bergteile behalten und weiter verlegen. Um dies zu ermöglichen, bat er den Landesherren um ein Darlehen von 150 Gulden. Aus der Stellungnahme der Bergbeamten geht hervor, dass Reiter in seinen beiden Eigengruben selbst arbeitete und sie auch mit anderen Arbeitern belegte (eine Anzahl ist nicht genannt). Beim Betrieb der Eigengruben werde hoffentlich auch weiterhin kein Defizit entstehen. Da-

---

[76] TLA, oöKKB, Bd. 232, Reihe Gemeine Missiven, Nr. 26 von 1552, fol. 33r-34r; vgl. auch in derselben Angelegenheit ebd., fol. 94r-95r. Das Geld sollte sofort an die Freigrübler ausgeteilt werden, um in der Notsituation des Jahres 1552 die um sich greifende soziale Unruhe zu dämpfen.

[77] TLA, Pestarchiv XIV, Nr. 609, fol. 5r/v.

Abb. 22: Schwaz um 1840, Farblithografie von H. Williard (Original und Foto: Deutsches Bergbau-Museum Bochum).

her wurde befürwortet, Reiter ein Darlehen von 100 Gulden zu geben, damit er die Teile an den erwähnten Gruben behalten könne. Diese erwirtschafteten zwar gegenwärtig ein Defizit, seien aber als hoffnungsvoll anzusehen, letzteres gelte auch für die beiden Gruben Reiters. Das Darlehen sollte durch Erzlieferungen aus den Eigengruben abbezahlt werden, Die Gruben und der Familienbesitz dienten als Sicherheit. Die Beamten hatten zu kontrollieren, dass er das Geld tatsächlich zur Entlohnung seiner Arbeiter und für den Verlag seiner Bergteile einsetzte.

Hier hatte also eine Bergmann bzw. seine Familie einen kleinen Eigenbetrieb jahrzehntelang erfolgreich genug betreiben können, um selbst zum Kleingewerken und Hausbesitzer werden zu können. Nun wurde er von negativen Entwicklungen betroffen, hatte Teile seines bescheidenen Vermögens schon eingebüßt, und er erbat (und erhielt!) vom Landesherrn ein Darlehen. Der Vorgang zeigt nicht zuletzt, dass die beiden hochrangigen Bergbeamten, die die Eingabe zu bearbeiten hatten, durchaus in der Praxis bereit waren, solch einen Kleingewerken in einer schwierigen Situation zu unterstützen.

Es handelte sich nicht um einen Einzelfall, wie Anweisungen der Kammer in Innsbruck an das Bergamt in Schwaz deutlich machen. Im Jahr 1555 ersuchte z.B. Christof Prew aus

Schwaz um ein Darlehen von 200 Gulden zwecks Erhaltung seiner Bergwerke. Er schuldete dem Erzkäufer bereits 223 Gulden. Man bewilligte ihm ein Darlehen von 100 Gulden[78]. Ebenfalls 1555 ersuchte Martin Klein, Mitgewerke der Gruben *St. Jakob und Gotprat* im Revier Burgstall sowie *Zur Dreifaltigkeit* im Bereich Paleiten um ein Darlehen von 50 Gulden. Die Kammer gab zu bedenken, dass er schon im Vorjahr für seinen Anteil von einem Neuntel an der Grube *St. Franziskus* einen Kredit von 50 Gulden erhalten, aber noch nicht zurückgezahlt habe[79].

d) Die Lehenhauer und die Herrenarbeiter

Schließlich ist auf die Lehenschaften sowie auf die Herrenarbeiter zurückzukommen.
Das Bergbuch gibt eine zeitgenössische Charakteristik der Lehenschaft, die folgendermaßen lautet:
Auf vil Perkhwerchen lassen die Gwerkhen den Gsellen in den Grueben gemainngklichen auf ain ganz oder halbs Jar arbaiten, damit sy Ärzt hawen unnd zaigen inen ain Ort (es sey zwo oder drey Clafftern) an. Da mugen alsdann dieselben Gesellen darauf arbaiten unnd Ärz hawen. Dasselb Ärzt geben die Gesellen den Gwerkhen all vier Wochen oder nach Gelegenhait der Zeit unnd Taillung zu kauffen. Unnd wirt alsdann den Gesellen das Arz durch die Gewerkhen bezalt, das also ain, zwen, drey oder vier ain Arbait haben unnd pawen. Das haist man Lehenschafft[80].
Die Lehenschafter wurden als „Subunternehmer", aber auch als „Arbeiterunternehmer" oder „Unternehmerarbeiter" gekennzeichnet[81]. Es gab drei Formen der Lehenschaft:

- *auf die Tail*
- *Hinlaß auf Zins*
- *frei Hinlaß*

Bei der erstgenannten Form teilten die Lehenschafter das Erz nach einem Schlüssel mit den Grubengewerken, diese Form war allerdings nach Fischer 1526 nur sehr selten vertreten. Die Lehenschaft auf Zins hatte eine bestimmte Geldabgabe zu entrichten. Die freien Lehenschaften waren keine Abgabe schuldig, sie hatten aber, wie die anderen Lehenschaften auch, den Grubengewerken das geförderte Erz zum Kauf anzubieten. Etliche Lehenschaften erhielten sogar Hilfsgelder der Gewerken, damit sie auskömmlich arbeiten konnten[82].

Quellen über Überschüsse bzw. Defizite der Gewerken am Falkenstein mit Ausnahme des Erbstollenbetriebs für die Jahre 1539 bis 1543 geben Auskunft über Produktion von „Freierz" auf der Grundlage der erwähnten Lehenschaften im *freien Hinlass* sowie von „Teilerz" der Lehenschaften *auf die Tail*. Sie entstanden im Zug von Debatten über Forderungen der Gewerken nach Erhöhung der so genannten Gnad- und Hilfsgelder, die der Landesherr zur Unterstützung des Bergbaus zahlte. Die nachfolgende Tabelle gibt zunächst die Daten wieder.

---

[78] TLA, oöKKB, Bd. 247, Reihe Gemeine Missiven, Nr. 29 von 1555, fol. 505v-506r sowie 542v.
[79] TLA, oöKKB, Bd. 247, Reihe Gemeine Missiven, Nr. 29 von 1555, fol. 94v-95r.
[80] Dip. 856, fol. 133r.
[81] Vgl. Ludwig 1989, passim, und Fischer 2001, S. 206; zu den Fragen des bergbaulichen Arbeitsrechts insgesamt Ludwig/ Sika 1988.
[82] Fischer 2001, S. 208.

Einnahmen und Ausgaben der Gruben am Falkenstein ohne den Erbstollen, 1539 bis 1. Quartal 1542[83]

Jahr		1539	1540	1541	1542	1543 (1.Quartal)
Einnahmen	**A Teilerz**					
	Menge	11.898 Star	10.188 Star	9855 Star	8.365,5 Star	2.106 Star
	Einnahme	29.745 fl.	25.470 fl.	24.637 fl.	20.913 fl.	5.265 fl.
	Gnadengeld	11.104 fl.	9.508 fl.	9.198 fl.	7.807 fl.	1.955 fl.
	B Freierz					
	Menge	45.931 Star	48.458 Star	42.678 Star	47.811,5 Star	12.476 Star
	Gnadengeld	42.869 fl.	45.228 fl.	39.832 fl.	44.624 fl.	11.644 fl.
	Besserung	13.779 fl.	14537 fl.	12.803 fl.	14.343 fl.	3.743 fl.
Gesamt		97.498 fl.	94 744 fl.	86.471 fl.	86.471 fl.	22.618 fl.
Ausgaben	A Samkost	77.358 fl.	80.270 fl.	84.122 fl.	89.607 fl.	23.589 fl.
	B für Teilerz	12.509 fl.	9.915 fl.	9.458 fl.	9.180 fl.	2.480 fl.
Gesamt		89.877 fl.	90.185 fl.	93.570 fl.	98.788 fl.	26.069 fl.
Überschuss		7.620 fl.	4.558 fl.			
Defizit		-------	-------	7.108 fl.	11.099 fl.	9.479 fl.

Als Einnahmeposten finden wir:
1. Teilerz, die Einnahme pro Star betrug 2,5 Gulden
2. Gnadengeld, pro Star Teilerz 56 Kreuzer
3. Freierz, (Mengenangabe ohne Berechnung einer Einnahme)
4. Gnadengeld auf Freierz, pro Star 56 Kreuzer
5. Besserung auf Freierz, pro Star 18 Kreuzer

Als Ausgabenposten sind notiert:
1. Gemeinkosten (*Samkost*)
2. *Erzlosung* für die Teilerze

Es fällt auf, dass weder eine Einnahme für die Freierze noch ein Ausgabeposten für ihre Gewinnung aufgeführt ist. Dagegen wurde aus den Teilerzen einerseits ein Erlös von 2,5 Gulden (2 Gulden 30 Kreuzer) pro Star verbucht, andererseits notierte man die Kosten für den Ankauf von den Lehenschaftern, die Erzlosung.

Das Teilerz hatte einen Silbergehalt, der einem Wert von 12 Gulden 6 Kreuzer (10 Pfund Berner) pro Star entsprach, wie bei allen Einnahmeziffern der diskutierten Quelle für diesen Pos-

---

[83] TLA, Pestarchiv XIV, Nr. 913 (ohne Blattzählung), *Auszug am Valckckhenstain was die Schmelz Herren und Gewerckhen Ausserhalb des Erbstollen die vier hernach benanten Jar auch das yezig 43. Jar die erst Quatember verpaut und Uberschus gehabt ain yedes Jar in Sunnderhait anzaigt.* Die Summen wurden gerundet, d. h. ohne Berücksichtigung von Kreuzern und Vierern, angegeben.

ten vermerkt ist. Was nicht erwähnt wird, ist der Verbleib des Wertanteils nach Abzug der 2 Gulden 30 Kreuzer pro Star in Höhe von 9 Gulden 36 Kreuzern. Man gab nicht etwa Kostenfaktoren für Transport und Verarbeitung der Erze als Ausgabeposten an, die diese Höhe erreichten. Es war vielmehr offenbar eine feststehende Regel, diese Summe abzuziehen, oder, anders gesagt, nur einen feststehenden Anteil vom Silberwert des Erzes als Einnahme zu betrachten. Zur Einnahme der Gewerken aus diesem Anteil der Förderung kam ein Gnadengeld der Landesherrschaft als eine Art Förderprämie von 56 Kreuzern pro Star Erz.

Hinsichtlich des Freierzes wurde offensichtlich davon ausgegangen, dass dessen Wert die Gewinnungskosten deckte, aber dem Grubenbetrieb hieraus keine Einnahme zufloss, folglich vermerkte man hier weder Einnahmen noch Ausgaben. Lediglich das auch hier gewährte Gnadgeld von 56 Kreuzern wurde als Einnahmeposten vermerkt, außerdem ein nur für diesen Anteil der Erzförderung gewährter Zuschuss, der sich Besserung nannte und 18 Kreuzer pro Star betrug. Damit wurde für die Gewinnung der Freierze, die dem Vernehmen nach nur die Selbstkosten deckten, ein landesherrlicher Zuschuss von insgesamt einem Gulden 14 Kreuzern pro Star gewährt, für die gewinnbringenden Teilerze von nur 56 Kreuzern/Star. Hier wird eine gezielte Förderung der Gewinnung der weniger wertvollen Erze durch den Landesherrn deutlich. Diese gestaltete sich so, dass er hierfür einen Anteil seiner eigenen Einnahmen aus dem Montanwesen zuschoss, und zwar gebunden an die Fördermenge. Er gewährte auf jedes Star der gesamten Fördermenge der Gruben die 56 Kreuzer, für die Freierze, die mit etwa drei Vierteln die weit überwiegende Menge der Gesamtförderung darstellten, darüber hinaus einen Zusatzbetrag. Diese landesherrlichen Zuzahlungen bildeten in den Aufstellungen des Fröners die alleinigen Einnahmeposten für die weit überwiegende Menge der Förderung. Mit anderen Worten waren Erze, die nicht nach der Handscheidung pro Star einen Metallwert von 12 Gulden und sechs Kreuzern darstellten, als für den Grubenbetrieb unprofitabel definiert und eine Ausgaben-Einnahmen-Rechnung unterblieb.

Damit bleiben die Kostenstrukturen nicht nur für die historische Analyse undurchschaubar. Nicht weniger unklar und auf zahlreiche Annahmen gegründet waren sie für die Zeitgenossen. Die in der Übersichtsrechnung ausgewiesenen Überschüsse und Defizite setzen voraus, dass die hier präsenten Annahmen über Gewinnanteile und Selbstkosten realistisch waren. Hier kann nur klar festgestellt werden, dass der Fröner als wichtiger Beamter sie jedenfalls zu Grunde legte. Dies war also eine übliche Art der Berechnung.

Die Gewerken erwarben die Freierze von den Lehenhauern für einen Betrag, der sich nach dem geschätzten Silbergehalt, ausgedrückt in Geldwert, richtete; oben wurde anhand eines Musters für den Hinlassvertrag das formale Vorgehen erläutert, falls man sich zwischen Hauern und Gewerken nicht über den anzunehmenden Metallinhalt einigen konnte. Dann konnten die Hauer zunächst auf eigene Kosten Stein schmelzen lassen, der ihnen dann zu seinem tatsächlichen Wert abgekauft werden musste[84]. So ein Verfahren setzte voraus, dass man Geld vorlegen konnte. Solange die Lehenhauer tatsächlich am Betriebsgewinn mit beteiligt waren, mochte dies möglich sein. Aber wo sie nur noch zu einem gewissen Satz den Metallinhalt dessen vergütet bekamen, was sie an Roherz produziert hatten, und von vornherein davon ausgegangen wurde, dass hier kein Gewinn anfiel, gab es faktisch nur eine Entlohnung - die Produktion von Freierzen erfolgte im Grunde im Mengenakkord. So waren die Lehenschaften im freien Hinlass eine Mischform von Lehenschaft und Lohnarbeit geworden. Vom Lehenschaftsverhältnis war noch die Bindung an einen konkreten Arbeitsort und die vergleichsweise lange Dauer von zumeist einem Jahr übrig geblieben. Aber letztlich unterschied

---
[84] Vgl. oben S. 681f.

sich dies nicht mehr wesentlich von der Gedingearbeit, es handelte sich um eine Art Langzeitgedinge.

Indem die Landesherrschaft die Gewinnung der Freierze gezielt finanziell förderte, dokumentiert sich einerseits, dass es ihr mit einer Unterstützung auch der einfachen, der handarbeitenden Bergleute durchaus ernst war. Dies war nicht nur Propaganda, sondern man hatte einen Weg gesucht und gefunden, der Hilfsgelder für die Gewerken an die Produktionsmengen des Roherzes knüpfte und dabei gezielt die Gewinnung auch weniger reicher Erze unterstützte. Freilich war gerade dies dazu geeignet, das Lehenschaftssystem auszuhöhlen, das eigentlich nur dann realisierbar war, wenn auf der Ebene des Bergwerksbetriebs Gewinne realisiert wurden, nicht erst am Ende der Produktionskette. Schon 1526 war es nicht mehr üblich, dass Lehenschaften an einen Lehenhauer vergeben wurden, der seine eigenen Arbeitskräfte anstellte und entlohnte: *„Es ist also festzuhalten, dass es zwar um die Mitte des 15. Jahrhunderts im Schwazer Bergbau die Möglichkeit gab, die Lehenschaft als echtes Subunternehmen zu führen, indem auf eigene Rechnung Arbeiter angestellt wurden, dass sich die Verhältnisse aber zum beginnenden 16. Jahrhundert eher in das Gegenteil verkehrt haben: Die Lehenschaft ist jetzt eine Arbeitseinheit, die, von den Gewerken für ein Jahr engagiert und zusammengestellt, dann allerdings mit einem erhöhten Grad an Eigenständigkeit und Risikoübernahme, das Erz in den Gruben dieser Gewerken abbauten. ... Wie bereits gezeigt, machte es die Vielschichtigkeit des Vertragsverhältnisses schwer, den arbeitsrechtlichen Charakter und den wirtschaftlichen Status der Lehenschaft zu bestimmen,* so Peter Fischer über seinen Untersuchungszeitraum um 1525. Auf Karl-Heinz Ludwig Bezug nehmend fährt er fort: *Der in der Literatur beschriebene Übergang von einer ‚älteren' Lehenschaft, bei der eine bestimmte Förderquote abzuliefern war, zu einer ‚jüngeren', bei der die Lehenschaft das Erz verhandelte, lässt sich am Schwazer Falkenstein ...bis zur Mitte des 16. Jahrhunderts nicht nachweisen*[85].

Die oben mitgeteilten Zahlen (S. 713f und 720) verdeutlichen, dass innerhalb weniger Jahre die Förderung der reichen Erze und damit der Gewinn aus dem Bergwerksbetrieb selbst deutlich abnahmen. Hatte das Mengenverhältnis von Teilerz zu Freierz 1539 noch ca. 1:4 betragen, so war es bis zum ersten Quartal 1543 auf 1:6 zurückgegangen. Das bedeutete auch, dass sich die Zahl der echten Lehenschaften mit Erzteilung – und damit tatsächlicher Beteiligung der Lehenhauer am Betriebsgewinn – entsprechend vermindert hatte. Da Ausgaben für Lehen auf Zins in der untersuchten Übersichtsrechnung keinerlei Niederschlag finden, ist zu schlussfolgern, dass diese Form der Lehenschaft inzwischen keine Rolle mehr spielte. Das weist auf einen raschen und gründlichen Wandel hin, denn noch 1526 war *Hinlaß auf Zins* noch die wichtigste Form der Lehenschaft gewesen, es hatte damals 34 Lehenschaften *auf die Tail* , 244 im *frei Hinlass* und 556 *auf Zins* am Falkenstein gegeben[86].

Mit dem Bergbau insgesamt befand sich erkennbar auch das alte Lehenschaftssystem im Umbruch, wobei die Lehenschaften sich der Gedingearbeit und damit einer bergbauspezifischen Form des Akkords immer mehr annäherten. Dies war keineswegs nur dem Verhalten von Gewerken und Landsherrschaft zuzuschreiben. Zwar griffen die Großgewerken gerade um die Mitte des 16. Jahrhunderts eine letzte Bastion des Lehenswesens, die Vergabe von Arbeitsplätzen auf lange Dauer (zumeist ein Jahr) mit dem jährlichen Hinlass zu Weihnachten frontal an, indem sie den Hinlass immer wieder verweigerten[87]. Aber auch auf Seiten der

---

[85] Fischer 2001, S. 206.
[86] Fischer 2001, S. 208.
[87] Vgl. unten, Kap. 10, S. 849-857.

Arbeiterschaft gibt sich ein Umbruch zu erkennen. So wurde bergbehördlich immer wieder festgestellt, dass zwar der Hinlass formal erfolgte, aber die Vereinbarungen von den Hauern als offenbar so unzureichend angesehen wurden, dass an vielen Arbeitspunkten mangels Belegung „gefeiert" wurde. 1539 wurde in einem Bergamtsbericht mitgeteilt, wie es um insgesamt 141 Arbeiten im Bereich Zintberg oberhalb von Schwaz am Falkenstein bestellt war, die im Rahmen des letzten Hinlass verhandelt und vergeben worden waren. Nur 13 der hingelassenen Arbeitspunkte waren überhaupt als Lehenschaften vergeben worden, diese waren ordnungsgemäß belegt. Die übrigen hatte man „hingelassen", aber nicht als Lehenschaften sondern wohl in Formen der Lohnarbeit. Allerdings waren 60 Betriebspunkte *Arbaiten, so zu Weihnachten nit hingelassen sind worden,* es hatten sich keine Arbeitskräfte gefunden, die zu den angebotenen Konditionen dort in einen Hinlass hatten einwilligen wollen. Unter den nicht vergebenen Arbeitspunkten waren aber immerhin acht, an denen auch ohne diese formale Vereinbarung gearbeitet wurde. Es war offenbar so, dass sich zunehmend Arbeitskräfte auf kurzzeitige Vereinbarungen einließen und aus dem Lehenschaftssystem auch von sich aus ganz ausscherten. Zwar gab es 1556 formal noch insgesamt 972 Lehenschaften am Falkenstein, aber interessanter Weise gab es besonders wenige im Fürstenbau/Erbstollen, nämlich nur 9 bei einer Förderung mit 30 Förderwagen. In der Grube *St. Martin Huttn* waren dagegen 80 Lehenschaften vergeben, gefördert wurde mit 22 Wagen[88]. Es muss daher im Fürstenbau/ Erbstollen ein sehr beträchtlicher Teil der Förderung in anderen Arbeitsverhältnissen als den Lehenschaften erfolgt sein. Das reine Lohnarbeitsverhältnis, wie es in Gestalt der Herrenhauer schon lange im Schwazer Bergbau praktiziert wurde, war wohl ebenso auf dem Vormarsch, wie die bergbauspezifische Akkordarbeit im Gedinge.

Auch in der Mitte des 16. Jahrhunderts, als das Bergbuch entstand, schieden sich die Bergwerksverwandten mithin keineswegs einfach *in zwei soziale Gruppen, die sich oft mit allen Mitteln bekämpften, in die Gewerken und Schmelzherren und in die Gemeinde des Bergwerks, die Arbeiterschaft,* zwischen denen die Bergbeamten gestanden hätten, wie Erich Egg noch 1986 formulierte[89]. Die sozialen Realitäten waren auch zu dieser Zeit weitaus differenzierter, wie Fischer nach dem oben Gesagten schon für die Zeit um 1525 festgestellt hatte. Charakteristisch waren mehr oder weniger rasche Wandlungsprozesse auf allen Ebenen. Dies waren nicht fest zementierte „frühkapitalistische" Sozialverhältnisse, wie das Zitat von Egg annehmen lässt. Es handelt sich bei solchen Vorstellungen um holzschnittartig vereinfachte Bilder eines „Frühkapitalismus", die zwar bis heute beliebt sein mögen, wie etwa an zur Karikatur geronnenen Präsentationen derartiger Deutungen im kürzlich neu gestalteten Schaubergwerk in Schwaz abzulesen ist. Es wird dort neuerdings ein Film vorgeführt, in dem sich Anton Fugger und ein Steiger im Bergwerk aufs wüsteste beschimpfen und schließlich prügeln. In einem anderen taumeln zerlumpte Gestalten mit Fußlappen an Stelle von Schuhen im Bergwerk herum. Dem komplexen Charakter der tatsächlichen Verhältnisse werden solche reißerischen Darstellungen, denen es mehr um „Events" und irgendwelche Effekte geht, als um die Vermittlung historischer Kenntnisse, in keiner Weise gerecht. Aber so wird eine undifferenzierte Schwarz-Weiß-Malerei in der Geschichtsschreibung am Ende für ein breites Publikum umgesetzt.

---

[88] Dip. 856, Tabelle nach fol. 197.
[89] Egg 1986, S. 129.

6. Das Krisenjahr 1552 und seine Vorgeschichte

Schwierigkeiten und Probleme traten im Schwazer Bergbau seit den 1520er Jahren immer wieder auf, doch stellt sich 1552 als ausgesprochenes Krisenjahr dar, in dem ein Scheitern des Montanwesens in greifbare Nähe gerückt schien. In den Ausgaben des Schwazer Bergbuchs von 1556 wird auf vier Ursachen verwiesen, die den Bergbau zum Erliegen bringen können: Krieg, Sterben, Teuerung sowie Unlust der Bergleute. Die Miniatur *Vier Dinng verderben ain Perkwerch* des Schwazer Bergbuchs stellt dies eindringlich vor Augen[1], so dass man versucht ist, den Autoren des Bergbuchs zu unterstellen, sie hätten das Krisenjahr 1552 vor Augen gehabt, als sie das Kapitel zusammenstellten. Doch bereits in einer Bergordnung Kaiser Maximilians I. von 1507 werden diese vier Ursachen als besondere Missstände für den Bergbau herausgestellt[2]. Im Folgenden soll versucht werden, die Umstände der Krise von 1552 näher zu beleuchten.

a) Der Schmalkaldische Krieg und seine Auswirkungen

Die Krise im Schwazer Bergbau der 1540er und 1550er Jahre ist eng verknüpft mit der allgemeinen Entwicklung im Reich. Am 27. Februar 1531 hatten sich eine Reihe protestantischer Landesherrn und Städte formell zu einem Bündnis zusammengeschlossen. Es waren dies die Fürsten von Sachsen, Hessen, Braunschweig-Lüneburg, Braunschweig-Grubenhagen, Anhalt und Mansfeld sowie die Städte Magdeburg, Bremen, Straßburg und eine Reihe weiterer oberdeutscher Reichsstädte. Die Stadt Nürnberg und Brandenburg-Ansbach verpflichteten sich dagegen zur Neutralität. Die anhaltende Türkengefahr und die Auseinandersetzungen mit dem französischen König Franz I. zwangen den habsburgischen Kaiser Karl V. zu einem Einlenken gegenüber der evangelischen Seite. Durch den Nürnberger Religionsfrieden kam es zu einer Art Waffenstillstand in Glaubensangelegenheiten. Die Entscheidung vertagte man auf ein zukünftig abzuhaltendes Konzil.

Die zehnjährige Abwesenheit des Kaisers nutzten die evangelischen Stände, um ihre Politik voranzutreiben. Nach der Auflösung des Schwäbischen Bundes trat Landgraf Philipp von Hessen mit Unterstützung französischer Gelder für die Wiedereinsetzung des evangelischen Herzogs Ulrich von Württemberg in sein Territorium ein. Die militärischen Erfolge Philipps führten zu einer weiteren Stärkung des Bundes, dem nun auch Augsburg, Frankfurt, Hannover und Hamburg beitraten, ferner die Herzöge von Württemberg und von Pommern. Die Reformation erfasste Nassau, weite Teile Westfalens und den Niederrhein, dehnte sich über Pommern auch nach Dänemark und in Skandinavien aus. Auch in Tirol fand die Lehre Luthers regen Zuspruch. Viele Bergknappen wandten sich der neuen Glaubensbewegung zu[3]. Nach dem Scheitern des Reichstages zu Regensburg, der zu keiner Annäherung der Konfessionen geführt hatte, betrachtete Kaiser Karl V. seine friedliche Vermittlungsmission als fehlgeschlagen. Während die Habsburger bereits insgeheim militärisch rüsteten, einigten sich die beiden Parteien schließlich nur auf eine Fortsetzung des Nürnberger Religionsfriedens und darauf, den Schmalkaldischen Bund nicht zu erweitern. In geheimen Gesprächen gelang es dem Kaiser schließlich, Landgraf Philipp von Hessen faktisch aus dem Bund zu lösen. Der Landgraf war 1539 eine zweite Ehe mit einer adeligen Hofdame eingegangen, obwohl sei-

---

[1] Dip. 856, fol. 78v-79r.
[2] TLA, Innsbruck, Kodex 3256, fol. 52v-55v, vgl. bes. fol. 52v-53r.
[3] Vgl. Gürtler 1990; Egg 1964, S. 37-38.

ne erste Frau noch lebte. Er machte sich damit der Bigamie schuldig, die nach der „Constitutio Criminalis Carolina", der peinlichen Halsgerichtsordnung Karls V. von 1532, strafbar war. Um den Konflikt zu entschärfen, traf Philipp von Hessen am 13. Juni 1541 eine Übereinkunft mit dem Kaiser. Er bat diesen wegen der Bigamie und seiner oppositionellen Haltung gegen die katholischen Habsburger um Verzeihung und sagte zu, kein Bündnis mit auswärtigen Mächten, insbesondere Frankreich, einzugehen und versprach zu verhindern, dass die Herzöge von Kleve-Jülich-Berg in den Schmalkaldischen Bund aufgenommen wurden. Es ging dem Kaiser hierbei hauptsächlich um die Verhinderung der Ansprüche Kleves auf die Grafschaft Geldern. Mit diesem Abkommen war das evangelische Bündnis praktisch lahm gelegt.

Dies zeigte sich bereits 1542/43 im vierten Krieg gegen Franz I. von Frankreich und seine Verbündeten. Als sich der Kaiser 1543 mit einem Heer dem Herzog von Kleve entgegenstellte, war der Herzog auf sich allein gestellt. Frankreich und Dänemark versagten ihrem Verbündeten die versprochene Hilfe, und der Schmalkaldische Bund hielt sich auf Drängen Philipps von Hessen aus der Auseinandersetzung heraus. Der Kaiser obsiegte in dem Konflikt um die Grafschaft Geldern. Moritz von Sachsen trat in kaiserliche Dienste, während Kursachsen und Hessen den einzigen Parteigänger des Kaisers im Norden, Herzog Heinrich von Braunschweig, aus seinem Land vertrieben und dort sofort die neue Lehre einführten. Kaiser Karl V. griff daraufhin Frankreich mit 40.000 Soldaten an und setzte König Franz I. erheblich zu. Im Frieden von Crépy verpflichtete sich Frankreich zur Herausgabe aller Eroberungen und zu einer Türkenhilfe von 10.000 Mann.

Auf zwei Reichstagen gelang es den Habsburgern, die evangelische Seite weiter hinzuhalten, während sie insgeheim weitere Kriegsvorbereitungen trafen. Am 6. Juni 1546 kam es zu einem Bündnis mit Papst Paul III., der sich verpflichtete, 200.000 Dukaten und 12.500 Soldaten zur Verfügung zu stellen. Weitere 500.000 Dukaten erhielt Karl V. aus den kirchlichen Einkünften in Spanien, so dass es ihm nun gelang, ein schlagkräftiges Heer aufzustellen. Nur einen Tag später kam es zu einem Abkommen mit Bayern. Schließlich verpflichtete sich auch Herzog Moritz von Sachsen zur Neutralität, da er sich von einem Stillhalten die Erlangung der sächsischen Kurwürde versprach. Außerdem lockte ihn der Kaiser mit der Aussicht, die Schutzherrschaft über Magdeburg und Halberstadt zu erhalten. Während das Bündnis von Schmalkalden noch Verstärkung durch Friedrich II. von der Pfalz erhielt, gerieten Herzog Moritz von Sachsen und sein Vetter Kurfürst Johann Friedrich I. von Sachsen aneinander.

Im Sommer 1546 eröffnete Karl V. seinen Feldzug gegen den Zusammenschluss der evangelischen Reichsstände. Offiziell begründete er dies mit der Verhängung der Reichsacht gegen Hessen und Kursachsen wegen des Überfalls auf Braunschweig-Wolfenbüttel und der Absetzung Herzog Heinrichs. Der Schmalkaldische Bund war zwar mit 57.000 Soldaten unter dem Feldhauptmann Sebastian Schertlin von Burtenbach den kaiserlichen Truppenverbänden überlegen, doch die zögerliche Haltung beim Einsatz des Heeres führte dazu, dass sich die schwachen kaiserlichen Truppen mit den päpstlichen Einheiten vereinigen konnten. Sebastian Schertlin von Burtenbach zog 1546 von Oberdeutschland aus nach Tirol, wo er mit seinen Truppen die Tiroler Festung Ehrenberg bei Reutte im Handstreich einnehmen konnte. In einem Bericht an König Ferdinand I. meldete die Regierung in Innsbruck, dass man bei der Bedrohung Füssens durch Bundestruppen zur Verteidigung von Burg und Klause Ehrenberg 800 Schwazer Bergknappen entsendet habe, doch habe man sich angesichts des feindlichen Heeres dazu entschlossen, ohne Gegenwehr abzurücken[4]. Als beim Vorstoß gegen Lermoos die Nachricht kam, dass der Kaiser gegen Augsburg vorging, zog sich darauf-

---

[4] Pölnitz Bd. 2.2, 1967, S. 707 mit Anm. 59.

hin Schertlin von Burtenbach mit dem protestantischen Heer zurück. Eine kleine Besatzung verblieb in der Burg Ehrenberg. Sie konnte von Tiroler Truppen erst nach dem Einsatz von Geschützen zum Abzug bewegt werden. Der Verbündete des Kaisers, der ungeduldige Herzog Moritz von Sachsen, schlug gegen seinen Rivalen Kurfürst Johann Friedrich I. von Sachsen los und marschierte gemeinsam mit König Ferdinand I. in das völlig ungesicherte Kursachsen ein. Das evangelische Heer löste sich auf, während Kurfürst Johann Friedrich in sein Land zurückeilte. Durch einen überraschenden Angriff bei Mühlberg an der Elbe zwangen die sächsischen und habsburgischen Truppen den Kurfürsten zum Rückzug. Johann Friedrich I. von Sachsen wurde auf der Flucht gefangen gesetzt. Die Schlacht bei Mühlberg bedeutete das Ende des Schmalkaldischen Bundes. Auf dem so genannten geharnischten Reichstag zu Augsburg mussten die unterlegenen protestantischen Fürsten und Städte das Augsburger Interim akzeptieren.

Der Kaiser zwang Johann Friedrich I. von Sachsen, die Kurwürde aufzugeben, mit der nun die Albertinische Linie belehnt wurde. König Ferdinand I., der seinem Bruder beigestanden hatte, konnte nun gegen die böhmischen Stände vorgehen. Landgraf Philipp von Hessen blieb ebenso wie Johann Friedrich I. von Sachsen für längere Zeit in niederländischer Gefangenschaft. Von den protestantischen Städten verlangte der Kaiser hohe Kontributionen.

Weiterführende Pläne des Kaisers, etwa die Errichtung einer Reichsliga, in der alle deutschen Stände vertreten sein sollten, mit einer eigenen Bundeskasse, einem Bundesgericht und einem Bundesfeldherrn, stießen bei den Fürsten auf Widerstand. Misstrauen erregte auch das Anliegen des Kaisers, seinen Sohn, Prinz Philipp, durch die Kurfürsten zum römischen König wählen zu lassen. Überdies blieben die spanischen Truppen im Land, was man dem Kaiser übel nahm. Die ungeordneten konfessionellen Verhältnisse im Reich verlangten gleichfalls nach einer Lösung, insbesondere weil das Konzil zu Trient, das Papst Julius III. (1550-1555) wieder einberufen hatte, keine Lösung des deutschen Religionskonfliktes bot, sondern im Gegenteil im Dienste der Gegenreformation die Gräben noch vertiefte[5].

Der Überfall der Truppen des Schmalkaldischen Bundes im Jahr 1546 macht deutlich, welche Bedeutung Tirol im Spiel der Mächte hatte. Zwar waren die Habsburger in der Lage, die Ressourcen ihres weltumspannenden Reichs für ihre machtpolitischen Zwecke zu nutzen, so verblieben in der Dekade von 1541-1550 von den 177,57 Tonnen Silber, die nach Spanien importiert wurden, rund 85 % im Land, während 1531-1540 82,19 % der Silberimporte wieder abflossen, 1551-1560 waren es 44,17 % und 1561-1570 76,25 %[6], doch waren sie auch weiterhin auf die Produktion von Silber und Kupfer aus Tirol, insbesondere aus Schwaz, angewiesen. Zur militärischen Unterstützung seines Bruders benötigte König Ferdinand I. im Jahr 1541 größere Geldsummen sowie Kriegsmaterial. Die Fuggersche Handelsgesellschaft unter ihrem Seniorchef Anton Fugger stellte dem Tiroler Landesfürsten 50.000 Mark Brandsilber, 20.500 Zentner Kupfer sowie 134.000 fl. als Darlehen zur Verfügung. Hierüber schloss man zwei Verträge ab. Zur Sicherstellung des Kredites dienten die Einkünfte des Landesfürsten aus dem Hüttenwerk in Rattenberg. Der Betrieb wurde damit für längere Zeit überlastet, denn das Werk diente auch als Pfand für Kredite, die die Firma Haug & Neidhart sowie andere Gläubiger den Habsburgern gewährt hatten[7]. Die Innsbrucker Regierung

---

[5] Zur Darstellung der historischen Gegebenheiten mögen folgende Literaturhinweise genügen: Fuchs 1955 (Gebhardt), S. 91-104; Palme 1998, S. 55-59; Schulze 1987, S. 127-203.

[6] Vgl. zu den spanischen Silberimporten aus Übersee und deren Abflüssen aus dem Mutterland: Walter 2003, S. 249-253, bes. S. 251.

[7] Pölnitz Bd. 3.1, 1971, S. 14 u. 571, Anm. 56.

befand sich seit den 1540er Jahren in der wenig beneidenswerten Situation, immer neue Kredite für den König herbeischaffen zu müssen, für die sie den Gläubigern aber kaum noch Sicherheiten bieten konnte. Im Übrigen zeigte Ferdinand I. wenig Neigung, die getroffenen finanziellen Vereinbarungen mit den Augsburger Handelhäusern einzuhalten, die fälligen Zinsen zu zahlen oder gar das Kapital zurückzuzahlen, in welcher Form auch immer. So baten z. B. Statthalter, Regenten und Kammerräte der oberösterreichischen Regierung zu Innsbruck am 5. November 1548 ihren Herrn, der Firma Fugger doch wenigstens die anfallenden Zinsen eines Krediets von 12.000 fl. zu zahlen[8]. Während des Schmalkaldischen Krieges hatte sich Anton Fugger in Schwaz in Tirol in Sicherheit gebracht. Er leitete die weit verzweigten Handelsbeziehungen des Unternehmens zumindest zeitweise von dort aus. Dazu waren im Juni 1546 21 Truhen mit Geschäftsunterlagen und Hausgerätschaften in die Bergbaugemeinde im unteren Inntal geschafft worden[9]. Während die Stadt Augsburg und andere dort ansässige Handelfirmen, z. T. auch Angehörige der Familie Fugger, mit der protestantischen Seite paktiert hatten, versuchte sich Anton Fugger aus den politischen Geschehnissen weitgehend herauszuhalten. Dies gelang ihm allerdings nur in einem geringen Maße, da seine Vaterstadt ihn nach dem Krieg als Vermittler mit dem obsiegenden Kaiser dringend benötigte. Am 3. Januar 1547 kehrte Anton Fugger aus Schwaz nach Augsburg zurück, um der Reichsstadt bei der Aussöhnung mit dem Kaiser beizustehen[10].

Im Spätsommer und Herbst 1548 überprüfte Anton Fugger, der Chef des großen Augsburger Handelshauses, auf der Grundlage der Fuggerschen Inventur von 1546[11], die eigene Situation und die seiner Firma. Dies wird nicht zuletzt auf die veränderte politische Situation zurückzuführen sein. Fugger galt als Parteigänger der Habsburger. Er hatte den Habsburgern wie auch der Gegenseite während des Schmalkaldischen Krieges wiederholt mit Krediten ausgeholfen[12]. Die Geschäftspolitik der Fugger wie die der anderen Augsburger Handelsfirmen der Welser, der Neidhart, der Paumgartner, der Herwart oder der Pimbl stießen bei beiden Kriegsparteien auf wenig Gegenliebe. Daher erschien es Anton Fugger angezeigt, die Firma neu zu ordnen und den Kurs von Gesellschaft und Familie zu bestimmen. Einer der wichtigsten Punkte war der Rückzug aus dem verlustreichen ungarischen Metallhandel mit der Aufgabe von Neusohl, Hohenkirchen, Fuggerau und Reichenstein[13]. Die Fugger beabsichtigten darüber hinaus den Ausstieg aus dem mittel- und ostdeutschen Handel. Die Geschäfte der Firma sollten vor allem auf Kärnten, die Steiermark und Tirol konzentriert werden. Nach

---

[8] Pölnitz Bd. 3.1, 1971, S. 14.

[9] Karg 2003, S. 107-108.

[10] Pölnitz Bd. 2.2, 1967, S. 349, 353-356, 363-385.

[11] Pölnitz Bd. 2.2, 1967, S. 329-345.

[12] Pölnitz Bd. 2.2, 1967, S. 194 (Kredit von 110.000 fl. an König Ferdinand I.), S. 199 (spanische Wechselgeschäfte mit den Habsburgern in Höhe von 300.000 Dukaten), S. 206 (Kredit von 10-15.000 fl. zur Tiroler Landesverteidigung); S. 205 (verdeckte Unterstützungszahlungen der Fugger, als Steuern getarnt, für die Reichsstadt Augsburg als Mitglied des Schmalkaldischen Bundes in Höhe von 40.000 fl., während die Welser mit 30.000 fl. und die Herwart mit 20.000 fl. zur Kasse gebeten wurden). Über den Antwerpener Geldmarkt versorgten der Schwiegersohn des Bartholomäus Welser, Hieronymus Sailer, sowie der Faktor des Sebastian Neidhart, Alexius Grimmel, den französischen König mit größeren Summen zu überhöhten Zinsen. Die Transaktionen wurden allerdings von kaiserlichen Beamten entdeckt und die Beteiligten in Haft genommen. Der französische König vermittelte die Gelder weiter an die Protestanten. Vgl. hierzu: Häberlein 1996, S. 53-54.

[13] Im Februar 1541 war es zur letztmaligen Verlängerung des Pachtvertrags zwischen Anton Fugger und König Ferdinand I. gekommen. Dabei räumte der Habsburger der Augsburger Handelsfirma alle bisherigen Vorrechte ein. Die Fugger sahen in der Verlängerung des Vertrags die einzige Möglichkeit, das an die Habsburger geliehene Geld zurückzuerlangen. Die gesamtpolitische Lage, Türkenbedrohung, Krieg mit Frankreich und Sperrung der Ostseezugänge durch Dänemark und damit die Verhinderung des Kupfertransportes aus Ungarn ließen Anton Fugger im April 1546 den Vertrag aufkündigen. Die Beauftragten König Ferdinands übernahmen daraufhin die Kontrolle über das Montanwesen in Neusohl. Vgl. dazu Probszt 1966, S. 80-106.

dem Abschluss eines neuen Gesellschaftervertrages wurden alle Vermögensteile, Außenstände sowie Verbindlichkeiten festgehalten. Ein Libell vom 21. November 1548 gibt dabei Auskunft über das Kapital von Anton und Hans Jakob Fugger im Tiroler und Kärntner Bergwerkshandel. Nach einem Inventar waren Erze und Kupfer im Wert von 80.027 fl. vorhanden. Die Bergwerke und Übertageanlagen, die 1546 mit 30.000 fl. veranschlagt worden waren, hatten inzwischen eine Wertsteigerung um 10.000 fl. erfahren. Der Schwazer Unschlitt- und Eisenhandel der Fugger stand mit 7.378 fl. zu Buche. Die Verbindlichkeiten der Innsbrucker Regierung und Kammer wurden mit 10.000 fl. angegeben, während die Gesamtsumme der Verpflichtungen der Tiroler Kammer und Salzpfanne auf 241.218 fl. veranschlagt wurde. Vom Schwazer Silber schuldete die Regierung den Fuggern noch 32.714 fl., vom Kammeramtssilber noch 15.397 fl., vom Hauskammeramtskupfer noch 20.208 fl. und vom Wechselgeld noch 33.946 fl. Von einem Kredit in Höhe von 54.000 fl. musste die Regierung noch 19.155 fl. zurückzahlen. Die Gesamtsumme der Außenstände im Bergwerkshandel, einschließlich der Kredite, die man dem Landesfürsten gewährt hatte, belief sich auf 475.876 fl.[14].

Bereits 1546/47 hatten die Schulden bei der Firma Fugger und anderen Handelsgesellschaften zu beträchtlichen Unmut in Schwaz und Rattenberg geführt. Man spürte in Tirol die Abhängigkeit von den großen auswärtigen Firmen. Andererseits waren die zumeist oberdeutschen Edelmetallhändler auf den Export des Silbers und des Kupfers angewiesen, denn ohne diesen Handel wäre es ihnen nicht möglich gewesen, die immensen Kredite zurückzuerhalten. Überdies waren die Firmen vielfach durch Lieferverträge gebunden und somit auf den Verkauf der Edelmetalle außer Landes angewiesen.

Die Firma Fugger beurteilte 1546 die Lage im Tiroler Montanwesen wie folgt: *Bergwerkbauen ist nicht jedermanns Tun, Vermögen oder Angelegenheit. Deshalb einen Herrn und Landesfürsten mit Aufladungen in Fron und Wechsel gute Bescheidenheit zu gebrauchen hoch vonnöten ist, daß dadurch nicht Unlust im Bauen verursacht werde. Denn es bedarf nur lustiger Gesellen, die eine Liebe dazu haben. Dieselbe Liebe bewegt der Nutzen, den man davon haben mag. Denn so den Gewerken kein Nutzen oder Vorteil davon sollte folgen, ist die Verlassung des Bauens (auf) das gewisseste vorhanden*[15].

b) Der Knappenaufstand von 1552

Die politische Situation im Reich hatte sich nach 1547 grundlegend geändert. Zwar wandte sich der mit dem Kaiser verbündete Kurfürst und Herzog Moritz von Sachsen noch einmal gegen ein Bündnis dreier Fürsten, denen er im Januar 1551 die Truppen auf dem Musterungsplatz bei Verden wegnahm, doch es konnte kaum Zweifel daran bestehen, dass sich dieser protestantische Fürst letztlich für die Freiheit und Unanhängigkeit der Reichsstände von Habsburg einsetzen würde. Unter Vermittlung hessischer Räte knüpfte Moritz Verbindungen zum französischen König Heinrich II., mit dem er ein Bündnis einging. Im Vertrag von Chambord vom 15. Januar 1552 wurde Frankreich die Übergabe der zum Reich gehörenden Städte Metz, Toul, Verdun sowie Cambrai zugesagt. Heinrich II. sollte zum Reichsvikar ernannt werden, und er erhielt die Zusage, dass man sich bei einer neuen Kaiserwahl für ihn einsetzen wolle[16]. Herzog Moritz von Sachsen eröffnete seinen Kriegszug, indem er

---

[14] Pölnitz Bd. 3.1, 1971, S. 575, Anm. 110.
[15] Pölnitz Bd. 2.2, 1967, S. 324-325.
[16] Fuchs 1955, S. 101-102.

gegen Oberdeutschland vorging und Schwaben, das Allgäu, Tirol sowie das Trienter Konzil bedrohte. Kaiser Karl V. reiste am 21. Oktober 1551 aus Augsburg ab und bezog mit seinem Hofstaat die Hofburg in Innsbruck. Hier residierte er bis zum April 1552, um unter anderem mit Anton Fugger über einen größeren Kredit zur Finanzierung seines Haushalts zu verhandeln. Moritz von Sachsen, der mit seinen Truppen Schwaben besetzt hatte und gegen die kaisertreuen Reichsstädte vorging, nahm den Aufenthalt des Kaisers in Innsbruck zum Anlass, über die nur schwach verteidigte Ehrenberger Klause in das untere Inntal vorzurücken. Wahrscheinlich hoffte der Herzog, durch einen schnellen Vormarsch den Kaiser in Innsbruck gefangen zu nehmen. Die Flucht des Monarchen und seines Gefolges nach Südtirol ließ die Pläne des Sachsenherzogs scheitern. Nach einer kurzen Besetzung Innsbrucks und des unteren Inntals zogen sich die Truppen plündernd aus Tirol zurück[17].

Nicht zu Unrecht befürchtete man 1552 in Innsbruck einen möglichen Aufruhr der Schwazer Bergleute. Die Lage der Bergknappen war seit der Mitte der 1540er Jahre sehr angespannt. Der Anlass von 1525, zwischen den Großgewerken vereinbart und vom Landesfürsten bestätigt, wurde 1545 aufgekündigt. Damit wurde eine Vereinbarung aufgegeben, die 1525 mit dem erklärten Ziel abgeschlossen worden war, den Betrieb der zahlreichen Gruben am Falkenstein neu zu organisieren und damit wirtschaftlicher zu machen[18]. Der Rückfall in die Zeiten vor dem Anlass ließ viele Gruben unrentabel werden und die Entlassung zahlreicher Knappen stand zu befürchten, denn nun musste wieder jeder Gewerke für seine Grubenanteile aufkommen, mussten die zuvor als größere Einheiten zusammengelegten Gruben wieder aufgeteilt werden. Da es in Schwaz seit den Zeiten Kaiser Maximilians I. keine neuen Erfindungen gab, die es erlaubt hätten, unrentable Grubenteile, insbesondere abgebaute Strecken (Feldörter), nicht mehr zu belegen, sondern aufzugeben, stiegen die Kosten für die einzelnen Gewerken stark an[19]. Selbst der Tiroler Handel der Fugger hatte deutlich mit der Abnahme des Bergsegens zu kämpfen. Die Kapitalrendite des Unternehmens aus dem Tiroler Bergwerks- und Schmelzhandel ging in den Jahren von 1548 bis 1555 stark zurück. Hatte sie in den Jahren 1548/49 noch bei 7,985 % gelegen, reduzierte sich die Rendite 1554/55 auf 3,865 %[20]. Damit zeigen sich deutliche Anzeichen für eine Krise im Montanwesen. Andere Unternehmen, die weniger gut gewirtschaftet hatten, wie die Firmen der einheimischen Gewerken der Tänzl und Stöckl, konnten die Schwierigkeiten nicht mehr meistern. Sie wurden ausgekauft bzw. übernommen[21]. Seit 1546 kam es in Schwaz immer wieder zu nächtlichen Übergriffen und Ausschreitungen, die von der Obrigkeit mit Argwohn beobachtet wurden. Wiederholt korrespondierte man deswegen mit dem Land- und dem Bergrichter zu Schwaz und bat um genauere Auskünfte. Man befahl im Februar 1547 noch einmal, gegen die Ruhestörer vorzugehen. Die Fronboten und Knechte der beiden Beamten sollten gemeinsame nächtliche Patrouillen durchführen, um die Unruhestifter abzuschrecken oder zu inhaftieren. Im Jahr 1548 hatte das *Knappenromor* in Schwaz weiter um sich gegriffen. Man fürchtete, dass *bey der grossen Meng Volckhs zu Swatz allerley Unrats entsteen möchte*. Deshalb zitierte man am 4. Oktober 1548 alle drei Schwazer „Obrigkaiten", Pfleger, Landrichter und Bergrichter, zum persönlichen Rapport nach Innsbruck. Es war zu Gotteslästerungen gekommen, in zahlreichen Schwazer Häusern hatten Knappen Fensterscheiben eingeworfen, und an den Feiertagen kam es zu Tumulten, nachdem die Bergleute dem Branntwein reichlich zugesprochen

---

[17] Pölnitz, Bd. 3.1, 1971, S. 229, 272-273; Palme 1998, S. 59 u. 122.
[18] Zur Bedeutung des Anlasses von 1525 vgl. die beiden Beiträge von: Ludwig 2004, S. 98-109, bes. S. 100; ders. 2003, S. 167-183, bes. S. 171; Fischer 1919, S. 47, bes. auch Anm. 1.
[19] Zur Aufkündigung des Vertrags von 1525 vgl. Müller 1955, S. 273.
[20] Scheuermann 1929, S. 55-56. Ähnliche Zahlen weist auch die ältere Arbeit von Dobel 1882, S. 210, auf.
[21] Egg 1964, S. 45.

hatten. Überdies hielten die Wirte, trotz angedrohter Strafen, die auf acht Uhr abends angesetzte Sperrstunde nicht ein[22].

Im April und Mai 1552 gärte es unter der Schwazer Bevölkerung, insbesondere unter den zahlreichen Bergleuten. Wieder befürchtete man seitens der oberösterreichischen Regierung einen Aufstand. Als beim Einmarsch der Truppen des Herzogs Moritz von Sachsen die Revolte losbrach, flüchteten die Regierungsbehörden aus Innsbruck. Tiroler Truppenkontingente standen wegen der im Land befindlichen sächsischen Truppen zur Niederschlagung der Unruhen zunächst nicht zur Verfügung. Sie hatten sich gleichfalls ins Oberland abgesetzt. Die erbosten Bergleute waren durch die Behörden vor Ort, den Bergrichter und den Landrichter mit ihren Hilfskräften nicht mehr unter Kontrolle zu halten.

Der Hergang der Revolte ließ sich bisher ausschließlich anhand von Tiroler Chroniken rekonstruieren. So notiert der Verfasser der Haller Stadtchronik das Folgende: am *23. May die statthör hie zue Hall von aim ersamen rat verspert und verhüet worden, durch die purgersleut von wegen ainer auffruer zu Schwatz etlicher knappen, so sich empert haben wider yren richter und andrer [...]*[23]. In seiner unveröffentlichten Arbeit aus dem Jahre 1905/1924 zitiert Max von Isser-Gaudententhurm eine Passage aus der Schwazer Bergchronik, die heute nur noch in einer Abschrift vorliegt: dass *zue ent des monat may in dem yar [1552] die beed Knappen Adam unt Alexandr, die Svartzzer bemset, ayn gawaltygh rummor anzöttlen, von wögn dez aynpruch des saxisch Krüghsvolck under anfürungh hertzogh Morytzn. Daz erposst perckh volch ze Svatz die Obrughkhayt malltraytyrret, so daz sy habm flüechn müessn. Yn derseln nacht ayn hawff volchs daz perckhrychtrhawss erstürmmet, di Keuchn [= das Gefängnis] erprycht, di malcontentn [= Gefangenen] laffn lasst, di offn fenstr unt tyrn aynschlaggt, unt andr muetwyll treypt, pys lanntsknecht so von Ynnsprugg zue hülff khumben, myt waffn Gwalt ordnungh machn, waz aynigh tag prauche*[24].

Die Gründe für den Aufstand der Bergknappen waren vielfältig. Bereits Ende 1551 und im Januar 1552 hatte es Anzeichen für eine explosive Stimmung unter dem Bergvolk gegeben. Zahlreiche Gewerken der kleineren Zechen, der *freyen und aigen Grueben*, im Schweren und Geringen Wechsel beklagten sich bei der Regierung über die rückständige Bezahlung ihrer Erzlieferungen. Sie benötigten das Geld, um ihre Arbeitskräfte damit zu entlohnen. Der königliche Erzkäufer in Schwaz, Paul Obrist, wurde angewiesen, 1.500-2.000 fl. aus dem Hüttenmeisteramt zur Verfügung zu stellen, *damit er dieselben den Gwerckhen unnd armen Gsellen in Abschlag irer Ausstennde auszetailen habe unnd das Geschray dardurch ain wenig abgestellt werde*[25].

Wie sehr die allgemeine Lage insbesondere die kleineren Gewerken, die es neben den Brandsilber einliefernden Großgewerken wie den Stöckl, Tänzl oder Fugger auch noch gab, in Bedrängnis brachte, zeigt der Fall des Gewerken Sebastian Tilger. Dieser war 1552 gezwungen, seine Grube an Jakob Zoppl, den Hüttenmeister zu Rattenberg, zu veräußern, um einem drohenden Konkurs zu entgehen. Hierüber berichteten der Schwazer Bergrichter Sigmund Schönberger und Paul Obrist, der Schwazer Erzkäufer, der Regierung und Kammer in Innsbruck. Sebastian Tilger hatte wegen der hohen Schulden den Bergbau auf der Zeche „die Rosen" am Falkenstein einstellen müssen. Die Verbindlichkeiten von 1.030 fl., die sein Vater und er dem Erzkäuferamt zu Schwaz schuldig geblieben waren, konnte Tilger nicht mehr

---

[22] TLA, Hs. 13, fol. 2v, 25r-27r, Zitat S. 25r.
[23] Schönherr 1867, S. 124.
[24] TLM Ferdinandeum, FB 19860, oder Paul 2005: Isser 1905/1924, S. 297-298, bes. Anm. 820, u. S. 309.
[25] TLA, oöKKB, Bd. 232, Reihe Gemeine Missiven, Nr. 26 von 1552, fol. 33v-34r.

Abb. 23: Das Bruderhaus der Bergleute zu Schwaz mit angebauter Kapelle, Zustand um 1800 (aus: Egg/ Gstrein/ Sternad 1986, S. 128).

zurückzahlen. Deshalb waren auch die Stollen und das Grubengebäude *nit wenig vergangen*, die Haspeln und *Casten*, die untertägigen Holzverbauungen, teilweise zerbrochen oder in einem bedenklichen Zustand. Dadurch wären, so der Bericht, viele *hoffenliche* Örter und Zechen eingegangen. Um dem Bergwerk noch rechtzeitig aufzuhelfen und es ohne größere Kosten wieder in Betrieb zu nehmen (*aufzuwältigen*), hatte nun Jacob Zoppl der Ältere die Grubenbaue für 1.200 fl. käuflich erworben und die Schulden von Tilger gegenüber dem Erzkäuferamt in Höhe von 1.030 fl. übernommen: *unnd sich daraus an der Tilgers Schuld, so sonnst verloren gewest, gegen der k[öniglichen] Mayestät um 1.030 Gulden verschrieben.* Um die Stollen und Strecken wieder aufzufahren, hatte Zoppl weitere 500 fl. aufgebracht und somit seitdem eine ansehnliche Summe Geldes *verbaut*. Interessant ist in diesem Zusammenhang, dass es ein landesfürstlicher Funktionsträger war, der die Notsituation des Eigengrüblers ausnutzte und sich in den Besitz der Anlage brachte. Der Rattenberger Hüttenmeister gab an, dass die Grube ohne seine Hilfe hätte aufgelassen werden müssen. Dem Landesfürsten sei durch die Erhaltung des Bergwerks großer Nutzen entstanden. Wie hoch die Gewinne waren, die Zoppl erwirtschaften konnte, ist leider nichts bekannt. Sein Amt als Hüttenmeister hat er zumindest nicht aufgegeben[26].

Des Weiteren erhitzte eine besondere Anweisung der Innsbrucker Regierung die Gemüter, nach der die Einhaltung der verordneten bzw. abgeschafften Feiertage den Bergbeamten besonders eingeschärft wurde. Am 8. Februar 1552 befahl die Innsbrucker Regierung dem Bergrichter und dem Bergmeister zu Schwaz die Durchsetzung der auf dem Regensburger Reichstag verkündeten Anordnung bezüglich der Feiertage. Die landesfürstlichen Räte beklagten, dass die Knappen an den zahlreichen Feiertagen nur dem Müßiggang nachgingen. Dadurch entstünden oft Streitigkeiten und es komme zur Verschwendung. Die Regierungsbeamten werden hierbei sicherlich Trinkgelage und Wirtshausraufereien im Sinn gehabt haben. Bei Zuwiderhandlungen sollten die Bergbeamten eingreifen und die Übeltäter festsetzen[27].

Nur zwei Tage später erging ein weiteres Schreiben der Innsbrucker Regierung an die Schwazer Bergbehörde. Die Gewerken am Falkenstein hatten sich über Unregelmäßigkeiten beim Scheidwerk beklagt. Danach mischten die Hauer gehaltloses Gestein unter das geförderte

---

[26] TLA, oöKKB, Bd. 232, Reihe Gemeine Missiven, Nr. 26 von 1552, fol. 155r-156r.
[27] TLA, oöKKB, Bd. 231, Reihe Entbieten und Befehl, Nr. 54 von 1552, fol. 276v-277r.

Erz, um ihren Verdienst aufzubessern. Dass diese Vorwürfe nicht ganz von der Hand zu weisen waren, sich aber aus der Notlage der Bergarbeiterschaft erklären lassen, klingt auch in einer Protestnote an, die alle Großgewerken am 9. Februar 1552 von der Gemeinen Bergwerksgesellschaft zu Schwaz zugestellt erhielten. Dort heißt es: *Dann ob gleichwol sich etlich under den Gsellen betruglich und peß Schaidwerch zu machen understeen, so sollen sy* [die Gewerken; Anm. der Verf.] *doch solchs diejhenigen, die es nit thuen, sonnder damit aufrecht hanndlen, nit entgelten lassen*[28]. Die Bergbeamten erhielten den Befehl, das Scheidwerk besser zu beaufsichtigen und dafür zu sorgen, dass nur gutes Scheidwerk an die Schmelzhütten geliefert werde. Der häufig von den Gewerken gemachte Vorwurf und deren Forderung nach besserer Qualität der geschiedenen Erze dürfte die Bergleute gleichfalls verärgert haben[29]. Die schlechte Versorgung der Bevölkerung mit Getreide und Fleisch brachte das Fass schließlich zum Überlaufen.

Die aktenmäßige Überlieferung zu den Geschehnissen im Mai 1552 ist nur sehr spärlich. Da die geflüchtete oberösterreichische Regierung erst spät Informationen über die Revolte der Bergleute in Schwaz erhielt, was angesichts der Kriegssituation auch nicht weiter verwundert, finden sich verlässliche Nachrichten vom Knappenaufstand erst spät in den oberösterreichischen Regierungsakten[30]. Im Oktober 1552 wandte sich die Regierung in Innsbruck im Namen König Ferdinands I. in mehreren Schreiben u. a. an den Bergrichter und den Landrichter zu Schwaz und verlangte Aufklärung über die *empörischen und auffruerischen Personen zu Swaz*. Der königliche Rat, Dr. Wolfgang Alber, hatte die Aufgabe übernommen, an der Spitze einer Kommission, zusammen mit zwei Berg- und zwei Landgerichtsgeschworenen, die Angelegenheit zu untersuchen. Alber stellte fest, dass sich am 22. Mai und in den folgenden Tagen einige Personen in Schwaz gegen die Obrigkeit erhoben hatten. Aus einem Brief vom 4. Januar 1553 geht hervor, dass einige der Aufrührer, u. a. Thoman Schlehl, Jacob Gennsperger und Hannsen Pranntner, inhaftiert worden waren. Wolfgang Schreibmayr, der wegen der Teilnahme am Aufruhr gleichfalls im Gefängnis saß, stellte einen Antrag auf Begnadigung. Sein Begehren wurde von der Regierung in Innsbruck abschlägig beschieden. Man begründete dies damit, dass er einer der Rädelsführer gewesen sei[31].

Am 10. Januar 1553 kündigte die Innsbrucker Regierung den beiden Schwazer Beamten die Ankunft des Juristen Dr. Hans Georg Bart an, der als Untersuchungskommissar die gefangenen Knappen verhören sollte. Man befahl dem Berg- und dem Landrichter, zwei *geschickht tauglich und der Sachn unverwonndt Personen* auszuwählen und dem Regierungskommissar als Gehilfen zur Verfügung zu stellen. Mit der Aufzeichnung der Aussagen der Verdächtigen beauftragte man einen Gerichtsschreiber, wobei aus dem Schreiben nicht zu entnehmen ist, ob der Berg- oder der Landgerichtsschreiber gemeint ist[32].

Einige der Aufständischen konnten sich offenbar durch Flucht ihrer Verhaftung und Bestrafung entziehen. Nachforschungen hatten ergeben, dass sich die beiden Haupttäter nach Vorderösterreich abgesetzt hatten. Die Innsbrucker Regierung setzte nun alles daran, der Aufrührer habhaft zu werden. Vom 13. Januar 1553 datiert ein Brief an den Vertreter der dortigen Regierung, Nikolaus Freiherr zu Pollweiler. Man bat diesen um Auskunft über einen Bergknappen mit Namen Adam Schwaiger, der im Jahr 1552 als Anführer am Schwazer Knap-

---

[28] ZA KI 1308 (Bergwerkssachen). Das hier zitierte Schriftstück stammt aus dem Nachlass der Augsburger Familie Paumgartner.
[29] TLA, oöKKB, Bd. 231, Reihe Entbieten und Befehl, Nr. 54 von 1552, fol. 278v-279r.
[30] Vgl. zu den Geschehnissen in Schwaz im Mai 1552: Bingener 2005, S. 57-60.
[31] TLA, HS 13, fol. 82v-85r.
[32] TLA, HS 13, fol. 85r-85v.

penaufstand beteiligt gewesen sein sollte. Unklar war den Innsbrucker Räten allerdings, ob der gesuchte Landfriedensbrecher allein geflohen war oder ob es noch einen zweiten Straftäter gab: *Dieweill wir dann nitt wissen, was der Adam Schwaiger Arzknapp [...] für ain Person, ob derselb allt oder jung, dessgleichen ain lannge oder kurze Person seye unnd ob, wie Hanns Schwaiger anzeigt, dz zweyerlei Geschlechts, die Schwaiger genannt.* Offenbar hatte man in diesem Zusammenhang einen Verwandten befragt, der aber keine genauen Angaben über Adam Schwaiger oder einen möglichen Komplizen machen konnte oder wollte. Fest steht jedenfalls, dass die Angaben aus der Schwazer Bergchronik weitgehend mit den Fakten der Aktenüberlieferung übereinstimmen[33].

Die Erhebung der Bergleute gegen die Obrigkeit im Mai 1552 und der Kriegszug des sächsischen Herzogs und Kurfürsten nach Tirol kurz zuvor wirkten sich auf das Schwazer Montanwesen katastrophal aus. Viele der Bergknappen flüchteten nach der Niederschlagung des Aufstands durch Landsknechte, die die Regierung aus Innsbruck den Schwazer Behörden zu Hilfe geschickt hatte. Diese dürften aber erst nach dem 25. Mai in das Geschehen eingegriffen haben, denn nach der Schweyger'schen Chronik der Stadt Hall verließ das sächsische Heer unter dem jungen Landgrafen von Hessen erst am 25. Mai 1552 Tirol, wobei die Truppen auf ihrem Rückzug die an der Straße gelegenen Häuser, Pfarrhöfe und Kirchen sowie das Kloster Stams mit Plünderungen heimsuchten und nicht unbeträchtlichen Schaden anrichteten[34].

Wie viele der Bergknappen sich durch das leicht verdiente Geld beim Militär locken ließen, ist nicht überliefert. Fest steht indes, dass eine große Anzahl von Bergleuten nicht mehr in ihre Gruben zurückkehrte. Die Tiroler Landesregierung war sich der Gefahren bewusst, die dem Montanwesen in Schwaz durch fortziehende Bergleute drohten. Kanzler Matthias Alber stellte deshalb bereits im April 1552 einen ersten Betrag von 100 fl. zur Verfügung, die die Hofkammer an den Schwazer Bergrichter auszahlte. Sigmund Schönberger bemühte sich, innerhalb und außerhalb Tirols 300 neue Bergleute anzuwerben. Um den Bergknappen ihren ersten Lohn zahlen zu können, stellte die Regierung die Zahlung weiterer 600 fl. in Aussicht. Die Silber- und Kupferproduktion in Schwaz musste unter allen Umständen gesichert werden, da die Habsburger auf die Einkünfte aus Fron und Wechsel sowie auf Kredite der Großgewerken angewiesen waren[35].

c) Hunger und verdorbene Lebensmittel

Der Ausschuss der Gemeinen Bergwerksgesellschaft zu Schwaz stellte im Jahre 1526 anlässlich einer großen Versammlung der Knappen im Schwazer Brüderhaus fest, dass für die Bergleute *Fleisch die allererste Leibsnahrung sei und sein Fehlen die Arbeitsleistung herabsetze*[36]. Aus dem gleichen Jahr liegen Verbrauchsangaben von Fleisch für Schwaz vor. Danach benötigte man zur Versorgung der Bevölkerung in der Bergbaugemeinde wöchentlich etwa 90-100 Ochsen: *[...] als man zu Swaz alle wochen ungevarlich pys in LXXXX [= 90] oder 1 C [= 100] ochsen ausserhalb des clainen vichs verpraucht [...]*. Zusätzlich musste noch eine größere Menge Kleinvieh, z.B. Schweine, Schafe, Ziegen, Geflügel geschlachtet werden[37]. Geht man einmal von 40 Wochen aus, in denen nach den Vorschriften der katho-

---

[33] TLA, HS 13, fol. 86r-86v; Paul 2005: Isser 1905/1924, S. 297-298, bes. Anm. 820, und S. 309 (Anhang II).
[34] Schönherr 1867, S. 122-124.
[35] TLA, oöKKB, Bd. 231, Reihe Entbieten und Befehl, Nr. 54 von 1552, fol. 467r-468r.
[36] TLA, Pestarchiv XIV, Nr. 617; Egg 1986, S. 134.

lischen Kirche der Verzehr von Fleisch erlaubt war, so benötigte man im Schwazer Revier nach Ekkehard Westermann in der Mitte des 16. Jahrhunderts jährlich etwa 4.000 Ochsen im Gesamtwert von ungefähr 43.000 fl.[38]. Die Anzahl der benötigten Ochsen erscheint auf den ersten Blick recht hoch zu sein. Doch bei einer Schlachtung von 100 Ochsen entfielen auf jeden der 13 Schwazer Fleischhauerbetriebe statistisch 7,7 Ochsen, die pro Woche zu schlachten waren. Für die frühneuzeitlichen Metzgereien eine erstaunliche Leistung, denn daneben schlachtete man noch weiteres Vieh, z.B. Schweine.

Als Grundlage der Ernährung diente auch der Tiroler Bevölkerung das Getreide, das auch nur z. T. in Form von Brot auf den Tisch kam und ansonsten überwiegend als Mus gegessen wurde. Deshalb war die Tiroler Bevölkerung in den Jahren von 1550 bis 1552 von den Ernteausfällen bei den Getreidelieferanten Österreich, Schwaben und Bayern besonders betroffen, da die eigene Landwirtschaft die durch den Bergbau stark angewachsene Bevölkerung nicht mehr ausreichend ernähren konnte. Im Januar 1550 gab es lang anhaltende Regenfälle, die von schweren Gewittern begleitet waren. Die anschließenden großen Überschwemmungen vernichteten bereits einen Großteil der Wintersaat. Es folgten schwere Stürme und Gewitter im Mai, die gleichfalls zu weiteren Schäden in der Landwirtschaft führten. Das Wetter von Juni bis August brachte eine Reihe von Starkregenfällen mit sich. Gewitter und Stürme wechselten sich ab und sorgten in ganz Mitteleuropa für einen feuchten Sommer[39]. Solche Witterungsbedingungen sorgten immer wieder vor dem Aufkommen neuer Getreidesorten und vor dem Einsatz von Kunstdünger für Hungerkrisen. Das gewöhnliche Verhältnis zwischen Aussaat und Ernte lag auch zu Beginn der Neuzeit noch bei 1:5. Die Ernte war in Innerösterreich (Steiermark, Kärnten, Krain und dem Küstenland, bestehend aus den Kronländern Görz, Gradisca, Triest und Istrien) so spärlich ausgefallen, dass man dort bereits am 10. November 1550 den Export von Getreide nach Tirol untersagte. Auch die Getreidepreise zogen im Verlauf des Jahres 1550 an[40].

Trotz der schlechten Nachrichten über Missernten im südlichen Mitteleuropa ergriffen die Verantwortlichen in Innsbruck kaum Maßnahmen. Lediglich Informationen über die in Hall und Schwaz gelagerten Vorräte forderte man an. Die Nachrichten ließen allerdings Schlimmes befürchten. An der Haller Schiffsanlegestelle, der Lende, war im Oktober 1550, also kurz nach der Ernte, kaum noch Getreide eingelagert. In Schwaz dürfte es kaum besser ausgesehen haben. Seitens der Tiroler Regierung sprach man daraufhin die Großgewerken und Schmelzhüttenbesitzer an, die mit Ausnahme der Fugger im Pfennwerthandel tätig waren und somit auch als Getreidehändler fungierten. Man suchte sie dazu zu bewegen, noch vor dem bevorstehenden Winter Korn in ausreichender Menge einzukaufen und dieses auch nach Tirol transportieren zu lassen. Doch die Anfragen der Regierung kamen zu spät. Wegen des harten Winters 1550/51 blieb der Inn lange Zeit unpassierbar. Deshalb setzten die Getreidelieferungen erst spät ein. Der Hunger war deshalb allgegenwärtig im unteren Inntal. Zusätzliche Fleischlieferungen bedeuteten keinen ausreichenden Ersatz für die Ernteausfälle beim Getreide[41].

---

[37] Grass/Holzmann 1982, S. 179.
[38] Westermann, 1997/1, S. 437-439. Nach Lerner 1979, S. 206-207, bildeten Fleisch und Fisch nicht die Grundlage der Alltagskost, sondern waren stets nur Zukost.
[39] Glaser 2001, S. 111-112.
[40] Fischer 1919, S. 45.
[41] Fischer 1919, S. 45.

Die Regierung befahl dem Schwazer Bergrichter, heimlich Kontakt mit dem Salzburger Erzbischof aufzunehmen, um diesem zur Abwendung größter Not Getreide abzukaufen. Man wusste, dass das Erzstift bis zu 200 Mut Roggen in seinem Schwazer Getreidekasten eingelagert hatte[42]. Schließlich erklärte sich der Erzbischof bereit, 150 Mut Roggen, gegen eine angemessene Summe, an die Firma Stöckl abzutreten, die das Getreide weiterveräußern sollte. 80 Mut verteilten die Stöckl sogleich an **ihre Bergleute**. Während zu Beginn des Jahres 1550 die Preise für ein Star Roggen noch bei 27 Kreuzer gelegen hatten, stiegen die Aufwendungen für die gleiche Menge Getreide auf dem Haller Markt bis zum Mai 1551 auf 38-39 Kreuzer. Im Juni 1551, kurz vor der neuen Ernte, zahlte man dort bis zu 44 Kreuzer für ein Star Korn[43]. Auch 1551 fiel die Getreideernte wegen der schlechten Witterung in Süddeutschland und Oberitalien nur sehr mäßig aus[44]. Die oberösterreichische Regierung befahl, alle Lagerhäuser, Schüttböden und sonstige Lagermöglichkeiten in den Häusern der Bewohner Halls, Rattenbergs, Kufsteins und der Bergbaugemeinde Schwaz nach Getreide zu durchsuchen, um Informationen über die noch vorhandenen Vorräte zu erlangen. Das eingelagerte Getreide, zumeist Roggen und Weizen, sollte von den Besitzern ausschließlich für den eigenen Bedarf verwendet werden. Man wollte vor allem den Fürkauf verhindern[45].

In den oberösterreichischen Kammerkopialbüchern haben sich einige Schreiben der Innsbrucker Regierung an die Großgewerken erhalten, worin diese, unter Hinweis auf die akute Notlage, um Kredite zum Ankauf größerer Mengen Getreides angegangen werden. Ob die Verhandlungen mit den Augsburger Firmen Herwart, Neidhart, Paumgartner, Manlich und Link (*Lyngg*) um Anleihen in Höhe von 2.000-4.000 fl. von Erfolg gekrönt waren, ist nicht sicher[46]. Der Augsburger Kaufmann und Großgewerke Anton Fugger trug zumindest seinen Teil zur Abwendung einer Hungerkatastrophe bei, indem er eine Anleihe von 4.000 fl. zur Verfügung stellte und sich auch im darauf folgenden Jahr um Getreideeinkäufe bemühte: *Wie dann eur[er] ku[niglichen] M[ajestä]t Rat Anthoni Fugger das negsvergangen Jar an der armen Gemain mit Ausgebung dess Getraydts on Suechung Gwins vil guets gethan hat unnd, wie wir bericht, sich durch seine Diener yezo [1552] widerumb umb Trayd bewerbe*[47].

Interessant ist ein weiteres Schreiben vom 3. Dezember 1551, das die Schwazer Einwohner Pücklmair und Stainiger durch einen Boten erreichte, der auf sofortige Antwort dringen sollte. Über die Profession der Personen schweigt sich der Brief zwar aus, doch muss man davon ausgehen, dass die beiden Adressaten als Getreidehändler oder Bäcker tätig waren. In ihren Vorratsräumen lagerten noch etwa 70 Mut Roggen und Weizen, die sie offenbar in der Hoffnung auf höhere Preise noch nicht auf dem Markt angeboten hatten. Die Regierung und Kammer gab ihnen die sofortige Anweisung, *dz ir sollich Getraid in dem Kauff wie es derzeit zu Schwaz in gmain genng und geb außmesset*. Bei einer Zuwiderhandlung drohte man den beiden an, mit dem Getreide nach Gutdünken zu verfahren[48].

Im Februar 1552 führte die Gemeine Bergwerksgesellschaft zu Schwaz nicht nur bei König Ferdinand I. und seiner Regierung heftige Klage über den großen Getreidemangel und

---

[42] Fischer 1919, S. 47, bes. auch Anm. 1.

[43] Fischer 1919, S. 45, 47, bes. auch Anm. 1.

[44] Glaser 2001, S. 111-112.

[45] Fischer 1919, S. 48-49.

[46] TLA, oöKKB, Bd. 227, Reihe Gemeine Missiven, Nr. 25 von 1551, fol. 560v-562r.

[47] Zu Anton Fugger und seiner Getreidespende vgl. TLA, oöKKB, Bd. 227, Reihe Gemeine Missiven, Nr. 25 von 1551, fol. 614v; ebenso TLA, oöKKB, Bd. 229, Reihe Missiven an Hof, Nr. 48, von 1552, fol. 23r-23v.

[48] TLA, oöKKB, Bd. 227, Reihe Gemeine Missiven, Nr. 25 von 1551, fol. 712v-713r.

die hohen Preise für das Grundnahrungsmittel, sondern auch bei den Großgewerken: *Erstlichen, nach dem sy, die Schmölzer und Gwerkhen der grossen Armuet und Not under gemainer Perckwerchsgesellschafft zu Schwaz und des grossen Menngls an Getraid und Schmalz selbs pesst und gnuegsams Wissen tragen und wo in solchen nit statliche Fursehung furgenomen und gethan wurde, das daraus nicht annderst zu erwarten, dann das die Gsellen aus Not den Perg, [...], verlassen miessten und die Perkhwerch dardurch in grosse Erligung und Abfol erwachsen wurden*[49]. Die Preise waren nach der schlechten Ernte 1551 im Mai 1552 nochmals gestiegen. So zahlte man nun auf dem Haller Markt, der als Preisbarometer für Tirol, insbesondere für das untere Inntal galt, für ein Star Roggen 50 Kreuzer und für ein Star Weizen einen Gulden[50]. Die Vertreter der einfachen Bergleute baten den Landesfürsten vor allem darum, seinen Einfluss bei Herzog Albrecht von Bayern geltend zu machen, damit dieser den ihrer Ansicht nach stattfindenden Fürkauf von Getreide durch die Prälaten, den Adel und die Städte untersage. Auch den bayerischen Bauern warfen die Tiroler Bergleute vor, das Getreide nicht auf dem Markt zu veräußern, sondern es in ihren Scheunen zu lagern, um bei stark gestiegenen Preisen einen satten Gewinn einzustreichen[51]. Erst im Jahre 1553 sorgte die günstigere Witterung für einen wesentlich höheren Ernteertrag beim Getreide, so dass der Bevölkerung wieder ausreichend Roggen, Weizen und Gerste zur Verfügung standen. Der Preis für ein Star Korn sank schließlich zu Beginn des Jahres 1553 auf 20 Kreuzer[52].

Ab dem Ende der 1540er Jahre wiederholten sich nahezu jährlich die Beschwerden der Bergleute, aber auch der übrigen Schwazer Bevölkerung, über die Versorgung mit frischem Fleisch. Die Schwazer Metzger waren offenbar nicht mehr in der Lage, die wegen des Bergsegens rasch gewachsene Bevölkerung ausreichend mit tierischen Nahrungsmitteln zu versorgen[53]. Dies hatte mehrere Gründe. Zum einen darf nicht übersehen werden, dass es im Reich in der ersten Hälfte des 16. Jahrhunderts zu einem allgemeinen Anstieg der Bevölkerung gekommen war. Die Menschenverluste durch den Schwarzen Tod aus der Zeit um 1348/50 waren etwa um die Mitte des 16. Jahrhunderts wieder nahezu ausgeglichen[54]. Eine erhöhte Nachfrage nach Lebensmitteln aller Art war die Folge. Die Schwazer Fleischhauer standen überdies auf den umliegenden Märkten in dem Ruf, üble Preistreiber zu sein, was ihnen häufig den Viehkauf für die einheimische Bevölkerung in der näheren und weiteren Umgebung versperrte. Die großen Mengen an Vieh, die in Schwaz benötigt wurden, beschafften sie deshalb von weit her, was die Preise insbesondere durch den Transport (Personal, Wegezölle) in die Höhe trieb[55]. Den Schwazer Metzgern, die in einer Bruderschaft organisiert waren[56], legten die Innsbrucker Behörden zwar mit Hilfe von Verordnungen starke Beschränkungen (Preiskontrolle, Hygienevorschriften) auf, doch wussten diese auch ihre Vorteile zu nutzen, war man doch auf ihr Wissen und ihre Geschäftskontakte, insbesondere in Ungarn, Österreich, Bayern und Schwaben, angewiesen. Der großen Bergbaugemeinde fehlte es offenbar an Institutionen, die die Befehle und Anordnungen des Landesfürsten bzw. seiner Regierung auch konsequent umsetzten. Die drei Beamten, Pfleger, Landrichter und Bergrichter, waren trotz ihres Mitarbeiterstabes – hierzu zählten u. a. die Fronboten – kaum in der La-

---

[49] ZA Ki 1308 (Bergwerkssachen von 1552, Zitat).
[50] Fischer 1919, S. 49.
[51] TLA, oöKKB, Bd. 228, Reihe Geschäft vom Hof, Nr. 51 von 1552, fol. 21r-21v; TLA, oöKKB, Bd. 229, Reihe Missiven an Hof, Nr. 48 von 1552, fol. 23r-23v; dazu auch Fischer 1919, S. 50.
[52] Fischer 1919, S. 50.
[53] Grass/Holzmann 1982, S. 68.
[54] Schulze 1987, S. 23-24.
[55] Egg 1964, S. 24; TLA, HS 13 (Metzgerhilfe 1547-1554).
[56] Grass/Holzmann 1982, S. 67-68.

ge, alles zu beaufsichtigen und zu kontrollieren. Die Lebensmittelbeschaffung und -kontrolle war in Schwaz auch in der Mitte des 16. Jahrhunderts noch wenig organisiert[57].

Bereits in der Krisenzeit 1528-1530 hatte es in Schwaz Unmutsäußerungen über die schlechte Lebensmittelversorgung, insbesondere beim Mangel an Getreide, gegeben. Mit der Krise im Bergbau verstärkte sich offenbar auch die Nahrungsmittelkrise in Schwaz[58]. Aus Ungarn mussten 1547 rund 800 Ochsen importiert werden, und in der Steiermark kaufte man 650 Schafe. Im folgenden Jahr hatten sich die Schwazer Fleischhauer und Viehhändler beim Einkauf von 650 Schafen aus Ungarn gründlich verspekuliert. Ein Pfund Schaffleisch durfte nach den geltenden Ordnungen lediglich für 7 Vierer das Pfund in den Handel gelangen, doch man hatte bereits das Pfund für 7 Vierer in Ungarn eingekauft. Die Regierung handelte schließlich mit allen Gruppen in Schwaz, den Schmelzern und Gewerken, den Freigrüblern, dem Ausschuss der Marktleute, den Lehensassen und den Söllleuten im Dorf und Markt Schwaz eine finanzielle Unterstützung, Hilfsgeld genannt, für die Metzger in Höhe von 580 fl. aus[59]. Im August 1549 stand man wiederum mit

Abb. 24: Wappenschild mit Darstellung der Metzger, Kreuzgang des Franziskanerklosters Schwaz, um 1530 (Foto: Deutsches Bergbau-Museum Bochum).

den Metzgern von Schwaz in Unterhandlungen zum Einkauf größerer Mengen Viehs, um den Fleischmangel zu beseitigen. Insgesamt 300 Ochsen sollten in Ungarn erworben werden, wofür wiederum ein Hilfsgeld in Aussicht gestellt werden musste. Die Situation hatte sich 1549 weiter zugespitzt, da die Großgewerken, die als Pfennwerthändler ihre Bergknappen mit allem Lebensnotwendigen versorgten, damit gedroht hatten, ihren Handel und damit die Versorgung der Bergleute einzustellen. Auf diese Drohung antwortete die Regierung: [...] *so tragen wir nit khleine Beschwerd, und Misfallen, dz ir yeze auf ainen Sturz und so urbrings, also sollichen bißher gebrauchten Pfenwerthanndl etlichermassen einstellen und dardurch nit allain die K[önigliche] M[ajestä]t, auch Lannd und Leuten, sonnder auch und zuvordrist euch selbs in allerlai Gefahr, die nit zu klainem Unrat wachsen möchte, sezen woltet*[60].

Neben den Klagen der Bergleute über den Mangel an Getreide und Fleisch kam es immer wieder zu Beschwerden über zu teures und schlechtes Fleisch, das von den Metzgern angeboten wurde. Im Februar 1551 befahl deshalb die oberösterreichische Regierung dem Pfleger und dem Landrichter zu Schwaz, darauf zu achten, dass die Untertanen im Gericht Freunds-

---

[57] Bingener 2005, S. 66-67.
[58] Grass/Holzmann 1982, S. 180.
[59] Grass/Holzmann 1982, S. 181; TLA, HS 13, fol. 38v-39r.
[60] TLA, HS 13, fol. 36v-37r u. 39r.

berg keine Hausschlachtungen durchführten, um anschließend das verarbeitete Fleisch auf dem Schwazer Markt zum Kauf anzubieten. Die Innsbrucker Räte wiesen darauf hin, dass ihrer Ansicht nach durch die Hausschlachtungen zu altes und unsauberes Fleisch auf den Schwazer Markt gelangte. Deshalb erteilte sie den beiden Beamten die strikte Anweisung, zu verhindern, dass Kälber oder anderes Vieh aus Hausschlachtungen auf den Markt in Schwaz gebracht wurden. Man erlaubte jedoch, die Tiere lebendig auf den Viehmarkt zu treiben und dort unter Aufsicht zu verkaufen[61].

Am 10. Februar 1552 erging eine Verordnung, die die Versorgung der Einwohnerschaft, insbesondere der Bergknappen in Schwaz, verbessern sollte. Den Frätschlern und Lädlern (= Kleinhändlern und Krämern) wurde es untersagt, Getreide, Schmalz, Ziegenkäse, Schweinefleisch und andere Waren auf den Straßen vor der Berggemeinde, in den angrenzenden Tälern und auf den Almen aufzukaufen, um dann die Lebensmittel auf dem Markt in Schwaz zu einem wesentlich höheren Preis zu veräußern (Fürkaufverbot). Das Aufkaufverbot galt ebenso in den Städten und Gerichten in einem Umkreis von sieben Meilen um Schwaz. Die landesfürstliche Verordnung wurde auch allen Städten und Ortschaften der Region mitgeteilt, so den Städten Innsbruck, Hall, Rattenberg, Kufstein, Kitzbühel, dem Gericht Rottenburg sowie den Orten Thaur, Ambras, Sonnenburg, Stubai, Axam, Matrei und Steinach[62].

Die Furcht vor unzufriedenen Bergleuten, die ihre Arbeitsplätze verließen und wegzogen, führte dazu, dass einige Gewerken auf eigene Rechnung Nahrungsmittel für ihre Knappen besorgten. Zu ihnen gehörten auch die einheimischen Schwazer Gewerken Hans und Georg Victor Stöckl. Die Firma war zu diesem Zeitpunkt ganz offenkundig noch nicht zahlungsunfähig. Allerdings hatte die Sache für die Gewerken ein unangenehmes Nachspiel. Am 9. Februar 1552 befasste sich sogar die Tiroler Landesregierung mit der Angelegenheit[63]. Die beiden Brüder Stöckl hatten durch ihren Verwalter Ulrich Klockhen Schweine in Bayern aufkaufen lassen, die man nach Schwaz schaffen ließ, um sie dort zu schlachten. Unklar ist, ob die Schwazer Metzger damit betraut wurden und ob die Obrigkeit eine Fleischbeschau durchführen ließ. Das Schweinefleisch wurde schließlich gepökelt, anschließend sauer eingemacht und durch die Handelsdiener der Firma Stöckl den Bergknappen zum Kauf aus dem Topf angeboten, wobei man für das Pfund den stolzen Preis von 18 Vierern verlangte. Das geselchte Schweinefleisch war aber bereits zum größten Teil im Sauren verfault und kaum genießbar. Der Wert des verdorbenen Fleisches betrug nach einer Überprüfung durch die zuständigen Beamten nicht einmal die Hälfte des geforderten Preises. Zwei Monate lang suchte die Tiroler Landesregierung durch einen behördlich festgelegten Preis von 8 Vierern für das Pfund Schweinefleisch von guter Qualität gegen Betrügereien und Wucher vorzugehen[64]. Die Innsbrucker Regierung war nicht bereit, das Vorgehen der Schwazer Gewerken zu tolerieren. Den beiden Stöckl und ihrem Faktor wurden bei weiteren Zuwiderhandlungen harte Strafen angedroht. Man erinnerte sie insbesondere an das Gebot, nach dem keine Schweine oder sonstigen Waren innerhalb von sieben Meilen um Schwaz im Fürkauf erworben werden durften. Die Stöckl sollten sich in Zukunft des Fürkaufs enthalten, damit die armen Arbeiter, denen sich die Regierung und die Bergbeamten besonders verpflichtet fühlten, nicht unnötig belastet würden. Bei der Lieferung von Pfennwerten war darauf zu achten, dass das Fleisch und andere Waren *in zimlichen Werdt, frisch, guet, one ungeburliche Staigerung* abgegeben wurde. Über gesundheitliche Probleme der Bergleute nach dem Genuss des verdorbenen

---

[61] TLA, HS 13, fol. 56v-57r.
[62] TLA, oöKKB, Bd. 231, Reihe Entbieten und Befehl, Nr. 54 von 1552, fol. 199r-200v.
[63] TLA, oöKKB, Bd. 231, Reihe Entbieten und Befehl, Nr. 54 von 1552, fol. 277v-278r.
[64] TLA, oöKKB, Bd. 231, Reihe Entbieten und Befehl, Nr. 54 von 1552, fol. 453r-453v.

Schweinefleisches ist aus den Archivalien leider nichts zu erfahren[65]. Dieses Verhalten war kein Einzelfall. Immer wieder mussten sich Berg- und Landrichter sowie die Innsbrucker Regierung mit Fällen von verdorbenem Fleisch und verunreinigtem Korn beschäftigen[66].

Die Innsbrucker Regierung suchte nach einer Lösung für die Nahrungsmittelprobleme. In einem Schreiben des Kanzlers Matthias Alber vom 22. April 1552 an die Kammer schilderte dieser den Räten, insbesondere Jacob von Brandis zu Leonburg und Jacob Fueger, dem Salzmeier zu Hall, die Notlage der Schwazer Bevölkerung und wie man die Situation zu verbessern hoffte. Die Schwazer Metzger wurden damit beauftragt, 800 Schlachtochsen aus Ungarn, der Steiermark, Kärnten und aus dem Böhmerwald zu besorgen. Das Fleisch sollte an die Kunden in Schwaz zu einem festgesetzten Preis abgegeben werden: Das eingeführte Fleisch musste auf

Abb. 25: Die Spitalkirche in Schwaz am Nordufer des Inn (Foto: Deutsches Bergbau-Museum Bochum).

dem Markt in Schwaz für 8 Vierer das Pfund angeboten werden. Das Fleisch von jungen Sauen oder Kitzen war gleichfalls für 8 Vierer feilzuhalten. Das Landfleisch, hierbei dürfte es sich um das Fleisch von Schlachtvieh gehandelt haben, das man aus den umliegenden Dörfern bezog, durfte nicht höher als für 7 Vierer angeboten werden. Dafür gestand man den Fleischhauern das Jahr hindurch bis zur künftigen Fastenzeit und von Ostern bis Laurentius (= 10. August) eine Befreiung vom Wechsel zu, neben anderen Wohltaten, die man freilich noch auszuhandeln gedachte. Fest stand aber bereits die Höhe der finanziellen Hilfe, die die Schwazer Metzger erhalten sollten, damit sie das Vieh auch kaufen konnten, denn über so große Geldmittel verfügten die Handwerker ganz offensichtlich nicht. Über die Höhe der Einzahlungen in den Hilfsfonds konnte man sich zunächst nicht einigen. Erst nach längeren Verhandlungen erklärten sich die Schmelzer und Gewerken bereit, einen eigenen Beitrag zu leisten. Sie hatten wiederholt unter Hinweis auf ihren eigenen Pfennwerthandel eine Zahlung verweigert. Schließlich zahlten die großen Gewerken zur Metzgerhilfe eine Summe von 200 fl. Die Freigrübler steuerten 20 fl. bei, die Marktleute 160 fl., die Sölleute 24 fl. 40 Kreuzer, die Lehensassen 20 fl., die außerhalb von Schwaz wohnenden Bäcker 10 fl. 40 Kreuzer und die Wirte in den umliegenden Flecken und Orten 10 fl. 40 Kreuzer, so dass schließlich ein Ge-

---

[65] TLA, oöKKB, Bd. 231, Reihe Entbieten und Befehl, Nr. 54 von 1552, fol. 277v-278r.
[66] TLA, oöKKB, Bd. 231, Reihe Entbieten und Befehl, Nr. 54 von 1552, fol. 277v-278r.

samthilfsbetrag von 456 fl. aufgebracht werden konnte. Den Löwenanteil zur Metzgerhilfe steuerte die landesfürstliche Kammer in Innsbruck mit 1.140 fl. bei[67].

Die ständigen Klagen über das Verhalten der Metzger, die ihrerseits einem drückenden Wettbewerb ausgesetzt waren, führte im Jahr 1553 zu einer vertraglichen Vereinbarung zwischen den von der Regierung eingesetzten Kommissaren – dem Bergrichter und dem Landrichter – und den Metzgern, in Absprache und unter Mitwirkung der Schmelzer und Gewerken, der Besitzer der Freien- und Eigengruben, der Gemeinen Gesellschaft vom Bergwerk zu Schwaz im Schweren und Ringen Wechsel sowie der Markt- und Dorfleute zu Schwaz bzw. deren Ausschuss[68]. In dem Vertrag zwischen der Regierung und den 13 Schwazer Metzgern wurden u. a. folgende Punkte geregelt: Die Metzger sollten in der Zeit von Ostern, gemeint sind alle Samstage in der Fastenzeit vor dem Osterfest, bis Laurentius aus Ungarn, Böhmen, der Steiermark und Kärnten mindestens 50 gute schwere Ochsen kaufen und diese auf *sonndern Pennckhen* feilhalten. Außerdem trug man ihnen auf, sich auch mit Vieh aus dem Umland (*Lanndtfleisch*) zu versorgen. Beim Schlachten der importierten schweren Ochsen sollten jeweils zwei Verordnete vom Landgericht und vom Berggericht als Beschauer bei der Schlachtung, beim Auswiegen des Fleisches und zur Überwachung der Hygienevorschriften anwesend sein. Besonderes Augenmerk hatten sie darauf zu legen, dass kein Fleisch aus dem Umland unter das gute und vor allem wesentlich teurere Ochsenfleisch aus Ungarn, Böhmen, Kärnten und der Steiermark gemischt wurde. Das Landfleisch musste vor dem Samstag geschlachtet werden und durfte nur in gesonderten Fleischbänken ausgehängt werden. Den Preis für das Pfund *Lanndtfleisch* setzte die Regierung auf sieben Vierer fest. Armen Gesellen, gemeint sind hier vor allem die ärmeren Bergknappen, sollten die Metzger, ebenso wie der zahlungskräftigen Kundschaft, Fleisch zukommen lassen, waren es auch lediglich zwei oder drei Pfund, die verlangt wurden. Neben dem Rindfleisch hatten die Metzger ab dem Herbst auch Schweinefleisch zu einem gerechten Preis auf ihren Fleischbänken anzubieten. Die Schlachtung von Schweinen erfolgte zumeist während der kälteren Jahreszeit, da dann der Zersetzungsprozess durch Mikroorganismen langsamer fortschritt. Das Auswiegen des Fleisches sollte auf den Bänken und nicht in den Häusern stattfinden. Untersagt war das Schlachten von tragendem sowie von unreinem Vieh. Jeder Metzger war verpflichtet, die ihm zugewiesene Bank offen zu halten. Wenn dies an zwei oder drei Samstagen (= Markttagen) nicht geschah, hatten die Obrigkeiten in Schwaz das Recht, die Bank an einen anderen Meister zu übertragen. Kam ein auswärtiger Metzger nach Schwaz, der das mitgeführte Vieh schlachten wollte, so durfte er dies an einer öffentlichen Bank vornehmen, jedoch nicht heimlich in einem Privathaus. Böcke und Geißen durften die fremden Fleischhauer in Schwaz jedoch nicht schlachten, dies blieb den einheimischen Handwerkern vorbehalten. Weitere Verordnungen betrafen das Schlachten von Vieh durch die Untertanen selbst, den Unschlitthandel der Metzger oder das korrekte Gewicht. Bei Zuwiderhandlungen drohte den Metzgern eine harte Bestrafung[69].

Der Vertrag von 1553 stellt im Grunde eine weitere obrigkeitliche Verordnung dar, doch diesmal verpflichteten sich die Fleischhauer privatrechtlich zur Einhaltung des Erlasses. Inwieweit die einzelnen Punkte auch tatsächlich eingehalten wurden, ist wegen der schlechten Überlieferungssituation kaum zu überprüfen. Auch hier macht sich das Fehlen städtischer Strukturen in Schwaz negativ bemerkbar. Die Büttel des Landrichters und die Fronboten des Bergrichters waren jedenfalls mehr schlecht als recht in der Lage, diese besonderen Aufga-

---

[67] TLA, oöKKB, Bd. 231, Reihe Entbieten und Befehl, Nr. 54 von 1552, fol. 453r-453v.
[68] TLA, HS 13, fol. 92r-95r.
[69] TLA, HS 13, fol. 92r-95r.

ben zu erledigen, waren sie doch in der Kontrolle der hygienischen Vorschriften (Fleischbeschau), wenn überhaupt, nur sehr unzulänglich ausgebildet.

Im Jahr 1557 verstießen wiederum Großgewerken gegen die Vorschriften. Diesmal waren es die Augsburger Firmen Manlich und Dreiling, die *in nit khlainer Antzal* Schweine nach Schwaz schaffen ließen, um das Fleisch den Angehörigen der Gemeinen Bergwerksgesellschaft und ihren Lidlöhnern zum Kauf anzubieten. Nach Ermittlungen des Bergrichters waren etliche Fass verdorben (*zum Tail schlecht und mager*) und außerdem zusammen mit Schmalz abgewogen und verkauft worden[70].

d) Das Scheitern der Großfirmen Tänzl und Stöckl

Ebenfalls im Jahr 1552 waren die beiden letzten großen Schwazer Unternehmen aufgrund ihres hohen Schuldenstandes gezwungen, ihren Geschäftsbetrieb weitgehend einzustellen und die letzten Vermögenswerte zur Tilgung ihrer Verbindlichkeiten zu veräußern. Es ist viel über die Gründe spekuliert worden. Insbesondere Veit Jacob Tänzl wird als Beispiel für einen „rücksichtslosen, Prunk liebenden, verschwenderischen" Gewerken angeführt, der das erarbeitete Vermögen seiner Ahnen mit vollen Händen ausgegeben habe[71]. Es wird daher unumgänglich sein, kurz die Geschichte der beiden Gewerkenfamilien zu beleuchten, um die Geschehnisse von 1551/52 besser verstehen zu können.

Die Familie Tänzl war bereits in der ersten Hälfte des 15. Jahrhunderts im Tiroler Bergbau tätig. Im Jahre 1441 verlieh König Friedrich III. als Vormund des Tiroler Landesfürsten, des Herzogs Sigmund, Jakob Tänzl dem Jüngeren die Schürfrechte an der Herrengrube im Falkensteiner Revier. 1461 ist Tänzl an den Beratungen zur Erstellung einer neuen Bergordnung beteiligt[72]. Damit übernahm, erstmals urkundlich nachweisbar, ein kapitalkräftigerer Unternehmer eine Grube in diesem Revier. Nur mit größeren Finanzmitteln ausgestattete Unternehmer vermochten es, die für die nun folgende stürmische Entwicklung im Montanwesen notwendigen Investitionen aufzubringen. Durch sie wurden im Verlauf des 15. Jahrhunderts die handwerklich-kleinbetriebliche Struktur des frühen Tiroler Bergbaus aufgebrochen und größere betriebliche Einheiten geschaffen, die ein profitableres Wirtschaften ermöglichten, soweit dies angesichts der hinter der allgemeinen Entwicklung im Montanwesen, sowohl in rechtlicher wie technischer Hinsicht, zurückbleibenden Schwazer Verhältnisse möglich war. In der Zeit des Wachstums standen die Brüder Christian und Stefan Tänzl wiederholt an der Spitze der Silber- und Kupferproduzenten in Schwaz (vgl. die nachstehende Tabelle). Christian Tänzl erwarb in den 1470er und 1480er Jahren ein nicht unbeträchtliches Vermögen. Seine Tochter erhielt bei ihrer Heirat im Jahr 1495 von der Familie immerhin eine Mitgift in Höhe von 80.000 fl.[73]. Der aus Innsbruck stammende Christian war frühzeitig nach Schwaz übersiedelt. Er besaß ein Anwesen in der Nähe der Pfarrkirche, heute Palais der Grafen Enzenberg, den so genannten Roten Turm (Minkusschlösschen am Birkanger) sowie das Schloss Berneck im oberen Inntal. Gegen einen Betrag von 8.000 fl., den er dem Landesfürsten als Kredit zur Verfügung stellte, erhielt er ab 1487 pfandweise den An-

---

[70] TLA, Pestarchiv XIV, Nr. 778, fol. 217v-218r; Bingener 2005, S. 67-68.
[71] Egg 1951, S. 42.
[72] Egg 1951, S. 33; ders. 1964, S. 9.
[73] Egg 1951, S. 37.

sitz Moss bei Sterzing. Seine Schwester Christina († 1501) heiratete den Schwazer Gewerken Hans Fieger, eine weitere Schwester, Eleonore († 1500), ehelichte den Montanherrn Hans Jöchl, der Anteile an Silber- und Bleigruben in Ridnaun und Gossensaß besaß[74]. Sein Bruder Stefan, der eine eigene Firma gegründet hatte, starb im Jahr 1482. Er hinterließ eine unmündige Tochter. Deren Vormund, Hans Hartmann, führte offenbar die Firma des Stefan Tänzl fort. Sein Bruder konnte die Bergwerksanteile sowie den Schmelzhandel nicht an sich ziehen, wie Erich Egg vermutete[75]. Zu klären wäre allerdings, wie es zu dem Produktionszuwachs des Christian Tänzl im Jahr 1483 kam. Die Gesamtproduktion an Brandsilber der Firma Christian Tänzls stieg nämlich auf etwas über 6384 Mark Brandsilber in dem Jahr nach dem Tod seines Bruders und damit auf das Niveau, das Christian und Stefan Tänzl 1481 (rund 6.477 Mark Brandsilber) und 1482 (rund 6.818 Mark Brandsilber) gemeinsam erreicht hatten (vgl. die nachstehende Tabelle).

Seit 1481 war auch Hans Stöckl im Schwazer Bergbau tätig. Die Familie stammte ursprünglich aus der Gegend von Telfs, 30 km westlich von Innsbruck. Im Jahr 1470 heiratete Hans Stöckl Anna, die Tochter des Gewerken Jörg Perl aus Schwaz, er war einer der größten heimischen Silber- und Kupferproduzenten[76]. Jörg Perl starb im Jahre 1490. Da Perl ohne männliche Erben geblieben war, erbten seine fünf Töchter das Unternehmen, das ab 1491 durch die Erben des Jörg Perl bis zum Jahr 1500 weitergeführt wurde. Nach dem Tod des Vaters 1493 übernahmen im Jahr darauf Hans Stöckl der Jüngere und dessen Bruder Jörg die Firma des Vaters, die zunächst unter dem Namen „Hans Stöckls Erben" firmierte. Anhand der Daten über die Silberproduktion aus den Grubenbeteiligungen der Firmen am Falkenstein lässt sich ein Bild ihrer wirtschaftlichen Entwicklung gewinnen, Zahlen für den Schwazer Bergbau insgesamt liegen allerdings nicht vor. Die wenigen bekannten Ziffern für die Reviere außerhalb des Falkensteins belegen, dass dort eine durchaus beachtliche Produktion stattfand[77]. Die Streuung des Besitzes der bedeutenden Gewerken über Gruben des ganzen Schwazer Reviers lässt annehmen, dass die Entwicklung am Falkenstein im Wesentlichen die Gesamttendenzen widerspiegelt. Während die Firma Stöckl von 1495-1497 ihre Produktion ausbauen konnte (vgl. Tabelle), fiel die hergestellte Menge an Brandsilber 1498 auf 389 Mark

Abb. 26: Das Stadtpalais der Gewerkenfamilie Stöckl in Schwaz, erbaut ca. 1500-1510, heute Rathaus; Aufnahme aus der Zeit um 1930 (Deutsches Bergbau-Museum Bochum).

---

[74] Egg 1951, S. 38.
[75] Westermann 1988, S. 75, bes. Anm. 248; dazu auch Egg 1951, S. 38.
[76] Egg 1975, S. 52.
[77] Für das Ringenwechselrevier liegen Angaben für die Brandsilberproduktion für die Jahre 1541-1547 vor (in Klammern die Brandsilberproduktion der Gewerken am Falkenstein; Mark/Lot): 1541: 11.773/9 (29.005/11); 1542: 12.396/13 (28.016/4); 1543: 15.491/8 (25.547/5); 1544: 13.432/6 (27.876/7); 1545: -/- (27.142); 1546: 12.035/5 (26.691/8); 1547: 14.119/12 (24.816/14); vgl. Westermann 1988, S. 106-108.

9 Lot zurück, und 1499/1500 ist für sie keinerlei Brandsilberherstellung belegt[78]. Interessant ist in diesem Zusammenhang allerdings die Tatsache, dass die Produktion der Firma „Jörg Perls Erben" von 5.037 Mark 7 Lot (1496) bzw. 4.778 Mark 7 Lot (1497) auf 6.473 Mark 11 Lot (1498), über 7.491 Mark 8 Lot (1499) auf 8.860 Mark 14 Lot im Jahr 1500 anstieg. Es erscheint deshalb nicht völlig ausgeschlossen zu sein, dass es bereits vor 1501 zu einem Zusammengehen der Firmen „Jörg Perls Erben" und „Hans Stöckls Erben" kam. Von 1501 bis 1507 findet man die beiden Brüder Hans und Jörg Stöckl zusammen mit dem Schwager ihres Vaters, Zyprian von Serntein, der mit Dorothea Perl verheiratet war, in der Geschäftsleitung der ehemaligen Firma „Jörg Perls Erben". Den Montanhandel führten die Stöckl nach dem Ausscheiden des Zyprian von Serntein im Jahr 1507 weiter und bauten den Betrieb zu einem florierenden Montanunternehmen aus[79].

Die Brandsilberproduktion der Firmen Tänzl und Stöckl am Falkenstein in Mark und Lot Silber[80]:

Jahr	schmelzende Gewerken insgesamt	Tänzl Mark/Lot	Stöckl Mark/Lot
1470	38	2.139/09[81]	-/-
1471	36	9.80/01	-/-
1472	42	3.074/03	-/-
1473	36	2.881/02	-/-
1474	35	3.477/13	-/-
1475	36	3.038/11	-/-
1476	26	5.858/08	-/-
1477	31	6.247/00	-/-
1478	30	6.565/03	-/-
1479	25	5.077/04	-/-
1480	24	5.519/14	-/-
1481	20	6.477/07	436/08
1482	18	6.818/08[82]	640/04
1483	17	6.384/10	902/15
1484	16	4.943/06	685/04
1485	15	7.018/12	1.223/09
1486	15	7.897/01	1.389/14
1487	15	6.162/07	1.168/12
1488	16	6.230/08	1.367/14
1489	17	6.637/11	1.507/10
1490	18	6.151/00	1.503/12
1491	17	6.574/13[83]	1.287/15
1492	14	6.305/07	1.410/08
1493	13	5.463/14	911/00[84]

---

[78] Westermann 1988, S. 83-87.
[79] Egg 1975, S. 52-53; Westermann 1988, S. 60-110.
[80] Die Daten stammen aus: Westermann 1988, S. 60-110.
[81] Die Silberproduktion der Firmen Christian und Stefan Tänzl wurde zusammengerechnet. Die Produktionsziffern notierte man in Wiener Mark. Auf eine Mark Silber nach Wiener Gewicht entfielen 16 Lot oder 64 Quintel oder Quentchen. Siehe dazu Westermann 1988, S. 58, mit Anm. 218.
[82] Tod des Stefan Tänzl im Jahr 1482; vgl. dazu Egg 1964, S. 10.
[83] Tod des Christian Tänzl im Jahr 1491; vgl. dazu Egg 1964, S. 10.
[84] Tod Hans Stöckls des Älteren im Jahr 1493; vgl. Egg 1964, S. 11.

Jahr	schmelzende Gewerken insgesamt	Tänzl Mark/Lot	Stöckl Mark/Lot
1494	13	7.045/13	1.136/06
1495	14	6.657/08	1.496/13
1496	14	5.683/04	1.706/05
1497	16	6.479/01	2.286/01
1498	14	7.047/07	389/09
1499	11	7.172/03[85]	-/-
1500	11	7.335/11	-/-
1501	12	8.307/03	9.153/04[86]
1502	11	9.385/04	9.075/13
1503	-[87]	8.836/13	6.947/9
1504	-	6.472/03	5.912/02
1505	9	5.832/13	5.935/08
1506	7	6.756/08	5.279/04
1507	8	6.547/12	4.149/00
1508	7	6.547/12	-/-
1509	9	5.965/12	-/-
1510	9	5.436/08	883/09
1511	10	7.397/03	2.100/12
1512	9	8.594/12	1.760/12
1513	9	9.168/12	4.795/09
1514	9	7.652/09	6.849/04
1515	9	8.553/15	8.068/10
1516	9	8.966/01	8.807/14
1517	9	7.608/05	1.2831/08
1518	8	6.389/11	1.1491/07
1519	8	6.151/11	1.0466/07
1520	8	6.333/12	7.797/00
1521	7	5.535/11	-/-
1522	9	6.073/12	1.398/02[88] 2.286/12
1523	8	6.169/00	7.678/03 9.988/05
1524	10	5.350/09	6.343/02 7.057/05

---

[85] Übernahme der Firmengeschäfte durch Veit Jakob Tänzl; vgl. Westermann 1988, S. 86.
[86] Übernahme der Firmengeschäfte durch Zyprian von Serntein sowie Jörg und Hans Stöckl.
[87] Die Angaben für 1503 und 1504 fehlen in den Quellen; vgl. Westermann 1988, S. 89, bes. Anm. 272.
[88] Von 1522 bis 1525 gab es ein gemeinsames Unternehmen des Hans Stöckl und des Jacob Fugger nach dem Zusammenbruch des Unternehmens von Martin Paumgartner aus Kufstein im Jahre 1522, wobei es zu einer Produktion von Brandsilber in Rattenberg und in Jenbach kam. Vgl. dazu Westermann 1988, S. 98-100; Egg 1975, S. 53.

Jahr	schmelzende Gewerken insgesamt	Tänzl Mark/Lot	Stöckl Mark/Lot
1525	11	4.941/09	6.423/09[89]
			2.117/06[90]
			2.222/10[91]
1526	8	3.770/05	1.0598/02
1527	8	2.719/05	9.923/14
1528	8	2.643/07	9.342/05
1529	8	2.616/08	8.322/14
1530	6	2.584/12[92]	7.697/03
1531	6	3.202/10	8.503/14
1532	6	3.765/01	7.995/04
1533	6	2.955/12	7.464/11
1534	6	3.101/9	7.949/03
1535	6	3.569/13	7.446/12
1536	5	4.122/03	6.964/14
1537	6	2.046/03	5.435/8
1538	6	2.836/08	5.881/06
1539	6	3.179/03	7.620/12
1540	6	3.099/11	7.337/14
1541	6	2.438/14	5.858/07
1542	6	2.198/05	6.292/02
1543	6	2.432/11	6.378/07
1544	6	2.630/02	6.984/08
1545	6	2.514/04	7.673/14
1546	6	2.599/06	7.481/06
1547	6	2.356/10	6.740/12
1548	6	2.625/13	7.205/05
1549	6	2.517/7	7.405/15
1550	6	2.579/03	8.124/0
1551	6	2.479/06	7.914/12
1552	6	2.448/10	7.259/14

[89] Brandsilberproduktion des Jahres 1525 der Firma Jörg und Hans Stöckl nach Aufkündigung der Geschäftsverbindung mit Jakob Fugger innerhalb von sieben Monaten. Vgl. Westermann 1988, S. 100.

[90] Brandsilberproduktion bis April/Mai 1525 noch gemeinsam mit Jakob Fugger, hier Rattenberg; siehe Westermann 1988, S. 100.

[91] Brandsilberproduktion bis April/Mai 1525 noch gemeinsam mit Jakob Fugger, hier Jenbach; siehe Westermann 1988, S. 100.

[92] Tod des Veit Jakob Tänzl im Jahr 1530; Weiterführung der Firma durch Hans Jakob und Kaspar Joachim Tänzl im folgenden Jahr. Vgl. Westermann 1988, S. 102; Egg 1951, S. 50.

Die Produktionsziffern der Schwazer und Augsburger Gesellschaften in den Jahren zwischen 1510 und 1523 – in jenem Jahr wurde mit 55.855 Mark und 1 Lot die höchste Menge an Brandsilber überhaupt erzeugt – lassen auf einen wachsenden Bergsegen im Schwazer Bergbaurevier schließen. Dennoch mehrten sich die Anzeichen für eine Krise des Bergbaus am Falkenstein und im Schwazer Revier insgesamt. Die Regierung und Kammer genehmigte erstmals im Jahre 1516 für eine Zeche im Ringenwechselrevier, im Bereich des Weißen Schrofen, die Zahlung des geringen Wechsels anstatt des schweren Wechsels für einen Zeitraum von drei Jahren[93]. Auf die Mark Silber war in jenen Tagen der große Wechsel in Höhe von 3 fl. 20 Kreuzern zu zahlen. Die Tiroler Montanunternehmen Stöckl, Tänzl, Fieger, Harrer, Hofers Erben, Reiff und Wieser sowie der aus Augsburg stammende Großkaufmann Hans Paumgartner richteten eine Beschwerde an Kaiser Karl V. bezüglich ihres schweren Bauens am Falkenstein und der hohen Unkosten, die ihnen der 1515 begonnene Tiefbau bereitete. Sie forderten eine Generalbefahrung des Falkensteins und die Gewährung eines Gnad- und Hilfsgeldes. Ansonsten drohten sie damit, *etlich gruben und viel gebeu und taube örter aufzugeben und die dort beschäftigten Knappen zu entlassen*[94]. Für das Unternehmen des Hans Paumgartner aus Kufstein bzw. Wasserburg (nicht zu verwechseln mit dem Augsburger Handelsunternehmen) kam die gewährte Hilfe offenbar zu spät. Produzierte dessen Firma 1510 noch 5.054 Mark Brandsilber, waren es 1511 nur noch 2.319 Mark 3 Lot und im Jahr darauf lediglich 172 Mark 6 Lot. Nach dem Tod des Hans Paumgartner übernahm Martin Paumgartner die Leitung des Unternehmens, an dem er aber wenig Interesse zeigte. Nachdem er ein von der Regierung gewährtes Darlehen in Höhe von 2.200 fl. zur Weiterführung seiner Hütte in Kufstein nicht zurückzahlen konnte, musste er 1522 seine Bergwerksanteile an 32 Schwazer Gruben, an vier Gruben in Lienz und an 18 Gruben in Rattenberg veräußern. Seine Hauptgläubiger, die beiden Brüder Stöckl und Jakob Fugger aus Augsburg, übernahmen die Grubenanteile zunächst von 1522-1524 in Verwesung, um den Bergwerksbetrieb aufrecht zu erhalten. Am 1. September 1526 schlossen Raymund, Anton und Hieronymus Fugger sowie Hans Stöckl einen Vertrag mit Martin Paumgartner aus Kufstein über den Ankauf von dessen Bergwerksanteilen zu Schwaz, Rattenberg und Lienz. Ferner erwarben sie das Hüttenwerk des Paumgartner in Kufstein. Die Kaufsumme belief sich insgesamt auf 20.337 fl. Der Landesfürst, König Ferdinand I., genehmigte das Geschäft, jedoch mit der Auflage, dass die landesfürstlichen Forderungen Berücksichtigung fanden. Martin Baumgartner verpfändete daraufhin für 3.000 fl. sein Haus in Kufstein an die oberösterreichische Regierung[95]. Damit hatte nach Antonius vom Ross ein zweiter Großunternehmer aufgeben müssen. Einen Konkurs konnten die Konkurrenten jedoch dadurch verhindern, dass sie die Bergwerksanteile aufkauften und die Mannschaften weiter beschäftigten. Mit der Übernahme der Grubenanteile wurden die Fugger erstmals Gewerken am Schwazer Falkenstein[96]. Die Fugger betrieben von 1522 bis Mai 1525 mit den Stöckl zunächst ein gemeinsames Bergwerksunternehmen und produzierten in den Schmelzhütten zu Jenbach und Rattenberg (Brixlegg) rund 39.091 Mark Brandsilber[97]. Ein Großteil der Grubenanteile des Paumgartner gelangte schließlich, nachdem man sich von den Stöckl 1526 wieder getrennt hatte, an die Fugger. Die Stöckl konnten im gleichen Jahr von Wolfgang und Virgil Hofer dem Jüngeren die Firma „Hofers Erben" an sich bringen, die seit den 1490er Jahren jährlich zwischen 5.000 und 8.000 Mark Brandsilber erzeugt hatte[98].

---

[93] TLA, Schatzarchiv Repertorium III, fol. 1351; Egg 1975, S. 54.
[94] Egg 1975, S. 54-55 (Zitat).
[95] Pölnitz 1958, S. 80 u. bes. 414, Anm. 104.
[96] Egg 1964, S. 27; ders. 1975, S. 55-56.
[97] Westermann 1988, S. 98-100.
[98] Egg 1975, S. 53; Westermann 1988, S. 82-100.

Mit dem Montanunternehmen des Veit Jakob Tänzl stand es gegen Ende der 1520er Jahre nicht gerade zum Besten. Noch kurz vor seinem Tod im Jahr 1530 richtete Veit Jacob Tänzl ein Bittgesuch an den Landesfürsten, das die Brandsilberproduktion seines Unternehmens betraf. Seine Gläubiger, so beklagte er, pfändeten das von seiner Firma hergestellte Brandsilber. Dadurch sei er nicht mehr in der Lage, seine Lidlöhner zu bezahlen, wodurch der Bergbau in ernsthafte Gefahr gerate. Nachdem die schwierige finanzielle Situation Tänzls offenbar wurde, verließen zahlreiche Bergleute ihre Arbeitsstellen, was die Lage der einzelnen Gruben, an denen Tänzl noch Anteile besaß, nicht gerade verbesserte. Tänzl bat den Landesfürsten, das Berggericht und das Landgericht zu Schwaz einzuschalten, um die Pfändungen zu verhindern[99]. Veit Jakob Tänzl, der 1530 ohne direkte Erben starb, hinterließ seinen Neffen Kaspar Joachim und Hans Jacob Tänzl eine hoch verschuldete Firma. Zwar fungierten offiziell beide Brüder als Geschäftsführer, doch die Leitung des Geschäfts übernahm Kaspar Joachim. Veit Jacob Tänzl hatte bereits zur Tilgung seiner Schulden die besten Anteile am Schwazer Bergbau an die Augsburger Handelshäuser Fugger, Pimbl und Paumgartner veräußern müssen[100]. Dennoch lag die Brandsilberproduktion der Tänzl in den Jahren 1531-1540 noch bei durchschnittlich 3.187 Mark und in der Dekade von 1541-1550 bei 2.488 Mark[101].

Ende des Jahres 1543 kam es zu Verhandlungen zwischen den Gewerken und der oberösterreichischen Regierung über die Gewährung von Gnad- und Hilfsgeldern. Diese wurden schließlich nach langen, zähen Unterredungen auf zunächst fünf Jahre bewilligt, doch traf die Regierung erstmals eine deutliche Unterscheidung zwischen den heimischen Gewerken Tänzl und Stöckl einer- sowie den Augsburger Unternehmen andererseits. Den „Ausländern" genehmigte man, die Hälfte ihrer Silberproduktion im schweren Wechsel frei zu veräußern, während die Tänzl und Stöckl zwei Drittel ihrer Silberproduktion frei verkaufen durften. Zudem gewährte man den beiden Schwazer Montanunternehmern eine Ermäßigung der Abgabe des geringen Wechsels von 30 Kreuzern auf 15 Kreuzer. Als die zwischen Regierung und Gewerken abgeschlossene Vereinbarung 1548 auslief, ersuchten beide Gruppen um eine Verlängerung nach. Die Tänzl und Stöckl, deren Unternehmen sehr angeschlagen waren, erhofften sich eine Freigabe des letzten Drittels ihrer Brandsilberproduktion und den Verzicht des Landesfürsten auf den geringen Wechsel. Die Augsburger Großgewerken forderten, *mit merung vnd pesserung derselben in gellt vnd freysilbern allermassen wie die innlendischen schmeltzer vnd gwerkhen*[102]. Nach einem Gutachten, das die Tiroler Regierung 1548 *in gueter gehaim vnnd still* einholen ließ, wurden die ausländischen Gewerken wegen ihres Einsatzes und der hohen Summe Geldes (rund 25.833 fl.), die sie für den Bergbau aufgewendet hatten, gelobt. Kritik äußerte der geheime Regierungsbericht allerdings an dem Verhalten der Augsburger Unternehmer im Schmelzhandel, denn *sy haben iren schmeltzhanndl in ainer sölchen gehaim, das man solchs nit erfarn mag*[103]. Die Verhandlungen mit den vier großen Schmelzern am Falkenstein wurden auch im Jahr 1549 fortgeführt. Die Firmen Fugger und Manlich erklärten sich schließlich bereit, die Haller Münze eine Weile mit Silber zu versorgen. Die Regierung war ihrerseits bestrebt, von den übrigen Firmen, Paumgartner, Haug-Neidhart und Herwart, ähnliche Zusagen zu erhalten. Während die Regierung versuchte, die Unternehmen zu neuen Krediten zu veranlassen, verhinderte sie gleichzeitig die Gewährung weiterer Gnadsilberversprechen durch den Landesfürsten. Besonders die am Falkenstein tätigen Gewerken Fugger, Paumgartner, Haug-Neidhart und Herwart mahnten immer wieder die

---

[99] TLA, Pestarchiv XIV, Nr. 3.
[100] Egg 1964, S. 45.
[101] Errechnet aus den Angaben bei Westermann 1988, S. 102-109.
[102] Scheuermann 1929, S. 59 (Zitat).
[103] Scheuermann 1929, S. 59 (Zitate); dazu auch Pölnitz, Bd. 3.1, 1971, S. 14-15.

Gleichbehandlung mit den einheimischen Gewerken Stöckl und Tänzl an. Wiederum zogen die Regierungsbehörden bei Bergrichter und Bergmeister insgeheim Erkundigungen über die Augsburger Firmen ein. Vor allem interessierte man sich dafür, wie diese im Bergbau vorgingen, ihre Arbeiter entlohnten und den Erzkauf betrieben. Auch andere, mit dem Montanwesen zusammenhängende Angelegenheiten, waren hier relevant. Als die Krone den vier auswärtigen Großgewerken einen negativen Bescheid zuteil werden ließ, traten alle vier Unternehmen gemeinsam auf und forderten eine Gleichbehandlung mit den beiden einheimischen Firmen. Die Innsbrucker Räte hatten sich aber offensichtlich zwischen alle Stühle gesetzt und mussten gegenüber ihrem Herrn mit zusätzlichen Schwierigkeiten dadurch rechnen, dass sie den Landesfürsten über die Bevorzugung der Tiroler Gewerken, die besonders unterstützt wurden, offenbar falsch informiert hatten[104].

Während das Gesuch der beiden Schwazer Gewerken in dem Gutachten befürwortet wurde, lehnte man eine Gleichstellung der übrigen Gewerken kategorisch ab. Den Tänzl und Stöckl wurde u. a. bescheinigt, ihr gesamtes Vermögen seit über 80 Jahren in den Bergbau gesteckt und für die Interessen des Landes und des Landesfürsten gearbeitet zu haben. Außerdem nahm man den Augsburger Firmen ihre Klagen wegen des großen Verbauens nicht so recht ab, da sie sich nicht in ihre Karten schauen ließen und ihre Büchern und Rechnungen, im Gegensatz zu den Schwazer Gewerken, ... *in so großer gehaim* hielten. Den auswärtigen Unternehmern warf man überdies vor, dass sie einen großen Vorrat an Schmalz, Getreide und anderen Pfennwerten hätten, mit dem sie einen großen Gewinn erwirtschaften würden. Hierbei ist allerdings zu beachten, dass die Fugger vor 1556 keinen Pfennwerthandel in Schwaz betrieben und nur Unschlitt und Eisen als Betriebsmittel für ihre Bergwerke kauften und an ihre Knappen weiterveräußerten. Gewinne resultierten bei den Augsburger Handelshäusern vor allem daher, dass sie aufgrund ihrer weitläufigen Geschäftsbeziehungen die Pfennwertwaren sowie Unschlitt und Eisen häufig wesentlich billiger und dank ihrer Kapitalkraft in weitaus größeren Mengen erwerben konnten, was die Einkaufspreise drückte und die Gewinnmarge erhöhte. Aber dies kann man Kaufleuten, deren Geschäfte auf Gewinne ausgerichtet waren, letztlich nicht zum Vorwurf machen.

Ein weiterer Vorwurf des Gutachtens richtete sich gegen den Silber- und Kupferhandel der Großgewerken. Man warf den Gewerken vor, das Metall zu einem niedrigen Preis zu erwerben und sehr viel höher wieder zu verkaufen. Bereits Scheuermann verweist darauf, dass dieses Geschäftsfeld nur indirekt etwas mit dem Bergbau zu tun hatte, waren es doch die Habsburger, die händeringend immer neue Anleihen zur Finanzierung ihrer machtpolitischen Ambitionen, insbesondere ihrer militärischen Unternehmungen, bei den Augsburger Unternehmen aufnahmen. Die Kredite zur Befriedigung des fürstlichen Geldbedarfs mussten den Kaufleuten fortwährend mit neuen Zugeständnissen abgerungen werden. Vorteile brachte dies beiden Seiten nur, so lange der Bergsegen reichlich floss. In Krisenzeiten war dies für beide Parteien ein gefährlicher Drahtseilakt[105]. Der Tiroler Landesfürst, König Ferdinand I., zeigte sich auch infolge der Ereignisse im Zusammenhang mit dem Schmalkaldischen Krieg, wo die großen Reichsstädte auf die Seite der Protestanten getreten waren, wenig geneigt, Kredite zurückzuzahlen und Zinsen zu bedienen. Statthalter, Regenten und Kammerräte der oberösterreichischen Regierung baten am 5. November 1548 ihren Herrn inständig darum, dem Fugger wenigstens die fälligen Zinsen eines Kredites mit einer Kapitalsumme von 12.000 fl. anweisen zu lassen.[106] Anton Fugger trug der unsicheren Situation bereits Ende der 1540er

---

[104] Pölnitz Bd. 3.1, 1971, S. 596, Anm. 90; TLA, oöKKB, Bd. 229, Gutachten an Hof, Nr. 48 von 1552, fol. 174v (Zitat)-175r.
[105] Scheuermann 1929, S. 60-62.
[106] Pölnitz Bd. 3.1, 1971, S. 596-597, Anm. 90.

Jahre Rechnung. Zwar war der Wert für die Bergwerksanteile, die Hütten und übrigen Gebäude in Tirol, der im Jahr 1546 mit 30.000 fl. veranschlagt worden war, noch einmal kurzfristig auf 48.000 fl. erhöht worden, doch bereits in der Großen Rechnung von 1552/53 setzte Anton Fugger diesen Wert wieder auf 30.000 fl. herab und trug in der folgenden Großen Rechnung von 1554/55 schließlich nur noch 20.000 fl. als Wert für die Tiroler Liegenschaften ein. Zu beachten ist bei diesen Wertbereinigungen in den Geschäftsbüchern der Fugger, dass man allein im Jahr 1548 für 7.500 fl. neue Bergwerksanteile in Tirol erworben hatte[107].

Im Jahr 1552 mussten sowohl die Tänzl als auch die Stöckl ihr Geschäft verkaufen. Zu hoch waren die Verbindlichkeiten, die sie zu bedienen hatten. Wiederholt ist in diesem Zusammenhang in der Literatur von einem Bankrott der beiden Schwazer Unternehmen zu lesen[108]. Ein Bankrott zog bereits im späteren Mittelalter bei Zahlungsunfähigkeit stets einen rechtlichen Austrag vor Gericht nach sich, um für die Gläubiger aus den Resten des Vermögens noch einen Teil zu retten und die Ansprüche der Gläubiger untereinander zu vergleichen[109]. Weder die übrigen Großgewerken, noch die Gläubiger, noch der Landesfürst und seine Regierung konnten es sich leisten, einen langwierigen Prozess vor Gericht anzustreben. Denn dies hätte letztendlich ein Konkurs der beiden Firmen bedeutet. Die Folgen wären für das Schwazer Montanwesen unabsehbar gewesen. Im Fall der Tänzl und Stöckl war dies von allen Beteiligten, insbesondere den Behörden, auch angesichts der dramatischen äußeren Umstände wie des Kriegszuges von Herzog Moritz von Sachsen ins untere Inntal und des Knappenaufstandes in Schwaz, unter allen Umständen zu verhindern. Die Tänzl und Stöckl besaßen nicht eine Anzahl einzelner Gruben, sondern ihnen gehörten Anteile an einer Vielzahl von Gruben bzw. sie hielten Anteile an zahlreichen größeren Betriebseinheiten, die aus zusammengelegten kleineren Bergwerken entstanden waren. Ein Wegfall der beiden Unternehmen hätte ein Auflassen der Bergwerksanteile bedeutet. Damit entfielen bei Lohnzahlungen, bei Investitionen sowie bei den laufenden Betriebskosten anteilsmäßig die von den Tänzl und Stöckl zu leistenden Beträge. Zahlreiche Gruben, an denen die beiden Schwazer Unternehmen in nicht geringem Maße beteiligt waren, mussten sich nach der Betriebseinstellung in ihrer Existenz bedroht sehen. Hatten durch die geschilderten Ereignisse bereits zahlreiche Bergknappen ihre Arbeitsplätze verlassen, so stand zu befürchten, dass sich die meisten Arbeitskräfte durch einen völligen Stillstand der Berg- und Hüttenwerke infolge des Konkurses neue Arbeitsplätze gesucht hätten. Eine Beendigung des Bergbaus in Schwaz wäre unausweichlich gewesen.

Um den völligen Zusammenbruch noch einmal abzuwenden, hatte Kaspar Joachim Tänzl am 4. August 1551 ein größeres Kreditgeschäft mit seinem Schwager Matthias Manlich abgeschlossen. Der in ständiger Geldnot befindliche Tänzl nahm seit 1547 ständig größere Summen Geldes in Form von Kupfer- und Silberverkäufen bei seinem Verwandten auf. Diese Geschäfte wurden im August 1551 erstmals auf Wunsch Manlichs fixiert[110], vermutlich in dem Wissen, dass eine Zahlungsunfähigkeit Tänzls unmittelbar bevorstand bzw. unausweichlich geworden war.

---

[107] Scheuermann 1929, S. 50-51.
[108] Egg 1964, S. 45; Ders. 1986, S. 127; Westermann 1988, S. 110, bes. Anm. 316 u. 317.
[109] Vgl. zum Stichwort Konkurs: Kellenbenz 1991, Sp. 1336-1337; zum Stichwort Bankrott: Massetto 1980, Sp. 1409-1410.
[110] TLA, Pestarchiv XIV, Nr. 507; die Akte wurde noch nicht mit einer Foliierung versehen.

Die Verbindlichkeiten Tänzls bei Manlich lassen sich wie folgt aufschlüsseln[111]:

Gegen eine Kupferlieferung von 3.000 Zentnern, die aber nicht erfolgte, gewährte Manlich im März 1547 dem Tänzl 6.000 fl.

Im September 1548 erfolgte ein Silberkauf des Manlich bei Tänzl von 3.000 Mark Feinsilber, die mit 6.000 rheinischen fl. angesetzt waren.

Im gleichen Jahr bestellte Manlich gegen Vorkasse 3.000 Zentner Kupfer, für die Manlich wiederum 6.000 rheinische fl. vorlegte.

Am 20. Dezember 1549 erfolgte ein weiterer Silberkauf von 6.000 Mark Feinsilber, wofür Manlich dem Tänzl 12.000 rheinische fl. zahlte.

Im Oktober 1549 war es bereits zu einem Kupferkauf von 6.000 Zentnern gekommen, die mit 16.000 fl. angesetzt wurden.

Insgesamt lieh sich Tänzl bei seinem Schwager Matthias Manlich einen Betrag von 46.000 rheinischen fl., für die sich der Schwazer Gewerke verpflichtete, 12.000 Zentner Kupfer und 9.000 Mark Feinsilber aus den Bergwerken, an denen er beteiligt war, ferner aus seinem Hütten- und Schmelzhandel sowie aus dem Vorrat, den er zu Schwaz und Rottenburg im schweren und geringen Wechsel besaß und die er als Pfand einsetzte, zu liefern. Bis zum Zeitpunkt der Abfassung des Kaufbriefs (4. August 1551) lieferte Tänzl dem Manlich lediglich 1.000 Zentner Kupfer, d. h., es standen noch Lieferungen in Höhe von 9.000 Mark Feinsilber und 11.000 Zentner Kupfer im Gesamtwert von 40.000 rheinischen fl. aus. Auf Bitten des Tänzl verzichtete dessen Schwager vorläufig auf die Lieferungen bzw. auf die Rückzahlung des Krediter. Mit weiteren 26.000 rheinischen fl. stand Kaspar Joachim Tänzl gleichfalls noch bei seinem Schwager in der Kreide. Den Betrag hatte Manlich vorgestreckt, damit Tänzl seine Bergknappen und Hüttenarbeiter entlohnen konnte. Schließlich übertrug Tänzl offiziell seinem Schwager seinen gesamten Bergwerks- und Hüttenhandel. Folgende Bergwerksanteile besaß Tänzl noch im schweren Wechsel am Falkenstein und dies, obwohl Veit Jakob Tänzl bereits vor 1530 einen nicht geringen Teil der Grubenanteile am Falkenstein zur Begleichung seiner Schulden zu veräußern gezwungen gewesen war[112]:

Unser Frau am Koglmoß ¼[113]
Sand Marien Letnerin 4/4
Sand Wolfgang ob der Cron 8/4
Sand Johans Cron 13/4
Sand Jörgen im Prand 4/4
Sand Michel Sonvenden 4/4 + 1/12
Zu der Silbermul 4/4, 1/12 + 1/32
Sand Jacob in der Wand 6/4
Zu der Eisenthur 2/4
Sand Lenhard Michel 4½ /4
Zum Wunderlich 9/4

---

[111] TLA, Pestarchiv XIV, Nr. 507.
[112] TLA, Pestarchiv XIV, Nr. 507.
[113] Nach dem Schwazer Bergbuch von 1556 wurde die Grubengerechtigkeit in Neuntel aufgeteilt. Jedes Neuntel besaß vier Viertel. 36 Viertel ergaben somit den Besitz einer Grube.

Sand Sigmund im Prand 2/4
Zu der Herngruben 2½ /4
Sand Andre im Grientall 2½ /4
Zu der Purchnerin ¼
Zum Prunnlechner 2/4
Zu unser Frauen Frentzl 3½ /4
Unser Frauen Brauff 3½/4
Sand Jörgen Lucein 4/4
Sand Jacobs Stier 1½ /4 und 1/48
Sand Martin bey dem Arztberger 8/4 und 1/12
Sand Michael Eloy 2/4 und 1/6
Sand Gertrut Andre 4/4
Zu der Roten Gruben 2½/4
Zun 14 Nothelffern 2/4
Zum Heiligen Creutz Prundel 2/4
Sand Anthoni ¼
Sand Wolffgang im Gassel ¾
Sand Ottilus Marx 5½/4 [und] 1/32
Sand Cristoff Florentz im Ried 4/4, 1½/16 und 1/48
Sand Johans Veronica 2/4
Zum Teuffen Stollen ¼
Sand Wolffgangs Hutin 2½/4
Sand Martin Hutin 1½/4
Zum Furstenpaw 3½/4 [und] 1/16
Zum Erbstollen 5/4, 1½/16, 1/128 [und] 1/48

Diese Bergwerksanteile besaßen einen Wert von 30.600 rheinischen fl. Des Weiteren verkaufte Tänzl seinem Schwager die Schmelzhütte zu Stams mit allem Zubehör für 5.000 rheinische fl. Den Vorrat an Kohlen und Erz in der zuvor genannten Hütte, die zu den Bergwerksanteilen in den schweren Wechsel gehörte, veranschlagte man auf 19.000 fl. Ferner veräußerte er seine Bergwerksanteile an den Bleibergwerken am Schneeberg (Ridnaun) und in Gossensaß.

Folgende Grubenanteile besaß Tänzl am Schneeberg[114]:
Polchleutner Zech, zum Gelukh und Sand Peter 4/4
Sand Francisce, Sand Paulus, unser Frauen Rosenkrantz, Schwatzer Peu 8/4
Under Sand Barbara 4½/4
Sand Bartholme 9/4
Sand Margreth 7/4
Sand Martin 8/4
Cristof Silberplatten 7/4
Auf der obern Zech, Sand Niclas, Schwatzerin 4/4
Zum Erbstollen 5/4
Sand Jörgen 7/4
Sand Peter und Sand Paul 12/4
Sand Veit ¼
Zum Creutz und Capserin ¾
All Heilnig 7/4
Sand Gallen unnd Johannes 11/4
Ober Kapserin 6/4

---
[114] TLA, Pestarchiv XIV, Nr. 507.

Folgende Grubenanteile besaß Tänzl in Gossensasser Revier[115]:
Sand Peter und Sand Paul 4/4
Sand Martin, Helena 4/4
Sannd Jorgen Hoffnung 2/4
Sand Wolffganng 2/4
Sannd Plasien ¾
Sant Daniel 6/4
Zum Künig 6/4
Im mitern Schwartzwald, Sand Gertrut und Sand Barbara 2/4
Im undern Ladurnspach, zum Geist und Hochenstollen 9/4
Inn der Punhalden ¾ [und] *1/32*
Am Laner, zu der Haberspergerin 4/4
Am Altenberg, zu der Risgruben, Pitscherin, Sand Michel und zum langen Stollen 8/4
Silberplatten und Rauscherin 6/4
Im Orlpach, Sant Sigmund und Sand Jörg 4/4

Die zuvor genannten Bergwerksanteile in Südtirol setzte man mit einer Verkaufssumme von 8.700 rheinischen Gulden an. Die Häuser, die übrigen Gebäude und Grundstücke, die Tänzl in Schwaz besaß, u. a. ein großes Haus bei der Pfarrkirche in Schwaz, einen Garten, einen Stadel und ein Holzhäuschen bewertete man mit rund 5.000 rheinischen Gulden. Seine Außenstände aus dem Montanwesen bezifferte er auf 6.000 Gulden. Er verkaufte auch seinen Pfennwerthandel für 2.000 Gulden, seinen Anteil am Unschlitthandel in Schwaz für 1.500 Gulden, schließlich seine Zinsen und Gülten (= Einkünfte) zu Mittenwald für 1.500 rheinische Gulden. Insgesamt betrug die Kaufsumme für sämtliche oben aufgeführten Vermögenswerte 79.300 rheinische Gulden, in Münze zu 15 Batzen gerechnet[116].

Der Gesamtkredit, den Matthias Manlich seinem Schwager gewährt hatte, belief sich aber lediglich auf 66.000 rheinische fl., so dass sich durch den Verkauf der Vermögenswerte eine Differenz zu Gunsten Tänzls in Höhe von 13.300 rheinischen fl. ergab. Nach dem Vertrag bleibt es unklar, wie es die beiden Parteien mit dem Differenzbetrag halten wollten. Tänzl verpflichtete sich, die Bergwerksanteile dem Manlich auszuhändigen. Dazu musste er zuvor den Verkauf seiner Bergwerksanteile dem Bergrichter anzeigen, diesem übergeben und den Vorgang in das Berggerichtsbuch in Schwaz eintragen lassen[117]. Gleichfalls am 4. August 1551 richtete Kaspar Joachim Tänzl einen eigenhändig geschriebenen Brief, der mit seinem Siegel versehen war, an den Tiroler Landesherrn, König Ferdinand I., mit der Bitte, die Vereinbarung über den Verkauf seiner Bergwerksanteile an Matthias Manlich zu genehmigen. Eine Bestätigung des Vertrages durch den Tiroler Landesfürsten erfolgte kurze Zeit später, wobei die Urkunde nur in einer Abschrift erhalten geblieben ist[118].

Der am 6. Oktober 1551 zustande gekommene Kaufvertrag zwischen Kaspar Joachim Tänzl und dessen Schwager Matthias Manlich reichte schließlich nicht mehr aus, um den Fortbestand des Bergwerks- und Schmelzhandels der Tänzl zu sichern. Da die Gefahr eines Konkurses bestand, setzte man seitens der oberösterreichischen Regierung und Kammer eine

---

[115] TLA, Pestarchiv XIV, Nr. 507.
[116] TLA, Pestarchiv XIV, Nr. 507.
[117] TLA, Pestarchiv XIV, Nr. 507.
[118] TLA, Pestarchiv XIV, Nr. 507.

hochrangig besetzte Kommission ein, die zwischen dem Schwazer Gewerken und seinen Gläubigern vermitteln sollte. Ziel war, das Unternehmen möglichst ohne Zerschlagung fortzuführen: [...] *damit bemelter Tännzl unnd sein Perck- und Schmelzwerchshanndl unzertrent beyeinannder erhallten werden möchte*. Der Kommission gehörten neben dem Tiroler Kanzler Matthias Alber auch der königliche Rat Blasius Khuen von Belasi und der Salzmeier zu Hall, Georg Fueger, an. Die drei Beauftragten untersuchten die Hintergründe der Geschäftsaufgabe Kaspar Joachim Tänzls, der allerdings vor dem 5. Juli 1552 verstarb. Am 1. Februar 1552 erreichte den Tiroler Landesfürsten ein Zwischenbericht über den Stand der Verhandlungen mit den Gläubigern[119].

Es hatte sich zwischenzeitlich u. a. herausgestellt, dass die Verbindlichkeiten der Firma Tänzl sehr viel größer waren, als man bislang angenommen hatte. Ihre Höhe wird mit 232.480 fl. angegeben. Dem standen Vermögenswerte von rund 143.489 fl. gegenüber, wobei man zu bedenken gab, dass man das Vermögen nach dem Rücktritt Manlichs von dem im Vorjahr geschlossenen Vertrag nicht mehr so hoch ansetzen könne. Ein Vergleich zwischen Vermögenswerten und Schuldenstand ergab eine Diskrepanz von 88.991 fl.[120].

Die drei Kommissare verwiesen ferner gegenüber König Ferdinand I. darauf, dass es der Hilfe des Staates bedürfe, um den Bergwerks- und Schmelzhandel der Firma Stöckl ohne Beeinträchtigungen für die landesfürstliche Kammer weiterzuführen. Eine Zerschlagung des Unternehmens hätte für den Landesfürsten zu unabsehbaren Folgen bei den Einnahmen aus Fron, Wechsel, Zöllen und Maut geführt. Der Vorschlag der Kommission sah vor, die Gläubiger an einem bestimmten Termin zu Verhandlungen nach Innsbruck einzuladen. Dort sollten alle Forderungen angehört werden. Nach Möglichkeit sollten die Gläubiger ihre Ansprüche mit Urkunden belegen.

Die Kommission machte auch darauf aufmerksam, dass sich bereits erste negative Folgen für das Schwazer Montanwesen eingestellt hatten. Nach dem Tod Tänzls standen offenbar zahlreiche Bergwerke im Ringenwechselrevier still. Dies hatte besondere Auswirkungen auf die Hüttenwerke, die auf die Erzlieferungen angewiesen waren, die im Geringen Wechsel verarbeitet werden mussten. Auch fehlte es am so genannten Frischwerk, d.h. es war kein Blei mehr zum Entsilbern der Erze vorhanden. Matthias Manlich hatte jedoch angeboten, bis zur Entscheidung des Landesfürsten den Bergwerks- und Schmelzwerkshandel im Geringen Wechsel zu unterstützen und die Arbeiter *am Perg etwo zum geringisten unnderhallten*[121].

Nach einigen Verhandlungen setzte die Kommission am 20. August 1552 den Gläubigern des Tänzl einen gütlichen Schiedstag zur Vergleichung der Forderungen auf den 9. Oktober. Sollte man sich nicht gütlich einigen können, so sollte ein für alle verbindlicher Weg festgeschrieben werden: [...] *das die Guetlichait ye nit verfanngen werden möchte, sy alsdann der Pillichait nach zu verabschiden*[122]. Schwierigkeiten entstanden allerdings, als das Kommissionsmitglied Blasius Khuen von Belasi wegen anderer dringender Geschäfte an dem Tag nicht teilnehmen konnte. Für ihn berief man einen anderen Tiroler Rat in die Kommission: Jakob von Brandis zu Leonburg. Dies wurde schließlich auf Bitten des Blasius von Khuen durch den Statthalter der Oberösterreichischen Lande, Fürstabt Wolfgang von Kempten,

---

[119] TLA, oöKKB, Bd. 229, Gutachten an Hof, Nr. 48 von 1552, fol. 244v-245v (Zitat, fol. 244v); zum Zeitpunkt des Todes von Kaspar Joachim Tänzl vgl. fol. 255v.
[120] TLA, oöKKB, Bd. 229, Gutachten an Hof, Nr. 48 von 1552, fol. 245v-246r.
[121] TLA, oöKKB, Bd. 229, Gutachten an Hof, Nr. 48 von 1552, fol. 247r.
[122] TLA, oöKKB, Bd. 229, Gutachten an Hof, Nr. 48 von 1552, fol. 255v.

bestätigt und der Rat Jakob von Brandis mit den notwendigen Befugnissen ausgestattet. Einen Tag später als geplant konnte die Gläubigerversammlung eröffnet werden, zu der zahlreiche Geldgeber persönlich erschienen waren oder sich zumindest durch Beauftragte vertreten ließen. Die Kommission eröffnete den Anwesenden die Gründe für den hohen Schuldenstand der Tänzl und bat angesichts des Todes von Kaspar Joachim Tänzl *derhalben pillich ain Mitleiden mit seinen gelassnen Kinndern und dem gannzen Hanndl ze haben*[123]. Den Gläubigern wurden zunächst mit Hilfe eines Inventars und anderer Schriftstücke, die der verstorbene Tänzl noch selbst in Auftrag gegeben hatte, die Höhe der Vermögenswerte für die Jahre 1550/51 eröffnet, die bei rund 182.489 fl. gelegen hatten. Dagegen bezifferte man die Verbindlichkeiten auf einen Betrag von 232.413 fl. Im Gegensatz zu den zunächst gemachten Angaben schätzte man die Vermögenswerte nun um 39.000 fl. höher ein. Die Kommission sprach zunächst die beiden Vormünder der Kinder Kaspar Joachim Tänzls, Christof Fueger von Friedberg und Dr. Wolfgang Alber, an, ob diese nicht für ihre Pflegekinder das Erbe antreten, für die Schulden des Vaters aufkommen und alle Ansprüche befriedigen wollten. Es kann sich hierbei allerdings nur um eine von Rechts wegen vorgeschriebene Frage gehandelt haben, denn beide Vormünder waren finanziell nicht in der Lage, die Verbindlichkeiten auch nur annähernd zu bedienen. Sie lehnten deshalb das Ansinnen *nach lanngem Bedacht in Ansehung der grossen vorhannden Schulden* ab[124].

Danach wurden die Gläubiger gefragt, ob sie alle gemeinsam das Unternehmen der Tänzl fortzuführen gedachten. Daraufhin meldeten sich die Vertreter des Matthias Manlich, Paul Tresch, Jakob Tubinger, Dr. Andreas Tresch und Hans Kleepuchler zu Wort und erinnerten daran, dass der Geschäftsinhaber der Firma Manlich mit Kaspar Joachim Tänzl einen Kaufvertrag in Höhe von 79.300 fl. abgeschlossen habe. Im Namen von Matthias Manlich boten sie an, von diesem Vertrag zurückzutreten, wenn jemand in den Vertrag eintrete, das Kaufgeld erstatte und die Gruben im Ringenwechselrevier übernehme. Die Vertreter erklärten sich außerdem bereit, dem Käufer einen Nachlass zu gewähren, damit die Angelegenheit zu einem guten Ende gebracht werden könne. Es fand sich aber kein weiterer Gläubiger, der in der Lage war, den großen Bergwerks- und Schmelzhandel der Firma Tänzl zu übernehmen und der sich mit den immensen Schulden belasten wollte. Nach einigem Hin und Her ließen sich die Gläubiger durch die Kommission dazu bewegen, eine gütliche Einigung anzustreben. Den Unterhändlern des Manlich wurde von staatlicher Seite auf 12 Jahre ein Hilfsgeld in Höhe von 2.000 fl. pro Jahr zugesichert. Dennoch weigerten sich die Vertreter Manlichs zunächst, einem Vertrag zuzustimmen, da ihrer Ansicht nach der Wert des Vermögens von Kaspar Joachim Tänzl zu hoch angesetzt worden war[125].

Der Vertrag wurde schließlich am 23. Oktober 1552 unterzeichnet. Ein rechtlicher Austrag vor einem öffentlichen Gericht war damit vermieden worden, da *alsdann ainer den anndern villeicht etliche vil Jar im Rechten umbtreiben, mitler Zeit, der hanngenden Rechtvertigung, wie zu besorgen, würde niemanndts die Perckwerch, welche dann des Tännzls maiste Vermugen sein gewesen, verlegn, noch die Arbaitter underhalten unnd also die Manschafft ansehenlich gemindert, die Pew unnd furnemlich die tieffen Veldörtter, so mit großen Cossten hineingepawt, werden verfallen unnd unwiderpringlicher Schaden folgen*[126]. Die Forderun-

---

[123] TLA, oöKKB, Bd. 229, Gutachten an Hof, Nr. 48 von 1552, fol. 256r (Zitat).
[124] TLA, oöKKB, Bd. 229, Gutachten an Hof, Nr. 48 von 1552, fol. 256v (Zitat).
[125] TLA, oöKKB, Bd. 229, Gutachten an Hof, Nr. 48 von 1552, fol. 257r-258v.
[126] TLA, oöKKB, Bd. 229, Gutachten an Hof, Nr. 48 von 1552, fol. 247v (Zitat).

gen der Lidlöhner Tänzls mussten von Manlich ohne Abzüge anerkannt werden. So erhielt u. a. Georg Wichtl seine Auslagen für den Unschlitthandel in Höhe von 1.850 fl. zurückerstattet, den Bergknappen im Ringenwechsel schuldete Tänzl den ausstehenden Lohn in Höhe von etwa 4.000 fl., den Erzfuhrleuten waren noch 100 fl. zu zahlen. Der Gesamtbetrag für den Lidlohn summierte sich auf immerhin 14.322 fl. 37 Kreuzer und 1 Vierer, den Manlich zu übernehmen hatte. Zu den weiteren Vereinbarungen, die es Matthias Manlich erst ermöglichten, dem Vertrag zuzustimmen, gehörte der Verzicht der Gläubiger auf einen Teil der geforderten Hauptsummen.

Ein Teil der Gläubiger verfügte über Schuldverschreibungen, d. h., ihnen wurde zur Sicherstellung eines Kredites ein Teil des Besitzes der Firma Tänzl verschrieben. Als Unterpfand hatte Kaspar Joachim Tänzl u. a. das Gericht Imst, das Veit Jakob Tänzl Ende des 15. Jahrhunderts seinerseits von Kaiser Maximilian für eine Anleihe in Höhe von 27.000 fl. als Pfand ausgehändigt bekam[127], ferner das Schloss Tratzberg mit allem Zubehör, das Veit Jakob Tänzl 1494 erworben hatte[128], Tänzls Wohnhäuser, Grundstücke und sonstigen Güter, Zinseinkünfte, Hüttenwerke, der dortige Vorrat an Materialien, die zur Verhüttung benötigt wurden (Holzkohlen, Erz, Frischblei) sowie der Pfennwerthandel zu Schwaz gedient[129]. Die Gläubiger, deren Kredite auf das Gericht Imst verwiesen waren, sollten von Manlich entweder das Pfand ausgeliefert erhalten, in diesem Fall hätte der Augsburger Kaufmann noch 560 fl. 23 Kreuzer und 2 Vierer bezahlen müssen, oder aber den Wert des Gerichtes Imst in Höhe von 33.744 fl. 35 Kreuzer zu erstatten gehabt. Eine weitere Gruppe Gläubiger, denen das Schloss Tratzberg und die anderen oben angeführten Vermögenswerte in Höhe von 30.533 fl. 20 Kreuzer versetzt worden waren, sollten auf 25% der ihnen zustehenden Gelder verzichten. Ihnen hatte Matthias Manlich noch 22.900 fl. zu zahlen. Eine weitere Gruppe Kreditgeber hatte auf ein Pfand verzichtet. Man bezeichnete sie als so genannte *unverwiesne Gläubiger*. Zu ihnen gehörten u. a. die Fugger, die Paumgartner, die Neidhard sowie die Rehlinger. Die ältesten hier aufgeführten Kredite stammten noch aus den Jahren 1530 bzw. 1531. Die Gesamtsumme belief sich auf 76.642 fl. 31 Kreuzer und 4 Vierer, wobei die Tänzl allein von Sebastian Neidhard im Jahre 1548 rund 12.593 fl. erhalten hatten und von Bernhard Rehlinger 8.000 fl. Nach langwierigen Verhandlungen konnte auch diese Gruppe der Gläubiger dazu bewegt werden, auf 2/5 der Hauptsummen oder auf 24 Kreuzer von einem Gulden (= 60 Kreuzer) zu verzichten. Sie hatten größtenteils ihr Geld nach Kaufmannsbrauch per Handschlag, d. h. auf Treu und Glauben verliehen, und konnten ihre Handelsbücher als Beweis für eine tatsächlich erfolgte Kreditzahlung an die Tänzl vorlegen[130]. Matthias Manlich verpflichtete sich, rund 45.985 fl. an diese Kreditgeber zurückzuzahlen.

Matthias Manlich übernahm damit alle Verpflichtungen des Kaspar Joachim Tänzl bzw. seiner unmündigen Erben, soweit ihm die Kreditgeber nicht finanziell entgegengekommen waren. Andererseits konnte er nun frei über die Pfandschaft zu Imst, alle Bergwerke, Schmelz- und Hüttenwerke, Waldungen, Häuser, Mühlen, und anderes zu Schwaz im schweren Wechsel, ferner über alle Bergwerke im Ringen Wechsel zu Rattenberg, Imst, Sterzing, Gossensaß, die Güter und Einkünfte zu Mittenwald, den Unschlitthandel, das Schloss Tratzberg mit allem Zubehör und den Geschützen, alle übrigen Häuser, Getreidekästen, Güter, Zinsen

---

[127] Egg 1951, S. 39.
[128] Egg 1951, S. 39.
[129] TLA, oöKKB, Bd. 229, Gutachten an Hof, Nr. 48 von 1552, fol. 260r u. 262r.
[130] TLA, oöKKB, Bd. 229, Gutachten an Hof, Nr. 48 von 1552, fol. 264-266v.

und sonstigen Einkünfte verfügen. In dem Vertragswerk bestätigten die drei Kommissare die Hilfszusagen des Tiroler Landesfürsten in Höhe von 2.000 fl. jährlich für einen Zeitraum von 12 Jahren[131].

In gleicher Weise wie im Fall des Kaspar Jacob Tänzl konnte auch ein drohender Konkurs der zweiten noch bestehenden großen Schwazer Firma abgewendet werden. Auch die Brüder Hans und Georg Viktor Stöckl sahen sich bereits 1551 mit größeren Zahlungsschwierigkeiten konfrontiert. Vereinbarte Silber- und Kupferlieferverträge, die sie abgeschlossen und wofür sie wahrscheinlich bereits Vorschüsse kassiert hatten, wurden von ihnen nicht eingehalten. In der Akte über den Verkauf der Vermögenswerte der Brüder Stöckl heißt es, dass sie *an Glauben unnd Trawen gar abgenommen* hätten, somit von ihren Gläubigern als nicht mehr kreditwürdig eingestuft wurden[132]. Auch in ihrem Fall schrillten bei der Regierung in Innsbruck alle Alarmglocken, und man bemühte sich, die drohende Zahlungsunfähigkeit sowie einen sich anschließenden Konkurs und einen damit verbundenen gerichtlichem Austrag unter allen Umständen zu verhindern. Zu Gunsten der Brüder Stöckl sprach, dass die Verbindlichkeiten nicht von Verträgen herrührten, die sie selbst abgeschlossen hatten, sondern auf der Geschäftstätigkeit ihres Vaters, des alten Hans Stöckl, beruhten. Nachdem der Bankrott in greifbare Nähe gerückt war, wandten sich die beiden Söhne an König Ferdinand I. und baten um Hilfe. Daraufhin setzte die oberösterreichische Regierung zur Lösung des Problems, wie bei den Tänzl, eine Kommission von hohen Regierungsbeamten ein. Diese bestand aus Jakob von Brandis zu Leonburg und Erasmus Heidenreich, beides königliche Räte, sowie Georg Fueger, dem Salzmeier zu Hall. Sie sollten zwischen den Brüdern Stöckl und ihren Gläubigern einen Vergleich herbeiführen. Bereits im November 1551 verhandelte man mit dem Hauptgläubiger Matthias Manlich aus Augsburg, der jedoch nicht selbst erscheinen konnte, sondern seine Beauftragten schickte, die eine vorläufige Vereinbarung trafen. Danach sollte Manlich für einen Zeitraum von 15 Jahren den gesamten Bergwerks- und Schmelzwerkshandel der Stöckl verwalten, wobei unklar bleibt, wie dies zu geschehen hatte. Sicher scheint zu sein, dass die Firma Manlich den Betrieb der Stöckl nicht auch noch kaufen und damit vollständig übernehmen konnte. Es war offenbar beabsichtigt, zwei getrennte Geschäftsbereiche aufrecht zu erhalten und die Gläubiger aus den möglichen Gewinnen zu befriedigen. Weiterhin war vereinbart, dass der Augsburger Großkaufmann den beiden Brüdern ein jährliches Deputat zu ihrem Lebensunterhalt zur Verfügung stellte. Während über diese Punkte mit den Vertretern Manlichs weitgehend Einigkeit erzielt werden konnte, kam es zu Verhandlungen über die staatlichen Gnad- und Hilfsgelder. Ohne Beihilfen seitens des Landesfürsten war es für Manlich kaum möglich, das Geschäft der Stöckl ohne eine Zerschlagung in einzelne Teile oder die Aufgabe von Gruben aufrecht zu erhalten. Man baute allerdings darauf, dass die meisten Gläubiger, die nicht mit Verschreibungen versehen waren, sich einverstanden erklärten, für 15 Jahre von einer Rückzahlung der entliehenen Kapitalsumme abzusehen und sich stattdessen mit einer Verzinsung in Höhe von jährlich 5% zufrieden zu geben[133].

Nach der Vorlage des Vertragsentwurfs kamen Manlich aber erhebliche Zweifel an der Durchführbarkeit der Bedingungen. Er befürchtete offenbar, nach den 15 Jahren ebenso wie die Stöckl auf einem unüberschaubaren Schuldenberg sitzen zu bleiben: *Dieweil aber Mathias Manlich, als er sich solchen Vertrag ersehen, den selben nit mer annemen wellen aus volgenden Ursachen, nemblich das er villeicht seiner Raitung nach befunden, das der Hanndl*

---

[131] TLA, oöKKB, Bd. 229, Gutachten an Hof, Nr. 48 von 1552, fol. 276r-271v.
[132] TLA, oöKKB, Bd. 229, Gutachten an Hof, Nr. 48 von 1552, fol. 173r (Zitat).
[133] TLA, oöKKB, Bd. 229, Gutachten an Hof, Nr. 48 von 1552, fol. 173r-174v.

den Lasst nit ertragen unnd nach den funfzehen Jaren eben mit sovil Schulden als yezt beschwerdt sein würde unnd dieweil dann alle sein Mue und Arbait vergebens sein sollen. Nach Recherchen der Kommissare beliefen sich die Schulden der Stöckl bei den drei Hauptgläubigern, Matthias und Christof Manlich sowie Hans Dreiling, einem um 1530 aus Böhmen nach Tirol eingewanderten Bergbaufachmann[134], auf 77.000 fl., wobei es sich jedoch nur um solche Verbindlichkeiten handelte, die mit Verschreibungen abgesichert waren. Insgesamt hatte Hans Stöckl der Ältere bei den drei Augsburger Großkaufleuten Kredite in Höhe von rund 272.000 fl. aufgenommen[135].

Weitere Verhandlungen, nunmehr mit den drei Großgewerken, folgten. Diese erklärten sich schließlich bereit, den Bergwerks- und Schmelzhandel der Stöckl für 15 Jahre zu verwalten, doch bestanden sie auf einer Probezeit, nach der sie vom Vertrag ohne weitere Verpflichtungen wieder zurücktreten konnten. Die Probezeit wollten sie dazu nutzen, um in Erfahrung zu bringen, ob es möglich sei, den Schuldenberg abzutragen. Die Vereinbarung, insbesondere die Ausstiegsklausel, wurde von den drei landesfürstlichen Räten sowie von den übrigen Gläubigern akzeptiert. Während der Probezeit von März bis August 1552 ließen sich Matthias und Christof Manlich sowie Hans Dreiling die Geschäftsbücher der Stöckl vorlegen, um sich mit der Lage vertraut zu machen. Nach dem Ablauf der Frist sagten die Manlich und der Dreiling die Übernahme des Stöcklschen Handels mit der Begründung ab, dass *sy denselben* [gemeint ist das Bergwerks- und Schmelzwerkshandel; Anm. der Verf.] *sovil und dermaassen beschwerdt befunden, das inen nit müglich sein wellen, den Hanndl also verwaltungsweiß auf funfzehen oder weniger Jar anzunemen*[136].

Den drei Kommissaren blieb nichts anderes übrig, als am 19. September 1552 einen Schiedstag nach Innsbruck einzuberufen, um vor den Gläubigern oder deren Bevollmächtigten die Geschäftsbücher der Firma Stöckl offen zu legen und über einen möglichen Verkauf der Firma zu verhandeln. Die Vermögensverhältnisse der Stöckl stellten sich als wesentlich prekärer heraus, als man zuvor angenommen hatte. Es waren Gesamtschulden von rund 500.000 fl. aufgelaufen, wobei man hier mit Schätzwerten operierte, da ein genaues Verzeichnis der Verbindlichkeiten offenbar noch nicht erstellt werden konnte. Deshalb sind wir im Gegensatz zu den Verhandlungen mit den Gläubigern der Tänzl weder über die einzelnen Kreditaufnahmen der Stöckl noch über die verbliebenen Vermögenswerte unterrichtet. Die drei Kommissare schätzten allein den Wert der Bergwerksanteile der Stöckl auf etwa 400.000 fl. ein. Das Angebot der drei Kommissionsmitglieder an die versammelten Gläubiger, den Bergwerks- und Schmelzhandel der Stöckl gemeinsam zu übernehmen und solange fortzuführen, bis die zur Verfügung gestellten Kapitalsummen getilgt waren, wurde von der Mehrheit der Geldgeber jedoch abgelehnt[137].

Die Gläubiger wollten sich nicht länger von der Kommission hinhalten lassen. Sie forderten die Stöckl auf, für die gewährten Kredite bzw. für die Vorschüsse auf die abgeschlossenen Silber- und Kupferlieferverträge Sicherheiten zu bieten. Da die Stöckl keine weiteren Pfandwerte besaßen, drängten die Geldgeber auf einen rechtlichen Austrag: *Die Verweisung zu thuen ist den Stöckl nit muglich unnd dz Recht gar verderbt gwesen*[138]. Letztlich erklärten sich die drei Hauptgläubiger, die beiden Manlich und Hans Dreiling, unter gewissen Voraus-

---

[134] Egg 1964, S. 45.
[135] TLA, oöKKB, Bd. 229, Gutachten an Hof, Nr. 48 von 1552, fol. 174v (Zitat)-175r.
[136] TLA, oöKKB, Bd. 229, Gutachten an Hof, Nr. 48 von 1552, fol. 175r (Zitat).
[137] TLA, oöKKB, Bd. 229, Gutachten an Hof, Nr. 48 von 1552, fol. 175v-176r.
[138] TLA, oöKKB, Bd. 229, Gutachten an Hof, Nr. 48 von 1552, fol. 176r (Zitat).

setzungen bereit, den gesamten Bergwerks- und Montanhandel der Firma Stöckl zu übernehmen. Die Großkaufleute waren praktisch gezwungen zu agieren, wollten sie als Hauptgläubiger wenigstens einen Teil der den Stöckl vorgeschossenen Gelder zurückerhalten. Zum anderen mussten sie verhindern, dass die Bergwerke, an denen die Stöckl beteiligt waren, in den Strudel eines Konkurses hineingezogen wurden. Die beiden Firmen forderten zunächst von den Gläubigern, die keine Schuldverschreibungen erhalten hatten, auf die Hälfte ihrer Ansprüche zu verzichten. Des Weiteren wollten sie den Handel der Stöckl nur dann übernehmen, wenn sich der Landesfürst zu einer größeren finanziellen Hilfe bereit erklärte.

Die drei Kommissare wandten sich deshalb Rat suchend an ihre Innsbrucker Kollegen. Nach weiteren schwierigen Verhandlungen erklärten sich Matthias und Christof Manlich sowie Hans Dreiling bereit, einem Vertragswerk zuzustimmen, das anschließend durch König Ferdinand I. ratifiziert und bewilligt werden musste. Auf Vorschlag seiner Räte sicherte der Landesfürst zu, dass die Firmen Manlich und Dreiling für den nun von den Stöckl übernommenen Bergwerks- und Schmelzwerkhandel die gleichen Bedingungen erhalten sollten wie vor ihnen Hans Stöckl. Dies bedeutete, dass man ihnen für die folgenden fünf Jahre (= 1553-1557) den freien Verkauf von 2/3 des erzeugten Silbers von den Hüttenwerken im Schweren Wechsel zugestand. Sie waren angehalten, den gewöhnlichen Wechsel zu entrichten und zwar von einer Mark Silber einen Gulden. Dies war der Betrag, den man auch schon mit den Stöckl vereinbart hatte. Ferner sollten die beiden Unternehmen 10 Jahre lang jährlich 4.000 fl. aus dem Schwazer Wechselgeld im Schweren Wechsel erhalten.[139] Damit sollte nach dem Willen des Landesfürsten und seiner Regierung gewährleistet werden, dass der Bergwerks- und Schmelzwerkshandel der Stöckl nicht erschlagen wurde. Über die Abfindung der Gläubiger teilt uns der überlieferte Bericht der Verhandlungskommission wenig mit. In ihrem Bericht gehen die Kommissare auch nicht weiter auf dieses Problem ein. Man überließ diese Details ganz offenbar den beiden Vertragsparteien. Stattdessen versuchten die Innsbrucker Räte, den Landesfürsten von der Übernahme der ihn betreffenden vertraglichen Vereinbarungen zu überzeugen. In deutlicher Form hoben die Innsbrucker Räte hervor, welche herausragende Rolle die Familie Stöckl als einheimische Gewerken im Tiroler Bergbau gespielt hätten *unnd also auch darzue wie yezt vor Augen ist grosses Guet unnd Gelt mit hochbeschwärlichen iren, der Stöckhl verderblichen Verkheufen irer Silber und Kupfer unnd hohem Interesse aufgebracht unnd treffenlich trostlich darein gesezt, also wo anndere auslenndische Gwerckhen verzagt unnd fluchtig werden wellen, die haben sy auskhaufft unnd also dz Perghwerch vor Abfal verhuet*. Die landesfürstlichen Funktionsträger stellten die Stöckl als gute Tiroler Landsleute dar, die über die Jahre hinweg jährlich rund 20.000 Mark Silber vermünzt hätten. Deshalb seien sie als gute Kammerleute anzusehen[140].

Selbst für Matthias und Christof Manlich sowie Hans Dreiling, die an erster Stelle die Verhandlungen mit der Regierungskommission und den übrigen Gläubigern geführt hatten, waren die finanziellen Aufwendungen ein unwägbares Risiko. Sehr schnell holten sie offenbar andere Firmen ins Boot, um die Lasten auf mehr Schultern zu verteilen. Es stimmt also nicht, wenn Egg 1975 schreibt, dass Hans Dreiling für 80.000 fl. die Firma Stöckl und die Manlich die Tänzl übernommen hätten[141]. Im Jahr 1553 blieben zunächst noch fünf Brandsilber

---

[139] Die weiteren Verhandlungen über die Zugeständnisse des Landesfürsten und seiner Regierung bezüglich der Gnad- und Hilfsgelder bzw. der Gewährung von Freisilber zogen sich bis zur endgültigen Ratifizierung durch den Landesfürsten auch noch 1553 hin. Vgl. TLA, oöKKB, Bd. 235, Reihe Bekennen, Nr. 51 von 1553, fol. 40v-42r u. 48v-53r.

[140] TLA, oöKKB, Bd. 229, Gutachten an Hof, Nr. 48 von 1552, fol. 177r-178v (Zitat fol. 177v).

[141] Egg 1975, S. 61.

einliefernde Firmen am Falkenstein übrig, die zusammen immerhin noch 30.317 Mark 13 Lot Brandsilber produzierten. Die Firmen Manlich und Dreiling hatten zwar einen großen Teil des Bergwerks- und Schmelzhandels der Stöckl übernommen und führten ihn gemeinsam fort, doch übernahmen vermutlich 1553 die Firmen Herwart und Link größere Teile des Tänzlschen Unternehmens. Dies lässt sich zumindest anhand der Listen der Brandsilberproduktion schließen, denn mit einer Produktion von rund 2591 Mark Brandsilber tritt als einlieferndes Unternehmen die Firma „*Lingh/Tänzlhandl*" in Erscheinung. Die Augsburger Herwart sind von 1546 bis 1551 als Gewerken am Falkenstein registriert, die auch Brandsilber produzierten. Die Mengenangaben in diesem Zeitraum schwanken stark, von 195 Mark 5 Lot im Jahr 1546, zu Beginn der Aktivitäten der Herwart, die von der Firma Kress Bergwerksanteile und ein Hüttenwerk übernahmen, über 835 Mark 6 Lot im Jahr 1551 und 776 Mark 10 Lot für 1552 als höchste in dem oben genannten Zeitraum erreichte Produktionsziffern. Im Jahr 1553 liefern sie dagegen 8.103 Mark 7 Lot Brandsilber ab, was sehr dafür spricht, dass sie von Manlich und Dreiling Bergwerksanteile übernommen hatten. Bis 1557 lieferten die Firmen Manlich und Dreiling gemeinsam ihr Brandsilber ab und gingen im darauf folgenden Jahr getrennte Wege[142].

Noch Jahre später lässt sich das Bemühen der Innsbrucker Regierung verfolgen, die Geschäftsaufgabe der Tänzl und Stöckl auch für die Betroffenen etwas abzumildern. Im Jahr 1553 gewährte König Ferdinand I. den beiden Brüdern Hans und Georg Viktor Stöckl eine lebenslange Pension in Höhe von jeweils 200 fl. Der Betrag von 400 fl. sollte aus den Einkünften der Grafschaft Tirol bestritten werden, wobei der Betrag als Verschreibung auf das Gericht Hertenberg angelegt war und mit 4.000 fl. abgelöst werden konnte[143]. Eine weitere Bitte um Gewährung eines Gnadgeldes richtete Hans Stöckl der Jüngere an die Tochter König Ferdinands I., doch wurde diese 1554 abschlägig beschieden[144]. Vom Schicksal der Familie Paumgartner, die sich gleichfalls bis 1552 am Schwazer Bergbau beteiligt hatte, sich dann aber zurückzog, blieben die Tänzl und Stöckl allerdings verschont. Während David Paumgartner in Kriegsdienste trat und dort als Rebell hingerichtet wurde, musste sein Bruder Hansjörg die Schulden übernehmen und landete schließlich im Schuldgefängnis der Stadt Augsburg, wo ihm die Gläubiger den Prozess machten[145].

---

[142] Westermann 1988, S. 108-111.
[143] TLA, oöKKB, Bd. 233, Reihe Geschäft von Hof, Nr. 52 von 1553, fol. 244v-245r.
[144] TLA, oöKKB, Bd. 238, Reihe Geschäft von Hof, Nr. 53 von 1554, fol 251v.
[145] Rauh 1953, S. 25-27.

7. Der Tiefbau des Falkensteins und die Wasserkunst

a) Die Hintergründe

Wie bereits erläutert[1], hatte sich Kaiser Maximilian im Jahr 1490 nicht nur die Grube „Zum Fürstenbau" verleihen lassen. Der Fürstenbau war ein Bergwerk, das sich wie eine Scheibe durch den gesamten Falkenstein erstreckte und lediglich nach oben sowie nach unten Feldgrenzen aufwies. Die zweite Großanlage, die Kaiser Maximilian durch den Bergmeister verliehen wurde, war die Grube St. Sigmund beim Firsten- bzw. Fürstenbau[2]. Diese besaß nur eine obere Begrenzung zur Grube Firsten- bzw. Fürstenbau hin, verfügte gleichfalls über keine rechte oder linke Begrenzung und erstreckte sich bis in ewige Teufe. In der Grube St. Sigmund wurden zunächst vor allem die oberhalb der Talsohle bis zur darüber liegenden Grube Fürstenbau anstehenden Fahlerzanbrüche abgebaut. Ferner löste man mit dem angeschlagenen Sigmund-Erbstollen die aus den darüber befindlichen Anlagen anfallenden Grubenwässer. Erst 25 Jahre nach der Verleihung an Kaiser Maximilian I. im Jahr 1515 begann man mit dem Absenken eines steil-tonnlägigen Blindschachtes im Erbstollen am Falkenstein[3], wobei zunächst nicht klar ist, wer die am Erbstollen bzw. der dazugehörigen Grube und dem Tiefbau beteiligten Gewerken waren, die auf eigene Kosten und offenbar mit Wissen, wenn nicht im Auftrag des Tiroler Landesfürsten und seiner Regierung den Tiefbau betrieben. Angesichts der erforderlichen hohen Investitionskosten können dies nur die bereits am Falkenstein in zunehmendem Maße tätigen Großgewerken sein, insbesondere Schwazer und Augsburger Handelshäuser und Gewerken. Möglicherweise steht der Beginn des Tiefbaus am Falkenstein mit der Tatsache in Verbindung, dass Jakob Fugger aus Augsburg im Jahr 1515 als Pächter der landesfürstlichen Grubenanteile am Falkenstein auftrat. Dieser vereinbarte mit der Innsbrucker Hofkammer einen Pachtzins von 1 fl. rh. pro Mark Brandsilber und von 4 fl. rh. für den Wiener Zentner Kupfer[4]. Der Schachtbau wurde durch den Landesherrn gefördert. Zubußen der Gewerken wurden durch gänzliche oder teilweise Befreiung von Fron und Wechsel kompensiert. Nach einem Bericht des Bergmeisters Sigmund Schönberger aus dem Jahr 1521 vergütete die Kammer jedes Star Erz, das aus dem Schachtbau gefördert wurde, mit 33 Kreuzern[5].

In kurzer Zeit, nach nur 18 Jahren, erreichte man im Tiefbau unterhalb der Erbstollensohle eine Teufe von etwa 125 Schwazer Berglachtern, was einer Tiefe von rund 240 Metern entspricht[6]. Das Bergwerk war in fünf Abbausohlen (*Zöchen*) unterteilt, wie es auf dem Schwazer Bergbaubild heißt[7]. Nach einer Grubenkarte aus dem Jahr 1725, die nach Aussagen Issers im Königlich Bayerischen Finanzministerium in München aufbewahrt wurde, gab es im Tiefbau des Falkensteins insgesamt neun Abbauhorizonte (Sohlen?), die namentlich bekannt sind: *Lippl-Rayndl, zum Sagstecher, Kalter Prunn, Raber Stolln, alte Klauss, Newpaw, beym*

---

[1] Vgl. Kap. 1b.
[2] Siehe Dip. 856, fol. 157r-159v; Gstrein 1986, S. 52-53. Das Schwazer Bergbaubild von 1557, das am Eingang zum Sigmund-Erbstollen aufgestellt war, gibt bereits einen Hinweis auf den Umstand der Grubenverleihung im Jahre 1490. Vgl. Bäcker 1967; Beutler 1958, S. 82-84.
[3] Dip. 856, fol. 157r-159; Gstrein 2003, S. 78.
[4] Isser 1904, S. 422, der als Quellenbeleg anfügt: TLA, Schatzarchiv Nr. 7530.
[5] Isser 1904, S. 424, der als Quellenbeleg anfügt: TLA, Pestarchiv, Fasc. XII, Nr. [?], fol. 720: *wegn der hochn sammb- undt raytt-Khösten im schacht Gepay*.
[6] Sperges 1765, S. 115. Geht man wie Isser von einer Länge von 1,88 m für einen Lachter nach Schwazer Maß aus, müsste die Teufe rund 128 Lachter betragen haben. Vgl. Isser 1904, S. 430.
[7] Bäcker 1967; Beitler 1958, S. 82-84.

Grandl, Zottenpaw, zum Wolffenbaw oder die Höll, und der fünf Klafter tiefe Sumpf. Sie sollen eine Erstreckung von 6214 Metern erreicht haben[8]. Dass es sich hierbei um die bis 1532 angelegten Strecken im Tiefbau handelt, ist nicht sehr wahrscheinlich, da nach der erneuten Sümpfung des Tiefbaus ab 1556/57 bis 1725 neue Strecken aufgefahren und neue Sohlen angelegt worden sein dürften.

Zulaufende Wässer erschwerten den Bergknappen die Arbeit im Bergwerk unterhalb der Talsohle vor allem nach 1532 in zunehmendem Maße. Nach der Schwazer Bergchronik hatte *das schachtgepay im Valchenstayn di erschröckhlych Teuffn von 125 Khlafftr svatczerysch massrey erraychet undt müessen zur der nottdurfft bei 600 wasserschöffr bey tag undt auch bey nacht on underlazz das zueflüssent wasser höbm, waz nit ayn Khlayn arbayt*[9]. Genauere Informationen bietet allerdings das Schwazer Bergbuch von 1556, Angaben, die Sperges in seiner Tiroler Bergwerksgeschichte bereits kannte: *Darzue so sein die Gwerkhen bey ermeltem Erbstollen mit iren Gepewen unnder sich in Saiger ainhundertfunfundzwainzig [= 125] Clafftern tieff komen und ersunkhen unnd in sollichem ain grosse Anzal Ärzt gehawen und allain beim Erbstollen umb das funfzehnhundertzwayunddreissigist [= 1532.] Jar ain Jar bis in funfzehentausennt Markh Silber gemacht. Aber es hat sich darnach das Ärzhawen etwas geschmelert unnd ist im Silbermachen ain Abpruch ervolgt*[10].

Für Sperges war es überraschend, dass man sich im Blindschacht des Erbstollens noch keiner Maschinenkunst zur Hebung der Grubenwässer bediente. Er führt dies darauf zurück, dass die Möglichkeiten des Einsatzes von hydraulischen Wasserhebewerken noch nicht ausgereift gewesen seien[11]. Ihm war offenbar nicht bekannt, dass es im Harz und in anderen Bergbaurevieren Mitteldeutschlands bereits seit dem späteren Mittelalter mit Wasserrad betriebene Bulgenkünste und ähnliche Wasserhebewerke gab[12]. Georgius Agricola weist im Jahr 1556 auf Methoden der Wasserhaltung hin, die schon in spätmittelalterlicher Zeit Eingang in die Bergbautechnik gefunden haben[13].

Auf Sperges geht schließlich die Vorstellung von der Wasserhebung im Erbstollenschacht zu Schwaz zurück, nach der sich 600 Bergleute mit ledernen Kübeln, einer über dem anderen auf Fahrten stehend, *das Schachtwasser von dem Sumpfe bis an den Erbstollen reichten*[14]. Im Schwazer Bergbuch, das Sperges auch hier wieder zu Rate zog, sind solche Vorstellungen nicht zu finden: *Zusambt dem, so haben auch die Gwerkhen derselben Zeit teglichen ob funf- bis in sechshundert Wasserheber erhalten unnd bezalen miessen, wellicher Uncosten ain Jar weit über zwainzigtausennt Gulden betroffn*[15]. Die Ansichten Joseph von Sperges' haben jedoch die nachfolgenden Historikergenerationen geprägt. So geht Isser zwar davon aus, dass zu Beginn der Arbeiten am Schacht noch Bergleute mit Hilfe von Handhaspeln Erze und taubes Gestein, so genannte Berge, zu Tage förderten, doch sollen sich auch seiner Ansicht nach die Knappen kleiner Ledereimer zum Heben der Schachtwässer bedient haben[16]. Ihm folgten schließlich Egg und Czuray[17].

---

[8] Isser 1904, S. 430, bes. auch Anm. 56.
[9] Isser 1904, S. 433 (Zitat); er gibt allerdings das Jahr 1523 als Zeitpunkt für das Erreichen einer Teufe von 125 Klaftern an. Siehe auch Czuray 1957, S. 49, der 1533 angibt, was sehr viel wahrscheinlicher ist.
[10] Dip. 856, fol. 158v; Sperges 1765, S. 116.
[11] Sperges 1765, S. 116.
[12] Bartels 1992, S. 39-44, 107-120.
[13] Agricola 1556/77, S. 142-171, mit zahlreichen Abb.
[14] Sperges 1765, S. 116.
[15] Dip. 856, fol. 158v.
[16] Isser 1904, S. 433.
[17] Egg 1964, S. 22; Czuray 1957, S. 49.

Peter Gstrein konnte diesen „Bergbauirrtum" der älteren Literatur aufdecken: *Der Schacht war ungefähr 230 Meter tief, der eine oder andere Meter auf oder ab ist da belanglos; aber: 230 m : 100 = 2,3 m. Die Rechnung ergibt, dass jeder Wasserheber den Kübel auf der Fahrt (!!!) stehend 2,3 Meter heben musste, um die nächste Hand zu erreichen*[18]. Die Wasserheber hätten danach auf langen Fahrten freistehend die schweren Wassereimer mehr als zwei Meter nach oben anheben müssen. Dies ist so keinesfalls durchführbar. Die Unfallgefahr wäre viel zu hoch gewesen, ganz abgesehen davon, dass am Ende einer vierstündigen Schicht alle Wasserheber völlig durchnässt gewesen wären. Zudem ergibt sich das Problem, auf das bereits Gstrein aufmerksam macht. Die leeren Eimer mussten wieder nach unten befördert werden, damit sie im Schachtsumpf wieder gefüllt werden konnten[19]. Wahrscheinlicher war ein auch nicht gerade innovatives Wasserhebesystem, das dennoch über Jahrzehnte hinweg im Tiefbau des Falkensteins in Anwendung stand. Im Abstand von etwa 8 bis 9 Metern baute man im Schacht Plattformen ein, auf denen Handhaspel installiert waren. An einem Seil hingen zwei Eimer, die von zwei Haspelknechten nach oben bzw. unten befördert wurden. Ein gefüllter Wassereimer wurde von einem weiteren Wasserknecht ab- bzw. umgehängt, ebenso der leere Eimer. Im Schachtsumpf anlangende Kübel wurden schließlich wieder mit Wasser gefüllt und mit Hilfe der Handhaspel auf das Niveau des Erbstollens gezogen. Pro Haspel wurden drei Arbeitskräfte benötigt. Zusätzlich waren Einfüller und Ausleerer beschäftigt. Außerdem ist bei dieser schweren körperlichen Arbeit unter widrigsten Bedingungen ein gewisser Krankenstand zu berücksichtigen[20].

In der Mitte der 1530er Jahre verringerte sich die Silberausbeute aus dem Tiefbau beträchtlich, doch förderten die Bergleute hier noch Erz mit einem Gehalt von rund 10.000 Mark Brandsilber. Der Schwazer Bergrichter Christian Norl bezifferte einen möglichen Ausfall der Jahresausbeute für die Innsbrucker Hofkammer auf 20.000 fl. rh., denn die Gewerken, unter ihnen die Augsburger Firma Fugger, drohten mit der Einstellung des Tiefbaus, sollte ihnen der Landesfürst nicht mit Beihilfen unter die Arme greifen. Der Bergrichter deutete in seiner Stellungnahme gegenüber den Regierungsbeamten auch an, dass *man nit wisse, wo man die abfallent 1200 Knappen zue taylln sollet*[21]. Nach vielfältigen Klagen der Gewerken, die am Tiefbau beteiligt waren – wie noch gezeigt werden wird, hielten nicht nur die Fugger Anteile am Tiefbau und am Fürstenbau (!) – entschloss sich die Hofkammer 1535, die Hälfte der anfallenden Wasserhebekosten zu übernehmen, wobei der Betrag von Fron und Wechsel abgezogen wurde. 1535 sandte die Innsbrucker Hofkammer Maximus Dobrauer nach Schwaz. Dieser hatte sich angeboten, im Blindschacht des Sigmund-Erbstollens auf eigene Kosten eine Wasserkunst einzubauen. Mit deren Hilfe wollte er die Kosten für die Wasserhaltung auf die Hälfte senken. Der Versuch scheiterte, und die beiden tiefsten Sohlen liefen 1536 vorübergehend (?) voll[22].

In einem ursächlichen Zusammenhang mit den gescheiterten Bemühungen Dobrauers steht vermutlich ein Streik der Wasserknechte im Jahre 1537. Am 3. Mai 1537 berichtet der Berggerichtsverweser zu Schwaz, Jorg Rebhan, an die Tiroler Regierung zu Innsbruck, dass er durch den Buchhalter der Schmelzer und Gewerken am Falkensteiner Erbstollen, Thoman

---

[18] Gstrein 2003, S. 78.
[19] Gstrein 2003, S. 78.
[20] Gstrein 2003, S. 78.
[21] Zitiert nach Isser 1904, S. 433, der als Beleg die Akte TLA, oöKKB, Reihe Missiven am Hof von 1535, fol. 127, 136, 149, 163 u. 167, anführt.
[22] Isser 1904, S. 434, der als Beleg die Akte TLA, oöKKB, Reihe Gemeine Missiven von 1536, fol. 260 u. 310 anführt, ferner die Schwazer Bergchronik; dazu auch Czuray 1957, S. 50.

Schott, wichtige Mitteilungen erhalten habe. Danach habe Schott bereits dem Amtsvorgänger Rebhans, dem Bergrichter Schmalzl, Informationen über die Aufwieglung der Wasserknechte durch einen gewissen Mundler und einige andere Personen zugetragen. Der Mundler hatte die Knechte vermutlich wegen der in Aussicht stehenden Entlassungen nach Installierung der Wasserhebemaschine des Dobrauer zum Streik aufgefordert. Insgesamt 124 Wasserheber hatten sich daraufhin krank gemeldet oder hatten ihre Arbeitsplätze gleich ganz verlassen. Sie mussten kurzfristig ersetzt werden, sollte der Schacht nicht vollständig absaufen. Schott übersandte Rebhan daraufhin einen Zettel, auf dem er den Verlust an Wasserhebern aufgezeichnet hatte. Wegen des Streiks war im Erbstollen die Wasserförderung einige Zeit eingestellt worden. Die Arbeiten standen so lange still, bis wieder genügend Wasserknechte angeworben worden waren, um die Verluste durch das „Verlaufen" der Wasserknechte aufzufangen[23]:

1537
Im Wasserschacht 4 Hutleute [für 4 Schichten].
Josep Schaffer hat 62 Knecht und gehen ihm 28 ab.
Anthonius Sewer hat 62 Knecht und gehen ihm ab 18.
Jorg Newmair hat 62 Knecht und gehen ihm ab 30.
Caspar Mairhofer hat 62 Knecht und gehen ihm ab 20.
Summarum aller [Knechte] im Wasserschacht: 252 Knecht.
Davon gehen ab: 96 Knecht.

Neue Zeche hat 4 Hutleute.
Liennhart Schmid hat 54 Knecht, gehen ihm ab 5.
Ruep Dalhamer hat 54 Knecht, gehen ihm ab 6 Knechte.
Ull Ruebauttl hat 54 Knecht, gehen ihm ab 5.
Jorg Weyer hat 54 Knechte, gehen ihm ab 12.
Summarum allersambt: 220 [Knechte]
gehen ab: 28 [Knechte]

Summa summarum aller Wasserheber im Schacht und
in der Neuen Zeche sind 472 [Knechte].
Davon gehen ab: 124 [Knechte][24].

Die Quelle gibt erstmals genauere Auskunft über die Arbeitsorganisation im Schachtbau des Erbstollens. Danach beschäftigte man jeweils vier Hutleute, welche für die Gewerken die Aufsicht über die Arbeiter im Schacht und in der Neuen Zeche führten. Man muss des Weiteren davon ausgehen, dass die Bergleute in vier Schichten arbeiteten. Zwar konnte die Zahl von 500-600 Wasserknechten im Schachtbau, von denen immer wieder die Rede ist, nicht nachgewiesen werden, doch waren mit den acht Hutleuten immerhin 480 Personen mit der Wasserhaltung beschäftigt. Deutlich wird auch, dass man offensichtlich im Schacht selbst weitaus weniger Arbeiter benötigte. Lediglich 252 Knechte waren hier tätig, pro Schicht 62 Knechte. Geht man von zwei Füllern im Schachtsumpf aus, so benötigte man zwanzig Handhaspelbedienungen mit jeweils zwei Arbeitskräften und einem weiteren Knappen, der die Eimer ab- und wieder anhängte, um die 230-240 Meter Schachtteufe zu überwinden, wobei der Abstand von 11-12 Metern zwischen den einzelnen Haspelplattformen sicherlich kein allzu großes Problem dargestellt haben dürfte. Unbekannt war allerdings bislang, dass man auch

---
[23] TLA, Pestarchiv XIV, Nr. 181, Quelle vom 3. Mai 1537, als Anlage mit einem „A" gekennzeichnet.
[24] TLA, Pestarchiv XIV, Nr. 181, Quelle vom 3. Mai 1537, als Anlage mit einem „A" gekennzeichnet.

Abb. 27: Bergbaudarstellung aus der Kosmographie des Sebastian Münster von 1588. Als Arbeitskräfte gekennzeichnet finden sich ein Hauwer, ein Seuberer, ein Zersezer und ein Hutman, ein Haspel mit zwei Hasplern wird lateinisch als Instrumentum Tractorium (Gerät der Förderleute) bezeichnet, ein Knappe, der einen Förderwagen schiebt, ist ohne Erläuterung dargestellt. Oben auf dem Berg sieht man einen Rutengänger mit der Erläuterung Virgula divina – Glückrute (Original und Foto: Deutsches Bergbau-Museum Bochum).

in der Neuen Zeche, einer Grube, die sich ebenfalls unterhalb der Sohle des Erbstollens befand, eine größere Anzahl Wasserknechte benötigte. Eine weitere Formulierung in der Akte lässt Freiraum für Spekulationen zu. Es wird von einem Wasserschacht gesprochen, in dem die 252 Wasserknechte ihre Arbeit verrichteten. Die Formulierung legt nahe, dass es mindestens einen weiteren Schacht im Revier des Sigmund-Erbstollens gab.

Im Jahre 1538 richteten die Wasserheber im Erbstollen ein Bittgesuch an die Innsbrucker Regierung. Man beklagte sich über die immer schlechter werdenden Bedingungen im Erbstollenschacht. In den vergangenen 15 Jahren sei die Arbeit immer härter geworden. Es hätten zunächst 23 Knechte pro Schicht im Schacht gearbeitet (!), davon seien 12 Mann entlassen worden, so dass nunmehr elf Wasserheber deren Arbeit machen müssten. Außerdem klagten sie darüber, dass immer mehr Wasserknechte ihre Arbeit aufkündigten und Schwaz verließen, so dass die verbliebenen Arbeiter Überstunden zu leisten gezwungen wären[25].

Auch die Großgewerken wandten sich 1538 mit Eingaben an die Innsbrucker Regierung. Sie beklagten die geringe Ausbeute im Tiefbau und die hohen Kosten, die durch das besonders harte Gestein verursacht wurden. Auch nahm offenbar der so genannte *„rott Stain"* mit zunehmender Teufe ab. Hierauf entgegneten die Schwazer Beamten, dass dieses Erz nur in einem Drittel aller Abbaue anzutreffen sei. Außerdem stand diese Erzart in den oberen Bereichen des Tiefbaus noch reichlich an. Ferner verwiesen die Bergbeamten darauf, dass sich das Wasser im Schacht in der jüngsten Vergangenheit gemindert habe und es somit nicht recht verständlich wäre, diesen gerade jetzt zu verlassen, wo in der Kaltenbrunner Zeche, in der Neuen Zeche und in den anderen tiefen Abbauen des Erbstollens neue Aufschlüsse getätigt würden. Die Schmelzer und Gewerken klagten ferner über die nachlässigen Wasserknechte, die in einer Sechsstunden-Schicht lediglich zwei oder drei Stunden arbeiten würden und nur 2.000-3.000 „Züge" in einer Schicht durchführten. Währenddessen hatten die Wasserknechte in der Neuen Zeche sechs Stunden ohne Unterlass zu arbeiten und mussten bis zu 5.000 „Züge" tun[26]. Die Wasserknechte standen dabei auf hölzernen Arbeitsbühnen, die man in den Schächten eingebaut hatte. Den Gewerken wurden die Arbeitskräfte, insbesondere die Knechte im Wasserschacht, angesichts ihrer geringeren Arbeitsleistung zu teuer. Sie wollten etliche Wasserheber entlassen[27].

Im Jahr darauf verstärkten sich die Probleme im Tiefbau des Falkensteins weiter. Die Innsbrucker Räte sahen sich, trotz eines erst kurz zuvor abgeschlossenen Vertrags mit den Großgewerken, der ein Hilfsgeld von 18 Kreuzer auf das geförderte Star Grubenerz gewährte, mit neuen, noch weiter gehenden Forderungen nach Hilfsgeldern konfrontiert. Die Großgewerken verlangten nachdrücklich, die im Tiefbau befindlichen Gruben auf zehn Jahre im Ringen Wechsel ausbeuten zu dürfen. Anderenfalls drohten sie wegen der schlechten Aufschlüsse im Tiefsten des Bergwerks mit der Aufgabe der untersten Sohlen[28].

Am 4. Februar 1539 erschienen anlässlich der monatlichen Abrechnung (*Raitung*) die Diener und Einfahrer der Schmelzer und Gewerken zusammen mit dem für den Erbstollen zuständigen Hutmann im Berggerichtsgebäude. Sie beklagten sich beim Schwazer Bergrichter Sigmund Schönberger (*Schemperger*)[29] über die Arbeit der Wasserheber im Wasserschacht. Da die Wasserzuflüsse im Winter 1538/39 offenbar, abgesehen von den Grubenwässern in der Neuen Zeche, sehr gering waren, arbeiteten die Wasserknechte in ihren sechsstündigen Schichten lediglich zwei Stunden und konnten dann wieder ausfahren. Die Unkosten für die Wasserheber waren den Großgewerken schließlich doch zu hoch, mussten sie doch für die vier Schichten eine entsprechende Anzahl Wasserheber vorhalten. Sie forderten, entweder ei-

---

[25] TLA, Pestarchiv XIV, Nr. 717, fol. 6r-6v.
[26] Unter einem Zug ist hierbei wahrscheinlich das Auf- und Abdrehen eines Wassereimers mit einer Handhaspel zu verstehen.
[27] TLA, Pestarchiv XIV, Nr. 717, fol. 10r-11r.
[28] TLA, Pestarchiv XIV, Nr. 609, fol. 1r.
[29] Schönberger ist hier erstmals im Amt des Schwazer Bergrichters bezeugt, das er bis Februar 1556 versah.

nen Zug Wasserheber zu entlassen, oder die so genannte „Dritte Schicht", d.h., eine achtstündige Schicht, einzuführen. Die Beauftragten der Gewerken, die mit dem Bergrichter verhandelten, zeigten sich sehr besorgt. Ihnen war bewusst, dass bei Einführung der Achtstunden-Schicht monatlich 47 Wasserheber weniger bezahlt werden mussten, was eine Ersparnis von 140 fl. bedeutet hätte. Doch befürchtete man in Zukunft bei schlechten Witterungsverhältnissen, auch im Sommer, wieder einen vermehrten Wasserzufluss zu erhalten. Dies hätte die Funktionsträger der Gewerken in arge Bedrängnis gebracht. Nachdem bereits im Jahr 1537 eine größere Anzahl von Wasserknechten ihre Arbeitsstelle verlassen hatte, hielt der Wegzug der Wasserheber weiter an, verließen täglich weitere Arbeitskräfte Schwaz. Die Aussichten auf Kriegszeiten im Sommer 1539 machte die Situation für die Bergbeamten und Faktoren der Gewerken nicht gerade einfacher, da es in Kriegszeiten häufig zu einem „Verlaufen" der Bergleute kam. Man einigte sich schließlich darauf, es erst einmal bei der sechsstündigen Schicht, der so genannten „Vierten Schicht", zu belassen, denn eine Befragung der Wasserknechte in der Neuen Zeche hatte ergeben, dass diese bei der Einführung einer achtstündigen Schicht zu keinen Überstunden bereit waren. Man scheute vor einem Konflikt mit den Wasserknechten zurück. Der Schwazer Bergrichter Schönberger sandte daraufhin einen Bericht an die Innsbrucker Regierung[30].

Kurze Zeit später, am 23. Februar 1539, erschien ein Kammerbote der Innsbrucker Regierung *zu fruer Tagzeit* in Schwaz, worüber sich der Bergrichter in seinem Bericht an die Innsbrucker Räte ein wenig verwundert zeigte. Er erhielt den schriftlichen Befehl, eine Bergbeschau des Erbstollens vorzunehmen und dabei alle Feldörter und Lehenschaften zu kontrollieren. Schönberger beauftragte unverzüglich den Bergmeister Hans Vasl und die drei Berggerichtsgeschworenen Michael Schmalzl, Ulrich Gartinger und Hans Vischer mit einer umfangreichen Befahrung des Erbstollens. Die vier Beamten besichtigten die Neue Zeche, den Wasserschacht, die Grube Kaltenbrunn sowie weitere Feldörter. Im Erbstollen fand man noch 116 Lehenschaften vor. Sie waren an den vergangenen Weihnachtstagen 1538 angenommen worden, doch hatte man die vereinbarten Arbeiten vielfach verändert oder wegen fehlender Aufschlüsse wieder eingestellt. In der Neuen Zeche arbeiteten einige Lehenschaften in den tiefsten Abbaubereichen, wo zuvor gute Erzanbrüche vorhanden gewesen waren, doch hatte man besonders im Bereich Kaltenbrunn nur wenige schmale Erzadern anschlagen können. Lediglich im Abbaubereich Hartzperger zeigten sich zwei oder drei gute Anbrüche. Im Wasserschacht arbeiteten am tiefsten Punkt ebenfalls zwei Lehenschaften, doch kamen diese wegen der zusetzenden Wässer nicht recht weiter. Man erwartete zur dritten Raitung 1539, d.h. im März, den Einsatz von Lohnarbeitern, so genannten Herrenhäuern, doch empfahl Schönberger, den Gewerken zu befehlen, die Gesellen der Lehenschaften für die geleisteten Such- und Vortriebsarbeiten mit Hilfsgeldern zu entlohnen[31].

b) Grubenbefahrungen

Im August des Jahres 1539 drängte die Innsbrucker Regierung erneut auf eine gründliche Befahrung des Erbstollens, des Wasserschachtes und der im Tiefbau befindlichen Feldörter und übrigen Betriebspunkte. Man stellte zunächst eine Kommission zusammen, die sich aus dem Rattenberger Rat und Hüttenmeister Ambrosius Mornauer, dem Rattenberger Bergrichter und den bereits zuvor genannten Schwazer Bergbeamten zusammensetzte. Grund hierfür

---

[30] TLA, Pestarchiv XIV, Nr. 609, fol. 92r-92v.
[31] TLA, Pestarchiv XIV, Nr. 609, fol. 96r-96v.

waren die wiederholt schriftlich und mündlich vorgetragenen Forderungen der Schmelzer und Gewerken beim Erbstollen nach einer Erhöhung der Hilfsgelder durch den Landesherrn bzw. nach der Anwendung des Geringen Wechsels auch für den Erbstollen und alle darin betriebenen Grubenteile[32].

Die Befahrung der Anlage wurde zunächst von Bergmeister Vasl und den beiden Berggeschworenen Schmalzl und Gartinger durchgeführt. Die drei Beamten nahmen sich getrennt je einen Bereich der Grube vor und gaben danach ihre Eindrücke zu Protokoll. Der Schwazer Bergrichter leitete die Ergebnisse unverzüglich an die Innsbrucker Regierung weiter. Vasl besichtigte zunächst die Neue Zeche. Auf der Spätschicht fand er dort Bergleute auf *58 Arbaiten unnd Mitl* vor. Außerdem waren in der Neuen Zeche acht Lehenschaften tätig. Alle Abbaupunkte standen allerdings in geringer Ausbeute. Man förderte nur wenig Erz. An den Anbrüchen zeigte sich zudem *kremsiges* Erz, eine größere Erzkluft war nicht vorhanden. Der Bergmeister drang bei seiner Befahrung bis in die tiefsten Abbaubereiche der Neuen Zeche vor. Auch dort waren keine neuen Erzadern angeschlagen worden. Auf *guet Gluckh* arbeiteten dort noch sechs Lehenschaften. Die Knappen hofften täglich auf eine Besserung der Situation und auf neue Erzfunde. Vasl befuhr ferner die Lehenschaft eines Bergmannes mit Namen Lax, die sich ein wenig höher und gegen Westen (*Morgen*) geneigt befand. Dort wurde erheblich intensiver gearbeitet, wie der Bergmeister notierte. An zwei Stellen waren acht Gesellen beschäftigt, die sich mit einem *zimblich Pletzwerch* abmühten und auch Erz förderten. Sie arbeiteten an einem schönen Erzanbruch (*Kalch*), doch war das Gestein außerordentlich hart. Nach Ansicht des Bergmeisters stand zu hoffen, hier noch mehr Erz führendes Gestein anzutreffen. Auf einem dritten Feldort wurde ebenfalls Erz und *Pletzwerch* gefördert, das *spann dickh* war. Die übrigen Abbaupunkte zeigten sich allerdings als sehr schmal und wenig erzreich[33].

Der Berggeschworene Schmalzl hielt eine Befahrung der Grubenreviere *Alt Kuechl*, *Huznperger Schacht*, *Schreiberzeche* und *Mullnerort* ab. Dort traf er 25 Abbaue und Mittel an, die in Förderung standen. Auch die tiefsten Abbaue besichtigte er. Auf dem Mittel *Kirchmanns Hilfe* fand er zwei Lehenschaften vor, die aber kein Erz förderten. Im Abbau *Mullnerort* waren im Sommer 1539 vier Lehenschaften beschäftigt, die einen ca. drei Finger dicken Erzgang abbauten, wobei nach Angaben der Knappen die Qualität immer mehr abnahm, je tiefer sie vorstießen. Im Bereich *Huznperger Zeche* gab es weitere Abbaubereiche (*Arbaiten*), in denen die Bergleute jedoch nur hin und wieder nach Erz suchten. Mehrere Lehenschaften erhielten Bezahlung durch die Gewerken, d.h. ihnen wurde ein Hilfsgeld gezahlt, da sie kein Erz förderten[34].

Der Berggerichtsgeschworene Gartinger befuhr die Zeche Kaltenbrunn, wo es 35 Betriebspunkte oder Abbauorte (*Arbaiten und Mitl*) gab, an denen gearbeitet wurde. Im tiefsten Bereich waren zwei Lehenschaften tätig, die aber durch die Gewerken mit Hilfsgeldern unterhalten werden mussten, da die Anbrüche *kremsig* waren und die Ausbeute entsprechend gering ausfiel. Nach Westen hin (*gegen Morgen*) arbeitete der Lehenschafter Praitkopf mit seinen Knappen. Ihm gaben die Gewerken gleichfalls ein Hilfsgeld. Auch hier trat nur wenig Erz zu Tage. Im Abbaubereich *Heffters Arbait* zeigten die Gesellen dem Geschworenen, wie sie ein offensichtlich sehr hartes *Putzn Artz* förderten, aber kaum etwas heraushauen konnten[35].

---

[32] Zu den Forderungen der Gewerken vgl. TLA, Pestarchiv XIV, Nr. 609, fol. 64r-67r u. 74r-75r.
[33] TLA, Pestarchiv XIV, Nr. 609, fol. 1v.
[34] TLA, Pestarchiv XIV, Nr. 609, fol. 2r.
[35] TLA, Pestarchiv XIV, Nr. 609, fol. 2r-2v.

Insgesamt besuchten die drei Bergbeamten 119 Lehenschaften und Feldörter. Sie stellten übereinstimmend fest, dass es noch nie so schlecht mit den Arbeiten bestellt gewesen sei, als zur Zeit der Befahrung. Doch zeigte man sich hoffnungsvoll, dass man noch in vielen Feldörtern weiter in die Tiefe werde bauen können. Angesichts der schlechten Lage im Tiefbau des Falkensteins empfahlen die Beamten, mit den Gewerken und Schmelzern in Verhandlungen zu treten: *das die Grueben, nach vermug des jungst aufgerichten Vertrags die vier Jar gar völlig hinaus erhalten, gearbait unnd gepaut würdt unnd wann sie ye bei der negstgethanen Hilf der 18 xr. aufs Star nit besteen möchtn oder pleiben woln, das inen aber noch mit etlichen Urtl aufs Star wie dann E*[uer] *G*[naden] *bei inen stat gehabt oder befinnden möchtn, erhollfen würde*. Auch wenn es bei dem derzeitigen Hilfsgeld von 18 Kreuzern auf das Star Erz nicht bleiben könne und dieses erhöht werden müsste, so werde der Landesfürst, trotz verringerter Einnahmen aus Fron und Wechsel, doch von der Mannschaft der Bergwerke und den *Frischwerch* profitieren. Ein Ausgleich zwischen Landesfürst und Gewerken war nach Ansicht der Bergbeamten unumgänglich. Darüber hinaus habe es sich gezeigt, dass ein *viert Par aufs allerfurderlichst in die New Zech zugericht unnd gesetzt wurde*, denn man werde es dringend benötigen, da das Wasser aus dem Schacht der Neuen Zeche sehr stark zunehme[36]. Aus dem Bericht Schönbergers ist ferner zu entnehmen, dass während des Sommers 1539 zahlreiche Wasserheber ihre Arbeit verlassen hatten und davon gelaufen waren. Die Züge besetzte man anschließend mit Lehenhauern und allerlei anderem Gesinde. Der Ausfall eines ganzen Zuges führte dazu, dass eine andere Abteilung die Arbeit übernehmen musste, was eine hohe Zahl von Überstunden für die Wasserheber bedeutete. Der Bergrichter plädierte für die Erhaltung von drei Zügen oder Paar. Als Konsequenz aus der Befahrung setzte sich Schönberger für Verhandlungen mit den Gewerken über eine Verbesserung der Hilfsgelder ein. Der Tiefbau im Falkenstein musste nach Ansicht des Bergrichters und der anderen landesfürstlichen Beamten unter allen Umständen wasserfrei gehalten werden. Man plädierte dafür, den Geringen Wechsel für die Gruben im Erbstollenrevier anzuwenden, zumindest solange in ihnen gearbeitet wurde und die Gewerken Feldörter, Lehenschaften sowie Zechen unterhielten. Eine vertragliche Vereinbarung sollte dem Landesfürsten das Recht geben, die Gruben im Erbstollen wieder in den Schweren Wechsel zu überführen, sobald die tiefsten Bereiche verlassen wurden. Die noch im Betrieb stehenden, höher gelegenen Abbaubereiche im Erbstollenrevier hatten danach wieder die gleiche Fron und den gleichen Wechsel zu leisten wie die übrigen Gruben am Falkenstein[37].

Im August 1539 fertigte Schönberger einen weiteren umfangreichen Bericht über die Befahrung weiterer Gruben im Erbstollen und im Fürstenbau an. Danach besichtigten Mitglieder der Kommission im Erbstollen neun Feldörter und im Fürstenbau drei weitere. Dort fand man insgesamt 35 Hauer vor. An der tiefsten Stelle im Wasserschacht waren keine Arbeiter beschäftigt. Von den zu Weihnachten 1538 nach dem Lehenschaftsbuch angenommenen 152 Lehenschaften waren nicht mehr als 75 mit den zuvor vereinbarten Aufgaben beschäftigt. Die übrigen Lehenschaften legten Feierschichten ein. Unter den zuvor genannten 75 arbeitenden Lehenschaften gab es einige, die kein Erz förderten: *sein etlich darunter gar verhaut worden*. Im August 1539 zahlten die Gewerken zur 8. Raitung 169 Mark Hilfsgeld an die Lehenschaften aus. Die Bergbeamten aus Rattenberg und Schwaz stellten anlässlich ihrer Befahrung auch fest, dass, obwohl viele Lehenschaften und Arbeiter untätig waren, noch genügend gute Erzanbrüche vorhanden waren, deren Ausbeute sich gelohnt hätte. Den übrigen Lehenschaften sollte deshalb befohlen werden, ihre Arbeiten fortzusetzen. Die Schmelzer und Gewerken wurden angehalten, den Arbeitern „*Vertrostung*" (Hilfsgelder) zu geben und die Gesellen zur Arbeit anzuhalten. Schönberger betonte in seinem Bericht, dass das von den

---
[36] TLA, Pestarchiv XIV, Nr. 609, fol. 3r.
[37] TLA, Pestarchiv XIV, Nr. 609, fol. 3v.

Lehenschaften geförderte Erz nach der Teilung von den Gewerken mit barem Geld aufgekauft werden müsse. Dies war nach Ansicht Schönbergers unabdingbar für den Fortbestand des Tiefbaus am Falkenstein. Im August 1539 zeigte es sich außerdem, dass der Erbstollen vom Gestänge (für die Förderwagen im Stollen) bis in eine Teufe von 100 Klaftern trocken und befahrbar war[38]. Dies bedeutete aber, dass die untersten Bereiche des Tiefbaus, rund 25 Klafter, bis zum Sommer 1539 voll Wasser gelaufen waren. Dazu passt eine Notiz von 1539, nach der man für die vier Schichten 192 Wasserheber im Wasserschacht und weitere 352 Wasserknechte in der Neuen Zeche benötigte, insgesamt also 544 Arbeiter. Da jedoch die untersten Läufe offenbar bereits aufgegeben worden waren und nicht mehr wasserfrei gehalten wurden, hatten die Gewerken bereits 164 Mann entlassen (43 Arbeiter im Wasserschacht und 121 in der Neuen Zeche). Es kamen nunmehr lediglich noch 380 Wasserheber zum Einsatz[39]. Woher die Informationen von Czuray stammen, nach denen im Jahr 1539 acht Handpumpen eingebaut wurden, die einen Großteil der 600 Wasserheber überflüssig werden ließen und somit nur noch 240 Mann für die Wasserhaltung benötigt wurden, ließ sich anhand der vorliegenden Akten leider nicht ermitteln[40].

Schönberger forderte außerdem einen Bericht des Schwazer Fröners über die Unkosten der Schmelzer und Gewerken sowie die verbleibenden Einnahmen des Landesfürsten aus dem Tiefbau an. Zugrunde gelegt wurde die Abrechnung vom Juli 1539. Nach Angaben des Fröners belief sich das Verbauen der Gewerken zur 7. Raitung 1539 auf 3.061 fl. 25 Kreuzer 2 Vierer. Davon zog man das neue Hilfsgeld für 513 Star Teilerz und 8.207 Star Freierz, die man im Juli 1539 gefördert hatte (!), wieder ab. Bei 18 Kreuzer für jedes Star Erz belief sich der Betrag für das Hilfsgeld auf insgesamt 2.616 fl. Nach einer Vergleichung der beiden Summen verblieben den Gewerken Unkosten in Höhe von 445 fl. 25 Kreuzer 2 Vierer. Bei dieser Abrechnung ist jedoch zu bedenken, dass nicht nur Silber produziert wurde, sondern es den Gewerken gestattet war, das gewonnene Kupfer frei zu verkaufen. Dadurch reduzierten sich die Unkosten nicht nur, sie machten in Wirklichkeit noch Gewinne.

Der Fröner errechnete außerdem den Gewinn des Landesherrn für den Monat Juli 1539, wobei sich die Angaben für das geförderte Erz nur auf den Tiefbau des Falkensteins beziehen:

a) Die Ausgaben zur 7. Raitung an Gnad- und Hilfsgeldern, pro Star Erz mussten 18 Kreuzer zugelegt werden, betrugen 2.616 fl.
b) Zur 7. Raitung fielen an Erz an:
   Teilerz   513 Star
   Freierz   8.207 Star
   Haldenerz (Bruch, Klein und Felsen) 4.942 Star
   Das ergab an Silber rund 2543 Mark 8 Lot. Die Einnahmen vom Wechsel betrugen demnach 1271 fl. 45 Kreuzer.
c) Zur 7. Raitung fielen an Fron 528 Star Erz an. Pro Star waren 3½ fl. zu entrichten. Dies führte zu Einnahmen für die landesherrliche Kasse in Höhe von 1.848 fl.
d) Die Einkünfte des Landesfürsten an Fron und Wechsel beliefen sich insgesamt auf 3.119 fl. 45 Kreuzer.
e) Nach einer Vergleichung von Ausgaben (a) und Einnahmen (d) verblieb dem Landesherrn ein Gewinn von 503 fl. 45 Kreuzer.

---

[38] TLA, Pestarchiv XIV, Nr. 609, fol. 25r-28r.
[39] TLA, Pestarchiv XIV, Nr. 609, fol. 37v.
[40] Czuray 1957, S. 50.

c) Negative Entwicklungen des Tiefbaus bis 1550

Die Entwicklung im Tiefbau des Falkensteins verlief in den folgenden Jahren überaus negativ. Der Trend, der sich im Zeitraum von 1537-1539 abzuzeichnen begann, setzte sich bis 1545 fort. Aus dem Schwazer Bergbuch von 1556 sind hierzu folgende Angaben zu entnehmen: *Da nun diser unnd annderer grosser Uncosten alda auferloffen, auch die Gwerkhen clagt, die Ärzt wellen in die Tieff nit wol Silber abgeben, sonnder arm sein, sey inen auch der Wexl oder Silberkauff umb ain sollich ring Gelt in die Munz zu antwurtten beschwerlichen. Da haben die Gwerkhen im funfzehenhundertfunfundvierzigisten [= 1545.] Jare auf der rö[misch] kü[niglichen] M[ajestä]t hochleblichen Regierung Bewilligen in die Gepew in der Tieff verlassen, die Wasserheber abgestellt. In demselben sein die Zechen, Fert unnd Gepew unnder des Gestenngs bis an funfzehen Claffter, so die Gwerkhen noch erhalten, herauf alle mit Wasser anganngen unnd ersoffen, das niemannt mer hinab mugen. Aber die funfzehen Clafftern haben di Gwerkhen dannocht etliche Jar mit dem Wasserheben erhalten. Unnd ist noch darynnen sovil Ärz gehawen worden, das sy ain Überschus gehebt und nicht verpawt*[41]. Die Gewerken hatten den Ausführungen zufolge 1545 die landesfürstliche Einwilligung zum Verlassen des Tiefbaus erhalten. Lediglich bis zu einer Tiefe von 15 Klaftern wurde das Wasser gehoben, die Sohlen für den weiteren Betrieb wasserfrei gehalten. Dennoch konnten die Anteilseigner am Tiefbau noch soviel Erze fördern lassen, dass sie nach Abzug aller Unkosten einen stattlichen Gewinn verbuchen konnten. Es zeigt sich jedoch, dass die Großgewerken ihr Interesse am Falkenstein verloren hatten. Vor allem die Augsburger Geschäftsleute waren in nicht unerheblichem Maße am kurz zuvor einsetzenden Bergbau am Röhrerbühel bei Kitzbühel beteiligt. Hier winkten große Gewinne. Im Jahr 1545 kündigten sie auch den für den Falkenstein 1525 geschlossenen Anlass und damit die gemeinsame Produktions- und Vertriebsorganisation auf. Dringende Investitionen wurden, insbesondere im Tiefbau und den beiden darüber liegenden großen Betriebseinheiten Erbstollen und Fürstenbau, aufgeschoben, der Ausbau der Gruben sträflich vernachlässigt. Dieses Vorgehen der Großgewerken rächte sich nur wenige Jahre später.

d) Die Wasserkunst und das Verhalten der Gewerken

Wie aus einem umfangreichen Aktenstück der Jahre 1553/54 zu entnehmen ist, war der Tiefbau im Falkenstein zu Beginn der 1550er Jahre gänzlich zum Erliegen gekommen[42]. In einem Schreiben vom 4. Oktober 1553, das an die landesfürstliche Regierung und die Kammer von Tirol gerichtet ist, berichtet eine landesfürstliche Kommission, bestehend aus dem Innsbrucker Rat Erasmus Heidenreich, Jacob Zoppl, Hüttenmeister zu Rattenberg, Sigmund Schönberger, Bergrichter zu Schwaz, und Mathias Gartner, Bergrichter zu Kitzbühel, über die Situation im Sigmund-Erbstollen[43]. Sie beschreibt die Notwendigkeit, eine Wasserkunst in den Schacht des Erbstollens am Falkenstein einbauen zu lassen. Da man mit Kitzbühel ein Beispiel für einen gelungenen Schachtbau vor Augen hatte, der überdies mit modernen Wasserhebemaschinen ausgestattet war, beschlossen die Schwazer Bergbeamten, fachlichen Rat bei dem am Röhrerbühel tätigen Kunstmeister Anthonius Löscher (*Leyscher, Lewscher, Loicher*) einzuholen. Löscher stammte aus Salzburg und versah dort das Amt eines städtischen Wasserwerk- und Zimmermeisters[44].

---

[41] Dip. 856, fol. 158v.
[42] TLA, Pestarchiv XIV, Nr. 711.
[43] TLA, Pestarchiv XIV, Nr. 711, fol. 7r.
[44] TLA, oöKKB, Bd. 234, Reihe Gutachten an Hof, Nr. 49 von 1553, fol. 338r-338v; oöKKB, Bd. 237, Reihe Gemeine Missiven, Nr. 27 von 1553, fol. 849v.

Aus einem Schreiben der Regierung und Kammer vom 26. Januar 1553 an den Schwazer Bergrichter Sigmund Schönberger und den dortigen Bergmeister Thoman Vasl geht hervor, dass sich Anthonius Löscher seinerseits bereits im Dezember 1552, anlässlich der Hinlassverhandlungen zu Weihnachten, mit den Gewerken und Schmelzern des Erbstollens in Verbindung gesetzt und angeboten hatte, im Erbstollen eine Wasserhebemaschine einzubauen[45]. Man hoffte nun mit ihrer Hilfe nicht nur die Grubenwässer heben zu können und das große Grubengebäude unterhalb der Stollensohle dauerhaft trockenzulegen, sondern erwartete, im Tiefsten seitens der Schwazer Bergbeamten auch neue Aufschlüsse (*Clüffte*) zu gewinnen[46].

Die Innsbrucker Räte zeigten sich sehr an einer Wiederaufnahme des Tiefbaus im Erbstollen interessiert und schickten am 20. Februar 1553 zwei bayrische Goldschmiede nach Schwaz, die eine eigene Wasserkunst zur Hebung der Grubenwässer konstruiert hatten. Sie sollten den Schmelzern und Gewerken sowie der landesherrlichen Kommission und der Schwazer Bergbeamtenschaft ihre Wasserhebemaschine erläutern[47]. Die Goldschmiede scheinen aber nicht zum Zug gekommen zu sein, denn die Gewerken und Schmelzer gaben auf Befragen an, dass sie bereits Meister Löscher aus Kitzbühel hatten kommen lassen[48]. Die Kommission ordnete nun unverzüglich eine gemeinsame Befahrung des Erbstollens, des Fürstenbaus und weiterer darüber liegender Grubenbaue an. Kunstmeister Löscher erhielt von den Gewerken eigene Bergleute zur Seite gestellt, die ihn durch die Stollen und Gänge führen und ihm die Übertagesituation zeigen sollten. Löscher und seine Gehilfen begutachteten daraufhin eingehend alle in Frage kommenden Örtlichkeiten über und unter Tage. Als ein ernstes Problem stellte sich ein großer Gebirgsbruch im Fürstenbau heraus. Größere Schuttmassen waren auch in den alten Schacht herabgestürzt. Als Folge davon konnte die Wasserhaltung mit Handhaspeln nicht mehr aufrecht erhalten werden[49]. Der Tiefbau unterhalb der Erbstollensohle wurde nicht mehr gesümpft, und die letzten 15 Klafter unter dem Gestänge des Erbstollens, die man vor 1552 noch mit fünf Zügen wasserfrei halten konnte, liefen voll[50]. Hatten 15 Wasserheber zuvor etwa *3.500 Zentner Wasser* aus dem Berg befördert, so hoffte man seitens der Bergbeamtenschaft, mit Hilfe der Wasserkunst im Tag- und Nachtbetrieb den Tiefbau bis auf 40 Klafter zu sümpfen und rund *5.500 Zentner Wasser* an den Tag zu heben. Nach Löscher war man in der Lage, bei Zuführung noch größerer Mengen Aufschlagwassers in weitaus größere Teufen vorzustoßen, damit *dise Grueben in aller Tieff getruckhnet* werden könnten[51].

Wann sich der Bergsturz ereignete und der Schacht sowie der Tiefbau vollständig unter Wasser gesetzt wurden, ist nicht genau bekannt. Es ist von einem Zeitpunkt vor 1552 auszugehen[52]. Seitens der Gewerken war man der Ansicht, dass das *Kunstwerch nit sonders vil ge-*

---

[45] TLA, oöKKB, Bd. 237, Reihe Gemeine Missiven, Nr. 27 von 1553, fol. 87r-87v.
[46] TLA, Pestarchiv XIV, Nr. 711, fol. 2r-2v.
[47] TLA, oöKKB, Bd. 237, Reihe Gemeine Missiven, Nr. 27 von 1553, fol. 107r.
[48] TLA, Pestarchiv XIV, Nr. 711, fol. 3r.
[49] TLA, Pestarchiv XIV, Nr. 711, fol. 3r.
[50] TLA, oöKKB, Bd. 234, Reihe Gutachten an Hof, Nr. 49 von 1553, fol. 338v.
[51] TLA, Pestarchiv XIV, Nr. 711, fol. 5r.
[52] Bereits am 10. Februar 1552 zeigte die Innsbrucker Regierung den Schwazer Bergbeamten an, dass sich der Nürnberger Bürger Lienhart Schwarz angeboten habe, gegen Gewährung von Freiheiten und Privilegien und ein Hilfsgeld, die Grubenwässer im Erbstollen zu heben. Die Schmelzer und Gewerken, denen das Hilfsangebot unterbreitet worden war, gaben aber zunächst zur Antwort, dass man des Nürnberger Bürgers nicht bedürfe. Schwarz erhielt deshalb von der Regierung einen ablehnenden Bescheid zugesandt. Fest steht aber, dass man bereits Anfang Januar 1552 mit Schwarz in Verhandlungen getreten war und sich der Bergsturz und das Volllaufen des Schachtes bereits 1551 oder früher ereignet haben müssen. TLA, oöKKB, Bd. 229, Gutachten an Hof, Nr. 48 vom Jahr 1552, fol. 24v.

Abb. 28: Die Wasserkunst auf der Sohle des Erbstollens im Falkenstein. Die Darstellung ist fiktiv, tatsächlich gab es nur ein Kehrrad, keine Doppelanlage (Kodex Dip. 856, Tafel 20; Original und Foto: Tiroler Landesmuseum Ferdinandeum, Innsbruck).

steen würde, doch für die Aufwältigung des Schachtes, des Fürstenbaus und des Erbstollens rechnete man mit höheren Aufwendungen. Dies hatten die Gewerken und Schmelzer bereits in einer Eingabe an den Landesfürsten in Innsbruck mitgeteilt. Löscher seinerseits bot den Gewerken an, die Baukosten möglichst gering zu halten, und hatte in Aussicht gestellt, dass man nach dem Einbau des Wasserhebewerkes die Sümpfung des Tiefbaus mit weitaus geringeren Aufwendungen werde durchführen können, als dies ehedem mit den zahlreichen Wasserknechten möglich gewesen war[53].

Nach Ansicht der Gewerken waren die Reparatur des Erbstollens und der Einbau einer Wasserkunst nicht ohne eine stattliche finanzielle Hilfe durch die Landesherrschaft zu finanzieren. Doch zeigte man sich seitens der vier Anteilseigner durchaus bereit, in den Erbstollen soviel wie möglich zu investieren, allerdings nur unter der Voraussetzung, dass sich der Landesherr an der Finanzierung in einem erheblichen Umfang beteiligte. Mit der Auftragsertei-

---

[53] TLA, Pestarchiv XIV, Nr. 711, fol. 3r; oöKKB, Bd. 234, Reihe Gutachten an Hof, Nr. 49 von 1553, fol. 338v.

lung, insbesondere an Löscher, warteten die Gewerken aber zunächst noch ab, bis ihnen seitens der Landesherrschaft finanzielle Hilfen in Aussicht gestellt wurden[54].

Bergrichter Schönberger drängte die Großgewerken im Verlauf des Sommers 1553 wiederholt, mit Löscher einen Handel einzugehen und danach unverzüglich mit den Arbeiten zu beginnen. Den Gewerken ihrerseits kam es darauf an, die anfallenden Kosten für die Bauarbeiten einschätzen zu können. Sie hatten deshalb noch keine weiteren Schritte unternommen, da man bisher nicht in Erfahrung gebracht hatte, wie es mit dem Bruch bestellt war und ob der Schacht in Mitleidenschaft gezogen worden war. Des Weiteren wollten die Gewerken wissen, ob es nützlicher wäre, den alten Schacht zu säubern und aufzuwältigen oder einen neuen anzulegen. Die Verhandlungen mit den Gewerken zogen sich bis Oktober 1553 hin, ohne dass eine Einigung erzielt werden konnte[55].

Es schien den Bergbeamten nun ratsam zu sein, die Situation vor Ort zu erkunden (*den Augenschein an die Handt zu nemen*). So waren die beiden Bergrichter aus Schwaz und Kitzbühel gemeinsam mit zwei Berggeschworenen, mit Anthonius Löscher, mit Meister Bartholomäus und mit Meister Sebastian, beide aus Kitzbühel, in den Erbstollen eingefahren, um den alten Schacht und die zusammengestürzten Grubenbaue zu besehen. Danach wollte man festlegen, wohin man die Wasserkunst setzen könne und woher das Aufschlagwasser zum Antrieb des Wasserrades zu nehmen sei bzw. wie es durch den Berg zu führen wäre[56]. Anlässlich der Befahrung stellte die Kommission fest, dass der Schacht etwa 82 Klafter tief (ca. 155 m) mit Bruchmaterial aufgefüllt war. Doch hoffte man denselben weiterhin nutzen zu können, vor allem für den Einbau der Wasserkunst zur Bewältigung der Grubenwässer. Der Bruch im Hangenden sollte, um die neue Wasserkunst zu schützen, *villeicht auch abgesperrt und versorgt werden*. Das Aufschlagwasser für das Wasserrad musste aus einer ganzen Reihe von Gruben am Falkenstein, z.B. den Bergwerken *St. Andre im Wald, St. Georgen* und *Unserer Frauen, St. Anthonius, St. Michael* und *St. Wolfgang Gässl*, zusammengeführt werden, um schließlich über den Stollen des Fürstenbaus hinunter zum Erbstollen auf das Kunstrad geleitet zu werden. Erst später stellte sich heraus, dass das Aufschlagwasser der genannten Grubenbaue nicht ausreichte, so dass auch Oberflächenwasser zugeführt werden musste. Der zuständige geschworene Markscheider wurde mit den Vermessungsarbeiten beauftragt. Er hatte dafür zu sorgen, dass die notwendigen Ausbauarbeiten möglichst geringe Kosten verursachten. Nach dem Abschluss der Vermessungsarbeiten wollte Sigmund Schönberger, der Bergrichter zu Schwaz, dem Landesfürsten einen neuen Bericht zukommen lassen. Den Gewerken legte Schönberger in einem persönlichen Gespräch mit den Faktoren nahe, sich endlich ans Werk zu machen und damit dem Bergbau wieder aufzuhelfen[57].

Die Schmelzer und Gewerken ihrerseits gaben zu Protokoll, dass es sicherlich möglich werde, eine Wasserhebemaschine zu installieren, doch *wäre es aber beschwerlich*. Denn obgleich der Bergsturz zu verzimmern sei, gebe es Unsicherheiten in Bezug auf den Schacht. Man könne nicht wissen, ob dieser noch in Ordnung sei oder nicht. Man gab ferner zu bedenken, dass vor dem Verlassen des Tiefbaus, als man das Wasser überhand nehmen lassen musste, dort unten lediglich geringe Aufschlüsse (*klaine Striffl*) getätigt worden seien. Das noch verbliebene Erz werde man in Zukunft nur unter hohen Kosten fördern können. Doch wenn man ihnen, den Gewerken, den gesamten Erbstollen im Ringen Wechsel überlassen würde und dazu der Landesfürst die Hälfte der Kosten zur Aufrichtung der Wasserkunst

---

[54] TLA, Pestarchiv XIV, Nr. 711, fol. 3v.
[55] TLA, oöKKB, Bd. 237, Reihe Gemeine Missiven, Nr. 27 vom Jahr 1553, fol. 555v, 715r/v, 849v-850r, 904r-906v.
[56] TLA, Pestarchiv XIV, Nr. 711, fol. 3v-4r.
[57] TLA, Pestarchiv XIV, Nr. 711, fol. 4r/v.

übernähme, so könnte man sich eine Beteiligung am Bau der Wasserkunst und den Aufwältigungsarbeiten sowie eine Wiederaufnahme des Tiefbaus durchaus vorstellen[58]. Während die Gewerken die Ansicht vertraten, dass *in der newen Zech in der Tieff, die Clufft und Geng, nettig und über dritthalb Lott* [= 2½] *nit halten*, vertraten die Bergbeamten die Ansicht, dass nach eigener Erkundung neben kleinen Aufschlüssen auch noch einige ansehnliche Erzgänge vorhanden waren, die nun lediglich durch das Wasser unzugänglich geworden waren. Sie gingen ferner davon aus, dass man noch unangetastete Aufschlüsse in der Tiefe finden könne, wenn man im Gebirge, an den Seiten und in der Tiefe danach suche. Die Bergleute könnten dann am Berg gehalten werden und dadurch werde das Kammergut, Fron und Wechsel der Landesherrschaft gemehrt[59].

Die Verhandlungen zur Finanzierung der Schwazer Wasserkunst zogen sich noch bis 1554 hin. Die Gewerken forderten neben einer direkten finanziellen Beteiligung des Landesherrn auch die Überführung der Gruben im Tiefbau des Erbstollens in den Geringen Wechsel. Vor diesem Hintergrund war es für die Schwazer Bergbeamten und die Innsbrucker Regierung von großem Interesse, eine Berechnung der Aufwendungen und Gewinne der Großgewerken aus dem Tiefbau des Erbstollens für die Jahre 1545 bis 1549 zu erhalten. Die Schwazer Bergbeamten nutzten die Zahlen als Argumentationshilfe gegenüber den Schmelzherren und Gewerken[60]. Letztere beklagten immer wieder ihre hohen Kosten und die sich verringernden Gewinne. Sie betonten außerdem, dass sich eine Wiederaufnahme des Tiefbaus wegen der zuletzt geringen Aufschlüsse kaum lohnen würde.

Jakob Zehentner, der Fröner zu Schwaz, wurde schließlich mit der Zusammenstellung der konkreten Zahlen beauftragt[61], die ein bezeichnendes Licht auf die Situation im Erbstollen kurz vor der Einstellung der Arbeiten werfen. Er stellte zunächst die Einnahmen für die gesamte Grube „Erbstollen" zusammen. Diese bestanden aus den vom Landesherrn gezahlten Gnad- und Erzgeldern für das so genannte *Tayllarzt*, den Gnad- und Hilfsgeldern sowie aus der so genannten Besserung für das *Freyarzt* und einer fiktiven Berechnung der zusätzlichen Einnahmen der Anteilseigner, bezogen auf die Gesamtförderung an Teil- und Freierz im Geringen Wechsel anstatt im bis 1549 erhobenen Schweren Wechsel[62]. Die Gesamtaufwendungen der Gewerken im Erbstollen für die so genannte Samkost[63] und die so genannte [Erz-]Losung[64] führt Zehentner ebenfalls an und rechnet diese beiden Ausgabenposten gegen die Einkünfte für das Erz auf. Erkennbar wird anhand der mitgeteilten Zahlen, dass bei einer fiktiven Abrechnung im Geringen Wechsel den Anteilseignern am Erbstollen ein deutlicher Überschuss verblieb, wobei hier nur die Erzförderung im Tiefbau betrachtet wurde. Deutlich wird weiterhin, dass die Erzförderung aus dem Tiefbau keineswegs rückläufig war, wie von den Gewerken immer wieder behauptet, sondern mit Gnad- und Hilfsgeldern und einer Übernahme des Tiefbaus am Falkenstein in den Geringen Wechsel durchaus lukrativ sein konnte.

---

[58] TLA, Pestarchiv XIV, Nr. 711, fol. 4v.

[59] TLA, Pestarchiv XIV, Nr. 711, fol. 4v-5r.

[60] TLA, Pestarchiv XIV, Nr. 261, fol. 1r-4r.

[61] Der landesfürstliche Fröner Jakob Zehentner war mit der Zusammenstellung weiterer Informationen beauftragt. So stellte er Angaben über das Verbauen und die Zubußen der Gruben am Falkenstein für die Jahre 1544 bis 1548 zusammen. Der nicht datierte Auszug könnte ebenfalls im Zusammenhang mit den Verhandlungen zwischen der landesfürstlichen Beamtenschaft einer- und den Gewerken und Schmelzern anderseits über den Bau der Wasserkunst entstanden sein. Vgl. Westermann 1988, S. 54, Anm. 202.

[62] Nicht geklärt werden konnten bislang die Begriffe „Freierz" und „Teilerz".

[63] Gemeint sind die Gesamtkosten der Gewerken für das Betreiben eines Bergwerks bzw. eines Anteils daran mit Ausnahme der Entlohnung der Lehenschaften. Vgl. die Definition in Dip. 856, fol. 135v.

[64] Gemeint ist das Kaufgeld für das von den Lehenschaften bei ihrer Arbeit geförderte Erz, das die Gewerken den Lehenschaften abkaufen mussten. Vgl. die Definition in Dip. 856, fol. 135v.

Berechnung des Überschusses für die Jahre 1545-1549 durch den Schwazer Fröner Jakob Zehentner[65]:

1545
Teilerz und Freierz (insgesamt 3.145 1/3 1/4 Star)	4.003 fl. rh. 45 Kreuzer
Berechnung der Ersparnis im Ringen Wechsel	1.572 fl. rh. 47 Kreuzer 2 Vierer
zusammengerechnet:	5.576 fl. rh. 32 Kreuzer 2 Vierer
Samkost	1.859 fl. rh. 47 Kreuzer 2 Vierer
Erzlosung	108 fl. rh. 18 Kreuzer
zusammengerechnet:	1.968 fl. rh. 5 Kreuzer 2 Vierer
Überschuss:	3.608 fl. rh. 24 Kreuzer

1546
Teilerz und Freierz (insgesamt 4645 2/4 Star)	6.619 fl. rh. 33 Kreuzer
Berechnung der Ersparnis im Ringen Wechsel	2.322 fl. rh. 36 Kreuzer
zusammengerechnet:	8.942 fl. rh. 9 Kreuzer
Samkost	3.005 fl. rh. 54 Kreuzer 3 Vierer
Erzlosung	749 fl. rh. 4 Kreuzer 1 Vierer
zusammengerechnet:	3.754 fl. rh. 58 Kreuzer 4 Vierer
Überschuss:	5.187 fl. rh. 10 Kreuzer 1 Vierer

1547
Teilerz und Freierz (insgesamt 4335 1/6 Star)	6.216 fl. rh. 6 Kreuzer 1 Vierer
Berechnung der Ersparnis im Ringen Wechsel	2.167 fl. rh. 35 Kreuzer
zusammengerechnet:	8.383 fl. rh. 41 Kreuzer 1 Vierer
Samkost	3.384 fl. rh. 14 Kreuzer 2 Vierer
Erzlosung	705 fl. rh. – Kreuzer 4 Vierer
zusammengerechnet:	4.089 fl. rh. 15 Kreuzer 1 Vierer
Überschuss:	4.294 fl. rh. 26 Kreuzer

1548
Teilerz und Freierz (insgesamt 3588 1/4 Star)	4.549 fl. rh. 42 Kreuzer 2 Vierer
Berechnung der Ersparnis im Ringen Wechsel	1.794 fl. rh. 7 Kreuzer 1 Vierer
zusammengerechnet:	6.343 fl. rh. 49 Kreuzer 3 Vierer
Samkost	3.660 fl. rh. 16 Kreuzer 1 Vierer
Erzlosung	105 fl. rh. 45 Kreuzer
zusammengerechnet:	3.766 fl. rh. 1 Kreuzer 1 Vierer
Überschuss:	2.577 fl. rh. 48 Kreuzer 3 Vierer

1549
Teilerz und Freierz (insgesamt 2546 Star)	3.181 fl. rh. 28 Kreuzer
Berechnung der Ersparnis im Ringen Wechsel	1.273 fl. rh.
zusammengerechnet:	4.434 fl. rh. 28 Kreuzer
Samkost	3.613 fl. rh. 49 Kreuzer 4 Vierer
Erzlosung	34 fl. rh. 12 Kreuzer
zusammengerechnet:	3 648 fl. rh. 1 Kreuzer 4 Vierer
Überschuss:	786 fl. rh. 26 Kreuzer 1 Vierer

---

[65] Vgl. TLA, Pestarchiv XIV, Nr. 261, fol. 1r-4r; 1 fl. rh. = 60 Kreuzer; 1 fl. rh. = 5 Pfund Berner; 1 Pfund Berner = 12 Kreuzer; 1 Kreuzer = 5 Vierer; vgl. zum österreichischen/ Tiroler Münzwesen Probszt 1963; Moser/ Rizzolli/ Tursky 1984; Rizzolli 2004; S. 176-180.

Der Gesamtüberschuss der Gruben im Erbstollen hätte auf der zuvor angegebenen Berechnungsbasis im Geringen Wechsel für die fünf Jahre von 1545 bis 1549 insgesamt 16.454 fl. rh. 15 Kreuzer betragen. Allein durch eine Einführung des Geringen Wechsels wären den Gewerken Mehreinnahmen von rund 9.128 fl. rh. entstanden. Für einen Anteil von 1/9 hätte dies immerhin noch einen Gewinn von 1.830 fl. rh. 28 Kreuzer 3 Vierer bedeutet.

In ihrem Bericht an die Tiroler Regierung vom 4. Oktober 1553 gab die Kommission in Schwaz zu bedenken, dass der Betrieb des Erbstollens im Geringen Wechsel und darüber hinaus die Übernahme der Kosten für das Wasserhebewerk in Höhe von 50% den Landesfürsten finanziell außerordentlich belasten würden. Die Gewerken ihrerseits bezifferten die Kosten für die Reparatur- und Aufwältigungsarbeiten im Schacht und im Erbstollen, die Entsorgung des Bruchmaterials, die Anlage der Wasserzuleitungen und die Aufrichtung der Wasserkunst auf über 20.000 fl.[66]. Die Kommission unterbreitete nun dem Landesfürsten und seiner Regierung zwei Vorschläge für die Verhandlungen mit den Gewerken. Zunächst schlug man vor, den Gewerken 12, 15 oder gar 20 Jahre lang für ihre Gruben im Tiefbau des Falkensteins den Geringen Wechsel zu gewähren, doch sollte sich der Landesherr in diesem Fall nicht an den Baukosten für die Wasserkunst beteiligen. Auch sollte der Geringe Wechsel für den Tiefbau nur für den Zeitraum angewendet werden, während dessen die Gewerken die Wasserhebemaschine in Funktion hielten und die Grubenbaue sümpften. Der zweite Vorschlag sah die Übernahme der Grubenbaue in den Geringen Wechsel für 5, 8, 10 oder 12 Jahre vor. In diesem Fall hätte der Landesherr einen Teil der Baukosten zu tragen gehabt. Der Anteil des Tiroler Landesfürsten sollte danach ein Viertel der Gesamtaufwendungen nicht übersteigen *oder zum letsten, wanns ye nit leichter zu erhalten wäre, ain Drittenthail gnedigist vergunt und bewilligt* werden[67].

Die Kommissionsmitglieder berichteten weiter, dass sie mittlerweile die Gewerken veranlasst hätten, bis zu einer Entscheidung des Landesfürsten den Bruch zu verbauen und den Schacht, der für das Werk benötigt wurde, vom Schutt frei zu räumen. Des Weiteren beratschlagte man, wie der Schacht zu sichern und für das Werk vorzubereiten wäre. Der Salzburger Kunstmeister Löscher erklärte sich bereit, mit Erlaubnis seines Herrn, des Erzbischofs von Salzburg, gerne weiter zu helfen. Doch bedauerte er, nicht ständig anwesend sein zu können. Dafür wurde Meister Sebastian aus Kitzbühel nach Schwaz abgestellt[68].

Auf die Vorschläge der Kommission antworteten die Schmelzer und Gewerken in einem leider nicht datierten Schreiben, vermutlich kurze Zeit später. Danach gingen sie davon aus, dass man mindestens sechs bis sieben Jahre zur Einrichtung der Wasserführung, zur Aufrichtung des Wasserwerks und für die Aufwältigung des alten Schachtes benötigen werde. Danach wäre es notwendig, die Grube Neue Zeche wieder in Betrieb zu nehmen, die etwa 40 Klafter (= 76 Meter) tiefer als der alte Schacht lag und gleichfalls voll Wasser gelaufen war. Um diese Grubenbaue zu erreichen und trocken zu legen, musste der alte Schacht nochmals 40 Klafter in die Tiefe aufgefahren werden. Insgesamt veranschlagten die Gewerken eine Zeitspanne von 16-17 Jahren für die gesamten Arbeiten[69]! Diese Annahmen lassen besonders deutlich erkennen, wie die Großgewerken mit Hilfe einer ausgeprägten Schwarzmalerei ein besonders düsteres Bild der Situation zu entwerfen versuchten. Tatsächlich dauerte es dann etwas mehr als zwei Jahre, bis die Wasserkunst in Gang gesetzt und der Tiefbau wieder aufgenommen werden konnte.

---

[66] Vgl. TLA, Pestarchiv XIV, Nr. 711, fol. 5v.
[67] Vgl. TLA, Pestarchiv XIV, Nr. 711, fol. 6r.
[68] Vgl. TLA, Pestarchiv XIV, Nr. 711, fol. 6v.
[69] Vgl. TLA, Pestarchiv XIV, Nr. 711, fol. 22r/v.

Die Arbeiten im Erbstollen hatten bereits im Juli 1553 eingesetzt, wie die Gewerken schließlich in einem verspätet beim Bergrichter eingehenden Bericht bemerkten. Man habe zunächst durch eigene Bergleute auf allen Gruben im Falkenstein nach Wasser suchen lassen. Dies sei dem Bergrichter bereits durch den Werkmeister Wolfgang Löscher mitgeteilt worden, der offenbar in Vertretung seines Verwandten, des Salzburger Stadtwerkmeisters Anthonius Löscher, die Befahrung durchgeführt hatte. Löscher habe den Gewerken schließlich berichtet, dass man das Aufschlagwasser für die Wasserkunst von allen Gruben in Rinnen und Röhren auffangen müsse und in der Grube St. Jörgen, einem Bergwerk unterhalb des Tiefen Stollens (im Fürstenbau?), in einer Wasserstube sammeln müsse. Von dieser Wasserstube könne man das aufgefangene Wasser herab zur Grube St. Helena leiten. Von dort müsse das Wasser wiederum gut 80-90 Lehen (= 1.062 Meter bis 1.194 Meter) durch Zechen und Stollen hinab bis in den Fürstenbau geführt werden. Von demselben Stollen könne es wiederum nach 40 Lehen (= rund 530 Meter) bis an die Erdoberfläche gelangen, von dort über Gerinne bis zum Erbstollen, an den Ort, wo nach Angaben Löschers die Wasserkunst angelegt werden sollte[70].

Zwischen dem 6. September und dem 4. Oktober 1553 fand eine weitere Begehung des Sigmund-Erbstollens und der darüber liegenden Baue statt. An der Begehung nahmen neben dem landesfürstlichen Rat Erasmus Heidenreich auch Jakob Zoppl, Hüttenmeister zu Rattenberg, Sigmund Schönberger, Bergrichter zu Schwaz, Mathias Gartner, Bergrichter zu Kitzbühel, sowie Kunstmeister Löscher teil. Neben der notwendigen Wasserzuleitung für das Wasserrad war es den Werkleuten wichtig, einzuschätzen, wie viel Holz man für ein solches Werk benötigte. Man fuhr bei der Grube St. Helena ein und begutachtete, wie die technischen Arbeiten mit den geringsten Kosten durchzuführen seien. In der Grube St. Helena gelangte man bis zu einem Gesenk, von dem aus man einen so genannten „*Fal*" hinab durch das Gebirge bis zu dem Ort vorbringen konnte, wo man das Kunstrad aufzustellen beabsichtigte. Die Befahrungskommission fand heraus, dass sich der Stollen der Grube St. Helena bis zum Wechsel in 9 Klaftern *versaigte*. Es war somit nicht möglich, eine größere Menge Wasser in Röhren an der geplanten Stelle in das Bergwerk zu führen. Das Wasser musste nun durch einen besonderen, neu aufzufahrenden kleinen Wasserstollen auf die Stollensohle der Grube St. Helena geführt werden. Von dort sollte das Wasser schließlich in den Fürstenbau geleitet werden. Man informierte nach der Begehung die Gewerken und Schmelzer über die neuen Vorschläge, die sich als überaus Kosten sparend herausgestellt hatten. Man hielt die Gewerken wiederum dazu an, endlich den Bruch im Erbstollen und den Schacht aufzuwältigen und auch mit dem kleinen Wasserzuleitungsstollen bei St. Helena zu beginnen[71].

Die optimistischen Angaben der Schmelzer und Gewerken über die Aufnahme der Arbeiten im Juni 1553 hatten sich ganz offensichtlich als falsch herausgestellt. Ende Oktober und im November 1553 waren die entscheidenden Arbeitsmaßnahmen am Bruch und am Schacht noch nicht angelaufen. Als Erklärung gaben die Anteilseigner an, dass die Arbeiten besser angegangen werden könnten, wenn man zuvor den Erbstollen *aufhebe und verzimmere*. Außerdem habe man bislang mit Brüchen nur wenige Erfahrungen sammeln können. Erst am Montag, dem 20. November 1553, begannen Bergleute, den Schacht zu säubern und hätten *über sich zu guglen angefangen*. Zu den Arbeiten gehörte es auch, für die Wasserführung im Stollen der Grube St. Helena entweder die Stollensohle oder die Firste nachzuschlagen und zu erweitern[72].

---

[70] Vgl. TLA, Pestarchiv XIV, Nr. 711, fol. 15v.
[71] Vgl. TLA, Pestarchiv XIV, Nr. 711, fol. 36r.
[72] Vgl. TLA, Pestarchiv XIV, Nr. 711, fol. 12r/v; oöKKB, Bd. 237, Reihe Gemeine Missiven, Nr. 27 von 1553, fol. 977r/v.

Anthonius Löscher arbeitete nach der erfolgten Befahrung offenbar noch die Pläne für den Einbau der Wasserkunst, insbesondere aber für die Zuführung des notwendigen Aufschlagswassers aus. Er reiste nach Salzburg zurück, wo er jedoch kurze Zeit später, wahrscheinlich während einer Epidemie, verstarb, denn nach dem November 1553 taucht er in den Akten nicht mehr als handelnde Person auf. Am 22. Januar 1554 heißt es in den Kammerkopialbüchern, dass *Maister Annthoni Leuscher ... mit Todt abgangen* sei. Der Salzburger Wasserwerkmeister dürfte also zwischen November 1553 und Januar 1554 verstorben sein. Als Ersatz schlug man Ruprecht Bebinger vor, der ebenfalls als Wasserwerkmeister in Salzburg gewirkt hatte und offenbar der Amtsvorgänger von Löscher gewesen war. Bebinger hatte bereits für die Habsburger in Neusohl gearbeitet, war aber bis zum 28. März 1554 noch nicht in Schwaz eingetroffen[73].

Die Arbeiten im Erbstollen und im Schacht gingen auch weiterhin nur sehr schleppend voran. Die Gewerken hatten sich beharrlich geweigert, ohne finanzielle Zusagen des Landesfürsten zu agieren. Erst am 22. Januar erreichte die Regierung in Innsbruck die Nachricht, dass die Verhandlungen zwischen der Bergbeamtenschaft und den Gewerken und Schmelzern einen positiven Ausgang genommen hätten: *Unnd nach vil fleissiger unnd ernstlicher mit inen gephlegner Hanndlung letstlichen die Sachen dahin gebracht, das sy sich dz bemelt Wasserwerch aufzerichten eingelassen haben.* Die Gewerken hatten sich weitgehend mit dem Angebot einverstanden erklärt, das eine Übernahme eines Drittels der Baukosten durch den Landesherrn und die Gewährung des Geringen Wechsels für die Gruben im Tiefbau auf 20 Jahre vorsah. Von den zuvor durch den Landesherrn gewährten Betriebsjahren mit dem Geringen Wechsel als Abgabe hatte ein Jahr nicht genutzt werden können, da sich der Bergsturz ereignet hatte und der Tiefbau voll Wasser gelaufen war. Daher bestanden die Gewerken auf der Gewährung eines weiteren Jahres im Geringen Wechsel. Sollten sich aber die Anbrüche und damit die Gewinne für die Gewerken aus dem Tiefbau nach 16 Jahren als besonders reichhaltig herausstellen, so sollte es dem Landesfürsten möglich sein, nach Ablauf der 16 Jahre wieder den Schweren Wechsel, wie sonst am Falkenstein üblich, zu erheben[74].

Dennoch ergaben sich weitere Unstimmigkeiten über den Wortlaut des Vertrages, wie aus dem Bericht des Schwazer Bergrichters Sigmund Schönberger zu entnehmen ist, den dieser zusammen mit dem Schwazer Bergmeister Thoman Vasl und dem neuen Erzkäufer Erasmus Reislander, den Berggerichtsgeschworenen zu Schwaz sowie Jakob Schifer, dem Schichtmeister am Weißen Schrofen, am 15. Februar 1554 an die Innsbrucker Regierung schickte. Im Einzelnen werden der Vertragsentwurf über den weiteren Ausbau des Erbstollens, den Bau der Wasserkunst und das Sümpfen sowie das weitere Abteufen des Schachts im Falkenstein vorgestellt und die Einwendungen der Gewerken auf den landesfürstlichen Textentwurf erläutert[75].

Als erstes wurde den Gewerken zugestanden, dass sie das im Erbstollen und Tiefbau gewonnene Erz zusammen mit dem übrigen Erz aus dem Ringen Wechsel (-Revier) verhütten durften. Die Bergbeamten hatten dagegen keine Einwände. Zweitens: Die von den Gewerken vorgenommenen Korrekturen am Vertragstext der Verschreibung sollten übernommen werden. Es ging hierbei um die Übernahme eines Drittels der Baukosten durch die Landesherrschaft. Drittens: den Gewerken und Schmelzern war durch den Landesfürsten die Erzförde-

---

[73] TLA, oöKKB, Bd. 237, Reihe Gemeine Missiven, Nr. 27 von 1553, fol. 850r; oöKKB, Bd. 239, Reihe Missiven an Hof, Nr. 50 von 1554, fol. 8r, 54v; oöKKB, Bd. 238, Reihe Geschäft von Hof, Nr. 53 von 1554, fol. 40v.
[74] TLA, oöKKB, Bd. 239, Reihe Missiven an Hof, Nr. 50 von 1554, fol. 7v-8r.
[75] TLA, Pestarchiv XIV, Nr. 711, fol. 27r-32v.

rung im Geringen Wechsel für 20 Jahre gestattet worden. Nach Ablauf von 16 Jahren sollte der Landesfürst einen Vorbehalt geltend machen und nach Zustand und Förderung des Tiefbaus im Falkenstein den Wechsel auch wieder heraufsetzen können. Diesen Artikel hatten die Gewerken in dem Textentwurf gestrichen, da sie eine Erhöhung des Geringen Wechsels im Erbstollen wegen der zu erwartenden hohen Zubußen ablehnten. Die Bergbeamten teilten ihrem Herrn und der Regierung in Innsbruck mit, dass nach mehrmaligen Verhandlungen die Gewerken und Schmelzer schließlich keine Einwendungen gegen diesen Teil des Vertragstextes mehr gehabt hätten. Doch verwiesen die Gewerken und Schmelzer in ihrer Antwort darauf, dass sie (die Gewerken) mindestens 16 oder 17 Jahre lang mit großen Unkosten rechneten. Den Schwazer Bergbeamten war allerdings klar, dass dies nur vorgeschobene Behauptungen waren, um den Preis für ihre weitere Beteiligung am Bergbau im Erbstollen möglichst hochzutreiben. Die Bergbeamten gingen stattdessen von erfolgreichen neuen Aufschlüssen in zunehmender Teufe aus und wiesen darauf hin, dass es nach dem Einbau der Wasserhebemaschine zu einer wesentlichen Kostenreduzierung bei der Wasserhaltung kommen werde, da nun kaum noch Wasserheber benötigt würden[76].

Zudem war nach Ansicht Schönbergers und seiner Kollegen die Absenkung des alten Schachtes um weitere 40 Klafter, was der Teufe der Neuen Zeche entsprach, mit weit geringeren Kosten verbunden, als dies die Gewerken und Schmelzer vorgaben. Das neue Hebewerk werde außerdem, so hoffte man seitens des Berggerichtes, nicht allein Wasser, sondern auch Berge und Erz fördern. Die Gewerken könnten in den gesümpften Zechen mehr Erz fördern, und zusammen mit dem Ersatz eines Drittels der Baukosten durch den Landesfürsten und der Verschmelzung der Erze aus dem Tiefbau im Geringen Wechsel werde den Gewerken ein großer Vorteil entstehen. Die Beamten warfen den Anteilseignern wegen ihrer unnachgiebigen Haltung bei den Verhandlungen schließlich vor, dass *es bey inen kain Ersetlichhait* gebe[77]. Nach Ansicht der Bergbeamten mangelte es den Schmelzern und Gewerken an Vertrauen in die Entscheidungen ihres Landesfürsten. Es sei jedenfalls nach 16 Jahren durchaus möglich, falls es doch, wider Erwarten (!), zu einem Verbauen der Gewerken komme, die Zuwendungen des Landesherrn weiterhin zu gewähren[78].

Im vierten Verhandlungspunkt herrschte Einigkeit auf beiden Seiten darüber, den alten Schacht ohne Verzug vom Bergematerial des Bruchs zu befreien, um das Wasser aus dem Schacht heben zu können. Fünftens: In einem weiteren Artikel erklärten sich die Gewerken bereit, *das Wasser mit Wasserhebern* [zu] *heben und die Lehenschafften nit erdingkhen* [zu] *lassen*. Doch forderten sie den Zusatz *oder dz Wasser höher aufsteen* [zu lassen]. Damit konnten sich jedoch die Beamten ganz und gar nicht anfreunden, denn dies hätte in letzter Konsequenz bedeutet, den Gewerken zuzugestehen, den Tiefbau nicht bis zum Tiefsten zu sümpfen, *sonder das Wasser nur sovil zu heben, damit es nit weiter herauf stee*. Diese Zustände, wie sie in den 1540er Jahren im Tiefbau geherrscht hatten, wollte sicherlich vor allem Sigmund Schönberger unter keinen Umständen wieder zulassen[79].

Sechstens: Einigkeit herrschte zwischen den Vertragsparteien über das Begehren der Gewerken, dass die Personen, die durch die Landesherrschaft zu dem Werk verordnet würden, nur mit ihrem Wissen und ihrem Rat eingestellt werden durften. Die Bergbeamten vertraten die Ansicht, dass man diese Bitte den Gewerken nicht abschlagen dürfe, da sie immerhin zwei

---

[76] TLA, Pestarchiv XIV, Nr. 711, fol. 27r-28r.
[77] TLA, Pestarchiv XIV, Nr. 711, fol. 28r.
[78] TLA, Pestarchiv XIV, Nr. 711, fol. 28v.
[79] TLA, Pestarchiv XIV, Nr. 711, fol. 28v.

Drittel der Baukosten übernehmen sollten. Man habe deshalb bereits mit ihnen gesprochen und verabredet, einen Hutmann einzustellen[80].

Ein weiterer Artikel der Verschreibung besagt, dass der Landesherr ein Drittel der Baukosten zu übernehmen bereit wäre. Diese Vereinbarung sei, so Gewerken und Beamtenschaft, auch auf den Fall auszudehnen, dass es bei fortschreitender Teufe erforderlich werde, mehr Aufschlagwasser, insbesondere Oberflächenwasser, für die Wasserhebung herbeizuschaffen. In diesem Fall solle der Landesfürst wieder ein Drittel der Kosten übernehmen[81].

In einem weiteren Artikel, der den Gewerken untersagte, ohne Wissen und Genehmigung des Landesfürsten den Tiefbau einzustellen und das Bergwerk aufzugeben, wollten die Gewerken den Hinweis eingefügt haben, dass ihnen dieses gestattet werden solle *wo das Pergkhwerch so schmal und schlecht, der Uncossten des Werchs und Wasserhebens so gross wäre, das inen sollch Wasserheben zu erhalten untuenlich*. Diesen Zusatz verweigerten die Beamten jedoch unter dem Hinweis, dass es den Gewerken nicht gestattet werden könne, sich nach eigenem Gutdünken zurückzuziehen, insbesondere in Anbetracht der in Aussicht genommenen Gnaden und Hilfen des Landesfürsten. Es schließen sich noch mehrere Feinkorrekturen des Vertragstextes an, die hier nicht weiter behandelt werden können[82].

Auf das Drängen des Landesfürsten, die Gewerken zu veranlassen, den 6. Zug (= die 6. Sohle) endlich vollständig trocken zu legen und ohne Verzug das neue Wasserwerk zu installieren, antworteten die Bergbeamten, dass man seitens der Gewerken und ihrer Arbeiter bereits mit dem Sümpfen der 6. Sohle begonnen habe. Wichtig sei es aber, den Holzmarkt im Oberen Inntal im März 1554 aufzusuchen. Dahinter steht die Befürchtung der Bergbeamtenschaft, dass es sonst unmöglich war, noch im Jahr 1554 das notwendige Bauholz für die Wasserkunst und den Ausbau der verstürzten Grubenbaue zu kaufen[83].

Des Weiteren war zu entscheiden, wer im Auftrag des Landesherrn als Hutmann für das Wasserwerk zuständig sein sollte. Die Beamten forderten, einen geschickten und verständigen Bergmann anzustellen, der die Zechen, Gesenke, Schächte, Strecken und Grubenbaue im Erbstollen kenne und eine gute Erfahrung besitze. Eingestellt wurde schließlich Peter Henntaler, der etliche Jahre beim Fürstenbau der Hutmann der Gewerken gewesen war. Der Hutmann sollte dem Werkmeister, der für die Wasserkunst zuständig war, in vielen Angelegenheiten beistehen. Der Hutmann Henntaler wurde bei den Schmelzherren und deren Dienern angemeldet. Diese ermahnte man, Henntaler aus ihrem Dienst zu entlassen bzw. ihn von seinen alten Aufgaben zu entbinden und zu dem neuen Wasserwerk abzustellen. Der Hutmann hatte vordringlich die Zuleitung des Aufschlagwassers für die Wasserkunst zu beaufsichtigen, außerdem die Arbeiten im St.-Helena-Stollen und an der neuen Wasserkunst. Überdies war er für das Aushauen der 14 Klafter unter dem Gestänge des Erbstollens verantwortlich und sollte auf alles, was mit dem Wasserwerk zu tun hatte, *sein fleissigist und getreues Aufsechen* haben. Der Hutmann durfte nur am Wasserhebewerk im Tiefbau des Falkensteins eingesetzt werden, *damit der nit an andere Gepew verpraucht*. Als Lohn standen ihm 6 lb Perner wöchentlich zu[84].

---

[80] TLA, Pestarchiv XIV, Nr. 711, fol. 29r.
[81] TLA, Pestarchiv XIV, Nr. 711, fol. 29r-29v.
[82] TLA, Pestarchiv XIV, Nr. 711, fol. 29v-30r.
[83] TLA, Pestarchiv XIV, Nr. 711, fol. 30v.
[84] TLA, Pestarchiv XIV, Nr. 711, fol. 31r/v.

Der Bergmeister von Schwaz beklagte sich, dass die Gewerken von den im Jahr 1553 bis zur ersten Raitung 1554 am Falkenstein im Rechnungsbuch verzeichneten Mannschaften von 190 Hilfsbauen die Knappen von mehr als 40 dieser Arbeitspunkte bereits wieder entlassen hätten. Man werde beobachten, wie viele es in der dritten oder vierten bzw. in den folgenden Abrechnungszeiträumen noch wären. Besonders die Faktoren der Großgewerken Manlich und Dreiling seien geneigt, Entlassungen vorzunehmen. Auch hier ein deutlicher Hinweis darauf, dass man durch Einsparung von Personal Kosten zu senken beabsichtigte[85].

In einem Schreiben vom 11. März 1554 teilte Sigmund Schönberger für die Schwazer Bergbeamtenschaft mit, dass man die Gewerken und Schmelzer bzw. deren Vertreter in Schwaz zu sich befohlen habe, um ihnen die landesfürstlichen Entscheidungen zu dem Vertrag über den Bau der Wasserhebemaschine mitzuteilen. Die schriftliche Antwort der Gewerken erreichte das Berggericht erst einige Tage vor dem 11. März (*am jüngstverschinen Freytag*). Darin baten die Gewerken den Landesfürsten, sie bei ihren gnädigen Befehlen zu lassen, sie nicht zu überfordern (*und nit so hoch zu treiben*) und ihnen keine Dinge aufzuerlegen, die für sie unerschwinglich wären, auf das sie nicht *bauunlustig* würden und von dem geplanten Werk Abstand zu nehmen gezwungen wären. Bergrichter Schönberger musste in seinem Schreiben über eine weitere Verzögerung des Projektes berichten. Als besonders problematisch erschien dem Bergbeamten, dass der für den Bau der Wasserkunst zuständige Werkmeister nicht mit dem Buchhalter der Schmelzherren auf den Holzmarkt geritten war, um Holz einzukaufen. Nun aber hatte der Buchhalter der Kessentalerschen Gesellschaft dafür keine Zeit mehr; er war von seinen Herren mit anderen Angelegenheiten betraut worden[86].

Noch am 21. April 1554 berichtet der Schwazer Bergrichter Schönberger dem Landesfürsten, dass sich noch keine Fortschritte in Bezug auf den Erbstollen am Falkenstein und die dort zu erbauende Wasserkunst ergeben hätten. Vor allem sei der bereits mehrfach angeforderte Kitzbühler Kunstmeister noch nicht in Schwaz erschienen. Deshalb war es offenbar unmöglich, einen endgültigen Bescheid über eine Kostenbeteiligung des Landesfürsten zu geben. Den alten Schacht hatte man offenbar gesäubert, doch mit dem Absaufen desselben wurden die weiteren Sicherungsmaßnahmen eingestellt. Nun wartete man wegen des benötigten Holzes auf den Werkmeister aus Kitzbühel und die Genehmigung des endgültigen Vertragstextes durch den Landesherrn, um die Arbeiten fortsetzen zu können[87]. Der Vertrag wurde schließlich am 1. Juni 1554 durch den Landesherrn in Kraft gesetzt[88], und die Arbeiten am Schacht und am Wasserhebewerk konnten fortgesetzt und zu Ende gebracht werden. Unklar bleibt, ob es den Verantwortlichen 1554 gelang, ausreichend Bauholz für das Wasserrad und die anderen notwendigen Teile der Wasserhebemaschine zu erwerben.

Eine genauer Zeitpunkt für die Fertigstellung der Schwazer Wasserkunst, die in der älteren Literatur als einzigartig, z. T. als eine Art Weltwunder gepriesen wurde[89], kann nicht angegeben werden. Das Jahr 1553 kommt, wie gezeigt werden konnte, nach den oben zitierten Akten des Tiroler Landesarchivs nicht in Frage[90]. Auch das Jahr 1554 scheint als Zeitpunkt für die Fertigstellung dieser Anlage noch zu früh zu sein[91], da die eigentlichen Arbeiten, falls genügend Holz zur Verfügung gestanden hat, erst im Juni 1554 einsetzen konnten. Eher schei-

---

[85] TLA, Pestarchiv XIV, Nr. 711, fol. 31r/v.
[86] TLA, Pestarchiv XIV, Nr. 711, fol. 18r/v.
[87] TLA, Pestarchiv XIV, Nr. 711, fol. 24r/v.
[88] TLA, oöKKB, Bd. 240, Reihe Bekennen, Nr. 52 von 1554, fol. 77v-81r.
[89] Egg 1964, S. 22.
[90] Zu 1553 vgl. Czuray 1957, S. 50; Egg 1964, S. 22; Bäcker 1967, S. 10.
[91] Mutschlechner 1951, S. 119; Gstrein 1986, S. 53; ders. 2003, S. 79-80.

nen die Jahre 1556/57 in Frage zu kommen, wie bereits Sperges andeutet[92]. In den Ausgaben des Schwazer Bergbuchs von 1556 findet sich eine Darstellung der Kehrradförderung im Erbstollen zu Schwaz[93]. Ob die dort abgebildete Fördermaschine zum Zeitpunkt der Abfassung des Schwazer Bergbuches bereits fertig gestellt war oder sich noch im Bau befand, geht aus dem Schwazer Bergbuch leider nicht hervor. Man wird auch die im Schwazer Bergbuch dargestellte Kehrradförderung mit zwei Kehrrädern mit größter Vorsicht betrachten müssen, denn Peter Gstrein konnte nachweisen, dass für die im Bergbuch sowie auf der so genannten „Erbstollentafel" dargestellte Wasserhebemaschine kein Platz vorhanden war[94]. Ferner dürften einige technische Details, z.B. die Abgabe von Wasser auf die Kehrräder mit den dort gezeichneten Wasserkästen, der Phantasie des Zeichners entsprungen sein, der die Maschine 1556 vermutlich noch nicht im fertigen Zustand gesehen hatte[95]. Zu erkennen ist auch eine Förderung mit einer eisernen Kette und mit einem Hanfseil. Eine Eigentümlichkeit, die bereits Heinrich Winkelmann aufgefallen war[96]. Der Text auf der Tafel von 1556 lautet: *Das Werch steet zu Schwaz im Erbstollen 70 Clafftern tieff im Gebirg.*

Das nur wenig später angefertigte Schwazer Bergbaubild (= Schwazer Erbstollentafel) eines unbekannten Malers zeigt neben arbeitenden Bergleuten auch Scheidbänke und Lagerräume für Erz sowie die berühmte Schwazer Wasserkunst. Auf einem Schriftfeld unterhalb des Gemäldes sind folgende drei Textzeilen vermerkt: *Ano 14[9]0 ist diße grueben genandt St. Sigmundt beim Firstenbau erfangen und aufgeschlagen darnach alß Man Zölt 1515 Jahr ist der Erbstollen mit Seinen Maß auf dißen Stollen unter sich eingeßozt worden und in 1557. Jahr haben Schmölzer und Kunstwerker bey bemelten Stollen daß Waßer Kunstwerk zu gewöltigung der ertrenkten Schachte und 5 Zöchen gebaut und aufgerichtet. Dieße Tafel 1560 und alsdann wiederum Ano 1695 Renefiert worden.* Am rechten unteren Seitenrand, neben einem Bergmann mit Schlägel und Eisen findet sich die Schrift: *Renoviert im Monat September 1813, Georg Entfelder*[97]. Danach wäre die Wasserkunst im Erbstollen zu Schwaz erst 1557 fertig gestellt worden.

Einen deutlicheren Hinweis auf den Zeitpunkt der Fertigstellung der Wasserkunst geben jedoch die Verfasser des Schwazer Bergbuchs, deren Protagonist Sigmund Schönberger an den meisten Verhandlungen beteiligt und bis zu seiner Entlassung aus dem Dienst 1555 mit dem Vorhaben betraut war: *Derhalben dann sollich Werch unnd das Wasserheben, das ersoffen Pirg zu trikhnen, in disem sechsundfunfzigsten (= 1556.) Jar aufgericht unnd in Gangg komen. Got geb, das es bestendig beleib. Cost alles bey 15 Tausennt Gulden*[98].

Eine genauere Beschreibung der Anlage ist uns aus der Feder des Tiroler Vizekanzlers, Matthäus Burglechner (1573-1642), überliefert, der sich als Geschichtsschreiber, Maler und Kartograph betätigte und in seinem Werk „Tyroler Adler" (Bd. III, 3, S. 1.305) von 1620, also mit einem Abstand von rund 60 Jahren, die Anlage wie folgt beschreibt: *Das kunststückh ist ein oberschlechtig doppelt wasserrad, daß jetzt auf diese, bald auf jene seiten von dem wasser durch die stangenknecht getrieben wird. An dem wellpaum sein kibel vnd söckh. Durch die kibel oder kueffen wird das ärzt sambt dem perg, vnd dann in den söckhen, so von zwyen*

---

[92] Sperges 1765, S. 117; dazu auch Gstrein 2004, S. 49.
[93] Vgl. z.B. Dip. 856, Tafelanhang (heute graphische Sammlung des TLM Ferdinandeum); Kodex 1203 (München, Bayerische Staatsbibliothek); Winkelmann 1956, Tafel XX mit der Schwaz/Weiß-Reproduktion der Tafel aus Dip. 856.
[94] Gstrein 2003, S. 80; ders. 2004, S. 48-50.
[95] Gstrein 2004, S. 48.
[96] Winkelmann 1956, Text zur Tafel XX.
[97] Bäcker 1967, S. 8; Beitler 1958, S. 82-84.
[98] Dip. 856, fol. 159v.

Abb. 29: Holztafel vom Mundloch des Sigmund Erbstollens in Schwaz mit bergbaulichen Szenen, unter anderem wird die Wasserkunst gezeigt, offensichtlich gestützt auf die Darstellung in Abb. 27. Der Text am Unterrand lautet: Ano 1400 (richtig wäre 1490) ist diese Grueben, genandt St. Sigmundt beim Firstenbau empffangen und aufgeschlagen, dar nach als man zölt 1515 Jahr ist der Erbstollen mit seinen Maß auf dißen Stollen unter sich eingeßözt worden und im 1557. Jahr haben Schmölzer und Kunstwerker bey bemelten Stollen daß Waßer Kunstwerk zu Gewältigung der ertrenkten Schachte und 5 Zöchen gebaut und aufgerichtet dieße Tafel 1560 und alsdann wiederum Ano 1695 renefiert worden (Original: Montanwerke Brixlegg, Foto: Deutsches Bergbau-Museum).

der greßten oxenheiten, so man haben mag gemacht eine große menge wasser auf 125 clafflter hoch erhebt vnd volgendts durch den perg an tag hinaus geleittet. Ainer dergleichen söckh hat 10-11 Yhren, deren jede 96 Innsbrucker maß haltet (c. 1.408 lt.) [99]. Die Schilderung von Burglechner belegt, dass die Kehrradfördermaschine lediglich von **einem** größeren oberschlächtigen Kehrrad angetrieben wurde, das große Ledersäcke mit einem Fassungsvermögen von 1400 Liter aus der Tiefe hob. Neben der Wasserhebung musste man aber offensichtlich auch Erz und Berge aus der Tiefe nach oben befördern. Das Kehrrad konnte also nicht ohne Unterlass zur Bewältigung der zufließenden Grubenwässer verwendet werden.

---

[99] Wolfstrigl-Wolfskron 1903, S. 61.

8. Formierung der Parteien und Standpunkte

a) Reislander contra Schönberger

Bereits im Vorfeld der Synode von 1557 formierten sich zwei Parteien, die im Rahmen der Vorbereitungen auf dieses Ereignis wichtige gutachterliche Stellungnahmen zur Situation des Schwazer Bergbaus und zur Lösung der schwierigen Probleme formulierten[1]. Die beiden Gutachten sollten neben weiteren Stellungnahmen der Tiroler Regierung und Kammer als Entscheidungsgrundlage für ihre Argumentation gegenüber den an der Synode teilnehmenden Personen, insbesondere den Großgewerken, dienen. Beide Beiträge sind undatiert und ohne namentliche Kennzeichnung. Das längere der beiden Gutachten, es scheint vom Autor mehreren Schreibern diktiert worden zu sein[2] – evtl. schrieb er aber einen Teil selbst –, lässt sich eindeutig dem ehemaligen Schwazer Bergrichter Sigmund Schönberger zuordnen. Er bezieht sich nämlich an einer Stelle seines Berichts auf seine Amtszeit als Bergrichter: *aber in Weil und Zeitten mein Perckrichters Verwaltung [...]*[3]. Da Schönberger bereits 1538/39 seinen Posten in Schwaz angetreten hatte[4], kommt 1556/57 nur er als ehemaliger oberster Schwazer Bergbeamter in Frage. Das zweite Gutachten stammt sehr wahrscheinlich aus der Feder seines seit Juni 1556 amtierenden Nachfolgers Erasmus Reislander[5]. Dieses wesentlich kürzere Schreiben wurde von einer Hand flüchtig als Konzept auf das Papier geworfen. Es steht zu vermuten, dass es sich hierbei um ein Autograph Reislanders handelt. Die beiden Untersuchungen wurden von ihren Verfassern offenbar erst kurz vor der Synode den Regierungsstellen zugänglich gemacht. So notierte Schönberger am Schluss seiner Ausführungen: *dieweil aber dasselb Sinodum am maisten von Schmelzern unnd Gewerckhen zue hallten bewilligt worden*[6]. Dies bedeutet, dass seine Stellungnahme erst kurz nach der Bewilligung der Synode bei der Regierung und Kammer eingegangen sein kann, aber noch vor dem Beginn der eigentlichen Verhandlungen[7].

Schönbergers Gutachten steht für Tradition und Kontinuität im Schwazer Bergbau. Er beruft sich auf das gute alte Recht. Schönbergers Denken ist noch stark von den Vorstellungen einer „universitas montanorum", der Gemeinschaft aller Bergbauverwandten, geprägt. Nur diese Gemeinschaft, bestehend aus allen am Bergbau Beteiligten, sowohl den Bergbeamten, den Gewerken wie den handarbeitenden Bergleuten, war seiner Ansicht nach in der

---

[1] TLA, Pestarchiv XIV, Nr. 778, fol. 203r-208v (Stellungnahme Reislanders); fol. 217r-232v (Stellungnahme Schönbergers).

[2] TLA, Pestarchiv XIV, Nr. 778, fol. 217r-232v (Stellungnahme Schönbergers): Schreiber 1: fol. 217r-222v; Schreiber 2: fol. 223r-226r; Schreiber 3: fol. 227r-230v; Schreiber 4: fol. 231r-232v.

[3] TLA, Pestarchiv XIV, Nr. 778, fol. 227r.

[4] TLA, Pestarchiv XIV, Nr. 609, fol. 92r-92v. Bis Ende der 1530er Jahre fungierte Schönberger als Bergrichter in Schladming (TLA, Pestarchiv XIV, Nr. 609, fol. 92r-92v). 1540 ist er als Sachverständiger mit anderen Schwazer Bergbeamten in Kitzbühel tätig, um den dortigen Bergbau zu begutachten (Wolfstrigl-Wolfskron 1903, S. 181). Im Juni 1556 wird er von Erasmus Reislander im Amt abgelöst und erhält einen Posten bei der Innsbrucker Regierung als Rechnungsrat (TLA, ööKKB. Bd. 248, Reihe Geschäft von Hof, Nr. 55 von 1556, fol. 68v-70r).

[5] TLA, Pestarchiv XIV, Nr. 778, fol. 203r-208v.

[6] TLA, Pestarchiv XIV, Nr. 778, fol. 232r-232v.

[7] Vgl. dazu das 10. Kapitel. Die vom Landesfürsten eingesetzte Kommission lehnte das Begehren der Großgewerken nach einer Synode und nach einer Bergbeschau noch im November bzw. Dezember 1556 ab. Die Zustimmung der oberösterreichischen Regierung und Kammer sowie König Ferdinands I. muss noch vor Juni 1557 erfolgt sein. Zwischen diesen beiden Daten müssen die beiden gegensätzlichen Gutachten in Innsbruck eingetroffen sein.

Lage, Streitpunkte und Schwierigkeiten gemeinsam auf einer Synode auszuräumen bzw. die das Montanwesen betreffenden Angelegenheiten zu regeln. Die Rechtsauffassung Schönbergers geht auf das gewiesene spätmittelalterliche Recht zurück. Die Initiative zur Regulierung der Verhältnisse im Schwazer Bergbau und Hüttenwesen konnte von Seiten der Gewerken (Unternehmer) wie von Seiten der Arbeitnehmer ausgehen. Vor einer Entscheidungsfindung holte man sich Rat von Sachverständigen ein. Gegen Ende des 15. Jahrhunderts hatte sich in Schwaz das System der Bergsynode fest etabliert. Bergordnungen, so genannte Erfindungen, wurden nur nach zuvor abgehaltener Synode und einer Versammlung, an der alle am Bergbau beteiligten Gruppen teilnahmen, verabschiedet und dem Landesfürsten zur Entscheidung (Konfirmation) vorgelegt[8]. Für Schönberger stand es außer Frage, dass eine Fortsetzung des Bergbaus in Schwaz im Interesse jeder der beteiligten Gruppen und jedes einzelnen „Bergverwandten" lag. Dies wird aus seinen Ausführungen im Gutachten zur Vorbereitung auf die Synode von 1557 sowie im Schwazer Bergbuch von 1556 mehr als deutlich. Mehrmals weist er auf ältere Erfindungen aus der Zeit Kaiser Maximilians I. hin, so auf die Erfindungen von 1505 und 1507[9]. Letztlich hielt Schönberger die Durchführung einer Synode 1557 für nicht notwendig, da seiner Ansicht nach nur die Befehle und Anweisungen der Bergbeamten gemäß der Erfindungen befolgt werden müssten, um dem Schwazer Bergwesen wieder aufzuhelfen[10].

Zunächst machte Schönberger auf die Praxis der Firmen Manlich und Dreiling aufmerksam, ihre Arbeiter nur mit Pfennwerten zu entlohnen, wohingegen die Fugger, Herwart und Link neben Pfennwerten regelmäßig auch Bargeld als Entlohnung an ihre Arbeiter weitergaben. Nach den alten Bergordnungen vom Beginn des 16. Jahrhunderts und nach Gnadverschreibungen und Zusagen der Großgewerken waren diese gegenüber den Lehnhauern verpflichtet, ihnen bei Lohnrückständen spätestens nach zwei Monatsabrechnungen ohne entsprechende Bezahlung den Lohn in barer Münze zu entrichten. Schönberger sprach sich dafür aus, während der Synode mit den Großgewerken ernsthaft über die Einhaltung dieser Vorschriften zu verhandeln, damit nicht die übrigen Gewerken und Schmelzer, z.B. die Fugger, diesem schlechten Beispiel folgten und gleichfalls die Bargeldzahlungen an ihre Erzknappen einstellten oder auf längere Fristen streckten. Die Klagen der Gemeinen Gesellschaft des Bergwerks zu Schwaz über unregelmäßige Lohnzahlungen finden hier ihren Widerhall. Schönberger standen sicherlich noch die Proteste der Bergarbeiterschaft aus dem Jahre 1552 vor Augen[11].

Wie sehr sich Schönberger auch den Belangen der Bergarbeiterschaft verbunden fühlte, zeigte sich im folgenden Abschnitt, wo er die Einstellung von Lieferungen mit schlechtem Schweinefleisch anmahnte. In der Vergangenheit war es mehrmals vorgekommen, dass der Pfennwerthandel verschiedener größerer Firmen verdorbene Lebensmittel ausgeliefert hatte[12]. Diese Praxis sollte in Verhandlungen mit den Schmelzern und Gewerken abgestellt werden. Schönberger war in den Jahren 1552 und 1553 als leitender Bergbeamter direkt mit der Bewältigung von Lebensmittelskandalen und mit der Verbesserung der Versorgungslage in Schwaz betraut gewesen[13].

---

[8] Fischer 2001, S. 80-81.
[9] TLA, Pestarchiv XIV, Nr. 778, fol. 217r u. 229r.
[10] TLA, Pestarchiv XIV, Nr. 778, fol. 232r-232v.
[11] Vgl. dazu das 6. Kapitel: Das Krisenjahr 1552.
[12] TLA, Pestarchiv XIV, Nr. 778, fol. 217v-218r.
[13] Bingener 2005, S. 66-68.

In einem Rückgriff auf die Erfindung von 1505 machte Schönberger ebenfalls darauf aufmerksam, dass es besser sei, nur gut ausgebildete Arbeitskräfte als Lehnschafter anzunehmen. Doch bei den Hinlassverhandlungen der 1550er Jahre sei diese Vorschrift nicht mehr eingehalten worden. Man habe seitens der Großgewerken viele junge, untaugliche Knappen zu Lehnschaftern bestellt. Diese, so darf man folgern, waren vermutlich wesentlich billiger als die älteren, erfahreneren Bergleute. Deshalb, so der Vorwurf des landesfürstlichen Rechnungsrates, seien zahlreiche ältere Arbeitskräfte zu anderen Bergwerken fortgezogen oder hätten sich für den Kriegsdienst anwerben lassen[14].

Eine weitere Forderung des ehemaligen Bergrichters betraf das Zusammenlegen von Gruben. Der Autor forderte deshalb, über die weitere Vereinigung von Gruben eine Synode befinden zu lassen. Das Beispiel des Ringenwechselreviers habe gezeigt, dass überall dort, wo die Großgewerken Vereinbarungen über Grubenzusammenlegungen getroffen hätten, zahlreiche *Örter und Hilffen* aufgelassen worden seien und es zu einem „Verlaufen" der Mannschaften gekommen sei: *dz sollich Vergleichung der Gwerckhschafft irer Perckhwerchstail, Gepew und Grueben im Ringenwexl khain guete Frucht oder Wolfart sondern vilmer (wie laider vor Augen) Abfal, Nachtail unnd Schaden des Pergs auch der ku*[niglichen] *M*[ajestä]*t Fron und Wexl, Ein- und Abstellen Örter, Hilffen unnd Verlauffung der Mannschafft gebracht*[15]. Deshalb sollten die Schmelzer und Gewerken daran gehindert werden, ihre Grubenteile zu vereinigen, denn dies führe nur zu einer Verringerung der Mannschaft. Nur mit einer großen Belegschaft und einem kontinuierlichen Ausbau der Einzelgruben könne der Falkenstein weiterbetrieben werden wie bisher. Durch den fortgesetzten Ausbau der Gruben erhoffte sich Schönberger, dass *vill Gepurg, Kalch, Mitln und Strifflen ersuecht, belegt, gepaut und ubertrieben* würden. Doch war sich Schönberger vollkommen im Klaren darüber, dass es keine Handhabe gegen die Zusammenlegungspläne der schmelzenden Gewerken gebe, da *wir dieser Zeit sovil Grundts aus den Erfindungen und Perckhwerchsordnungen nit befunden*[16]. Der nach Schönberger verhängnisvollen Politik der Schmelzer und Gewerken könne der Landesfürst nur entgegen treten, indem ein neuer, aus Tirol stammender einheimischer Gewerke gefunden werde, der über genügend Anteile an den meisten Gruben am Falkenstein verfüge, um der auf Zusammenlegung der Einzelgruben und auf Auskaufung der verbliebenen kleineren Gewerken und Eigenlehner ausgerichteten Politik der Großgewerken Einhalt gebieten zu können[17].

Die Gewerken und Schmelzer hatten ihre Einfahrer und Hutleute angewiesen, alle Strecken und Örter, in welcher Teufe auch immer, auszumessen. Seitens der Unternehmen suchte man abzuschätzen, wie viel Holz für den Ausbau und den Unterhalt der Grubengebäude benötigt würde. Nach Schönberger trachteten die Großgewerken danach, den großen Holzbedarf als Argument für eine Stilllegung von Stollen und Örtern anzuführen. Dies solle den Gewerken und Schmelzern keinesfalls erlaubt werden. Man solle ihnen vielmehr entgegnen, dass die Stollen und Örter im Falkenstein nicht erst seit kurzem aufgefahren würden, sondern dass bereits die alten Gewerken, auch ohne Hilfs- und Gnadengelder, die Strecken und Grubenbaue angelegt und vorangetrieben hätten[18]. Ursächlich für das ausgedehnte Stollensystem des Falkensteins seien die ehemals edlen Gänge, wodurch die großen, umfangreichen Abbaue erst entstanden seien. Sollten die älteren Abbaue, Strecken und Stollen über lange Jahre

---

[14] TLA, Pestarchiv XIV, Nr. 778, fol. 219r.
[15] TLA, Pestarchiv XIV, Nr. 778, fol. 220r.
[16] TLA, Pestarchiv XIV, Nr. 778, fol. 221v.
[17] TLA, Pestarchiv XIV, Nr. 778, fol. 222r.
[18] TLA, Pestarchiv XIV, Nr. 778, fol. 223r.

nicht mehr unterhalten werden, bestand zudem die Gefahr, dass noch nicht angehauene abbauwürdige Erzgänge dann nicht mehr zugänglich sein würden[19]. Nach Ansicht des ehemaligen Schwazer Bergrichters wurden durch den alten Bergbau zahlreiche Strecken so tief ins Gebirge getrieben, *etwo zwischen Schifer und Kalch und zum Tail in der Gennz*, dass zur Zeit keine neuen Anbrüche vorhanden seien. Die Großgewerken nützten dies, um wegen fehlender Rentabilität solche Abbaue zu verlassen und Stollen und Strecken nicht mehr zu unterhalten. Dies könne aber nicht zugestanden werden, da es durchaus sein könne, dass im Umfeld der für unwürdig erachteten Stollen und Örter weitere abbauwürdige Erzgänge warteten, die man nur suchen und finden müsse. Es könne deshalb nicht ausgeschlossen werden, dass man neben verlassenen Abbauen wieder auf neue, gute Erzgänge stoße[20].

Bevor den Schmelzern und Gewerken gestattet werde, aus irgendwelchen Gründen Abbaue, Strecken, Örter und Stollen aufzugeben, müsse man zuvor eine Befahrung der fraglichen Bergwerke durch Bergrichter, Bergmeister und Geschworene durchführen lassen. Erst wenn die Bergbeamten zum gleichen Ergebnis wie die Gewerken und deren Diener kämen, solle es erlaubt werden, die Grubenbaue stillzulegen und aufzugeben. Eine Entscheidung über die Aufgabe wenig oder gar kein Erz führender Gruben zu treffen, war auch nach den geltenden Bergordnungen nicht ins Benehmen der Anteilseigner, sondern in das der Bergbeamten gestellt[21].

Wichtige Entscheidungen über das Bergwerk und seine Angelegenheiten mussten nach den alten Erfindungen im Bergamtsgebäude und im Beisein des Bergrichters und anderer Bergbeamter getroffen werden. Doch seit geraumer Weile, so Sigmund Schönberger, fänden Sitzungen nicht mehr im Berggericht, sondern in den Häusern und Schreibstuben der Schmelzer und Gewerken statt, überwiegend ohne Benachrichtigung und Teilnahme der Obrigkeit. Solche Neuerungen habe es zu seiner Amtszeit nicht gegeben: *aber in Weil und Zeitten mein Perckrichters Verwaltung, haben sy ire gmaine Ratschleg maisttails im Perghgericht gehalten*[22]. Diese Äußerungen Schönbergers kann man sicherlich als indirekte Kritik an der Amtsführung seines Nachfolgers Reislander auffassen, unter dem angeblich solche Veränderungen eingerissen waren. Schönberger forderte eindringlich, auf der Synode den Gewerken und Schmelzern vorzuschreiben, dass alle Angelegenheiten, die das Bergwerk beträfen, nur mit Wissen des Berggerichts vorgenommen werden dürften. Denn nur dort, wo die Berggerichtsobrigkeit Kenntnisse von den Angelegenheiten und Plänen der Großgewerken besitze, könne man diese auch zur Einhaltung der Bergordnungen verpflichten[23]. Deutlich wird an dieser Stelle aber auch, dass Schönberger während seiner Amtsführung um einen Arbeitskontakt zu den Gewerken und ihren Faktoren und Dienern bemüht war und gemeinsame Beratungen durchführte. Seine Tätigkeit als Bergbeamter war auf Ausgleich und Kompromiss mit allen Seiten ausgerichtet. Als Verwalter der Bergwerksanteile der Firma Erlacher, die über größere Anteile an den Gruben im Ringenwechselrevier verfügte, aber auch nicht unbeträchtliche Anteile am Falkenstein besaß[24], hatte Schönberger, auch nach seinem Ausscheiden aus dem Amt, ein besonderes Interesse an der Förderung insbesondere der mittleren und kleineren Gewerken. Der kaiserliche Rechnungsrat Schönberger hätte es gerne gesehen, wenn eini-

---

[19] TLA, Pestarchiv XIV, Nr. 778, fol. 223r.
[20] TLA, Pestarchiv XIV, Nr. 778, fol. 224r-226r.
[21] TLA, Pestarchiv XIV, Nr. 778, fol. 226v-227r.
[22] TLA, Pestarchiv XIV, Nr. 778, fol. 227r.
[23] TLA, Pestarchiv XIV, Nr. 778, fol. 227r.
[24] TLA, Pestarchiv XIV, Nr. 261, fol. 59r-59v. Vgl. dazu auch Kapitel 5: Zur Entwicklung des Schwazer Bergbaus seit 1525.

Abb. 30: Vier Dinng verderben ain Perckhwerch: Krieg, Sterben, Teurunng, Unlust. Doppelseite aus dem im späten 16. Jahrhundert entstandenen Leobener Kodex, fol. 74v und 75r (Original: Bibliothek der Montanuniversität Leoben, Foto: Deutsches Bergbau-Museum Bochum).

ge Artikel der Erfindungen in der Synode *widerumben vernewert* worden wären, damit man von Amts wegen den über eigene Schmelzhütten verfügenden Großgewerken in *aller Pillichait* das Recht weisen könne. Die Gewerken und Schmelzer würden dann, so die Überlegung Schönbergers, *dest trostlicher* Bergbau betreiben[25]. Im Gegensatz dazu plädierte Erasmus Reislander dafür, im Sinne einer absolutistischen Obrigkeit, den schmelzenden Gewerken Anweisungen und Befehle zu erteilen, wie sie sich am Falkenstein und Ringenwechsel zu verhalten hätten (Direktionsprinzip).

Dass Schönberger eine auf Ausgleich bemühte Politik anstrebte und eine Konfrontation des Staates mit allen Beteiligten ablehnte, zeigt sich u. E. auch in seiner Forderung nach Anstellung eines *statthafften verstenndigen Perckmans*, der mit dem Fröner bei allen Erzteilungen im schweren und geringen Wechsel zugegen sein sollte, um als Schiedsmann bei allen Streitigkeiten zwischen den Mitgliedern der Gemeinen Gesellschaft der Bergleute am Falkenstein und den Schmelzern und Gewerken zu vermitteln. Damit sollte einerseits den Klagen der Großgewerken über schlechtes Scheidwerk begegnet und Betrügereien verhindert werden. Andererseits beschwerten sich die Lehnschafter immer wieder über die Schmelzer und Gewerken, deren Faktoren und Diener, sie nicht ordnungsgemäß entlohnten, und geschiedenes Erz von minderer Qualität, so genanntes „*Klain*", teilweise überhaupt nicht mehr annehmen wollten, was den Verdienst der Bergknappen erheblich schmälerte.

---

[25] TLA, Pestarchiv XIV, Nr. 778, fol. 227r.

Kritik übte Schönberger namentlich an den Firmen Manlich und Dreiling, die 1552, wie berichtet[26], den Montanhandel der Firmen Tänzl und Stöckl aufgekauft hatten. Die dabei getroffenen Vereinbarungen, so der Vorwurf des ehemaligen Bergbeamten, seien nie eingehalten worden. Die beiden Augsburger Handelshäuser hätten keineswegs ordnungsgemäß Bergbau betreiben lassen. Es sei *gar schlechte Volziehung* [getan] *und sonderlichen den Ringenwechsl in vil merern Abfaal, weder in Wirden gebracht* worden. Obwohl der Landesfürst den beiden auswärtigen Firmen zahlreiche Gnadenerweise gewährt habe, seien im Ringenwechselrevier 1556 lediglich noch fünf Feldörter und 27 Suchörter, so genannte *Hilfen* in Betrieb gewesen, 1557 gab es hier ebenfalls nur fünf Feldörter, aber 50 Suchörter waren wieder besetzt. Erst kürzlich habe man, nach Auskunft des Schichtmeisters am Weißen Schrofen, etliche Bergleute, *Knecht und Pueben*, entlassen. Zu allem Übel hätten sich die Manlich und Dreiling vor nicht allzu langer Zeit mit der Kessentalerschen Gesellschaft zusammengeschlossen. Diese Vereinigung der Gruben habe zur Entlassung einiger Hutleute geführt. Über die Absprachen und Verträge der drei Gesellschaften sei die Obrigkeit, gemeint ist das zuständige Bergamt in Schwaz, nicht informiert worden. Doch habe man den Gewerken die Zusammenlegung der einzelnen Betriebe zu einer neuen Grube im Nachhinein *nit sperrn oder wenigern* können. Es sei durch die Aktivitäten der Firmen Manlich und Dreiling zum Ausdruck gekommen, dass diese eine große *Unpawlustigkait* im Ringenwechselrevier entwickelten. Einige Gruben seien bereits gänzlich aufgelassen worden, so dass sich nun einige ärmere Gesellen auf das Wagnis eingelassen und den Betrieb dieser Gruben wieder aufgenommen hätten. Die Kleingewerken verkauften ihre geförderten Erze an den landesfürstlichen Hüttenmeister zu Rattenberg. Schönberger forderte deshalb vom Landesfürsten die volle Unterstützung der kleinen und mittleren Unternehmen. Er regte darüber hinaus an, aufgelassene oder verkaufte Gruben der Manlich und Dreiling kleineren Gewerken zu überlassen. Diese gezielte Förderung solle der König durch seinen Hüttenmeister zu Rattenberg unterstützen und gewährleisten, obwohl dessen Kasse mit Erzkäufen und mancherlei Ausgaben stark beansprucht sei[27].

Die bewilligte *Particular-Gnad* für die Firmen Manlich und Dreiling in Höhe von 6.000 Gulden, es handelte sich hierbei um Hilfsgeldzusagen des Landesfürsten, die dieser anlässlich der Übernahme des Montanhandels der Tänzl und Stöckl zugesagt hatte, solle man besser dazu verwenden, die kleineren Gewerken gezielt zu unterstützen[28].

Der ehemalige Bergrichter forderte nachdrücklich dazu auf, sich an die Erfindung von 1507 zu halten. Danach waren die Gewerken angehalten, unmittelbar nach dem Ablauf der alten Hinlassvereinbarungen mit neuen Verhandlungen zu beginnen. Die Schmelzer und Gewerken seien gemäß der Bergordnung, aber auch aufgrund der gewährten Gnad- und Hilfsgelder, dazu verpflichtet. Welche Einzelvereinbarungen getroffen wurden, lässt sich anhand des im Schwazer Bergbuch von 1556 wiedergegebenen Spanzettels nachvollziehen[29].

Auf völliges Unverständnis stieß beim alten Bergrichter das Vorgehen der Großgewerken bei den Hinlassverhandlungen in den vorangegangenen Jahren. Wiederholt hatten die Schmelzer und Gewerken den Hinlass am Falkenstein so lange herausgezögert, bis sich der Landesfürst zu einer Erhöhung der Gnad- und Hilfsgeldzahlungen bereit erklärt hatte: *Nun wissen eur f*[ürstliche] *G*[naden] [...] *mit was unbefuegten, widerwertigen Schmelzer und Gwercken*

---

[26] Vgl. das 6. Kapitel: Das Krisenjahr 1552.
[27] TLA, Pestarchiv XIV, Nr. 778, fol. 228r-229r.
[28] TLA, Pestarchiv XIV, Nr. 778, fol. 229r.
[29] Dip. 856, fol. fol. 133v-134v; vgl. Kapitel 3.

sich uber alle e[urer] *f*[ürstlichen] *G*[naden] [...] *gnedige Vertrostungen unnd Abschid etliche Jar herumb in den gmain Hinlassen erzaigt und bewisen, dieweil sich dann die ku*[nigliche] *M*[ajestä]*t umb merer Hilff und Gnaden so stenngclichen ersuechen unnd alles irem aigensinigem Gemuet nach gehanndlt unnd beschlossen zu werden haben wellen.* Deshalb sei es den Gewerken und Schmelzern durchaus zuzumuten, die Erfindungen, alten Ordnungen und Gebräuche, auf die sich die Großgewerken ja selbst beriefen, einzuhalten. Vor allem sollten die strittigen Angelegenheiten vor der Berggerichtsobrigkeit verhandelt und nicht mit den Hinlassverhandlungen verknüpft werden[30].

Ein weiterer Streitpunkt, der auf der Synode gelöst werden sollte, war die Forderung der Vertretung der handarbeitenden Bergleute, der Gemeinen Bergwerksgesellschaft zu Schwaz, nach einem Verbot aller nicht das Montanwesen betreffenden Bruderschaften und Handwerkerkorporationen in Schwaz. Sie wurden auch von der Berggerichtsobrigkeit als Nachteil für das *frey Perckwerch* zu Schwaz angesehen. Man warf den Handwerkern, insbesondere den im Lebensmittelbereich tätigen Bäckern und Fleischhauern, immer wieder vor, dass sie durch Absprachen die Preise für ihre Waren zu hoch ansetzen und damit die Bergleute schädigen würden[31].

Ein deutlicher Hinweis auf eine enge inhaltliche Verbindung zwischen Schönbergers Gutachten von 1556 und dem Schwazer Bergbuch von 1556 ergibt sich aus seiner Argumentation bezüglich der Streitigkeiten zwischen dem Berggericht Schwaz und den Landgerichten Freundsberg (Schwaz), Rattenberg und Rottenburg[32], die sich trotz eindeutiger, verständlicher Ordnungen, Entscheidungen und Anweisungen immer wieder ergaben. Die Freiheiten und Privilegien der Bergverwandten wurden immer wieder durch die Landgerichtsobrigkeiten in Frage gestellt. Der ehemalige Bergrichter sah dadurch, ebenso wie wir dies bereits im Schwazer Bergbuch dargestellt sehen, einen Eingriff in die Zuständigkeiten des Schwazer Berggerichts als gegeben an. Insbesondere die Zahlung einer allgemeinen Landsteuer wurde von den Bergverwandten abgelehnt. Die Landsteuer sei nicht nur für die schmelzenden Gewerken, deren Faktoren und Diener, sondern auch für die Angehörigen der Gemeinen Bergwerksgesellschaft zu Schwaz, gemeint sind alle handarbeitenden Bergleute, die Kleingewerken und Eigengrübler, letztlich die *universitas montanorum*, schädlich. Schönberger verweist hier wie im Schwazer Bergbuch darauf, dass die Bergwerke am Falkenstein und im Ringenwechsel nur mit *sonderen Gnaden, gueten Ordnungen unnd Freyhaiten, damit dz Perckhwerch zu Schwaz dann wol versehen*, zu erhalten seien[33].

---

[30] TLA, Pestarchiv XIV, Nr. 778, fol. 229r-229v.

[31] Zur Problematik der Lebensmittelversorgung sowie zu den Zünften und Bruderschaften in Schwaz vgl. Bingener 2005; Grass/Holzmann 1982, S. 67-68; TLA, oöKKB, Bd. 231, Reihe Entbieten und Befehl, Nr. 54 von 1552, fol. 283r-291v; TLA, Hs 13, fol. 69r-78v. Die Argumentation, insbesondere der Gemeinen Bergwerksgesellschaft zu Schwaz, ist nur zu verständlich, war es den Bergleuten doch gestattet, ihre Lebensmittel und andere Waren ohne Aufschläge (Steuern, Gebühren) auf den Tiroler Märkten einzukaufen. Demgegenüber ist seit dem späteren Mittelalter in den Städten eine Tendenz zu beobachten, für eine steigende Zahl von Konsumenten genügend Waren bereitzuhalten. Man nahm deshalb seitens der städtischen Obrigkeiten Einfluss auf das freie Marktgeschehen. Vor allem in den süddeutschen Städten waren die Gewerbetreibenden verpflichtet, ihre Produkte auf den Bänken, Tischen oder Gerüsten feil zu halten. Bei den Fleischern nannte man die Verkaufstische auch Scharren oder Scharrnen. Jeder Käufer hatte nun die Möglichkeit, die angebotenen Produkte zu vergleichen. Dies sollte sich insbesondere auf die Preisgestaltung auswirken. Vor allem auf dem Nahrungsmittelsektor waren die Zünfte wie die städtischen Obrigkeiten an einer Stabilisierung der Preise auf verhältnismäßig niedrigem Niveau interessiert. Zwar waren Preisabsprachen der Händler zumeist untersagt, doch garantierten andererseits Preistaxen den einzelnen Handwerkern ihr Auskommen. Vgl. allgemein dazu Deter 1990, S. 180.

[32] E., S. 79-100; Dip. 856, fol. 101r-117v.

[33] TLA, Pestarchiv XIV, Nr. 778, fol. 231v-232r.

Nach Ansicht Schönbergers bedurfte es keiner besonderen Synode und keiner neuen Erfindung, denn im Berggericht Schwaz gebe es *gleichwol statliche, lautter unnd treffenliche Ordnungen, Endtschaid unnd Bevelch*, in denen die Privilegien, Rechte und Pflichten aller Bergwerksverwandten aufgeführt seien. Die alten Ordnungen, so hat man Schönberger zu verstehen, müssten nur konsequent angewendet werden und jeder müsse sich daran halten, dann werde sich die Lage schon bessern. Schönberger löst sich in seinem Bericht nicht vom Althergebrachten, er vermag keine Zukunftsvisionen zu entwickeln. Auf der bereits beschlossenen Synode wollte er sehr wahrscheinlich das Schwazer Bergbuch als Diskussionsgrundlage vorlegen. Alle seiner Ansicht nach gültigen Erfindungen und Ordnungen waren im Bergbuch neu zusammengestellt und aufgezeichnet worden, ebenso die wichtigsten Bergmaße, die Aufgaben der Bergbeamten und vieles mehr. Das gute alte Montanwesen wurde hier noch einmal in seiner ganzen Breite ausführlich dargestellt. Zu einer Diskussion seiner Vorstellungen, wie er sie in seinem Gutachten von 1556 unterbreitete oder wie er sie im Schwazer Bergbuch darlegte, kam es dann, wie unten ausgeführt[34], nicht mehr.

Die zweite Stellungnahme, welche die Regierung und Kammer im Vorfeld der „Synode" von 1557 erhielt und zu den Akten nahm, können wir wohl dem damaligen Schwazer Bergrichter, Erasmus Reislander, zuschreiben. Sie ist zwar ebenfalls nicht namentlich gekennzeichnet, doch Reislanders Stellungnahmen als Faktor des landesfürstlichen Montanhandels, die er in einer umfassenden Bilanz 1563 äußerte[35], legen dies sehr nahe. Der Verfasser des Gutachtens von 1556 verfolgte jedenfalls inhaltlich die gleichen Pläne und Ziele, wie Reislanders namentlich gekennzeichnete Stellungnahmen klar belegen.

In seinem Gutachten stellt der Verfasser die Frage, ob es nützlicher für den Landesherrn sei, einen Gewerken, der den Bergbau am Falkenstein aufgeben wolle, am Berg zu halten oder ihm seine Anteile abzukaufen. Der Verfasser gibt sich als Anhänger des Direktionsprinzips zu erkennen. Zunächst zählt er die Punkte auf, die seiner Ansicht nach gegen ein „Auskaufen" einzelner Gewerken sprechen konnten. Sobald ein Gewerke seine Bergwerksanteile an den Landesfürsten verkauft habe, würden sich die übrigen Gewerken deswegen beschweren und verlangen, dass man ihnen ihre Anteile gleichfalls abkaufe. Das „Auskaufen" eines Gewerken könne so die Unlust der anderen Gewerken, weiter Bergbau zu betreiben, verstärken. Überdies sei zu bedenken, dass man die Anteile der Gewerken ohne einen *beschwerlichen Einstanndt*, gemeint ist eine größere Summe Geldes, nicht erwerben könne. Auch müsse der Landesfürst für den Teil der Gruben, die er dann in seinem Besitz habe, auf Fron und Wechsel verzichten. Ferner könne man nicht damit rechnen, dass der landesherrliche Schmelzhandel mit *sölchem Vortl unnd Nutz*, wie durch die Schmelzer und Gewerken, zu betreiben sei[36].

Andererseits, so betont der Bergbeamte, *wirdet ain söllich Werch für seer unnd hoch nutzlichen bedacht unnd fürgewenndt*[37]. Einen besonderen Vorteil biete es nämlich, wenn der Landesfürst, insbesondere seine Bergbauverwaltung, nun abschätzen könne, wie es mit dem „Verbauen" der Schmelzer und Gewerken gestellt sei. Denn dadurch, dass man nun Anteile an den Gruben der Großgewerken besitze, habe man Einblick in deren Bergwerkshandel und könne nun *inen unwidersprechliche Widerlegung thuen und sich yederzeit auch vil leichter unnd geringer, weder* [= wie] *sonnst in allen Dingen mit inen vergleichen*. Reislander spricht hier die seit dem Beginn der 1550er Jahre immer wieder auftretenden Probleme

---

[34] Vgl. das 10. Kapitel: Die Bergsynode von 1557.

[35] TLA, Pestarchiv XIV, Nr. 660 (unpaginiert). Siehe dazu auch das 11. Kapitel: Der Landesfürst wird Großgewerke. Direktion statt Tradition.

[36] TLA, Pestarchiv XIV, Nr. 778, fol. 203r-203v.

[37] TLA, Pestarchiv XIV, Nr. 778, fol. 204r.

mit den Hinlassverhandlungen gegen Jahresende an. Die Großgewerken nutzten ein Aussetzen der Hinlassverhandlungen sowie die Einstellung von Feld- und Suchörtern immer wieder dazu, gegenüber dem Landesfürsten höhere Gnad- und Hilfsgelder durchzusetzen. Ebenso wie Schönberger missbilligte der Gutachter diese Verhaltensweise der schmelzenden Gewerken, doch kam er zu ganz anderen Überlegungen. Eigene Abrechnungen eines staatlichen Faktoreihandels würden genaue Informationen über die Höhe der Kosten in den Gruben am Falkenstein erbringen. Die Abrechnungen konnte man, falls dies notwendig sein sollte, bei den Verhandlungen mit den Gewerken vorlegen und so *ain nachteillige Vergleichung* verhindern[38].

Es sei deshalb besser, die *gueten statthafften Gwerckhen bey dem Perg zu erhalten*. Den Gewerken aber, die ohnehin entschlossen seien, Bergwerksanteile loszuschlagen, solle man ihre Grubenanteile abkaufen. Falls nämlich diese zum Verkauf stehenden Anteile von anderen Großgewerken erworben würden, so befürchtete der Gutachter, könnten diese eine noch stärkere Macht ausüben und es würde noch schwieriger werden, mit ihnen zu verhandeln[39].

Im Falle eines Ankaufs durch den Staat werde es sicherlich zu weiteren Verkaufsangeboten anderer Gewerken kommen. Doch dem könnten der König und das Land Tirol mit großer Gelassenheit begegnen, denn man sei *dasselb zu thuen nit schuldig*. Die Großgewerken könnten auch angesichts des im Bergwerkshandel gebundenen Kapitals nicht ohne weiteres ihre Anteile einfach aufgeben (*in Ansehung irer auf den Hanndl ligennden Capital von iren Tailen nit so wurckhlichen absteen*), sondern seien gezwungen, weiter intensiv Bergbau zu betreiben, was letztlich der Gemeinen Bergwerksgesellschaft, d.h. den handarbeitenden Bergleuten, zu Gute komme[40].

Man trage durch den Kauf von Bergwerksanteilen zur Erhaltung und Förderung der Bergwerksgesellschaft, aber auch des Bergwerks selbst bei. Es könnten Feldörter und Grubenbaue weiter betrieben werden, die dem Falkenstein nützlich und den Bergwerksordnungen und Erfindungen gemäß seien. Wolle einer der Großgewerken da nicht mittun, so sei dieser verpflichtet, die „bauenden" Gewerken durch seine Stollen und Strecken zu lassen, was praktisch einer Enteignung gleich kam[41].

Der Ankaufpreis werde, so die Meinung des Verfassers der Studie, den König und das Land Tirol nicht über Gebühr belasten. Man werde Mittel und Wege finden, um mit den verkaufswilligen Gewerken zu einer Übereinkunft zu kommen. Außerdem wolle man nicht um jeden Preis mehr bieten, als die Anteile wert seien: *dann Eur ku[nigliche] M[ajestä]t oder ain Lanndtschafft wurden sich nach Glegenhait, wz die Tail pillichen werdt, in die Sachen wol ze schickhen unnd ze richten wissen unnd die Mainung nit haben, dz man merrers umb die Tail geben solle, weder* [= wie/als] *sy werdet sein.*

Ein nicht zu unterschätzender Vorteil des Königs sei das Hüttenwerk in Rattenberg. Wenn man die Hütte mit genügend Holz, Kohlen, Frischblei und anderem versehen habe, werde der König *one sonndern Schaden unnd groß Verpawen wol hausen mügen*. Zwar müsse der König bei den erworbenen Bergwerksanteilen auf Fron und Wechsel verzichten, Einnahmen, die dem Landesfürsten aufgrund seiner Regalrechte zustanden, doch sei der Ankauf unbedingt

---

[38] TLA, Pestarchiv XIV, Nr. 778, fol. 204v-205r.
[39] TLA, Pestarchiv XIV, Nr. 778, fol. 204r.
[40] TLA, Pestarchiv XIV, Nr. 778, fol. 206r.
[41] TLA, Pestarchiv XIV, Nr. 778, fol. 206v.

vorzunehmen und sei es nur um den Vorteil, dass er für seinen Eigenbesitz keine Gnad- und Hilfsgelder zu zahlen brauche[42].

Im Vergleich zu den Äußerungen Reislanders und Vasls im Jahr 1563 klingen die Vorschläge des Schwazer Bergbeamten, der Landesfürst möge die Falkensteiner Gruben teilweise übernehmen, noch sehr moderat. Die Vorstellung, dass Entscheidungen den Bergbau betreffend allein in die absolute Macht des Königs gestellt waren, der sich dabei besonders auf seine Regalrechte stützen konnte[43], klingt in dem Gutachten von 1556/57 noch nicht an. Die Rolle der Großgewerken sollte nach den Vorstellungen Reislanders aber bereits entscheidend eingeschränkt werden. Ihre Mitwirkung am Bergbau am Falkenstein, insbesondere ihre Investitionen, waren zwar gern gesehen, doch ihr Verhalten, durch hinausgezögerte Hinlassverhandlungen eine Erhöhung der Gnad- und Hilfszusagen auf Kosten der handarbeitenden Bergleute zu erlangen, stieß sowohl bei Reislander wie bei Schönberger auf Ablehnung. Während Schönberger durch Verhandlungen und den Hinweis auf die Einhaltung der alten Bergrechte zu einer Lösung der Probleme gelangen wollte, drängte Reislander auf eine Kontrolle der Großgewerken, indem der Landesfürst selbst Beteiligungen am Falkenstein erwarb. Während Reislander und Vasl 1563 die Schmelzer und Gewerken vor die Alternative stellen, das Regelwerk der Obrigkeit, die Erfindungen, einzuhalten oder ihre Bergwerksanteile an den Kaiser zu verkaufen, plädiert das Gutachten von 1556/57 zunächst einmal dafür, lediglich einen Teil der Kuxe zu erwerben, um Einblick in den Bergbaubetrieb zu erlangen und genaue Kenntnisse der Kostenstrukturen zu erhalten. Der Gutachter schreckte 1556/57 offenbar noch davor zurück, eine Mehrheitsbeteiligung vorzuschlagen. Die Gewerken beklagten in den 1550er Jahren immer wieder ihr „Verbauen", ohne dass die Bergbeamten die Möglichkeit besaßen, den sachlichen Gehalt der Beschwerden wirklich zu widerlegen. Ein Erwerb von Anteilen sollte die Voraussetzung schaffen, die Großgewerken und deren Diener besser zu kontrollieren. Es wird beim Vergleich der beiden Standpunkte deutlich, dass der amtierende Bergrichter Erasmus Reislander bereit war, die spätmittelalterlichen Traditionen hinter sich zu lassen und das Tor zum modernen, vom Direktionsbetrieb geprägten Bergbau aufzustoßen.

b) Der größere Rahmen: Europas Bergstädte

Seit dem Hochmittelalter hatten sich in wichtigen europäischen Bergbaurevieren Bergstädte herausgebildet. Ihr Stadtrecht war oft in spezifischer Weise an die Gegebenheiten des Bergbaus angepasst worden. Die Stadtgeschichtsforschung betrachtet sie seit langem als besonderen Stadttypus[44]. *In der Regel stand am Beginn das Auffinden einer Lagerstätte, deren Abbau Arbeitskräfte erforderte, die sich an ihrem Arbeitsplatz oder in dessen Nähe niederließen. Der Bergherr, im deutschen Rechtsraum der König und/oder ein Territorialherr, konnte dieser Siedlung das Stadtrecht verleihen, meist verbunden mit Privilegien für ihre Bewohner (Bergfreiheiten): Die Bergstadt als Verbindung von Bergbaubetrieb mit einer städtischen Siedlung war entstanden*[45]. Ein gut bekanntes und besonders wichtiges Beispiel bietet das sächsische Freiberg. Bei dem zwischen 1156 und 1162 im Zug systematischer Rodungs- und Aufsiedlungsaktivitäten des Markgrafen Otto von Meißen angelegten bäuerlichen Christi-

---

[42] TLA, Pestarchiv XIV, Nr. 778, fol. 207v-208r.
[43] TLA, Pestarchiv XIV, Nr. 660, Blatt 5 des Berichts.
[44] Reininghaus 2005; Kaufhold 2004.
[45] Kaufhold 2004, S. VII.

ansdorf fand man 1168 reiche Silbererze. Als Folge dieses Fundes entstand bis spätestens 1190 Freiberg als Bergstadt der Markgrafen von Meißen; die Stadt war lange das wichtigste Zentrum des Montanwesens im sächsischen Erzgebirge[46].

Freiberg war allerdings keineswegs die einzige Bergstadt, vielmehr entstanden im Erzgebirge selbst, aber z.B. auch in Siebenbürgen, in Ungarn, im Königreich Böhmen und anderen Regionen zahlreiche mittelalterliche Bergstädte. Bei der Herausbildung der dort gültigen Bergrechte spielten Freiberg und Iglau in Mähren eine herausragende Rolle[47]. Die Entstehung der mittelalterlichen Bergstädte war im Wesentlichen an Funde und den nachfolgenden Abbau reicher Gold-, Silber- und Kupfervorkommen gebunden, so im Fall von Goslar am nordwestlichen Harzrand (Kupfer, später auch Blei und Silber)[48]. Alle drei genannten Metalle bildeten das Fundament für die Entstehung der sieben so genannten niederungarischen Bergstädte, die heute zur Slowakei gehören: Kremnitz, Schemnitz, Neusohl, Dilln, Libethen, Königsberg und Buggaz im slowakischen Erzgebirge. Dort spielte für die Entwicklung der Bergstädte eine Einwanderung deutschsprachiger Bergleute im Mittelalter ebenso eine Rolle wie in Oberungarn, Siebenbürgen oder Nord- und Mittelitalien[49]. Die Entwicklung der städtischen Siedlungen selbst sowie ihrer speziellen Berg- und Stadtrechte wurde von diesem Faktor vielfach mitbestimmt.

Es waren allerdings keineswegs nur die Edel- und Buntmetalle, die zur Herausbildung mittelalterlicher Bergstädte führten. Ein herausragendes Beispiel bietet auch das auf die mittelalterliche und frühneuzeitliche Gewinnung von Steinkohle gegründete Lüttich, das etwa einer bedeutenden Bergbaustadt wie Goslar nicht nachstand[50]. Erhebliche Bedeutung erlangte auch das Eisen, hier sei nur an die Oberpfalz[51], aber auch an die Grafschaft Mark und das Herzogtum Berg[52] erinnert. Ferner erlangte die Gewinnung von Zinn, etwa in Cornwall und im Erzgebirge – regional, aber auch hinsichtlich eines europaweiten Exports – eine erhebliche Bedeutung[53]. Und es ist daran zu erinnern, dass die Bergbauzweige neben der Edelmetallgewinnung weit weniger von Krisenerscheinungen des Spätmittelalters berührt wurden, die sich gerade für die Silbergewinnung als folgenreich erwiesen und Zäsuren zwischen dem Spätmittelalter und der Phase der Wiederbelebung an der Wende zur Frühen Neuzeit entstehen ließen[54].

Im 14. Jahrhundert erschöpften sich, was den Erzbergbau angeht, vielfach die reichen Erze, die man in der Frühzeit abgebaut hatte. Der Bergbau musste in größere Tiefen vorstoßen und benötigte nun aufwendigere Technik und damit erhebliche Investitionen. Es kam daher gerade in vielen Revieren der Edelmetallgewinnung zum Rückgang des Bergbaus, so z. B. im sächsischen Erzgebirge. In Freiberg übernahmen 1384 die Markgrafen von Meißen den Betrieb des damals wichtigsten Hauptstollens im Revier, des später so genannten Fürstenstollens, auf eigene Kosten, um den Bergbau überhaupt am Leben zu erhalten. Der Einfluss des Landesherrn und seiner Verwaltung wuchs mit dessen verstärktem wirtschaftlichem Engage-

---

[46] Vgl. als Übersicht Wagenbreth/Wächtler 1986.
[47] Dazu immer noch maßgeblich: Ermisch 1887.
[48] Bartels 2004c, passim.
[49] Suhling 1983, S. 72-73.
[50] Kranz 2000; ders. 2004.
[51] Bergbau- und Industriemuseum Ostbayern 1987.
[52] Kreft 2002.
[53] Barsch et al. 1988.
[54] Zur Frage der Bergbaukrise des Spätmittelalters: Bartels 2000.

Abb. 31: Die Bergstadt Schneeberg im Erzgebirge um 1580, dargestellt von einem anonymen Laienkünstler. Beherrschend im Stadtbild sind die Kirche und der Pferdegöpel der St. Georg Fundgrube (Original: Sächsisches Bergarchiv Freiberg, Foto: Deutsches Bergbau-Museum Bochum).

ment allein schon aus Gründen der Kontrolle und effektiven Organisation rasch an, eine Tendenz, die sich vor allem im 15. Jahrhundert fortsetzte[55].

Etwa von 1460 an kam es zu einem neuerlichen Aufschwung des Montanwesens im sächsischen Erzgebirge und anderen Bergbauregionen, die schon im Mittelalter eine Blütezeit hatten. Der verstärkte Einfluss der Landesherren und ihrer Verwaltungsapparate wird z.B. an der Einsetzung von Bergmeistern an zahlreichen Bergbauorten und der oft bald folgenden Gründung von landesherrlichen Bergämtern deutlich[56]. Neben Bürgern aus den Städten finden wir in hohem Maß die Familien der Landesherren als Bergbaugewerken engagiert. Eine Aufzählung bedeutender Bergherren im erzgebirgischen Silberbergbau des 15. und 16. Jahrhunderts nennt neben 18 bürgerlichen Großgewerken aus Zwickau (1), Nürnberg (4), Leipzig (8), Wittenberg (3) und Annaberg (2) neun Mitglieder aus der fürstlichen Familie, die sich als Gewerken oft in sehr beträchtlichem Umfang engagierten. Für Herzog Georg den Bärtigen wurde ein Besitz von 704 Bergteilen (Kuxen) ermittelt, die sich 1535 auf 41 Grubengewerkschaften verteilten. Kurfürst August von Sachsen besaß insgesamt 2.822 Kuxe als seine persönliche Beteiligung am Bergbau in Freiberg (1.090 Kuxe), Marienberg (444), Annaberg (236), Wolkenstein (198) und Schneeberg (103)[57].

Es kam im 15. und 16. Jahrhundert zu einer Welle der Neugründung von Bergstädten und Bergmannssiedlungen im sächsischen und böhmischen Erzgebirge, die wichtigsten Städte waren Schneeberg (1481), Annaberg (1496), Brand (1515), Joachimsthal (1520), Scheibenberg (1522), Marienberg (1523), Oberwiesenthal (1527), und Gottesgab (1529)[58]. Es handel-

---

[55] Wagenbreth/Wächtler 1986, S. 18.

[56] Wagenbreth et al. 1990, S. 35-36, erwähnen Bergmeister vor 1490 für Altenberg (1464), Berggießhübel (1463), Ehrenfriedersdorf (1466), Elterlein (um 1480), Freiberg (ab 1170?), Geyer (1466), Glashütte (1490) und Schneeberg (1466). Bergämter entstanden in Altenberg (vor 1491), Ehrenfriedersdorf (um 1490), Elterlein (um 1480), Freiberg (um 1170?), Geyer (um 1490) und Schneeberg (1477).

[57] Wagenbreth et al. 1990, Tab. 20, S. 93-96.

[58] Wagenbreth et al. 1990, Tab. 28, S. 111-114, *Die sächsischen und böhmischen Bergstädte im Erzgebirge.*

te sich jeweils um Gründungen unter landesfürstlicher Beteiligung bzw. Regie nach der Auffindung reicher Lagerstätten; andere, schon ältere Bergstädte erlebten in der neuen Blüteperiode der Renaissance einen gewaltigen Aufschwung, wie er sich baulich z. B. bis heute in Freiberg und Annaberg-Buchholz im sächsischen Erzgebirge oder Goslar am Harzrand dokumentiert. Durchaus parallele Erscheinungen zeigen die Stadtbilder von Schwaz oder auch von Eisleben im Revier des Kupferschiefers am südlichen Harzrand.

Mit der Neugründung von Bergstädten an teils schon zuvor besiedelten, dann aber mit der Einstellung des Bergbaus um 1360 wohl fast sämtlich zunächst verlassenen Örtlichkeiten, ging auch der neue Aufschwung des Bergbaus im Harz einher, wobei die Initiative hier von den Welfenherzögen ausging. Sie setzten die Gründung freier Bergstädte nach erzgebirgischem Muster planvoll ein, um eine Wiederbelebung des Montanwesens in ihren Territorien, ganz besonders im nordwestlichen Harz, zu unterstützen und zu ermöglichen. Das Angebot, in einer privilegierten Bergstadt kostenlos einen Bauplatz und Baumaterial für ein Haus gestellt zu bekommen, ferner alle Freiheiten, die den Bürgern städtischer Siedlungen im 16. Jahrhundert eingeräumt wurden, sollte Bergleute in den Harz ziehen. Ergänzend erhielten sie eine allgemeine Befreiung von Landessteuern, die durch die Erhebung des Zehnten von der Bergbauproduktion als abgegolten betrachtet wurde. Das Ziel, Bergleute in den Harz zu ziehen, wurde rasch erreicht, und nach ersten Anfängen im Jahr 1524 begann bald eine erste Blüte des Montanwesens[59].

Die Welfenfürsten betrachteten und behandelten den nordwestlichen Harz mit seinen Erzvorkommen von Beginn der nachmittelalterlichen Wiederbelebung der Aktivitäten an als montanwirtschaftliche Sondernutzungszone. Die erste nachmittelalterliche Nutzung der Lagerstätten entwickelte sich vom ausgehenden 15. Jahrhundert an zunächst wohl aus wilder Wurzel und teils ohne das Zutun der Landesherren, so etwa beim späteren St. Andreasberg, wo erste Aktivitäten in den letzten Jahren des 15. Jahrhunderts zu beobachten sind[60], oder im späteren Clausthal. Dort entstand schon Jahre vor der offiziellen Einleitung fürstlicher Aktivitäten eine Ansiedlung und entwickelte sich Bergbau, in den der Landesherr dann regulierend und ordnend von 1554 an eingriff[61]. Aber bei Gittelde und Grund kam es schon vor 1500 von landesherrlicher Seite zu einer Förderung vor allem des Eisenhüttenwesens, während die Buntmetallproduktion zunächst vor allem in Goslar und beeinflusst von der Stadt und ihren Bürgern einen Wiederaufstieg erlebte[62].

Die Wiederbelebung des Montanwesens von Goslar wurde von der Stadt und speziell von ihrem Rat eingeleitet. Goslar hatte während der ersten Blüteperiode des Bergbaus und Hüttenwesens im Harzraum früh den Status einer freien kaiserlichen Reichsstadt erlangt und immer wieder erfolgreich verteidigen können, obgleich in der zweiten Hälfte des 13. Jahrhunderts Goslars Bedeutung für das Reich stark zurück gegangen war. Deutlich erkennbar trachteten die Stadt und ihr Rat schon unmittelbar nach der vorläufigen Aufgabe des Bergbaus im Rammelsberg kurz vor 1360 danach, nicht nur diesen Bergbau wieder in Gang zu bringen, sondern darüber hinaus ihren Einfluss auf Kosten der Welfenfürsten im nordwestlichen Harzraum auszudehnen und zu festigen[63].

---

[59] Zur Entwicklung des Bergbaus im Nordwestharz im Überblick: Fessner et al. 2002, S. 33-62.
[60] Zu St. Andreasberg: Niemann/ Niemann-Witter 1991; Ließmann 2002.
[61] Bartels 1992a, S. 127.
[62] Bartels 2004a, S. 74-76.
[63] Ebd., S. 71-73.

In diesem Zusammenhang trat die Stadt mehrfach und bis ins beginnende 16. Jahrhundert hinein als Kreditgeberin der Welfenherzöge auf. Wesentliche Bergbaurechte sowie Anrechte an Waldungen erhielt die Stadt als Pfänder für gewährte Kredite bzw. als Nutzobjekte, aus denen sie – um nicht mit dem mittelalterlichen, kirchlich motivierten Zinsverbot in Konflikt zu geraten – durch Eigenbetrieb so lange Geldeinkünfte erwirtschaften konnte und sollte, bis die kreditierten Summen seitens des Schuldners wieder abgelöst wurden[64]. Hier sind übrigens deutliche Parallelen zu den Kreditverträgen zwischen den Großgewerken des Schwazer Bergbaus und den habsburgischen Herrschern vorhanden, nur traten in Goslar nicht einzelne Kaufleute, sondern der Rat, das Stadtregiment, als Kreditgeber in Erscheinung. Solch eine Möglichkeit war Schwaz, das über keine Stadtrechte und damit auch kein Stadtregiment verfügte, von vornherein versagt. Wirtschaftlich möglich wäre ein ähnliches Agieren zweifellos zumindest bis zum Ende der Boomphase des Montanwesens von Schwaz gewesen. Dabei ist zu betonen, dass Schwaz selbst als Siedlung Goslar nicht nachstand und es zusammen mit seinen zugehörigen Gemeinden im Umfeld an Bevölkerungsumfang deutlich übertraf.

Die technischen Umstände des Bergbaus bei Goslar verlangten unabweislich den Einsatz von mechanischen Hilfsmitteln, um am Rammelsberg einen Bergbau von einiger Bedeutung wieder in Gang setzen zu können. Mit den Bemühungen um eine Belebung des Bergbaus im Oberharz einige Jahrzehnte später wurde auch dort deutlich, dass ohne eine wenigstens teilweise Mechanisierung der Wasserhaltung nicht auszukommen war. In beiden Revieren wurde es außerdem erforderlich, kilometerlange neue Stollen zu den Lagerstätten vorzutreiben, um in Kombination mit mechanisierter Wasserhaltung unterhalb von deren Sohlen einen effektiven Aufschluss der Lagerstätten sicherstellen zu können[65]. Schon zum Zweck einer Wiederaufnahme des Bergbaus wurden über Jahre hinweg Investitionen großen Stils erforderlich, ehe an eine Metallausbeute einigen Umfangs auch nur zu denken war[66]. Sowohl die Stadt Goslar bzw. ihr Rat als auch die Welfenherzöge legten von vornherein ein ganz und gar anderes Verhalten an den Tag als die Großgewerken von Schwaz. Die Goslarer Berg- und Hüttenherren agierten kollektiv und über das Instrument des Rates, in dem die am Montanwesen Interessierten (Bergteilbesitzer, Hüttenherren, Münzergilde und Metallhändler) während der ersten Hälfte des 14. Jahrhunderts eine Mehrheit erobert hatten. Da die Kräfte aus der Stadt selbst nicht allein die notwendigen Investitionen tragen konnten und auch auf technische Experten angewiesen waren, knüpfte der Rat Beziehungen zu auswärtigen Sachverständigen und Investoren an. Mit ihrer Hilfe versuchte man, zunächst die erneute Inbetriebnahme des Rammelsbergs als Basis aller Aktivitäten im Feld der Gewinnung von Blei, Silber und möglichst auch Kupfer zu bewerkstelligen. Dies erwies sich als schwierig und aufwendig. Einen durchschlagenden Erfolg erreichte man erst nach Jahrzehnten. Den auswärtigen Investoren wurden für den Erfolgsfall umfangreiche Beteiligungen am Bergbau und erhebliche Zahlungen vertraglich zugesichert[67].

Nach einem erfolglosen Versuch, den Bergbau direkt nach seinem Zusammenbruch um 1360 wieder in Gang zu bringen und die Tiefbaue im Rammelsberg erneut nutzbar zu machen, konzentrierte sich der Rat zunächst darauf, zuerst verdeckt, später offen allen bergbaulichen Besitz sowie Waldungen und Hüttenstätten an sich zu bringen, dessen bzw. deren man nur irgendwie habhaft zu werden vermochte. Hier verfolgte der Rat seine Ziele über mehr als vier

---

[64] Ebd., S. 74-76.
[65] Bartels 2004a, S. 21-23; ders. 1992, S. 646-656 (Stollen im Oberharz); ders. 2001, S. 59 u. 65 (Stollen Rammelsberg).
[66] Am Beispiel der „Wildemanns Fundgrube" Bartels 1997b, S. 149-154.
[67] Bartels 2004a.

Jahrzehnte hinweg, ehe 1407 eine neue Initiative einsetzte, die einen Bergbau und ein Hüttenwesen zunächst bescheidenen Umfangs wieder ins Leben zu rufen vermochte. Parallel dazu und mit erheblicher Weitsicht baute der Rat einen zweiten bei Goslar betriebenen Bergbauzweig, die Gewinnung von Dachschiefer, aus, die im 15. Jahrhundert eine Blütezeit erlebte. Zuvor hatte sie sich in den Besitz der entsprechenden Geländebereiche gesetzt[68].

Von Beginn des 15. Jahrhunderts an baute die Stadt mit ihren Bemühungen um eine Belebung der Montanwirtschaft eine Variante des Direktionssystems auf und aus, bei dem der Rat der Stadt die Rolle übernahm, die in Sachsen und wenig später auch im unmittelbar angrenzenden Bereich der welfischen Territorien die Markgrafen und Kurfürsten bzw. die Herzöge und ihre Verwaltungen inne hatten. Gemeinsam sind diesen Bestrebungen besonders die weitgehend einheitliche technische, organisatorische und finanzielle Leitung des Bergbaus (und teilweise auch des Hüttenwesens) durch den Souverän bzw. das Stadtregiment und eine spezielle montanistische Verwaltung/Bergamt sowie das Abgehen vom althergebrachten Lehenschaftssystem. Letzteres war in der mittelalterlichen Betriebsperiode auch im Goslarer Bergbau praktiziert worden; im Bergrecht der Stadt, wie es in der Zeit um 1360 niedergeschrieben wurde, hat dies noch deutliche Spuren hinterlassen. Bezeichnenderweise wurden die Bergrechte nach der Wiederaufnahme der Aktivitäten durch „Rezesse" des Rates in ihrem Kern tiefgehend verändert, als die Stadt mit ihren Bemühungen um eine Wiederbelebung des Bergbaus nach 1470 rasch Erfolge erreichte[69]. Schon zuvor hatte man in Verträgen mit auswärtigen Geldgebern und technischen Experten Rechtsvorstellungen entwickelt und zu Grunde gelegt, die mit den um 1360 niedergelegten Bergrechten nicht mehr zur Deckung zu bringen waren. Wurzeln dieser neuen Rechts- und Ordnungsvorstellungen ließen sich bis in die Zeit um 1310 anhand von Schriftquellen zurückverfolgen[70]. Sie brachen sich im städtischen Direktionssystem und den während der Zeit nach 1470 erlassenen Rezessen und entstandenen Aufzeichnungen bergrechtlichen Inhalts endgültig Bahn. An die Stelle lehensrechtlicher Strukturen traten mit dem Wiederaufleben des Bergbaus nach 1407 reine Lohnarbeits-Verhältnisse. Die Einzelheiten dieser sehr aufschlussreichen Wandlungsprozesse hat Hans-Joachim Kraschewski in mehreren Untersuchungen detailliert belegt und diskutiert[71].

Wenn vergleichbare Entwicklungen und Wandlungen in Schwaz weitgehend ausblieben, lag dies zum einen daran, dass es zunächst nicht die technischen Zwänge gab, die in anderen Revieren eine Erschließung der Erzvorkommen weit unterhalb einer Linie unverzichtbar gemacht hatten, bis zu der das Grundwasser aus den Gruben noch mit natürlichem Gefälle über Stollen hatte abgeleitet werden können. Diesen Schritt zum Tiefbau vollzog man bei Schwaz zuerst um 1510 (Erbstollen im Revier „Alte Zeche" und die Grubenbaue unterhalb) bzw. ab 1515 mit der Anlage des Tiefbaus im Falkenstein, während man im Rammelsberg und in weiten Bereichen des Bergbaus im Oberharz schon vor 1350 bis zu 100 Meter und mehr unter die Sohlen der tiefsten Stollen vorgedrungen war[72]. Die mangelnde Adaption zeitgenössisch moderner Techniken der Erschließung von Tiefbauen hinsichtlich der Wasserhaltung und der Schachtförderung bei Schwaz bildet ein Teilsymptom des Raubbaus, der mit der typischen Verpfändungspraxis seitens der habsburgischen Herrscher einherging, wie oben aufgezeigt wurde. Die Gewinne aus dem Bergbau des Rammelsbergs und zunächst auch aus dem des Oberharzes erreichten zusammengenommen im 16. Jahrhundert nicht entfernt den Umfang

---

[68] Zum Goslarer Dachschieferbergbau und seiner Entwicklung vgl. Burkhart 1938.
[69] Bartels 2003, S. 19-20.
[70] Bartels 2004c, S. 162-164 und 183-188 (Vertragstext von 1310 mit Übersetzung).
[71] Kraschewski 1989; ders. 1994; ders. 2002.
[72] Bartels 2004a, S. 24-35.

der bei Schwaz erzielten Ausbeuten in der Blütezeit[73], während deren letzter Phase der Tiefbau sich entwickelte. Dennoch wurden in gewaltige Stollenbauten am Rammelsberg und im Oberharz sowie vor allem in die Installation zeitgemäßer Pumpen- und Förderanlagen weit größere Summen investiert, als im Schwazer Bergbau je zu verzeichnen waren.

Aber die technischen Aspekte bildeten nur eine Komponente. Die zweite und wohl bedeutendere war, dass Schwaz die Errungenschaften der Stadt versagt blieben. Die Dynamik europäischer gesellschaftlicher Entwicklungen seit dem späteren Mittelalter insgesamt und speziell der Wandlungen von mittelalterlichen zu (früh)neuzeitlichen Strukturen wurde maßgeblich von den Städten getragen. Schwaz entwickelte sich zu einer Großsiedlung, die aus der Perspektive gegenwärtiger Sozial- oder Siedlungsforschung ohne Zweifel städtische Züge trug. Aber diese Großsiedlung entwickelte nicht die kollektiven Einrichtungen, Rechte, Institutionen und Traditionen einer (spät-)mittelalterlichen und dann frühneuzeitlichen Stadt mit ihrer Bürgerschaft als bestimmendem Element. Sie brachte zwar ihre Großbürger und ihren Mittelstand hervor. Aber diese vermochten sich nicht zu konstituieren. Es ist bezeichnend für die Entwicklung, dass Schwaz heute ein historisches Rathaus von ganz eigener Art hat: Das Renaissancepalais der Gewerkenfamilie Stöckl dient heute als solches. Es ist ein Privatbau, mächtig, solide, auf Reichtum gegründet, aber seiner Entstehung nach eben nicht kommunal. Es steht an einer innerstädtischen engen Straßenkreuzung; ein großes, repräsentatives Geschäftshaus. Schwaz entwickelte die „Gemeine Gesellschaft des Bergwerks" als wirkmächtige Vertretung der sozialen Unterschichten mit spätmittelalterlicher Prägung. Diese schuf ein Bruderhaus mit benachbarter Spitalkirche. Aber die bürgerlichen Schichten in Schwaz brachten es nicht zu einem Rat und nicht zu einem Rathaus. In Schwaz entwickelte sich keine adäquate Organisationsform seiner Bürgerschaft. Dass diese im Montangeschäft schließlich aus dem Rennen gedrängt wurde, dürfte nicht zuletzt darauf zurückgehen, dass Schwaz statt eines Bürgermeisters einen König bzw. Kaiser hatte – und der ließ sich selbstredend vertreten – mehrfach vermittelt natürlich. Er war mit doch sehr anderen Dingen befasst: immerhin mit der Regentschaft über die Hälfte der Welt.

Das oben angesprochene Goslar hat auch ein altes Rathaus. Es ist viel kleiner (und etwas älter) als jenes historische Gebäude, das heute wesentliche Teile der Stadtverwaltung von Schwaz beherbergt. Aber es beherrscht – anders als das Schwazer Rathaus – bis heute eine mächtige Freifläche in der Mitte der Stadt Goslar: den Marktplatz, auf dem zentral seit bald einem Jahrtausend eine gewaltige bronzene Brunnenschale aus dem Metall des Rammelsberges steht, als Krönung des Brunnenaufsatzes ein vergoldeter Adler: Symbol der auf den Bergbau gegründeten Stadt.

Es wurde oben aufgezeigt, dass sich bei Schwaz ein großbetrieblicher Bergbau entwickelte, zunächst aber keine einheitliche, abgestimmte straffe Leitung des Bergbaubetriebs insgesamt. Es entwickelte sich vielmehr eine Situation, bei der sich mit Eintritt einer Krisensituation Großgewerken auf der einen und die landesfürstliche Verwaltung auf der anderen Seite immer stärker geradezu gegenseitig paralysierten. Unabweisbare Zwänge zur Einführung neuer Technologien auf Basis der Wasserkraft, die den Auf- und raschen Ausbau weit in die Landschaft ausgreifender Systeme der Sammlung und Zu- und Abführung von Betriebswasser für die eingesetzten Wasserräder voraussetzten, gab es bei Schwaz lange nicht. Daher entfiel auch der Zwang, alle Beteiligten hier zu gemeinsamem Handeln zusammen zu bringen. Hier war man (noch) nicht vor die Wahl gestellt, entweder das Montanwesen aufzuge-

---

[73] Henschke 1974; Bartels 1992, Tab. 29, S. 726-731 (Produktionsübersichten des Oberharzes, 1567 bis 1867), vgl. dazu die Produktionslisten für Schwaz in Westermann 1986a und 1988.

ben oder tief greifende Neuerungen auf allen Ebenen durchzusetzen. Als sich diese Situation dann einstellte, reagierten wesentliche Kräfte aus dem Bereich der großen Kaufmannsfirmen mit Rückzug, wo gleichzeitig andernorts fürstliche Unternehmer große Investitionen tätigten. Zugleich gaben sich dieselben Großgewerken alle Mühe, einen vergrößerten Einfluss der landesherrlichen Verwaltung zu verhindern, wobei bis in die 1550er Jahre hinein auch eine starke Fraktion in der Regierung und Bergbauverwaltung solchen Eingriffen entgegenarbeitete und anstatt dessen eine Abkehr vom Großbetrieb und Rückkehr zu überschaubaren Verhältnissen möglichst ohne die großen Gewerken und bei Aufwertung der Lehenschafter sowie der bergbaulichen Klein- und Mittelunternehmer propagierte.

Hinsichtlich des Rückzugs von Großgewerken ist auch die politische Situation zu beachten, in der sich die nicht zuletzt durch die Langzeitfolgen der Bauernkriegsereignisse gestärkte Tiroler Landschaft heftig gegen die Großgewerken und insgesamt starke auswärtige Einflüsse stellte, die dem Land aus dem Kaisertum des Hauses Habsburg erwuchsen. Nicht zuletzt die Landschaft sah Tirol als Zahlmeister der Kaiser und ihrer Politik, indem habsburgisches Hausgut in Tirol in die Hände der Kreditgeber der Kaiser und Könige, eben an die Augsburger Großkaufleute, gelangte. Unter diesen Umständen war ein Interessenausgleich höchst schwierig, zumal z.B. König Ferdinand, wie unten gezeigt wird, durchaus dazu bereit war, seinen wichtigsten Kreditgebern in geradezu erpresserisch-feindseliger Weise zu begegnen. Das Beispiel seines Umgangs mit Anton Fugger und die Drohung mit der Enteignung seiner ganzen Firma zeigt dies deutlich. Damit waren die Umstände nicht dazu geeignet, aus den Zwängen der Krise eine Interessenkoalition zu erzeugen, die Wege gefunden hätte, auf denen die Prozesse von technischem Umbau und einer Art „Gesundschrumpfung" aus der Krise heraus hätten entwickelt werden können.

Wenn schließlich gleichzeitig in Schwaz eine tiefe Krise schon heraufziehen konnte, während anderswo in Europa noch Bergstädte wie etwa Joachimsthal kometenhaft aufstiegen[74], ist in Schwaz letztlich die Endlichkeit auch dieser ergiebigen Lagerstätte zu beachten. In der Boomzeit hatte man diese Erzvorkommen, soweit die Techniken der Zeit es zuließen – weit ausgreifend und wo nur immer möglich – untersucht und abgebaut. Wirklich große Neuaufschlüsse unter technisch annehmbaren Bedingungen gelangen nach der Erschließung des Tiefbaus im Falkenstein nicht mehr. Und allein auf das, was in früheren Zeiten als nicht nutzbar oder auch unter Vorzeichen von Raubbau zurückgelassen worden war, konnte sich eine expandierende Entwicklung des Bergbaus jedenfalls nicht stützen. Alle erfolgreichen Reviere der frühen Neuzeit sind dadurch gekennzeichnet, dass auch nach der Boomphase bis zur Mitte des 16. Jahrhunderts wieder der Zugriff auf umfangreiche, zuvor nicht genutzte Erzreserven gelang. Im Harz z.B. wurde es möglich, schwindende Reserven reicher Erze durch den sukzessiven Übergang zur Förderung ärmerer, aber in großen Massen verfügbarer Erzkomponenten auszugleichen[75]. Bei den monomineralischen Vorkommen des Schwazer Dolomits gelang das nicht. Es gab hier keine umfangreichen Erzvorkommen, die in einer Frühzeit der Gewinnung noch nicht verwertbar gewesen waren und die später durch neue technische Entwicklungen nutzbar gemacht werden konnten. Es ist damit kein Zufall, dass der Schwazer Bergbau des 19. Jahrhunderts sich stärker in den anderen Lagerstättenbereichen entfaltet hat, als etwa im Falkenstein, so etwa im ehemaligen Revier Alte Zeche und den Bereichen des Schwader und Schwazer Eisensteins[76]. Die gerade in den 1550er Jahren vor allem

---

[74] Bartels 1997a, S. 56-68.
[75] Bartels 1992a, Kap. 4 und 5.
[76] Nöh 1951.

von den leitenden Bergbeamten immer wieder geradezu beschworene Hoffnung, man werde schon noch neue Hauptgänge im Dolomit insgesamt und vor allem im Falkenstein aufschließen, hat sich letztlich nicht erfüllt. Das Vorkommen war durch eine weit über einhundert Jahre dauernde massive Bergbautätigkeit soweit angegriffen und verarbeitet worden, dass die Verfügbarkeit des Erzes auch dem Einsatz neuer und verbesserter Techniken Grenzen setzte: Die besten Vorkommen waren unwiederbringlich aufgebraucht, eine Gewinnung des 1523 erreichten Umfangs nicht mehr zu realisieren.

c) Direktion oder Tradition?

Schon im hohen Mittelalter entwickelten sich Auseinandersetzungen zwischen einer älteren theoretischen und praktischen Vorstellung von Bergbau, die im Grundsatz die gewinnbaren Mineralien als Bestandteil des Grundeigentums begriff und ihre Gewinnung als in etwa der Nutzung von bäuerlichem Gemeineigentum vergleichbar ansah und handhabte, und einer seit dem 12. Jahrhundert zunehmend hervortretenden Anschauung, der zufolge die Schätze des Unterirdischen dem Herrscher zustehen. Der Einfluss beider Sichtweisen und Grundlagen praktischen Umgangs mit Mineralvorkommen reicht weit in die Geschichte zurück und wirkte noch bis in die Anfänge des Industriezeitalters nach.

In Reliktgebieten Europas überlebte eine Praxis, bei der bäuerliche Grundbesitzer aufgrund privaten Grundeigentums oder Teilhabe an Allmende noch im 18. Jahrhundert die Oberfläche agrarisch nutzten, das Untertägige desselben Terrains zur Mineralgewinnung in genossenschaftlich organisiertem Bergbaubetrieb[77]. Hier haben sich wahrscheinlich sehr urtümliche Verhältnisse erhalten, die jedenfalls lange vor der Beanspruchung regaler Rechte entstanden sein dürften, vielleicht sogar vor der Grundherrschaft mittelalterlicher Prägung. Eine bergbauliche Nutzung der Allmende von Bauerndörfern und des Grundeigentums einzelner Bauern zur Produktion von Dachschiefer in Mittelgebirgsräumen mit marginaler agrarischer Subsistenzwirtschaft hielt sich im Mittelrheinraum noch bis gegen Ende des 18. Jahrhunderts und erhielt ein neues Fundament, als durch die Angliederung des linksrheinischen Raums an das revolutionäre Frankreich der Bergbau auf Dachschiefer wieder an den Grundbesitz gekoppelt wurde[78].

Es gibt unterschiedliche Vorstellungen über die Entstehung der Regalrechte im Montanwesen; manche Historiker möchten sie bruchlos aus römischem Recht im Feld des Bergbaus ableiten. Für das römisch-deutsche Reich ist die Entwicklung des Bergregals allerdings erst seit dem 12. Jahrhundert zu belegen, es wurde in einem länger dauernden Prozess etabliert[79]. Es ist für unsere Fragestellungen unwesentlich, aus welcher Wurzel das Bergregal letztlich stammt. Wesentlich ist dagegen, dass schon vor der Neuordnung des Eigentums im Bergbau, die mit der Formulierung des Bergregals 1158 einsetzte, die Praxis etabliert war, die eigentliche Bearbeitung der Bergwerke genossenschaftlich strukturierten Verbänden von Montanen – im Harz als *universitas montanorum* bekannt[80], im Alpenraum und Bereichen Süddeutsch-

---

[77] Piatek 1995 schildert ein entsprechendes Beispiel anhand des Dorfes Weißenstein im niederschlesischen Steinkohlenbecken bei Waldenburg vom 16. bis zum 19. Jahrhundert.

[78] Dies war in weiten Bereichen des linksrheinischen Schiefergebirges der Fall. Zu den Einzelheiten vgl. Bartels 1986, Kap. 1-6.

[79] A. Westermann 2005b; Hägermann 1984.

[80] Vgl. Bartels 2004c, S. 141-149; Zycha 1939; ausführliche Diskussion der ältesten Verfassung des Montanwesens im nordwestlichen Harz in Bartels et al. 2006.

lands als „Bergverwandte" oder „Berggemeinde" – zu überlassen. Unter den Vorzeichen mittelalterlichen Montanbetriebs entsprang daraus vielfach die Bergstadt[81]. Auch wo die Siedlungen der Montanen diesen Status nicht erreichten, räumte ihnen spätestens das Regalrecht besondere Privilegien ein. Parallel zu dem regalherrlichen Anspruch entwickelten sich die Bergbaufreiheiten[82] – die besonderen Rechte der montanistischen „Kammerleute" als privilegierte Untertanen.

Im Jahr 1158 folgte ein und derselbe Herrscher, Kaiser Friedrich Barbarossa, in zwei Vorgängen zwei durchaus unterschiedlichen Prinzipien in der Frage der Bindung der Bodenschätze an das Grundeigentum oder an die königliche Herrschergewalt. Es ist nicht verwunderlich, dass daraus bald schwerwiegende Konflikte erwuchsen. Zum einen ließ Barbarossa im Zusammenhang des Reichstags von Roncaglia die Regalien als Königsrechte formulieren, darunter das Bergregal für Edel- und Buntmetalle sowie Salz, auf das sich der Herrscher stützte und daraus ein finanziell nutzbares Anrecht auf Mineralien unter jedwedem, also auch fremdem Eigentum, d. h. solchem, das ihm weder als Eigengut noch als Krongut zustand, postulierte[83]. Im selben Jahr schloss er mit seinem Vetter, dem mächtigen Herzog von Sachsen und Bayern, Heinrich dem Löwen, einen Vertrag ab, mit dem er diesem aus Reichsgut Territorien mit Bunt- und Edelmetallvorkommen sowie zwei Reichsburgen im westlichen Harzraum im Tausch gegen Eigengut Heinrichs im Schwarzwald mit Silberbergwerken, rd. 100 in der Region beheimateten Ministerialen und einer Burg überließ. Als Wahrer und Mehrer des Reichsgutes übereignete Barbarossa aus seinem Eigenbesitz dem Reich zur Kompensation bergbaulich nutzbares Territorium und Befestigungen im Thüringer Raum[84]. Dieses Dreiergeschäft beruhte noch auf der Vorstellung und Praxis, dass der Bergbau dem Grundeigentum zugehöre. Als Barbarossa knapp 20 Jahre später Regalrecht auf den Bergbau der Reichsvogtei Goslar anwendete, sah Heinrich der Löwe dadurch seine Rechte als Grundherr (und den seinerzeitigen Vertrag) verletzt, nachdem er sich zuvor schon aus seiner Stellung als Lehensträger der Reichsvogtei von Goslar herausgedrängt gesehen hatte. Er opponierte in aller Heftigkeit gegen den Kaiser, verweigerte ihm die Heeresfolge, wurde schließlich all seiner Reichslehen enthoben und verbannt, der Konflikt zwischen Staufern und Welfen beschäftigte Generationen und prägte mittelalterliche Entwicklungen des römisch-deutschen Reichs[85].

Für die Gewinnung von Edel- und Buntmetallen setzte sich im römisch-deutschen König- bzw. Kaiserreich bis zur Mitte des 13. Jahrhunderts das Prinzip der Bergregalität durch. Aber zugleich wurde es in der Praxis vom König bzw. Kaiser an die regionalen Herrscher bzw. entstehenden Territorialherrschaften weitergereicht oder von diesen mit mehr oder weniger kla-

---

[81] Reininghaus 2005; Kaufhold in Kaufhold/ Reininghaus 2004, S. VII-XI.

[82] A. Westermann 2005a.

[83] A. Westermann 2005b, Sp. 39: *Das Bergregal entzog den Grundbesitzern das Nutzungsrecht an den Bodenschätzen – zunächst an Edelmetallen sowie Salz, bald auch Kupfer und Blei, später z. T. Steinkohle und andere Mineralien – und räumte es dem politischen Souverän ein, der damit ein finanzielles Mitnutzungsrecht sowie das Recht zur Verleihung nach Lehensrecht erhielt. Dem Besitzer stand bei Nutzung seines Grundes für das Montanwesen eine Entschädigung zu.*

Das Bergregal entstand im hohen MA und erlangte bald in fast allen europ. Staaten mit Bergbau Geltung, ausgenommen Großbritannien, wo das Recht der Grundherren an den Bodenschätzen nie in Frage gestellt wurde. Im Heiligen Römischen Reich manifestierte Kaiser Friedrich I. mit der Konstitution von Roncaglia schon 1158 das Bergregal. Der Herrscher erhielt das unveräußerliche Obereigentum über Metalle und Salz, welche er nun durch Belehnung politisch instrumentalisieren konnte. Das Prinzip der Belehnung mit dem Bergregal durch den König wurde erstmals mit der Goldenen Bulle von 1356 durchbrochen, welche das Bergregal den Kurfürsten übereignete.

[84] Bartels 2004c, S. 150; vgl. Haas 1983.

[85] Bartels 2004c, S. 150-152.

rer Berechtigung in Anspruch genommen. Im Jahr 1356 übertrug die Goldene Bulle schließlich das Bergregal für alle Metalle und Salz den Kurfürsten des Reichs[86]. Damit waren jedoch nur die Berechtigungen für die Edel- und Buntmetalle, das Eisen und die Salzgewinnung klar geregelt. Für viele andere Mineralien, angefangen bei Bausteinen über nutzbare Erden, Stein- und Braunkohle bis hin zu manchen Eisenvorkommen blieb es vielfach in der Praxis bei der Berechtigung der Grundbesitzer, die in weiter abgelegenen Regionen beispielsweise eine Berechtigung auch für Blei auf der Basis von Grundbesitz noch bis ins ausgehende 15. Jahrhundert zu behaupten suchten, so im kurkölnischen Sauerland[87].

Um die Fragen, ob das Anrecht auf die Gewinnung von Steinkohle dem Bergregal unterliege oder nicht und wem das Regalrecht letztlich zustehe, wurde im aufstrebenden Ruhrgebiet noch im 18. Jahrhundert heftig zwischen adeligen Grundbesitzern und dem preußischen König bzw. seiner Regierung gestritten. Eine wirkliche Durchsetzung des Direktionsprinzips gelang hier dem preußischen Staat erst im 18. Jahrhundert[88]. Und über die Frage, ob der Bergbau auf Dachschiefer dem Bergregal unterliege, waren sich die Verwaltungen von Rheinpreußen und Nassau noch im 19. Jahrhundert gründlich uneinig[89].

Die praktische Gewinnung der mineralischen Bodenschätze war schon zu einer Zeit, als deren Bindung an das Grundeigentum die allgemein akzeptierte Grundlage von Bergbaubetrieb gebildet hatte, von den Grundeigentümern häufig nicht selbst ausgeübt worden, sondern war früh an Spezialisten des Montanwesens gegen Abgaben überlassen worden. Für den Harzraum kann dies schon für die Zeit des 11. Jahrhunderts gut belegt werden, und archäologische Funde und Befunde legen nahe, dass ein so geartetes System schon lange zuvor in Funktion gewesen sein dürfte[90]. Es handelte sich um handwerklich in zahlreichen Kleingruppen und Kleinbetrieben arbeitende und im Grundsatz genossenschaftlich organisierte Bergleute und mit diesen eng verbundene Hüttenleute. Bei Goslar begannen sie wohl schon zu karolingischer Zeit eine feste und bald auch befestigte Siedlung, das so genannte „Bergdorf", anzulegen, in dem sowohl die Berg- und Hüttenherren als auch die handarbeitenden Bergleute siedelten. Es trug schon vor der Gründung der Stadt Goslar die Züge einer befestigten städtischen (oder stadtähnlichen) Siedlung, die mit dem planmäßigen Ausbau der daneben entstandenen Siedlungskerne von Goslar und dem Ausbau der dortigen Kaiserpfalz im 11. Jahrhundert zu einer Vorstadt der Kaiserstadt wurde, und die ihr Gewicht als mit dem kaiserlichen Goslar konkurrierende Stadt erst nach 1290 rasch verlor bzw. in dieser aufging. Die alte *universitas montanorum* ging in der Stadt auf, und die Montanen übernahmen dort im Wesentlichen das Kommando[91].

---

[86] Goldene Bulle 1989, S. 117-118, der Text zum Bergregal lautet in der deutschen Übersetzung (von Konrad Müller): *IX. Von Gold-, Silber- und anderen Bergwerken. Wir verordnen mit gegenwärtigem, immerdar gültigem Gesetz und erklären mit sicherem Wissen, dass unsere Nachfolger, die Könige von Böhmen sowie alle und jegliche geistliche und weltliche Kurfürsten, die hinfort sein werden, sämtliche Gold- und Silbergruben und Bergwerke auf Zinn, Kupfer, Eisen, Blei und beliebige andere Metalle und auch auf Salz, die gefunden worden sind oder künftig irgend einmal gefunden werden, in dem vorgenannten Königreich und den Ländern und zugehörigen Gebieten, die diesem Königreich untertan sind, und ebenso die oben genannten Fürsten in ihren Fürstentümern, Ländern, Herrschaften und zugehörigen Gebieten, rechtlich haben und rechtmäßig besitzen können samt allen Rechten ohne irgendeine Ausnahme, wie man dergleichen besitzen kann und zu besitzen pflegt.*
[87] Reininghaus 2004, S. 64f.
[88] Fessner 1998, Kap. 8.
[89] Bartels 1986, S. 246f.
[90] Vgl. Bartels et al. 2006.
[91] Bartels 2004c, S. 139-161.

Die Praxis des Betriebes von Bergwerken, teils auch von Hütten, durch zahlreiche dem Handwerk strukturell sehr ähnliche Kleinbetriebe und Betreiber, die, ähnlich den Zünften oder Gilden etwa der städtischen Handwerke, in genossenschaftsartigen Verbänden organisiert waren und denen von dem Träger oder den Trägern entweder der Grundherrschaft oder der Regalherrschaft gegen Abgaben der Betrieb übertragen wurde, war in ihrer inneren Struktur von der Umwandlung des Obereigentums vom grundherrschaftlichen zum regalen Prinzip nicht wesentlich berührt. Dies entschied im Wesentlichen darüber, auf welchen Herrn die Bergbautreibenden verpflichtet waren bzw. wer ihnen ihre Freiheiten garantierte und schützte[92].

Der Vergleich mit anderen und vor allem älteren Bergbaurevieren zeigt, dass die Grundstrukturen des Schwazer Montanwesens dem mittelalterlichen Prinzip des Bergregals entsprangen. Daraus ist die Vorstellung abgeleitet, alle dem Montanwesen verbundenen Personen bildeten als die „Bergbauverwandten" eine Gesamtgruppe landesherrlicher „Kammerleute" mit bestimmten Privilegien und Freiheiten für alle Beteiligten unterschiedlicher Stellung. Die bis in die Zeit Kaiser Maximilians lebendige Tradition einer „Erfindung" von Bergrecht unter erheblicher Beteiligung der Berggemeinde selbst ist ebenfalls eine Fortsetzung mittelalterlicher Traditionen. Das Beispiel Sachsens zeigt, dass aus dem voll entfalteten, regalrechtlich fundierten und organisierten Montanwesen durch immer nachhaltigere Eingriffe der Obrigkeit in einem langsamen und bruchlosen Transformationsprozess im Lauf des 15. Jahrhunderts das Direktionssystem entwickelt werden konnte. Die technische, wirtschaftliche und organisatorische Leitung des Bergbaus wurde immer stärker obrigkeitlich reglementiert und schließlich ganz von landesherrlichen Bergbeamten übernommen[93]. Dies schloss allerdings eine bedeutende Mitbeteiligung privater Investoren keineswegs aus. Gerade im 16. Jahrhundert sind die entsprechenden Firmen und Personen für den erzgebirgischen Bergbau auszumachen[94]. Im Tiroler Bergbau unterblieben stärkere Eingriffe der Obrigkeit zunächst, nicht zuletzt, weil die Beteiligungsrechte der Landesherrschaft an bedeutende Metallhändler und Hüttenbetreiber, die in einem längeren Prozess schließlich auch bedeutende Anteile an den Bergwerken übernahmen, übergegangen waren.

In einem Bereich allerdings griff die Obrigkeit sehr viel weitergehend und tiefer in das Geschehen ein, als in Regionen mit früh ausgebildetem Direktionsprinzip üblich: Die dort verbreitet und gezielt gewährte Autonomie der Bergstädte wurde Schwaz und seinen Bergbauverwandten nie zuteil. Es kam nicht zur Ausbildung eines Rates und städtischer Selbstverwaltungsorgane. Selbst in unbedeutenden Angelegenheiten wie Reparaturen an den Fleischbänken oder der Brücke wurden die Regierung in Innsbruck und der Landesfürst selbst bemüht. Die Dynamik der gesellschaftlichen Entwicklung in Schwaz dürfte hier insgesamt gebremst worden sein. Eine aktive städtische Politik im Bereich des Montanwesens, wie sie etwa für Goslar vom Spätmittelalter bis zu den Konflikten mit den Welfenfürsten bis 1552 so charakteristisch ist[95], konnte hier von vornherein nicht entstehen.

---

[92] Vgl. Bartels 1996, S. 118-122; Bartels et al. 2006.

[93] Wächtler 1989, S. 360, sieht in der Einführung des Direktionsprinzips nicht nur den Ausdruck fürstlicher Machtpolitik, sondern zugleich den *Ausdruck dessen, dass der Kurfürst von Sachsen das historische Gebot der Stunde erkannte und mit Hilfe des Direktionsprinzips im Zug der Modernisierung seines Territorialstaats die erweiterte Reproduktion des sächsischen Montanwesens zu garantieren suchte.*

[94] Wagenbreth et al. 1990, S. 93-96, Tab. 20: *Bergherren (Großgewerken) im erzgebirgischen Silberbergbau des 15. und 16. Jahrhunderts.*

[95] Bartels 2004a.

Unter den Vorzeichen des Absolutismus entwickelte sich mit dem frühmodernen Territorialstaat die Idee und Praxis, nach der Bergbau im Grundsatz eine Berechtigung des Staates darstellt und daher von der Staatsverwaltung eng zu kontrollieren und anzuleiten ist. Schon die Entwicklungen der Geldpolitik im Reich waren ohne den Übergang zu einem dirigierenden Eingriff in die Verhältnisse der Edelmetallproduktion in Tirol nicht umzusetzen. Der Staat, repräsentiert durch den Souverän und seine Sachwalter, erlaubt nach bestimmten Regeln die Nutzung des Unterirdischen zur Mineralgewinnung Dritten oder er nimmt es auch selbst wahr, unabhängig vom Grundbesitz an der Oberfläche. Im Fall der Beteiligung Privater ist dem Staat ein bestimmtes Recht der unternehmerischen Mitbeteiligung einzuräumen und es sind Abgaben zu leisten. Dafür garantiert der Territorialherr die Bergbaufreiheit, die unter anderem die Nutzung des Unterirdischen unter jedem Grundbesitz fast uneingeschränkt erlaubt. Der Grundbesitzer darf aber für Beeinträchtigungen in seiner Nutzung der Oberfläche, etwa durch Halden, Schächte oder Gebäude, eine Entschädigung verlangen, die in einer Abgeltung etwa erlittener Nachteile in verschiedenen Formen bestehen konnte – angefangen bei einer bestimmten Beteiligung am Bergbau unter seinem Grund, über Entschädigungen durch Sachleistungen oder Geld, bis hin zu Rechten auf eine Wiederherstellung der Oberfläche nach Ende der bergbaulichen Nutzung. Diese rechtlichen Grundlagen galten auch für den Tiroler Bergbau. Die Praxis wurde allerdings dadurch entscheidend beeinflusst, dass bis weit in die Mitte des 16. Jahrhunderts hinein die Herrscher ihre Regalrechte bzw. deren praktische Nutzung weitgehend aus der Hand gaben, um sich umfangreiche Kredite zu sichern. In einer noch immer weitgehend an den Kreditpraktiken des Mittelalters orientierten Weise verpfändeten sie ihre Rechte an den gewonnenen Metallen, später auch Bergbauberechtigungen, an Großkaufleute. Deren primäres Interesse galt bekanntlich dem Handel mit Kupfer und Silber. Gerade die Augsburger Großfirmen erwarben ihre Anteile an den Bergwerken als Zubehör zu den eigentlich interessierenden Betrieben, den Hütten. Sie betrachteten und behandelten die Bergwerke, wie unsere Untersuchung ergab, nicht als Betriebe, die durch Investitionen und Innovationen zu entwickeln waren[96]. Vielmehr hatten diese Erz einer bestimmten Qualität zu liefern. Dies zu erreichen, wurde als Angelegenheit der beschäftigten Bergleute betrachtet und behandelt.

Im Bergbau von Schwaz entwickelte sich eine Untergruppe dieser „Kammerleute", die Gewerken mit besonders umfangreichem Montanbesitz (Großgewerken), zu einem Machtfaktor, der zunehmend beide Traditionslinien des Montanwesens, vielfältig und langzeitig untereinander verschränkt, in Frage stellte: die Genossenschaft aller dem Montanwesen zugehörigen Gruppen, die uralte *universitas montanorum,* und die – zwar jüngere, aber damit im Verlauf des Mittelalters untrennbar verwobene – Bergregalität. Hier stellte sich die Schicht frühneuzeitlicher Großkaufleute (die freilich für ihre persönliche Lebensführung nach Adelstiteln strebten und diese erhielten sowie Grundherrschaften, Schlösser und ausgedehnte Jagden an sich zu bringen trachteten und in den Reichsfürstenstand aufsteigen konnten – das Beispiel Fugger) gegen die Anwendung der Prinzipien von Adelsherrschaft, Grundherrschaft, Fürstenrecht allgemein und Bergregalität im Besonderen in ihrem Geschäftsfeld Montanwesen. Nicht, dass sie das Prinzip der Regalität des Bergbaus je wörtlich in Frage gestellt hätten. Aber sie suchten immer wieder und höchst hartnäckig, gegenüber dem Regalherrn ihre Bedingungen durchzusetzen, was schließlich als der Versuch gesehen wurde, die Macht des Regalherrn zu brechen und statt dessen die Herrschaft über den Bergbau und seine Beschäftigten selbst auszuüben.

---

[96] Vgl. Kap. 7, S. 791-804.

Dabei darf das sich herausformende Beamtenwesen des frühmodernen Territorialstaats nicht unterschätzt werden, mit dem sich die Großgewerken im Besonderen anlegten. Mit der generellen Hinwendung der habsburgischen Fürsten im 16. Jahrhundert zu absolutistischen Vorstellungen und Praktiken verstand sich die Beamtenschaft zunehmend als Vollzugsorgan eben dieser absolutistischen Ansprüche. Die entstehende absolutistische Herrschaft beantwortete das in vielen Bereichen janusköpfige Verhalten der Großgewerken schließlich mit der zunehmenden Durchsetzung absolutistischer Prinzipien auch im Montanwesen von Schwaz, wie im 11. Kapitel gezeigt wird. Kaufleute, die Vertreter des großen *Capitals,* und mochten ihre Geschäfte auch noch so bedeutsam und groß sein, waren seinerzeit noch weit entfernt davon, Staatsgeschicke zu bestimmen und zu lenken. Auch noch so gewaltige „Handsalben"[97] reichten im 16. Jahrhundert nur dazu aus, die großen Entscheidungen zu beeinflussen. Mit den Machthabern und ihren zunehmend absolutistischen Ansprüchen mussten sich auch die größten Kaufleute arrangieren.

Das Prinzip Regalität hatte sich lange vor Beginn des spätmittelalterlich-frühneuzeitlichen Booms im Montanwesen von Schwaz, wie insgesamt im Bunt- und Edelmetallbergbau Kontinentaleuropas, durchgesetzt. Es nahm unter den Vorzeichen des Absolutismus in verschiedenen Varianten (und zu unterschiedlichen Zeiten beginnend) die Form des Direktionssystems an. Die Kaufleute übernahmen in nachahmender Weise adelige Positionen. Das Herrschaftssystem des Absolutismus machte kaufmännische Praxis zu einem der zahlreichen Werkzeuge seiner Herrschaftsausübung[98]. Und es konnte noch so große Kaufleute sehr heftig maßregeln, wenn sie in den Verdacht gerieten (oder aus nahe liegenden Gründen in den Verdacht gebracht werden sollten), die Nachahmung herrschaftlicher Attitüde mit der Herrschaft selbst zu verwechseln. Das Haus Fugger geriet am Ende mit den unten zu schildernden Entwicklungen in Schwaz von 1558 an in die Position einer Art Geisel der nun das Montanwesen immer deutlicher dirigierenden Landesherren: Man konnte sich arrangieren oder den Totalverlust akzeptieren. Ein fairer Preis für die Übernahme des Unternehmens wurde nicht mehr geboten.

d) Personelles Revirement in der Montanverwaltung

Das sich rasch entwickelnde Montanwesen im unteren Inntal, insbesondere im Berggericht Schwaz, benötigte seit dem 15. Jahrhundert geschultes, sachverständiges Personal zur Bewältigung zahlreicher Aufgaben. Als oberster Bergbeamter fungierte der Bergrichter. Dieses Amt übte von 1539/40 an Sigmund Schönberger aus. Daneben gab es den Bergmeister. In seiner Hand lagen insbesondere die Verleihung von Stollen und Gruben sowie die Aufsicht über die Grubengebäude und die Abrechnung der einzelnen Unternehmen. Weitere Beamte waren der Berggerichtsschreiber und sein Stellvertreter, der so genannte Gegenschreiber. Die Zahl der Berggerichtsgeschworenen ist nicht genau bekannt, doch dürfen wir anhand der Abbildung im Schwazer Bergbuch von 1556 davon ausgehen, dass es sich um mindestens vier Personen handelte[99], die unter dem Vorsitz des Bergrichters bei das Montanwe-

---

[97] So wurden zeitgenössisch die Zahlungen genannt, die anlässlich der Kaiserwahl 1519 an die Kurfürsten flossen und letztlich den Thron für Karl V. sicherten. Allein Jacob Fugger brachte dafür nach Suhling 1983, S. 130, 852.000 Gulden zusammen.

[98] Kraschewski 1989.

[99] Vgl. die Abb. bei Winkelmann 1956, S. 75. Egg 1964, S. 19, geht davon aus, dass es sich bei den drei kleineren, im Vordergrund dargestellten Personen um Vertreter der klagenden bzw. der beklagten Parteien handelt. Während der Bergrichter auf einem besonderen, erhöhten Sessel Platz genommen hat, sitzen vier Berggerichtsgeschworene hinter dem Tisch, den Klägern bzw. Beklagten gegenüber.

sen betreffenden Streitfragen Urteile zu fällen hatten, oder dem Bergmeister bei seinen Aufgaben zur Hand gingen. Des Weiteren gab es einen Schiner (= Markscheider), einen Schichtmeister, für das Schwazer Revier am Falkenstein war offenbar der Schichtmeister am Weißen Schrofen zuständig – er kontrollierte u. a. die Einhaltung der Arbeitszeiten –, einen Probierer, der die angelieferten Erze auf ihre Edelmetallanteile hin überprüfte, einen Silberbrenner, der die Ausbringung des Brandsilbers überprüfte, einen landesfürstlichen Fröner, der die Aufgabe hatte, die korrekte Ablieferung der dem Landesfürsten nach Regalrecht zustehenden Teile der geförderten Erze zu beaufsichtigen, und einen Erzkäufer. Dieser kaufte u. a. Erze für die landesfürstliche Hütte zu Rattenberg auf, insbesondere die Erze, die ihm von kleineren Gewerken, Eigengrüblern oder den Lehnhäusern angeboten wurden. Beide, Fröner und Erzkäufer, arbeiteten bei ihren Tätigkeiten oftmals zusammen. Daneben gab es mehrere Holzmeister und Gerichtsfronboten, die vom Berggericht mit verschiedenen Aufgaben betraut werden konnten (ausführende Organe). Über die Aufgaben der einzelnen Bergbeamten gibt das Schwazer Bergbuch[100] detaillierte Auskünfte.

Abb 32: Die Arbeiten des Markscheiders, aus: Georgius Agricola, De re metallica libri XII – Vom Bergbau 12 Bücher, 8. Buch (vgl. Agricola 1556/1977, S. 100; Original und Foto: Deutsches Bergbau-Museum Bochum).

Die Großgewerken, aber auch kleinere Unternehmen verfügten z. T. über eigene Angestellte in Funktionen, die denen der Beamten recht ähnlich waren, z.B. Hutleute, Fröner oder Erzkäufer. Teilweise griff die landesherrliche Montanverwaltung auf gut ausgebildete Fachleute aus diesem Personenkreis zurück.

Über die personelle Entwicklung im Bereich der landesfürstlichen Schwazer Montanverwaltung gibt es nur wenige verlässliche Informationen[101]. Es fällt jedoch auf, dass es in den Jahren zwischen 1552 und 1556 zu einer Um- und Neubesetzung auf den meisten Posten der Schwazer Bergbeamtenschaft kam. Teilweise ist dieser Austausch auf Sterbefälle, auf Krankheiten oder auf Altersschwäche der einzelnen Bergbeamten zurückzuführen. Im Falle des

---

[100] Dip. 856, fol. 91r-100v: *Perkambtlewt – Hernach volgt, was für Personen bey ainem Perkhwerch und Gericht, auch was ir Ambt und Thuen sein soll*. Vgl. dazu auch Fritzsch 1957, S. 21-23; Egg 1964, S. 18; ders. 1986, S. 104-107.

[101] So ist der Beitrag über Erasmus Reislander von Granichstaedten-Czerva 1958 sehr ungenau und wegen fehlender Quellenbelege kaum zu benutzen. Weitere Angaben zu den Schwazer Bergbeamten finden sich bei Isser, 1904, S. 416 (Schwazer Bergrichter von 1420-1494), S. 434 (Schwazer Bergbeamte von 1494-1548), S. 457 (Schwazer Bergbeamte 1552-1574), der leider keine genauen Quellenbelege bietet; ebenso Paul 2005: Isser 1905/1924, S. 32, 76, 137.

Berggerichtsschreibers Lassl und des Bergrichters Schönberger scheint es dagegen zu einem nicht ganz freiwilligen, vorzeitigen Ausscheiden aus dem Amt gekommen zu sein.

Bereits 1546 kam es zum „Rücktritt" eines wichtigen Schwazer Bergbeamten. Der Schwazer Erzkäufer Paul Obrist bat den Landesfürsten um die Entbindung von seinem Amt. Der seit 1539/40 amtierende Bergrichter Sigmund Schönberger leitete das Gesuch, das am 26. Oktober 1546 gestellt wurde, an die Tiroler Regierung und Kammer weiter. Schönberger forderte die Räte auf, eine erfahrene und sachverständige Person in das Amt zu berufen. Der Nachfolger müsse sich am Falkenstein auskennen, vor allem mit den Bergwerken im Schweren und Ringen Wechsel gut vertraut sein. Überdies solle er bei den Bergknappen ein *gutes Ansehen haben*. Der Schwazer Bergrichter hatte bereits einige Zeit zuvor Thoman Schondl, den er offenbar persönlich sehr schätzte, für das Amt des Probierers vorgeschlagen. Schondl hatte diesen Posten auch erhalten, da er einen guten Kontakt zum Hüttenmeister in Rattenberg unterhielt. Deshalb schien ihm Schondl auch geeignet für das Erzkäuferamt. Dieser Vorschlag Schönbergers wurde durch den Landesfürsten jedoch nicht bestätigt. Daher machte der Schwazer Bergrichter einen weiteren Vorschlag und präsentierte Georg Wichtl als Nachfolger des Erzkäufers. Wichtl erhielt offenbar seine Bestätigung durch König Ferdinand I., denn er sollte bis Weihnachten 1546 durch Paul Obrist in sein Amt eingewiesen werden. Obrist selbst begründete seinen Rücktritt mit seinem Alter und gesundheitlichen Problemen. Er war nach eigenem Bekunden nicht mehr in der Lage, wegen *der weitten und hohen Purg, so [er] geen und raisen muesse, dergleichen auch der Knappen halber*, seinen Dienst weiter zu versehen. Obrist erklärte sich jedoch bereit, für den Landesfürsten eine weniger beschwerliche Tätigkeit auszuüben. Angesichts seiner jährlichen Besoldung in Höhe von 172 Gulden, wovon Obrist sich selbst, einen Knecht, ein Ross und seine Frau unterhalten hatte, bat er um eine kleine finanzielle Entschädigung[102]. Obrist schied 1546 offenbar nicht endgültig aus dem Amt des Erzkäufers aus, denn noch 1551 musste er, weiterhin als Erzkäufer bezeichnet, in einem Konflikt zwischen den Gewerken und den Bergknappen der freien Gruben am Falkenstein und im Ringenwechsel zu Schwaz wegen des schlechten Scheidwerks vermitteln[103]. Paul Obrist starb wohl zu Beginn des Jahres 1552, denn im Verlauf dieses Jahres bezeichnet man ihn als gewesenen Erzkäufer, für den ein Nachfolger gesucht und schließlich auch gefunden wurde[104]. Nach dem Tod von Paul Obrist finden wir schließlich zwei seiner Verwandten in hohen Ämtern der Schwazer Montanverwaltung.

In den Jahren 1552 und 1553 kam es zur Neubesetzung einiger wichtiger Posten in der Schwazer Montanverwaltung. Im Februar 1552 hatte Matthäus Scholl das Amt des Fröners angetreten. Sein Vorgänger, Michael Kern, war kurz zuvor verstorben. Aus der Ernennungsurkunde geht hervor, dass Scholl nicht nur wegen seines Sachverstands das Amt erhalten hatte, auch die Schmelzer und Gewerken hatten sich für den Kandidaten ausgesprochen[105]. König Ferdinand wandte sich persönlich an die Erben Kerns und forderte diese auf, zum Zwecke der Übergabe des Schwazer Fröneramtes Matthäus Scholl, dem neuen Amtsinhaber, alle Fronbücher, Register, Maße und sonstigen Utensilien seines Vorgängers zu übergeben[106]. Im Jahr 1552 musste auch der Berggerichtsgeschworene *Veit Köpfl* sein Amt aufgeben. Die

---

[102] TLA, Pestarchiv XIV, Nr. 370, fol. 1r-6v.
[103] TLA, oöKKB, Bd. 225, Reihe Bekennen, Nr. 49 von 1551, fol. 357r-357v.
[104] TLA, oöKKB, Bd. 231, Reihe Entbieten und Befehl, Nr. 54 von 1552, fol. 18r.
[105] TLA, oöKKB, Bd. 229, Reihe Gutachten an Hof, Nr. 48 von 1552, fol. 23r.
[106] TLA, oöKKB, Bd. 231, Reihe Entbieten und Befehl, Nr. 54 von 1552, fol. 88r-88v.

Gründe hierfür sind nicht bekannt[107]. Sein Nachfolger, *Cristen Eisenschmid*, wurde als Geschworener mit einem Gehalt von 70 Gulden angenommen[108]. Über Jahre hinweg bekleidete Jörg Ladroner das Silberbrenneramt in Schwaz[109].

Am 1. Oktober 1552 erhielten Erasmus Reislander und Caspar Obrist ihre Bestallungen zum Erzkäufer bzw. zum Gegenschreiber des Erzkäufers durch König Ferdinand. Der Posten des Erzkäufers war offenbar nach dem Tod von Paul Obrist einige Monate nicht besetzt worden. Verständlich wird dies angesichts der Ereignisse in der ersten Jahreshälfte von 1552 (Kriegzug des Moritz von Sachsen und Knappenaufstand). Die prekäre Situation im unteren Inntal führte zur Flucht der oberösterreichischen Regierung in Innsbruck, die sich nach ihrer Rückkehr im Spätsommer erst einmal einen Überblick verschaffen musste[110]. Vor seiner Ernennung zum Erzkäufer hatte Reislander in den Diensten der Firmen Manlich und Tänzl gestanden. Im August 1552 löste man in beiderseitigem Einvernehmen den Arbeitsvertrag vorzeitig auf, den Reislander mit den auswärtigen Handelsfirmen bei einer ursprünglichen Laufzeit bis Weihnachten 1552 abgeschlossen hatte[111]. Gleichzeitig mit der Ernennung Reislanders erging eine neue Ordnung für das Erzkäuferamt in Schwaz. Darin wurde u. a. festgelegt, dass die beiden Beamten, Erzkäufer und Gegenschreiber (= Stellvertreter) sämtliche Nebenbeschäftigungen aufzugeben und ihre alten Posten zu verlassen hatten, *weil sy unnser Arzkauffferambt zu verwesen haben* [und] *kainer annderen Diennste, Verwesungen noch ainich annder Hanndlungen beladen* sein sollten. Die beiden Erzkäufer hatten besonders darauf zu achten, dass kein Haldenerz als Grubenerz angeboten wurde. Sie wurden außerdem mit der Besichtigung aller Grubengebäude beauftragt. Weitere Aufgaben waren die Kontrolle des Scheidwerks sowie der Aufkauf von Erz aus dem Schweren und aus dem Ringen Wechsel am Falkenstein. Besonderes Augenmerk hatten sie dabei auf die Erzlieferungen der Frei- und Eigengrübler zu legen, deren Erze in die Rattenberger Schmelzhütte geschafft werden sollten. Eine enge Zusammenarbeit mit dem Hüttenmeister zu Rattenberg und den dortigen Hüttenprobierern wurde den beiden neuen Schwazer Beamten eingeschärft[112]. Caspar Obrist erhielt als neuer Gegenschreiber des Erzkäufers zu Schwaz ein jährliches Salär von 100 Gulden, wobei ihm wahrscheinlich, wie damals üblich, noch weitere Vergünstigungen gewährt wurden[113].

Im Februar des folgenden Jahres bewarb sich Sigmund Winckelhofer, ein ehemaliger Bediensteter der Firma Stöckl, um eine Anstellung in der Schwazer Montanverwaltung. Der Bergrichter empfahl ihn der Regierung als ehrlichen Mann, der sich bei der Firma Stöckl *wol gehalten* und *dabey in den Pergkwerchssachen ain guete Erfarnhait unnd Schickhlichait erworben* habe[114]. Der Fall zeigt, dass eine unbekannte Zahl Bergbausachverständiger (Rech-

---

[107] Veit Köpfl verstarb vermutlich 1552 oder 1553. Seine Witwe erhielt am 26. Januar 1554 eine Gnadengeldzusage der Regierung und Kammer in Höhe von 20 Gulden im Jahr. Da der Berggerichtsgeschworene Köpfl offenbar hoch verschuldet gewesen war, erhöhte die Kammer am 26. Februar 1554 auf 30 Gulden jährlich, um den Kindern die Möglichkeit zu geben, die Verbindlichkeiten ihres Vaters abzutragen. TLA, oöKKB, Bd. 242, Reihe Gemeine Missiven, Nr. 28 von 1554, fol. 63r-63v, 145r.

[108] TLA, oöKKB, Bd. 231, Reihe Entbieten und Befehl, Nr. 54 von 1552, fol. 71r-71v.

[109] TLA, oöKKB, Bd. 231, Reihe Entbieten und Befehl, Nr. 54 von 1552, fol. 17r; TLA, oöKKB, Bd. 267, Reihe Entbieten und Befehl, Nr. 61 von 1559, fol. 596r u. 610r.

[110] TLA, oöKKB, Bd. 230, Reihe Bekennen, Nr. 50 von 1552, fol. 181r-181v, 184v-185r. Vgl. zum Krisenjahr 1552 das 6. Kapitel.

[111] Zu den Vertragsverhandlungen Reislanders vgl. das Schreiben vom 12. August 1552 in: TLA, oöKKB, Bd. 232, Reihe Gemeine Missiven, Nr. 26 von 1552, fol. 506v-507r.

[112] TLA, oöKKB, Bd. 231, Reihe Entbieten und Befehl, Nr. 54 von 1552, fol. 376r-381v.

[113] TLA, oöKKB, Bd. 230, Reihe Bekennen, Nr. 50 von 1552, fol. 184v-185v; TLA, oöKKB, Bd. 231, Reihe Entbieten und Befehl, Nr. 54 von 1552, fol. 72r-72v.

[114] TLA, oöKKB, Bd. 234, Reihe Gutachten an Hof, Nr. 49 von 1553, fol. 48v.

nungsführer, Schichtmeister oder Hutleute), die durch den Verkauf der Firmen Tänzl und Stöckl 1552 offenbar ihre Stellen verloren hatten, neue Aufgaben suchten.

Nicht immer waren es Krankheit oder Tod des Amtsinhabers, die Positionen vakant werden ließen, oder als Gründe für eine Neubesetzung zu vermuten sind. Erasmus Reislander, der erst 1552 in landesfürstliche Dienste getreten war, fiel der oberösterreichischen Regierung durch seine Kompetenz und seine Leistung auf. Im Jahr 1554 betraute ihn der König mit der Übernahme von *Berggerichtshandlungen* sowohl gütlicher als auch rechtlicher Art, wenn dies seine Arbeit und seine Aufgaben als Erzkäufer zuließen: *wann er seins Dienstes des Arzkaufferambts halb muessige Zeit und darinnen nichts zu verabsaumen hette*. Der Aufgabenbereich Reislanders war damit wesentlich umfassender geworden. Er erhielt Kompetenzen, die in den Arbeitsbereich des Schwazer Bergrichters Schönberger hineinreichten. Der Erzkäufer bekam Einblicke in alle Amtsgeschäfte des Bergrichters und betätigte sich offenbar als eine Art „Aufpasser"[115]. Im Februar 1556 zog Sigmund Schönberger Konsequenzen aus der für ihn wohl unhaltbaren Situation und stellte sein Amt zur Verfügung. Erasmus Reislander trat im Juni 1556 offiziell seine Nachfolge an[116]. Zuvor hatte es intensive Beratungen zwischen dem König, den Hof- und Kammerräten und den Räten in Innsbruck zwecks Neuorganisation der Behörden im Tiroler Montanwesen gegeben. Im Februar 1556 wurde seitens des Hofes der Vorschlag gemacht, den seinerzeit noch als Erzkäufer tätigen Erasmus Reislander zum obersten Bergmeister in Tirol zu ernennen. Dieser Vorschlag stieß aber bei der oberösterreichischen Regierung und Kammer auf wenig Gegenliebe: *haben wir darauf in Sachen unnser getrew vleißig Nachgedenckhen gehabt, aus was Ursachen aber bey unns fur unnottwenig angesehen worden, mit Aufnemung ains Obristen Perckhmaisters Uncosten aufzewennden*[117].

Stattdessen wurde angeregt, den noch amtierenden Schwazer Bergrichter Sigmund Schönberger als *ain perckhwerchsverstenndige Person, alhieher in Ew[er] M[ajestä]t Diennste anzenemen unnd zu verordnen, also dz er bei den Raytungen als ain Raitrat sizen und daneben so offt es die Notturfft ervortern, zw Beratschlagung der Perckhwerchssachen bey Regierung und Camer alhie gebraucht*[118]. Aus dem Gutachten der Innsbrucker Regierung und Kammer geht hervor, dass man beim Austausch der Personen größtmögliche Rücksicht zu nehmen gedachte. Dem alten, verdienten Bergrichter Schönberger brachte man großen Respekt entgegen. Er wurde nicht einfach entlassen und durch Erasmus Reislander ersetzt, sondern man betraute ihn mit einem Regierungsamt: *[…], dann Ew[er] M[ajestä]t ine als ain alten Diener zw Gnaden und auß dem gnedigsten Vertrawen so Ew[er] M[ajestä]t zu ime truegen, solichs also Gunst furgenomen hetten. Solchs hat sich gemelter Schomperger gegen Ew[er] M[ajestä]t zum unnderthenigisten bedannckht, unns zu versteen geben, das gleichwol nit one sonnder nachdem er numer mit Alter beladen und dz Perckhrichterambt bey disen Leufften unnd Zeiten je lennger je beschwerlicher zuversehen seye*. Schönberger zeigte sich bereit, so lange es ihm aufgrund seines Alters noch möglich war, als Rechnungsrat für den Landesfürsten tätig zu werden. Dafür wollte man ihm, auch aufgrund seiner langjährigen Verdienste, einen Sold von jährlich 300 Gulden gewähren. Nach seinem Ausscheiden aus dem aktiven Dienst sah der Vorschlag der Tiroler Regierung und Kammer eine lebenslange Rente in Höhe von 200 Gulden im Jahr vor. Außerdem wollte man Schönberger bei Dienstreisen in Tirol ein Reitpferd zur Verfügung stellen[119].

---

[115] TLA, oöKKB, Bd. 242, Reihe Gemeine Missiven, Nr. 28 von 1554, fol. 729v-730r.
[116] TLA, oöKKB, Bd. 248, Reihe Geschäft von Hof, Nr. 55 von 1556, fol. 68v-70r.
[117] TLA, oöKKB, Bd. 249, Reihe Gutachten an Hof, Nr. 52 von 1556, fol. 66r.
[118] TLA, oöKKB, Bd. 249, Reihe Gutachten an Hof, Nr. 52 von 1556, fol. 65v-66r.
[119] TLA, oöKKB, Bd. 249, Reihe Gutachten an Hof, Nr. 52 von 1556, fol. 66v-67r.

Reislander wurde durch die Innsbrucker Regierungsstellen als neuer Bergrichter in Schwaz vorgeschlagen. Man lobte ihn als einen geschickten und tauglichen Bergbeamten, der das Bergwerk über und unter Tage von Grund auf kenne und im Bergbau noch selbst mit der Hand gearbeitet habe. Außerdem sei er ein guter Verfasser von Gutachten (*Schreiber*) und kenne sich im Rechnungswesen aus. Reislander sollte, so ein Vorschlag der Regierung und Kammer, ein jährliches Gehalt von 200 Gulden beziehen. Fünf Gulden sollte er für ein Hofkleid erhalten, 12 Gulden für (Brenn-)Holz. Außerdem wollte man ihm den Pachtzins für die Läden und Gewölbe im Berggerichtsgebäude erlassen. Die ihm nach der Bergordnung zustehenden Sporteln flossen Reislander gleichfalls zu. Von seinem Gehalt musste er allerdings 32 Gulden wieder abziehen, die er dem Berggerichtsschreiber jährlich *fur den Tisch* zu geben hatte. Doch Reislander lehnte das Angebot der Tiroler Regierung und Kammer zunächst unter dem Hinweis ab, dass er als Erzkäufer bereits einen Sold in Höhe von 200 Gulden erhalten habe und ihm dieses Gehalt mit 50 Gulden Gnadengeld aufgebessert worden sei. Reislander war nicht bereit, sich als Bergrichter mit einem niedrigeren Gehalt als zuvor zu begnügen. Die Räte wiesen in ihrer Stellungnahme an den König darauf hin, dass *unns auch wol bewist, das gedachtem Reißlander sonst anderer Ortten guette nuzliche Diennst unnd Conditionen, wo er die annemen wollte*, offen ständen[120]. Deshalb einigte man sich mit Reislander darauf, ihm die zuvor gezahlten 50 Gulden Gnad- und Dienstgeld auch als Bergrichter weiter zu gewähren, doch sollte er aus seinen Einkünften die 32 Gulden für den Berggerichtsschreiber übernehmen[121].

Der Amtswechsel von Schönberger zu Reislander wurde von einer Änderung der Montanpolitik der oberösterreichischen Regierung in Innsbruck sowie des landesfürstlichen Hofes begleitet. Sie führte zur Übernahme von Bergwerksanteilen am Falkenstein zu Schwaz durch den Staat und zur Einführung des Direktionsprinzips. Das Bergrichteramt behielt Reislander auch nach seiner Ernennung zum Faktor des landesfürstlichen Berg- und Schmelzwerkshandels im Jahr 1558 zunächst noch bei. In der Begründung des Königs, weshalb mit Reislander wegen der Übernahme der Leitung des Österreichischen Handels verhandelt werden sollte, heißt es: *Unnd wir nun gleichwol sovil den Factor und Diener belanngt, hin unnd wider unser Nachgedennckhen gehabt, wie wir unns zum pessten damit versehen mechten unnd anndre unnsere Amter mit unnsern geschickhten Dienern nit emplesten, aber auf dißmalen zu ain Factor nemannden anndern haben noch furzenemen wissen, dann unnsern yezigen Perckhrichter zu Schwaz, Erasmus Reißlannder. Sollen demnach ir deßhalben mit ime Hanndlung phlegen, diese Factorey anzenemen unnd euch mit ime auf unnser gnedigist Wolgefallen unnd Ratification ainer Besoldung vergleichen, auch bedacht sein, wem dz Perckhrichterambt wider zu ersezen seye, dann unnsers Erachtens solle Mathias Gartner, unser yeziger Perkhrichter zu Kitzpühl daher nit untauglich sein*[122]. Erst 1559 bestellte man mit Sebastian Turkhenstain (auch Duckhenstain) einen neuen Bergrichter in Schwaz[123]. Solange hatte Reislander offenbar dieses Amt in Personalunion zusammen mit dem Posten des Faktors ausgeübt.

Nach der Übernahme des Schwazer Bergrichteramtes durch Reislander wurden auch andere Ämter neu besetzt. Im Amt des Erzkäufers folgte ihm aber nicht Caspar Obrist nach, der nachweislich bis 1555 als sein Gegenschreiber tätig war[124], sondern ab 1556 Hans Prell, der diesen Posten aber nur 1556/57 innehatte[125]. Prell war über viele Jahre hinweg bei der Fir-

---

[120] TLA, oöKKB, Bd. 249, Reihe Gutachten an Hof, Nr. 52 von 1556, fol. 67v-68r.
[121] TLA, oöKKB, Bd. 249, Reihe Gutachten an Hof, Nr. 52 von 1556, fol. 68v.
[122] TLA, oöKKB, Bd. 261, Reihe Entbieten und Befehl, Nr. 60 von 1558, fol. 36r.
[123] TLA, oöKKB, Bd. 267, Reihe Entbieten und Befehl, Nr. 61 von 1558, fol. 138v-140r, 610r/v.
[124] TLA, oöKKB, Bd. 246, Reihe Entbieten und Befehl, Nr. 57 von 1555, Register.
[125] TLA, oöKKB, Bd. 249, Reihe Gutachten an Hof, Nr. 52 von 1556, fol. 68v; TLA, oöKKB, Bd. 256, Reihe Entbieten und Befehl, Nr. 59 von 1557, fol. 15v.

ma Paumgartner aus Augsburg beschäftigt gewesen[126], die 1553 ebenfalls ihren Montanhandel hatte aufgeben müssen. Die Herwart übernahmen beim Kauf der Paumgartnerschen Anteile auch deren Funktionsträger, u. a. den Erzkäufer Prell[127]. Letzterem wurde durch die Tiroler Regierung allerdings lediglich eine Besoldung in Höhe von 172 Gulden angeboten, obwohl sein Vorgänger, Reislander, wesentlich mehr verdient hatte. Die Kammerräte begründeten dies damit, dass man auch Erasmus Reislander zu Beginn seiner Tätigkeit nicht mehr gezahlt habe[128]. Im Jahr 1558 wurde dann Hans Erlacher in das Schwazer Erzkäuferamt berufen[129]. Als Gegenschreiber des Schwazer Erzkäufers stellte man 1556 Hans Kirchmair ein. Er war für das Bergwerk am Falkenstein im Schweren und Ringen Wechsel zuständig. Kirchmair, der besonders auf schlechtes Scheidwerk achten sollte, erhielt einen Sold in Höhe von 100 Gulden[130]. Am 1. Juni 1556 wurde Oswald Schifer zum Schichtmeister am *Weissen Schrofen, Horlerperg, Schlitterperg und Roggland, Hernwald und bei den Pfaffengruben, am Hohen und Niedern Radaun, Aicharn Egkh, in den Rossköpfen, im Weytental und am Rottenstain* berufen. Neben seiner Besoldung durch die Gewerken (!) erhielt er aus der landesfürstlichen Kasse 64 Gulden im Jahr und außerdem vier rheinische Gulden, für die er sich ein Hofkleid anfertigen lassen konnte[131]. Er war damit in einer merkwürdigen Zwitterstellung als Angestellter der Gewerken und Bergamtsbediensteter. Neben Reislander wird man auch Thoman Vasl (auch Fasl oder Fäßl) als Vertreter des Direktionsprinzips bezeichnen dürfen[132], wie unten näher erläutert wird. Er wurde am 3. Juli 1551 als Bergmeister in Schwaz eingestellt. Vasl bezog ein Gehalt in Höhe von 100 rheinischen Gulden, die ihm aus den Einkünften des Hüttenmeisteramtes zu Rattenberg mit jeweils 25 Gulden pro Quartal ausgezahlt werden

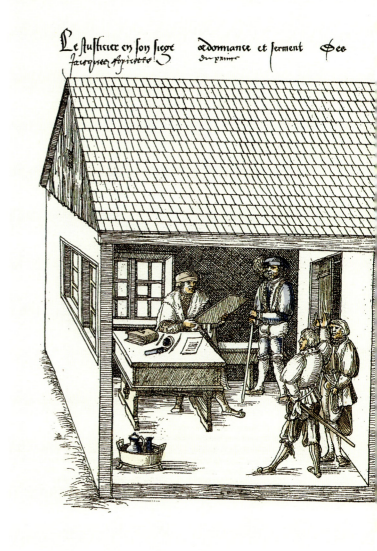

Abb. 33: Der Bergrichter an seinem Amtssitz. Verlesung der Bergordnung und Eid der Gesellen, Vogesen, Mitte des 16. Jahrhunderts (aus: La Rouge Myne de Sainct Nicolas de la Croix von Heinrich Gross – vgl. Winkelmann 1962, Taf. II und Brugerolles et al. 1992, S. 8).

sollten[133]. Er arbeitete sehr eng mit Erasmus Reislander zusammen, dem er zu einem nicht bekannten Zeitpunkt im Amt des Schwazer Bergrichters nachfolgte, denn noch 1559 wird er in einem Gutachten, für das er zusammen mit Erasmus Reislander und Sebastian Turkhen-

---

[126] TLA, oöKKB, Bd. 249, Reihe Gutachten an Hof, Nr. 52 von 1556, fol. 68v.

[127] Das Augsburger Handelshaus Paumgartner veräußerte seine Anteile an den Schwazer Bergwerken 1553 an Hans Paul und Heinrich Herwart (vgl. dazu Egg 1964, S. 46). Nach Westermann 1988, S. 110, sind die Paumgartner überdies nur bis 1552 als Schmelzherren zu belegen.

[128] TLA, oöKKB, Bd. 249, Reihe Gutachten an Hof, Nr. 52 von 1556, fol. 68v-69r.

[129] TLA, oöKKB, Bd. 261, Reihe Entbieten und Befehl, Nr. 60 von 1558, fol. 709r.

[130] TLA, oöKKB, Bd. 250, Reihe Bekennen, Nr. 54 von 1556, fol. 78v-79r. Er ist auch 1559 noch in dieser Funktion tätig. Vgl. dazu TLA, oöKKB, Bd. 267, Reihe Entbieten und Befehl, Nr. 61 von 1559, fol. 190r.

[131] TLA, oöKKB, Bd. 250, Reihe Bekennen, Nr. 54 von 1556, fol. 36r-36v.

[132] TLA, Pestarchiv XIV, Nr. 660, unpaginiert (letzte Seite des Gutachtens an den Kaiser sowie die Regierung und Kammer vom 26. November 1563; <fol. 20v>).

[133] TLA, oöKKB, Bd. 225, Reihe Bekennen, Nr. 49 von 1551, fol. 97r-98v; Isser 1904, S. 457 (Bergmeister 1552, Name verlesen!).

stain verantwortlich zeichnete, als Bergmeister genannt[134]. Im Jahre 1557 nahm er – weiterhin in der Stellung als Bergmeister – an der im Juni und Juli stattfindenden „Bergsynode" teil[135]. In den Jahren 1563 und 1564 hatte er dann nachweislich das Amt des Schwazer Bergrichters inne[136].

Das Amt des Berggerichtsschreibers wurde schon 1553 neu besetzt. Nach seinen Angaben gab Ludwig Lassl seinen einflussreichen Posten als Schwazer Berggerichtsschreiber im Jahr 1553 aus gesundheitlichen Gründen auf[137]. Dieses Amt hatte Lassl im März 1543 angetreten[138]. Am 11. Juli 1553 erging eine Anordnung der oberösterreichischen Regierung, dass der Bitte Lassls um Beendigung seines Dienstes entsprochen werden solle[139]. Als Nachfolger wurde am 29. Juli 1553 Melchior Obrist bestellt, der dieses Amt noch 1559 ausübte[140]. Aus einer Bittschrift an den Hof vom 18. Januar 1554 ist zu entnehmen, dass Lassl zwischenzeitlich von seiner Krankheit genesen war. Er bemühte sich 1554 mehrmals um eine Wiedereinstellung, aber man lehnte sein Ansinnen ab. Auch seine Bewerbung um das Amt eines Berggerichtsgeschworenen in Schwaz wurde abgewiesen[141]. Offenbar wegen seiner Eingaben an die Innsbrucker Regierung gestand man Lassl am 15. Februar 1555 schließlich eine Pension in Höhe von 25 fl. mit der Auflage zu, sich dem Landesfürsten und seiner Regierung als Ratgeber in Bergbauangelegenheiten zur Verfügung zu halten[142]. Im selben Jahr übernahm Lassl für die Firma Fugger die Aufgabe, ein Gutachten für diesen Großgewerken zu erstellen, wobei er offenbar nach der Fertigstellung der Denkschrift bemüht war, seine Verantwortlichkeit zu verbergen, indem er seinen Namen auf dem Dokument unkenntlich zu machen versuchte[143].

Personengeschichtliche Studien zu den Schwazer Bergbeamten waren und sind ein Desiderat der Forschung. Für die 1550er Jahre können nunmehr einige wichtige Informationen zur Entwicklung der Schwazer Beamtenschaft beigebracht werden. Die Schwazer Beamtenschaft war maßgeblich an der Umstrukturierung des Bergbaus und Schmelzwesens in einer schwierigen Situation beteiligt. In den Jahren 1556 und 1558 wurden Personen in wichtige Ämter berufen (besonders Reislander und Vasl), die sich maßgeblich für den Kauf von Bergwerksanteilen durch den Landesfürsten und damit durch den Staat aussprachen. Ältere Bergbeamte, z.B. Schönberger, beförderte man auf besser dotierte aber wenig einflussreiche Beraterposten. Begünstigt wurde die Entwicklung durch das Ausscheiden einiger Bergbeamter aus Alters- und Krankheitsgründen oder durch deren Tod. Neue sachkundige Bergbeamte rekrutierte die oberösterreichische Regierung teilweise aus dem Kreis der Angestellten der Schmelzer und Gewerken (Reislander, Obrist). Besonders im Blick auf Reislander ist seine

---

[134] TLA, Pestarchiv XIV, Nr. 476 von 1559: Falkensteiner Schmelzwerk und Bergbau; unpaginiert <fol. 1r-5v>.

[135] TLA, Pestarchiv XIV, Nr. 777, fol. 3r.

[136] Scheuermann 1929, S. 129 (1563); TLA, Pestarchiv XIV, Nr. 315: Berichte und Akten zum Schwazer Bergbau 1537, 1543, 1564, 1594, Gruben im Schweren und Ringen Wechsel, unpaginiert, Schreiben vom 22. April und 12. Juni 1564.

[137] TLA, oöKKB, Bd. 237, Reihe Gemeine Missiven, Nr. 27 von 1553, fol. 609v-610v.

[138] TLA, oöKKB, Bd. 185, Reihe Bekennen, Nr. 41 von 1543, fol. 10v-11r.

[139] TLA, oöKKB, Bd. 237, Reihe Gemeine Missiven, Nr. 27 von 1553, fol. 610r. Vgl. Egg 1956, S. 258; ders. 1988, S. 32; Fettweis 1994, S. 3.

[140] TLA, oöKKB, Bd. 237, Reihe Gemeine Missiven, Nr. 27 von 1553, fol. 610r; TLA, oöKKB, Bd. 235, Reihe Bekennen, Nr. 51 von 1553, fol. 59v-60r (Bestallungsurkunde); TLA, oöKKB, Bd. 267, Reihe Entbieten und Befehl, Nr. 61 von 1559, fol. 608r.

[141] TLA, oöKKB, Bd. 239, Reihe Missiven an Hof, Nr. 50 von 1554, fol. 5r-5v; Bescheid vom 28. September 1554: TLA, oöKKB, Bd. 239, fol. 355r-355v.

[142] TLA, oöKKB, Bd. 243, Reihe Geschäft von Hof, Nr. 54 von 1555, fol. 33v-34r; TLA, oöKKB, Bd. 245, Reihe Bekennen, Nr. 53 von 1555, fol. 43r-44v.

[143] Scheuermann 1929, S. 91.

Erfahrung im Dienst von Großgewerken des Schwazer Bergbaus von Bedeutung, denn vor dem Hintergrund seines beruflichen Werdegangs vermochte er die Umstände und Verhaltensweisen der Großgewerken natürlich weit besser zu verstehen und einzuschätzen, als das ohne diese Erfahrungen möglich gewesen wäre. Am Beispiel der Familie Obrist wird deutlich, dass auch familiäre Beziehungen bei der Besetzung von Posten in der Schwazer Montanverwaltung nicht hinderlich waren.

9. Die Berginstruktion Ferdinands I. von 1556*

a) Die Hintergründe

Im Jahr 1555 fand ein großer Tiroler Landtag statt, bei dem Ferdinand I. persönlich anwesend war. Er und seine Regierung wurden bei dieser Gelegenheit scharf von der Landschaft angegriffen, die immerhin für die Genehmigung der Landessteuern zuständig war. Im Mittelpunkt der Kritik standen die Beziehungen des Hofs und der Regierung zu den „Ausländern" aus Augsburg, den großen Handelshäusern und ihren Repräsentanten, die immer wieder als Kreditgeber herangezogen worden waren. Die Landschaft übte scharfe Kritik wegen eines jüngsten Darlehens der Fugger über 56.000 Gulden. Sie beklagte die Abnahme des Bergbaus und den Wegzug von über 3.000 Bergleuten aus den Gerichtsbezirken Rattenberg und Rottenburg. Die Schuld schob man auf die „Ausländer" und darauf, *dass sie nicht ‚trostlich' bauen, sondern ‚allain den raub nemmen' usw. Mit ganz besonderer Schärfe aber wendete man sich namentlich gegen die „Käufe"* (Metallankäufe der Großkaufleute bei den landesfürstlichen Betrieben zu Vorzugskonditionen gegen Gewährung von Krediten an König und Regierung) *und forderte in einer bisher noch nicht gehörten kategorischen Weise, dass damit Schluss gemacht werde,* so Ludwig Scheuermann, der weiter ausführte, von besonderer Wichtigkeit sei *die Tatsache, dass von der Landschaft, also der Verkörperung der engsten einheimischen, streng tirolischen Interessen, der eigentliche Kampf gegen „sy, die von Augspurg" ausging. Als ein deutliches Aufbäumen der – wenn man so will – „nationalen" Instinkte gegen diese Übermächtigen von „draußen", die nicht nur durch ihr Geld und ihren Einfluss Eifersucht erweckten, sondern auch sonst ganz einfach als Fremdkörper empfunden wurden.* Scheuermann wies darauf hin, dass die Regierung in Innsbruck lange zwischen Unterstützung und Ablehnung der „Augsburger" schwankte, was er vor allem in wechselnden Abwehrmethoden gegen die Forderungen der Landschaft begründet sah. Diese verlangte immer lauter, *alles Nicht-tirolische müsse ... verschwinden. Mit der Erfüllung der landschaftlichen Forderung aber rücken auch Regierung und Kammer in die Einheitsfront gegen die „Ausländer" ein*[1]. Der König und gleichzeitige Tiroler Landesherr Ferdinand geriet damit unter Druck, sich gegen die Gewerken zu stellen.

Ursachen dazu erwuchsen auch aus der neuen Reichsmünzordnung, die am 1. April 1552 ergangen war. Der Landtag von 1555 forderte nämlich, der König müsse für die Einhaltung der Münzordnung sorgen. Um das Land mit guter Münze zu versorgen, müsse insbesondere erreicht werden, dass die Kaufleute, die an den Silberkäufen beteiligt waren, ihr gesamtes Silber zu einem annehmbaren Preis an die Münze in Hall verkauften. In dieser Sache war sich Ferdinand mit dem Landtag einig. Schon vor dem Landtag, am 21. März 1555, hatte Ferdinand ein Mandat in Tirol und Vorderösterreich erlassen. Es verbot den Verkauf von Silber ins Ausland, von wo es als schlechte Münze wieder zurückfloss und die Ökonomie im Land erheblich störte, und es stellte die nunmehr illegalen Ausfuhren unter Strafandrohung (Beschlagnahme des Silbers und Vermögenseinzug). Wer entsprechende Delikte anzeige, sollte ein Drittel der Summe als Lohn erhalten. Am 25. September gab der Reichstag einen ganz ähnlichen Münzerlass heraus[2]. Da sein Bruder, Kaiser Karl V., am 5./7. September 1555 zurückgetreten war und König Ferdinand seine Geschäfte weiterführte, stand er nun hinsichtlich der Reichsmünzordnung und ihrer tatsächlichen Durchführung in Zugzwang. Am 14. Dezember ordnete Ferdinand an, dass die Münzordnung von 1552, deren Durchführung bis

---
* Vgl. Abdruck S. 529-554.
[1] Scheuermann 1929, S. 80-81.
[2] Scheuermann 1929, S. 82; Pölnitz Bd. 3.1, 1971, S. 552-555.

Abb. 34: Kaiser Karl V. und König Ferdinand I. Radierung (Monogrammist C.B.), um 1530 (nach Egg 1986).

dahin verhindert worden sei, nun in Kraft trete. Der Taler sollte zum 1. Mai 1556 vom bis dahin gültigen Kurs zu 70 Kreuzern auf einen neuen von 68 Kreuzern gesetzt werden[3].

Vor dem Hintergrund dieser Beschlüsse verlangte Ferdinand von den Großgewerken nicht nur, dass sie alles Silber, das nicht ausdrücklich vertraglich in ihrer freien Verfügung stand („Freisilber"), der Münze in Hall verkaufen müssten, sondern auch zu einem um 6 Kreuzer gegenüber den bisherigen Regelungen verminderten Preis. Auch strebte er an, dass nach Ablauf noch gültiger Verträge auch das Freisilber zu einem Festpreis an die Münze abzuliefern wäre. Nun war allerdings schon 1554 von einem Faktor der Fugger, Sebastian Kurz, der Nachweis geführt worden, dass die Haller Münze nach Abzug aller Münzkosten aus der Mark Silber 12 Gulden 21 Kreuzer erzielte. Also war schon eine Bezahlung zu 12 Gulden 6 Kreuzern mit einem Gewinn von 15 Kreuzern pro Mark Silber für die Münze und damit für den Landesherren verbunden. Im Jahr 1556 ergab eine Aufstellung über das Ausmünzen in Hall, dass aus einer Mark Silber 12 Gulden 25 Kreuzer und drei Vierer erzielt wurden, also nochmals deutlich mehr als 1554. Dennoch sollte nach der Berginstruktion vom Mai 1556 ein Ankaufpreis von nur 12 Gulden gegenüber den Gewerken durchgesetzt werden: Das Angebot der Fugger, Silber zum Preis von 12 Gulden 12 Kreuzer abzugeben, sowie der Firma Link und Mitverwandte, die für 12 Gulden 6 Kreuzer pro Mark zu verkaufen bereit war, sollte zurückgewiesen werden:

Dieweil vnns aber ain solchen hohen Silberkhauf anzunemen/ vnd die Silber auf die new Münzordnung zu vermünzen vnertreglich/ vnd nit wenig beschwerlichen/ das sy one vnser habende Bewilligung/ dermassen mit den Silbern/ ihres Gefallens frey sein wellen/ vnnd des aber mitnichten Fueg haben/ Sollen demnach vnser Commissarien nochmallen/ von vnnsern wegen mit inen alles Ernnsts hanndlen/ damit sy vnns ire Vertrag- auch Gnadsilber/ so sy

---
[3] Scheuermann 1929, S. 82.

allenthalben in der Grafschafft Tirol machen vnd erobern aus der vorgemelten Vrsache yede derselben Marckh Feinsilber wiennerisch Gewicht/ per zwelf Gulden kheufflichen in vnser Münz zu Hall antwurten/ Oder aber wo sy/ oder ayns Thails aus inen/ vorhin gegen anndern mit solichen Silbern dermassen verschriben/ das sy dieser Zeit dieselben alle in vnnser Münz nit dargeben khündten oder mechten/ Das doch dieselben so also mit iren Silbern verschriben sein/ vnns mitler Zeit/ biß sich die Verschreibungen gegen annndern erledigen/ vnd vnns alle Silber volgen wurden mügen/ ain benante Anzall, als die zwen Dritthail aus yeden mahenden Silber dargeben (am Rand von anderer Hand: *vnversprochne Silber darzegeben*)/ *Aber bey Vermeidung vnnser Vngnad vnd Straff niemandt verrer ainiche Silbern verkhauffen/ sondern vns nach Außgang voriger Verschreibungen vollig zuestellen*[4]. Scheuermann schlussfolgerte, dass Ferdinand I. hier geradezu eine *neue Art von Regalabgabe* durchzusetzen versuchte. Er wies außerdem darauf hin, dass, den von ihm edierten Kreditverträgen nach, die Großgewerken eindeutig das Recht hatten, ihr Frei- sowie Kaufsilber nach ihrem Belieben auch ins Ausland zu verkaufen oder auch an andere abzugeben[5].

Hier versuchte mit anderen Worten König Ferdinand in recht grundlegender Weise, die Geschäftsgrundlage in den Beziehungen zu seinen Kreditgebern einseitig zu verändern. Es kann nicht verwundern, dass er bei diesem Vorhaben auf entschiedenen Widerstand der Großgewerken stieß, die ja gleichzeitig seine Hauptgeldgeber waren. Diese mussten geradezu davon ausgehen, dass der König von der alten und grundlegenden Regel abzuweichen gedachte, derzufolge Verträge zu erfüllen waren. Tatsächlich setzten die Reichsmünzordnung und die Münzedikte in Tirol und im Reich Bedingungen, denen die älteren Verträge der Gewerken direkt zuwider liefen. Die konsequente Durchsetzung der Ordnung und Edikte musste Vertragsbrüche gegenüber den Kreditgebern des Königs nach sich ziehen, die Erfüllung von deren noch gültigen Verträgen umgekehrt Verletzungen der Edikte und der Reichsmünzordnung. Es ist notwendig, diese Hintergründe zu berücksichtigen, um das Verhalten beider Seiten und die Intentionen der zu diskutierenden Berginstruktion des Königs verstehen zu können.

b) Die landesfürstliche Sicht

Die Instruktion richtete sich an Statthalter, Regenten und Kammerrat der oberösterreichischen Lande und besonders an die Mitglieder einer zu bildenden Kommission, die neuerdings mit den Schwazer Großgewerken verhandeln und nach einvernehmlichen Lösungen suchen sollte. Hofkammerrat Christoph von Küneritz, die Räte Heinrich von Gersdorf auf Dobrilug und Christoph von Gendorf zu Hohenelb sowie der Bergrichter von Schladming, Georg Nidrist[6], wurden als Mitglieder der zu bildenden Kommission bestimmt. Sie sollten, wie abschließend verordnet wurde, nach Bedarf *erfarne und geschickhte perckhverstenndige Personen* aus einer Gruppe von namentlich benannten Bergleuten – Wolfgang Kramer, Wolfgang Göschl, Wolfgang Grenner, Mathis Feutsperger, Hans Waltinger, Hans Hader, Caspar Tenzlpichler und Balthasar Kirchhueber – als weitere Mitglieder der Kommission bestimmen[7]. Keiner

---

[4] TLA, Pestarchiv, Nr. 477, fol. 22v-23r, vgl. den Abdruck des Textes Bd. II, S. 529-554.
[5] Scheuermann 1929, S. 82 und Anhang I, S. 416: Vertrag vom 15. November 1544: *Es sollen und mugen auch die gemelten Fugger oder ire erben sölche obgemelte ire erkauffte 15.151 marckh 8 lot 2 pfenig und 2/3 pfenig silbers frey irem willen und gefallen nach aus dem land verfüeren, anndern verkhauffen, auch die verweisung des gelts vnd silber gar oder zum thail übergeben.*
[6] Zu seiner Funktion vgl. TLA, Pestarchiv XIV, Nr. 777, fol. 2v.
[7] TLA, Pestarchiv XIV, Nr. 477, fol. 2r u. 30r-30v.

dieser Männer ist als Bergsachverständiger während der 1550er Jahre im Schwazer Berggerichtsbezirk bezeugt, so dass es sich wohl um auswärtige Experten handelte.

Einleitend wurde zunächst auf die Bedeutung des Montanwesens in Tirol für die Einnahmen des Landesherrn und das Allgemeinwohl hingewiesen. Seit seinem Regierungsantritt habe Ferdinand den Bergbau durch Berggesetze, Hilfen und Gnaden gefördert, wie seine Vorgänger. Ein besonderes Augenmerk habe dabei dem Falkenstein gegolten.

Die Gesamtheit der Schmelzer und Gewerken klage aber seit vielen Jahren, aufgrund der umfangreichen Aktivitäten sei gerade der Falkenstein weitgehend ausgehauen, die Hauptgänge seien abgebaut, in immer größerer Bergestiefe müsse man immer schmalere und kleinere Gänge bei wachsenden Aufwendungen für Gewinnung, Förderung und Grubenausbau heraushauen. Die Zuschläge für die Hüttenarbeit hätten sich verteuert, die nahe gelegenen Waldungen seien abgehauen und man müsse unter hohen Kosten entferntere Waldungen nutzen. Daher hätten die Gewerken immer neue Hilfen und Unterstützungsgelder gefordert, und zwar ungeachtet der Türkenkriege und hoher sonstiger Ausgaben der Regierung.

Vor langen Jahren sei der Abnahmepreis der Münze für Silber von nicht mehr als fünf Gulden pro Wiener Mark um zwei Gulden angehoben worden, außerdem sei den schmelzenden Gewerken zunächst ein Viertel, dann die Hälfte des produzierten Silbers als „Gnadsilber" nur gegen Berechnung von einem Gulden und 40 Kreuzern als Wechsel-Abgabe überlassen worden, den inländischen Gewerken Tänzl und Stöckl sogar zwei Drittel[8].

Als die Firmen Tänzl und Stöckl ausgeschieden seien (1552), habe der Landesherr den Käufern dieser Unternehmen, den Vettern Mathias und Christof Manlich sowie Hans Dreiling, zwei Drittel ihres Silbers aus dem Falkenstein von 1553 an für fünf Jahre als Gnadensilber zu denselben Konditionen überlassen, ferner für den ehemaligen Stöcklschen Handel auf zehn Jahre einen Zuschuss von 4.000 Gulden jährlich gewährt. Für den ehemals Tänzlschen Handel, den die Manlich, soweit es sich um Betriebe mit der Abgabe des schweren Wechsels gehandelt hatte, an das Konsortium Ulrich Link, Anton Haug und Teilhaber weitergegeben hatten, waren jährlich je 2.000 Gulden Zuschuss für zwölf Jahre gewährt worden. Diese Zuschüsse wurden aus der Münze in Hall ausgezahlt. Auch sei den Gewerken vor vielen Jahren für das Bergwerk *Erbstollen zu Schwaz* die Abgabe des geringen Wechsels von nur 30 Kreuzern pro Mark Silber eingeräumt worden. Erst im Vorjahr sei ihnen ein Drittel der Baukosten für die Anlage des Kunstschachtes und die dortige Wasserhebeanlage als Beihilfe bewilligt worden, außerdem sei 1554 die Abgabe des geringen Wechsels um 20 Jahre verlängert worden. Im Vergleich zur Zehnt- oder Fronabgabe in anderen Bergbaurevieren sei das eine angemessene Belastung, über die sich niemand beschweren könne[9].

Für andere Bergwerke sei auch schon lange nur der geringe Wechsel von 30 Kreuzern pro Mark oder auch eine noch kleinere Abgabe gefordert worden; manche habe man auch ganz vom Wechsel befreit. Man habe die Zusammenlegung von Gruben gestattet und die Wälder kostenlos zum Einschlag von Gruben- und Kohlholz zur Verfügung gestellt. Auch habe man manchen Gewerken das Kupfer und Silber aus der Hütte des Landesherrn zu Vorzugspreisen überlassen. Aus der vorgestreckten Bezahlung für die Metalle (eine euphemistische Bezeichnung für die Kredite, die die Kaufleute dem Landesherrn eingeräumt hatten), den daraus flie-

---

[7] TLA, Pestarchiv XIV, Nr. 477, fol. 2r u. 30r-30v.
[8] TLA, Pestarchiv XIV, Nr. 477, fol. 3v.
[9] TLA, Pestarchiv XIV, Nr. 477, fol. 3v-4v.

ßenden Zinsen (*des davon gepürend Interesse*) und den Metallen selbst hätten diese Gewerken großen Gewinn gezogen[10].

Von erheblichem Interesse sind die Ziele, die nach der Instruktion mit den landesherrlichen Fördermaßnahmen verknüpft waren: Die so Geförderten sollten sich *als pawlusstige Gewerckhen einlassen unnd die Arbaiter und Lehenhayer/dermassen gehalten/ das sy derselben Gnaden unnd Hilffen auch genießlich emphinden/ Unnd sich mit Weib und Khinden/ bey dem Perg/ unnd der Arbait erhalten mügen heten/ Und also die Arbaiter/ zu getreuer guetter Arbait geraizt und geliebt haben/ auf das die Manschafft erhalten und geneert/ meer Ärzt/ weder ain Zeit heer beschehen/ gehawen worden were/ in Betrachtung das dises Perckhwerch/ allain durch die Menig der Arbaiter unnd statliche Belegung erhalten werden mueß*[11]. Die Instruktion betonte mithin, dass hier auch eine Förderung der arbeitenden Mannschaften und ihrer Familien erfolgen sollte, also auch sozialpolitische Zwecke verfolgt wurden.

Die Gewerken hätten sich allerdings keineswegs entsprechend verhalten. Vielmehr hätten Anton Fugger – die Instruktion nennt ihn hier noch *unnser und des Reichs lieben Getreuen ... unnser Rat* – und seine Söhne sowie Ulrich Link, Anton Haug und Teilhaber verlangt, mit denselben Privilegien bedacht zu werden wie die Manlich und Dreiling, die die Anteile der Tänzl und Stöckl übernommen hatten. In diesem Zusammenhang hatten diese weitergehende Vergünstigungen erhalten als die Gruppe Fugger-Link-Haug. Als der Landesherr diese 1553 erhobene Forderung nicht beantwortet habe, hätte die Gruppe den Hinlass auf das Jahr 1554 solange verweigert, bis ihnen schließlich die verlangte Gleichstellung mit der anderen Gewerkengruppe zugebilligt worden sei[12]. Mit anderen Worten hatten die Firmen Fugger und Link/Haug die Verweigerung des Hinlass der Arbeiten an die Hauer als Druckmittel eingesetzt und demonstrativ gerade die soziale Absicht des Landesherrn als Hebel zur Durchsetzung ganz anderer Interessen genutzt.

Als der Landesherr schließlich nachgegeben habe und ihnen neben der Gewährung von zwei Gulden „Gnadengeld" auf jede Mark von zwei Dritteln ihrer Silberproduktion weitere Vergünstigungen für ihre Bergwerksanteile in den Gerichten Rattenberg und Rottenburg eingeräumt habe, hätten sie nicht etwa Ruhe gegeben, sondern – nun zusammen mit den Manlich und Dreiling – neue Forderungen gestellt und Beschwerden eingelegt. Aber auch diese habe man untersucht und nach Möglichkeit geregelt[13]. Dennoch seien neue Forderungen nach höheren Hilfsgeldern erhoben worden, und zwar nun mit der Begründung, der Bergwerksbetrieb entwickle sich defizitär, man „verbaue" dort hohe Summen[14]. Dies allerdings wird in der Instruktion bezweifelt. Es könne zwar sein, dass hie und da tatsächlich Defizite aufträten. Dies aber sei beim Bergwerksbetrieb nicht ungewöhnlich. Dass man aber insgesamt den Betrieb wegen enormer Kostensteigerungen nicht mehr so weiterführen könne wie bis dahin, sei unglaubwürdig, die Zahlenbelege seien konstruiert[15]. Am Beispiel der Zusammenlegung von Gruben im Ringenwechsel wurde dies näher erörtert. Nicht schlechte Erzanbrüche seien

---

[10] TLA, Pestarchiv XIV, Nr. 477, fol. 5r.
[11] TLA, Pestarchiv XIV, Nr. 477, fol. 5v.
[12] TLA, Pestarchiv XIV, Nr. 477, fol. 5v-6v.
[13] Nämlich wegen: Erzdiebstahl am Berg, des Verbotes von „dreierlei Scheidwerk", Verbotes ausländischer Weine, wegen „Fürkauf" und unerlaubtem Pfennwerthandel der Ladenbetreiber in Schwaz, wegen der Holzarbeit im Zillertal und auf der Schönwiese, wegen der Abhaltung einer allgemeinen Bergbeschau und Bergsynode, wegen der Steuerveranlagung, wegen Wegzug von Knappen in den Krieg, wegen Frevels der Knappen untereinander, wegen illegaler kleiner Silberschmelzen, wegen des Verhaltens leitender Bergbeamter, schließlich wegen des Rates von Rattenberg – TLA, Pestarchiv XIV, Nr. 477, fol. 6v-7r.
[14] TLA, Pestarchiv XIV, Nr. 477, fol. 7v-8v.
[15] TLA, Pestarchiv XIV, Nr. 477, fol. 9r-9v.

die Ursache von Defiziten im Grubenbetrieb, sondern Sparmaßnahmen bei der Erzprospektion und beim Aufschluss neuer Abbaufelder. Statt Neuaufschlüsse von Erz zu forcieren, werde Geld eingespart, indem man Feldörter und Suchorte einstelle. Eben das sei nach den Grubenzusammenlegungen im Ringenwechsel geschehen, wo sich infolge dessen die Produktion und Belegung drastisch vermindert habe. Dies und schlechte Abnahmepreise für das Erz als weitere Maßnahme zur Kostensenkung bewirkten am Ende die Probleme des Bergbaus, die angeblich dadurch behoben werden sollten[16].

Das Argument, die Unternehmen Stöckl und Tänzl seien zu Grunde gegangen, weil sie zu hohe Ausgaben auf Such- und Aufschlussarbeiten und insgesamt auf die Bergwerke verwendet hätten, sei falsch. Vielmehr hätten diese ihre Unternehmen mit Kreditverträgen belastet, indem sie Metall auf Vorschuss verkauft hätten, das sie dann nicht liefern konnten, wodurch sie sich mit hohen Zinsverpflichtungen auf die erhaltenen Vorschüsse belastet hätten. Außerdem seien es *ungewondte, ungepreuchliche und unperckhmanische Veränndrungen und Ordnungen am Perg/ wie sich die Gwerckhen ydezo etwa fürzenemen unnderst een,* welche *ain Perckhwerch in groß Verpawen/ unnd letstlich gar zum Abfall und Erligung bringen mügen*[17]. Mit anderen Worten wurde den Gewerken selbst die Schuld gegeben, wenn es denn tatsächlich zu negativen Entwicklungen im Bergbau gekommen sein sollte. Dass die Praxis von Metallverkauf auf Vorschuss nur eine Fortsetzung der Praktiken des Fürsten selbst im Umgang mit den Handelsfirmen darstellte, hier mit anderen Worten die Vorwürfe der Landschaft an die Regierung, die Kammer und letztlich den Landesfürsten selbst bloß an eine andere Adresse weitergeleitet wurden, und zwar bei durchaus nicht ungeschickter Aufnahme der Ressentiments gegen die „Ausländer", wurde nicht gesagt. Es finden sich zwar keine direkten Angriffe auf die Augsburger Firmen, stattdessen aber betontes Lob der zu Grunde gegangenen Tiroler Firmen Tänzl und Stöckl, denen ausdrücklich *vilfeltig trosstlich tapffer Pawen/ Undersuechung viller Gepew* bestätigt wurde[18]. Aus gutem Grund hätten sie weitergehende Privilegien inne gehabt als auswärtige Firmen[19].

Nach ausführlichen Wiederholungen der bis hierhin verfolgten Argumentationen erging zunächst die Anweisung an die Kommission, am 30. Juni 1556 in Innsbruck einen Termin anzuberaumen, bei dem die Gewerken nochmals angehört werden sollten. Vor allem aber lautete der Auftrag der Kommission, alle *fürgeprachten Beschwerarticl/ mit bemeltem unserm inen hievor wolbedachtlichen und gebürenden Beschaid* zu *widerlegen*[20]. Ganz besonders die geforderte Bergbeschau und Synode sollten abgelehnt werden, diesbezüglich solle sich die Kommission *mit inen gar in kainem Weg nicht einlassen.* Es sei keine stichhaltige Begründung für die Notwendigkeit und Nützlichkeit solch einer Bergbeschau und Synode vorgebracht worden.

Die Bergbeschau, also eine offizielle Untersuchung und Beurteilung der Gruben und ihrer Situation durch unabhängige Experten, sei eher schädlich als nützlich und könne argumentative Munition für die Großgewerken liefern: Auswärtige Experten, die mit den besonderen Verhältnissen nicht vertraut seien, *würden den Perg gar für nichts halten vnnd erkhennen/ vnnd der dardurch dermassen beschrait werden/ das sy, die Gwerckhen/ die one das zu Erlangung dest merer Gnad vnd Hilff wenig darauf halten wellen/ in solchens Fal ir Intent vnd Vorha-*

---

[16] TLA, Pestarchiv XIV, Nr. 477, fol. 10r-12r.
[17] TLA, Pestarchiv XIV, Nr. 477, fol. 12r-12v.
[18] TLA, Pestarchiv XIV, Nr. 477, fol. 12v.
[19] TLA, Pestarchiv XIV, Nr. 477, fol. 6r.
[20] TLA, Pestarchiv XIV, Nr. 477, fol. 16v.

ben/ auch fürtragendt beschwärlich Verpawen/ dardurch vnns zu Nachtaill zu bestetten/ vermainen wurden/ Dann ob gleichwol diß Berckwerch von wegen der Lanngwierigchait/ Dieff vnd Weite in das Gepürg/ vber sich/ vnder sich/ vnd neben sich verhawen/ also das die dickhen Geng/ nit meer dermassen/ wie vor vill Jaren/ oder an annden Perckhwerchen vor Augen/ sonnder an den meren Orten nicht vill sonnders als die schmalen Streiffen zu sehen/ So ist doch dits Pergs Aigenschafft/ wo trostlichen darein gesetzt/ den schmalen Streiffen vnd Genngen nachgesucht/ vnd mit der Menig belegt werden/ das noch stattigs vil Ärzt gehawen/ vnd ymerdar darneben was erpawt/ das die Gwerckhen solches ihres Pawens wol ergezt worden sein/ Das dann fürohin noch also verhoffenlichen[21].

Auch der König und seine Berater mussten zur Kenntnis nehmen, dass die mächtigen Gänge, die in großer Menge hochwertiges Erz zu liefern vermochten, abgebaut waren. Sie unterstellten indessen in voluntaristischer Weise, dass man solche bei intensiven Sucharbeiten schon wieder auffinden werde. Nicht die Anpassung an eine veränderte Situation sei notwendig, es sei vielmehr durch vermehrte Anstrengung die alte Situation wieder herzustellen. Eine Bergbeschau könne eben wegen des derzeitigen Fehlens mächtiger Vererzungen geradezu den Eindruck vermitteln, dass die Gewerken mit ihren Klagen Recht hätten. Daher sei eine solche offizielle Untersuchung nicht im Sinne des Landesfürsten. Anstatt dessen propagierte man das „Prinzip Hoffnung".

Eine Bergsynode sei auch nicht erforderlich und könne keine Ergebnisse bringen, denn die bestehenden *Erfindungen Ordnungen vnd Bevelh/ so alzeit one Zweifl mit zeitigem Rat der Berckhverstenndigen außganngen/ Darauf auch nun lange Zeit heer gehaut/ gepaut/ gericht/ vnd gehanndelt worden,* seien so gut und verlässlich, dass man sie *dieser Zeit nit zu verpessern* vermöge[22]. Weder hinsichtlich des Betriebs noch bezüglich der Bergrechte seien Veränderungen erforderlich und wünschenswert.

Kurz gesagt ging die Berginstruktion davon aus, Veränderungen in der Situation des Montanwesens seien nur scheinbar gegeben, weshalb es unangemessen und unangebracht sei, darauf reagieren zu wollen, wie das die Gewerken beabsichtigten und unerlaubter Weise auch in die Tat umsetzten, so weit sie das konnten. Letzteres wurde als „schädliche Neuerungen" nicht als Reaktion auf die Verhältnisse gesehen, sondern als Ursache negativer Trends.

---

[21] TLA, Pestarchiv XIV, Nr. 477, fol. 25v-26r.
[22] TLA, Pestarchiv XIV, Nr. 477, fol. 25r-25v.

c) Das Problem der Silberverkäufe

So sehr aber die Instruktion Veränderungen ablehnte, auf die die Großgewerken drängten, so ausgeprägt war dennoch der Wunsch, Veränderungen im Sinne des Landesfürsten und seiner Berater durchzusetzen. Bezug nehmend auf die Verordnung Ferdinands vom 14. Dezember 1555 zur Einführung der Reichsmünzordnung in Tirol wurde schon Ende Januar 1556 ein Bericht über die Vorbereitungen durch die Münzstätte Hall zur Umsetzung der Ordnung durch die Regierung in Innsbruck an die Kammer gesendet. Man hatte das Münzbild festgelegt. Die Münzordnung schrieb vor, *das aus der Wiener fein Mk. Silber inn gantz und halb Guldiner, Zwaintziger, Zwelfer, Zehner und Sexer, so all am Halt als p. Mk. 14 Lot 2 Gran fein halten sollen, ausgebracht werden 12 gl. 14 k 3½ f* (= 12 Gulden, 14 Kreuzer und 3,5 Vierer). *Zu versteen, das die zwelf Gulden der Silberkauf und die 14 k. 3½ f. der Müntzuncosten einer jeden Mk. der andern zu Hilff sein soll.* Es wird allerdings gleich darauf hingewiesen, dass man Schwierigkeiten mit den Gewerken zu befürchten habe, weil *sy die Silber umb vil höhern Werdt, als zum wenigsten die Mk. p. 12 f 12 k andern verkauffen mugen*[23]. Es wird im Bericht angefragt, ob der König nicht bei den Reichsständen darauf hinwirken wolle, dass der Ankaufpreis auf 12,5 Gulden heraufgesetzt werden könne[24]. In aller Ausführlichkeit befasste sich die Instruktion mit der Frage des Verkaufs von Silber und dessen Konditionen. Die Gewerken hatten dem Text zufolge angeboten, ihr Silber der Münze in Hall zu verkaufen, wie verlangt, allerdings zum Marktpreis, den sie auch andernorts erzielen könnten, *dann sy weren mit solch iren Silben frey/ möchten die verkhauffen an Ort, da sy es am höchsten hinbringen khündten*[25]. Den Gewerken sei entgegenzuhalten, dass der König sich gar nicht anders verhalten könne. Er müsse der neuen Reichsmünzordnung folgen und diese durchsetzen, die Stände des Reichs hätten dem Folge zu leisten. Er verlange nicht aus Eigennutz, sondern aufgrund des Gemeinwohls den Verkauf des Silbers zu neuen Konditionen. Es gehe darum, dass *zu Fürderung gemaines Nuz ... die pösen argen geringen Münzen aus dem Lanndt außgetilgt* würden. Der König würde das Silber ja selbst gerne höher bezahlen, solle die Kommission den Gewerken übermitteln. Das sei aber nun einmal nicht möglich, *weil es aber dieser Münzordnung nach nit stathaben mechte*[26]. Wenn den Gewerken bisher zugestanden worden sei, Silber andernorts zu verkaufen, sei das als eine Begnadigung und nicht als ein Anrecht zu verstehen. Solch eine Begnadigung könne in Zukunft aber nicht mehr zugestanden werden. Die Kommission wurde beauftragt, den Gewerken die Standpunkte des Königs und seiner Berater zu vermitteln und sie davon zu überzeugen, dass sie alle Forderungen zu akzeptieren hätten.

---

[23] TLA, oöKKB, Bd. 249, Reihe Gutachten an Hof, Nr. 52 von 1556, 31. 1. 1556, fol. 87v.
[24] TLA, oöKKB, Bd. 249, Reihe Gutachten an Hof, Nr. 52 von 1556, 31. 1. 1556, fol. 90v.
[25] TLA, Pestarchiv XIV, Nr. 477, fol. 20r.
[26] TLA, Pestarchiv XIV, Nr. 477, fol. 20v.

Ausführlich wurde der Kommission erläutert, dass die verschiedenen Großfirmen in Verhandlungen uneinheitliche Positionen vertreten hatten und offenbar eine grundsätzliche Bereitschaft zu Kompromissen da sei. Aber die Vorschläge der Firmen seien nicht akzeptabel, sie hätten sich den Forderungen des Königs zu beugen[27].

Eines der Anliegen der Gewerken bestand darin, mit einer Veränderung der Erzaufbereitung auf die andere Qualität der nunmehr gewonnenen Roherze zu reagieren. Obwohl aber in der Instruktion ausweislich der oben zitierten Passagen durchaus zugestanden wurde, dass sich die Qualität der in Abbau befindlichen Gänge und damit notwendig, die Qualität des abgebauten Erzes verändert hatte, wurde dieses Ansinnen neuerdings geradezu mit Empörung zurückgewiesen. Derartige Veränderungen *oder annndere unbefüegte Neuerungen* seien *unns und gemainem Perckhwerch nachtaillig und schedlich* und würden *zu grossen unwiderpringlichen Schaden und Nacht*(ei)*l ... unns, auch gemeinem Perckhwerch und inen den Gwerckhen selbs* (ge)*raichen*[28]. Oben wurde das bergamtliche Gutachten zitiert, dem zufolge der Einsatz von Pochwerken als schädlich eingeschätzt wurde. Der König und seine Berater teilten offenbar die unerschütterliche Überzeugung ihrer Bergbeamten, dass ein Abgehen von den gewohnten Formen der Handarbeit geradezu eine Sünde darstellte und einen eigentlichen Grund für alle Schwierigkeiten bildete.

---

[27] TLA, Pestarchiv XIV, Nr. 477, fol. 21v-22v: *Damit wir aber sehen das sy vns alle Gehorsam zu erzaigen willig/ So wollten Sy vnns ire vnversprochne Silbern in die Münz antwurten/ die Markh wienisch Gewichts per zwelf Gulden zwelf Khreuzern/ doch nit lennger dann biß auf den Fürgang diser Commission/ vnd peten darauf also vnderthenigclichen mit Gnaden anzenehmen.*
Vnnd wiewol nun durch vnnser Regierung vnd Camer inen ir Waigerung vnd so hocher Anschlag der Silber/ aus was Vrsachen wie den dermassen nit annemen khündten/ notdurfftigclichen widerlegt vnd abgelaint/ Vnnd letstlichen an sy begert worden/ wo sy ir Silber samenlichen in den Khauff der zwelff Gulden/ diser Zeit ye dargeben mechten/ das sy vnns doch die zwen Drittaill irer Silber/ vnd die Marckh per zwelf Gulden sechs Kreizer biß auf die Commission volgen lassen sollen (am Rand von anderer Hand: *Tertia petitio der Silber p. Mk. 12 fl 6 k*)/ *So haben sy es doch bey inen dermassen nit erhalten khünden/ Aber doch letstlichen auf vill gephlehgne Hanndlung dahin gepracht/ das sich die Manlich vnd der Dreyling bewilligt haben/ vns ir vnversprochene Silber one Bestimbung des Khauffgelts/ auf guete Vergleichung khünfftigs Khauffgelts/ doch unverpindlich/ vnd dergestalt keufflichen ze geben/ das inen auf guete Raitung für yede Marckh Feinsilber/ wienisch Gewicht/ zwelf Gulden par bezalt werden sollen/ Vnnd also darauf in vierzehn Tagen vngeverlich/ biß in tausendt Marckh Silber antwurten wellen/ Des Versehns soliche Vergleichung werde mit ehistem gefürdert werden/ weliches also von vnsern wegen ditsmals angenommen worden.*
Melchior Manlich für sich selbs vnd stat der Lingen Gesellschafft seiner Mitverwandten/ hat sich aber auf ain solich Mitl nit einlassen wellen sondern ist abgeschiden/ soliches an seine Mitverwandten gelangen ze lassen/ vnd sich sambt inen vnverweislich zu halten/ vnd ze thuen/ sovil inen erträglichen sein müge/ auch sy vnnser Regierung vnd Camer deßhalben fürderliche Antwurt wissen zu lassen erpoten.
Gleichermassen haben sich auch/ der Fugger vnnd Hörwarten Dienner/ das sy sich dermassen/ wie Manlich vnd Dreyling zu bewilligen khaine Gewalt hetten endtschuldigt/ Sich aber auch erpotten diese Hanndlung/ dieselben ire Herrn zu berichten/ vnd ir vnverzogenliche Antwurt darüber zu erlanngen/ dabey ist diese Hanndlung dazumallen beruren bliben.
Nun haben gleichwol den Fugger auch Hörwarten/ Lingg vnd Mitverwandten wie vnser Regierung vnd Camer Wissen tragen/ seitheer diese Antwurt geben/ vnangesehen das sy sonnst anndrer Orthen die Silber höher hinzpringen wissten So wellen sy doch/ Nemblich die Fugger/ ain Zeit hin umb solanng es inen fuegen/ monatlichen zweyhundert Marckh/ vnnd die Hörwarten zwischen yezt vnd Osstern von iren Silbern sovil sy deren noch unversprochen vnd empern khünden/ yede Marckh wienisch Gewicht per zwelf Gulden zwelf Kreuzern vnd der Lingkh vnd Mitverwondten/ biß auf die Commission Tagsazung fünfhundert Marckh Feinsilber yede derselben Marckh per zwelf Gulden sechs Kreuzern/ alles gegen pare Bezallung vnd nit auf Raittung vnd Vergleichung in diser Münz zu Hall dargeben wellen.
Dieweil vnns aber ain solchen hohen Silberkhauf anzunemen/ vnd die Silber auf die new Münzordnung zu vermünzen vnerträglich/ vnd nit wenig beschwerlichen/ das sy one vnser habende Bewilligung/ dermassen mit den Silbern/ ihres Gefallens frey sein wellen.

[28] TLA, Pestarchiv XIV, Nr. 477, fol. 26v-27r.

Zwischen diesen Vorstellungen und denen des zeitgenössischen Protagonisten einer modernen Bergbautechnik und Bergbauwissenschaft, Georgius Agricola, liegen Welten. Wir wissen nicht, ob dem Beraterkreis des Königs und den führenden Repräsentanten seiner Bergbauverwaltung die Schriften des großen Humanisten bekannt waren, der ja schon in seinem Frühwerk „Bermannus" von 1530 die neuen Maschinen und Anlagen des Bergbaus bewundernd gewürdigt hatte, etwa 25 Jahre vor der Berginstruktion und ersten Versuchen mit Maschinenanlagen im Schwazer Falkenstein: Beim Rundgang durch den Bergbaubezirk von St. Joachimsthal im Böhmischen Erzgebirge zeigt Bermann seinen Freunden, den Ärzten Ancon und Naevius, eine Fördermaschine und merkt an: *Man braucht so viele und so große Maschinen, um die Wasser und das hereingewonnene Gut herauszuschaffen* (gemeint sind hier wohl Kehrräder), und Naevius antwortet: *Wahrhaftig sind sie und andere Maschinen ähnlicher Art würdig, der Nachwelt erhalten zu werden.* Weiter erklärt Bermann, dass *eine einzige Maschine an einem Tag so viel von dem herausgeschlagenen Gebirge fördern* kann, *wie eine andere nur in vollen acht Tagen leistet*[29]. Und an anderer Stelle führt er aus: *Unsere Kunstmeister sehen sich durch die Tiefe der Schächte gezwungen, so große und viele Fördermaschinen auszudenken. Es gibt sogar noch bei weitem größere und technisch vollendetere Maschinenanlagen. In Geyer, meiner Vaterstadt, wie neuerdings auch in Schneeberg, haben die Schächte 200 Lachter Teufe, aus denen große Reichtümer zu unseren Lebzeiten gefördert worden sind; deshalb müssen auch unsere Maschinen bei weitem größer und kunstvoller als die antiken sein, zumal jene, die ziemlich tief in den Schächten selbst aufgestellt werden*[30]. Den Großgewerken waren diese Dinge bekannt, denn z.B. die Fugger setzten sie außerhalb Tirols in Betrieben, an denen sie beteiligt waren, seit Jahrzehnten ein. Nun sollten sie belehrt werden, der König müsse solche gefährlichen Dinge nicht zuletzt zu ihrem eigenen Besten jedenfalls unterbinden. Hier werden an einem alltäglichen Detail die Schärfe der Gegensätze und zugleich die Tiefe des Umbruchs sichtbar, die das Zeitalter der Renaissance prägten.

In der Berginstruktion paaren sich eine rigorose Abwehr jeder Forderung nach Veränderung in technischer, organisatorischer, rechtlicher oder sozialer Hinsicht mit zunehmender Kompromisslosigkeit hinsichtlich der Durchsetzung eigener Forderungen. Es war der Auftrag an die Kommission, eine harte Argumentationslinie zu vertreten und die Bereitschaft zum Konflikt deutlich zu machen. Noch waren die Floskeln höflich. Aber wenige Jahre später sah sich der alternde Anton Fugger in Zusammenhang mit der Frage von Silberverkäufen ins Ausland mit einem regelrechten Erpressungsversuch seitens des nunmehrigen Kaisers Ferdinand I. konfrontiert[31]. Dieser sandte am 4. Dezember 1558 ein eigenhändig unterzeichnetes Schreiben an Anton Fugger und seine Neffen ab, in dem er diese persönlich beschuldigte, Mitwisser und Mitverantwortliche einer Verschiebung von Silber nach Italien im großen Stil zu sein. Sie seien der Strafe der Gütereinziehung deshalb genauso verfallen wie der gefangen gesetzte eigentliche Organisator des Schmuggels, Urban Mair, der in Schwaz mit Verlagsgeldern der Fugger und in vertraglicher Verbindung mit ihnen Pfennwerthandel betrieb. Anton Fugger selbst möge sich daher persönlich beim Kaiser einstellen und einen gebührenden *abtrag* entrichten, *damit nid nedt werde, sollcher Verbrechung halb gegen Euch den gebürennden, ernnstlichen weeg rechtens für Hannndt zu nehmen und durch denselbigen allssdann die verwürckhte Peen und Straff unablesslich einbringen ze lassen*[32]. Ludwig Scheuermann stellte heraus, dass Anton Fugger tatsächlich mit den Machenschaften von Mair nichts

---

[29] Prescher 1955, S. 89.
[30] Prescher 1955, S. 87.
[31] Ausführlich zu diesen Vorgängen: Pölnitz/ Kellenbenz 1986, S. 164-166, 190-197, 208-220 u. 239-242; Scheuermann 1929, S. 108-117.
[32] Zitiert nach Scheuermann 1929, S. 109.

Abb. 35: Die Altstadt von Hall/Tirol mit dem Münzturm nach dem Kodex Dip. 856 (Tafel 18, Hall in Tirol, Ausschnitt). Hier wurde das Schwazer Brandsilber eingeliefert (Original und Foto: Tiroler Landesmuseum Ferdinandeum, Innsbruck).

zu tun hatte, was auch der Kaiser wissen konnte und letztlich musste, und er kommentierte den Vorgang so: *Man kann sich vorstellen, was ein solcher Brief für Anton Fugger bedeutete. Selbst wenn er sich schuldlos fühlte, so konnte ihn doch der geringste Umstand, der gegen ihn sprach, eine einzige Aussage oder dgl. an den Bettelstab bringen. Ging er aber auf die Anregung des Kaisers ein, so gab er sich selbst schuldig und damit völlig in die Hand eines skrupellosen Erpressers; was es aber bedeutete, wenn dieser zugleich noch mit der absoluten Macht der Krone ausgestattet und bei ihm bis über die Ohren verschuldet war, das hatte ihn sein einstiger ‚ungarischer Handel' nur zu deutlich gelehrt*[33]. Der Konflikt um den angeblichen Silberschmuggel nach Italien, bei dem es in der weiteren Entwicklung zu Postraub und Einbrüchen durch kaiserliche Beauftragte kam, für die sich Ferdinand I. später entschuldigen musste, vermittele insgesamt das Bild *zweier Gegner, deren jeder nur auf die geringste Schwäche beim andern lauert, um über ihn herzufallen*[34]. Die Vorgänge machen jedenfalls deutlich, dass die Auseinandersetzungen zwischen den Schwazer Großgewerken einerseits

---

[33] Scheuermann 1929, S. 108-117, behandelt den Fall ausführlich.
[34] Scheuermann 1929, S. 117.

und der Tiroler Landschaft, der Innsbrucker Regierung und dem König bzw. Kaiser andererseits bald sehr scharfe Formen annahmen und auch für einen Anton Fugger bzw. sein ganzes Unternehmen existenzbedrohende Züge erhielten. Aus den Vorgängen um das Schwazer Montanwesen, so wird hier einmal mehr deutlich, ist die Reichspolitik mit all ihren Verwicklungen nicht auszublenden.

Der Konflikt während der Jahre 1558 und 1559 zwischen der Firma Fugger und dem Kaiser um Silberausfuhren nach Italien und das Verhalten von Kaiser, Hof und Regierung in Innsbruck in Sachen Silberausfuhren bzw. Silberverkauf nur an die Münze in Hall zeigen insgesamt, dass der Teil der Instruktion, der sich mit den Konsequenzen aus der Reichsmünzordnung und den Münzedikten befasste, das Kernanliegen des Fürsten in Sachen des Schwazer Bergbaus betraf. Er wurde nicht zuletzt von der Tiroler Landschaft massiv dazu gedrängt, den landesherrlichen Einfluss auf das Montanwesen zu verstärken, Aspekte der Reichspolitik ließen es ebenfalls unabdingbar erscheinen, insbesondere auf die Produktion und Verwertung von Silber stärkeren Einfluss zu nehmen und nun verstärkt mit dirigistischen Mitteln einzugreifen. Die rasch durchgesetzten Einschränkungen hinsichtlich der Silberverkäufe durch die Großgewerken belegen zugleich die Grenzen ihrer Möglichkeiten und ihres Einflusses. Das Silber stand im Mittelpunkt der Produktion und des Interesses. Und wenn sich gerade hier energische Bestrebungen des Souveräns entfalteten und durchgesetzt wurden, ist dies ein deutlicher Beleg für die Bedeutung und Rolle des frühmodernen Staates und seiner Verwaltung für das Montanwesen auch in Tirol und speziell in Schwaz. Dieses war keineswegs dem freien Spiel eines „Frühkapitalismus" überlassen, in dessen Rahmen es auf nur zwei bedeutende Kräfte angekommen wäre, die Großkaufleute auf der einen und die im Montanwesen arbeitenden Mannschaften auf der anderen Seite. Die Berginstruktion von 1556 formulierte die Stoßrichtung. Die Konsequenzen aus der Reichsmünzordnung waren im Kern nicht verhandelbar, wie die Vorgänge um das Unternehmen Fugger 1558/59 deutlich machen. Und mit ihnen ging, wie Scheuermann zutreffend feststellte, der Versuch einer, eine neue Regalabgabe zu beanspruchen und letztlich durchzusetzen, wie sie in Gestalt des Münzgewinns auch von anderen Territorialherren im Rahmen des von ihnen längst praktizierten Direktionssystems beansprucht wurde, so in Kursachsen und in den Bergbaugebieten des Harzes. Die Berginstruktion selbst drückt sich vielfach gewunden und unklar aus. Bezüglich der Stoßrichtung in Sachen Silberhandel herrschte schon Klarheit, nicht aber, was die Konsequenzen für den Bergbaubetrieb anging.

Dort war Halbherzigkeit vorherrschend. Einerseits hielt man sich die Unterstützung der Herrichtung des Kunstschachtes und der Wasserkunst im Falkenstein zu Gute. Die Gewerken hatten heftig gedrängt werden müssen, dieses Unternehmen überhaupt anzupacken. Dass ohne die Initiativen der Bergbeamten die neuartige Wasserhaltungstechnik installiert worden wäre, darf man bezweifeln. Noch wendeten sich diese Beamten als Montansachverständige und mit ihnen Regierung und Landesfürst vehement gegen Neuerungen ganz allgemein und speziell hinsichtlich der Erzaufbereitung und erklärten Neuerungen an und für sich zur Ursache von Krise und Verfallserscheinungen. Aber dennoch verfolgte man das Ziel, auch die weniger guten Erzanbrüche des Reviers und insbesondere des Tiefbaus nutzbar zu machen, mithin eben doch weit reichende Veränderungen einzuleiten. Es ist ein merkwürdig ambivalentes Verhältnis zur seinerzeit modernen Bergbautechnik wahrzunehmen, das sich auch in der Frage der Eingriffe der Landesherrschaft wieder findet. Hier gab es Befürworter wie den späteren Leiter des landesfürstlichen Bergbaus, Erasmus Reislander, und scharfe Ablehnung, wie sie sich im Schwazer Bergbuch ausdrückt, demzufolge, wie oben belegt, niemand den Landesfürsten als Grubennachbarn haben wollte. Die Zeichen des Umbruchs sind deutlich zu sehen. Und es stellt sich die Frage, inwieweit sich hinter dem pedantisch wirkenden Festhalten am Althergebrachten, wie es auch in der Berginstruktion vielfach so deutlich zu Tage tritt, eine Unsicherheit bezüglich notwendig werdender Entscheidungen über Veränderungen verbergen mag. Die führenden Gewerken sahen solche Notwendigkeiten. Nicht zufällig stellten sie mit ihrer als Druckmittel gebrauchten Weigerung, den Hinlass zu vollziehen, ein noch immer wesentliches altes Kernelement der Bergbauorganisation in Frage, die Lehenschaften. Und ihr Drängen auf die Zusammenlegung von Gruben oder Veränderungen im Bereich der Erzaufbereitung weist in die gleiche Richtung.

10. Die Bergsynode von 1557

a) Ereignisse im Vorfeld

In Bezug auf die Anfertigung des Schwazer Bergbuchs während der Jahre 1554-1556 schenkte die Forschung den Vorbereitungen und der Durchführung der letzten großen „Bergsynode" vom 14. Juni bis 10. Juli 1557 bisher wenig Beachtung. Bereits Stephen Worms deutete an, dass die Kodizes von 1556 mit der Synode in Zusammenhang stehen könnten, möglicherweise sollten Personen, die dem Bergbau fern standen, für das Montanwesen interessiert werden[1]. Wolfstrigl-Wolfskron gibt dagegen an, dass über den Verlauf der Synode nichts bekannt sei, obwohl er ganz offensichtlich das Verlaufsprotokoll der Sitzung in Händen hatte, denn er weiß ganz genau, wer an der Versammlung in Innsbruck teilgenommen hat bzw. eingeladen war[2]. Max von Isser merkt an, dass die Gewerken und Bergleute eine freie Bergsynode bereits 1556 gefordert hätten, die aber wegen allgemeiner Unruhen, auf die er nicht näher eingeht, erst zu Ostern 1557 getagt habe. Tatsächlich trafen sich die Verantwortlichen seitens der Tiroler Regierung und Kammer sowie der Tiroler Bergbeamten im Frühjahr 1557 zu ersten Konsultationen, um die Synode vorzubereiten. Die eigentliche Bergsynode, unter Beteiligung aller Verantwortlichen, konnte jedoch erst im Juni und Juli 1557 durchgeführt werden[3]. Im Folgenden wird der Versuch unternommen, die Geschehnisse der Jahre 1553-1557 näher zu beleuchten. Wesentliche Erkenntnisse hierzu trägt, neben den Quellen aus dem Tiroler Landesarchiv, die Untersuchung von Ludwig Scheuermann bei[4].

Vermutlich bereits 1553 war es zu einem Konflikt zwischen der Gemeinen Bergwerksgesellschaft zu Schwaz als der Vertretung der Bergknappen (Herrenarbeiter und Lehenschafter) und den Gewerken gekommen. Um der stetig sinkenden Rendite aus dem Bergbau entgegenzuwirken – sie sank nach Berechnungen Scheuermanns für den Tiroler Handel (= Bergwerksanteile) der Firma Fugger von 7,985 % in den Jahren 1548/49 auf 3,865 % für 1554/55[5] – stellten die Großgewerken 1553/54 erstmals Forderungen nach „Dreierlei Scheidwerk"[6], d.h. nach einer Aufbereitung der gewonnenen Erze in drei (statt bisher zwei) Fraktionen. So suchten die Gewerken anlässlich der Hinlassverhandlungen von 1553, mit den Lehenschaften entsprechende Verträge abzuschließen. Sie forderten, dass die Bergleute, insbesondere die Lehenschafter, fortan das Erz nach *Stueff, Kern und Klain* trennen sollten. Das *Stueff* und *Kern* genannte Scheidwerk sollten in jedem Fall auf das Beste getrennt werden doch *wo der Grad an ime selbst guet, dz in dem Klain die 2/3 Ärzt und erst 1/3 öd sein, wo aber der Gang grembsig unnd die Ärzt nit ganz prechen, dz in dem Klain der halb Tail Ärzt sein und bey wöllichen Grueben und Tailungen sy die Ärzt nit dermassen gemacht sinnden, dz sy alßdann deren kains annemen sondern ligen lassen*[7]. Dies stieß bei der Gemeinen Bergwerksgesellschaft auf wenig Zustimmung. Man beklagte sich am 18. Januar 1554 bitterlich über das einseitige Vorgehen der Gewerken, die den Bergleuten nur noch das beste Erz abnahmen und das schlechtere Erz liegen ließen. Dies sei eine Neuerung, so fanden die Bergknappen, und laufe ihren alten Abmachungen mit den Gewerken zuwider. Die Bergbeamten und die Inns-

---

[1] Worms 1904, S. 4-10.
[2] Wolfstrigl-Wolfskron 1903, S. 65-66.
[3] Isser 1904, S. 442 mit Anm. 95; TLA, Pestarchiv XIV, Nr. 777.
[4] Scheuermann 1929, S. 79-103.
[5] Scheuermann 1929, S. 56.
[6] Scheuermann 1929, S. 86/87; TLA, oöKKB, Bd. 241, Reihe Entbieten und Befehl, Nr. 56 von 1554.
[7] TLA, oöKKB, Bd. 241, Reihe Entbieten und Befehl, Nr. 56 von 1554, fol. 380r.

brucker Regierung empfahlen den Gewerken daraufhin dringend, „*das sy solhe ir unperckmännische Newerung und Beschwerung der armen Arbaitter gennzlichen und von Stund an abstellen*" sollten[8]. Die Gewerken ihrerseits warfen den Bergleuten betrügerisches Scheidwerk und das Zerpochen der guten Erze vor. Dadurch würden die Kosten für das Schmelzen der Erze erhöht und der Gewinn der Gewerken geschmälert. Die Tiroler Regierung war der Überzeugung, dass die Diener der Gewerken, insbesondere die Erzkäufer, Schuld an dem schlechten Scheidwerk hätten, da sie zu wenig kontrollierten. Außerdem seien die Knappen wegen der geringen Erzlosung, gemeint ist die Entlohnung der Bergleute für die Ablieferung der Erze, zu unehrlichen Handlungen geradezu gezwungen[9].

Zu Weihnachten 1553 war auch der Vertrag zwischen der Regierung und Kammer bzw. dem König einerseits und den Großgewerken am Falkenstein andererseits über die Gnad- und Hilfsgelder ausgelaufen. Den Firmen Manlich und Dreiling, die einen großen Teil der Bergteile der Tänzl und Stöckl übernommen hatten, gewährte der Tiroler Landesfürst zwei Drittel „Gnadsilber", d.h. sie erhielten für zwei Drittel ihrer Silberproduktion einen landesfürstlichen Zuschuss. Sie waren außerdem vom Schweren Wechsel und Geringen Wechsel befreit. Einen Teil des von ihnen produzierten Silbers durften sie frei veräußern („Freisilber"). Im Verlauf des Jahres 1554 versuchten nun auch die übrigen Gewerken am Falkenstein, in den Genuss dieser Vergünstigung zu gelangen. Eine Bittschrift wurde von Anton Fugger und den Söhnen seines Bruders, von Paul und Hans Heinrich Herwart, Ulrich Link sowie Anton Haug unterschrieben. Am 21. Dezember 1554, kurz von den alljährlichen Hinlassverhandlungen mit den Lehenschaften, die von den Gewerken aber hinausgezögert wurden, informierten die Regierungsbeamten in Innsbruck den Tiroler Landesfürsten über den Stand der Verhandlungen[10]. Auch der Innsbrucker Regierung war inzwischen deutlich geworden, dass es mit dem Bergbau in Schwaz, im Schweren wie im Geringen Wechsel, nicht zum Besten stand. Die Beamten erkannten an, dass größere Investitionen von Nöten waren, um den Bergbau, der in größere Teufen vorgedrungen war, weiter betreiben zu können. Dafür kamen nur Großgewerken in Frage. Die Gefahr bestand, dass die auswärtigen Schmelzer und Gewerken *von irem trosstlichen Pawen aussetzen unnd der Perg, wie dann in solchem Faal gwiß zubesorgen, in Abfal khumen* könnte. Dies hätte dann die Aufgabe einer ganzen Reihe von Gruben am Falkenstein zur Folge gehabt, und dem Land Tirol wäre ein großer Schaden entstanden[11].

Deshalb sandte die Regierung den Eilboten Gabriel von Taxis unverzüglich zum Landesfürsten, um diesem die Befürchtungen der Beamten mitzuteilen. König Ferdinand I. wurde gebeten, einer Erhöhung der Gnad- und Hilfsgelder, die befristet bis 1557 gewährt werden sollte, zuzustimmen, denn am Tag des Hl. Stephan (= 26. Dezember), so drängte man, mussten die Hinlassverhandlungen für das Jahr 1555 unbedingt abgeschlossen werden, damit der Berg *nit feyren bleibe, sonnder die Arbaiter zur Arbait geen mugen*[12]. Ein weiterer strittiger Punkt war die Forderung der übrigen Schmelzer und Gewerken, genau wie die Firmen Manlich und Dreyling auf zwei Drittel des von ihnen hergestellten Brandsilbers landesfürstliche Zuschüsse („Gnadgeld") zu erhalten. Sie verbanden ihre Forderungen schließlich mit der Drohung, den Hinlass nicht vorzunehmen, falls ihnen nicht die gleichen Recht für drei Jahre gewährt würden[13]. Der Eilbote kehrte mit der Weisung Ferdinands I. nach Innsbruck zurück, die For-

---

[8] TLA, oöKKB, Bd. 241, Reihe Entbieten und Befehl, Nr. 56 von 1554, fol. 380v.

[9] TLA, oöKKB, Bd. 239, Reihe Missiven an Hof, Nr. 50 von 1554, fol. 404r/v u. 418r/v.

[10] Scheuermann 1929, S. 74; er gibt an dieser Stelle fälschlich „Freisilber" an. TLA, oöKKB, Bd. 239, Reihe Missiven an Hof, Nr. 50 von 1554, fol. 457v-461v.

[11] TLA, oöKKB, Bd. 239, Reihe Missiven an Hof, Nr. 50 von 1554, fol. 459v-460v.

[12] TLA, oöKKB, Bd. 239, Reihe Missiven an Hof, Nr. 50 von 1554, fol. 459v-460v.

[13] TLA, oöKKB, Bd. 239, Reihe Missiven an Hof, Nr. 50 von 1554, fol. 460v-461r.

derungen der Gewerken nicht zu erfüllen. Der König behielt sich eine endgültige Entscheidung vor, er wollte sich nicht erpressen lassen und verwies auf seinen nächsten Aufenthalt in Augsburg, wo er sich der Sache annehmen würde[14]. Die Tiroler Regierungsbeamten sahen in dieser Notsituation keine andere Möglichkeit, als den Anordnungen des Königs direkt zuwider zu handeln. Am 28. Dezember teilten sie dem König mit, dass sie, um den Hinlass ohne Verzug durchführen zu können, den Gewerken und Schmelzern den freien Verkauf von zwei Dritteln des produzierten Silbers zugestanden hätten. Am 19. Januar 1555 beantwortete Ferdinand I. den Brief der Statthalter, der Regierung und Kammer in Innsbruck. Die Gewerken und Schmelzer am Falkenstein, Anton Fugger und seine Neffen, ferner die Brüder Hans Paul und Hans Heinrich Herwart, Ulrich Link und Anton Haug sowie deren Geschäftspartner sollten bis zu einer abschließenden Resolution des Königs die durch die Innsbrucker Beamten gewährten zwei Drittel *Gnadsilber* erhalten. Vor allem befürchtete der Hof ganz offensichtlich bei einer Einstellung des Betriebs am Falkenstein einen ähnlichen Knappenaufruhr wie 1552. Den galt es unter allen Umständen zu vermeiden. Deshalb kassierte der Tiroler Landesfürst auch nicht die – gegen seinen erklärten Willen – durch seine Statthalter, Regierung und Kammer getroffene Vereinbarung mit den Großgewerken[15].

Erhebliche Unruhe verursachte 1555 die Forderung der Landstände, in Tirol die neue Reichsmünzordnung vom 1. April 1552 einzuführen. Die Mitglieder des Landtags protestierten darüber hinaus gegen die ihrer Ansicht nach höchst illegalen Valutageschäfte der Edelmetallhändler. Dies belastete die Beziehungen der Großgewerken zum Tiroler Landesherrn Ferdinand I. noch zusätzlich, denn die Gnad- und Freisilberprivilegien der großen Handelshäuser aus den Kreditverträgen mit dem Tiroler Landesfürsten waren hiervon unmittelbar berührt. Die Landstände forderten den König unmissverständlich auf, er möge im Land Tirol eine gute, gangbare Münze ausprägen lassen. Hierzu benötigte man allerdings hochwertiges Münzsilber, das in Tirol zwar produziert wurde, doch wegen der Silberverträge der Großgewerken außer Landes verkauft wurde und so nicht in die Haller Münzstätte gelangte. Insbesondere den Augsburger Kaufleuten warf man vor, trotz Verbots ungemünztes Silber (Barrensilber) nach Italien zu exportieren, dort als schlechte Münze ausprägen zu lassen, um diese hernach wieder nach Tirol einzuführen. Des Weiteren, so die Landstände, werde das schlechte Importsilber in Tirol höher gehandelt als das hochwertige einheimische Silber[16]. Der Landtag bestand auf einer geheimen Untersuchung der Silbermetallschiebereien, um den Hintermännern auf die Spur zu kommen. Scheuermann deutete bereits an, dass hier erhebliches Misstrauen zwischen den Großgewerken und König Ferdinand I. gesät wurde. Insbesondere Anton Fugger zeigte sich immer weniger geneigt, dem König, der fortwährend größere Summen Geld benötigte, Anleihen zur Verfügung zu stellen. Der König seinerseits war darauf angewiesen, dass ihm der Tiroler Landtag, durch erhebliche Zugeständnisse zufrieden gestellt, hohe Steuerforderungen bewilligte[17]. Am 21. März 1555 erging an alle Amtsträger, herrschaftlichen Diener, Untertanen, Kaufleute und Gewerbetreibenden eine landesfürstliche Verordnung, nach der die oben geschilderten Münz- und Metallhandelsgeschäfte untersagt wurden. Als Strafe wurden die Beschlagnahme des Silbers sowie die Vermögenseinziehung des Täters angedroht. Eine Belohnung wurde demjenigen zugesichert, der solche Machenschaften aufdeckte. Der Augsburger Reichstag verabschiedete am 25. September 1555 ein ähnliches Mandat, die Ausfuhr von Münzmetall betreffend. Am 14. Dezember 1555 ord-

---

[14] TLA, oöKKB, Bd. 239, Reihe Missiven an Hof, Nr. 50 von 1554, fol. 464r-466v; Scheuermann 1929, S. 75-76.
[15] TLA, oöKKB, Bd. 243, Reihe Geschäft von Hof, Nr. 54 von 1555, fol. 53r-54v.
[16] Pölnitz/Kellenbenz 1986, S. 6.
[17] Scheuermann 1929, S. 81-83.

nete König Ferdinand I. das Inkrafttreten des Reichsmünzgesetzes vom 1552 auch für Tirol an. Der offizielle Kurs des Talers von 70 Kreuzern sollte ab dem 1. Mai 1556 auf 68 Kreuzer reduziert werden. Dadurch versprach sich der Landesfürst weitere erhebliche Gewinne aus seiner Münzstätte in Hall[18].

Die Großgewerken verlangten berechtigterweise die Einhaltung der Verträge und der darin zugestandenen Privilegien, nach denen ihnen gestattet war, Freisilber *nach Belieben verführen und verkaufen* zu dürfen[19]. König Ferdinand befand sich in einer argen Zwickmühle. Einerseits hatte er als Vertreter seines Bruders im Reich und als Tiroler Landesfürst dafür Sorge zu tragen, dass die Reichsgesetze auch in Tirol Gültigkeit erhielten. Andererseits war der Tiroler Landesherr durch langfristige, rechtsgültige Verträge gebunden, in denen den Gewerken der freie Verkauf von Frei- und Kaufsilber zugesichert worden war. Die Verträge wurden nun durch die Inkraftsetzung des Reichsmünzgesetzes und weiterer Mandate in Frage gestellt.

Ferdinand I. befand sich also in einer schwierigen Lage: Einerseits war er als Vertreter des Kaisers im Reich dafür verantwortlich, dass die Reichsmünzordnung von 1552 in allen Territorien umgesetzt wurde; dies war in Tirol bislang verhindert worden. Andererseits war er gezwungen, Verträge mit den Großgewerken zu brechen, denen bestimmte Privilegien früher vertraglich zugestanden worden waren.

b) Ausufernde Debatten

Im Verlauf des Jahres 1555 kam es zu weiteren langwierigen Verhandlungen mit den Großgewerken. Im Frühjahr diesen Jahres trugen die Vertreter der Schmelzherren und Gewerken die Vorstellungen ihrer Herren von einer künftigen Zusammenarbeit mit der Regierung zunächst mündlich vor. Sie erregten sich darüber, dass ihre Forderungen zumeist nicht günstig aufgenommen würden und die Entscheidungen sehr lange auf sich warten ließen. Hier verlangten sie eine rasche Abhilfe, insbesondere bei den noch strittigen Punkten. Des Weiteren verlangten die Gewerken und Schmelzer, eine Entscheidung des Jahres 1545 zurückzunehmen, nach der sie, ebenso wie die Markt- und Dorfleute von Schwaz, für ihre Häuser, Wohnungen, Stadel und Gärten Steuern zahlen sollten. Die Faktoren der Großgewerken verwiesen auf die besonderen Privilegien der Bergleute und auf das Bergrecht, nach dem man zur Zahlung solcher Abgaben nicht verpflichtet sei. Überdies zeigten sie an, dass der Landesfürst den Großgewerken mit Fron und Wechsel bereits hohe Abgaben auferlegt habe. Darüber hinaus hätten die Großgewerken auch freiwillig Unterhaltungskosten für Wege, Stege und Brücken übernommen. Wohl eher zu Unrecht beschwerten sich die Gewerken über die Gastwirte in Schwaz, die die Knappen beim Wein *mit gelt vnd gutten wortten* aufwiegelten und zum Verlassen ihrer Arbeitsplätze anstifteten. So seien viele geschickte und verständige Arbeiter bereits fortgezogen, wo man doch Einfahrer und vor allem auch gute Bergbeamte benötige. Zurück blieben vielfach nur die Frauen und Kinder, die Alten und Jungen, die zu keiner Arbeit zu gebrauchen seien. Dies schädige die Gewerken, besonders aber die Landesfürsten bei Fron und Wechsel[20]. Diese Argumentation ist in keiner Weise einsichtig, denn die Wirte hätten auf diese Weise ihre Kundschaft vertrieben, woran sie kaum interessiert sein konnten.

---

[18] Scheuermann 1929, S. 82; vgl. dazu die Ausführungen in Kapitel 9.
[19] Pölnitz/Kellenbenz, 1986, S. 7.
[20] Scheuermann 1929, S. 87-88.

Vorwürfe erhob man auch gegen die Obrigkeit, die nicht in der Lage sei, gegen Unzucht, Frevel, Gotteslästerung, Leichtfertigkeit und andere Übertretungen der Ordnung vorzugehen. Niemand könne mehr in der Nacht das Haus verlassen und auf die Straße treten. Den Lehnhauern stehle man schon vor der Teilung das Erz. Ebenso werde das Erz entwendet, das in den fürstlichen und in den Erzkästen der Großgewerken eingelagert worden sei. Dieses Erz werde den Freigrüblern zugespielt. Diese hätten aber bereits durch ihre Vorschüsse große Vorteile und erführen auch sonst eine starke Unterstützung, obwohl ihr Erz überwiegend nicht rechtmäßig erworben sei. Zuletzt beklagten sich die Gewerken über unzuverlässige Bergbeamte, über Missstände in der staatlichen Silberbrennerei und über den Schmalzhandel der Stadt Rattenberg[21].

Abb. 36: Das Wappen des Marktortes Schwaz. Fresko im Kreuzgang des Franziskanerklosters in Schwaz, um 1530 (Foto: Deutsches Bergbau-Museum Bochum).

Da diese Klagen nicht zu irgendwelchen Reaktionen der Verwaltung und des Landesherrn führten, entschieden sich die Großgewerken, eine umfassende Beschwerdeschrift an die Regierung in Innsbruck zu verfassen[22]. Hierin beklagten sie den Diebstahl von Erz und forderten die Bestrafung der Täter. Ferner monierten sie die mangelnde Kooperationsbereitschaft seitens der Beamten sowie die nach Meinung der Gewerken schleppende Bearbeitung von Eingaben, Beschwerden und Forderungen. Aus den Formulierungen in den tradierten Entgegnungen der Regierungsbeamten wird der Unmut der Großgewerken darüber erkennbar, dass die Forderungen nicht sogleich beraten und in ihrem Sinne positiv entschieden wurden. Größten Wert legten sie in ihrer Eingabe auf gut ausgebildete Bergbeamte, Fachleute, die im Bergwerk noch selbst *mit der Handt gearbait* hatten. Das gleiche verlangten die Gewerken von den Berggeschworenen zu Schwaz. Auch diese sollten erfahrene und verständige Bergleute sein. Hinter diesen Forderungen stand die Unzufriedenheit der großen Handelsherren und ihrer Faktoren mit den Bergbeamten, die sich für die Forderungen und Ansichten der schmelzenden Gewerken nicht sogleich aufgeschlossen zeigten.

Das so genannte *Dreyerlei Schaidwerk*, eine ihrer Hauptforderungen, nahm unter anderen in dem angesprochenen Gutachten einen breiten Raum ein[23]. Hauptstreitpunkt war die Scheidung des Erzes nach drei Qualitätsstufen in *Stueff, Kern* und *Klain* bzw. *Haldenklain*. Die Gewerken hatten die Einführung einer solchen Praxis, wie oben ausgeführt, bereits im Dezember 1553 gefordert,. Doch die Obrigkeit hatte ihnen zunächst keine Antwort gegeben und schließlich einen abschlägigen Bescheid zukommen lassen. Die Regierungsbeamten sprachen sich auch weiterhin gegen eine Trennung der Erze in drei Qualitätsstufen aus. Man solle stattdessen bei der Gewohnheit bleiben, wie sie im letzten Hinlass für die Lehenschaften ausgehandelt worden war, nämlich *das fürohin kain Pruch oder Haldenkhlain gemacht und nhur alain gantz Artzt geschayden solle werden*. Die Bergbeamten hatten die Vertreter der Tiroler Regierung darauf hingewiesen, dass viele Erzgänge nunmehr sehr schmal geworden

---

[21] Scheuermann 1929, S. 87-88.
[22] Scheuermann 1929, S. 88-90.
[23] TLA, oöKKB, Bd. 244, Reihe Gutachten an Hof, Nr. 51 von 1555, fol. 328v-334r.

seien. Es sei deshalb für die Bergarbeiterschaft, vor allem für die Lehenschaften, unmöglich geworden, das Erz, insbesondere wegen der *schmalen Strifflen*, so zu scheiden, als ob man noch *dicke Gennge* abbaue.

Es kam offenbar vor, dass ein Knappe im Quartal nicht mehr als ein Star Erz förderte. Oft waren es nur ¾ Star oder weniger. Von einem solch *klainen Heufflin* konnte man kein *dreyerlei Schaydwerch* machen. Darüber hinaus stand zu befürchten, dass die Schmelzherren oder ihre Diener und Erzkäufer, die bereits damals für das *Stueff- und Kern*-Erz wenig zahlten, für das *Klain* weniger als einen Gulden zu zahlen bereit sein würden. Nach Angaben der Beamten würde der Verdienst der Lehenhauer und der armen Knappen noch weiter gemindert, so *das sie sich auch sambt Weib und Kindern beim Perg nit mher enthalten oder ernheren könnten*. Des Weiteren vermutete man, dass nach Einführung des neuen Scheidwerks die Bergleute ihre Arbeitsplätze verlassen würden: *so volgte auch sollhe Verlauffung der Manschafft und gueten Arbaiter, das die schmalen Striffl und Genng feyern und nit halb mher sovil Artzt gehawen wurd*. Auch warnten die Beamten den Landesfürsten eindringlich vor *Unrath und Meuterei*, die nach Ansicht der Regierung aus der Einführung des *Dreierlei Scheidwerks* entstehen könnten. Zwar komme es beim einfachen Scheidwerk zu Betrügereien, doch wenn die Übeltäter der Obrigkeit zur Anzeige gebracht würden, gehe man gegen diese mit Erfolg vor. Keineswegs dürfe man aber wegen einiger *poser, leichtfertiger Personen* die ehrlichen Bergknappen mit dem „Dreierlei Scheidwerk" behelligen. In den Revieren am Ringenwechsel und zu Rattenberg hätten die Großgewerken ohne Wissen und Erlaubnis des Landesfürsten bereits „Dreierlei Scheidwerk" eingeführt. Dies habe aber dazu geführt, dass die Bergwerke dort in Schwierigkeiten geraten seien. Das *Stueff- und Kern*-Erz habe man den Lehenhauern zu einem geringen Preis abgekauft, das *Klain* habe man entweder überhaupt nicht angenommen (*gar liegen lassen*) oder ihnen *ain schlechts gelt darumb geben*. Ein ansehnlicher Teil der Arbeiter sei daraufhin mit den Familien fortgezogen. Deshalb sei *bey disem Perg des Falckenstain (so das Haupt und ain Mueter aller Perchwerchen in Tirol ...) sollche Newerung und Unrath zu verhuetten*. Daher, so die Schlussfolgerung der Tiroler Landesregierung, müsse die 1554 erfolgte Entscheidung gegen die Einführung von „Dreierlei Scheidwerk" weiter aufrechterhalten werden[24].

Es folgten einige weitere Anliegen der Großgewerken, die das Verbot der Einfuhr ausländischer Weine, insbesondere des so genannten Osterweins, nach Tirol betrafen. Hier sollte es auch nach dem Willen des Tiroler Landtags beim Verbot bleiben. Schwierigkeiten gab es auch mit den Händlern und Krämern aus Schwaz, die Schmalz und andere Pfennwertwaren auf auswärtigen Märkten aufkauften und offensichtlich den Großgewerken (mit Ausnahme der Fugger, die erst 1556 in den Pfennwerthandel einstiegen) die Preise verdarben. Ein weiterer Artikel betraf die Holzarbeit auf der Schönwiese bei Rattenberg, deren Bewirtschaftung sich die Großgewerken offenbar anmaßten. Weitere Beschwerdeartikel betrafen die Zahlung von Steuern im Markt Schwaz durch die Großgewerken, wie oben bereits erläutert, weitere das Einschmelzen von kleinen Silberresten, z.B. von altem Silberschmuck, in kleinen Keramiktöpfchen (*Hafen*), ferner die schlechte Amtsführung der Bergbeamten, namentlich werden Schichtmeister, Fröner und Schiner genannt. Letztere wurden daraufhin durch höhere Bergbeamte und Vertreter der Regierung befragt, wobei offenbar einige Dienstvergehen festgestellt wurden. Man hielt die Beamten deshalb zu vermehrtem Fleiß und einer besseren Dienstauffassung an. Auf dem Markt der Stadt Rattenberg wurde Schmalz angeboten, doch hatten auswärtige Aufkäufer pro Zentner Schmalz eine Gebühr von drei Pfund Schmalz für das Auswiegen zu entrichten. Auch darüber hatten sich die Großgewerken beschwert. Die

---

[24] TLA, oöKKB, Bd. 244, Reihe Gutachten an Hof, Nr. 51 von 1555, fol. 328v-334r.

Abb. 37: Erzteilung, Vogesen, Mitte des 16. Jahrhunderts (aus: La Rouge Myne de Sainct Nicolas de la Croix von Heinrich Gross – vgl. Winkelmann 1962, Taf. XX und Brugerolles et al. 1992, S. 44).

Regierung forderte die Rattenberger auf, bei den alten Verordnungen zu bleiben und den Großgewerken nicht mehr zu berechnen, als ursprünglich festgesetzt worden war[25].

Völlig neu und überraschend für die Regierung und die Schwazer Bergbeamten war allerdings die Forderung der Großgewerken nach einer allgemeinen Bergbeschau und einer Sy-

---

[25] TLA, oöKKB, Bd. 244, Reihe Gutachten an Hof, Nr. 51 von 1555, fol. 334r-335r, 339v-342v.

node. Die Gewerken gaben an, mit Hilfe dieser Instrumente die Probleme am Falkenstein lösen zu wollen und das Bergwerk vor dem Niedergang zu bewahren. Sie warnten den Landesherrn, wenn er *sollicher vorbegerrte Beschaw vnd Sinodum nit genedigclich vnd fürderlich für die Hanndt nehmen würde, so khinden wir den Perg so stattlich nit wie bissher pawen, sonnder wurden getrungen, den zum Thail einzustöllen*[26]. Die Regierung warf den Großgewerken daraufhin vor, dass ihr *Vorhaben allain dohin gestelt ist, ob sy dardurch die dreyerlei Schaidwerch in Fürganng pringen möchten*. Was dabei herauskomme, zeige sich nun am Ringenwechsel. Als man dort das „Dreierlei Scheidwerk" eingeführt habe, sei die Mannschaft davon gelaufen. Von den ehemals mehr als 3.000 Bergleuten seien kaum noch 800 vor Ort. Die Bergbeschau, verbunden mit einer Synode, konnte schon deshalb nicht im Sinn der Regierung und der Schwazer Bergbeamten sein, weil die Großgewerken eine Beteiligung ortsfremder Sachverständiger gefordert hatten. Unter Hinweis auf die letzte Bergbeschau von 1526 lehnte man dieses Ansinnen der Großgewerken rundweg ab. Man befürchtete, die fremden Bergbausachverständigen könnten sich bei einer Befahrung von den tatsächlich im Abbau befindlichen schmalen Erzgängen beeinflussen lassen, den Falkenstein daher abschätzig beurteilen und die Einführung des „Dreierlei Scheidwerks" empfehlen. Auch eine Bergsynode wurde vehement abgelehnt. Die alten Erfindungen waren nach Ansicht der Schwazer Bergbeamten und der Regierung noch immer aktuell und mussten nicht geändert werden[27]. Dies war eine Position, die sich in der Kompilation der alten Erfindungen aus der Zeit Kaiser Maximilians I. von 1490 bis 1513 widerspiegelt, wie wir sie schließlich im Schwazer Bergbuch von 1556 vorfinden[28].

Die Position des Hofes, die in enger Abstimmung mit der Innsbrucker Regierung und den Schwazer Bergbeamten zustande gekommen war, wurde am 31. August 1555 in einem internen Papier formuliert. Die Forderungen der Großgewerken, insbesondere nach einer allgemeinen Bergbeschau, nach einer Synode und nach „Dreierlei Scheidwerk", wurden abschlägig beschieden. In Bezug auf die Synode und die Bergbeschau heißt es in dem Mandatsentwurf: *Sovil dann ir, der Schmelzer und Gwercken begerte gemaine Schaw und Sinodus dess Pergs und aller irer Beschwerde belanngt, in dem fallen wir, aus ewrn nach lenngs außgeführten begründten Ursachen, ewrn dabei angehengten Rat und Gutbeduncken, und dz sy die Schmelzer unnd Gwercken von solchem irem Begeren gennzlichen abgewisen werden ...*[29].

c) Regierung und Beamte im Zwiespalt

Die doch sehr brüske Antwort auf die Vorstellungen der Großgewerken ließ offenbar einige der Schwazer Bergbeamten sowie Teile der Regierung nachdenklich werden. Regierungsbeamte aus Innsbruck gaben am 20. September 1555 zu bedenken, dass sich der Landesfürst doch besser mit den Schmelz- und Bergherren gütlich einigen solle: *... unnd wiewol inen, den Schmelzern und Gwercken in den gestelten Artigkeln uber ire Beschwerden in ettlichen Artigkheln wol in der Scherffe zu begegnen wär, dieweyl wir aber bedennckhen, das es zw*

---

[26] Scheuermann 1929, S. 89.
[27] TLA, oöKKB, Bd. 244, Reihe Gutachten an Hof, Nr. 51 von 1555, fol. 335r-339v.
[28] Vgl. z.B. Dip. 856, fol. 10r-57r.
[29] TLA, oöKKB, Bd. 243, Reihe Geschäft von Hof, Nr. 54 von 1555, fol. 305r-310v, Zitat S. 307v-308r.
[30] TLA, oöKKB, Bd. 244, Reihe Gutachten an Hof, Nr. 51 von 1555, fol. 403v-404r.
[31] TLA, oöKKB, Bd. 244, Reihe Gutachten an Hof, Nr. 51 von 1555, fol. 404v-411v.
[32] TLA, oöKKB, Bd. 244, Reihe Gutachten an Hof, Nr. 51 von 1555, fol. 326r-343v.

der Sachen nicht dienstlich ader fürdersam, unnd sy je die sein, die durch all Mitel und Weeg nur zw Pawlustigkhait bewegt, darbei erhalten und darzue geliebt werden sollen[30]. Ein – dem Wortlaut nach „endgültiger" – Bescheid zu sämtlichen von den Gewerken und Schmelzern vorgebrachten Beschwerden und Forderungen erging erst am 11. Oktober 1555[31]. Er unterschied sich im Wortlaut nur unwesentlich von den Formulierungen in dem Gutachten der Tiroler Landesregierung an den Hof vom 8. August 1555[32].

Dennoch ließen die Großgewerken nichts unversucht, den Landesfürsten für eine Synode einzunehmen. Der 1553 aus dem Amt entlassene ehemalige Berggerichtsschreiber Ludwig Lassl stellte sich einer der großen Handelsfirmen zur Verfügung. Er entwarf, wohl im Jahr 1555, ein Gutachten für die Augsburger Firma Fugger. Es ist nicht bekannt, ob es tatsächlich dem König vor Augen kam. Lassl war offenbar bedacht, seine Autorenschaft zu verschleiern. Die Unterschrift, die er unter das Gutachten setzte, *Ludwig Lässl, gewester perckgerichtsschreiber zu Schwaz*, versuchte er mit dicken Strichen unkenntlich zu machen[33]. Ebenfalls 1555 reisten der Gewerke Paul Herwart und Albrecht Scheichenstuel[34] an den Hof nach Wien, um ihre Anliegen König Ferdinand I. persönlich vorzutragen. Vor allem ging es darum, eine Zustimmung des Landesfürsten zur Erhöhung der Gnad- und Hilfsgelder zu erlangen[35].

Schon im November 1555 hielt es die Innsbrucker Regierung für nötig, ein neues Gutachten über die Gewährung von Gnad- und Hilfsgeldern zu verfassen und dies an den Hof zu schicken. Die Autoren listeten alle Vergünstigungen der Gewerken auf, insbesondere diejenigen der Firmen Herwart, Manlich und Dreiling, die 1552 einen Großteil der Montanbetriebe der Stöckl und Tänzl übernommen hatten. Sie sprachen eine Erhöhung der Erzlosung von 5 auf 7 Gulden an. Ferner wies man auf die Gnadsilberquote von zwei Dritteln des produzierten Brandsilbers hin, die bereits die Firmen Manlich und Dreiling genossen, ferner auf die zahlreichen Bauhilfen, Fronfreiungen und anderen Sondervergünstigungen, die diesen Großgewerken gleichfalls für die Übernahme des Montanhandels der Stöckl und Tänzl gewährt worden waren. Das angesprochene Gutachten, so Scheuermann, vermied aber jede klare Stellungnahme bzw. unterließ eine klare Absage unter dem Hinweis, dass die Großgewerken mit der Einstellung des Bergbaus am Falkenstein drohten[36].

Am 13. Dezember 1555 übersandten die Großgewerken durch ihre Diener erneut eine umfangreiche Petition an den König, worin sie sich wegen *ihres Verpawens am Valckhenstain zu Schwaz abermals hoch beclagt*. Die Tiroler Regierung erhielt nun vom Hof die Anweisung, Erkundigungen über die Lage in Schwaz einzuholen. Angesichts der zahlreichen Eingaben und Gutachten der Vormonate mutet dies etwas seltsam an. Offenbar nahm man erst jetzt am Hof die Konflikte ernst. Der Hof dürfte allerdings auch mit politischen Angelegenheiten, etwa der Religionsfrage und den Türkenkriegen, beschäftigt gewesen sein. Nach Anweisung des Hofs war eine Kommission einzuberufen, die sich aus *ettlich Perckhwerchs verstenndig Personen* zusammensetzen sollte. In der Zwischenzeit sollten auf Befehl des Königs die noch immer ausstehenden Hinlassverhandlungen in Schwaz durchgeführt werden, und zwar nach *altem loblichen Gebrauch unnd Herkhomen, on ainiche Newerung*. Dass sich Regierung und Hof in den vergangenen Jahren mehrfach durch die Verweigerung des Hinlass seitens der Großgewerken hatten unter Druck setzen lassen, war hier offenbar in Vergessenheit geraten. In ihrem Antwortschreiben vom 11. Januar 1556 schlugen die Regierungsbeamten vor, die Kommissionssitzung am Montag nach Quasimodogeniti (= 13. April) abzuhalten

---

[33] Scheuermann 1929, S. 91; F.A. Dillingen, Signatur 2, 4, 2.
[34] Über seine Person war nicht Näheres zu ermitteln.
[35] Scheuermann 1929, S. 94, allerdings ohne Quellennachweis.
[36] Scheuermann 1929, S. 95.

und dazu auch die Gewerken bzw. ihre Vertreter einzuladen[37]. Bis zum 31. Januar 1556 formulierten die Innsbrucker Beamten wiederum ein Gutachten an den Hof, das auf die neuerlichen Forderungen und Beschwerden der Schmelzer und Gewerken vom Falkenstein einging. Die Innsbrucker Regierung hielt es, auch um die Wichtigkeit der Angelegenheit zu unterstreichen, für geboten, den Schmelzern und Gewerken für den ins Auge genommenen Tag der Kommissionssitzung am 13. April ihr persönliches Erscheinen zu befehlen. Die Kommission sollte möglichst hochkarätig, und daher auch mit Mitgliedern aus der Hofbeamtenschaft, besetzt werden.

Eine Besichtigung des Bergwerkes lehnte die Regierung weiterhin ab, da dadurch der Bergbau nur Schaden nehmen könne. Dabei bleibt unklar, worin denn dieser Schaden bestehen könnte. Es ist zu vermuten, dass die Regierung hier unangenehme Ergebnisse befürchtete. Überdies, so wurde weiter argumentiert, könne man eine Bergbeschau am Falkenstein und im Ringenwechselrevier noch nicht innerhalb eines Jahres durchführen, da sich zuvor die Bergbeamten zu Schwaz ebenso wie die Einfahrer der Gewerken über die Gegebenheiten in den Bergwerken informieren müssten. Eine Bergbeschau sei überdies mit hohen Kosten verbunden. Fremde auswärtige Bergsachverständige müssten sich zuvor über den Zustand der Bergwerke ein Bild machen können, da sie sonst *nichts nutzlichs außrichten noch besichten konndten, sonnder wurden den Perg gar für nichtl halten und erkhennen und derselb dardurch dermaßen beschrait werden* (= in Verruf geraten). Ein nicht unerheblicher Teil der Vorschläge der Beamten befasste sich allerdings mit der Einführung der neuen Reichsmünzordnung, dem Aussehen der zu prägenden Münzen, den Münzsorten, dem Silberkauf und den Kosten für die Münzherstellung (*Münzerlon*), dem Verbot Silber zu exportieren etc.[38].

Allerdings trat die Kommission im April 1556 nicht zusammen. Am 2. Mai 1556 rechtfertigte König Ferdinand I. dies bei der Innsbrucker Regierung damit, dass man zwar die Sache eher hätte ins Werk setzen wollen, doch wäre man *ain zeither und noch on Underlaß mit sollichen Sachen und Geschafften, daran uns, unsern cristenlichen Lannden und Leuthen zum höchsten gelegen, beladen* gewesen. Die erste Kommissionssitzung sollte nun am 30. Juni stattfinden[39], doch ist davon auszugehen, dass sich eine solche Tagung, die nicht die rechtlichen Vollmachten einer Synode, wie sie von den Großgewerken gefordert wurde, hatte, immer weiter verzögerte.

d) Stellungnahme der Großgewerken

Schließlich richtete der Sprecher der Großgewerken, Hans Paul Herwart, am 17. Oktober 1556 ein mehrseitiges Schreiben an die Regierung und Kammer in Innsbruck, das von diesen an den Hof weitergeleitet wurde[40]. Herwart referierte zunächst nochmals in Kürze die Beschwerden der Gewerken und Schmelzer wegen des Bergwerks am Falkenstein. Dem Großgewerken stand offenbar recht deutlich vor Augen, dass sich der König ernstlich anschickte, die Rechte und Privilegien seiner Geldgeber einzuschränken. Deshalb wies Herwart darauf hin, dass überall dort, wo Bergwerke neu eröffnet würden, die Bergleute und Gewerken ihr Geld und Gut in den Bergbau investierten und sich anschickten *in Hoffnung mit Hilff deß Allmechtigen ain Perckhwerkh zuerpauern*, die Bergbau Treibenden mit besonderen Privile-

---

[37] TLA, oöKKB, Bd. 249, Reihe Gutachten an Hof, Nr. 52 von 1556, fol. 27r-28v.
[38] TLA, oöKKB, Bd. 249, Reihe Gutachten an Hof, Nr. 52 von 1556, fol. 82r-92v.
[39] TLA, oöKKB, Bd. 248, Reihe Geschäft von Hof, Nr. 55 von 1556, fol. 92r-97v.
[40] TLA, Pestarchiv XIV, Nr. 751, fol. 2r-7v.

gien und Gnaden ausgestattet werden müssten[41]. Hierzu gehörten insbesondere Steuer- und Zollbefreiungen. Ferner erhielten die Bergleute zumeist eine *Darraichung deß Gehulz zu dem Perg und Hütwerckh* und eine Instruktion, wie das Holz zur *Handt gepracht* und verkohlt werden sollte. Es müssten Satzungen erlassen werden, die dem Bergbau dienlich seien. Sie hätten sich deshalb besonders nach den jeweiligen Örtlichkeiten zu richten und müssten entsprechend gestaltet werden. Die Bergordnungen sollten nach Herwart u. a. folgendes beinhalten: Regelungen, wie die Klüfte und Gänge erbaut werden sollten; Verordnungen zu den Grubenmaßen; Rechtsbestimmungen zu den Gedingen der Herrenarbeiter, zu den Lehenschaften und zu Spanzetteln; Satzungen, wie es mit der Erzlosung gegenüber der gemeinen Knappschaft gehalten werden sollte. Es müsse jeder Beteiligte, ob Gewerke oder Arbeiter, wissen, wie es mit seinen Rechten bestellt sei und welche Konstitutionen im Bergbau zu beachten seien. Der Gewerke sollte durch die Regelungen zur *Pawlust*, d.h. zum weiteren Betrieb der Bergwerke und zu Investitionen, angeregt werden. Deshalb seien unverträgliche Lasten zu vermeiden, besonders wenn sie von Seiten des Landesfürsten und den nachgeordneten Behörden den Gewerken auferlegt werden sollten[42]. Dies waren deutlich erkennbar konziliante Töne, denn hier wurden allgemeine Grundpositionen aufgegriffen, die seitens der Landesherrschaft, der Innsbrucker Regierung und der Bergbeamtenschaft stets betont wurden. Man kann dies als Herwarts Versicherung deuten, dass man bei allen Diskussionen doch auf denselben Grundlagen aufbaue. Möglicherweise geschah dies schon im Hinblick auf seine wenig später beginnenden Verkaufsverhandlungen.

Herwart betonte, dass seine Mitgewerken und er bereit seien, die Erfindungen anzuerkennen und zu befolgen. Man habe bislang *noch darauf trostlichen gebauen* können. Auch habe er ein hohes Vertrauen in die Entscheidungen des Landesfürsten, dass man sie bei den Erfindungen oder Freiheiten des Bergbaus belassen und sie *davon nit bringen möge* und ihnen die *unwiderrueffliche gegebne Gnaden und Freyhaiten, so von irer M[ajestä]t Vorfahrn herrühren,* nicht aufhebe[43]. Aus den in Innsbruck vorliegenden Schreiben der Gewerken gehe allerdings auch hervor, dass man nicht bereit sei, sich die einmal gegebenen Privilegien wieder nehmen zu lassen. Auch auf die Beschwerden und Forderungen der Schmelzer und Gewerken sei die Regierung nicht eingegangen. Besonders die Forderung nach einer Synode und Bergbeschau wäre bislang immer abgewiesen worden. Herwart beklagte die hohen Kosten und großen Mühen, die die Schmelzer und Gewerken in dieser Sache bislang aufgewendet hätten. Sie seien dem König bereits lange Zeit nachgereist und hätten um die Erfüllung ihrer Bitten nachgesucht. Doch bislang sei ihnen zu keiner Zeit weitergeholfen worden, obwohl die Gewerken oftmals darum gebeten hätten. Die Situation im Bergbau am Falkenstein habe sich aber in der Vergangenheit stark zugespitzt. Einige Gewerken könnten den Bergbau nicht weiter finanzieren und ihre aktuelle Lage dulde keinen weiteren Aufschub der Angelegenheit[44]. Herwart verglich den Bergbau am Falkenstein mit einem *alten erlebten Menschen,* den die Jahre *überfallen* hätten und der nicht mehr die *natürlichen Kräfte* besitze wie in seiner blühenden Jugend[45].

Herwart drohte schließlich mit dem Rückzug vom Falkenstein, obwohl er und einige seiner Mitgewerken – gemeint sind die Manlich und Dreiling – erst 1552 größere Bergbauanteile aus der Geschäftsaufgabe der einheimischen Schwazer Firmen Tänzl und Stöckl übernommen hatten. Das umfangreiche Schreiben Herwarts schließt mit dem Hinweis, dass man nicht

---

[41] TLA, Pestarchiv XIV, Nr. 751, fol. 2r.
[42] TLA, Pestarchiv XIV, Nr. 751, fol. 2v.
[43] TLA, Pestarchiv XIV, Nr. 751, fol. 4r-4v.
[44] TLA, Pestarchiv XIV, Nr. 751, fol. 5r-5v.
[45] TLA, Pestarchiv XIV, Nr. 751, fol. 6r.

alles berichten könne. Doch hätten sich seine Mitgewerken und er entschlossen, in die königliche Majestät, als der höchsten Obrigkeit, ihr Vertrauen zu setzen.

Unmittelbar nach dem Eintreffen des Schreibens bei der oberösterreichischen Regierung in Innsbruck muss es an die Hofkanzlei weitergeleitet worden sein, denn noch am gleichen Tag, am 17. Oktober 1556, erging ein Dekret König Ferdinands I., dass auf den Beschwerdebrief Herwarts Bezug nahm[46]. Wie in der älteren Literatur zu lesen, soll der Landesfürst die Forderungen der Schmelzer und Gewerken vom Falkenstein nach einer Synode und einer Bergbeschau rundweg abgeschlagen haben[47]. Liest man den Text des Dekrets aufmerksam, so fällt wiederum die landesfürstliche „Schaukelpolitik" ins Auge. Herwart wird zunächst vom König ausdrücklich als Sprecher der Schmelzer und Gewerken des Falkensteins zu Schwaz anerkannt. Der Landesfürst erinnerte in seinem Dekret an die Wichtigkeit des Bergbaus und des Handels, nicht nur für den Landesfürsten selbst, sondern für die gesamte Grafschaft Tirol. Zwar müsse man den Schmelzern und Gewerken eine Synode oder Befahrung der Falkensteiner Bergwerke, auf der die Gewerken starr beharren würden, vollständig abschlagen, doch sei die Ablehnung in Zukunft weiter zu überdenken. Die Angelegenheit könne wegen *weiterer Bericht, Rat und gut Bedenkens* nochmals zu beratschlagen sein. Dem König war durchaus bewusst, dass er die Argumente der Gewerken nicht ohne weiteres entkräften konnte, denn ihr Hinweis auf die alten Privilegien, die in den Erfindungen festgehalten waren, musste man durchaus ernst nehmen. Ferdinand wies die Regierungs- und Bergbeamten an, die Erfindungen und deren Inhalt sorgfältig zu überprüfen und ihm dann zu berichten, ob die angemahnten Rechte der Gewerken auch zuträfen.

Sollte das Begehren der Schmelzer und Gewerken bei anderen Personen auf Zustimmung stoßen, so erfordere es die Notwendigkeit, dass zur Ablehnung der Forderungen der Gewerken und Schmelzer nach einer Synode und nach einer Bergbeschau alle dagegen sprechenden Gründe zusammengestellt würden. Dazu solle man nicht allein Personen aus der Grafschaft Tirol zur Beratschlagung bestellen, sondern auch andere vertrauenswürdige Personen bzw. Landsleute. Alles, was in der Angelegenheit einer Synode oder Bergbeschau von der Regierung beschlossen werde und alles, was die Verhandlungen mit den Gewerken beträfe, solle man dem König vorlegen[48]. Die Argumente gegen die Durchführung einer Bergbeschau und einer Synode sollten von einer Kommission zusammengestellt werden.

Diese Kommission wurde schließlich, nach Angaben der Tiroler Regierung in einem Bericht vom 25. November 1556, zum einem mit Personen besetzt, die sich mit dem Montanwesen auskannten und aus Tirol stammten, zum anderen mit Mitgliedern der Landstände sowie mit sachverständigen Bergleuten. Aus dem Stand der Prälaten waren dies die Äbte von Stams und Wilten; aus dem Stand der Ritterschaft und des Adels Hans Freiherr zu Wolkenstein und Christof Freiherr zu Wolkenstein, Simon Botsch, Ritter und Verwalter der Landhauptmannschaft an der Etsch, Sigmund von Thun und Jakob Kuen von Belasi, der Obersthofmeister der Töchter König Ferdinands I.; von den Städten in Tirol Hans Geizkofler von Sterzing, Michel Hueber der Ältere von Innsbruck; aus den Gerichten Jakob Saurwein von Naters; von den königlichen Offizieren (Beamten) Jakob Zoppl, der Hüttenmeister zu Rattenberg, Erasmus Reislander, Bergrichter zu Schwaz, Mathias Gartner, Bergrichter zu Kitzbühel, Sigmund Winter, Bergrichter zu Rattenberg, Hans Kämelmair, Bergrichter zu Imst, Thoman Vasl, Bergmeister zu Schwaz, Wolfgang Grauntacher, Hans Reichl und Jakob Schi-

---

[46] TLA, Pestarchiv XIV, Nr. 751, fol. 1r-1v (Titel und Datum; Rückseite leer), 8r-10v (Text).
[47] Wolfstrigl-Wolfskron 1903, S. 65.
[48] TLA, Pestarchiv XIV, Nr. 751, fol. 9r-9v.

fer, alle drei Berggerichtsgeschworene zu Schwaz, Hans Erlacher, Diener des Königs. Ebenfalls zur Kommission gehörten Bergleute, die aber nicht in den Diensten des Landesfürsten standen oder mit irgendwelchen Aufgaben befasst waren: Hans Wolgeschaffen von Sterzing, Hans Reindl von Hall, Wolfgang Götschl, Hans Pader, Mathäus Heuntsperger und Wolfgang Cramer, alle vier aus Schwaz. Die Kommission hatte zunächst vor allem die Aufgabe, die Eingabe des Hans Paul Herwart zu untersuchen, worin dieser eine Bergbeschau und eine Synode nach Bergrecht forderte. In einem langen umständlichen Gutachten für den Hof lehnte die Kommission beides ab[49].

Obwohl die Synode durch den König und die Tiroler Regierung wiederholt abgelehnt wurde, setzten sich die Großgewerken schließlich mit ihrer Forderung nach einer Synode durch. Diese fand nach einigen Verzögerungen im Juni und Juli 1557 statt. In der Forschung finden sich über diese erste (und letzte) Bergsynode nach 1526 sehr widersprüchliche Angaben. Nach Wolfstrigl-Wolfskron trat die Synode im April 1557 nach den Osterfeiertagen zusammen, doch lägen über den Verlauf der Synode keine näheren Informationen vor. Wolfstrigl-Wolfskron nennt aber eine Reihe von Personen, die offenbar als Teilnehmer an der Synode im April 1557 von der Regierung und Kammer in Innsbruck vorgeschlagen wurden. Er macht jedoch keine Angaben zu seinen Quellen[50]. Die Angaben bei Isser sind ebenfalls recht dürftig, widersprechen sich auch teilweise, insbesondere, was die Namen der Teilnehmer an der Synode angeht. Auch er geht davon aus, dass die Synode vom 12. bis 16. April 1557 tagte. Möglicherweise beziehen sich beide Autoren aber auf eine die Synode vorbereitende Kommissionssitzung[51].

e) Die „Synode" von 1557

Die traditionelle Bergsynode versammelte Vertreter aller am Bergbau beteiligten Gruppen, die Berggemeinde also, damit im Geiste der „universitas montanorum", der Gemeinschaft aller Bergbauverwandten, Streitpunkte und Schwierigkeiten ausgeräumt bzw. geregelt werden konnten. Kern und Grundlage dessen war die gemeinsame Grundüberzeugung, dass Baubau weitergeführt werden konnte und sollte und zwar zum Nutzen aller Beteiligten. Hier war die Grundüberzeugung aller beteiligten Gruppen, dass eine erfolgreiche Weiterführung des Montanwesens möglich, lohnend und ebenso im Eigeninteresse wie in dem des „Gemeinen Nutzens" lag. Gemeinsam getragene Lösungen in diesem Sinn waren aber nur so lange möglich,

---

[49] TLA, oöKKB, Bd. 249, Reihe Gutachten an Hof, Nr. 249 von 1556, fol. 414v-415r.

[50] Wolfstrigl-Wolfskron 1903, S. 65-66: Verordnete der Regierung und Kammer: Dr. Mathias Alber, Kanzler in Tirol; Blasius Khuen von Belasi, Ritter; Jakob von Brandis zu Leonburg, Kammerpräsident; Georg Füeger der Ältere, Salzmeier in Hall und kaiserlicher Rat; Sigmund Schönberger, der ehemalige Schwazer Bergrichter und kaiserlicher Diener. Abgeordnete aus dem Prälatenstand: Johann, der Abt zu Wilten; Jenewein, der Propst zu Neustift. Verordnete aus der Ritterschaft und vom Adel: Sigmund von Thun; Jakob von Trapp, der Pfleger zu Glurns und Mals, kaiserlicher Rat. Abgeordnete der Städte: Balthasar Wieser aus Bozen; Michel Hueber der Ältere aus Innsbruck. Verordnete aus den Gerichten: Jakob Sauerwein, Landrichter zu Sonnenburg; Peter Kerschpaumer, Landrichter auf dem Ritten. Inländische Bergbeamte: Erasmus Reislander, Bergrichter zu Schwaz; Thoman Vaßl (bei Wolfstrigl-Wolfskron irrtümlich: Haßl), Bergmeister zu Schwaz; Mathias Gärtner, Bergrichter zu Kitzbühel; Sigmund Winter, Bergrichter zu Rattenberg; Hans Erlacher, kaiserlicher Diener; Hans Reichl, Berggerichtsgeschworener zu Schwaz. Unverpflichtete (= nicht dem Landesfürsten verpflichtete) Bergbausachverständige: Hans Wohlgeschaffen aus Sterzing; Matheis Fentsperger aus Schwaz. Auswärtige Bergbausachverständige: Georg Singer, Oberstbergmeister in Niederösterreich; Sigmund Nidrist, Bergrichter zu Schladming; Benedikt Volandt, Silberwechsler zu Lebertal; Gregor Haid, Berggerichtsgeschworener.

[51] Paul 2005: Isser 1905/1924, S. 111-112, bes. Anm. 364; Isser 1904, S. 442, bes. Anm. 95.

wie keine Seite ihre Beteilung an der Montanproduktion grundsätzlich zur Disposition stellte. Unsere bisherige Untersuchung hat aber klargestellt, dass diese gemeinsame Überzeugung längst nicht mehr gegeben war. Vielmehr ist aus den Quellen ein anschwellender Klagechor zu rekonstruieren, der nur mehr eine einheitliche Überzeugung aller Beteiligten erkennen lässt: dass es so nicht mehr weitergehen könne.

Die handarbeitenden Knappen klagten, ihren notwendigen Verdienst nicht mehr erarbeiten zu können, und zwar ganz besonders nicht mehr auf dem traditionellen Weg lehenschaftlicher Arbeitsorganisation. Wir konnten zeigen, dass oft die Arbeitskräfte selbst nicht mehr bereit waren, das alte System der Beschäftigung mit zu tragen. Die Gewerken, insbesondere die großen Handelsfirmen, dachten nicht nur über ein Ausscheren aus der Montanproduktion nach, sie verabschiedeten sich tatsächlich von dieser Geschäftsgrundlage. Und die Regierungsvertreter und insbesondere die Bergbeamten vor Ort entdeckten überall schädliche Neuerungen, unbergmännische Abweichungen von alten Normen, Tendenzen zu Betriebsstilllegungen, zu Raubbau-Praktiken und schließlich den massenhaften Wegzug von Bergleuten und ihren Familien. Kurz gesagt: die gemeinsame Überzeugung, dass eine gedeihliche Weiterführung des Bergbaus außer Frage stehe und im wohlverstandenen Interesse jeder der beteiligten Gruppen und jedes einzelnen „Bergverwandten" liege, existierte nicht mehr.

Für die Großgewerken war der Bergbau eine Geschäftssparte neben anderen. Es war keineswegs guter Kaufmannsbrauch der Zeit, sich allein einem Geschäftszweig auf Gedeih und Verderb auszuliefern. Ein kluger Kaufmann zeichnete sich gerade dadurch aus, dass er vorausschauend genug war, um ein Wegbrechen der Geschäftsgrundlage frühzeitig zu erkennen und Konsequenzen zu ziehen. Wir haben oben Anton Fugger als Beispiel herangezogen, der schon 1548 alle Vorbereitungen traf, um sich ohne gravierende Folgen für sein Gesamtunternehmen aus dem Tiroler Montangeschäft zurückziehen zu können.

Schon im Vorfeld der „Synode" von 1557 gab es erkennbar in Schwaz jene spätmittelalterlich geprägte „universitas montanorum" nicht mehr, die als Voraussetzung einer funktionierenden Synodenpraxis gegeben sein musste. Die Beteiligten des Montanwesens waren vielmehr in Gruppen zerfallen, die sehr gegensätzliche Interessen verfolgten und zwar durchaus auf Kosten anderer Beteiligter. Eine Gruppe der Bergverwandten wurde zur „Synode" erst gar nicht eingeladen, nämlich die Gemeine Gesellschaft der Bergwerke als Vertretung der handarbeitenden Mannschaften. In dem gerade sie in den Beratungen fehlten, ist der Charakter einer Synode im althergebrachten Sinn von vornherein nicht gegeben gewesen. Es handelte sich vielmehr um eine Zusammenkunft zweier streitender Parteien zu einer größeren Konferenz, nämlich der Großgewerken und der Obrigkeit zum Zwecke des Austrags von Streitigkeiten, die bereits seit Jahren im Raum standen.

Die Gewerkenvertreter hatten die Synode und eine Bergbeschau gefordert. Sie hatten damit versucht, Konflikte einer neuen Qualität mit alten Mitteln und Strategien zu lösen. Dem Bergbau bei Schwaz war allerdings seinerzeit die bis dahin tragende Roherzbasis zunehmend verloren gegangen, nämlich massive Vorkommen von Reicherzen mit hoher natürlicher Konzentration von Kupfer und Silber. In durchaus reichlicher Menge waren ärmere, versprengte Erze mit durchschnittlich geringerer Metallkonzentration verfügbar. Es waren diejenigen Anteile der Erzvorkommen, die man Jahrzehnte lang unbeachtet gelassen oder auf die Halden geworfen hatte. Das Verlangen der Gewerken nach „Dreierlei Scheidwerk" dokumentiert, dass man sich der Notwendigkeit bewusst zu werden begann, nun verstärkt auch auf diese ärmeren Erze zuzugreifen. Um dies in der Praxis zu bewerkstelligen, waren aber grundlegende Neuerungen und Umstellungen im Bergbau, in der Aufbereitung und Verhüttung unumgänglich: eine Reform an Haupt und Gliedern.

Ein höchst merkwürdiges Verständnis von „Synode" entwickelten die Vertreter der Obrigkeit. Es hatte mit der traditionellen Zielvorstellung, ein Weistum oder Weistümer zur Konfliktbereinigung vorzubereiten, nichts mehr zu tun. Die Sprache der von den Beamten produzierten Dokumente über die Beratungen von 1557 ist hier verräterisch: die Vertreter der Obrigkeit sprachen nämlich von sich selbst als Gruppe beständig als „der Synodus"; sie unterschieden zwischen den Schmelzern und Gewerken auf der einen und dem „Synodus" auf der anderen Seite. Zusätzlich hatten die zur Synode verordneten Vertreter der Obrigkeit gar keine Entscheidungskompetenz. Sie berichteten vielmehr der Regierung und dem Hof jede Kleinigkeit um von dort Instruktionen und Entscheidungen zu erhalten. Was 1557 in Innsbruck durch die versammelten Vertreter der Großgewerken und der Obrigkeit durchgeführt wurde, war ein Schlagabtausch, bestenfalls ein gegenseitiges Erläutern von Standpunkten und Interpretationen. Mit dem Versuch, zu einer neuen Ordnung der Dinge im Sinne einer gemeinsamen Formulierung von Lösungsstrategien in Form eines aus mittelalterlicher Praxis überkommenen Weistums, das dann der Souverän hätte billigen können, hatte das alles nichts zu tun. Auch nicht ansatzweise gelangte man bis zu einem Punkt, der gemeinsam getragene Lösungen irgendwie erkennen ließ. Ganz entscheidend ist im Gesamtzusammenhang, dass die handarbeitenden Bergleute erst gar nicht gefragt wurden. Was da zusammentrat, war kein Rat der Berggemeinde, ganz einfach deshalb, weil die mittelalterliche „universitas montanorum" aktuell nur mehr ein Konstrukt darstellte, das allenfalls auf dem Papier noch eine (wehmütige) Erinnerung produzierte – das Schwazer Bergbuch. Mit seiner neu korrigierten Erfindung war es ein durchaus ernsthafter Versuch, die Synodenpraxis vergangener Zeiten eventuell wiederzubeleben. Aber die Beratungen im Jahr 1557 verliefen so, dass dies überhaupt nicht zur Sprache kam, auch nicht im kleinsten Ansatz.

Tatsächlich traten die zur Synode verordneten Beamten und Regierungsmitglieder erst rund zwei Monate später zusammen als ursprünglich angeordnet, wie ein im Tiroler Landesarchiv überliefertes, umfangreiches Protokoll der Synode ausweist[52]. Die Verzögerung kam vermutlich wegen des Streites über die Hinzuziehung auswärtiger Bergsachverständiger zustande. Dies hatten die Innsbrucker Regierung und der Hof immer vehement abgelehnt, doch auch in diesem Punkt setzten sich die Gewerken letztendlich durch. Als Druckmittel dienten offenbar wieder die Verschleppung der Hinlassverhandlungen, die bis Weihnachten 1556 hätten abgeschlossen sein müssen; ferner die Drohung, auch den Eisen- und Unschlitthandel einzustellen[53].

Die Synode wurde am 14. Juni 1557 eröffnet; sie dauerte bis zum 10. Juli 1557. Der Regierungssekretär Resch führte das Protokoll, während Blasius Khuen von Belasi zu Gandegg [-Eppan], Ritter, von König Ferdinand I. zum Präsidenten der Synode ernannt wurde. Seitens der Tiroler Regierung und Kammer wurden folgende Personen zur Synode abgeordnet: Dr. Mathias Alber, der tirolische Kanzler; Johann Abt zu Wilten; Hieronimus Probst zu Neustift (Südtirol); Sigmund von Thun; Simon Botsch, Verwalter der Landeshauptmannschaft an der Etsch; Jakob von Brandis (Tiroler Kammerpräsident); Georg Fueger der Ältere, Salzmeier zu Hall; Degen Fuchs von Fuchsberg (Schloss Freudenstein in Hocheppan)[54]; Sigmund Schönberger (ehemaliger Schwazer Bergrichter, Diener und Rat des Landesfürsten); Mathias Morgenstern, Bergmeister zu Budweis (Tschechische Republik); Sigmund Nidrist, Bergrichter zu Schladming; Michel Hiertmair aus Bozen; Michel Hueber der Ältere aus Imst; Jakob Sau-

---

[52] TLA, Pestarchiv XIV, Nr. 777: *1557. Synodus von wegen des Perkhwerchs zu Swatz am Valkhenstain*.
[53] Scheuermann 1929, S. 99-100.
[54] Dessen gleichnamiger Vater war Landeshauptmann an der Etsch. Dieser vermachte Kaiser Maximilian I. eine reich verzierte Drehbank.

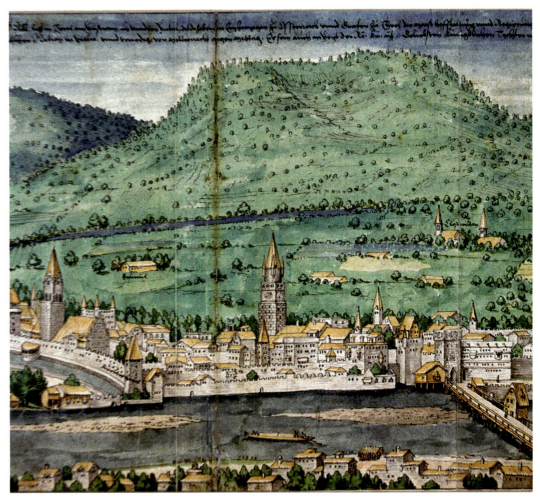

Abb. 38: Das Zentrum von Innsbruck mit den Regierungsgebäuden nach dem Kodex Dip. 856 (Tafel 15, Innsbruck, Ausschnitt). Hier tagte die Synode von 1557 (Original und Foto: Tiroler Landesmuseum Ferdinandeum, Innsbruck).

er, Landrichter zu Sonnenburg (Südtirol); Peter Kerschpaumer, [Landrichter] auf dem Ritten (Südtirol); Erasmus Reislander, Bergrichter zu Schwaz; Thoman Fasl, Bergmeister zu Schwaz; Mathias Gartner, Bergrichter zu Kitzbühel; Sigmund Winter, Bergrichter zu Rattenberg; Benedikt Vollanndt, Einnehmer des Silberüberwechselgelds im Lebertal (Elsass); Georg Haid, Berggerichtsgeschworener im Lebertal; Hanns Erlacher aus Schwaz; Hans Reichl, Berggerichtsgeschworener aus Schwaz; Hanns Wohlgeschaffen [Bergrichter] in Sterzing; Mathäus Fautsperger aus Schwaz[55].

Einige der Verordneten konnten an dem angesetzten Tag (15. Juni 1557) nicht erscheinen. Der Haller Salzmeier ließ sich wegen Krankheit entschuldigen. Auch Morgenstern und Nidrist erschienen nicht, *aus waz Ursachen wais man noch bis dato nit*. Ebenso erschien Jakob von Trapp, der Pfleger aus Glurns und Mals, *Schwacheit halben* nicht. König Ferdinand wollte noch Mitglieder seines Hofes in die Synode entsenden, doch musste er der Regierung und Kammer der Oberösterreichischen Lande melden, *dz dieselben von Hof Schwachait halben nit erscheinen haben chunnden*. Deshalb waren die Herren Botsch und Fuchs von Fuchsberg zur Synode befohlen worden. Die Abgeordneten trafen sich in Innsbruck. Man tagte im Neu-

---

[55] TLA, Pestarchiv XIV, Nr. 777, fol. 2r-3v.

en Hof in der unteren großen Stube[56]. Die erste Sitzung fand, wie bereits erwähnt, am 15. Juni 1557 statt. Zunächst wurde den anwesenden Abgeordneten der Regierung, Kammer und Beamtenschaft die Berginstruktion Ferdinands I. von 1556 verlesen. Dies diente vermutlich dazu, alle Teilnehmer aus den Reihen der Verwaltung und Regierungsorgane umfassend über die zu verhandelnden Punkte zu informieren. Schon hier wird eine Blockbildung der obrigkeitlichen Interessen überaus deutlich. Man ging keineswegs etwa in offene Verhandlungen. Vielmehr trat eine Regierungskommission den Gewerkenvertretern gegenüber. Erst nach Instruierung der landesfürstlichen Repräsentanten erschienen die Abgesandten der großen Firmen bzw. deren Vertreter. Es waren dies Sebastian Kurz als Vertreter von Anton Fugger, Melchior Manlich und der Gewerke Pimbl, die für sich selbst und als Mitgewerken der Firmen Link und Haug sprachen. Abraham Katzbeck sprach für sich und an Stelle von Matthias und Christoph Manlich. Der Gewerke Hans Dreiling war persönlich anwesend, Mathäus Rech als Vertreter für den Gewerken und Schmelzer Herwart. Gerhardt Rech fungierte als Verweser der Firma Link, während der Schwazer Faktor Hag die Gesellschaft Manlich vertrat. Ihr persönliches Erscheinen hatten auch Hans Paul Herwart und Christoph Manlich angekündigt, sie waren am 15. Juni aber noch nicht in Innsbruck eingetroffen[57]. Zunächst ging es um die Forderung der Großgewerken nach einer Besichtigung der Gruben am Falkenstein. Die Gewerken erboten sich sogar, das Erz von einer oder mehreren Monatsabrechnungen in eine Hütte zu fahren, um es dort vor aller Augen probieren zu lassen: *das haben wir angehört unnd vernomen unnd dahin verstannden, das sich die Schmelzer und Gwerckhen yezt zu mal nicht annders fürbringen dann allain, daz sy an yezt vor allem und one weiter anzaigen ainicher anderer irer Obligen, Biten und Begeren, das ain ordenliche unparteyiische Besicht unnd Beschaw alspald und zu Anfang dieser Hanndlung als das Richtscheit und Regel aller Sachen und Hanndlung an die Hannd genomen werden solle. […] Das man auch die Ärzt von ainer oder mehr Raitungen nemen, gen Hütten farn und selb schmelzen lassen, so werde man wol sehen, wie die Sachen stehen und dz solches die recht unnd gewissische Rechnung und Prob seie*. Diese Forderungen wurden von den Regierungsvertretern in der „Synode" an die Statthalter, Amtsverwalter, Regenten und die übrigen Räte der oberösterreichischen Lande, die nicht verordnete Mitglieder in der Versammlung waren, zur Beratung übergeben. Diese verfassten bis zum 23. Juni 1557 ein umfangreiches Gutachten über die Beschwerdepunkte, das sie den obrigkeitlichen Vertretern in der Synode wieder übergaben. Tenor des Schreibens war die Ablehnung der Forderungen der Großgewerken unter Hinweis auf den auch von den Gewerken akzeptierten Rezess des Königs vom November 1556[58].

Am 23. Juni 1557 trat die Synode wieder unter dem Kanzler Alber und dem Sekretär Resch zusammen. Die Regierungskommission führte weitere Verhandlungen mit den Schmelzern und Gewerken. Sie überlegte u.a., ob es nicht besser sei, den König als Partei direkt an den Verhandlungen zu beteiligen. Die Gewerken ließen ihre Antworten auf die Entgegnung der Regierung durch ihren Sprecher Herwart am 23. Juni 1557 mündlich vortragen. Herwart wies darauf hin, dass man die schriftlichen Antworten der Regierung zur Kenntnis genommen habe. Man wisse sich wohl daran zu erinnern, was dieselben beinhalteten und sei auch sonst über alle Handlungen informiert. Man habe aber gerade vielfältige Beschwerden in jüngst übergebenen Schriften eingebracht, die noch zu erörtern seien. Auch könne man nach dem ergangenen Rezess vom November 1556 nicht finden, dass dort ihr Begehren nach einer Bergbeschau abgelehnt worden sei. Der Ansicht der Gewerken nach könne ohne eine Bergbeschau dem Bergwesen am Falkenstein nicht aufgeholfen werden. Wegen der Ablehnung der Besichtigung habe man sich bereits wiederholt beschwert, aber ihre Eingaben wären im-

---

[56] TLA, Pestarchiv XIV, Nr. 777, fol. 3v.
[57] TLA, Pestarchiv XIV, Nr. 777, fol. 4r-4v.
[58] TLA, Pestarchiv XIV, Nr. 777, fol. 15r-19r.

mer wieder abgeschlagen worden. Es handelte sich um die Wiederholung längst bekannter Standpunkte.

Herwart sagte weiter, die Bergbeschau werde offenbaren, dass die Gewerken etliche Jahre lang guten Bergbau betrieben hätten. Nun wäre ihnen aber seit einigen Jahren hoher Schaden entstanden. Dies könnten sie nicht weiter fortsetzen. Befinde man in einer Bergbeschau, dass das Bergwerk in Abfall geraten sei, so müsse man auch in der Synode darauf eingehen. Geschehe dies aber nicht, so wisse man nicht, wie man dem Bergbau wieder aufhelfen könne. Hier werden auch nicht ansatzweise Lösungen sichtbar. Vielmehr starke Zweifel, ob der Bergbau überhaupt weitergehen könne.

Weiterhin beschwerten sich die Gewerken darüber, dass ihre Diener verpflichtet worden seien, für die Regierung und Kammer über alle Angelegenheiten, den Bergwerks- und Schmelzhandel betreffend, Rechnungen zu führen und diese den Regierungsstellen vorzulegen. Hierüber habe man sich bei den betreffenden Institutionen bereits beschwert, doch habe es keine Erleichterungen gegeben. Vor allem sei ihnen für die Synode das Führen von Abrechnungen auferlegt worden, was aber der Sache wenig dienlich sei. Man wandte sich gegen die Vorlage von Rechnungen über ihren Handel mit Silbergeld, Kupfer und anderen Kaufmannswaren, insbesondere dort, wo man Waren gegen Waren tauschte. Überdies wisse man schließlich seitens der Regierung und Kammer, was Silber und Kupfer bisher gekostet hätten. Auch beim Handel mit Pfennwerten wollten die Großgewerken keine Änderungen ihrer Privilegien zulassen, sondern sie beharrten auf der Beibehaltung ihrer alten Rechte. Nach Ansicht der Schmelzer und Gewerken gab es keine andere Möglichkeit, um das Montanwesen am Falkenstein zu befördern, als eine Bergbeschau durchzuführen. Freilich wurde nicht mitgeteilt, was damit praktisch erreicht werden konnte und sollte.

Die Regierungskommission hielt den Gewerken daraufhin vor, dass sie vor einem Jahr bereits aufgefordert worden seien, ihre Bücher vorzulegen, dass sie aber stattdessen ihre Diener aus der Verantwortung entlassen und auch nicht den Rezess König Ferdinands I. von 1556 ausgeführt hätten, der doch Maß und Ordnung hätte bringen sollen. Bei diesem Rezess müsse und werde die Obrigkeit bleiben. Was aber die Beschwerden der Schmelzer und Gewerken angehe, so seien die meisten der Verordneten hierüber nicht informiert. Deshalb forderte man die Gewerken und Schmelzer auf, ihre Beschwerden und Mängel anzuzeigen, um überhaupt darauf eingehen zu können und evtl. andere Lösungen zu finden, als im Rezess vorgesehen[59].

Die Gewerken lehnen die Forderungen der Regierungskommission nach einer erneuten Darlegung mit dem Hinweis ab, dass man bereits mehrfach schriftlich Beschwerden vorgelegt habe. Man begehre nun endlich einen Beschluss. Die Vertreter der Obrigkeit sandten daraufhin wieder alle Unterlagen zur Beratung an die Regierung und Kammer. Am 23. und 24. Juni 1557 traten sieben Regierungsbeamte in Innsbruck im kleinen Kreis zu Beratungen zusammen. Sie formulierten eine Antwort auf die Beschwerden und Vorwürfe der Großgewerken[60].

Am 25. Juni 1557, vor der Sitzung der Bergsynode, schickte man seitens der zur Synode verordneten Räte und Bergbeamten den Kanzler Mathias Alber und Landeshauptmann Simon Botsch zu den Schmelzern und Gewerken. Die beiden forderten die Großgewerken auf, den

---

[59] TLA, Pestarchiv XIV, Nr. 777, fol. 15r-24v.
[60] TLA, Pestarchiv XIV, Nr. 777, fol. 38r-40v.

Rezess von 1556 einzuhalten, nach dem eine Bergbeschau abgelehnt wurde. Die Regierung und Bergbeamtenschaft versuchte, unter allen Umständen eine allgemeine Bergbeschau, wie sie letztmalig 1526 durchgeführt worden war, zu umgehen. Man ließ sich jedoch ein Hintertürchen offen. Alber und Botsch gaben zur Beruhigung der Großgewerken zu Protokoll, dass man auch diesen Wunsch der Gewerken und Schmelzer nicht vollständig zurückweisen könne, aber einer Besichtigung des Falkensteins nur zustimme, wenn es gänzlich unumgänglich sei. Beide verwiesen aber darauf, dass man bislang seitens der Teilnehmer der Synode, insbesondere der Bergbeamtenschaft, eine sofortige Notwendigkeit zu einer Besichtigung des Bergwerkes nicht einsehe. Die Vertreter der Obrigkeit weigerten sich strikt, die Bergbeschau als erste Maßnahme durchzuführen und die vorgetragenen Probleme erst danach abzuhandeln. Man drohte den Gewerken und Schmelzherren schließlich, falls sie auf ihrer Forderung nach einer zuerst durchzuführenden Bergbeschau bestünden, ihnen lediglich Beschlüsse zu eröffnen.

Die Gewerken antworteten daraufhin, dass sie bereits Schriftstücke und Erklärungen abgegeben und mehrmals vergeblich das Recht einer Bergbeschau begehrt hätten. Um aber nicht dazustehen, als würde man auf den eigenen Forderungen unbeweglich beharren, erklärten sie sich bereit, einen zusammenfassenden Auszug ihrer Beschwerden zu übergeben und ihre Abrechnungen für das Jahr 1556 vollständig und vom Jahr 1557 die ersten vier Monatsabrechnungen [= Raitungen] zu übergeben.

Die Gewerken und Schmelzer gaben mündlich zu Protokoll, dass sie 1556 mehr als 30.000 fl. und im Jahre 1557 in den ersten vier Abrechnungsmonaten bereits 7.000 fl. als Defizit „verbaut" hätten. Man rechne für 1557 mit Kosten in Höhe von insgesamt 22.000 fl. Der Synode bzw. der Regierung und Kammer wurde daraufhin am 26. Juni 1557 die summarischen Rechnungsaufstellungen für das Jahr 1556 und für die ersten fünf Abrechnungsmonate von 1557 übergeben[61].

f) Streit um Zahlen

Zunächst aber erhielten die Regierungsvertreter eine Aufstellung über Einnahmen der Schmelzer und Gewerken, die in den gewöhnlichen Rechnungsauszügen nicht auftauchten, weil sie von den Gewerken zumeist zurückgehalten gehalten wurden. Nach einer Hochrechnung, die mit großer Wahrscheinlichkeit aus dem Umkreis der Beamtenschaft stammt[62], erzielten die Gewerken und Schmelzer 1556 bei der Produktion von 21.000 Mark Feinsilber einen Mehrgewinn beim Verkauf von sechs Kreuzern pro Mark. Dies summierte sich immerhin auf einen Betrag von 2.100 fl. Bei der Bestimmung des Silbergehaltes, beim Testen und Probieren, fiel Silber im Wert von etwa 2.500 fl. an. Es blieb zumeist als kleiner Rest in den verwendeten Tiegeln zurück und wurde dem an die Münze in Hall abzuliefernden Brandsilber nicht mehr hinzugefügt. Für das Kupfer erzielten die Gewerken Mehreinnahmen in Höhe von einem Gulden für den Zentner Kupfer, was immerhin ein Gewinn von 9.400 fl. für die Großgewerken darstellte. Beim Pfennwerthandel ging man von einem Gewinn von wenigstens 20.000 fl. aus. Die zusätzlichen Einkünfte der Großgewerken betrugen nach der gesonderten Aufstellung im Jahr 1556 ungefähr 34.000 fl.[63].

---

[61] TLA, Pestarchiv XIV, Nr. 777, fol. 51r-52v (1556) und 43v-44v (1557).
[62] Hier ist an eine Zusammenarbeit des Schwazer Silberbrenners mit dem Probierer und dem Münzmeister zu Hall zu denken; vgl. dazu TLA, Pestarchiv XIV, Nr. 777, fol. 58r.
[63] TLA, Pestarchiv XIV, Nr. 777, fol. fol. 46r.

Nach den Abrechnungen der Gewerken und Schmelzer für 1556 ergaben sich dagegen folgende Zahlen[64]:

Ausgaben:

Für Samkost, Erzkauf und Erzlosung 1556	213.833 fl. 15 xr.
Für Wechsel auf 2/3 Gnad- und Freisilber (15.675 Mark 7 Lot bei einem Wechselgeld in Höhe von 1 fl. 40 xr. pro Mark)	26.125 fl. 44 xr.
Für das Hüttenwerk (Blei, Kupferherstellung, Fuhrlöhne für die 23.513 Mark 3 Lot Brandsilber, bzw. 21 308 Mark 14 Lot Feinsilber)	85.235 fl. 30 xr.
Für die Faktoren, Diener und anderen Unkosten	10.000 fl.
Zusammen:	**335.194 fl. 29 xr.**

Einnahmen:

Für 15.675 Mark 7 Lot Brandsilber zu 11 fl. gerechnet, wobei von den insgesamt produzierten 23.513 Mark 3 Lot ein Drittel an den Landesherrn in die Münze abzuliefern war, nämlich 7.837 Mark 12 Lot. Dafür zahlte der Landesherr für jede Mark 7 fl. Insgesamt betrugen nun die Einnahmen aus dem Silberverkauf	227.294 fl. 3 xr.
Für das Kupfer, das ebenfalls aus den Falkensteiner Erzen produziert wurde, nämlich 9.400 Zentner, pro Zentner 10 fl.	94.000 fl.
An Gnad- und Hilfsgeldern	12.000 fl.
Zusammen	**333.294 fl. 3 xr.**

Die Mitglieder der Synode erhielten schließlich von den Gewerken und Schmelzern in schriftlicher Form auch eine zusammenfassende Aufstellung mit den Einnahmen, Ausgaben und den verbliebenen Gewinnen des Bergwerks am Falkenstein für die ersten fünf Monatsrechnungen des Jahres 1557[65]:

[fol. 48r]
Auszug und Uberslag auf den Valckhenstain die ersten fünff Raittungen diz 1557 Iars wie hernach volgt:
Darlegen:
Die obgemelten fünff Raittungen ist Samcosst, Arztkauff unnd Losung uber den Perg aufgeloffen thuet in summa 82.473 *fl.* 32 *xr.*
Item so verlaufft sich der Wechsl, so die Herrn Schmelzer unnd Gwerckhen der k[öngliche]n M[ajestä]t von iren 2/3 Gnaden- oder Freysilbern, so sy in den ersten funf Moneten diz Jars gemacht haben, zu geben schuldig sein, laut der Auszug als nemlichen von 6.324 Mark yeder derselben 1 fl. 40 xr. facit 10.540 *fl.*
Item so thuet der Schmelz- und aller Hüttcossten wie im erstern Auszug ausgefuert auf yede fein Mark sambt dem Kupfermachen 4 fl., [kommt] auf 8.596 Mark 15 Lot. Darauf die Pranndtsilber, so in dem ersten funf Monaten gemacht worden sein, zu fein gerait und ausgeslagen worden, in Gellt 34.387 *fl.* 45 *xr.*

---

[64] TLA, Pestarchiv XIV, Nr. 777, fol. fol. 50v-52v.
[65] TLA, Pestarchiv XIV, Nr. 777, fol. fol. 48r-49r.

[fol. 48v]
Unnd dann auf der Factor- und Dienerbesoldung unnd allen Cossten des Jars 10.000 fl, macht funff Monat   *4.166 fl. 40xr.*
Summa alles Darlegen die ersten 5 Monet des 57. Jars tuet   *13.1567 fl. 57 xr.*

Emphang
Dagegen sein die ersten 5 Monet Pranntsilber gemacht worden 9.485 Mark 15 Lot. Davon gepürt der k[öniglichen] M[ajestä]t auf irer M[ajestä]t 1/3: 3.161 Mark 15 Lot. Fur yede derselben Mark ist inen 7 fl. bezalt worden, die anndern 2/3 bringen noch 6.324 Mark. Yede derselben Pranndt Mark per 11 fl. gerait, thuet alles zusamen: *91.697 fl. 33 xr.*
Dann so werden die Kupfer, welche neben den Silbern gemacht werden angeslagen auf 3.800 Zentner, yeden Zentner auch nit mer als per 10 fl. gerait, thut: *38.000 fl.*

(fol. 49r)
Unnd beschließlichen der k[öniglichen] M[ajestä]t Gnadengellt, per Ster gfrönt Arzt 15 xr. betrifft sich des ersten 5 Raittungen in Gellt: *6.235 fl. 7 xr.*
Summa der Emphanng die ersten 5 Raittungen in disem 57. Jar thuet: *135.932 fl. 40 xr.*
Ausserhalb dz Silber unnd Kupfer umb vil höcher weder gsezt verkaufft worden. Item dz die Kupfer in der Arbait mer zuetragen weder auf die Silber gerait werden. Dergleichen der Cossten Kratz- unnd Probensilber, so in kainen Anslag khomen unnd liet[z]lichen der Phenwerdthanndl Nutz unnd Gwynung.
Also iesst nach die ersten 5 Raittung diz 57. Jar Uberschuss   *4.364 fl. 43 xr.*

Die Aufstellungen trugen dazu bei, dass es über das „Verbauen" am Falkenstein zwischen Großgewerken und Regierung bzw. Kammer zu erheblichen Meinungsverschiedenheiten kam. So geht die zuerst zitierte Aufstellung davon aus, dass den Gewerken und Schmelzern ein zusätzlicher Gewinn von rund 34.000 fl. zugeflossen war. Diese Hochrechnung, die vermutlich Schwazer Bergbeamte erstellten, verursachte eine heftige Auseinandersetzung, da einige Zahlen, so der Gewinn aus dem Pfennwerthandel, nur geschätzt waren. Anzumerken ist auch, dass hier nur der durch einen erhöhten Kupferpreis erzielte Mehrgewinn ausgewiesen wurde. Der tatsächlich erzielte Gewinn für das Kupfer, das die Großgewerken frei veräußern durften, ist nicht berechnet. Die Angaben, die von den Großgewerken vorgelegt wurden, belegen dagegen für 1556, dass den am Falkenstein tätigen Firmen ein kleiner Verlust von ca. 1.900 fl. entstanden war. In den ersten fünf Monaten des Jahres 1557 erzielten sie dagegen einen Gewinn von rund 4.365 fl., wobei auch hier der Gewinn für das Kupfer und Silber beim Weiterverkauf viel höher angesetzt werden musste. Auch die Einnahmen aus dem Pfennwerthandel, an dem sich die Fugger ab 1556 erstmals beteiligten[66], sowie die zusätzlichen Einkünfte vom Kratz-, Test- und Probiersilber waren nicht berücksichtigt worden. Insgesamt betrachtet, wird man die vorgelegten Zahlen beider Seiten mit großer Vorsicht betrachten müssen.

Am 26. Juni 1557 erschienen die Gewerken und Schmelzherren vor der Versammlung und erläuterten den Mitgliedern ihre Aufstellungen, wobei ihnen bei den Rechnungen offenbar einige Fehler unterlaufen waren, die sie nun richtig stellten. So war nach ihren Angaben die Produktion an Brandsilber um 1.830 Mark zu hoch angesetzt worden, was in Geld umgerech-

---

[66] Scheuermann 1929, S. 96-98. Am 18. Januar 1556 schlossen der Fuggersche Faktor Sebastian Kurtz und der Schwazer Händler Urban Mair einen Vertrag über die Errichtung eines Pfennwerthandels für die Bergleute der Fugger. Das Betriebskapital betrug 6.000 fl., das die Fugger dem Händler zur Verfügung stellten. Vereinbart war, dass Mair die Bergknappen der Firma Fugger auf eigene Kosten und Rechnung zu beliefern hatte.

net immerhin einen Betrag von 17.690 fl. ausmachte. Auch die Kosten für das Personal und sonstige Unkosten seien mit 10.000 fl. zu gering angesetzt worden. Sie betrugen nach nun angestellten neuen Berechnungen der Großgewerken immerhin 16.000 fl. Da man sich bei der Angabe des produzierten Brandsilbers geirrt habe, müssten auch die Angaben für das hergestellte Kupfer richtig gestellt werden. Es seien 732 Zentner Kupfer weniger hergestellt worden, was bei 10 fl. pro Zentner immerhin 7.320 fl. ausmache. Zusammen müssten von den Einnahmen der Großgewerken 31.010 fl. abgezogen werden[67]. Die Ausführungen der Gewerken wurden von den Regierungsbeauftragten umgehend an die Regierung und Kammer weitergeleitet. Am Tag darauf kamen die Vertreter von Regierung und Kammer zusammen und legten am 28. Juni 1557 der Bergsynode ihre Stellungnahme vor. Grundlage der Diskussion war offenbar eine korrigierte Fassung der Abrechnungen der Schmelzer und Gewerken für die Jahre 1556 und 1557[68].

An der korrigierten Angabe der Großgewerken über das 1556 erzeugte Brandsilber entzündete sich nun ein heftiger Streit. So warfen die Mitglieder der Synode den Vertretern der Gegenseite vor, dass sie im Jahr 1556 mindestens 1.486 Mark 2 Lot Silber mehr produziert hätten: *Es wierdet sich waar unnd unwidersprechlich befinden, dz in dem 56. Jar aus den Valckhenstainer Ärzten unnd den Frischwerchen die 23.513 Mark 3 Lot Pranndtsilber (ausserhalb aller Proben-, Tessten- unnd Kräzsilber) gemacht worden sein. Das dem aber also seye, so wirdet man dasselb aus des Munzmaisters unnd Silberprenners auch der Gwerckhen selbs Jarraitung lautter befinden. Diese 23.513 Mark 3 Lot Pranndtsilber thuen in Feinsilber yede Mark 1½ Lot gerait nemlichen 21.308 Mark 14 Lot. Unnd wenn davon die 19.823 Mark 12 Lot Feinsilber, so irem [der Großgewerken] Anzaigen nach im geschmelzten Zeug unnd Staub gewesst sein sollen, abgezogen werden, so beliben dannoch hinderstellig 1.486 Mark 2 Lot*[69].

Am 28. Juni 1557 erfolgte wiederum eine mündliche Einlassung der Schmelzherren und Gewerken. Seitens der zur Synode Verordneten der Obrigkeit wies man die Vertreter der Gewerken und Schmelzer darauf hin, dass man bereits 13 Tage zusammen beratschlage und viel Mühe auf die Suche nach einem Kompromiss verwendet habe. Dieser war freilich auf einen Streit um Produktionsziffern und Verluste bzw. Gewinne reduziert – eigentlich konnte man sich über gar nichts einigen. Zur Fundierung ihrer Argumente legten die Gewerken und Schmelzer schließlich eine überarbeitete Abrechnung vor, die als dritter Gegenbericht und Anlage der Akte beigefügt wurde[70]:

[fol. 64v]
Gründtlicher Überschlag uber den Perg- und Schmelzhanndl des Valckenstains des Jars 1557
Darlegen:
Samcosst und Arzlosung hat sich das ganntz 1556 Jar angeloffen   *213.833 fl.*
Wie entgegen so lauffen sich die 2/3 Gnadensilber an Mark 14.454 Lot 12 Prannt. Zalen wir von yder Mark 100 xr. Wechslgelt, thut   *24.091 fl. 15 xr.*

---

[67] TLA, Pestarchiv XIV, Nr. 777, fol. fol. 48r-49r (1557).
[68] TLA, Pestarchiv XIV, Nr. 777, fol. 54r-56v.
[69] TLA, Pestarchiv XIV, Nr. 777, fol. 58r-58v.
[70] TLA, Pestarchiv XIV, Nr. 777, fol. fol. 64r-65v.

Schmelzcossten finden wir, so uns mit kainem Grunndt kan widerlegt werden auf die fein Mark Silber in allem lauft mit dem Abzug fur das Silber, so in den Frischwerchen ist, das 56. Jar per Mark gestannden 4 fl. 4 xr. 1f. 3½ p., lassn aber die Fierer und Perner fallen und sezen allain 4 fl. 4 xr., thuet auf entgegenstende 19.823 Mark 12 Lot Feinsilber

80.616 fl. 35 xr.

Der Diener Uncossten lassen wir bey vorigem Anslag beleiben, weil wir nit darunder sonder daruber Uncosstn, thuet 16.000 fl.

Summarum aller Darleg thut 334.541 fl. 5 xr.

[fol. 65r]
*Emphanng
Aus den Valckenstainer Arzten, so das ganz 1556. Jar im schwärn Wexl gefallen 74.449 Stär ist gebracht worden im Stain nach Innhalt der gerechten Proben 19.823 Mark 12 Lot 2 p Feinsilber, die thuen Prandtsilber 21.682 Mark 2 Lot. Davon der k[öniglichen] M[ajestät] 1/3 in die Münz zu 7 Gulden gebürt, so thuet 7 227 Mark 6 Lot zu 7 Gulden thuet*

50.591 fl 37½ xr.

Unnd dann die anndern 2/3 Gnadensilber, so thuen Prandt 14 454 Mark 12 Lot. Trifft sich nach der fein Mark umb 12 fl. 6 xr. zu raiten auf die Pranndt zu 14½ Lot 10 fl. 57 xr. 4 f. 2 ¾ p., thut 158.505 fl. 22½ xr.

So wirdt gerait auch nit mer daraus bracht, dann aus der Pranndtmark Silber ongevär 40 lb Kupffer = 8673 Zentner zu 9½ fl. gerait, wie es das 56. Jar ganngen, thuet

82.393 fl 3 xr.

Und dann der k[öniglichen] M[ajestä]t bewilligte Gnad auf diß Jar 12.000 fl.

Summarum 303.490 fl. 3 xr.

Also befind sich nach disem Überslag noch das verpawen diß 56 Jarß 31.050 fl. 3 xr.

[zusammengerechnet ergibt dies] 334.541 fl. 5 xr.

Die Regierungsvertreter erstellten daraufhin am 28. Juni 1557 einen vertraulichen Bericht über die bisherigen, wenig fruchtbaren Verhandlungen. Man bat die Mitglieder der Regierung und der Kammer um einen vertraulichen Bericht an den König. Man war sich einig, dass die Verhandlungen mit den Großgewerken an einem toten Punkt angelangt waren. Keine Partei konnte mit ihren Argumenten durchdringen. Den Großgewerken warf man falsche Zahlen vor, was angesichts der von diesen selbst eingestandenen Fehler nicht unberechtigt war. Die Gewerken weigerten sich überdies, der Synode ihre originalen Rechnungsbücher vorzulegen. Die Schmelzer und Gewerken konnten sich mit ihrer Forderung nach einer Bergbeschau nicht durchsetzen. Die Räte und Bergbeamten der Synode waren allerdings wegen ihrer Situation auch nicht zu beneiden. Ohne Beratung und Absprache mit der Tiroler Regierung und Kammer konnten sie keine Entscheidungen treffen. Diese wiederum mussten sich bei Hofe rückversichern. Die von der Obrigkeit abgeordneten Teilnehmer der Synode schlugen der Regierung und Kammer schließlich vor, direkt mit den Großgewerken in Verhandlungen zu treten. Damit deuteten sie bereits unmissverständlich ein Scheitern der „Synode" an[71].

---

[71] TLA, Pestarchiv XIV, Nr. 777, fol. 66r-67v.

Interessanterweise wurde über die von den Großgewerken seit 1553 immer wieder verweigerte Durchführung der Hinlassverhandlungen auf der Synode mit keinem Wort gesprochen. Auch das Schwazer Bergbuch, das von einer Gruppe der Bergbeamtenschaft um den ehemaligen Bergrichter Sigmund Schönberger erstellt worden war, scheint nicht als Diskussionsvorlage gedient zu haben. Auf der Synode ging es nicht mehr um die Anwendung alter bergrechtlicher Bestimmungen, wie man sie für einzelne kleine Gruben im 15. Jahrhundert benötigt hatte. Der Falkenstein war längst zu einem Großunternehmen geworden, allein die laufenden Kosten verschlangen Zehntausende von Gulden. Die Großgewerken wollten sich auch von den Beamten und Räten in Synode, Regierung und Kammer nicht in ihre Abrechnungen blicken lassen. Sie übergaben summarische Aufstellungen, die zudem noch fehlerhaft waren, wie sie selbst zugeben mussten. Als die Großgewerken merkten, dass sie ihre Forderungen kaum mehr durchzusetzen vermochten, verständigten sie sich wenigstens auf einen mündlichen Vortrag der Schmelzwerkbücher, *dann man den innhalt im lufft nit also fahen möchte*. Der Protokollant der Synode hielt dazu fest: *Aber es ist von wegen ihres schnellen lesen nit müglich gwesen ain grundt daraus zu fassen*[72]. Hier nahmen die Verhandlungen Züge einer Karikatur an, indem nun Rechnungsbücher vorgelesen wurden. Es musste allen Seiten klar sein, dass dies in keiner Weise weiterhelfen konnte. Die Gewerken unternahmen vielmehr einen formalen Schachzug, um den Vorwurf mangelnder Auskunftswilligkeit abzuwehren, wohl wissend, dass sich ihre vorgelesenen Angaben seitens der Regierungsvertreter nicht nachprüfen ließen und insofern nichts klärten. Aber gerade das war wohl beabsichtigt. Am 29. Juni 1557 traten Regierungs- und Kammerbeamten, die nicht zu den Beratungen der „Synode" verordnet waren, wieder zusammen, um über die Ausführungen der Gegenpartei sowie die Vorschläge der Vertreter der Obrigkeit in der „Synode" zu beraten. In einem kurzen Bericht stellte man in insgesamt fünf Artikeln die unterschiedlichen Auffassungen bzw. Fakten zusammen[73]. Diese Artikel beruhten u. a. auf einer längeren Stellungnahme der Regierungs- und Kammerbeamten[74]:

a) Die Herren der Regierung und Kammer hätten angegeben, dass nach ihren Unterlagen mehr Brandsilber produziert worden sei als von den Schmelzern und Gewerken nach ihren Aufzeichnungen angezeigt. Es sei eine nicht bestreitbare Tatsache und überdies aus den Berichten des Münzmeisters zu Hall, des Silberbrenners und des Bergrichters zu Schwaz zu entnehmen, dass die angegebene Menge Brandsilber, nach dem Auszug vom Jahr 1556 und von den fünf Raitungen von 1557 eingeliefert, produziert und mit Abgaben belegt worden sei. Diese Menge könne nicht gut weniger gewesen sein als diejenige, die aus den Falkensteiner Erzen an Frischwerk und an Kaufmanngut *gebracht und gemacht worden* sei.

Des Weiteren warf man den Gewerken vor, dass jene im Jahr 1556 Erze verschmolzen hätten, die noch aus dem Vorrat des Jahres 1555 stammten. Dies könne nicht angehen. So wäre die Anzahl (= Menge) Erz, die 1556 gehauen und gebrochen worden sei, zusammen mit der Samkost und den Erzlosungen der Silberproduktion von 23.513 Mark 3 Lot Brandsilber wohl gleich und gemäß, doch als man ehedem 74.000 Star Erz gehauen habe, hätte man eine größere Menge Silber daraus machen können. Möglicherweise sei das

---

[72] Scheuermann 1929, S. 102-103; siehe ebenso Pölnitz/Kellenbenz 1986, S. 139: die Gewerken und Schmelzer weigerten sich, die Auszüge aus den Schmelzwerkbüchern in schriftlicher Form vorzulegen. Der Faktor der Fugger, Sebastian Kurtz, wurde damit beauftragt, die Auszüge möglichst rasch vorzulesen, damit keiner die Zahlen verfolgen könne.
[73] TLA, Pestarchiv XIV, Nr. 777, fol. 73r-73v.
[74] TLA, Pestarchiv XIV, Nr. 777, fol. 75r-79v.

Erz damals besser gewesen. Auch sei in der oben genannten Summe von 23.513 Mark 3 Lot Brandsilber kein Proben-, Krätz- noch Testsilber enthalten und angerechnet worden, und jenes Silber sei somit für die Schmelzer frei und *unangeslagen* geblieben. Der Preis (Silberkauf), den der König den Gewerken für die Einlieferung ihres Silbers in die Haller Münze gewähre, betrage 12 fl. 6 xr. Doch könnten die Schmelzer und Gewerken bei einem Verkauf auf dem freien Markt für die Mark Feinsilber sogar im schlechtesten Fall deutlich mehr, nämlich 12 fl. 12 xr., erlösen.

b) Ein weiterer Streitpunkt betraf die Teuerung bei den Schmelzkosten. Danach gaben Regierung und Kammer Schmelzkosten in Höhe von 4 fl. pro Mark Feinsilber an, während die Schmelzer und Gewerken ihre Auslagen mit 4 fl. 4 xr. bezifferten. Berechne man aber stattdessen das Silber, das vom Frischwerk komme, mit dem vollen Kaufgeld, so sei dies zuviel, denn wenn das Silber, das beim Frischwerk produziert werde, zusammen mit dem Falkensteiner Silber berechnet werde, so seien 4 fl. 4 xr. ein zu hoch angesetzter Produktionspreis. Deshalb müssten die Angaben über die Schmelzkosten reduziert werden, und zwar sei von jeder Mark Brandsilber 1 fl. abzuziehen. Regierung und Kammer befanden, dass eine Mark Silber und die darauf entfallenden 40 Pfund Kupfer zu einem Betrag von 4 fl. jedenfalls hergestellt und zu Kaufmannsgut verarbeitet werden könnten. Auch sei darin das Frischwerk mit seinen gesamten Kosten eingerechnet.

c) Ferner monierten Regierung und Kammer die Angaben der Großgewerken, für den Zentner Kupfer sei lediglich ein Erlös von 9½ fl. in Rechnung zu stellen. Tatsächlich sei der Zentner im Jahr 1556 für 10 bis 11 fl. gehandelt worden. Im laufenden Jahr betrage der Preis für den Zentner Kupfer tatsächlich bereits um 11 fl., ja teilweise sogar bis 12 fl.

d) Weiterhin beklagten sich die Beamten der Regierung und Kammer über die Schmelzherren, die in ihren Auszügen zu wenig produziertes Kupfer angegeben hätten: *das sy auf die ubrigen und ausstendigen 1.831 Mark 1 Lot, darumben man in den Auszugen auf dz 56te Jar stritig unnd vonainannder ist, wellche auß den Frischwerchen khomen sein sollen, khain Khupffer gerait haben. Nun ist yr und albegen gebreuchig gewesst, wie sy dann selbst in irem letstern ubergebnen Außzug anzaigen, dz ain Mark Prandtsilber vom Falckhenstain, die zu Khaufmansguet gearbait und in der Munz verrait ist, 40 Pfund Khupffer wol und ehe ain merres außgeben thuet. Das würde ire original Schmelz- und Raitpucher wol justificiern und außweisen. Darumben hat ain Regierung und Camer die Khupffer pillichen auf die gannz gemachte Anzal der 23.513 Mark Pranndtsilber gesezt. Dabei lasst sy es noch bleiben und beruehen.*

e) Der fünfte und letzte Artikel betrifft die Unterhaltung bzw. Entlohnung der Herrendiener sowie die strittige Berechnung der allgemeinen Unkosten. Die Gewerkenseite beklagte sich darüber, dass man seitens der Kammer nur Unkosten in Höhe von 10.000 fl. im Jahr ansetzen wollte, während die Schmelzer dafür 16.000 Gulden angesetzt hatten. Dies war nach Ansicht der Kommission nur dadurch zu erklären, dass der Falkenstein *in di Enng und 4 Hänndl zusamenkhomen* sei. Die vier *Hänndl*, gemeint sind wohl die Betriebe der vier großen Firmen, die am Falkenstein tätig waren, konnten nach Ansicht der Beamtenschaft mit 10.000 fl. im Jahr gut unterhalten werden, denn die Besoldung der Diener im Pfennwerthandel dürfe an dieser Stelle (*in dise Rubriggen*) nicht mit angegeben oder berechnet werden.

Über die Kostenfrage wurde in den Beratungen zwischen der Regierung und Kammer einerseits und den Gewerken sowie Schmelzern andererseits weiter heftig gestritten. Am 3. Juli 1557 wurden seitens der Betroffenen weitere Schriftstücke übergeben. Doch eine weitere

Verhandlung vor der versammelten Synode erfolgte zunächst nicht mehr. Am 3. Juli kamen lediglich die nicht in der Versammlung vertretenen Regierungs- und Kammer-Mitglieder zu Beratungen zusammen. Man tagte schließlich einige Tage später wieder im Plenum. Am 7. Juli 1557 übergaben die Gewerken und Schmelzer offiziell zwei weitere Schriftstücke, die noch am gleichen Tag an die Tiroler Regierung und den Hof weitergeleitet wurden. Es handelte sich um die Aufstellungen[75] a) *wie die Fein March Silber im Verpleyen ausbracht mag werden* und b) *Vermerckht was uber ain Marckh Feinsilber sambt dem Kupffer, daryn bis die zu Kaufmansguet gebracht unnd gemacht wirdet, Uncosst aufgeet*.

Am 8./9 Juli 1557 trat die „Synode" wieder im Plenum zusammen[76]. An diesem Tag erschienen neben den regierungsseitig verordneten Mitgliedern der „Synode" und den Abgeordneten der Schmelzer und Gewerken erstmals auch sonstige Beamte der Regierung und Kammer. Die Regierungskommission hob hervor, dass man der Regierung und Kammer einen Vorschlag unterbreitet habe. Die Forderung der Großgewerken nach weiteren Hilfszahlungen wurde nun aufgegriffen. Die Regierungsverordneten schlugen auf Drängen der Gewerken vor, die für die Jahre 1556 und 1557 bewilligten 15 Kreuzer Gnadgeld noch für zwei weitere Jahre zu gewähren und darüber hinaus zusätzlich für die Jahre 1558 und 1559 5 Kreuzer für das Star gefrönten Falkensteiner Erzes zu zahlen. Das Gnadgeld sollte somit 1558/59 20 Kreuzer pro Star Erz betragen. Die Antwort der Regierung und Kammer auf diese Vorschläge war sehr ausweichend: *Darauf dann ain Sinodus den Schmelzherrn angezeigt, sy hetten sich zu erinnern, was ain Sinodus am nechsten für ainen Abschid von inen genemb, nemlich, dz sy sich bedencken welten, was doch ir Begern wär, daneben sy sich sonders Zweifls aines guetten Wegs entschlossen, die wolt man hören*[77].

Die Gewerken erinnerten die Verordneten und die sonstigen Regierungs- und Kammerbeamten an ihre hohen Kosten und übergaben einen Auszug, in dem die Aufwendungen angegeben waren: *Darinnen würde sich befinden, dz sich ir Verpauen diß halb 57. Jar ob 11.000 fl. verlieffe*. Die Unkosten für den Bergbau am Falkenstein seien nun seit Jahren angefallen und eine Besserung nicht in Sicht: *unnd nichts Pessers zu hoffen*. Man habe keine neuen Aufschlüsse tätigen können, aber trotzdem weitergesucht. So habe man auch die Kosten nicht reduzieren können. Daher benötige man *bei irem schwärem Pauen* auch die Hilfe des Landesfürsten[78]. Die Regierungsvertreter hielten daraufhin den Großgewerken ihre ungenauen Rechnungsauszüge vor. Man sah sich am Ende nicht im Stande, die Ungereimtheiten in den schriftlichen Aufzeichnungen und mündlichen Aussagen der Gewerken und der Regierung sowie Kammer aufzuklären. Aussage stand gegen Aussage. Eine exakte Berechnung war nicht möglich, wahrscheinlich auch von keiner der beiden Parteien wirklich gewollt.

Die Regierungsvertreter schlugen deshalb dem Landesfürsten vor, den Gewerken als Gnadenerweis zu den bislang gewährten 15 xr. auf jedes Star gefrönten Falkensteiner Erzes noch 3 Kreuzer als Hilfe für die Jahre 1558 und 1559 aufzuschlagen. Insgesamt sollte das Gnadgeld somit auf 18 Kreuzer für das Star Erz angehoben werden.

Die Gewerken hielten den erneuerten Vorschlag für wenig bedenkenswert. Wenn ihnen keine weitere Hilfe zugesagt werde, müssten sie die Entscheidung für den Weiterbau am Falkenstein dem allmächtigen Gott und dem Landesfürsten überlassen. Die Mitglieder der Sy-

---

[75] TLA, Pestarchiv XIV, Nr. 777, fol. 110r-110v, 112r.
[76] TLA, Pestarchiv XIV, Nr. 777, fol. 116v-118v.
[77] TLA, Pestarchiv XIV, Nr. 777, fol. 116v.
[78] TLA, Pestarchiv XIV, Nr. 777, fol. 116v-117r.

node antworteten den Gewerken, dass man nun zu einem Ergebnis und zu einem Abschluss der Verhandlungen gelangen wolle. Damit die Gewerken und Schmelzer auch sähen, dass man mit ihnen zu einem Ergebnis gelangen wolle, erklärte man sich bereit, zu den zuvor angebotenen Gnad- und Hilfsgeldern noch zwei Kreuzer zuzulegen. Somit sollte für jedes Star gefrönten Falkensteiner Erzes für die Jahre 1558 und 1559 ein Gnad- und Hilfsgeld in Höhe von 20 Kreuzern gewährt werden. Doch hing die endgültige Entscheidung über das Angebot von der landesfürstlichen Resolution, d.h. von der Genehmigung des Königs Ferdinand I. ab. Den Gewerken wurde nahe gelegt, dieses Angebot anzunehmen, ansonsten, so drohten die Vertreter der Obrigkeit, würden sie allein und ohne weitere Anhörung der Gewerken zu einem Beschluss kommen.

Darauf antworteten die Gewerken: *obgleich also zu voriger Hilf der 15 Kreuzer noch 5 Kreuzer* [für das Ster Erz; Anm. der Verf.] *hinzue geschlagen, möchte doch solche Gnad inen in irem grossen Verpawen nit furstendig* [= vorteilhaft] *sein*. Die Gewerken Hans Paul Herwart und Melchior Manlich äußerten sich dahingehend, dass sie keine Gnadgelder begehren würden, wenn nicht 300.000 fl. an eigenen Interessen ausstünden. Sie erwähnten damit den eigentlichen Hintergrund, der die Gewerken an einem Rückzug vom Berg hinderte. Ihnen stand deutlich vor Augen, dass es angesichts der sinkenden Rendite aus dem Falkenstein und angesichts der hohen Kosten sehr schwer fallen würde, die dem Landesfürsten gewährten Kredite, die ja zumeist auf die Erträge aus der Silber- bzw. Kupferproduktion des Falkensteins verschrieben waren, wieder zu erwirtschaften[79].

Unter dem Hinweis auf ihre hohen Kosten, die sie nun bereits drei Jahre zu tragen gehabt hätten – allein im ersten halben Jahr 1557 habe das *Verpauen* 11.000 fl. betragen – lehnten die Gewerken die angebotenen Gnad- und Hilfsgelder ab[80]. Die Auseinandersetzungen reduzierten sich nun allein auf die Höhe der so genannten Gnad- und Hilfsgelder, die seitens der Regierung an die Gewerken gezahlt wurden. Die Regierungsrepräsentanten nahmen die abschlägige Antwort der Gewerken zur Kenntnis und teilten mit, die Regierung und Kammer darüber zu informieren, was am betreffenden Tag mit den Gewerken verhandelt worden sei. Die Gewerken hätten die angebotenen Gnadengelder nun zum dritten Mal unter dem Hinweis auf ihre großen Unkosten abgelehnt. Deshalb müsse man nun die Sache Gott und der königlichen Majestät überlassen, wenn nicht andere Wege und Mittel gefunden würden. Es war nach Ansicht der Regierungsvertreter in der „Synode" nun der Zeitpunkt gekommen, an dem man die Angelegenheit zu einem Ende bringen und eine Entscheidung fällen müsse. Außerdem wolle man die Ergebnisse dem Landesfürsten mitteilen. Die Sache sei so groß und wichtig, dass nicht allein dem Landesherrn daran gelegen sei, sondern dem ganzen Land Tirol. Die Gewerken seien zwar „trotzig", doch glaube man, dass sie den Berg nicht *unverbaut* lassen, d.h. sich vom Bergbau zurückziehen würden. Deshalb wollten die Verordneten der „Synode" der Regierung und Kammer die Ergebnisse und Einschätzungen mitteilen. Damit die Sache von den Gewerken nicht vollständig zerschlagen werde, sei weiter zu beraten, wie man verfahren wolle.

Im Protokoll ist zu lesen: *Nota. Die Gewerkhen habn sich vernemen lassen, wo man inen entgegen gee, dz H(errn) beim Perg bleiben mugen, so muge noch hundert Jar ain Perkhwerch halten. Wo nit, so hab man uber 4 Jar nit dz Perkhwerch in den Wirden wie ynzt*[81].

---

[79] TLA, Pestarchiv XIV, Nr. 777, fol. 117v.
[80] TLA, Pestarchiv XIV, Nr. 777, fol. 117v-118r.
[81] TLA, Pestarchiv XIV, Nr. 777, fol. 118r-118v.

Am 10. Juli tagte die „Synode" letztmalig. Man tauschte nochmals die strittigen Standpunkte aus. Die Regierungsvertreter wiederholten ihr Angebot einer Erhöhung der Gnad- und Hilfsgelder. Letztlich war in den meisten Punkten kein Einvernehmen zu erzielen. Die ursprüngliche Forderung nach einer Bergbeschau wurde von den Verordneten des Landesherrn weiterhin abgelehnt. Man konnte sich auch nicht auf die von den Großgewerken vorgelegten Abrechnungen als Diskussionsgrundlage einigen. Man ging nochmals alle strittigen Punkte durch. Nach Anhörung aller Argumente wurde die „Synode" geschlossen. Die Großgewerken bzw. ihre Vertreter reisten ab, und den regierungsseitigen Mitgliedern der Synode wurde gestattet, sich zu entfernen[82].

Die so genannte „Synode" war mithin nichts anderes als ein mehrwöchentlicher Schlagabtausch bei unentwegter Wiederholung altbekannter Argumente und Forderungen, der schließlich mit einem neuen Angebot der Regierung hinsichtlich der Gnadengelder endete. Man erhöhte sie nach umständlichen Debatten auf 20 Kreuzer, allerdings gingen die Diskussionen später weiter, und das Gnadengeld wurde nach und nach auf bis zu 30 Kreuzer erhöht. Was da „Synode" genannt worden war, hatte mit einer Lösung der Probleme durch Formulierung allseits akzeptierter Regelungen für den weiteren Betrieb und mit einer Ergänzung bzw. Erneuerung bergrechtlicher Normen und Regeln zwecks Anpassung an geänderte Verhältnisse nichts zu tun. Diese blieben in der Schwebe. Die Konfrontation zwischen Großgewerken und Regierung wurde weder abgeschwächt noch aufgelöst. Wenn Teile der Beamtenschaft ernstlich daran gedacht hatten, eine grundlegende Neuordnung werde möglich werden, und wenn sie als allgemeine Orientierungs- und Beschlussvorlage das Bergbuch mit seiner neu korrigierten Erfindung vorbereitet hatten, so wurden sie schwer enttäuscht. Über dieses Vorhaben im Sinn und Geist alter Ordnungsvorstellungen und Praktiken der Rechtssetzung wurde auf der Synode von 1557 nicht ein einziges Wort gewechselt. So viel man über einige Kreuzer Gnadengeld zu sagen wusste, so wenig dachte irgend jemand daran – sei es seitens der staatlichen Entscheidungsträger, sei es seitens der Gewerken – ernstlich zu Zuständen zurückkehren zu wollen, wie sie zu Zeiten Kaiser Maximilians geherrscht hatten. Über Konfliktlösungen im Rahmen einer funktionierenden Berggemeinde spätmittelalterlicher Prägung, einer noch intakten *universitas montanorum,* waren die Zeit und die Entwicklung der Montanbranche hinweggegangen. Jene alte *universitas,* die Gemeinde der Bergbauverwandten, war zerbrochen; ihre strukturellen und geistigen Grundlagen waren obsolet geworden. Die Beziehungen wurden nicht durch Weistümer geregelt, stattdessen feilschte man mit aller Finesse um Geld und nochmals um Geld. Das heimelige Bild von „trostlich bauenden Gewerken" als landesfürstlichen Getreuen aus dem Volk, von grundlegender Gleichheit aller Mitglieder der Berggemeinde, von der wohlgeordneten und selbstorganisierten Gemeinschaft der „getreuen Kammerleute" wurde im Schwazer Bergbuch nochmals beschworen, aber die zeitgenössische Realität sah anders aus: wie seit Jahren schon angedroht, gaben bald erneut Großgewerken ihr Engagement auf und wendeten sich vom Bergbau ab. Die spätmittelalterliche Knappenherrlichkeit befand sich in Auflösung.

---

[82] TLA, Pestarchiv XIV, Nr. 777, fol. 127r-131r.

11. Der Landesfürst wird Großgewerke

a) Der Kauf der Firma Herwart

Als Sprecher der schmelzenden Großgewerken hatte Hans Paul Herwart bereits seit 1555 enge Kontakte zur Regierung und Kammer sowie zum Hof geknüpft. Auf der „Synode" im Juni und Juli 1557 trat er noch ganz auf Seiten der Schmelzhüttenbetreiber und Gewerken am Falkenstein in Erscheinung. Angesichts der schwierigen eigenen Lage und der geänderten politischen Position von Regierung, Kammer und Bergbeamtenschaft hinsichtlich des Betriebs am Falkenstein gelangte er offenbar zu der Überzeugung, dass der Verkauf seiner gesamten Beteiligungen am Falkenstein und seines sonstigen Schmelz- und Bergwerkshandels einem weiteren verlustreichen Engagement am Falkenstein vorzuziehen sei. Wann erste Kontakte zur Tiroler Regierung und Kammer geknüpft wurden, ist nicht bekannt. Fest steht, dass es Ende November 1557 zu offiziellen Kaufverhandlungen mit dem Augsburger Kaufmann und Großgewerken am Falkenstein, zu Gossensass, am Schneeberg und wegen seines Hüttenwerks zu Kundl kam.

Nahezu parallel dazu unterhandelte die Regierung und Kammer mit den übrigen Großgewerken am Falkenstein über weitere Gnad- und Hilfsgelder und über deren Forderung nach Befreiung vom so genannten Hinlass. Besonders die alljährlichen Verhandlungen am Jahresende über den Einsatz der Lehenschafter an den verschiedenen Betriebspunkten im Falkenstein war den Großgewerken ein Dorn im Auge, waren doch abhängig beschäftigte Herrenarbeiter billiger und ihre Entlohnung nicht so kompliziert, da keine umständlichen Verträge (Spanzettel) aufzusetzen waren. Gewinnbeteiligungen waren den Lehenschaften kaum noch zu gewähren, da diese Spezialisten hauptsächlich für Such- und Vortriebsarbeiten eingesetzt wurden. Die Lehenschaften, praktisch im Akkord arbeitende Knappen, entlohnte man zumeist wie gewöhnliche Herrenarbeiter, der Landesfürst gewährte aber u.a. für den Einsatz der Lehenschaften besondere Gnad- und Hilfsgelder, mit denen die Großgewerken deren Arbeitskraft bezahlten. Seit dem Beginn der 1550er Jahre stellten die Hinlassverhandlungen immer wieder einen Streitpunkt zwischen Großgewerken und Regierung sowie der Kammer dar. Für die Durchführung des Hinlasses forderten die Schmelzer und Gewerken stets eine Verlängerung bzw. Erhöhung der Gnad- und Hilfsgeldzusagen. Die Großgewerken machten von der Gewährung der Gelder den Weiterbau am Falkenstein abhängig. Sie suchten auf diese Weise Zugeständnisse des Landesfürsten durchzusetzen. Hohe Bergbeamte wie Erasmus Reislander hatten dieses Spiel längst durchschaut und suchten nach Lösungsmöglichkeiten für dieses Dilemma. Klar formulierte Reislander seine Thesen über einen landesfürstlichen Regiebetrieb im Vorfeld der „Synode" von 1557[1].

Der ins Auge gefasste Kauf der Herwartschen Bergwerksanteile durch den Staat war nur eine konsequente Umsetzung der Ansichten und Positionen Reislanders, der die Einführung des Direktionsprinzips bereits 1556 gefordert hatte, in eine offizielle landesfürstliche Politik. Am 26. November 1557 traten die Unterhändler beider Seiten zusammen, wobei die Beteiligung von Hans Paul Herwart an den Verhandlungen, die sicherlich nicht in aller Öffentlichkeit geführt wurden, kaum längere Zeit den übrigen Großgewerken, wie den Firmen Fugger, Haug, Manlich oder Link, verborgen bleiben konnte[2]. Herwart erschien persönlich in Innsbruck. Seitens der Regierung und Kammer sowie der Bergbauverwaltung nahmen Wilhelm Freiherr zu Wolkenstein, Matthias Alber, der Tiroler Kanzler, Christof Freiherr zu Wolken-

---

[1] Vgl. dazu Kapitel 8, insbesondere aber TLA, Pestarchiv XIV, Nr. 778, fol. 203r-208v.

stein, Blasius Khuen von Belasi, Jakob von Brandis, der Haller Salzmeier, Dr. Raben, der Herr von Tschetsch, Dr. Klekler, Herr Fueger aus Taufers, Herr Kastner, Sigmund Schönberger, der ehemalige Bergrichter zu Schwaz, Sigmund von Thun sowie Simon Botsch an den Verhandlungen teil[3].

Zunächst wurde den verordneten Räten der Tiroler Regierung ein Verzeichnis der Bergwerksanteile Herwarts vorgelesen. Herwart gab den Wert seines Montanbesitzes mit 86.000 Gulden an. Ein erstes Angebot der Regierung und Kammer belief sich auf 66.000 Gulden. Die Angelegenheit wurde zunächst in einer kleinen Kommission beratschlagt. Diese bestand aus dem Kammerpräsidenten Blasius Khuen und den Räten Heidenreich und Kastner[4]. Man erinnerte Herwart zunächst daran, dass er es gewesen sei, der an den Tiroler Kammerpräsidenten herangetreten sei, um dem Landesfürsten seine Bergwerksanteile am Falkenstein zu verkaufen. Er habe die Angelegenheit im Geheimen an die Herren der Regierung und Kammer gelangen lassen, und diese hätten sie wiederum dem König Ferdinand I. mitgeteilt. Dieser habe dann angeordnet, Herwart vorzuladen und in Verhandlungen einzutreten. Herwart seien daraufhin die Bedenken ihrer Majestät mitgeteilt worden. Dem Staat, d.h. *Hern und Lanndtschafft*, werde es schwer fallen, die Bergwerksanteile aufzukaufen. Dies sei bisher noch nicht vorgekommen und bislang in Tirol nicht üblich gewesen[5].

Die Verhandlungen wurden am 27. November fortgesetzt. Sie zeugen vom Bewusstsein der Regierungsseite, am längeren Hebel zu sitzen und den Preis für den Montanhandel der beiden Augsburger Kaufleute herunter handeln zu können. Auf der anderen Seite lag dem Gewerken Hans Paul Herwart, dessen Bruder sich in den Niederlanden aufhielt, daran, das Kapitel Tiroler Bergwerks- und Schmelzhandel möglichst rasch zu beenden und für die Falkensteiner Anteile der Firma Herwart noch einen angemessenen Preis zu erzielen. Die Herwart besaßen auch deshalb einen Vorteil, weil sie als erste der schmelzenden Großgewerken an die Tiroler Regierung herangetreten waren und diesen Vorschlag unterbreitet hatten. Man betrat allseitig Neuland, wie in der Akte betont wird[6].

Der König wurde über die Unterhandlungen mit Herwart ständig informiert. Dieser ließ sich vernehmen, dass er es lieber gesehen hätte, wenn die beiden Brüder *Herwarten als statlich trosstlich Gwercken darynnen verharrten und bliben* und wie die anderen Gewerken weiterhin Bergbau betreiben würden. Da Herwart in einer Aussprache mit dem Kammerpräsidenten angeboten habe, wegen der Bezahlung und wegen sonstiger Dinge noch mit sich verhandeln zu lassen, wolle man *sich mit ime also in vertreuliche Hanndlung verrer einlassen*. Als erster Streitpunkt in den Verhandlungen stellten sich die Bergwerksanteile der Herwart in Gossensass heraus, deren Bleierze man als Frischwerk im Abdarrprozess für die Herstellung von Silber und Kupfer aus den Falkensteiner Erzen benötigte: *weil die den Valkhenstein dermassen, dz dieselben Arzt one die Schneperger Frischwerch nit verschmelzt chunden werden*. Offenbar wollten die Herwart zwar ihre Falkensteiner Bergwerksanteile losschlagen, doch die Anteile an den Bleierz führenden Lagerstätten am Schneeberg bei Gossensass wei-

---

[2] Egg 1964, S. 46, geht zwar davon aus, dass es sich um Verhandlungen „im Geheimen" handelte, doch bereits am 2. Dezember 1557 ließ sich der Vertreter der Firma Link vernehmen, dass sich ihr Mitgewerke Herwart von ihnen abgesondert habe, um sich auskaufen zu lassen. Nun boten auch die Link an, dass man sie in ähnlicher Weise auskaufen könne. Vgl. dazu TLA, Pestarchiv XIV, Nr. 776, fol. 18r.
[3] TLA, Pestarchiv XIV, Nr. 776, fol. 2r.
[4] TLA, Pestarchiv XIV, Nr. 776, fol. 2v.
[5] TLA, Pestarchiv XIV, Nr. 776, fol. 2v.
[6] TLA, Pestarchiv XIV, Nr. 776, fol. 2v.

terhin in Besitz halten, wohl wissend, dass der landesfürstliche Montanbetrieb auf eine Zulieferung von Blei aus den Südtiroler Bergwerken angewiesen war. Ferner verstand man seitens der Regierung und Kammer das Herwartsche Angebot so, dass auch das Hüttenwerk zu Kundl mit seinem Inventar (*Zuegeherung*), doch ohne den dortigen Schmelzvorrat, im Angebot der Herwart inbegriffen sei. Ohne diese zuletzt genannten Anteile sei der von den Herwart geforderte Preis für den König unannehmbar. Dieser könne sich nicht auf einen so hohen Preis einlassen[7].

Man setzte Herwart außerdem zeitlich unter Druck und forderte zügige Verhandlungen: *so solle und mechte er sich mit sein Anschlag baß zum Zill legen*. Überdies bestand die Regierung und Kammer wegen der Bezahlung auf angemessenen Fristen. Die Bedenken der landesfürstlichen Seite, insbesondere die Forderung nach Einbeziehung der Bergwerksanteile am Schneeberg und in Gossensass, wurden Hans Paul Herwart am 27. November 1557 durch den Kammerpräsidenten persönlich übermittelt.

Hans Paul Herwart erklärte daraufhin, dass es seine Absicht sei, die Angelegenheit zum Vorteil des Königs und des Landes Tirol zu verhandeln. Er hoffe, dass der König sein gnädiges Gefallen daran finde. Er habe zwar zunächst nur wegen des Falkensteins allein verhandeln wollen, doch müsse nun auch über den Schneeberg und über Gossensass verhandelt werden. Er gebe aber zu bedenken, dass allein am Schneeberg bis zu 15.000 Gulden Vorrat vorhanden seien[8]. Herwart war bereit, sich die Kaufsumme in Silber und Kupfer bezahlen zu lassen. Außerdem wolle er günstige Zahlungsfristen einräumen. Es sei für ihn auch kein Problem, in die Verhandlungen das Hüttenwerk zu Kundl einzubeziehen, doch verlangte er einen Bericht darüber, ob man es mit oder ohne Vorräte kaufen wolle. Die Bergwerke waren seiner Schätzung nach für sieben Jahre mit Holz für den Ausbau versehen. Eine solche Bevorratung mit Grubenholz war in der frühen Neuzeit durchaus üblich. Der Hinweis Herwarts zielte wohl darauf ab, auch den Holzvorrat in die Berechnungen des Kaufpreises einzubeziehen.

Die Vertreter der Verhandlungskommission zogen sich zu einer kurzen Beratung zurück. Anschließend teilte man Herwart mit, dass man *sein Erpieten zu gutem Gefallen* annehme. Man wolle nun mit ihm nicht nur wegen der Bergwerksanteile am Falkenstein verhandeln, sondern auch wegen der Anteile am Schneeberg und bei Gossensass, ferner über das Hüttenwerk zu Kundl mit seinen *Zuegeherungen als an Gepeuen, Archen, Rechen und Lennden* [= Anlegeplätze am Inn]. Den Vorrat im Schmelzwerk zu Kundl, z.B. an Kupfer, Schütten und Pfannen, Holz und Kohlen, werde man zunächst nach seinem Wert taxieren[9].

Des Weiteren war man bereit, die Kaufsumme mit Kupfer zu erstatten und den Herwart Raten in Höhe von jeweils etwa 10.000 Gulden zu bestimmten Fristen auszuzahlen. Die Höhe der Kaufsumme war aber umstritten. Herwart wurde aufgefordert, ein neues, besseres Angebot zu unterbreiten. Herwart gab zunächst zu bedenken, dass er vom vorhandenen Vorrat soviel mitverkaufen wolle, dass dem königlichen Bergwerks- und Schmelzhandel ein Weiterbetrieb des Herwartschen Montanhandels möglich sei. Doch möge man bitte einen Unterschied in der Bezahlung der Bergwerksanteile und des Vorrates machen. Überraschend sind allerdings die Einlassungen des Verhandlungsführers der Firma Herwart in Bezug auf die Bergwerksanteile am Schneeberg und in Gossensass. Entweder war er durch die Forderung der Tiroler Regierung und Kammer, diese Anteile miterwerben zu wollen, überrascht worden und hatte

---

[7] TLA, Pestarchiv XIV, Nr. 776, fol. 3r.
[8] TLA, Pestarchiv XIV, Nr. 776, fol. 3v.
[9] TLA, Pestarchiv XIV, Nr. 776, fol. 4r.

keine genaue Aufstellung dabei, oder Herwart versuchte, seine Verhandlungspartner hinzuhalten, um evtl. einen höheren Preis herausschlagen zu können. Jedenfalls gab er zu Protokoll, dass die Firma seines Wissens nach *am Schneeperg 40 und etlich Neuntl und zu Gossensas 50 und etlich Neuntl halte*. Herwart erklärte sich aber bereit, hierüber genaue Auskunft zu geben. Es war für ihn auch nur schwer hinnehmbar, dass von der Kaufsumme immer nur Raten in Höhe von etwa 10.000 Gulden gezahlt werden sollten. Für die Erzgruben am Falkenstein forderte er aber weiterhin den vollen Wert von 86.000 Gulden[10].

Die Bleierzgruben zu Schneeberg und Gossensass, an denen die Herwart Anteile besaßen, gehörten offenbar zu den ertragreichsten Anlagen in diesem Revier. Lediglich in den Bergwerken des Matthias Manlich war die Ausbeute höher. Die Anteile an den Gruben in Gossensass und am Schneeberg wollte Herwart nur ungern zusammen mit den Falkensteiner Anteilen veräußern. Er wusste nur zu gut, dass für die Gewinnung von Silber und Kupfer aus den Lagerstätten im unteren Inntal im Abdarrprozess große Mengen Blei benötigt wurden. Entsprechend ließen sich die Preise für die Erze gestalten. Ihm war andererseits aber auch bewusst, dass ein Vertragsabschluss mit dem Landesfürsten nur zustande kommen würde, wenn er seine Südtiroler Bergwerksanteile mitveräußerte. Um dem König Gelegenheit zu geben, die Kaufsumme zu entrichten, zeigte sich Herwart mit einer Ratenzahlung einverstanden. Er schlug vor, dass man ihm jährlich 2.000 Zentner Kupfer geben könne, entweder zu den Quartalsterminen, an sechs Terminen im Jahr oder nach Gelegenheit. Der gesamte Kaufpreis sollte nach den Vorstellungen in fünf Jahren entrichtet werden, zusammen wären dies also 10.000 Zentner Kupfer gewesen. Am Rand des Verhandlungsprotokolls rechnete der Schreiber schnell den Gesamtwert der Herwartschen Forderungen aus. Bei einem Marktpreis von 10 Gulden pro Zentner Kupfer hätten die Herwart immerhin 100.000 Gulden einstreichen können. Über eine Bezahlung des Hüttenwerks zu Kundl hatte sich Herwart offenbar noch keine konkreten Gedanken gemacht. So stand zur Diskussion, ob man ihm dieses in barem Geld oder mit Kupfer bezahlen sollte. Er gab an, dass ein solches Schmelzwerk nicht zu einem Preis von unter 8.000 Gulden zu bauen sei, doch sei es im Augenblick nur etwa 4.000 fl. wert[11].

Die maximalen Preisvorstellungen des Hans Paul Herwart riefen bei den landesfürstlichen Kommissionsmitgliedern einiges Unverständnis hervor. Seine Forderungen wurden kategorisch abgelehnt. Man hielt ihm vor, dass er zwar große Anteile an den besten Gruben besäße, doch auch viele Beteiligungen an Bergwerken, die nicht so bauwürdig seien. Dies sei offenbar auch der Grund dafür, dass *er auch [...] so beschwerlichen mit in den Perg chumen*.

Herwart verteidigte seine hohen Forderungen mit dem Hinweis auf seine Anteile an den Gruben im Pründl, die reich an Silber und Kupfer seien. Außerdem gab er zu bedenken, dass er mit einer Bezahlung in Kupfer einverstanden sei. Er gehe ein großes Risiko ein, wenn er fünf Jahre warte, bis der volle Kaufpreis erlegt worden sei[12]. Vermutlich spielte Herwart hier auf einen möglichen Preisverfall auf dem Kupfermarkt an. Außerdem konnte er das beim Kupferverkauf verdiente Geld nicht sofort wieder investieren, sondern musste auf die endgültige Bezahlung warten. Herwart forderte seine Verhandlungspartner auf, sich über die Bergwerksanteile der Firma Herwart am Falkenstein unparteiische Informationen einzuholen. So besaßen die Herwart immerhin 30/4 Anteile an den drei Gruben *bey Sent Martin, bey Sent Wolfgang und Heilig Creuz Prundl*. Die wollte er auch dann nicht hergeben, wenn ihm jemand

---

[10] TLA, Pestarchiv XIV, Nr. 776, fol. 4v.
[11] TLA, Pestarchiv XIV, Nr. 776, fol. 5r.
[12] TLA, Pestarchiv XIV, Nr. 776, fol. 5r-5v.

28.000 Gulden dafür gebe. Wenn man ihm aber gute Vorschläge mache, so wolle er seine Anteile auch um einen geringeren Preis verkaufen[13].

Nach einer Beratung der Kommission erklärte man Herwart, dass er zwar namhafte Anteile an den drei besten Gruben am Falkenstein besitze, doch seien die anderen bei weitem nicht so hoch anzusetzen. Die Anteile an den Gruben am Schneeberg und zu Gossensass seien überdies mit nicht geringen Kosten zu unterhalten, was der Kammer wohl bewusst sei, da er seine Anteile daran von den Paumgartnern an sich gebracht habe. Man hielt deshalb für die Bergwerksanteile am Falkenstein, zu Schneeberg und Gossensass sowie für das Hüttenwerk zu Kundl, jedoch ohne den dortigen Vorrat, einen Kaufpreis von 50.000 Gulden für angemessen. Zahlen wollte man die Summe in fünf Jahren, wobei jedes Jahr 1.000 Zentner Kupfer geliefert werden sollten. Jeden Zentner Kupfer setzte man mit 10 Gulden an. Man war sich seitens der Regierung und Kammer im Klaren darüber, dass die Herwart bei Weiterverkauf des Kupfers einen höheren Preis erzielen konnten, doch wollte man es bei dem Vorschlag belassen[14].

Nach einigen weiteren fruchtlosen Diskussionen, bei denen es vor allem um kleinere Nachlässe am Kaufpreis durch Herwart ging, vertagten sich beide Seiten auf den nächsten Tag[15]. Am 28. November 1557 trat die Kommission wieder zusammen. Man tagte zunächst ohne Hans Paul Herwart. Die Räte und Regierungsbeamten versuchten sich zunächst auf eine gemeinsame Verhandlungsstrategie zu einigen. Die Quelle aus dem Pestarchiv ist überaus informativ. Der Protokollant bietet uns tiefere Einblicke in die Ansichten der versammelten Regierungs- und Kammerbeamten. Jeder der Anwesenden wurde nach seiner Meinung befragt. Die Äußerungen sollen im Folgenden wiedergegeben werden. Sie offenbaren die Absicht der Regierung und Kammer, den Montanhandel der Firma Herwart möglichst preiswert aufzukaufen, wohl wissend, dass der eigentliche Wert ihr Angebot weit überstieg. Man nutzte sicherlich die Situation der angeschlagenen auswärtigen Firma aus[16].

Der Präsident und der Rat Castner traten dafür ein, mit Herwart weiterhin zu verhandeln. Als Obergrenze gaben sie ein Angebot von 65.000 Gulden vor. Auch der Kanzler, Mathias Alber, sprach sich gegen eine Einstellung der Verhandlungen aus, doch regte er an, die Meinung der Landräte in dieser Angelegenheit einzuholen. Christof Freiherr zu Wolkenstein, kaiserlicher Rat, trat ebenfalls für weitere Unterhandlungen mit Herwart ein, doch solle es nicht an 10.000 Gulden scheitern. Sigmund von Thun setzte sich auch für die Weiterführung der Kaufverhandlungen ein. Man habe dabei nichts zu verlieren, denn es hänge letztlich alles von der Ratifikation durch den König ab. Der nunmehrige Rechnungsrat der oberösterreichischen Regierung, Sigmund Schönberger, ehemaliger Bergrichter zu Schwaz, gab zu bedenken, dass man über die künftige Entwicklung nichts wisse, doch habe es sich bislang gezeigt, dass man mit Herwart verhandeln könne[17]. Nach Schönberger werde der Ankauf verhindern, dass die übrigen Gewerken, gemeint sind die Schmelzhüttenbesitzer, den König weiter wie bisher bedrängten. Der König werde die Kosten für den Kauf durch Einsparungen an Gnad- und Hilfsgeldern *wider herein bringen*. Außerdem werde der König erfahren, wie es nun tatsächlich mit dem „Verbauen" der Gewerken bestellt sei. Der Rat Heidenreich sprach sich ebenfalls für weitere Verhandlungen aus. Seiner Ansicht nach sei ein Angebot von 100.000 Gulden nicht zu hoch, sich in die Angelegenheit einzulassen. Jakob von Brandis war der Meinung, wenn

---

[13] TLA, Pestarchiv XIV, Nr. 776, fol. 6r.
[14] TLA, Pestarchiv XIV, Nr. 776, fol. 6r-6v.
[15] TLA, Pestarchiv XIV, Nr. 776, fol. 7r-7v.
[16] TLA, Pestarchiv XIV, Nr. 776, fol. 8r-9v.
[17] TLA, Pestarchiv XIV, Nr. 776, fol. 8r.

der König Nutzen aus der Übernahme der Bergwerksanteile zöge, solle man weiterverhandeln und einen Kaufpreis von 60-70.000 Gulden anbieten. Dieser Betrag solle jedes Jahr mit einer Lieferung von 1.000 Zentnern Kupfer abgezahlt werden.

Auch der Rat Zott setzte sich für weitere Verhandlungen mit Herwart ein. Seiner Ansicht nach sei es möglich, dass dieser den Berg viel zu hoch eingeschätzt habe. Bei den Verhandlungen werde man weiteres über die Grubenanteile der Herwart erfahren. Gleichwohl, gab er zu bedenken, könne man nicht wissen, welche Überschüsse man noch aus dem Berg zu Tage fördere. Eine Übernahme diene der Erhaltung des Bergwerks. Der Haller Salzmeier, ebenfalls Rat der Innsbrucker Regierung und Kammer, riet, mit den Verhandlungen fortzufahren und Herwart bis zu 65.000 Gulden anzubieten. Es stehe zu hoffen, dass Herwart nach einem abgeschlossenen Vertrag alles mitteile, was dem König *thuenlichen ze handln*. Dr. Rabe schloss sich seinen Vorrednern an und plädierte für weitere Verhandlungen, wobei man Herwart bis zu 65.000 anbieten solle, aber nicht mehr[18].

Während sich die Räte Wetzinger, Mellinger und Dr. Klekler übereinstimmend für Verhandlungen bis zu einer Obergrenze von 65.000 Gulden aussprachen, gab es einige Stimmen, die auch ein Scheitern der Verhandlungen nicht ausschließen wollten. Der Rat Giennger sprach sich auch für die Fortsetzung von Verhandlungen mit Herwart aus, doch nur bis zur Obergrenze von 60.000 Gulden. Man solle sich auch nicht eilen, denn mit der Zeit werde man einen guten Kauf abschließen können. Wolle Herwart die Angebote nicht annehmen, solle man *ine auf ainmal abschaiden lassen*, jedoch mit dem Vorbehalt, dass er anzeige, *waz k[öniglicher] M[ajestät] nutzlicher gehandlet werden muge*. Der Rat Tschetsch war für weitere Verhandlungen, wobei man bis zu 58.000 Gulden bieten solle. Weigere sich Herwart, diesen Betrag anzunehmen, so solle man ihn auf dem „*Kropff*" sitzen lassen. Auch Hans Fueger setzte sich für weitere Verhandlungen mit Herwart ein, doch solle man sich nicht zu sehr beeilen und auch nicht einen zu hohen Preis ansetzen. Doch bis auf 65.000 fl. könne man gehen. Wilhelm Freiherr zu Wolkenstein wollte weiterhin verhandeln, doch nur bis zu einer Höhe von 58.000-60.000 Gulden. Sei Herwart nicht bereit, diesen Vorschlag anzunehmen, war der Wolkensteiner dafür, *ine reiten ze lassen*[19].

Nach dieser internen Unterredung setzte man die direkten Verhandlungen mit Hans Paul Herwart fort. Man erhöhte das bisherige Angebot von 50.000 Gulden um weitere 5.000 Gulden. Angesichts der zuvor geschilderten Diskussion kann man sich nicht des Eindrucks erwehren, dass dem Augsburger Großkaufmann auf Seiten der Tiroler Regierung und Kammer ebenbürtige Taktiker gegenüber saßen, die für ihren Herrn und den Staat das Bestmögliche herauszuholen suchten.

Doch auch Hans Paul Herwart war ein mit allen Wassern gewaschener Kaufmann. Er bezifferte den Wert seiner Anteile am Falkenstein auf mehr als 50.000 Gulden. Bei dieser Summe nahm er ausdrücklich die Bergwerksanteile seiner Firma am Schneeberg und in Gossensass aus. Herwart hielt es für wahrscheinlich, dass der König ein Vielfaches aus den Gruben herausholen könne. Deshalb lehnte er das verbesserte Angebot der Tiroler Regierung und Kammer ab. Zwar wolle er seine Bergwerke lieber dem König und der Landschaft veräußern als einem anderen. Man solle man sich doch nur einmal sein Hüttenwerk besehen. Man könne dieses nicht unter 10.000 Gulden erbauen. Eingangs der Verhandlungen hatte er die Kosten für den Neubau eines Hüttenwerkes noch mit 8.000 Gulden angegeben! Herwart machte dar-

---

[18] TLA, Pestarchiv XIV, Nr. 776, fol. 8v-9r.
[19] TLA, Pestarchiv XIV, Nr. 776, fol. 9r-9v.

auf aufmerksam, dass allein der Platz, der zum Hüttenwerk gehörte, 3.000 Gulden wert sei. Man möge auch bedenken, dass er das Geld nicht sofort ausgezahlt bekomme und deshalb auch längere Zeit keine Zinsen davon vereinnahmen könne. Die Kommission erneuerte lediglich ihr Angebot von 55.000 Gulden, doch kam man Hans Paul Herwart insofern entgegen, als man die Ratenzahlung auf drei Jahre reduzieren wollte. So sollten der Augsburger Firma im ersten Jahr 1.500 Zentner Kupfer und in den folgenden zwei Jahren jeweils 2.000 Zentner Kupfer geliefert werden.

Herwart lehnte auch dieses Angebot ab. Die Kommission antwortete ihm, er möge über das Angebot nachdenken, und man vertagte sich[20].

Am 30. November 1557 trat die Verhandlungskommission wieder zusammen. Zu dem bereits eingangs erwähnten Personenkreis traten ein Hüttenmeister, wahrscheinlich Jakob Zoppl aus Rattenberg, und Erasmus Reislander, der Schwazer Bergrichter, hinzu. Der Aufgabenbereich der Kommission hatte sich vergrößert. Man verhandelte nun nicht mehr nur über den Verkauf des Montanhandels der Firma Herwart, sondern auch über die Weigerung der Großgewerken, eine Befahrung der Gruben am Falkenstein wegen des jährlichen Hinlasses durchzuführen. Zunächst kam man in internen Gesprächen überein, die Verhandlungen mit Herwart fortzuführen. Dabei wollte man das Angebot bis auf 65.000 Gulden anheben und das Zahlungsziel auf drei Jahre beschränken. Nach einer kurzen Umfrage unter den anwesenden Beamten und Räten kam man überein, die Verhandlungen auch an 70.000 Gulden nicht scheitern zu lassen, wobei als Zahlungsziel drei Jahre angeboten werden sollten[21].

Die Verhandlungen mit Herwart wurden am 30. November zunächst unterbrochen, da man sich zuerst mit den übrigen Großgewerken über die Befahrung des Falkensteiner Reviers zum Zwecke der Durchführung des Hinlasses auseinander zu setzen hatte. Die Schmelzer und Gewerken wurden ernstlich ermahnt, die Befahrung und den Hinlass nicht länger zu verweigern, sondern endlich fortzufahren[22].

Nach dieser kurzen Unterbrechung kehrte man zu den Gesprächen mit Herwart zurück. Die Regierungskommission legte ihm ein neues, verbessertes Angebot vor. Man erhöhte den Ankaufspreis auf 60.000 fl. und versprach ihm, in vier Jahren jeweils 1.500 Zentner Kupfer zu zahlen. Herwart verlangte daraufhin für die Anteile an den Bergwerken am Falkenstein, zu Gossensass und am Schneeberg sowie für das Hüttenwerk zu Kundl einen Kaufpreis von 80.000 Gulden. Der König sollte dafür jährlich 2.000 Zentner Kupfer entrichten, bei einer Laufzeit von vier Jahren. Den Vorrat an Kupfer im Wert von 6.000 Gulden wollte er offenbar dem König zur Verfügung stellen, gegen einen Zins von 8 % auf vier Jahre. Das Kupfer solle man ihm danach mit 9 Gulden für den Zentner Kupfer bezahlen.

Das Angebot Herwarts lehnte die Verhandlungskommission ab. Doch um die Verhandlungen abzukürzen, unterbreitete man ihm ein letztes Angebot in Höhe von 63.000 Gulden, zahlbar in vier Raten zu jeweils 1.575 Zentnern Kupfer pro Jahr, wobei der Kupferpreis pro Zentner bei den üblichen 10 Gulden lag. Den Kupfervorrat betreffend schlugen die Regierung und Kammer vor, den auf 6.000 Gulden geschätzten Wert mit 8 % zu verzinsen. Im fünften Jahr sollten Herwart dann diese 6.000 Gulden zinslos ausgezahlt werden[23].

---

[20] TLA, Pestarchiv XIV, Nr. 776, fol. 10r-10v.
[21] TLA, Pestarchiv XIV, Nr. 776, fol. 11v.
[22] TLA, Pestarchiv XIV, Nr. 776, fol. 12r.
[23] TLA, Pestarchiv XIV, Nr. 776, fol. 12v.

Weitere Angebote und Gegenvorschläge wurden von den beiden Verhandlungsparteien ausgetauscht. Die landesfürstliche Kommission blieb aber letztlich bei ihrem Angebot von 63.000 Gulden und ließ sich auch von den vorgeschlagenen Rückzahlungsmodalitäten nicht mehr abbringen. Dies erschien Herwart zwar *gar zu hart*, doch willigte er ein, dass dem König und Landesfürsten die Angelegenheit zur Entscheidung überlassen wurde: *Darauf hat er es lestlich seines Tails angenommen, aber zu k*[öniglicher] *M*[ajestät] *Tail stet es bei derselben gnedigisten Ratification*[24].

Nach dem vorläufigen Abschluss der Verhandlungen in der Hauptsache musste nun noch über weitere Posten verhandelt werden, die man für den Betrieb eines staatlichen Berg- und Schmelzwerkhandels benötigte, so über die Vorräte an Betriebsmitteln des Hüttenwerks und über den Vorrat an Pfennwerten[25]. Über den bisherigen Verlauf der Verhandlungen vereinbarte man Stillschweigen. Herwart begehrte allerdings Anweisungen darüber, wie er sich gegenüber den übrigen Großgewerken zu verhalten hatte[26].

Am 1. Dezember 1557 wurden die Ergebnisse der Kaufverhandlungen den übrigen Mitgliedern der Tiroler Regierung und Kammer vorgetragen. Man beschloss, den König über den Ausgang der Beratungen zu informieren. Die Ratifikation folgender Vereinbarungen wurde dem König anheim gestellt: Die Firma Herwart veräußerte ihre gesamten Anteile an den Bergwerken am Falkenstein, am Schneeberg und zu Gossensass. Ebenso verkaufte sie das Hüttenwerk zu Kundl, das ehemals im Besitz der Paumgartner gewesen war, mit den dazugehörigen Gebäuden, Häusern, Archen, Rechen, Lenden, Kohlplätzen, Waldlehen und Hüttenwerksgeräten. Hinzu kamen noch das Kapital aus dem Unschlitt- und Eisenhandel zu Schwaz und Sterzing sowie die Erzkästen der Firma Herwart. Man gab den Herwart Gelegenheit, ihre Erzvorräte in Kundl bis zum Januar 1558 zu verschmelzen. Danach konnte der neue landesfürstliche Faktorhandel mit dem Betrieb der Schmelzhütte beginnen. Was von den Vorräten dann noch übrig war, sollte von den Herwart käuflich erworben werden. Zuvor waren die Vorräte zu inventarisieren und zu taxieren. Ebenso wollte man auch mit den Vorräten im Pfennwerthandel verfahren.

Der König sollte umgehend über alle Details des Vertragswerks informiert werden, da man mit den jetzigen Kaufverhandlungen nicht warten dürfe. Hans Paul Herwart wurde befohlen, ein Verzeichnis aller Diener und Knechte in den Bergwerken und auf der Hütte in Kundl anfertigen zu lassen, ebenso ein Verzeichnis seiner Anteile am Schneeberg und zu Gossensass. Ferner bestand man auf einer Auflistung der Herwartschen Anteile an den Waldlehen in den drei genannten Bergrevieren. Weiterhin mussten die Herwart Aufzeichnungen über alle Vorräte an Schmelzzeug, Pfennwerten, über die Vorräte an Unschlitt und Eisen sowie an Holz und Kohlen übergeben. Die den Herwart übergebenen landesfürstlichen Ordnungen und Instruktionen, seinen Bergwerks- und Schmelzhandel betreffend, waren abzugeben, ebenso die Aufzeichnungen über den Bedarf und die Aufwendungen an Geld und Pfennwerten für die nächste Raitung. Sämtliche Aufstellungen mussten dem König, bzw. seiner Regierung, unverzüglich übergeben werden.

Die Herwart hatten den übrigen Anteilseignern am Falkenstein, am Schneeberg und zu Gossensass anzuzeigen, dass sie mit dem König in Kaufverhandlungen stehen. Ihnen wurde untersagt, sich mit den anderen Gewerken zu verbünden und ihnen Beistand zu leisten. Im Fal-

---

[24] TLA, Pestarchiv XIV, Nr. 776, fol. 13r-13v.
[25] TLA, Pestarchiv XIV, Nr. 776, fol. 13v.
[26] TLA, Pestarchiv XIV, Nr. 776, fol. 13v-14r.

Abb. 39: Gruben im Revier Ringenwechsel nach der Bildkarte im Kodex Dip. 856 (Tafel 4, Ringenwechsel bei Schwaz (Original und Foto: Tiroler Landesmuseum Ferdinandeum, Innsbruck).

le einer Ratifikation durch den König gehe alles seinen Weg. Wenn es nicht so weit komme, werde man die Herwart wie alle anderen halten[27].

Am 4. Dezember 1557 nahm man seitens der Tiroler Regierung und Kammer die internen Beratungen über den Ankauf des Bergwerks- und Schmelzhandels der Firma Herwart wieder auf. Die Räte gaben König Ferdinand I. zu bedenken, dass es keine einheimischen Gewerken mehr gebe, die die Anteile der Herwart übernehmen könnten. Ohne den Ankauf durch den König, darüber herrschte Klarheit, war der Bergbau am Falkenstein über kurz oder lang von der Einstellung bedroht. Der König solle deshalb nicht so sehr auf die Kosten achten, so die Beamten, sondern mehr auf die Erhaltung des Bergbaubetriebs. Damit blieben auch Fron und

---

[27] TLA, Pestarchiv XIV, Nr. 776, fol. 14r-14v.

Wechsel weiterhin erhalten. Der Ankauf der Bergwerksanteile des Herwart sei das kleinste Übel. Anders sah man einen möglichen Ankauf der Anteile der Manlich und anderer Großgewerken, die ebenfalls in großen Schwierigkeiten steckten und bereits zahlreiche Feld- und Hilfsörter eingestellt hatten. Man riet dem König davon ab, gleich in Verhandlungen einzutreten. Zuvor müssten alle Argumente pro und contra angehört werden. Möglicherweise könne der König mit der Landschaft, d.h. mit den Landständen, darüber verhandeln, die genannten Bergwerksanteile der Manlich und anderer Großgewerken zu erstehen[28].

Nach den internen Beratungen der Kommissionsmitglieder kehrten diese zu den Verkaufsverhandlungen mit Hans Paul Herwart zurück. Herwart forderte die Regierung und Kammer auf, im Vertragstext eine bestimmte Passage zu streichen bzw. diese zu verändern. Es war im ursprünglichen Textentwurf offenbar davon die Rede gewesen, dass die Firma Herwart sämtliche Bergwerksanteile veräußern wolle. Dies ging den Herwart allerdings zu weit. Sie bestanden darauf, dass die Gruben im Rattenberger Revier, im Ringenwechsel ob des Zillers und anderswo nicht in die Vertragsvereinbarungen einbezogen wurden. Des Weiteren verhandelte man noch einmal wegen des Verkaufs der Gebäude zur Lagerung der Erze. Es sei nie daran gedacht gewesen, sämtliche Erzkästen in das Verkaufspaket einzubeziehen: ... *derhalben ime beschwerlich, die ervolgen ze lassen.* Ebenso wenig sei über den Verkauf von Hausrat oder Hüttenwerkzeug in den Verhandlungen gesprochen worden. Den Erzkasten, in dem das Erz des Falkensteins gelagert wurde, bot Herwart nur ohne Erze an. Die Erzkästen für die Bergwerke im Ringenwechsel schloss er vom Verkauf aus. Dagegen stand nach seinen Angaben der Erzkasten zu Hall, wo die Schneeberger und Gossensasser Erze eingelagert wurden, zum Verkauf an. Auch am Erzkasten zu Sterzing zeigte sich die Regierung interessiert. Der Augsburger Großkaufmann weigerte sich schließlich, sämtliche Kauf- und Privilegienurkunden herauszugeben, denn hierin standen nach Meinung Herwarts wesentlich mehr Objekte, die er aber nicht zu verkaufen gedachte. Er bot aber an, neue Urkunden anfertigen zu lassen. Er erklärte sich überdies bereit, eine Ratifikation der Verträge durch seinen Bruder zu erlangen. Dies werde allerdings eine Weile dauern, da dieser sich in den Niederlanden aufhalte. Erst danach werde er die geforderten Kaufbriefe übergeben.

Hans Paul Herwart sah sich auch nicht in der Lage, alle Diener und Knechte mit ihren Funktionen einzeln auflisten zu lassen, denn die meisten seien verpflichtet, sich in allen Bergwerksangelegenheiten *gebrauchen ze lassen*. Da er aber deren Arbeitskraft in Zukunft nicht mehr bedürfe, so wolle er niemanden daran hindern, für den König zu arbeiten. Die Regierungsvertreter forderten, besonders die zwei Einfahrer am Falkenstein und den *Prenndtner* zusammen mit den Erzkäufern und den Schmelzern, die die Erze am Falkenstein *geschmolzt* hätten, in königliche Dienste treten zu lassen. Herwart erklärte sich bereit, den Obrist und den *Prenndtner* an den Landesfürsten abzutreten. Auch die Arbeiter in der Schmelzhütte zu Kundl wolle er ansprechen, damit diese weiterhin vor Ort blieben. Beim Pfennwerthandel kam Herwart dem Landesfürsten insofern entgegen, dass er die Lebensmittel, d.h. das Getreide, das Schmalz und den Käse, für zwei oder drei Monate zur Verfügung stellen wollte, damit der König die Versorgung der Bergknappen und ihrer Familien zunächst so lange sicher stellen konnte, bis der staatliche Faktoreihandel einen eigenen Pfennwerthandel aufgebaut hatte. Einige weitere kleinere Differenzen mussten geklärt werden, bevor es zu einem für alle Seiten tragbaren Kompromiss kam, der König Ferdinand I. zur Genehmigung vorgelegt wurde[29].

---

[28] TLA, Pestarchiv XIV, Nr. 776, fol. 22r.
[29] TLA, Pestarchiv XIV, Nr. 776, fol. 23r-24v.

Damit war der Einstieg des Staates in den Bergwerks- und Schmelzhandel, so wie ihn Erasmus Reislander bereits 1556 angemahnt hatte, perfekt. Die Übernahme der Bergwerksanteile der Firma Herwart ermöglichte bereits unmittelbar nach Vertragsabschluss den Räten und Beamten der Innsbrucker Regierung und Kammer, ihr Auftreten gegenüber den Großgewerken zu ändern. Dies zeigte sich deutlich anlässlich der Hinlassverhandlungen und der Forderungen nach Erhöhung der Gnad- und Hilfsgelder seitens der schmelzenden Gewerken.

Am 1. Dezember 1557 fanden sich die Schmelzer und Gewerken vom Falkenstein bzw. deren Faktoren und Vertreter auf Anordnung des Landesfürsten in Innsbruck ein. Zuvor hatte König Ferdinand I., der Statthalter des Kaisers, wie im Protokoll ausdrücklich betont wurde, durch die Mitglieder der Regierung und Kammer den Schmelzern und Gewerken bereits dreimal schriftlich und darüber hinaus auch deren Verwesern und Faktoren mehrmals mündlich befohlen, sich zu Innsbruck zu versammeln, aber offenbar vergeblich. Man machte den Großgewerken schwere Vorhaltungen, da diese sich standhaft geweigert hatten, eine Befahrung der Gruben am Falkenstein durchführen zu lassen und die Hinlassverhandlungen mit den verbliebenen Lehenschaften aufzunehmen, so wie es die Bergordnung vorschrieb. Auch musste die Regierungskommission mit großem Befremden zur Kenntnis nehmen, dass die Gewerken im Oktober 1557, anlässlich der 10. Falkensteiner Monatsabrechnung, in 12 Feldorten und in 45 Hilfsorten am Falkenstein den Betrieb eingestellt hatte, ohne zuvor die Schwazer Bergbeamten bzw. die Innsbrucker Beamtenschaft zu informieren. Der König befahl nun persönlich, die aufgelassenen Feld- und Hilfsörter wieder aufzunehmen und mit Arbeitskräften zu belegen. Die Gewerken wurden ferner aufgefordert, mit der Befahrung der Gruben am Falkenstein und mit dem Hinlass unverzüglich nach altem Herkommen und Gebrauch zu verfahren. Die Gewerken und Schmelzer wurden darauf aufmerksam gemacht, dass die Gnad- und Hilfsgelder durch den König nur zur Förderung und Erhaltung des Bergbaus bewilligt worden seien. Insbesondere sollten die Mittel zur Anlegung neuer Hilfs- und Feldörter Verwendung finden. Die Gewerken wurden deshalb aufgefordert, den Bergbau unter Beibehaltung der bisher gewährten Gnad- und Hilfsgelder sowohl in den mit dem schweren als auch in den mit dem geringen Wechsel belasteten Gruben fortzusetzen. Die Gewerken wurden ferner aufgefordert, gehorsam zu sein, denn sonst werde es zur Einschränkung des Bergbaus, zu Unruhen und zur Verminderung der Mannschaft kommen. Dies alles gereiche den landsherrlichen Einnahmen aus dem Bergbau (Fron und Wechsel), dem Land insgesamt, aber auch den Schmelzern und Gewerken selbst zu Schaden und verursache für alle Beteiligten Nachteile. Die Einstellung der Hilfs- und Suchörter sowie die Verweigerung von Hinlass und Befahrung seien keine Maßnahmen, aufgrund deren die Gewerken mit der Zahlung von höheren Gnaden- und Hilfsgeldern seitens des Landesfürsten rechnen könnten. Ihre Proteste auf der kürzlich gehaltenen Synode würden gänzlich unwirksam bleiben, wenn sich die Gewerken weiterhin für die Einstellung des Bergbaus am Falkenstein einsetzten[30].

Vom 2. bis zum 5. Dezember 1557 verhandelten die Mitglieder der Regierungskommission weiter mit den Schmelzer und Gewerken. Diese machten eine Zustimmung zu einer Begehung des Falkensteins durch die Schwazer Bergbeamten und den Beginn der Hinlassverhandlungen mit den Lehenschaften von einer Erhöhung der Gnad- und Hilfsgelder abhängig. Während die Regierung zunächst nur 24 Kreuzer auf das Star Erz anbot[31], verlangten die Großgewerken eine Anhebung auf 30 Kreuzer je Star Erz. Seitens der Gewerken nahmen

---

[30] TLA, Pestarchiv XIV, Nr. 776, fol. 15r-16v.
[31] Diese Erhöhung war den Gewerken bereits im Anschluss an die Synode gewährt worden, doch gab es gegen diese Maßnahme heftigen Protest der schmelzenden Großgewerken, die seitdem eine weitere Anhebung der Gnad- und Hilfsgelder gefordert hatten. Vgl. dazu Pölnitz/Kellenbenz 1986, S. 103.

an der Sitzung Melchior Manlich, Sebastian Kurz (für die Fugger), Abraham Katzbeck, Gerhard Rechen[32] und andere, nicht näher genannte Vertreter der Großgewerken teil. Das Erscheinen des Hans Dreiling wurde angeordnet[33]. Auf die Vorhaltungen der Beamten antwortete die Gewerkenseite ausweichend. Die königliche Resolution könne in dieser Form nicht angenommen werden. Auch sei man nicht in der Lage, über eine mögliche Annahme zu entscheiden, da die schmelzenden Gewerken nicht vollzählig anwesend seien. Außerdem habe sich ihr Mitgewerke, Herwart, von ihnen getrennt. Man habe bislang mit einer Befahrung und mit den Hinlassverhandlungen wegen des schweren „Verbauens", d.h. wegen der hohen Zubußen, die beim Bergbau am Falkenstein zu leisten seien, noch nicht beginnen können. Die Herrenarbeiter hätten auch an ihren an sich freien Tagen in den Bergwerken gearbeitet, so dass auch deshalb keine Befahrung habe stattfinden können[34].

Die Anteilseigner der Firma Link teilten unter Hinweis auf ihr Wohlverhalten mit, nachdem nun die Firma Herwart durch den Landesherrn erworben worden sei, dass auch sie bereit wären, ihre Bergbaubeteiligungen zum Kauf anzubieten. Der Kammerpräsident Blasius Khuen erklärte hinsichtlich des durch die Firma Link und Partner angesprochenen Kaufs der Herwartschen Anteile durch den Landesfürsten, dass die Kommission zwar königliche Befehle erhalten habe, mit den Herwart in Verhandlungen zu treten, doch die Regierung und Kammer habe keine Befugnis, mit anderen Gewerken Verkaufsverhandlungen zu führen[35].

Den Schmelzern und Gewerken wurde erneut befohlen, nun endlich einer Befahrung zuzustimmen und den Hinlass vorzunehmen. Denn zu beidem seien sie aufgrund der geltenden Bergordnung bindend verpflichtet. Die Durchführung ordnete man für den nächstfolgenden Montag an. Nochmals wurde das Befremden der Regierungsvertreter darüber ausgedrückt, dass die Großgewerken die Angelegenheiten aufzuschieben gedachten. Nach erneuten längeren Diskussionen teilten schließlich die Sprecher der Kommission mit, dass für das Jahr 1558 ein Gnaden- und Hilfsgeld von 30 Kreuzern pro Star Erz zugestanden werde[36]. Damit war die Hauptforderung der Schmelzer und Gewerken akzeptiert worden, ihre Taktik hatte sich erneut als erfolgreich erwiesen.

Ein Mitglied der Regierungskommission, das die äußerst langwierigen Verhandlungen ganz offensichtlich Leid war und das Feilschen um jeden Kreuzer kaum mehr ertragen konnte, notierte zum Abschluss: *und lestlichen hat inen eine Regierung uferlegt die Verschreibung ze nemen*. Die Gewerken hatten zuvor dem Angebot zwar zugestimmt, doch weigerten sie sich weiterhin hartnäckig, einen Vertrag zu unterzeichnen. Sie hielten dies für unnötig, da es sich nur um einen kurzen Zeitraum handele[37]. Man ging daraufhin auseinander. Bereits am 5. Dezember 1557 wurden die Großgewerken bzw. ihre Vertreter wieder bei der Regierung und Kammer vorstellig. Sie erklärten das Konzept der „Gnadverschreibung" gelesen zu haben. Nach ihrer Ansicht handele es sich um dasselbe Angebot, das ihnen der König zu Augsburg bereits vorgelegt habe. Dies sei nicht akzeptabel. Sie baten darum, ihnen eine Bewilligung der Beihilfen zum Bergbau nicht lediglich für einen kurzen Zeitraum zu erteilen. Floskelhaft teilten sie ferner mit, sie wollten sich ansonsten gerne durch *tröstliches Bauen* als *treue Kammerleut* erweisen. Man bat darum, dem Münzmeister zu Hall einen Befehl zu erteilen, durch

---

[32] Möglicherweise handelt es sich hier um einen Vertreter der Firma Haug und Link.
[33] TLA, Pestarchiv XIV, Nr. 776, fol. 17v.
[34] TLA, Pestarchiv XIV, Nr. 776, fol. 19r-19v.
[35] TLA, Pestarchiv XIV, Nr. 776, fol. 18r.
[36] TLA, Pestarchiv XIV, Nr. 776, fol. 21v.
[37] TLA, Pestarchiv XIV, Nr. 776, fol. 20v-21v.

den ihnen das bewilligte Gnadgeld zugesichert wurde. Die Regierungsvertreter waren über die Äußerungen und Einlassungen der Gewerkenseite schließlich höchst ungehalten.

Letztlich handelte es sich um ein schier endloses Feilschen und um den immer wiederholten Austausch schon oft vorgetragener Argumente. Der landesfürstliche Schreiber notierte: *es ist die Mainung mit inen: Quid dixi Lex est, scripsi, scripsi* [= Was ich sagte, ist Gesetz. Ich habe es geschrieben!][38]. Die Regierungsvertreter waren nun offenbar der Ansicht, dass man nur noch durch Anordnungen und Befehle weiterkommen könnte. Den Großgewerken war man ihrer Meinung nach weit entgegengekommen, doch auch danach wollten sich diese durch ein schriftliches Abkommen nicht binden. Die Schmelzer und Gewerken ihrerseits lehnten im Grunde einen Kompromiss ab. Sie beharrten auf Maximalforderungen, so die Ansicht der Regierungsvertreter. Nach dem Abschluss des Kaufvertrages mit den Herwart war die Tiroler Regierung und Kammer letztendlich nicht mehr bereit, sich weitere Pressionen der Verhandlungspartner gefallen zu lassen.

Am 15. Dezember 1557 bot auch Melchior Manlich für sich und seine Mitgewerken den Verkauf von Bergwerksanteilen am Falkenstein an. Seitens der Regierung und Kammer waren lediglich Blasius Khuen sowie die Räte Heidenreich, Tschetsch, Gienger, Wezinger und Kastner an den Gesprächen beteiligt. Melchior Manlich und seine Mitverwandten unterbreiteten das Angebot, dem König oder dem Land Tirol ihre Bergwerksanteile am Falkenstein, zu Schneeberg, Gossensass sowie weitere Bleibergwerke der Umgebung zusammen mit dem Hüttenwerk in Jenbach zu verkaufen. Ihre Vorschläge legten sie auch schriftlich vor.

Die Beamten teilten Melchior Manlich daraufhin mit, sie hätten vom König keinen Befehl, mit ihm in Verhandlungen einzutreten. Deshalb habe man lediglich mit der Firma Herwart verhandelt und dem König darüber Bericht erstattet. Wie man auch an den von Manlich übergebenen Vorschlägen ersehen könne, sei dies kein akzeptables Vorgehen. Sofern Manlich darauf bestehe, dass man hier und jetzt in Verhandlungen eintrete, müsse er seine Forderungen deutlich verringern. Sein Antrag auf Verhandlungen wurde schließlich abgelehnt, da man seine Forderungen als zu hoch ansah. Hierauf antwortete Manlich, er halte seine Vorschläge keineswegs für unannehmbar. Er könne keinen großen Preisabschlag zugestehen, aber so lange es etwa um eine Summe von 6.000 Gulden gehe, wolle er die Verhandlungen daran nicht scheitern lassen. Über mehr könne er nicht verhandeln, da er von seinen Gesellschaftern keine entsprechenden Anweisungen erhalten habe. Manlich verließ daraufhin Innsbruck. Über sein Verkaufsangebot wurde nicht weiter beraten[39].

Erasmus Reislander hatte sich mit seinen Vorstellungen im Regierungslager weitgehend durchgesetzt. Er übernahm bereits im Jahr 1558 als Faktor die Leitung des landesfürstlichen Oberösterreichischen Montanhandels. Die Firma Herwart veräußerte 1560/61 die Bergwerksanteile im Ringenwechsel ob des Zillers, die den Rest ihres Montanbesitzes bildeten, für 1.500 Gulden an Kaiser Ferdinand[40].

---

[38] TLA, Pestarchiv XIV, Nr. 776, fol. 25v.
[39] TLA, Pestarchiv XIV, Nr. 776, fol. 27v-28v.
[40] Scheuermann 1929, S. 133.

b) Direktion statt Tradition

Erasmus Reislander als Leiter des seit 1558 bestehenden landesherrlichen Montanunternehmens sowie der neue Bergrichter Thoman Vasl waren überzeugte Vertreter des Direktionsprinzips und nur zu bereit mit den spätmittelalterlichen Traditionen zu brechen. Nach einem ausführlichen Bericht, den beide gemeinsam am 20. Dezember 1563 erstatteten, wurde Ende des Jahres 1563 wieder um den fälligen „Hinlass" der Arbeiten für das Jahr 1564 gestritten. Die Gewerken verlangten einmal mehr kategorisch eine Erhöhung des Gnadengelds, mit dem der Grubenbetrieb unterstützt wurde, und lehnten das Angebot von 30 Kreuzern pro Star Erz ab[41]. Dem Bericht zufolge hatten sie den Betrieb der Feldörter unterbrochen, die Hilfsbaue gestundet und den Erzkauf eingestellt, um Druck auszuüben. Wieder einmal versuchten sie, über die handarbeitenden Mannschaften bzw. deren (zeitweise) Nicht-Beschäftigung Druck auf die Obrigkeit auszuüben.

Die Berichterstatter waren der Meinung, das könnten sich der Landesherr und die Regierung nun nicht mehr gefallen lassen. Bereits 1558 und 1559 habe man in Resolutionen angedroht, im Fall der Verweigerung durch die Gewerken werde die Verwaltung den Hinlass mit allen Konsequenzen selbst in die Hand nehmen, nun müsse das auch tatsächlich geschehen. Aus der Haltung der Gewerken wurde der Schluss gezogen, dass diese nunmehr entschlossen seien, die Bergwerke ohne Rücksicht auf die Rechte und Belange der Obrigkeit so zu führen, wie es ihnen beliebe. Mit *angemassten Trutz und Hartnäggigkhait* versuchten sie nach Auffassung Reislanders und Vasls *die Kay*[serliche) *M*[ajestä]*t [nach] iren Gefallen damit zu trueckhen und truegen,* also praktisch zu erpressen. Solche Verhaltensweisen würden zu *Val und Verderbung der Perckwerch, des Landtsfürsten Cammerguets und gemainer Wolfartungen Wesen im Landt, und bei der Weil* [zu] *ain Unlust und Empörung under ainer Perchwerchsgesellschaft* führen[42]. Es wurde mithin des Schreckgespenst einer Erhebung der Bergleute ausgemalt. Das Verhalten der Gewerken stelle *Ungehorsam und Widerwärtigkait* dar und könne nicht geduldet werden[43]. Die Schmelzer und Gewerken hätten sich schließlich auf der Grundlage der Bergrechte auf ihr bergbauliches Engagement eingelassen und seien verpflichtet, diese nun auch einzuhalten.

Der Verwalter des landesfürstlichen Montanunternehmens (*Handels*) und der Bergrichter schlugen vor, die Gewerken vor die Alternative zu stellen, entweder die Gesetze und Regeln der Obrigkeit anzuerkennen, einzuhalten und zu befolgen, oder ihre Bergwerksanteile und sonstigen Montanbesitzungen zu verkaufen oder aufzulassen. Anhand von fünf Beispielen wurde anschließend erläutert, dass mit einer harten und konsequenten Haltung mehr als einmal widerspenstige Gewerken zum Einlenken gebracht worden waren. Den Landesfürsten sei die Macht von Gott verliehen und dazu gehöre das Bergwerk und dessen Ordnung und Führung zum Besten des Landes und zur Förderung des Gemeinwohls. Das Montanwesen sei des Fürsten *hoch Regalie.* Er habe das Recht, den Bergbau *anzurichten nach Erforderung der Notturfft, zu ändern, zu mindern, zu mehren und zu geben. Von landtsfürstlicher Macht wegen billichen thuen soll, mag, auch wol gebiert und befugt ist. Wie dann yeder Zeit die fürstliche Vorbehalt in allen Ordnungen, Satzungen und Entschieden vermigen.* Unmissverständlich wurde hier aus dem Bergregal der Anspruch des Fürsten begründet, Recht und Ordnung zu setzen, und zwar, falls erforderlich, durchaus gegen den Willen der Gewerken[44]. Die Berichterstatter schlugen vor, daraus nun auch praktische Konsequenzen abzuleiten.

---

[41] TLA, Pestarchiv XIV, Nr. 660, Bericht Erasmus Reislander und Thomas Vasl vom 20.12.1563, unpaginiert.
[42] Ebd., Blatt 3 des Berichts.
[43] Ebd., Blatt 4 des Berichts.
[44] Ebd., Blatt 5 des Berichts.

Der Kaiser *hete mit Billichait und aus lanndtsfürstlicher Macht gueten Fueg und Gewalt, ihnen den Schmölzern und Gwerckhen zu ainen gegen Trutz alle Gnaden abzukhunden. Und den Hinlaß als Herr unnd Lanndtsfürst, und der fürnemist Mitgewerckh, der sein Guet und Gelt mit und neben inen gnedigist und treulichen gewagt, selbst zu thuen.* Er sollte also den Gewerken alle Begnadigungen aufkündigen und selbst den Hinlass durchführen. Allerdings sollte dies den Gewerken zunächst unter Hinweis auf die umfangreichen Hilfen und Begnadigungen seitens der Obrigkeit angedroht werden. Sofern das nichts nutze, wollten die Berichterstatter in *der Kay*[serlichen] *M*[ajestä]*t Namen sollichen Hinlass selbst thuen, und zu Erhaltung des Pergs verrichten, die Lehenschafften verlassen, Hilffen geben, die Veldörter, soviel die Notdurfft erfordert unnd für ratsam angesehen, verdingen, und alle Maß mit dem gemainen Hinlaß fürgeen*. Allerdings solle der Landesfürst auf diese Weise die Bergwerke zunächst nicht *als aigenthum* übernehmen, sondern der Bergbau solle im Anfang *allaine verwaltungsweise* an den fürstlichen Berghandel übertragen werden. Den Gewerken sollte gestattet werden, auch unter diesen Umständen ihre Anteile weiterhin zu verlegen, allerdings zu den von der Zwangsverwaltung festgestellten Kosten. Wer darein einwillige, solle auch in den Genuss der bewilligten Gnadengelder kommen. Soweit die Gewerken unter diesen Umständen ihre Bergteile nicht weiter bauen wollten, müsse die landesherrliche Verwaltung alle Erze übernehmen und nach Schwaz in die Erzniederlage bringen. Dafür müsse dann die Verwaltung bzw. der landesherrliche Berghandel die Kosten in Gestalt von Samkost und Erzlosung übernehmen. Es würden pro Abrechnung etwa 15.000 Gulden benötigt, bis die neue Organisationsstruktur geordnet sei und greifen könne. Auch der Handel mit Pfennwerten sollte nach den Vorstellungen Reislanders und Vasls vom landesfürstlichen Berghandel übernommen werden. Der Falkenstein könne auf diese Weise nach einer gewissen Zeit in einen Zustand versetzt werden, in dem er jedenfalls kein Defizit erwirtschaften werde[45].

Diese Vorschläge liefen in aller Klarheit auf die Durchsetzung eines landesherrlichen Direktionsprinzips hinaus. Zwar beruft sich der Bericht in vielen Wendungen immer wieder auf die geltenden Rechte, Erfindungen und Ordnungen. Vorgeschlagen wurden aber in Wahrheit eine Entmachtung der Gewerken und eine Übernahme der Führung in organisatorischer, wirtschaftlicher und technischer Hinsicht durch das landesherrliche Unternehmen und die Beamtenschaft. Reislander strebte hier nicht weniger an, als die Leitung mindestens des ganzen Falkensteins. Er schlug gemeinsam mit dem Bergrichter vor, die Landesherrschaft solle den Gewerken eine Frist setzen, bis zu der sie sich erklären könnten, ob sie sich zu den neuen Konditionen weiter am Bergbau beteiligen wollten. Danach sollten sie ihrer Teile verlustig gehen. Sofern die Gewerken unter diesen Umständen ihr Engagement verringern wollten, könne die landesherrliche Berghandlung die entsprechenden Teile übernehmen und weiterführen.

Als andere mögliche Variante wurde von Reislander und Vasl vorgeschlagen, die Hilfs- und Gnadengelder zu streichen und die Such- und Aufschlussarbeiten seitens der Landesherrschaft in Eigenregie zu übernehmen. Man könne so Erzvorkommen erschließen und dann gewinnbringend wiederum an Gewerken verleihen. Die Berichterstatter selbst stuften ihre Vorschläge als *schwere, verdriesliche unlustige Weg* ein, aber eine andere Möglichkeit gebe es ihrer Ansicht nach nicht[46].

Unabhängig von dem Vorschlag, den Bergbau durch Einführung des Direktionsprinzips völlig neu zu ordnen, schlugen Reislander und Vasl vor, auf jeden Fall weitere Grubenteile am Falkenstein zu erwerben. Man müsse erreichen, dass etwas mehr als die Hälfte aller Bergteile

---

[45] Ebd., Blatt 10-11 des Berichts.
[46] Ebd., Blatt 12 des Berichts.

in den Besitz der landesfürstlichen Berghandlung gelange. Denn dann würde es ein Leichtes sein, mit den anderen Gewerken und ihren Forderungen und Ansprüchen fertig zu werden. Der Kaiser möge daher veranlassen, dass das staatliche Unternehmen *nur umb etwas weniges meer an den halben Perg gehaben mecht. So wäre in uns der Sachen mit Hilf des Allermächtigsten geholffen. Damit möchte alsdan mit pesserem Fried, mererem Ernst und Volg dem Perg statlichen vorgestannden, ausgewart, auch Puecherwerch und annders, so gemainem Haushaben und Wesen löblichen und fierstendig, angericht und in Volziehung gebracht und in allem mit pesser Beschaidenheit gehandelt werden möge*[47].

c) Planung von Pochwerken am Falkenstein

Es ist sehr bemerkenswert, dass Reislander und Vasl hier – ganz im Gegensatz zu Schönberger und den Ausführungen des Schwazer Bergbuchs – die Pochwerke offenbar positiv bewerten, denn anders ist die Wendung nicht zu verstehen, diese gehörten zu Maßnahmen, die dem Bergbau bzw. gesamten Haushalt förderlich (*gemainem Haushaben und Wesen löblichen*) sein würden. Hier gibt sich auch ein anderes Denken in technischen Dingen zu erkennen als im oben zitierten, ablehnenden Gutachten zu den Pochwerken zu erkennen[48].

Noch sehr viel deutlicher tritt dies in einem Bericht zu Tage, den Reislander und Vasl schon am 26. November 1563 erstattet hatten[49]. Es heißt dort, Reislander habe die Gewerken mehrfach ermahnt, ihre Meinung zur Errichtung eines Pochwerks am Falkenstein zu äußern. Daraufhin hatten die Gewerken im Juni mitgeteilt, dass sie aufgrund der nur noch schmalen Gänge und geringen Erzausbeute daran interessiert seien, Pochwerke auf den Halden am Falkenstein zu errichten. Zusammen mit dem Kaiser, also mit dem staatlichen Montanunternehmen, wollte man an geeigneter Stelle versuchsweise eine solche Anlage errichten. Sie hatten sich allerdings unter Hinweis auf die Pochwerke von Kitzbühel ausbedungen, dass man ihnen in diesem Zusammenhang keine speziellen Auflagen machen möge. Reislander hatte ihnen dies zugesichert und weiter zugesagt, er wolle sie in dieser Sache mit Rat und Hilfe unterstützen. Es war geplant gewesen, noch 1563 ein erstes Pochwerk zu errichten, was aber durch eine Monate lang grassierende Seuche, die über 2.200 Opfer in Schwaz gefordert hatte, zunächst verhindert worden war. Der Nutzen der Pochwerke wird im Bericht mehrfach betont. Man könne nicht nur einen Zusatzverdienst damit erzielen, sondern auch Personen beschäftigen, die wegen ihres Alters oder ihrer Jugend nicht im Bergwerk arbeiten konnten. Ausdrücklich hebt der Bericht hervor, dass die Pochwerke nicht als schädlich, sondern vielmehr als nutzbringend einzuschätzen seien. Es mag sich hier um eine nicht ausgesprochene Bezugnahme auf das negative Gutachten über die Pochwerke handeln, das 1554 der damalige Bergrichter Schönberger zusammen mit anderen erstattet hatte[50]. Der Text lässt erkennen, dass Reislander selbst sich offenbar sehr für die Pochwerke engagierte. An den Landesfürsten gewandt, argumentierte er, es werde nicht notwendig sein, Vorbedingungen und Auflagen an die Genehmigung der geplanten Pochwerke zu knüpfen. Das würde nur Unmut erzeugen, auch habe man ja im Bereich Ringenwechsel schon Pochwerke genehmigt. Die Frage der Wasserversorgung aus dem Pillbach (etwa 3,5 km westlich von Schwaz) und dem Mühlbach werde sich lösen lassen[51]. Der Hinweis auf die Wasserversorgung aus dem Pillbach macht deutlich, dass es sich hier um ein aufwendiges technisches Projekt handelte, denn es war nicht einfach, das

---

[47] Ebd., Blatt 13-14 des Berichts.
[48] Vgl. oben S. 211f, 632-634.
[49] TLA, Pestarchiv XIV, Nr. 660, Bericht Reislander und Vasl vom 26. November 1563 (unpaginiert).
[50] TLA, Pestarchiv XIV, Nr. 261, fol. 16r-16v, vgl. dazu oben S. ###.
[51] Wie Anm. 7.

Abb. 40: Ein Pochwerk nach der Kosmographie des Sebastian Münster von 1588 (Original und Foto: Deutsches Bergbau-Museum Bochum).

Wasser im bergigen Gelände aus einer Entfernung von über drei Kilometern heranzuführen. Im Übrigen verdeutlicht der Text des Berichts, dass eine entsprechende Wasserzuführung im Gelände keineswegs schon existierte, wie man aufgrund noch einer kürzlich erst veröffentlichten Darstellung in der Literatur vermuten müsste.

Dort wird, gestützt auf die ältere Literatur, ausgeführt: *Das erste Poch- und Waschwerk nach böhmisch-sächsischer Art errichtete Erasmus Stauber im Jahre 1500. Es wurde von einem wahrscheinlich oberschlächtigen Wasserrad angetrieben, weshalb eine entsprechende Aufschlagwassermenge benötigt wurde. Dazu musste allerdings ein Rinnwerk geschaffen werden, wobei man nicht den näher gelegenen Lahnbach, sondern den etwa 3,5 km entfernten Pillbach wählte, da dieser ein nicht so „wilder Gesell" war*[52]. Der Verfasser, Peter Gstrein, stützte sich auf eine Arbeit von Nöh[53], die ihre Angaben leider durchgängig nicht belegt, aber

---

[52] Gstrein 2004, S. 36.
[53] Nöh 1951.

klar erkennbar auf Isser[54] basierte. Dieser wiederum geht hinsichtlich seiner Angaben zur Entwicklung der Pochwerke auf die so genannte Schwazer Chronik zurück, und er will die Angabe zur Errichtung eines ersten Pochwerks und dessen Wasserversorgung aus dem „Ettenhardtschen Bergbuch" entnommen haben[55]. Es sei daran erinnert, dass ein Original der fraglichen Chronik nie irgendeinem der Autoren vorgelegen hat, die sich mit der Schwazer Montangeschichte befassten, und nicht genau zu sagen ist, was Isser eigentlich „Ettenhardtsches Bergbuch" nannte. Es existiert nur eine Abschrift Issers von einer angeblich aus dem späten 18. Jahrhundert stammenden älteren Version der besagten Chronik. Die dort enthaltenen Angaben zu den Pochwerken verlieren durch die hier besprochene Quelle (wörtlicher Abdruck der einschlägigen Passage in der Fußnote)[56] jede Wahrscheinlichkeit, denn die Mitteilungen Reislanders machen in Übereinstimmung mit den anderen besprochenen Quellen eindeutig klar, dass am Falkenstein 1563 erstmals Pochwerke geplant wurden und die Ausführung nicht vor 1564 erfolgt sein kann.

Wir haben in Erasmus Reislander den Mann vor uns, der die Bedeutung der zeitgenössisch modernen Aufbereitungstechnik unter Einsatz der Pochwerke für die Weiterführung des Betriebs auch am Falkenstein klar erkannte und in diesem Sinn Gewerken und Obrigkeit offenbar zu überzeugen vermochte. Er wird aufgrund seiner Bereitschaft, das gesamte Rechts- und Organisationssystem des Bergbaus bei Schwaz umzugestalten und aufgrund seiner Förde-

---

[54] Isser 1904, 1905; Paul 2005: Isser 1905/1924, S. 263.

[55] Ebd., Anmerkung 768.

[56] TLA, Pestarchiv XIV, Nr. 660, Bericht Reislander und Vasl vom 26. November 1563 (unpaginiert, die Passage findet sich auf dem 11. und 12. Blatt dieses Berichtes). *Nachdem sich auch Schmölzer unnd Gwerckhen an heur diß Jars ungeferlich im Monat Junji über E. G.* [Euer Gnaden, d.h. des Kaisers] *und meine, Reislanders, vilfe*[l]*tigs Anhalten gegen mir erkhlärt unnd zu versteen geben, dieweil das Perkhwerch schmal unnd in geringem Artzhauen, und nun zu mer Malen von den Pucherwerchen, dieselben auf die Halden am Valkhenstain aufzurichten, geredt unnd gehandelt worden, haben sy sich dahin verglichen unnd entschlossen unnd seyn gedacht, sambt der Kay*[serlichen] M[ajestä]*t ain Pucher auf Versuchen an ainem gelegnen Ort, das man darzu ausgeen und fürnemen soll, aufzurichten. Unnd zu ersuchen, auch dieses Jar mit eistem anzurichten und in das werch zu bringen. Doch das man sy mit khainen sondern Contitionen oder Einpindungen beschweren und verpinnden will. Dann sy sich sunst der Gepir wissen zu halten, und man hab denen Gewerkhen zu Kitzpichl auch kain Contitionen in iren Puchwerchen aufgelegt oder eigepunden. Darauf ich ,Reislander, sy beanndtwurt der Contitionen und Einpinndungen halben: Verseh ich mich gemeiniglichen, E. G. werden sy in khainem Weg nic*[h]*t denselben Beschwärden noch was Untreglichs aufzulegen gesinndet sein. Und das sy nur das Werch an die Handt nehmen, so wolle ich von der Kay*[serlichen] M[ajestä]*t und E. G. wegen, zu irer M*[ajestä]*t gebir auch gern hilfflich, ratlich und beistendig sein. Nur halten wir gennzlichen, das diß Werch noch diß Jars an und fir die Hanndt genomen worden wäre, wellichs aber, wie Eur Gnaden gnedigs Wissen tragen, durch die eingerissnen geferlichen sterbenden Leuff bisher verhindert unnd eingestellt worden. Dieweil wier dann die Pucherwerch der Kay*[serlichen] M[ajestä]*t Schmelzer unnd Gwerkhen gemainem Perkhwerch für nützlich unnd fürdersam halten. Auch vorhoffentlichen, wann man es nur in den Brauch brecht unnd zur Hanndt richtet, noch ain Nuz damit geschafft werden mechte. Unnd wäre also neben dem schmallen Perchwerch ain Hilff und Zupueß unnd do ainicher Nutz von gefiel, die Perkhwerch desto leichter zu erhalten unnd gepaut. Auch der Kay*[serlichen] M[ajestä]*t grossen Hilffen unnd Gnaden desto bas verhuet unnd verschonet werden mechten. Aus denen Ursachen sechn unns auch für ratsam und guet an, das E. G. Schmelzer unnd Gwerkhen etwa zu Beschluß der Gnaden Handlung zu Aufrichtung dieses nutzlichen Werchs nochmallen gnediglichen vermanndt und dahin gewiesen heten, dann wier halten ya es solle neben dem anderen dem Perg nit schad-, sondern demselben unnd gemainem Wesen firdersam sein. Und mechte vil armb Volck und Personen, so Alters oder zum Tail Jugennt halben in den Grueben nit arbaiten migen, darzue befurdert unnd unnderbracht werden. Will auch von unns von Unneten* [unnötig] *sein, inen vil Contitionen unnd Einpindungen der Pucherwerch halben aufzulegen. Dann sy werden damit nur verunlust und nehmen doch nicht an. Dieweil inen dann E. G. den Ringenwechsel auf das Puch- unnd Waschwerch schon bewilligt, kunnden wier nit gedennckhen, was sy der Kay*[serlichen] M[ajestä]*t zu sonndern Nacht*[ei]*l hanndlen kunden. Dann weil Ir M*[ajestä]*t aigne Leit unnd Dienner yeder Zeit dabei hat, da wir etwas Ungleiches spirten unnd merckhten, wollten E. G. wier dasselbig yeder Zeit furderlich berichten unnd zuschreiben, allain das man sich der Wassergelait halben aus dem Piller- unnd Mill-Pach mit inen muß vergleichen, das wierdet die Zeit unnd Gelegenchait, wann man nun zu Aufrichtunng der Pucherwerch greiffen wolt, mit sich bringen.*

rung einer bedeutenden technischen Innovation als energischer Neuerer erkennbar, der zwar immer wieder von alten Traditionen sprach und die Übereinstimmung mit der alten Ordnung betonte. Aber er meinte nicht den Wortlaut der Ordnungen der Vergangenheit, sondern deren Grundhaltung und wesentliche Zielvorstellungen, wie seiner ganzen Argumentation zu entnehmen ist. Es galt, den Bergbau zu fördern. Was diesem Ziel dienlich war, sah er in grundlegender Übereinstimmung mit dem Geist der hergebrachten Ordnungen und Erfindungen, dem alten Herkommen. Deutlich erkennbar war er keineswegs gegen Neuerungen, vielmehr sprach er sich für nutzbringende technische Veränderungen aus und förderte sie. Es ist auch interessant, zu sehen, wie er hier den Schulterschluss mit den Gewerken suchte, obgleich er auf der anderen Seite ja sichtlich auch zum Konflikt mit ihnen bereit war. Aus dem Duktus seiner Berichte spricht großes Selbstvertrauen und das Bewusstsein, als Leiter des fürstlichen Regiebetriebs unmittelbarer und hochgestellter Mitarbeiter des Kaisers selbst zu sein, den er in seinen Berichten vielfach persönlich ansprach. Sehr deutlich wird seine Position unterstrichen, indem er in seinen Berichten nicht selten die Formel „ich, Reislander", habe dies oder jenes getan oder veranlasst, einfließen lässt. Der Bergrichter als oberster Bergbeamter in Schwaz unterzeichnete die Berichte zwar mit, aber eigentlicher Berichterstatter war der Faktor des fürstlichen Regiebetriebs, Erasmus Reislander.

d) Eine Bilanz des landesfürstlichen Faktors

Mit seinen Berichten vom Jahresende 1563 legte Reislander Zahlen über den Betrieb der Bergwerke und die Produktion der Jahre 1560 bis 1563 vor. Als besonders wichtig wurden immer wieder die Such- und Aufschlussarbeiten hervorgehoben. Zum Zeitpunkt der Berichterstattung waren im Falkenstein 80 Feldörter und Gedingeörter belegt. Mit ihrer Hilfe wurden die Stollen weiter vorangetrieben und zugleich frisches Feld bergwärts aufgeschlossen. Weiter wurden rund 200 so genannte „Hilfen" vorgetrieben, sie dienten zum Aufschluss und zur Vorrichtung von Abbaupunkten im erschlossenen Feldesbereich. Die Zahlen hatten sich in den Monaten und Jahren zuvor nicht wesentlich verändert, wie der Bericht mitteilt. So wurde allgemein festgestellt, das Engagement der Gewerken und ihr allgemeines „Regiment" im Berg während des Jahres 1563 seien angesichts der gewährten Gnaden und Hilfen des Landesherrn als angemessen zu betrachten, sie hätten sich als „baulustig" erwiesen und die Hilfsgelder tatsächlich wieder in den Bergbau investiert[57]. Im Bereich Ringenwechsel dagegen war der Bergbau sehr zurückgegangen, die Teilhaber Manlich, Dreiling und Kessentaler hätten viele Bergteile „aufgelassen", also nicht mehr bearbeitet und verlegt. Zum Teil habe an den betroffenen Gruben auch der Kaiser Anteile, einige der Gruben wären zusammen mit anderen Gewerken weiterbetrieben worden, aber der Landesherr könne nicht alles alleine betreiben[58]. Man hatte im Vorjahr etwa 24.000 Mark Silber erzeugen können, im laufenden

---

[57] TLA, PA XIV, Nr. 660, Bericht Reislander und Vasl vom 26.11.1563 (unpaginiert): *Also die merer Weil unnd biß auf die yezt jüngst aindlifft [elfte] Raitung in 200 Hilffen, etwas dariben, zuweillen etlich weniger, nit vil auf- oder abgegeben, unnd bey achzig Veld und Gedinng Ertern gepaut worden. Herauß kunn den Eur Gnaden gnediglich schliessen, das sich Schmelzer unnd Gwerckhen in irem Pauen unnd Regimennt des Pergs am Valkhenstain diß Jars bisher dem gegebenen Gnad und Hilff zimlich gemeß, auch paulustig erwiesen, unnd dieselbig treulich wider an den Perg gelegt und gewagt haben.* [Blatt 1 des Berichts].

[58] Ebd., *Der ... Ringenwechsel ist dieser Zeit gleich wol in geringgem Pauen, Zuen und Ansehen. Doch wierdet noch bej etlichen Grueben mit etlichen Hilffen unnd Ertern etwas weniges gepaut und gesuecht. ... So sein auch durch Manlich, Treillinng und die Kössenthalerischen bej etliche wenig Jarn her vil Tail aufgelassen worden, wellliche zum Tail bej denen Grueben, dabei die Kay*[serlichen] *M*[ajestä]*t vorhin Tail gehab unnd noch hoffentlich durch Ir M*[ajestä]*t unnd etlich durch ander gemain Gwerckhen angenommen worden un bisher erhalten worden ...So kann man doch von Irer Mayestat wegen auch nit alles allain verrichten* [Blatt 2 des Berichts].

Jahr war jedoch weniger zu erwarten. Man rechnete mit 56.000 Star Erz im schweren Wechsel und etwas über 20.000 Mark Brandsilber. Allerdings waren auch die Ausgaben um etwa 12.000 Gulden im Vergleich zum Vorjahr zurückgegangen. Der Rückgang des Bergbaus wurde vor allem auf einen Seuchenzug, eine *beschwärliche eingerissene Infection unnd sterbenden Leuff* zurückgeführt, *dardurch vil Volkhs vom Perg verloffen*[59]. Man hatte am Anfang des Jahres einen durchschnittlichen Gehalt von 5,5 Lot Silber im Star Erz erreicht, in den letzten drei Monaten war der Gehalt aber auf wenig mehr als 4 Lot 1 Quint zurück gegangen. Auch dies führte man auf die Seuche zurück. Die Bergleute hätten sich um kranke Familienmitglieder kümmern müssen usw. und deswegen weniger sorgfältig geschieden, dies werde sich mit Eintreten normaler Zeiten hoffentlich wieder ändern[60]. Im Erbstollen hatte man zwar noch keinen Überschuss erzielen können, aber auch nur geringe Defizite zu verzeichnen, und man rechnete damit, dass bald auch dort wieder Überschüsse erreicht würden[61].

Der Bericht sprach die Empfehlung aus, das Gnadengeld pro Star Erz, auf das die Abgabe der „Fron" entrichtet wurde, auch 1564 bei 30 Kreuzern zu belassen. Immer wieder greift der Bericht den Aspekt der Seuche und ihrer Auswirkungen auf und erklärt den zu beobachtenden negativen Trend für das Jahr 1563 als Folge dieses Umstandes. Sobald dieses Problem überwunden sei, könne man Besserung erwarten[62]. Tatsächlich ging allerdings die Produktion ausweislich der Listen der Brandsilbererzeugung des Falkensteins nach 1563 über ein Jahrzehnt hinweg zurück, erst in den Jahren 1574 bis 1590 konnte man wieder höhere Produktionsziffern erzielen[63]. Es ist allerdings unten zu erörtern, dass die Überlieferung hinsichtlich der Produktionsdaten auch des Falkensteins nicht ohne Probleme ist. Der beobachtete Rückgang der Erzqualität scheint eine größere Rolle gespielt zu haben, als der Bericht ihr zumisst. Allerdings wird auch erwähnt, dass eine Grube *Allerheiligen* in der Nähe des Kogelmoos, die den Manlich und Dreiling allein gehörte, eine erhebliche Menge und qualitätvolles Erz gefördert habe. Nicht alle Gruben außerhalb des Falkensteins seien also problematisch[64].

Es wird weiter zu den allgemeinen Rahmenbedingungen berichtet, dass die zuvor sehr hohen Lebensmittelpreise 1563 wieder rückläufig waren, speziell erwähnt werden die Grundnahrungsmittel Schmalz und Roggen[65]. Hinsichtlich zweier wichtiger Verbrauchsgüter, nämlich Unschlitt und Öl für das Geleucht, mussten für 1564 Preisaufschläge bewilligt werden, da entsprechende Erhöhungen des Einkaufspreises zu beobachten waren[66]. Lange Erörterungen knüpfen sich dann an die Frage der zu erwartenden Haltung der Gewerken bei den Verhandlungen über den Hinlass für das Jahr 1564. Der hier ausgewertete Bericht ist in Bezug auf die Großgewerken noch weit zurückhaltender und weniger negativ als der rund einen Monat später erstattete mit den Vorschlägen für einen Übergang zum Direktionsprinzip.

Dem Bericht beigefügt waren Aufstellungen über Einnahmen und Ausgaben der Gruben im schweren Wechsel am Falkenstein; der Erbstollen ist aus der Rechnung ausgeklammert, da er im Zusammenhang mit dem Bau der Wasserkunst und der Wiederaufnahme des Tiefbaus

---

[59] Ebd., Blatt 3-4 des Berichts.
[60] Ebd., Blatt 4 des Berichts.
[61] Ebd., Blatt 6 des Berichts.
[62] Ebd., Blatt 8-9 des Berichts.
[63] Westermann 1988, S. 112-120.
[64] Ebd., Blatt 11 des Berichts.
[65] Ebd., Blatt 12 des Berichts. Die folgenden Ausführungen zu den Pochwerken wurden im vorhergehenden Abschnitt bereits ausführlich erörtert.
[66] Ebd., Blatt 13 des Berichts.

die verringerte Abgabe des geringen Wechsels zugestanden bekommen hatte[67]. Die nachfolgenden Aufstellungen wurden auf der Basis der Silbererzeugung erstellt. Sie dokumentieren die jeweils produzierten Mengen an Silber und Kupfer, die dafür eingesetzten Mengen an Roherz, die als Zuschüsse für den Bergbau gewährten Gnadengelder, die Kosten für die Erzeugung der Roherze und ihre Verarbeitung zu Metall. Die Kupfererzeugung wurde stets auf der Grundlage der Silberproduktion errechnet, wobei noch 1563 davon ausgegangen wurde, dass pro Mark Brandsilber zugleich 40 Pfund Kupfer erzeugt wurden, wie die nachfolgenden Daten belegen. Buchhalterisch festgehaltene Mengen waren erstens die erzeugte Silbermenge und zweitens die eingesetzte Roherzmenge. Ferner dokumentierte die Buchhaltung die Geldeinnahmen und Geldausgaben, wobei die Preise der Metalle nicht ohne weiteres den Marktpreisen entsprachen, sondern Festsetzungen der landesherrlichen Montanverwaltung, die von den Marktpreisen durchaus abwichen. Die Differenzen wurden durch die „Gnadengelder" zum Teil ausgeglichen. Die Abrechnungen beruhen damit nicht zuletzt auf Berechnungen nach oft schwer zu durchschauenden Schlüsseln.

Einnahmen und Ausgaben aller Gewerken am Falkenstein (ohne Erbstollen) **auf Grundlage der Silbererzeugung berechnet** (Quelle: TLA, Pestarchiv XIV, Nr. 660)

	1560 (1-12)			
Einnahmen	Menge	Wert (Gulden/ Kreuzer/ Vierer)	Ausgaben	Wert (Gulden/ Kreuzer/ Vierer)
Brandsilber (=B) (Mark/Lot)	23.217 M 3 L		Samkost u. Erzlosung	124.234/ 9/ 1,50
Gnadensilber (2/3 von B) (Mark/Lot)	15.478 M 2 L	170.259/ 22/ 0,33	Erzkauf	102.072/ 30/ 2,25
Losungssilber (1/3 von B) (Mark/Lot)	7.739 M 1 L	54.173/ 26/ 1,25	Wechselgeld	25.796/ 52/ 0,33
Kupfer (Zentner/Pfund)	9.286 Z 87 Pf	102.155/ 34/ 1,00	Verhüttungskosten	84.162/ 30/ --
Gnadengeld (auf Star Erz)	67.174 St	33.587/ 5/ --	Gemeinkosten	8.000/ -- / --
Summen		**360.175/ 27/ 4,75**		**344.266/ 2/ --**
Gewinn gesamt				**15.909/ 25/3,5**

---

[67] Vgl. oben Kap. 7d.

1561(1-12)

Einnahmen	Menge	Wert (Gulden/Kreuzer/Vierer)	Ausgaben	Wert (Gulden/Kreuzer/Vierer)
Brandsilber(=B) (Mark/Lot)	25.672 M 7,0 L		Samkost u. Erzlosung	118.240/ 5/ 2,00
Gnadensilber (2/3 von B) (Mark/Lot)	17.114 M 15,3 L	188.264/ 32/2,50	Erzkauf	107.800/ 16/ 2,25
Losungssilber (1/3 von B) (Mark/Lot)	8.557 M 7,6 L	59.902/ 21/ 1,25	Wechselgeld	28.524/ 55/ 4,00
Kupfer (Zentner/Pfund)	10.268 Z 77 Pf	112.958/ 40/ 1,00	Verhüttungskosten	93.062/ 45/ --
Gnadengeld (auf Star Erz)	72.097 St	36.048/ 32/ 0,66	Gemeinkosten	8.000/ -- / --
Summen		**397.174/ 6/ 2,55**		**355.628/ 2/ 3,25**
Gewinn gesamt				**41.546/ 3/ 4,00**

1562(1-12)

Einnahmen	Menge	Wert (Gulden/Kreuzer/Vierer)	Ausgaben	Wert (Gulden/Kreuzer/Vierer)
Brandsilber (=B) (Mark/Lot)	24.924 M 13,00 L		Samkost u. Erzlosung	124.925/ 33/ - -
Gnadensilber (2/3 von B) (Mark/Lot)	16.616 M 8,66 L	182.781/ 57/ 2,50	Erzkauf	97.810/ 22/ 3,75
Losungssilber (1/3 von B) (Mark/Lot)	8.308 M 4,50 L	58.157/ 53/ 3,75	Wechselgeld	27.694/ 14/ 0,5
Kupfer (Zentner/Pfund)	9.969 Z 92,00 Pf	119.639/ 2/ 2,00	Verhüttungskosten	90.352/ 45/ - -
Gnadengeld (auf Star Erz)	68.214 St	34.107/ 16/ 1,25	Gemeinkosten	10.000/ - - / - -
Summen		**394.686/ 9/ 4,50**		**350.782/ 54/ 4,25**
Gewinn gesamt				**43.903/ 15/0,25**

1563 (1-10)

Einnahmen	Menge	Wert (Gulden/Kreuzer/Vierer)	Ausgaben	Wert (Gulden/Kreuzer/Vierer)
Brandsilber (=B) (Mark/Lot)	16.837 M 12.00 L		Samkost u. Erzlosung	98.395/ 22/ 0,5
Gnadensilber (2/3 von B) (Mark/Lot)	11.225 M 2,66 L	123.476/ 32/ 2,5	Erzkauf	71.218/ 51/ 0,2
Losungssilber (1/3 von B) (Mark/Lot)	5.612 M 9,33 L	39.288/ 5/ --	Wechselgeld	18.708/ 36/ 3,0
Kupfer (Zentner/Pfund)	6.735 Z 10 Pf	80.821/ 12/ --	Verhüttungskosten	61.037/ -- / --
Gnadengeld (auf Star Erz)	48.978 St	24.489/ 21/ 1,25	Gemeinkosten	7.500/ -- / --
Summen		**268.075/ 27/ 2,75**		**256.859/ 50/ 3,00**
Gewinn gesamt				**11.215/ 36 /4,75**

Reislander legte neben der Abrechnung auf der Basis der tatsächlich erzeugten Silbermengen und der daraus abgeleiteten Kupfermengen auch eine Abrechnung auf der Basis der erzeugten Roherzmengen vor. Darin wurden dokumentiert:
1. die gesamte Erzfördermenge in Star im Wert von je 15 Pfund Berner
   dabei unterschied man in
   a) Grubenerz, von dem die Fron entrichtet wurde
   b) Haldenerz (fronfrei)
2. Einnahmen für Roherz, berechnet zu 3 Gulden pro Star Erz
3. Hilfs- und Gnadengelder als weitere Einnahme für Grubenerz, von dem die Fron entrichtet wurde
4. Ausgaben für die Posten „Samkost" (allgemeine Lohn- und Materialkosten) und „Erzlosung" (Zahlungen an die Lehenhauer für deren gehauenes Erz)
5. Ausgaben für den Erzkauf (= „Kaufgeld Erz": Ankauf von Gruben- und Haldenerz von den nicht schmelzenden Mitgewerken)

Diese Abrechnungen sind deshalb von erheblichem Interesse, weil wir daraus erstens Informationen über die produzierten Roherzmengen erhalten und zweitens über die Ausgaben für den Erzkauf eine Art Kennziffer für den Umfang der Erzgewinnung erhalten, der auf den Teilbesitz nicht schmelzender Gewerken entfiel. Die Rechnungen belegen in aller Deutlichkeit, dass ein sehr erheblicher Anteil der Ausgaben für den Ankauf von Erz aufgewendet wurde, das auf Grubenanteile von nicht selbst schmelzenden Gewerken entfiel. Sie ermöglichen es damit, über den Umweg des Umfangs der Erzproduktion deren Anteil am Grubenbesitz insgesamt abzuschätzen. Die Rechnungen dokumentieren, dass er grob gerechnet zwischen 40 und 45 % lag. Anders ausgedrückt: nur 55 bis 60 % der Metallproduktion erfolgten aus den Bergteilen im Besitz derjenigen Gewerken – mit Einschluss des Landesfürsten –, welche auch Schmelzhütten betrieben. Die Schicht der mittleren und kleinen Gewerken ohne eigene Schmelzhütten besaß damit auch nach 1560 noch sehr bedeutende Anteile am gesamten Grubenbesitz des Falkensteins. Mit diesen Anteilseignern der Gruben musste jeder rechnen. Hier wird endgültig deutlich, dass das Beharren der Bergbeamten auf einer Berücksichtigung der Interessen dieser Schichten der Mittel- und Kleinunternehmer, denen sie persönlich vielfach verbunden waren, einen höchst realen Hintergrund hatte.

Einnahmen und Ausgaben aller Gewerken am Falkenstein (ohne Erbstollen) **auf Grundlage der Roherzproduktion berechnet** (Quelle: TLA PA XIV, Nr. 660)

	1560 (1-12)			
Einnahmen	**Menge** (Star)	**Wert** (Gulden/Kreuzer/Vierer)	**Ausgaben**	**Wert** (Gulden/Kreuzer/Vierer)
Grubenerz	67.174		Samkost und Erzlosung	124.234/ 9/ 1,50
Haldenerz	2.813		Kaufgeld Erz	102.072/ 30/ 2,25
Erz gesamt	69.987	209.963/ 15/ --		
Gnadengeld für	67.174	33.587/ 5/ --		
Summen		243.550/ 20/ --		226.306/ 39/ 3,75
Gewinn gesamt				17.243/ 40/ 1,25

		1561 (1-12)		
Einnahmen	Menge (Star)	Wert (Gulden/Kreuzer/Vierer)	Ausgaben	Wert (Gulden/Kreuzer/Vierer)
Grubenerz	72.079		Samkost und Erzlosung	118.240/ 5/ 2,00
Haldenerz	2.584		Kaufgeld Erz	107.800/ 16/ 2,25
Erz gesamt	74.681	224.044/ 30/ - -		
Gnadengeld für	67.174	36.048/ 32/ 2,50		
Summen		**260.093/ 2/ 0,50**		**226.040/ 21/ 4,25**
Gewinn gesamt				**34.056/ 40/ 3,25**

		1562 (1-12)		
Einnahmen	Menge (Star)	Wert (Gulden/Kreuzer/Vierer)	Ausgaben	Wert (Gulden/Kreuzer/Vierer)
Grubenerz	68.214		Samkost und Erzlosung	124.925/ 33/ - -
Haldenerz	3.424		Kaufgeld Erz	97.810/ 22/ 3,75
Erz gesamt	71.639	214.918/ - -/ - -		
Gnadengeld für	68.214	34.107/ 16/ 1,25		
Summen		**249.025/ 20/ - -**		**222.289/ 22/ 2,50**
Gewinn gesamt				**26.289/ 20/ 2,50**

		1563 (1-10)		
Einnahmen	Menge (Star)	Wert (Gulden/Kreuzer/Vierer)	Ausgaben	Wert (Gulden/Kreuzer/Vierer)
Grubenerz	48.978		Samkost und Erz-losung	98.395/ 22/ 0,50
Haldenerz	2.487		Kaufgeld Erz	71.218/ 51/ 4,50
Erz gesamt	51.465	154.379/ 7/ 2,50		
Gnadengeld für	48.978	24.489/ 21/ 1,25		
Summen		**178.886/ 28/ 3,75**		**169.614/ 14/ - -**
Gewinn gesamt				**9.272/ 14/ 3.75**

Dass die beiden Berechnungen für dieselben Zeiträume zu unterschiedlichen Zahlen gelangen, beruht darauf, dass nicht alles Roherz im Abrechnungsjahr auch verschmolzen wurde, es gab vielmehr gewisse Überhänge. So konnten in der Rechnung auf der Basis der Silbererzeugung noch Erze enthalten sein, die schon im Vorjahr gehauen worden waren. Es mochten aber auch Erze aus den letzten Wochen des Jahres noch unberücksichtigt sein, die man noch nicht verarbeitet hatte. Wesentlich für den Umgang mit dem Zahlenmaterial ist die Tatsache, dass diese zu einem erheblichen Teil nicht aus der Kontrolle und Dokumentation tatsächlich erzeugter Mengen beruht, sondern auf Berechnungen. Dies ist auch der Hintergrund dafür, dass, etwa bei den Verhandlungen der „Synode" von 1557, immer wieder Streit um die Produktionsziffern entstand. Sie ließen aufgrund der Eigenarten der Ermittlung Spielraum für Interpretationen. Es blieb auch vielfach unklar, ob wirklich die ganze Produktion erfasst war. So fielen etwa beim Probieren und bei den Raffinierprozessen, beim Gießen von Barren usw. immer wieder Reste an, die sich beim Umfang der Produktion allerdings rasch in erheblichen Mengen ansammelten. Waren sie in der Rechnung enthalten oder nicht? In nicht wenigen Fällen rechnete man Summen gegeneinander auf, ohne dass dies ausdrücklich festgehalten wurde. Man nahm Pauschalsummen an, etwa hinsichtlich des Wertes von Roherzen. Aber entsprach der angenommene Wert dem tatsächlichen Ausbringen? Oben wurde gezeigt, dass

Abb. 41: Kalligraphisch ausgestaltete Abrechnung für das Jahr 1569, Auszug (TLA, Pestarchiv XIV, Nr. 631, Falkensteiner Hilfs- und Gnadengelder, Samkost und Erzlosung, unpaginiert).

sich aus den Berichten eine Veränderung des Gehaltes der abgebauten Erze ablesen lässt. War bei dem verminderten (oder einem höheren) Gehalt der angenommene Durchschnittswert noch korrekt? Immer wieder argwöhnten die Bergbeamten, dass Zahlen manipuliert waren, die von Seiten der Gewerken vorgelegt wurden – und umgekehrt.

Die Rechnungen Reislanders dienten zum Nachweis, dass der Bergbau jedenfalls nicht defizitär arbeitete. Wiederholt betonte er, die Verhältnisse am Falkenstein hätten seit langen Jahren in eben den Zuständen verharrt, die sein aktueller Bericht beschrieb. Allerdings erscheint die Metallproduktion von 1563 bis 1573 deutlich rückläufig, wie die nachfolgende Tabelle zeigt. Sie beruht im Wesentlichen auf den Editionen Ekkehard Westermanns. Die rückläufige Tendenz gilt nach den vorliegenden Daten auch für den fürstlichen Regiebetrieb. Wieso die Erzeugung von 1574 an in einem recht kurzen Zeitraum wieder stark zunahm, um sich dann bis 1590 auf ungefähr dem Niveau der Jahre 1563/64 zu halten, ist unklar. Hier seien zunächst die Daten vorgelegt:

Produktion aus dem Falkenstein insgesamt und durch den fürstlichen Handel 1558-1587[68]

Jahr	Falkenstein gesamt		Fürstlicher Handel	
	Brandsilber (Mark)	Kupfer (Zentner)	Brandsilber (Mark)	Kupfer (Zentner)
1558	22.784	9.114	6.536	2.614
1559	24.169	9.668	6.670	2.668
1560	23.216	9.287[69]	6.016	2.406
1561	25.672	9.114	7.316	2.926
1562	24.924	9.970[70]	6.884	2.754
1563	20.815	7.389	5.370	2.148
1564	17.518	6.219	4.686	1.874
1565	18.604	6.604	4.880	1.952
1566	17.474	6.203	5.108	2.043
1567	17.367	6.165	4.981	1.992
1568	18.281	6.490	4.863	1.945
1569	18.335	6.509	5.073	2.029
1570	15.940	5.659	4.491	1.796
1571	12.830	4.555	3.421	1.214
1572	10.529	3.738	4.215	1.496
1573	11.384	4041	4.074	1.446
1574	18.353	6.516	7.032	2.496
1575	20.149	7.153	7.192	2.554
1576	22.214	7.886	8.236	2.924
1577	21.169	7.515	7.237	2.569
1578	17.994	6.388	7.088	2.516
1579	19.021	6.753	7.118	2.527
1580	19.568	6.947	7.473	2.653
1581	20.830	7.395	8.158	2.896

---

[68] Nach Westermann 1986, S. 206 sowie ders. 1988, S. 111-119; 1558-1573 Erzproduktion im „Schweren Wechsel", von 1574 an im „Geringen Wechsel", vgl. Westermann 1988, S. 116, mit Anm. 343, u. S. 45-47. Die Kupfererzeugung des fürstlichen Berghandels wurde auf der Berechnungsgrundlage von Westermann 1986, S. 204, Anl. 2, ermittelt: bis 1570: 1 Mark Brandsilber: 40 Pf. Kupfer, danach 1 Mark : 35,5 Pf.

[69] TLA, Pestarchiv XIV, Nr. 660. Westermann 1986, S. 206 gibt 8.242 Ztr. an (Umrechnungsfaktor 1 Mk. : 35,5 Pf.).

[70] TLA, Pestarchiv XIV, Nr. 660. Westermann 1986, S. 206 gibt 8.848 Ztr. an (Umrechnungsfaktor 1 Mk. : 35,5 Pf.).

Jahr	Falkenstein gesamt		Fürstlicher Handel	
	Brandsilber (Mark)	Kupfer (Zentner)	Brandsilber (Mark)	Kupfer (Zentner)
1582	19.756	7.014	7.754	2.753
1583	18.924	6.718	7.260	2.577
1584	17.337	6.155	7.075	2.512
1585	17.506	6.215	6.883	2.443
1586	19.148	6.798	7.516	2.668
1587	18.506	6.570	7.224	2.565

Auffallend an den Daten der Tabelle sind sowohl der Produktionsrückgang zwischen 1563 und 1573 als auch der plötzliche erneute Anstieg 1574, und zwar sowohl bei den Ziffern für den Falkenstein insgesamt als auch für den landesfürstlichen Berghandel. Im Jahr 1574 fiel der Unterschied zwischen dem „schweren Wechsel" und dem „ringen Wechsel" weg, indem die erstgenannte Abgabe nirgends mehr erhoben wurde, die von 1519 an 3 Gulden pro Mark Silber betragen hatte, von spätestens 1565 an dann nur noch 1 Gulden 40 Kreuzer. Stattdessen wurde nun für die ganze Produktion der „ringe Wechsel" von 30 Kreuzern erhoben, dessen Höhe im Lauf der Zeit nicht verändert wurde[71].

Es ist möglich, dass die Listen der Brandsilberproduktion vor 1574 zumindest zeitweilig nicht alles Silber vom Falkenstein erfasst haben, sondern nur dasjenige, das im „schweren Wechsel" produziert wurde. Vielleicht ergibt sich der Rückgang der angegebenen Metallmengen daraus, dass immer größere Anteile der Produktion nur mit der geringeren Abgabe belegt wurden, und dass diese deshalb vor 1574 in den Listen nicht mit erfasst wurden. In diesem Fall würden allerdings in den Listen der Brandsilberproduktion des Falkensteins zumindest für bestimmte Zeiträume nicht Daten für die Gesamtproduktion aus diesem Bereich vorliegen. Diese Frage muss offen bleiben, es sei aber darauf hingewiesen, dass hier Probleme bezüglich der Produktionslisten sichtbar werden.

Eine der Quellen, auf die sich E. Westermanns Edition stützt, wurde von Martin Schalkhammer (Silberbrenner in Schwaz von 1594 bis 1624) angefertigt und ist ausdrücklich überschrieben *Hernach so volgt wieviel Schwazer Pranntsilber in 100 Jaren **in schwärn wexl** gemacht worden,* die Aufstellung umfasst den Zeitraum 1470 bis 1623[72]. Allerdings gab es seit 1574, wie gesagt, den „schweren Wechsel" nicht mehr. Die oben tabellarisch zitierten Aufstellungen Erasmus Reislanders haben ganz ausdrücklich nur diejenige Metallproduktion am Falkenstein erfasst, die mit dem „schweren Wechsel" belegt war. Für den Tiefbau galt dies nicht. Dieser stand aber eindeutig in Produktion, ohne dass wir deren Umfang kennen. Vergleicht man nun die Gesamtziffern Reislanders mit den durch Westermann edierten Listen, so ergibt sich folgendes Bild:

Jahr	Listen Brandsilberproduktion	Aufstellung Reislander
1560	23.216 Mark 4 Lot	23.217 Mark 3 Lot
1561	25.672 Mark 7 Lot	25.672 Mark 7 Lot
1562	24.924 Mark 1 Lot	24.924 Mark 13 Lot

---

[71] Westermann 1988, S. 45-46.
[72] Ebd., S. 12.

Die weitgehende Übereinstimmung bei Abweichungen nur in Mengen von Lot Silber in zwei Jahren und die gänzliche Übereinstimmung in einem Jahr lassen kaum einen Zweifel daran, dass jedenfalls für die Jahre 1560 bis 1562 die von Westermann edierten Listen **nicht** die **Gesamtproduktion** des Falkensteins erfassen, sondern in der Tat nur denjenigen Teil, der mit dem „schweren Wechsel" belegt war. Wie oben im Einzelnen dargestellt und belegt, war allerdings der Tiefbau seit dem Bau der Wasserkunst vom schweren Wechsel befreit, also seit 1554. Es muss deshalb damit gerechnet werden, dass mindestens für die 20 Jahre zwischen 1554 und 1574 die Metallproduktion höher lag, als die fraglichen Listen der Brandsilberproduktion ausweisen.

Die Kupferproduktion wurde schon zeitgenössisch auf der Basis der Silbererzeugung berechnet. Dabei kamen zu unterschiedlichen Zeiträumen verschiedene Umrechnungsfaktoren zur Anwendung, außerdem wendeten die beteiligten Firmen zeitgleich verschiedene Umrechnungsfaktoren an. So rechneten die Firmen Dreiling, Fugger und Österreichischer Faktorenhandel mit einem Faktor von 1 Mark Brandsilber zu 30 Pfund Kupfer, während alle anderen Gewerken mit der Relation 1 Mark Brandsilber zu 35,5 Pfund Kupfer rechneten[73]. Auch dies verdeutlicht, wie unterschiedlich schon zeitgenössisch die Ansätze waren. Es verwundert nicht, dass immer wieder divergierende Ansichten um Produktionsziffern vertreten und Streitigkeiten darüber ausgetragen wurden.

Der 1558 mit der Übernahme der Anteile des Augsburger Unternehmens Herwart gegründete fürstliche Handel hatte zunächst einen Anteil von etwa einem Viertel an der Gesamtproduktion, die für den Falkenstein anhand der bisher bekannten Zahlen zu verfolgen ist. In den 1570er Jahren wuchs dann sein Anteil auf etwa ein Drittel der Gesamtproduktion an, wie die oben stehende Tabelle zeigt. Der Plan Reislanders, mehr als die Hälfte der Anteile für das landesherrliche Unternehmen zu erwerben, wurde somit nicht realisiert. Während der ersten zehn Monate des Jahres 1563 entfielen rd. 13.508 Star der Rohererzeugung im schweren Wechsel von insgesamt 51.466 Star (und damit etwa 26 %) auf die landesherrlichen Anteile. Daraus wurde eine Gesamteinnahme von 46.921 Gulden 2 Kreuzern und 3 Vierern erzielt, wobei eine Summe von 6.397 Gulden 22 Kreuzern und 4 Vierern auf „Gnadengelder" entfiel. Da das landesfürstliche Regieunternehmen agierte wie die anderen Gewerken auch, wurde darüber auch nach demselben System abgerechnet, der Landesherr zahlte damit die Beihilfe des Gnadengeldes auch sozusagen an sich selbst. Die Ausgaben betrugen ca. 24.825 Gulden für Gesamtkosten und Erzübernahme von den Lehenhauern aufgrund der eigenen Grubenbeteiligungen und ca. 19.450 Gulden an Kaufgeld für die Übernahme von Erz von nicht selbst schmelzenden Gewerken. Damit entfielen etwa 44% der Gesamtausgaben in Höhe von 44.276 Gulden 57 Kreuzern und ¾ Vierern auf diesen Posten „Kaufgeld" für Erz nicht schmelzender Gewerken, während es für den Falkenstein insgesamt berechnet nur etwa 13% (= 24.490 von 178.887 Gulden) ausmachte. Damit wird deutlich, dass das fiskalische Unternehmen einen hohen Anteil der Produktion der Kleingewerken und „Freigrübler" zur Verhüttung übernahm. Die Politik einer Unterstützung von Klein- und Mittelgewerken, des unternehmerischen Mittelstandes der Zeit, wurde also auch nach der Gründung des Regiebetriebs weitergeführt. Reislander und die von ihm geführte Faktorei des Österreichischen Handels setzten hier das um, was schon im Vorfeld der „Synode" von 1557 eine anonyme Stellungnahme gefordert hatte: ein deutlich spürbares Gegengewicht gegen das große *Capital* – in der fraglichen Stellungnahme mit dieser Vokabel mehrfach benannt – zu schaffen[74]. Eine Al-

---

[73] Westermann 1986, S. 204, Anl. 2.
[74] Zu den Einzelheiten vgl. oben, Kap. 8a, S. 805-814.

lianz aus dem fürstlichen Unternehmen in der Stellung als Großgewerke und der unternehmerischen Mittelschicht konnte dieses Gewicht aufbringen und diese Strategie in die Praxis umsetzen.

Aus der Tatsache, dass sich bei rechnerischem Abzug der „Gnadengelder" für den Falkenstein insgesamt wie für die landesfürstlichen Beteiligungen ein hohes Defizit ergibt, ist nicht abzuleiten, dass der Betrieb in Wahrheit von Zuschüssen lebte. Hier dokumentiert sich vielmehr, dass der Verrechnungspreis für das Roherz zu niedrig angesetzt war. Die Gnadengelder schufen einen Ausgleich, der allerdings seitens der landesfürstlichen Beamtenschaft so gesteuert wurde, dass auch Klein- und Mittelgewerken sowie die Arbeitskräfte des Grubenbetriebs davon profitieren konnten. Die oben zitierte Bemerkung aus der Berichterstattung Reislanders und Vasls an den Kaiser, der zufolge die Gewerken im Lauf des Jahres 1563 so agiert hatten dass die Gnadengelder tatsächlich die beabsichtigte Wirkung erzielten, belegt deutlich diese programmatische Vorgabe und politisch gesetzte Zielrichtung.

Erasmus Reislander sah den Betrieb im Erbstollen, dessen Produktionsumfang seine Berichte nicht erwähnen, nicht unbedingt als hilfreich an. Dies mag nicht zuletzt daran liegen, dass der Landesherr hier keine Beteiligung mehr hielt. In den Verhandlungen um die Wasserkunst in den Jahren 1554 bis 1556 war er nicht als Mitgewerke aufgetreten, sondern seine Beamten hatten sich hier engagiert, um die fürstlichen Einnahmen aus Fron und Wechsel sicherzustellen. Die Firma Herwart hatte wertvolle Beteiligungen an Gruben des Falkensteins im „schweren Wechsel" besessen, die mit deren Übernahme 1558 an den fürstlichen Regiebetrieb gelangt waren. Dazu gehörten aber keine Anteile des Erbstollens. Im Übrigen war die bergamtliche Förderung des Tiefbaus und der Wasserkunst ein Projekt seines Vorgängers im Bergrichteramt und Gegenspielers in Sachen der weiteren Entwicklung des Schwazer Montanwesens, Schönberger, gewesen. Auch darin mag ein – mehr psychologisches – Moment einer kritischen Einstellung zum Betrieb des Erbstollens begründet liegen. Der Erzabbau dort sei bekanntlich nur mit dem geringen Wechsel belastet, das sei für den Falkenstein insgesamt ungünstig. Denn den Gruben, die den „schweren Wechsel" entrichteten, würden die Arbeitskräfte entzogen, indem der Erbstollen einen günstigen Gang abbaue und die Erze dort aufgrund der geringeren Abgabe etwas besser bezahlt würden. Er verdächtigte die Gewerken, den Betrieb des Erbstollens nutzen zu wollen, um ihrer Forderung nach höheren Gnadengeldern Nachdruck zu verleihen. Da man nun den Pillbach zum Erbstollen hingeführt habe (und dessen Wasser zum Betrieb der Maschine zur Wasserhebung nutzte), sei im Berichtsjahr früher als sonst dem übrigen Berg Mannschaft entzogen worden, weil der übliche Wasseraufgang im Tiefbau ausgeblieben sei, der sonst dort den Betrieb behinderte. Daher hätten die Leute dort an ihren Arbeitsplätzen bleiben können[75]. Aber was dort an Erz gehauen

---

[75] TLA, Pestarchiv XIV, Nr. 660, Bericht Reislander und Vasl vom 26.11.1563 (unpaginiert), Blatt 15 des Berichts: *So ist firwar der Erbstollen, dabej man Schmölzern unnd Gwerckhen den ringen Wechsel zuegelassen, wie man es yez im werch erfärt, dem gemainen Valckhenstain nit firtreglich oder firdersam, dann durch denselben, dieweil alda ain nachennder Ganng unnd die Arzt in ringen Wechsl etwas bas denn in schwaren Wechsl bezalt werden migen, vil Volchs enzogen wiert, unnd ist doch der Nuz nit enntgegen, weliche Ursache aber, wie wier besorgen, si nit dem von wannen sy iren Ursprung haben und khomen, sonndern maistails in gemain, dem Perg zuelegen, das derselbig solliches Pauen und Haushalten, wie bisher beschehen, nimmer ertragen mig. Unnd do man aber noch verer darin beharren soll, das die Kay[serliche] M[ajestä]t mer Hilff und Gnad geb unnd solches erstate.* Ferner auf Blatt 16-17: *So hat auch der Erbstollen wie vor anzaigt, diß Jar in Anfanng fir annderer Jar dem gemainen Valckhenstein, unnd sonnderlich aus der Hech in Pranndt vil Volckhs enntzogen, dann die vordere Jar, obgleich wol auch zimlich vol Volckhs beim Erbstollen gewest, so ist aber yezunnd man den Pillerbach hinzue gebracht, jarlich hinan gegen dem Winnter, pald nach Michelj, das Wasser aus dem Millpach khlain worden, also das man das Wasser in den tiefen Zechen nit mer erheben unnd erhalten migen, sunnder alle Jar umb vil Clafter aufgestannden, vil Lehenschafften genomen unnd ertrennckht, dardurch vil Lehenheier*

wurde, spielte für die Produktion unter Entrichtung des schweren Wechsels keine Rolle und blieb deswegen in Reislanders Berechnungen unberücksichtigt. Für seine Sicht der Dinge war wichtig, dass er einen profitablen Bergbau zu belegen vermochte, gleich ob er von der Silbererzeugung oder von der Roherzproduktion ausging. Er sah es – wohl mit Recht – als belegt an, dass die ständigen, wortreichen Klagen der Großgewerken über den defizitären Betrieb zumindest deutlich überzogen waren.

Zugleich verdeutlichen seine Ausführungen, dass die bergamtlichen Bemühungen darum, den Betrieb im Revier Ringenwechsel aufrecht zu erhalten, fruchtlos blieben. Die dortigen Gruben waren inzwischen weitgehend aufgegeben worden, nur einzelne Betriebe setzten die Produktion fort. Es war der Obrigkeit letztlich weder möglich, die Gewerken hier an der Betriebseinstellung zu hindern, noch konnte sie diese Gruben aus eigener Kraft allein weiterführen. Es ist davon auszugehen, dass sich diese Bergwerke tatsächlich mittlerweile erschöpft hatten. Ein Neuaufschluss der erzführenden Gebirgspartien in tieferem Niveau hätte zunächst erhebliche Investitionen für ausgedehnte Stollenbauwerke erfordert, die offenkundig keine Seite aufzubringen bereit war. So vermuten die Geologen bis heute, dass gerade hier in größerer Tiefe noch Erzvorräte anstehen[76].

Von Interesse sind die Informationen, die hinsichtlich der Wasserkunst im Falkenstein aus dem Bericht entnommen werden können. Eine Versorgung der Anlage mit Wasser aus dem Pillbach im Westen von Schwaz war bisher unbekannt. Das von Gstrein 2004 beschriebene Zuleitungssystem aus dem Bucher Bach östlich vom Falkenstein und aus den Grubenbauen selbst erbrachte offenbar entweder nicht genug Wasser, oder es war bis 1563 noch nicht nutzbar[77] – auffallender Weise sprechen die oben ausgewerteten Berichte nur von einer Versorgung aus dem Mühlbach, die aber zum Winter hin unzureichend wurde, weshalb die tiefen Grubenbaue überflutet wurden und erst im Frühjahr wieder ausgepumpt werden konnten. Dem konnte man durch die Heranführung von Wasser aus dem Pillbach offenbar abhelfen. Die Pumpen hielten nun den Tiefbau das ganze Jahr über weitgehend wasserfrei. Damit ist deutlich, dass dieses technische Problem nun bewältigt war, allerdings erst auf der Grundlage ziemlich weit ausgreifender Wasserbaumaßnahmen, der Pillbach war immerhin 3,5 km entfernt und musste durch schwieriges Gelände bis zum Erbstollen geleitet werden.

Überblickt und wertet man die Berichterstattung Reislanders und Vasls aus dem Jahr 1563 mit ihren Zahlenangaben zur Entwicklung des Bergbaus insgesamt, so beanspruchten diese nicht zu Unrecht, eine in ihrem Sinn positive Wende der Dinge herbeigeführt zu haben. Schon Ludwig Scheuermann hat allerdings 1929 herausgearbeitet, dass es sich hier auch (und nicht zuletzt!) um eine Auseinandersetzung gehandelt hatte, die sehr grundsätzlich um einen Zugriff der Staatsgewalt auf das Montanwesen im Sinne einer Ausrichtung nach Grundsätzen des Absolutismus geführt worden war[78]. Über die Motive zur Gründung des „Österreichischen Handels" urteilte er folgendermaßen: Dies sei aus folgenden Gründen geschehen: *Nicht etwa, wie die Regierung gelegentlich behauptete, um danach eine gerechte Bewilligung der Gnad*

---

verursacht worden, sich wider bej annderen Grueben am Valckhenstain mit Arbait einzurichten. Unnd ist sollich Wasser zum Erbstollen des annderen Jars khaum hinaus gen Ostern wider gefellt worden, damit man widerumb zu den tieffen Arbeiten migen. Das ist aber diß Jars in Annfang nit beschehen. Dann man hat das Wasser, dieweil der Billerbach [Pillbach] *hinzu khommen, sovil gefelt unnd erhalten, damit die Arbaiter maisteils bej Arbeit blieben migen. Also das gegen dem vorigen Jar warlichen allerlei bewegliche Ursachen verhanden, warumb unnd von weswegen der Perg an Heuer in gerinngerem Ansehen unnd weniger Arzt gehaut worden.*

[76] Gstrein 1986, S. 35.
[77] Gstrein 2004, S. 40–48.
[78] Scheuermann 1929, S. 140–142.

und Hilf bemessen zu können, sondern, ... um auf Grund solcher Unterlagen (über die Betriebsverhältnisse der Gruben) *berechnen zu können, bis zu welchem Grad man die Gewerken knapp halten durfte, ohne das Schlimmste, ihren Rückzug aus dem Bergbau und damit dessen Eingehen befürchten zu müssen. Gerade die Synodalverhandlungen von 1557 hatten ihr mit aller erdenklichen Klarheit gezeigt, welche Schwäche in dem Fehlen solcher genauer Kenntnis für sie lag. Es ist daher wohl auch nicht bloßer Zufall, dass noch im selben Jahr die Regierung daran ging, durch den Kauf der Herwartschen Teile diesen Mangel zu beseitigen. Jetzt konnte sie im eigenen Betrieb nachprüfen, was an den Klagen der Gewerken eigentlich Richtiges war. Überdies sollte aber dem Faktor und den Dienern des österreichischen Handels bis herab zu den Einfahrern die Aufgabe zufallen, auch unmittelbar in den Betrieben selbst nach allem und jedem zu sehen, kurz: ein regelrechtes Spitzelsystem wurde eingerichtet, das der Regierung die Waffen zu liefern hatte in ihrem Kampf gegen die Gewerken. Was die legalen Bergbehörden, Richter und Geschworne (Offiziere) nicht vermocht hatten, das sollte jetzt der Stab des österreichischen Handels, also eines wenn auch landesfürstlichen, so doch als solches rein privaten Unternehmens*[79]*, durchführen: Auskundschaftung der gegnerischen Stellung, Beaufsichtigung und Bevormundung der eigenen Kollegen. Jetzt wird man verstehen, warum gerade ein Reisländer auf diesen Posten berufen wurde*[80]. Scheuermann selbst hat herausgearbeitet, dass ein Anton Fugger seinen Tirolischen Handel allerdings nicht zuletzt überhaupt gegründet hatte, um sein bergbauliches Engagement ohne Schaden für die Gesamtfirma beenden zu können. Durch solche Pläne mussten die Regierung und Beamtenschaft den Bergbau als solchen und damit existenzielle Grundlagen bedroht sehen. Wenn wir auch mit Scheuermann die Auseinandersetzung als eingebettet in einen großen Grundkonflikt um die Durchsetzung absolutistischer Staatlichkeit interpretieren, so ist doch nicht zu übersehen, dass die Gewerken durchaus bereit waren, zur Wahrung ihrer Interessen nicht nur die Ansprüche des Staates auf Einnahmen sondern auch die Lebensinteressen unternehmerischer Mittelschichten und der handarbeitenden Mannschaften in aller Deutlichkeit zur Disposition zu stellen. Die Gefahr einer Einstellung des Bergbaus und damit des ganzen Montanwesens im Fall einer ersatzlosen Aufgabe der Geschäfte durch einen oder mehrere Großgewerken war durchaus real, nicht zuletzt wegen einer offenkundig fehlenden Bereitschaft der großen Gewerken, die erforderlichen Investitionen zu tätigen und also auf Teile ihrer Gewinnentnahmen zwecks Finanzierung eines fürstlichen Lebensstils zu verzichten. Das Engagement sowohl eines Schönberger für die Wasserkunst als auch eines Reislander für die Einführung von Pochwerken verdeutlicht dagegen Einsicht und Bereitschaft hinsichtlich der Notwendigkeit von Investitionen und technischer Veränderungen.

Mit der Durchsetzung absolutistischer Grundsätze war insgesamt im europäischen Montanwesen vielfach die Etablierung eines fürstlichen Unternehmertums verbunden, das in seiner wirtschaftlichen wie technischen Betriebsführung äußerst umsichtig, modern und effektiv handeln konnte, wie besonders nachdrücklich das Beispiel des Harzreviers unter Herzog Julius von Braunschweig-Wolfenbüttel belegt. Es kann keinem Zweifel unterliegen, dass die vorherige grundsätzliche Durchsetzung absolutistischer Grundsätze und Ansprüche, etwa gegenüber der Reichsstadt Goslar durch seinen Vater Heinrich den Jüngeren, auch unter Einsatz gewaltsamer Mittel erfolgte. Aber ebenso wenig kann geleugnet werden, dass durch das Engagement der Fürsten und ihrer Verwaltung die Grundlagen eines über Jahrhunderte hinweg florierenden Montanwesens gelegt wurden. Weite Teile der Bevölkerung profitierten davon.

---

[79] Der Auffassung Scheuermanns, es habe sich um ein landesfürstliches, aber doch rein privates Unternehmen gehandelt, können wir aufgrund seiner von der Gründung an engsten Verflechtung mit der landesfürstlichen Bergbehörde nicht folgen.

[80] Scheuermann 1929, S. 141.

Der Anspruch, die allgemeine Wohlfahrt zu fördern und für Beschäftigung und Wohlstand für die Untertanen zu sorgen, wurde in diesen Zusammenhängen durchaus eingelöst[81].

Dass sich unter Reislanders Leitung der Österreichische Handel – und damit ein fürstliches Unternehmen auch im Tiroler Bergbau – erfolgreich etablierte und positionierte, wird nicht zuletzt an der Reaktion der verbleibenden großen Kaufmannsunternehmen deutlich: drei davon schlossen sich 1565 zur Überraschung der landesfürstlichen Verwaltung und der Repräsentanten des Österreichischen Handels zu einem Gesamtunternehmen zusammen, um gegenüber dem landesherrlichen Konkurrenten bestehen zu können. Sie gründeten die Jenbacher Gesellschaft als *Perckh- vnd Schmeltzhandel,* in den alle Anteile der Gründungsgesellschaften (1. Gebrüder Michael und Abraham Katzbeck, Mathias Manlich und Mitgewerken als Nachfolgeunternehmen der Gesellschaft Gebr. Manlich und Mitgewerken, 2. David Haug, Hans Langenauer und Mitgewerken als Nachfolgeunternehmen der Gesellschaft Mathias Manlich , 3. Anton Fuggers und die Söhne seines Bruders) an Bergwerken und Hütten eingebracht wurden. Aus den Unterlagen[82] erfahren wir unter anderem, dass am Falkenstein seinerzeit 39 Gruben (einschließlich Erbstollen mit zusammen 1404 Vierteln als Grubenanteilen) betrieben wurden, im Ringen Wechsel „oberhalb des Ziller" 23 (mit 828 Vierteln) und „unterhalb des Ziller" 34 (mit 1224 Vierteln). Die neue Gesellschaft besaß am Falkenstein 826,5 Viertel von 1404, im Ringen Wechsel insgesamt 1197 Viertel von 2052 (davon „oberhalb des Ziller" mehr als 492,5 und „unterhalb des Ziller" mehr als 591, für die verbleibenden 113,5 ist nur die Zugehörigkeit zum Ringen Wechsel vermerkt) der betriebenen Gruben und damit jeweils mehr als 50 % der Anteile[83]. Der Plan des Österreichischen Handels, die Mehrheit der Anteile an den Gruben an sich zu bringen, war damit gescheitert.

Als eigenständige Firma blieb nur das Unternehmen Dreiling bis 1571 bestehen, dann wurde sie vom Landesherrn erworben. Reislander befürwortete diesen Ankauf mit allem Nachdruck[84]. Er verfolgte offensichtlich weiterhin den Plan, eine Mehrheit der Anteile am Bergbau und Hüttenwesen in landesfürstlicher Hand zu vereinigen.

Dem einheitlichen fürstlichen Hüttenunternehmen wurde die Jenbacher Hüttengesellschaft gegenübergestellt, die vom Produktionsumfang her dem Österreichischen Handel bis zum Beginn des 17. Jahrhunderts stets überlegen blieb. Aber immerhin hatte sich in der Politik des Landesherrn diejenige Linie durchgesetzt, die sich zuerst in der oben diskutierten, anonymen Stellungnahme im Vorfeld der „Bergsynode" von 1557 deutlich artikuliert und einen energischen Eingriff der Landesherrschaft zwecks Eindämmung der Macht der Großgewerken gefordert hatte. Der Linie des Bergbuchs, der Landesherr solle sich aus dem Bergbau heraushalten und ihn mehr oder weniger lediglich moderieren, er solle sich eigener unternehmerischer Tätigkeit jedenfalls enthalten und höchstens stiller Teilhaber sein, folgten in den schließlich gefundenen Lösungen bei der Weiterführung des Montanbetriebs von Schwaz der Landesfürst und die Regierung nicht. Stattdessen mündete die Auseinandersetzung in eine Lösung, die die Umwandlung des Bergbaus auch in den habsburgisch dominierten Revieren zu fiskalischen Unternehmungen mit staatlicher Verwaltung und Leitung einleitete, also den Übergang zur Anwendung des Direktionsprinzip auch in diesen europäischen Bergbaurevieren.

---

[81] Henschke 1974, S. 340-351; Kraschewski 1989a, passim; Bartels et al. 2006.
[82] Edition des Vertrags vom 3. März 1565 bei Scheuermann 1929, S. 422-431
[83] Scheuermann 1929, S. 146-147. Eine Auflistung der Grubenanteile befindet sich nach Scheuermann im Fuggerarchiv unter der Signatur 41,1.
[84] Westermann 1988, S. 115; ausführlich Scheuermann 1929, S. 184-193.

12. Zusammenfassung

Vom Beginn des 15. Jahrhunderts an erlebte der Tiroler Bergbau einen neuen Aufschwung. Dessen erstes und sehr bekanntes Zeugnis ist der Schladminger Bergbrief von 1408. Schon in diesem Dokument tritt deutlich hervor, wie sich mit diesem Aufschwung spätmittelalterliche Strukturen etablierten. Die Berggemeinde als Gesamtheit aller dem Bergbau Verbundenen, die *ganz Gemain arm vnd reich*[1] installierte sich als Trägerin von Entscheidungen und Rechtssetzungen, die dann durch den Souverän zu bestätigen waren. Die Berggemeinde in ihrer Gesamtheit erhielt Privilegien und Befreiungen, die sowohl den Anteilseignern der Gruben als auch den handarbeitenden Mannschaften zu Gute kamen, ferner ihre oberste Instanz in Gestalt des Berggerichts mit dem Bergrichter als dem höchsten Amtsträger. Eine bedeutende Rolle erhielt das in anderen Revieren bereits im Schwinden begriffene oder schon ganz aufgehobene Lehenschaftssystem. Hier etablierten sich zunächst Arbeiter-Unternehmer, die an den Betriebsgewinnen mitbeteiligt waren, und zwar insbesondere im Bereich der eigentlichen Erzgewinnung. In Schwaz ist dieses System mit dem allmählichen Hervortreten des dortigen Montanwesens in den Schriftquellen seit den 1420er bis 1430er Jahren klar zu erkennen. Noch zur Zeit Maximilians I. waren hier Bergsynoden von erheblicher Bedeutung. Repräsentanten der ganzen Berggemeinde, die in anderen Revieren schon im 13. Jahrhundert als „universitas montanorum" bezeugt ist und genossenschaftliche Organisationsstrukturen aufwies, traten zusammen, um Probleme zu diskutieren und zu lösen sowie Rechtssatzungen zu finden und zu formulieren. Diese wurden dann als weistumsartige Erfindungen vom Souverän gebilligt und damit formal als geltendes Recht bestätigt.

Schwaz als Berggericht wird erstmals 1427 in der Bergordnung des Herzogs Friedrich für Gossensass genannt: Es wurde den Bergleuten und allen anderen Personen *in dem Gericht hie zu Swacz* befohlen, keine verbotenen Waffen, nämlich Spieße, Wurfbeile, Schild und Armbrust sowie verborgene Harnische zu tragen, bei Zuwiderhandlungen waren der Einzug der Waffen und eine Strafe von 25 Pfund Berner Pfennigen fällig[2]. In derselben Ordnung wird das Prinzip der Erfindung und Setzung von Recht durch den Bergrichter, den Wechsler (Fröner) und die Geschworenen bekräftigt, und für Übertretungen entsprechenden Rechts wurden harte Strafen angedroht: Wer überführt wurde, hatte für jede Übertretung 52 Pfund Berner Pfennige zu zahlen, sofern er das Geld nicht aufbringen konnte, sollte er die rechte Hand verlieren[3].

Über die Einhaltung der Bergrechte wachte das Berggericht mit dem Bergrichter als dem höchsten Funktionsträger des Montanwesens. Die Berggemeinde hatte einen sonderrechtlichen Status, der auf dem Bergregal des Landesherrn beruhte. Er beanspruchte ein finanziell nutzbares Mitbaurecht an allen Gruben und Abgaben einmal von der Erzgewinnung (Fron), zum anderen von der Silbererzeugung (Wechsel). Dafür gewährte er die besonderen Bergfreiheiten und verlieh den Bergbautreibenden in ihrer Gesamtheit den Status von landesfürst-

---

[1] Abdruck des Schladminger Bergbriefs in: Wolfstrigl-Wolfskron 1903, S. 425-429, der Herausgeber betitelt ihn als *sogenannte Eckelzamsche Bergordnung*.

[2] Wolfstrigl-Wolfskron 1903, S. 429-432, Bergordnung des Herzogs Friedrich für Gossensass, hier S. 432: *Vnd verpieten gegenwurtgklich percklewten vnd manigklich **in dem Gericht hie zu Swacz** insgemein alle waffen vnd wer vnd besunderlichen die verpoten sind mit namen spies, Wurffpeyl, schilt, armprost die da everlich getragen wurden vnd verporgen harnasch bei der peen der selben wer und harnasch vnd daczu füff vnd czwaincczig pfunt perner zu unsern handen* (Hervorhebung von den Verfassern).

[3] Ebd., S. 429 f.: *was in allen stössen und zwayungen deselben vnsers perckwercks durch die selben vnser perckrichter vnd wechsler vnd die egenannte geswornn erfunden vnd geseczet wirdet/ das sol für wort vnd werck gehalten werden, wer das aber überfure als oft das geschehe der wär vns vervallen zway vnnd funfczig pfund perner on alle genade oder die recht hat ob er das gelts nicht gehaben möcht*.

Abb. 42: Gebäude von Großschächten und Pochwerk (Schiesser) am Röhrerbühl bei Kitzbühel nach dem Kodex Dip. 856 (Tafel 14, Kitzbühel, Ausschnitt; Original und Foto: Tiroler Landesmuseum Ferdinandeum, Innsbruck).

lichen „Kammerleuten", die von der allgemeinen Landgerichtsbarkeit ausgenommen waren, nur Schwerkriminalität fiel in dessen Verfügungsgewalt.

Nicht ausgebildet waren, im Gegensatz zu anderen Revieren, Bergstädte mit besonderen, dem Montanbetrieb angepassten Stadtrechten, wie wir sie etwa in Sachsen, in Ober- und Niederungarn, Böhmen dem Harz und anderen europäischen Regionen vorfinden. Schwaz entwickelte sich zwar im 15. Jahrhundert zu einer der bedeutendsten Siedlungen in Österreich, Stadtrecht erhielt es aber erst 1899[4]. Die Autonomie der Berggemeinde fand damit teils durchaus enge Grenzen.

In der Geschichte und Entwicklung von Schwaz ist dieses Fehlen kommunaler Organisationsstrukturen in Gestalt von Rat und Bürgermeister und ihren ausführenden Organen als Defizit gerade dann wahrzunehmen, wenn es um die Bewältigung von Krisen und Schwierigkeiten ging. In diesen Fällen mussten der Landesfürst und seine Regierung in Innsbruck eingreifen. Solche Eingriffe erstreckten sich bis hin zu an sich gänzlich trivialen Angelegenheiten wie der Reparatur von Fleischbänken und der Gestaltung von Treppenanlagen oder Reparaturen an den Erzniederlagen am Innufer. Es stellt zu weiten Teilen eine ungelöste Forschungsaufgabe dar, das faktische Funktionieren der Marktgemeinde mit vielen tausend Einwohnern bei gleichzeitigem Fehlen der traditionellen städtischen Selbstverwaltungsorgane näher zu untersuchen und zu verstehen. Bei unseren Untersuchungen stießen wir auf einen Marktausschuss, der offenbar wesentliche Funktionen der Gemeindeorganisation übernahm, ohne dass wir im vorgegebenen Rahmen Einzelheiten ermitteln konnten.

Weitgehend ungeklärt hinsichtlich der kommunalen Selbstverwaltung ist auch die Rolle der „Gemeinen Gesellschaft des Bergwerks", die nach den Untersuchungen Peter Fischers 1479

---

[4] Vgl. Sternad 1986, S. 224. Der Gemeinderat von Schwaz beantragte am 28. November die Erhebung des Marktes Schwaz zur Stadt, diese wurde durch Kaiser Franz Josef I. am 28. April 1899 gewährt und am 12. Mai in Schwaz feierlich proklamiert.

erstmals in den Quellen als solche erfassbar wird und von 1496 an dann regelmäßig mit dieser Bezeichnung benannt[5] und an der Rechtsfindung beteiligt wurde. Fischer arbeitete auch heraus, dass es üblich wurde, in Krisensituationen Ausschüsse der Gemeinen Gesellschaft zu bilden, ein Verfahren, das auch seitens der Landesherrschaft akzeptiert und unterstützt wurde[6].

Als eine ständige Einrichtung tritt seit dem 14. Jahrhundert im Tiroler Bergbau die Bruderschaft in Erscheinung, die sich an entsprechenden Traditionen und Organisationen des Handwerks orientierte und sich in Schwaz *erst um die Wende von 15. zum 16. Jahrhundert organisatorisch auszudifferenzieren begann*[7]. Wenngleich das Bruderhaus, das im Wesentlichen der Pflege kranker Bergleute und der Betreuung von Invaliden diente, in den Ereignissen des Bauernkrieges als „politischer Ort" wahrnehmbar wurde, allerdings als Ausnahme, wie der Verfasser betont[8], so wissen wir bislang über die Beteiligung der Bruderschaft und ihrer Vertreter an der Organisation des kommunalen Alltags in der großen Marktsiedlung Schwaz doch bislang noch so gut wie nichts. Insgesamt bestehen hinsichtlich der Schwazer Siedlungs- und Stadtgeschichte noch weitreichende Forschungsdesiderate.

Der Bergbau auf Silber und Kupfer bei Schwaz entwickelte sich in der zweiten Hälfte des 15. und im ersten Viertel des 16. Jahrhunderts stürmisch und erreichte um 1525 seine höchste Produktivität. Dies geschah in der Zeit der Bauernkriegsunruhen und führte dazu, dass die Großgewerken des Bergbaus bzw. Schmelzherren mit Hüttenbesitz ihren Einfluss auch hinsichtlich bergrechtlicher Entwicklungen beträchtlich ausweiten konnten. Sie nutzten die unruhigen Zeitverhältnisse, um die Billigung ihres „Anlass"-Vertrages seitens der Landesherrschaft zu erreichen, mit dessen Hilfe sie speziell den Betrieb am Falkenstein vereinheitlichten und teils bedeutende Gruben zu in den Zeitverhältnissen gesehen sehr großen Betriebseinheiten zusammenschlossen.

Bereits in der zweiten Hälfte des 15. Jahrhunderts hatten Großunternehmen einen sehr bedeutenden Einfluss auf das Schwazer (und insgesamt Tiroler) Montanwesen erlangt. Was den eigentlichen Bergwerksbetrieb anging, waren diese zunächst vorwiegend Tiroler Gewerken und Unternehmungen. Aber auch auswärtige Kaufleute interessierten sich naturgemäß schon früh für die Produkte des Montanwesens und dessen Versorgung mit Verbrauchsgütern. Hier entwickelten sich sehr lukrative Märkte[9]. Die großen Kaufmannsunternehmen gelangten an Bergwerksbesitz, indem Grubenbeteiligungen im Rahmen von Lieferverträgen als Sicherheiten dienten. Konnten die Lieferverpflichtungen nicht erfüllt werden, so mussten die Bergwerksanteile als Pfänder abgetreten werden. Die Handelsfirmen erwarben Grubenbeteiligungen so mehr oder weniger zwangsläufig im Zug ihrer Geschäfte mit Metallen. Ganz ähnliche Entwicklungen können noch für die Zeit des ausgehenden 18. und beginnenden 19. Jahrhunderts z.B. in der Entwicklung des Bergbaus auf Dachschiefer beobachtet werden[10]. Wenn im 16. Jahrhundert mehr und mehr die großen oberdeutschen Handelshäuser in den Bergwerksbetrieb involviert wurden und Grubenteile erwarben, so geschah dies letztlich auf der Basis der Übernahme von Eigentum, das auf Schuldverschreibungen beruhte, nicht in erster Linie im Rahmen einer zielgerichteten Erwerbspolitik. Besonders deutlich wurde dies im Zusammenhang mit der Übernahme der 1552 aufgelösten Tiroler bzw. Schwazer Unternehmen der

---

[5] Fischer 2001, S. 217.
[6] Ebd., S. 219f.
[7] Ebd., S. 223.
[8] Ebd., S. 236-237.
[9] Zum Aspekt der Bergbauzentren als Verbraucher vgl. Westermann 1997, passim; speziell zu Tirol die dort enthaltenen Beiträge von Palme und Ludwig.
[10] Vgl. Bartels 1986.

Stöckl und der Tänzl durch Kaufleute aus Augsburg. Die Einzelheiten wurden breit dargestellt. Die Übernahme erfolgte eher widerwillig und unter vielerlei Vorbehalten, und sie löste in den Folgejahren immer neue Forderungen der Kaufleute an den Landesfürsten aus. Es war gerade aufgrund der Übernahmeverhandlungen für die Gewerken nur allzu deutlich, dass der Landesherr und die Landesregierung auf die Einnahmen aus dem Montanwesen angewiesen waren. Ein Rückzug der großen Gewerken und Schmelzherren musste jedenfalls große Risiken für sie mit sich bringen. Auf der anderen Seite standen freilich große Darlehenssummen der Kaufleute im Fall ihres Rückzugs auf dem Spiel. Aus der Gesamtsituation entwickelte sich eine mit zunehmender Schärfe geführte Auseinandersetzung gerade der Augsburger Großgewerken mit den staatlichen Machtstrukturen.

Es ist zu vermuten, muss aber letztlich durch quellengestützte Untersuchungen noch erhärtet werden, dass schon früh der Übergang von Bergwerkseigentum/Bergwerksteilen in den Besitz der Kaufleute und eine Konzentration des Teilbesitzes in ihren Händen darauf beruhte, dass sie die Hütten betrieben und andere, nicht selbst schmelzende Gewerken darauf angewiesen waren, die von ihnen gewonnenen Erze den Kaufleuten zwecks Aufarbeitung in den Hütten zu verkaufen.

Von ca. 1500 an unterhielt auch der Landesherr einen Erzkauf, der bald durch einen hochrangigen Beamten, den Erzkäufer, geführt wurde. Hintergrund dieser Einrichtung war die Existenz von Klein- und Mittelgewerken, die nur Roherz gewannen, aber keine Hüttenanlagen unterhielten. Es ist schon für die Zeit um 1525 herausgestellt worden, dass damals Klein- und Mittelgewerken neben den schmelzenden Gewerken ein wesentliche Rolle spielten, wobei sie vor allem aus dem Milieu der in der Region ansässigen Montanen stammten. Oft waren sie oder ihre Familien zuvor einmal im Hüttenwesen aktiv gewesen[11].

Wir konnten oben belegen, dass Kleingewerken und die so genannten Eigengrübler von den Landesherren bzw. ihren Erzkäufern Kredite erhielten, die unter Umständen auch aus der Münze in Hall angewiesen wurden. Das Grubeneigentum wurde in diesen Fällen zur Sicherheit als Pfand gesetzt. Falls der Empfänger von Vorschüssen oder Krediten nicht in der Lage war, diese durch Erzlieferungen wieder abzutragen, fiel der Grubenbesitz an den Kreditgeber, in diesem Fall an den Landesherrn bzw. seine Verwaltung. Es ist zu vermuten, aber durch zukünftige Forschungen erst zu erhärten, dass der Übergang von Teilbesitz an Bergwerken an die Großgewerken auf demselben Mechanismus beruhte. So übernahm z.B. Anton Fugger bzw. sein Tiroler Handel in den 1550er Jahren umfangreichen Teilbesitz an Gruben, parallel dazu erfolgten aber auch erhebliche Abschreibungen von Bergwerkseigentum. Wir vermuten, dass der erwähnte Erwerb nicht zuletzt in Übernahmen von Bergteilen von nicht selbst schmelzenden Gewerken als Pfänder für nicht eingelöste Lieferverpflichtungen oder für nicht bezahlte Verbrauchsgüter bestand und weniger auf einer aktiven Ankaufpolitik basierte. Wir konnten ferner aufzeigen, dass gerade die Großgewerken eine Tendenz entwickelten, durch Zusammenlegung von Gruben und Angleichungen des Betriebs Kosten einzusparen. In diesem Zusammenhang kam es auch zum „Auskaufen" von Kleingruben bzw. deren Gewerken, die in diesen Plänen im Weg gewesen wären.

Die Tendenz zur betrieblichen Vereinheitlichung und zur Schaffung von Großbetrieben kam schon 1526 in aller Deutlichkeit zum Ausdruck, als sich in Eigeninitiative die großen Gewerken des Falkensteins im „Anlass" zusammenschlossen und bei dieser Gelegenheit die Unruhe der Bauernkriegsereignisse nutzten, um dem Landesherrn Zugeständnisse abzugewin-

---

[11] Fischer 2001, S. 119-142.

nen, die auch in dessen bergrechtliche Befugnisse erheblich eingriffen[12]. Sie erlangten hier Freiheiten unternehmerischen Agierens, die in der Krise des Schwazer Bergbaus von 1552 an immer mehr zum Konfliktgegenstand zwischen den Großgewerken und der Landesherrschaft bzw. Hof und Beamtenschaft wurden, wie aufgezeigt. Seitens der Bergbeamten bzw. der Kammer- und Hofräte wurde den Großgewerken immer wieder vorgeworfen, den Berg – gemeint ist in erster Linie der Falkenstein – ganz ihrer Herrschaft unterwerfen zu wollen, ihn nach neu aufgestellten Regeln und damit abweichend von alten Gewohnheiten und hergebrachtem Bergrecht führen zu wollen und damit der Obrigkeit und dem Gemeinwohl zu schaden.

Allerdings war das Engagement der Großgewerken im Bergbau letztlich eine Folge der Kreditpraktiken der Herrscher aus dem Haus Habsburg in ihrer Stellung als Kaiser bzw. Könige des Heiligen Römischen Reichs und zugleich als Tiroler Landesfürsten. Im Rahmen dieser Geschäfte überließ der Souverän den Kreditgebern in immer weitergehendem Umfang seine Regalrechte am Montanwesen zur Nutzung zwecks Erwirtschaftung von Zinsen und Kapital-Rückzahlungssummen. Besondere Akzente hatte hier die Politik Maximilians gesetzt.

Die Großgewerken, nicht zuletzt die Tänzl und Stöckl, nutzten ihre großen Gewinne aus dem Montanwesen von Schwaz nur zu einem kleinen Teil als Kapitalanlage in den Betrieben. Zu sehr wesentlichen Anteilen wurden die Profite verwendet, um Ländereien zu erwerben und das Streben nach Gleichstellung mit dem Adel hinsichtlich der gesamten Daseinsumstände zu finanzieren, schließlich möglichst auch offiziell Adelstitel zu erwerben. Entsprechende Bestrebungen sind auch bei den Inhabern des Tiroler Handels in der Nachfolge von Anton Fugger deutlich zu beobachten, begleitet von einem relativen Desinteresse an den geschäftlichen Angelegenheiten.

Bis heute kündet besonders das Schloss Tratzberg, das Veit Jacob Tänzl erworben und für gewaltige Summen ausgestaltet hatte, und das seine Söhne 1552 aufgeben mussten, von den einschlägigen Bestrebungen der großen Gewerkendynastien. Auch das Palais der Stöckl in Schwaz, das heute das dortige Rathaus beherbergt, kündet unübersehbar vom Repräsentationsbedürfnis der Großgewerken, die in den 1550er Jahren mit allen Kniffen um Investitionskosten von einigen Tausend Gulden feilschten, während sie in diese Repräsentationsobjekte Zehntausende investiert hatten.

Die Verpfändung erstens der landesherrlichen Anrechte sowie zweitens der Erwerb von privaten Beteiligungen an den Gruben, ebenfalls über deren Verpfändung seitens privater Besitzer, bildeten zusammen mit der wirtschaftlichen Gewohnheit, Metalle (Kupfer, teils auch Silber), die noch gar nicht produziert worden waren, auf den Märkten gegen Wechsel und Barzahlung zu veräußern, den hauptsächlichen Hintergrund für Raubbau. Nicht alles Erz, das technisch und ökonomisch unter den herrschenden Gesamtumständen verwertbar gewesen wäre, wurde in den Abbau einbezogen, sondern über lange Zeit hinweg nur die besten und gewinnträchtigsten Anteile der Vorkommen. Als sich diese von den 1540er Jahren an merklich zu erschöpfen begannen, entwickelten sich zunehmend Probleme daraus, dass bereits verkauftes Metall nicht oder nicht zu den vereinbarten Zeitpunkten geliefert werden konnte. Ungünstige äußere Umstände in Gestalt von kriegerischen Ereignissen und Verwicklungen, von Lebensmittelknappheit und Teuerung sowie Seuchenzügen verschärften die genannten Probleme zusätzlich. Die Produktion konnte in immer steigendem Umfang nur noch auf weniger reiche Erze zugreifen, deren Gewinnung aufwendiger war und so höhere Kosten bei geringerem Ertrag verursachte. Zudem hatte man, wie die Bergbeamten immer wieder be-

---

[12] Vgl. Ludwig 2003; ders. 2004.

mängelten, Prospektions- und Aufschlussarbeiten vernachlässigt, weil man Kosten einsparen wollte.

Als sich 1552 die Situation durch den großen Konflikt zwischen den protestantischen und katholischen Mächten in Europa für Tirol bedrohlich entwickelte und im Gefolge der Kriegsereignisse Teuerung, Hunger und Seuchen das soziale und wirtschaftliche Gefüge zusätzlich belasteten, hatte dies tiefe Auswirkungen. In diesem Jahr kulminierte die Krise in allen Erscheinungsformen, die nach einem schon 1507 niedergeschriebenen Szenarium den Bergbau belasten konnten: Krieg, Teuerung, soziale Unruhe und rückläufiges Engagement der Bergbautreibenden sowie Massensterben in Folge von Seuchenzügen. Es kam zum massenhaften Wegzug von Bergleuten, gerade die besten, wendigsten, geschicktesten Arbeitskräfte gingen fort, viele Gruben stellten den Betrieb ein, und zwei große Unternehmen von nur noch sechs bis dahin übriggebliebenen schmelzenden Gewerken mussten aufgeben.

In dieser Situation erwies sich ein intensives Krisenmanagement der Landesherrschaft als unumgänglich, um Schlimmeres zu verhindern – den drohenden Zusammenbruch des Schwazer Montanwesens insgesamt, der wohl bei einem formellen gerichtlich ausgetragenen Konkursverfahren kaum abzuwenden gewesen wäre. Solche Verfahren dauerten bei einigem Geschäftsumfang der betroffenen Firmen Monate oder Jahre und hätten dazu geführt, dass für die entsprechenden Zeiträume die Bergwerksteile, die den zusammengebrochenen Unternehmen gehörten, nicht mehr verlegt worden wären, denn sie konnten ja nicht von neuen Besitzern übernommen werden, ehe der Konkurs abgewickelt war. Aufgrund der Streuung der Bergteile wären bei praktisch jedem wichtigen Grubenbetrieb große Finanzierungslücken entstanden, die den Weiterbetrieb durch die verbleibenden Anteilseigner nicht mehr erlaubt hätten. Es war ein Dominoeffekt zu befürchten – der Zusammenbruch eines Betriebs nach dem anderen, was sehr rasch die Bergleute dazu veranlasst hätte, wegzuziehen, um sich anderweitige Verdienstmöglichkeiten zu suchen. Solch eine Bewegung war schon im Gang und bildete eines der Alarmzeichen.

Daher suchten die Regierung und die Hofkammer unter Einbezug des Herrschers selbst alle Möglichkeiten auszuschöpfen, um den formellen Konkurs der untergehenden Firmen zu verhindern. Übernahmewillige Firmen mussten gefunden, die möglichst rasche und reibungslose Abwicklung der gescheiterten Großfirmen organisiert werden. Dies war nur bei einerseits energischen Eingriffen der Landesherrschaft, andererseits bei weitgehenden Zugeständnissen an die übernehmenden Firmen erreichbar. Ein verstärkter Eingriff der Obrigkeit ging einher mit deren weiter verfestigter Abhängigkeit von den verbleibenden bzw. übernehmenden Firmen im Verfolg der Zielvorstellung, das Montanwesen jedenfalls im größtmöglichen Umfang aufrecht zu erhalten – und das bei sich verengenden wirtschaftlichen Spielräumen.

Es stellte sich kurz gesagt auf allen Ebenen und mit zunehmender Geschwindigkeit eine Situation ein, in der mit den alten, aus dem Spätmittelalter überkommenen Strukturen, Verfahrensweisen, Rechtskonstruktionen, sozialen Positionen und letztlich Mentalitäten nicht mehr weiter fortgefahren werden konnte. Das Montanwesen, so wurde den Beteiligten nun nach und nach deutlich, war von einem dramatischen Niedergang, wenn nicht vom Untergang bedroht.

In anderen Revieren hatte man sich seit dem mittleren 14. Jahrhundert immer wieder vor ähnlichen Situationen gesehen. Teilweise war das Montanwesen daran zumindest für lange Zeiträume gescheitert und eingestellt worden. Ein besonders klares Beispiel ist hier der Nordwestharz mit den Revieren des Rammelsbergs bei Goslar und des Oberharzes. Hier waren

Schwierigkeiten und Krisenerscheinungen seit dem letzten Drittel des 13. Jahrhunderts allmählich angewachsen. Als die gesamten politischen, wirtschaftlichen und sozialen Strukturen von 1342 an in Europa durch den großen Pestzug ins Wanken gebracht wurden, entwickelte sich eine allgemeine Strukturkrise des Montanwesens im nordwestlichen Harz, die den Betrieb rasch und für Jahrzehnte zum Stillstand brachte[13]. In anderen Revieren hatte man aber auch Maßnahmen einer Umstrukturierung entwickeln können, die nicht zuletzt aufgrund der weiter bestehenden und immer stärker betonten Einfluss- und Eingriffsrechte der Regalherren bewirkt wurden. Stärkeres wirtschaftliches Engagement der Landesfürsten oder auch der Stadtobrigkeiten ließen dem politischen Souverän und seiner Verwaltung immer stärkeren Einfluss zuwachsen, bis er schließlich das Geschehen zu dominieren und wirtschaftlich sowie organisatorisch zu dirigieren begann. Dies allerdings um den Preis eines starken Einflussverlustes der Privatbeteiligten. Aber vor die Wahl gestellt, alles aufzugeben oder Einfluss zu verlieren, wurde letzteres in wichtigen Beispielfällen akzeptiert.

Hans Joachim Kraschewski hat am Beispiel der Stadt Goslar und des dortigen Bergbaus in mehreren umfangreichen Arbeiten verfolgt und dargestellt[14], wie sich zunächst eine städtische Variante der Direktion des Montanwesens bei Betrieb bescheidenen Umfangs im 15. Jahrhundert entwickelte, die von 1470 an große Erfolge und einen neuen Boom des Bergbaus zu erreichen vermochte. Sie wurde nach langen Auseinandersetzungen im Jahr 1552 – und nicht zufällig auch im Fall Goslar verbunden mit Verwicklungen der Stadt in den Schmalkaldischen Krieg – durch eine Direktion der Welfenfürsten als Herren der umgebenden Territorien ersetzt[15].

Auch in Schwaz entwickelten Kräfte in der Bergbeamtenschaft des Landesherrn angesichts der Krise der 1550er Jahre den im Europa der damaligen Zeit keineswegs ungewöhnlichen Gedanken, es müsse und könne die Macht der Gewerken zurückgedrängt und die Leitung des Geschehens in die Hand des Landesherrn bzw. von seiner Verwaltung übernommen werden, um der Krise adäquat begegnen zu können. Vordenker und energischer Organisator dieser Prozesse wurde Erasmus Reislander, der in diesen Jahren von der an sich schon einflussreichen Position des fürstlichen Erzkäufers zunächst zum Stellvertreter des Bergrichters Sigmund Schönberger aufrückte, ihn 1556 ablöste und 1558 zum Leiter des Österreichischen Berghandels – entstanden aus der Übernahme der Schwazer Montanbeteiligungen der Augsburger Firma Herwart – ernannt wurde. Wie oben gezeigt, agierte er dann so, als sei er inzwischen zum Vorgesetzten des Bergrichters aufgerückt.

Im Zug der Umstrukturierungsprozesse während der Krisenjahre wurden sich auch die älteren führenden Bergbeamten unter Leitung des seit fast 20 Jahren amtierenden Bergrichters Schönberger, der schon 1526 in der gehobenen Position des Bergmeisters gestanden hatte, der Tiefe des Umbruchs bewusst, den das Montanwesen miterlebte. Aus der rückschauenden Perspektive ist heute klar zu erkennen, dass eine grundlegende Um- und Neustrukturierung des Montanwesens erforderlich geworden war. Zeitgenössisch war das Programm für eine solche Neuausrichtung auch schon formuliert und umgesetzt worden: Beispielhaft wird es durch das Hauptwerk „De re metallica libri XII – Zwölf Bücher vom Berg- und Hüttenwesen" des berühmten Montanisten Georgius Agricola repräsentiert, das in den Krisenjahren je seine erste lateinische (1556) und deutsche (1557) Ausgabe erlebte. Aber keine der in Schwaz agierenden Gruppen entwarf ein grundlegendes Reformprogramm. Möglicherweise waren hier die Verhältnisse zu verkrustet und der Sog der Krise zu stark.

---

[13] Zur Strukturkrise vgl. Bartels 1997a, S. 49-54.
[14] Kraschewski 1989b; ders. 1994; ders. 2002.
[15] Vgl. Rammelsberger Bergbaumuseum Goslar 2004.

Abb. 43: Nachwirken des Schwazer Bergbuchs: In die Handschrift „Speculum Metallorum" mit starken alchemistischen, mystischen und nostalgischen Tendenzen wurden viele Elemente des Schwazer Bergbuches aufgenommen und teils dort umgestaltet. Hier die Miniatur ain Schicht in der Adaption durch das „Speculum" (Original: Stadtarchiv Calw; Foto: deutsches Bergbau-Museum Bochum; vgl. Slotta/ Bartels 1990, S. 152-155).

Die Verfasser des Schwazer Bergbuchs konzipierten dieses als Antwort auf die Krisenerscheinungen und empfahlen eine Rückkehr zu den Strukturen und Gewohnheiten des ausgehenden 15. und beginnenden 16. Jahrhunderts. Sie schufen in diesem Zusammenhang eine einmalige Zusammenschau dieses spätmittelalterlich geprägten Bergbaus und des gesamten Montanwesens in Wort und Bild, das Schwazer Bergbuch. Es führt uns freilich weniger den aktuellen Zustand des damaligen Bergbaus in den krisenhaften Zuständen der Jahre um 1555 vor Augen, sondern den Zustand vor den Turbulenzen und Verfallserscheinungen, den die Verfasser wiederherzustellen wünschten. Wir konnten allerdings zeigen, dass sich seit 1490 und im Schoß dieser alten Verhältnisse ein ganz neues und für die weitere Entwicklung nicht mehr wegzudenkendes Element entwickelt hatte: Der Großbetrieb, der (zuerst) im Hüttenwesen und dann im Bergbau Einzug hielt. Welch überragende Rolle dieser spielte, wird durch die Gründung des vereinheitlichten Hüttenbetriebs durch die verbleibenden Großgewerken, den „Jenbacher Handel" (3. März 1565), als Antwort auf die Maßnahmen des Landesfürsten für Schwaz unterstrichen. Abermals bedienten sich die Schmelzer und Gewerken eines vereinheitlichten Großbetriebes als Mittel, um weiter bestehen zu können.

Für die Verfasser des Schwazer Bergbuches war der Großbetrieb Ursache der Krise, nicht mögliches Mittel zu ihrer Überwindung, wie von den Großgewerken gerade im Grubenbetrieb angestrebt, den sie so einer „Gesundschrumpfung" unterwerfen wollten. Für die Verfasser des Bergbuchs war dies eine Abkehr von der alten Ordnung und deshalb verwerflich. Überdeutlich war die Tendenz der führenden Gewerken zum Großbetrieb schon mit dem Anlass von 1526 hervorgetreten, ein Aspekt, der erst bei der Untersuchung der Grubenbetriebe selbst und insbesondere ihrer Größenentwicklung sichtbar wurde.

Auch die Gewerken blieben durchaus alten Denk- und Verhaltensmustern verhaftet. Sie forderten mit allem Nachdruck eine Bergsynode, letzteres ganz im althergebrachten Sinn spätmittelalterlich beeinflusster Vorstellungen. In Erinnerung an ihre erfolgreiche Strategie von 1526 forderten sie weiter eine allgemeine Bergbeschau, wie sie seinerzeit unter den Vorzeichen gerade erreichter höchster Produktivität des Falkensteins in ihrem Sinne erfolgreich durchgeführt worden war. Insgesamt sollte sich die regelmäßige Übung einer „Bergbeschau" bald als wichtiges Instrument für eine systematische Bergbauentwicklung erweisen: Vor allem in den Bereichen mit ausgeprägter landesherrlicher Direktion des Montanbetriebes entwickelte sich bald ein System regelmäßiger Grubenbefahrungen zwecks Zustandskontrolle und so weit wie möglich objektivierter Dokumentation der Verhältnisse und ihrer Entwicklung[16]. Hier wurde das Vertrauen auf das Nachwachsen der Erze aufgrund göttlicher Segnung und in die Lenkung der Hand des Bergmanns durch himmlischen Gnadenerweis aufgrund eines gottgefälligen Lebens abgelöst durch Methoden rationeller Betriebsplanung und Dokumentation. Auch auf Seiten der Gewerken lag also eine eigentümliche Mischung von Traditionalismus und der Entwicklung neuer unternehmerischer Vorstellungen und Strategien vor.

Die Landesherrliche Regierung und Verwaltung sah sich nicht zuletzt durch politische Vorgänge im Reich und in Tirol, die mit dem Montanwesen ursächlich kaum zu tun hatten, genötigt, zumindest Versuche zu einer Lösung aus der problematischen Abhängigkeit von den Krediten besonders der oberdeutschen Großkaufleute zu unternehmen und die erforderlichen Konsequenzen aus der Reichsmünzordnung von 1552 zu ziehen.

Als allerdings 1556 die Großgewerken ihre Forderung nach einer „Synode" schließlich durchsetzten (während bezeichnenderweise ihr Wunsch nach einer Bergbeschau weiterhin abgelehnt wurde) und diese im Frühsommer 1557 schließlich anberaumt wurde, erwies sich schon mit dem Beginn, dass „Synode" nur mehr eine begriffliche Hülse für ein Geschehen darstellte, das mit spätmittelalterlich kanalisierter Konfliktlösung und Rechtserfindung gar nichts mehr zu tun hatte. Was da als „Synode" bezeichnet wurde, war in Wahrheit eine Klausurtagung der streitenden Parteien Landesherrschaft und Großgewerken mit immer wieder zwischengeschalteten internen Diskussionen und Standortdefinitionen beider Seiten. Eine schon lange zuvor eingerichtete und bestimmte Kommission der Landesherrschaft traf sich mit den Repräsentanten der Großgewerken zu Verhandlungen, wie man sie auch zuvor geführt hatte, wenn auch nicht in dieser zeitlichen Verdichtung. Wie auch schon Monate und Jahre zuvor tauschte man Positionspapiere aus, erläuterte Standpunkte und stritt über Zahlen. Ein Konsens über den grundlegenden Zustand des Bergbaus bzw. dessen faktengestützte Beurteilung kam nicht ansatzweise zustande. Noch viel weniger konnte man bis zu Problemlösungen vordringen.

Der Versuch einiger Bergbeamter, mit dem Schwazer Bergbuch eine Art grundlegende, umfassende Vorlage zu schaffen, mit deren Hilfe sich vielleicht eine Synode alten Stils hätte entwickeln lassen, scheiterte kläglich. Nichts weist darauf hin, dass die Zeitgenossen in ihren Streitigkeiten diesem bemerkenswerten Dokument irgendwelche Bedeutung zugemessen hätten. Nichts lässt erkennen, dass dieses große Positionspapier auch nur in den Dunstkreis der Tagesordnungen gelangte. Die Versammlung verstand sich nicht so, dass sie diese Darstellung als Diskussionsgrundlage akzeptiert hätte. Von einer der traditionellen Synoden zur Streitschlichtung und Rechtserfindung war die Zusammenkunft schon deshalb meilenweit entfernt, weil ein ganz entscheidendes Element der herkömmlichen Synode, die Beteiligung der Gemeinen Gesellschaft des Bergwerks, von Anfang an nicht gegeben war. Eine Synode als repräsentatives Organ der Gemeinschaft aller Bergverwandten in Erinnerung an die mittelalterliche „universitas montanorum" kam 1557 nicht zu Stande. Nichts belegt besser, dass der alte Geist der Berggemeinde nicht mehr lebendig war, als der Verlauf der Debatten von 1557. Die Obrigkeit hatte mit dem Tagungsort Innsbruck, nicht Schwaz, und der Ausklammerung der Gemeinen Gesellschaft der Veranstaltung ihren Stempel aufgedrückt, und der war überhaupt nicht nach dem Muster alter Rechtserfindungen strukturiert. Die Gewerken verschwendeten nach den Protokollen keinen Gedanken an eine etwaige Beteiligung der handarbeitenden Bergleute als der großen Mehrheit der Bergbaubeteiligten.

Stattdessen setzten sich ganz andere Vorstellungen in der Praxis durch, nachdem man das Unternehmen „Synode" nach ausufernden Streitigkeiten um Zahlen schließlich ergebnislos abgebrochen hatte: Ein Teil der Gewerken zog sich aus dem Montanwesen zurück, damit einen Gedanken in die Tat umsetzend, der schon bei Anton Fugger leitend gewesen war, als er 1548 seinen Tiroler Handel gegründet hatte: Rückzug aus dem Montanwesen von Schwaz, Aufgabe dieses Geschäftsfeldes, ehe die ganze Firma dadurch gefährdet wurde.

Im Fall des Unternehmens der Herwart bedeutete das Ende der spätmittelalterlichen Strukturen und Inhalte als Grundlage des Montanengagements die Aufgabe des Geschäftsbereichs selbst. Es übernahm der Landesherr, eine andere Lösung kam während der Verhandlungen um das Verkaufsangebot der Firma Herwart gar nicht in Sicht. Dass er sein so entstehendes Unternehmen nun zu dirigieren hatte, stand von Anfang an nicht in Frage. Die praktische Lösung war das genaue Gegenteil von Lösungsmöglichkeiten auf der Basis des Grundgedankens, dass niemand im Montanwesen den Landesherrn als Nachbarn haben wolle, wie es bildlich im Schwazer Bergbuch ausgedrückt wurde. Durch die Entscheidung zum Ankauf der Anteile des Unternehmens Herwart wurde er so gut wie jedermanns „Nachbar".

Der mit dem Kauf entstandene Unternehmensverbund von Bergwerksbeteiligungen, Aufbereitungsanlagen, Hütten und landesherrlicher Münzstätte unterschied sich nur noch dadurch von Ländern wie den Territorien der Welfen im Harz oder von Kursachsen, dass als Konkurrenzunternehmen noch weitere Großgewerken am Schwazer Bergbau beteiligt blieben, von denen allerdings sehr bald nur noch die Fugger übrig blieben. Diese setzten nur deshalb eher unwillig ihr Engagement fort, weil der Landesherr sich beharrlich weigerte, ihre Montanbeteiligungen zu einem Preis zu übernehmen, der den Inhabern akzeptabel erschienen wäre.

Der Erwerb der Anteile des Unternehmens Herwart am Bergbau und Hüttenwesen von Schwaz durch den Landesfürsten markiert den Übergang zu in Europa inzwischen weit verbreiteten Prinzipien der landesherrlichen Direktion im Montanwesen. Allerdings erwies sich das Revier Schwaz durch seine aus dem Spätmittelalter herrührenden Strukturen als tief genug geprägt, dass z.B. die Weiterentwicklung des österreichischen Bergrechts als obrigkeitlich gesetzte, römisch-rechtlichen Grundsätzen folgende Gesetzgebung des frühmodernen absolutistischen Staates nicht von Tirol ausging, sondern aus dem Bergrecht Niederösterreichs erwuchs. Auch hier ging die führende Rolle von Schwaz mit der Krise in der Mitte des 16. Jahrhunderts verloren.

Nach fünf Jahren des Bestehens aufgefordert, eine Bilanz des neuen landesherrlichen Montanunternehmens in Schwaz vorzulegen, trug Erasmus Reislander mit sichtlichem Stolz ein Zahlenwerk zusammen, aus dem der Erfolg seiner Bemühungen hervorgeht. Er hatte durchaus Recht behalten: Der Bergbaubetrieb bei Schwaz ließ sich unter der Regie der Beamten als Fiskalbetrieb profitabel gestalten. Er war nicht zum Untergang verurteilt. Die Lagerstätten waren nicht erschöpft. Aber es bedurfte tiefgreifender Neuerungen. Einer der Grundvorstellungen des Schwazer Bergbuchs bzw. seiner Initiatoren, nämlich dass sich der Landesherr als Konsequenz aus den Entwicklungen seit Beginn des 16. Jahrhunderts von eigenem Engagement im Montanbetrieb fern halten möge, entzogen Reislanders Bilanzen den Boden. Der Betrieb des landesherrlichen Österreichischen Handels war ohne Zweifel erfolgreich und trug daher zur Konsolidierung des Montanwesens bei – allerdings auf deutlich niedrigerem Niveau hinsichtlich der Produktionsmengen und des Personalumfangs. Wie auch andernorts in Europa[17] verstand man es nun zunehmend, erfolgreichen Montanbetrieb auch auf ärmere Erzvorkommen zu gründen als diejenigen Anteile der Lagerstätten, die als Reicherze den Betrieb zuvor vor allem getragen hatten.

Das Montanwesen in Europa hat in den 1550er Jahren zwei Quellen von außerordentlicher Bedeutung hervorgebracht, nämlich das Schwazer Bergbuch und das große Werk „De re metallica" des Georgius Agricola. Sie haben sozusagen kontrapunktischen Charakter, und es ist kein Zufall, dass Agricolas Buch unter anderem die bedeutende Rolle des Buchdrucks für die Entwicklung des frühneuzeitlichen Europa belegt, während das Schwazer Bergbuch ein spätes Beispiel der spätmittelalterlichen Bilderhandschrift darstellt. Agricola visierte mit seinem großen Entwurf der Montanwissenschaften neue Horizonte an. Er wandte sich einem System der Montanproduktion zu, dessen entscheidende Faktoren und Grundpfeiler fortan Wissenschaft und Technik im uns bis heute geläufigen, auf Rationalität und Funktionalität orientierten Sinn bilden sollten. Nachdem Agricola vom ausgehenden 17. bis zum Ende des 18. Jahrhunderts weitgehend in Vergessenheit geraten war, hat sein Werk gerade im industriellen Zeitalter Freunde und Kenner des Montanwesens wieder fasziniert, weil es die Wurzeln unserer Gegenwart so deutlich erkennen lässt[18].

Dagegen ist das Schwazer Bergbuch ein Rückblick auf eine Tradition, die vor diesem neuzeitlichen Leitbild herrschend war. Auf sie gestützt konnte man in Schwaz während des 15. und in der ersten Hälfte des 16. Jahrhunderts große Erfolge erzielen und auf die dortigen La-

---

[16] Bartels 1992.
[17] So z.B. im Harz, vgl. Bartels 1992, S. 149-152; ders. 1997a, passim.

gerstätten für mehr als hundert Jahre eins der herausragenden Montan-Produktionszentren Europas gründen. Dies beruhte auf dem Gedanken und der Praxis der mittelalterlichen universitas montanorum, der Berggemeinde, für die auch eine religiöse Einheit fundamental war. Wie entscheidend für die Schwazer Verhältnisse das Zerbrechen der religiösen Einheit, der Widerspruch zwischen sich etablierendem Protestantismus und den Beharrungskräften des Katholizismus tatsächlich war, wäre tiefer gehend und in den Details erst zu untersuchen; die ältere Literatur hat herausgearbeitet, dass Reformation und Gegenreformation Tirol und sein Montanwesen stark beeinflussten.

Das Bergbuch erwies sich im Zug unserer Untersuchungen als genuines Produkt eines tiefen Umbruchs, als Erzeugnis einer bedrohlichen Krisensituation und traditionsgebundener Entwurf einer Strategie zur Überwindung der Krise. Es enthält mit dem Vorschlag zur Rückkehr zu vergangenen Zuständen einerseits ein unrealistisches Element. Denn dass kein Weg zu den Zuständen der Vergangenheit zurückführt, wussten natürlich auch die Denker des 16. Jahrhunderts längst. Es stellt jedoch einen höchst kompetenten und kenntnisreichen Rückblick auf die Verhältnisse und ihre grundlegenden Komponenten und Strukturen dar, die seinerzeit in der Krise vom Untergang bedroht wurden. Wer hätte besser die Grundlagen eines Bergbaus und Hüttenwesens auf der Grundlage der vielgliedrigen Berggemeinde im Rahmen einer altehrwürdigen, gewachsenen Ordnung und handwerklicher Arbeitstraditionen höchster Qualität darstellen können, als eine Gruppe von Bergbeamten um einen in jahrzehntelangem Dienst erfahrenen Bergrichter, der zugleich der wirtschaftliche Sachwalter eines örtlichen „mittelständischen" Montanunternehmers war, und so ganz persönlich jene alten Traditionen nicht bloß bestens kannte, sondern als Person verkörperte? Sein persönliches Engagement auch als Verwalter des Bergbauunternehmers Erlacher, eines in der Region verwurzelten Gewerken, der diesen Stand noch in einem Sinn repräsentierte, wie er vorherrschend gewesen war, ehe die Entwicklung der großen Hütten- und Bergbauunternehmen alle Strukturen überwachsen hatte, betrachten wir als einen Schlüssel zu den Motiven, ein Werk wie das Schwazer Bergbuch anzustoßen und zu Ende zu bringen.

Noch heute ist das historische Schwaz vor allem durch die Entwicklungen vor der großen Krise in der Mitte des 16. Jahrhunderts geprägt. Ob es die Stadtpalais der großen Gewerken sind, die monumentale Marktkirche, die prächtigen Straßenzüge der Altstadt oder z.B. das Franziskanerkloster mit seinem Kreuzgang und den Fresken zu den Auseinandersetzungen um die Reformation und der deftigen Karikatur Luthers mit Schweineohren – das Ensemble ist wesentlich den Traditionen und Umständen zu verdanken, die im Schwazer Bergbuch noch einmal vergegenwärtigt wurden, freilich damals ohne wirkliche Chance auf Wiederherstellung. Das Bergbuch selbst ist der letzte und in seiner Geschlossenheit und Vielseitigkeit wohl hellste Aufschein der auf die intakte Berggemeinde, die Universitas der „Bergverwandten" gegründeten Tradition, die seinerzeit aufgebrochen wurde und der staatlichen Direktion im Montanbetrieb zu weichen begann.

---

[18] Besonders deutlich belegt wird dies durch die umfangreich kommentierte englische Übersetzung des Werks durch den Bergingenieur und späteren Präsidenten der USA, Herbert C. Hoover und seine Frau, Lou H. Hoover, von 1912.

Tafeln

aus dem Codex Dip. 856,

Tiroler Landesmuseum Ferdinandeum, Insbruck

(Erläuterungstexte: Bd. II, S. 523-527)

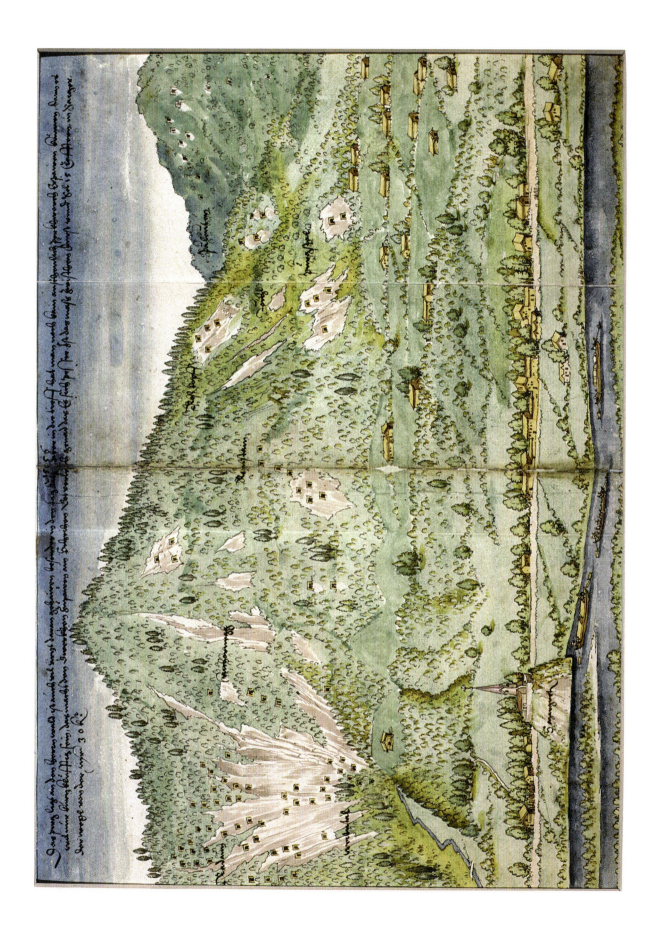

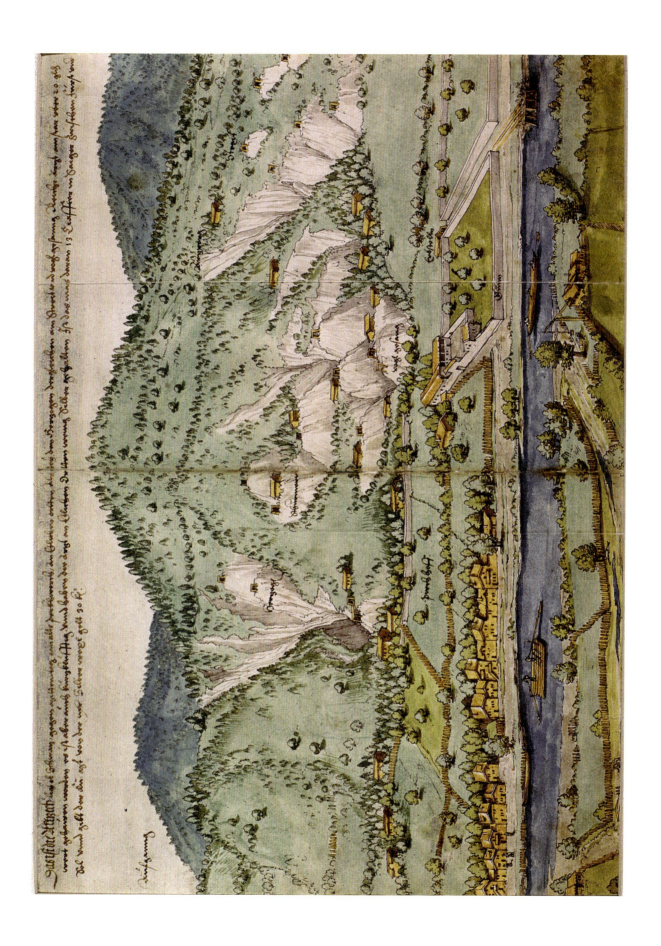

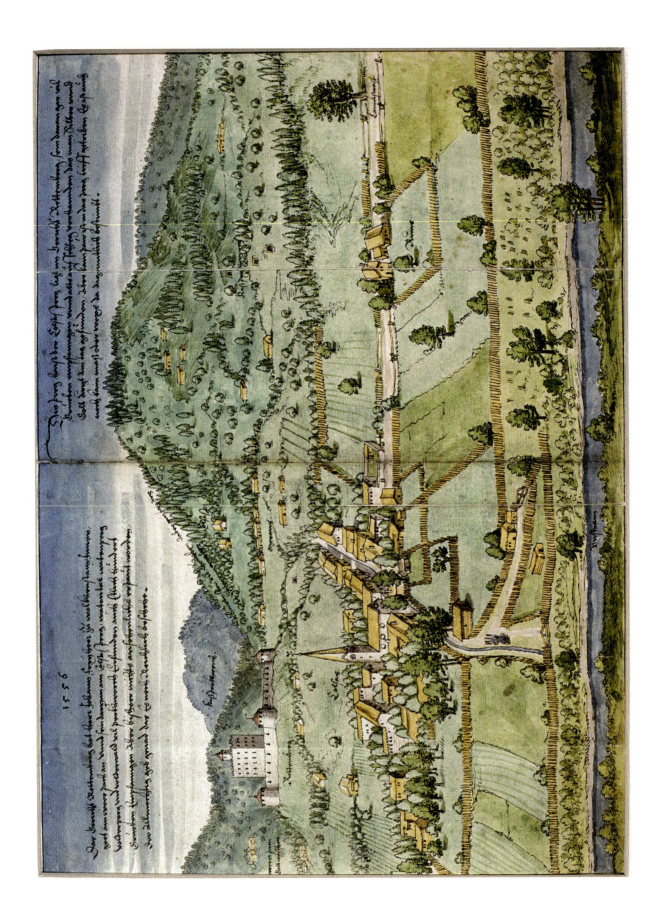

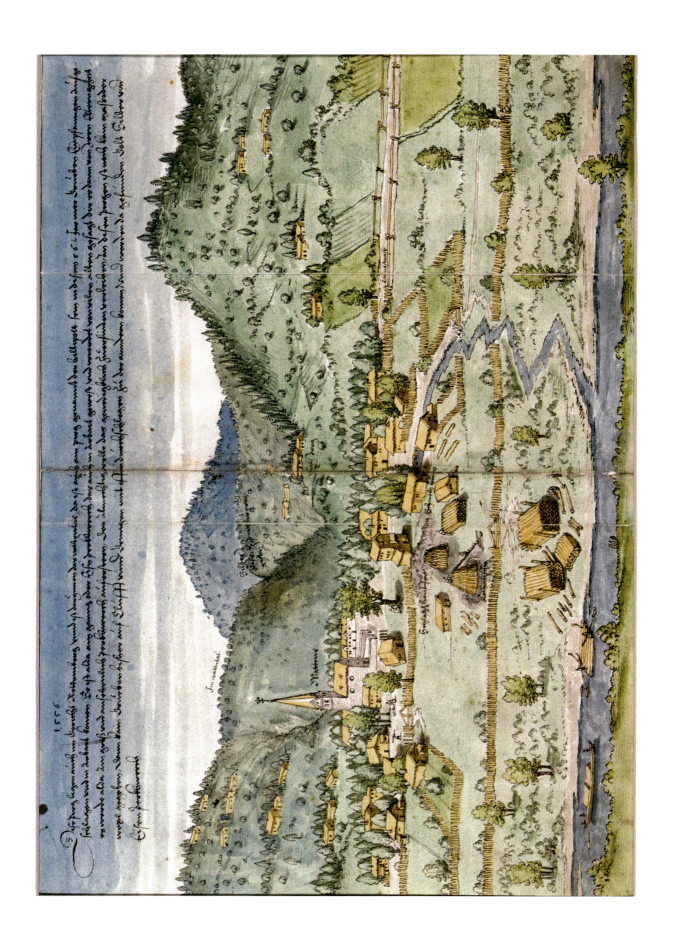

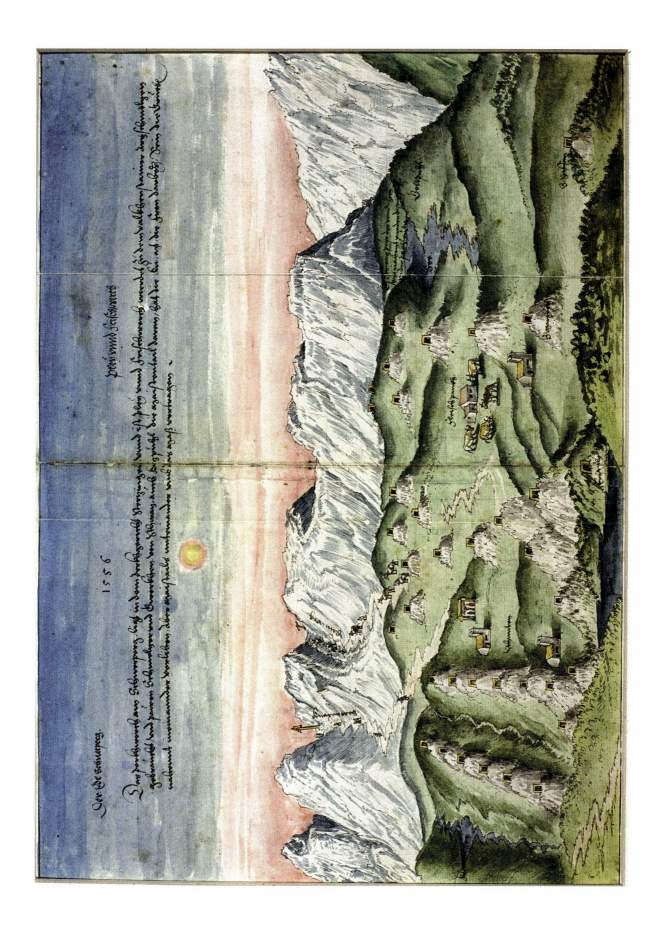

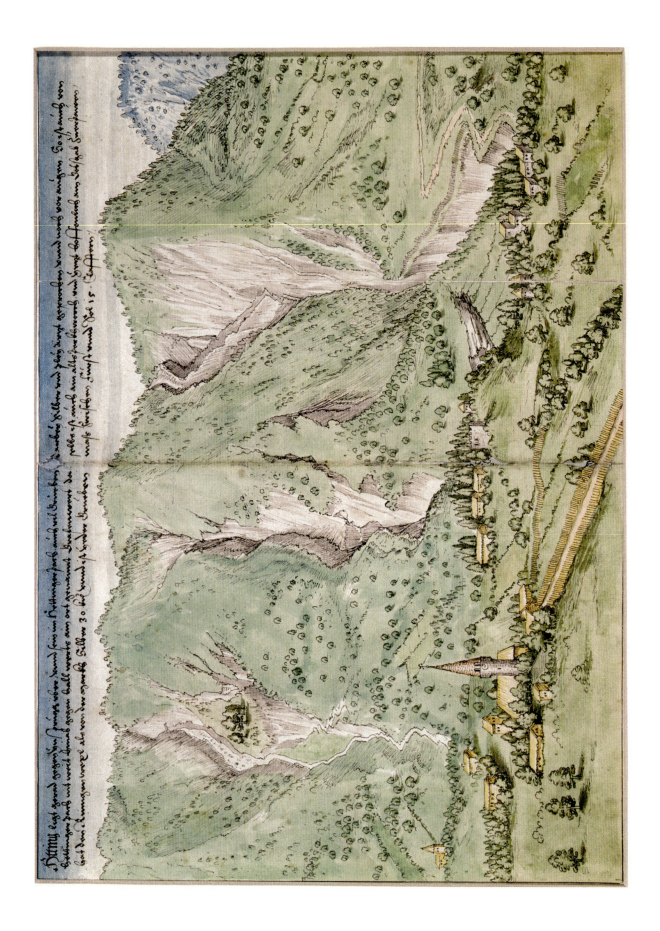

Quellen und Literaturverzeichnis:

Ungedruckte Quellen:

Tiroler Landearchiv, Innsbruck:
    Urkunden I, 1604 (Kopie, 16. Jh., der Urkunde vom 08.12.1467)
    Urkunden II, 7259 (Kopie, 1587, der Urkunde vom 11.12.1467)

Handschriften: 12; 13; 14; 603; 686; 1484; 1587; 1588; 3252; 3254; 3256; 3257; 3259; 3261

Schatzarchiv, Repertorium III.

Maximilianea XII, Nr. 32, 33, 34.

Oberösterreichische Kammerkopialbücher (= oöKKB):
1) oöKKB, Bd. 185, Bekennen, Nr. 41 von 1543
2) oöKKB, Bd. 227, Gem. Missiven, Nr. 25 von 1551
3) oöKKB, Bd. 225, Bekennen, Nr. 49 von 1551
4) oöKKB, Bd. 228, Geschäft von Hof, Nr. 51 von 1552
5) oöKKB, Bd. 229, Missiven an Hof, Nr. 48 von 1552
6) oöKKB, Bd. 230, Bekennen, Nr. 50 von 1552
7) oöKKB, Bd. 231, Entbieten u. Befehl, Nr. 54 von 1552
8) oöKKB, Bd. 232, Gemeine Missiven, Nr. 26 von 1552
9) oöKKB, Bd. 233, Geschäft von Hof, Nr. 52 von 1553
10) oöKKB, Bd. 234, Missiven an Hof, Nr. 49 von 1553
11) oöKKB, Bd. 235, Bekennen, Nr. 51 von 1553
12) oöKKB, Bd. 236, Entbieten u. Befehl, Nr. 55 von 1553
13) oöKKB, Bd. 237, Gemeine Missiven, Nr. 27 von 1553
14) oöKKB, Bd. 238, Geschäft von Hof, Nr. 53 von 1554
15) oöKKB, Bd. 239, Missiven an Hof, Nr. 50 von 1554
16) oöKKB, Bd. 240, Bekennen, Nr. 52 von 1554
17) oöKKB, Bd. 241, Entbieten und Befehl, Nr. 56 von 1554
18) oöKKB, Bd. 242, Gemeine Missiven, Nr. 28 von 1554
19) oöKKB, Bd. 243, Geschäft von Hof, Nr. 54 von 1555
20) oöKKB, Bd. 244, Missiven an Hof, Nr. 51 von 1555
21) oöKKB, Bd. 245, Bekennen, Nr. 53 von 1555
22) oöKKB, Bd. 246, Entbieten u. Befehl, Nr. 57 von 1555
23) oöKKB, Bd. 247, Gemeine Missiven, Nr. 29 von 1555
24) oöKKB, Bd. 248, Geschäft von Hof, Nr. 55 von 1556
25) oöKKB, Bd. 249, Missiven an Hof, Nr. 52 von 1556
26) oöKKB, Bd. 250, Bekennen, Nr. 54 von 1556
27) oöKKB, Bd. 256, Entbieten u. Befehl, Nr. 59 von 1557
28) oöKKB, Bd. 261, Entbieten u. Befehl, Nr. 60 von 1558
29) oöKKB, Bd. 262, Gemeine Missiven, Nr. 32 von 1558
30) oöKKB, Bd. 267, Entbieten u. Befehl, Nr. 61 von 1559

Pestarchiv XIV:
Nr. 104: Gemeinkosten, Erzlosung und Förderumfang des Erbstollens am Falkenstein 1545-1549
Nr. 181: Bericht des Bergamtes Schwaz zum Erbstollen, 1537-1539
Nr. 261: Ertrag des Schwazer Erbstollens, 1545-1549/50 [und Sonstiges zum Bergbau und zur Berggemeinde Schwaz]
Nr. 315: Berichte und Akten zum Schwazer Bergbau 1537, 1543, 1564, 1594; Gruben im Schweren und Ringen Wechsel
Nr. 370: Bergbau in Schwaz 1546 [darin: Schreiben des Bergrichters Sigmund Schönberger das Rücktrittgesuch von Paul Obrist betreffend]
Nr. 476 Falkensteiner Schmelzwerk und Bergbau: 1559
Nr. 477: Instruktion des Königs Ferdinand I. für die Bergwerke in Schwaz vom 3. Mai 1556
Nr. 507: Verhandlungen über die Bergwerksanteile der Manlich u. Tänzl in Tirol, insbesondere im unteren Inntal, 1551

Nr. 609: Unterrichtung über den Erbstollen zu Schwaz und was der König an Hilfsgeldern bewilligen sollte, 1536-1539
Nr. 658: Bericht über das neue Wasserwerk im Erbstollen, 1555
Nr. 704: Schwazer Bergbau, 1553
Nr. 711: Bericht über das neue Wasserwerk im Erbstollen in Schwaz, 1552/54
Nr. 717: Wasserwerk im Erbstollen zu Schwaz, 1538
Nr. 751: Hofdekret Falkenstein, 1556
Nr. 772: Allgemeine Bergbeschau, 1526
Nr. 776: Hans Paul Herwart, Augsburg, Kaufverhandlungen mit der Landesherrschaft wegen seiner Bergwerksanteile in Schwaz etc., 1557/58
Nr. 777: Bergsynode zu Innsbruck für das Bergwerk Falkenstein, 1557
Nr. 778: Verhandlungen wegen einer durchzuführenden Bergsynode und Bergschau; Gruben im Ringenwechsel, 1554
Nr. 790: Verhandlungen wegen des Schwazer Bergbaus, 1548
Nr. 913: Schwazer Bergwerksraitung, 1543

Deutsches Bergbau-Museum, Bochum
Bibliothek, Handschrift Signatur 3313: Entwurfskodex des Schwazer Bergbuchs von 1554

Tiroler Landesmuseum Ferdinandeum, Bibliothek
Kodex FB 4312: Schwazer Bergbuch von 1556, so genannte Prachthandschrift.
Kodex Dipauliana 856: Schwazer Bergbuch von 1556 (Ausstellung im Zeughaus)
Kodex FB 19860: Schwazer Bergwerks-Geschichte. Eine Monographie über die Schwazer Erzbergbaue mit sechs artistischen Kartenbeilagen und einem Anhang „die Schwazer Bergchronik" (= maschr.), Manuskript, o.O. 1905 [-1924]. [TLM Ferdinandeum, FB 19860; darin: Chronikha oder Aufzellung aller merckhwürdyghysten geschehnussen undt begebhayttn, so sych vor alters bey den svatzerischen Perckhwerchen zuetragn. O.O. o.J.; Kopie der Abschrift von Wilhelm von Vernier aus dem Jahr 1791]
W 1516: Stöcklsches Schmelzbuch

Fürstlich Waldburg-Zeilsches Archiv auf Schloss Kißlegg:
Signatur: ZA Ki 1308 (Bergwerkssachen)

Gedruckte Quellen und Literatur:

Agricola, Georgius:
1977 Zwölf Bücher vom Berg- und Hüttenwesen. Vollständige Ausgabe nach dem lateinischen Original (De re metallica libri XII) von 1556. Übersetzt und bearb. v. Carl Schiffner u.a., München 1977 (= ND nach der 3. Aufl. des VDI Verlages, Düsseldorf 1961).

Althans, E.:
1857 Bericht über den Schwazer Bergwerks-Verein, Köln 1857.

Andreatta, Hans/ Kandler, Klaus:
1993 Schwaz. Porträt einer Tiroler Bezirksstadt, redigiert und gestaltet von Wolfgang Ingenhaeff, Schwaz 1993.

Bäcker, Ludwig:
1967 Das Schwazer Bergbaubild (= Leobener Grüne Hefte, H. 105), Wien 1967.

Bari, Hubert:
1982a Les schènes minières sur le vitrail du Musée d'Unterlinden de Colmar (1608), in: Pierres et Terre 25-26, 1982, S. 35-36.
1982b Le graduel de Saint-Dié, in: Pierres et Terre 25-26, 1982, S. 59-60.

Barsch, Wolfgang/ Quellmalz, Werner/ Wilsdorf, Helmut/ Schlegel, Günther:
1988 Das erzgebirgische Zinn in Natur, Geschichte, Technik, Altenberg 1988.

Bartels, Christoph:
1987a Die Entwicklung der Erzgrube Turm-Rosenhof bei Clausthal vom 16. bis zum frühen 19. Jahrhundert, in: Der Anschnitt 39, 1987, S. 65-85.
1987b Zur Problematik der Berechnung von Förder- und Arbeitsleistungen des historischen Bergbaus vom 16. bis zum frühen 19. Jahrhundert, in: Der Anschnitt 39, 1987, S. 219-231.
1988 Das Erzbergwerk Rammelsberg. Die Betriebsgeschichte 1924-1988 mit einer lagerstättenkundlichen Einführung und einem Abriß der älteren Bergbaugeschichte, Goslar 1988.
1990 Beiträge "Liber de Postis Montis Arzentarie, 1208; Goslarer Berggebräuche um 1360; Bergbüchlein des Ulrich Rülein von Calw, 1505; Das Schwazer Bergbuch von 1556; Speculum Metallorum; Georgius Agricola, De Re Metallica, 1556, in: Slotta, Rainer/ Bartels, Christoph (unter Mitarbeit von Heinz Pollmann und Martin Lochert): Meisterwerke bergbaulicher Kunst vom 13. bis 19. Jahrhundert (= Veröffentlichungen aus dem Deutschen Bergbau-Museum Bochum, Nr. 48), Bochum 1990, S. 142-157.
1992a Vom frühneuzeitlichen Montangewerbe zur Bergbauindustrie. Erzbergbau im Oberharz 1635-1866 (= Veröffentlichungen aus dem Deutschen Bergbau-Museum Bochum, Nr. 54), Bochum 1992.
1992b Das Erzbergwerk Grund. Die Betriebsgeschichte des Werkes und seiner Vorläufergruben Hilfe Gottes und Bergwerkswohlfahrt von den Anfängen im 16. Jahrhundert bis zur Einstellung 1992, Goslar 1992.
1994 Werk und Wirkung: Bergbau und Hüttenwesen. Bergbau der Agricola-Zeit: Europäische Montanwirtschaft zu Beginn der Frühen Neuzeit, in: Ernsting, Bernd (Hrsg.), Georgius Agricola. Bergwelten 1494-1994, Essen 1994, S. 161-168; Katalogbeiträge ebd., S. 275-300.
1996a Montani und Silvani im Harz. Mittelalterlicher und frühneuzeitlicher Bergbau im Harz und seine Einflüsse auf die Umwelt, in: Jockenhövel, Albrecht (Hrsg.): Bergbau, Verhüttung und Waldnutzung im Mittelalter. Auswirkungen auf Mensch und Umwelt (= VSWG, Beiheft 121), S. 112-127, Stuttgart 1996.
1996b Der Bergbau – im Zentrum das Silber, in: Lindgren, Uta (Hrsg.), Europäische Technik im Mittelalter. 800 bis 1400. Tradition und Innovation. Ein Handbuch, Berlin 1996, S. 235-248.
1997a Strukturwandel in Montanbetrieben des Mittelalters und der frühen Neuzeit in Abhängigkeit von Lagerstättenstruktur und Technologie. Der Rammelsberg bei Goslar 1300-1470. St. Joachimsthal im böhmischen Erzgebirge um 1580. in: Gerhard, Hans Jürgen (Hrsg.): Struktur und Dimension. Festschrift für Karl Heinrich Kaufhold zum 65. Geburtstag, Bd. 1 (= VSWG, Beiheft 132), Stuttgart 1997, S. 26-70.
1997b Der Betriebsmittelverbrauch Oberharzer Zechen im 16., 17. und 18. Jahrhundert. Drei Fallstudien: Quellenbefunde, Hypothesen, Fragestellungen, in: Westermann, Ekkehard (Hrsg.): Bergbaureviere als Verbrauchszentren im vorindustriellen Europa. Fallstudien zu Beschaffung und Verbrauch von Lebensmitteln sowie Roh- und Hilfsstoffen (13.-18. Jahrhundert) (= VSWG, Beiheft 130), Stuttgart 1997, S. 145-173.
2002 Bergbau, Münzwesen und Giesserei zur Zeit Maximilians, in: Schmidt-von Rhein, Georg (Hrsg.): Kaiser Maximilian I. Bewahrer und Reformer, Ramstein 2002, S. 124-138.
2004a Die Ereignisse vor dem Riechenberger Vertrag und der herzogliche Bergbau im Oberharz. Entwicklungslinien im Vergleich, in: Rammelsberger Bergbaumuseum Goslar (Hrsg.): Der Riechenberger Vertrag, Goslar 2004, S. 65-90.
2004b Der Bergbau des nordwestlichen Harzes im 14. und 15. Jahrhundert, in: Tasser, Rudolf/ Westermann, Ekkehard (Hrsg.): Der Tiro-

ler Bergbau und die Depression der europäischen Montanwirtschaft im 14. und 15. Jahrhundert. Akten der internationalen bergbaugeschichtlichen Tagung in Steinhaus, Innsbruck/ Wien/ München/ Bozen 2004, S. 19-44.

2004c Die Stadt Goslar und der Bergbau im Nordwestharz von den Anfängen bis zum Riechenberger Vertrag von 1552, in: Karl Heinrich Kaufhold/ Wilfried Reininghaus (Hrsg.): Stadt und Bergbau (= Städteforschung Reihe A: Darstellungen, Bd. 64), Köln/ Weimar/ Wien 2004, S. 135-188.

Bartels, Christoph/ Fessner, Michael/ Klappauf, Lothar/ Linke, Friedrich Albert

2006 (im Druck) Kupfer, Blei und Silber aus dem Goslarer Rammelsberg von den Anfängen bis 1620, Bochum 2006.

Baum, Wilhelm:

1987 Bayerns Griff nach Tirol, Görz und die Vorlande, in: Der Schlern 61, 1987, S. 521-541.

Beer, Ellen J.:

1997 Buchmalerei zwischen Zürichsee und Bodensee, in: Moser, Eva (Hrsg.): Buchmalerei im Bodenseeraum 13. bis 16. Jahrhundert, Friedrichshafen 1997, S. 52-69.

Beutler, Christian:

1958 Bildwerke von der Gotik bis zum Rokoko, in: Winkelmann, Heinrich (Hrsg.), Der Bergbau in der Kunst, Essen 1958, S. 69-112.

Bergbau- und Industriemuseum Ostbayern (Hrsg.)

1987 Die Oberpfalz – ein europäisches Eisenzentrum. 600 Jahre große Hammereinung (= Schriftenreihe des Bergbau- und Industriemuseums Ostbayern, Bd. 12/1), Theuern 1987.

Berninger, Ernst H. (Hrsg.):

1980 Das Buch vom Bergbau. Die Miniaturen des <Schwazer Bergbuchs> nach der Handschrift im Besitz des Deutschen Museums in München (= Die bibliophilen Taschenbücher, Bd. 222), Dortmund 1980.

Bidermann, Hermann I.:

1867 Geschichte der landesfürstlichen Behörden in und für Tirol, von 1490-1749, Innsbruck 1867.

Biermann, Günther:

1992 Die Bergmannskleidung auf den Miniaturen einer Kärntner Abschrift des Schwazer Bergbuches, in: Carinthia I 182, 1992, S. 135-152.

Bingener, Andreas:

1991 Der Umbau des Nikolaikirchturmes zu Siegen 1541 bis 1543, in: Dirlmeyer, Ulf; Elkar, Rainer S.; Fouquet, Gerhard (Hrsg.): Öffentliches Bauen in Mittelalter und Früher Neuzeit. Abrechnungen als Quelle für die Finanz-, Wirtschafts- und Sozialgeschichte des Bauwesens (= Sachüberlieferung und Geschichte. Siegener Abhandlungen zur Entwicklung der materiellen Kultur, 9), St. Katharinen 1991, S. 329-347.

1997 Verwaltung und Finanzwesen der Stadt Siegen von 1500 bis 1610 – dargestellt vornehmlich anhand der Bürgermeisterrechnungen (= Sachüberlieferung und Geschichte. Siegener Abhandlungen zur Entwicklung der materiellen Kultur, Bd. 20), St. Katharinen 1997.

2004 Gesundheitliche Aspekte im Zusammenhang mit der Lebensmittelversorgung von Schwaz in der Mitte des 16. Jahrhunderts, in: Ingenhaeff, Wolfgang; Bair, Johann (Hrsg.): Bergvolk und Medizin. „Aus der Natur kommen Krankheit und Heilung" (Paracelsus). Schwazer Silber. 3. Internationales Bergbausymposium Schwaz 2004, Innsbruck 2005, S. 49-69.

Bischoff, Ferdinand:

1892 Der Schladminger Bergbrief, in: Zeitschrift für Bergrecht 33, 1892, S. 203-220.

1898 Beiträge zur Geschichte des süddeutschen Bergrechts. III: Über Tiroler Bergrecht und die Verbreitung des Schladminger Bergbriefes, in: Zeitschrift für Bergrecht 39, 1898, S. 323-347.

1900 Beiträge zur Geschichte des süddeutschen Bergrechts. IV: Schwazer Erfindungen von 1449 und 1477, in: Zeitschrift für Bergrecht 41, 1900, S. 335-348.

Bornhardt, Wilhelm:

1931 Geschichte des Rammelsberger Bergbaues von seiner Aufnahme bis zur Gegenwart (= Archiv für Lagerstättenforschung 52), Berlin 1931.

Bräm, Andreas:

1997 Buchmalerei der Abtei und Stadt St. Gallen, der Abteien Pfäfers, Fischingen und Rheinau, in: Moser, Eva (Hrsg.): Buchmalerei im Bodenseeraum 13. bis 16. Jahrhundert, Friedrichshafen 1997, S. 155-189.

Brugerolles, Emmanuelle/ Bari, Hubert/ Benoît, Paul/ Fluck, Pierre/ Schoen, Henri (Hrsg.):

1992 La mine, mode d'emploi. La rouge myne de Sainct Nicolas de la Croix, dessinée par Heinrich Groff, Paris 1992.

Buckl, Walter:

1994 Tresore des Wissens: Natur und Technik im Buch, in: Ernsting, Bernd (Hrsg.): Georgius Agricola. Bergwelten 1494-1994, Essen 1994, S. 44-49.

Bücher, Karl:

1886 Die Bevölkerung von Frankfurt am Main im XIV. und XV. Jahrhundert. Socialstatistische Studien 1, Tübingen 1886, S. 3-75, 210-363.

Cech, Brigitte:

2001 Archäologen als Historiker? – Probleme interdisziplinärer Montanforschung, in: Gerhard, Hans-Jürgen/ Kaufhold, Karl Heinrich/ Westermann, Ekkehard (Hrsg): Europäische Montanregion Harz (= Montanregion Harz, Bd. 1 = Veröffentlichungen aus dem deutschen Bergbau-Museum Bochum, Nr. 98), Bochum 2001, S. 19-41.

Conta, Gioia:

1989 Aspekte römischer Organisation in Südtirol,

in: Arbeitsgemeinschaft Alpenländer (Hrsg.): Die Römer in den Alpen. I Romani nelle Alpi. Historikertagung in Salzburg 13.-15.11.1986 (= Schriftenreihe der Arbeitsgemeinschaft Alpenländer, N.F. 2), Bozen 1989, S. 13-20.

Czuray, E. J.:
1957 Die Wasserkünste im Silbererzbergwerk Falkenstein, in: Der Anschnitt 9, 1957, H. 1-2, S. 49-51.

Dechen, Heinrich von:
1885 Das älteste deutsche Bergwerksbuch, in: Zeitschrift für Bergrecht 26, 1885, S. 219-274 u. 508-509.

Dirlmeier, Ulf/ Elkar, Rainer S./ Fouquet, Gerhard (Hrsg.):
1991 Öffentliches Bauen in Mittelalter und Früher Neuzeit. Abrechnungen als Quellen für die Finanz-, Wirtschafts- und Sozialgeschichte des Bauwesens (= Sachüberlieferung und Geschichte. Siegener Abhandlungen zur Entwicklung der materiellen Kultur, Bd. 9), St. Katharinen 1991.

Dobel, Friedrich:
1882 Über den Bergbau und Handel des Jacob und Anton Fugger in Kärnten und Tirol (1495-1560), in: Zeitschrift des Historischen Vereins für Schwaben und Neuburg 9, 1882, S. 193-213.

Dobras, Werner:
1973 Das Speculum Metallorum des Abraham Schnitzer von 1590, in: Der Anschnitt 25, 1973, H. 1, S. 3-10.

Egg, Erich:
1951 Aufstieg, Glanz und Elend des Gewerkengeschlechts der Tänzl, in: Gerhardinger, Hermann; Huter, Franz (Red.): Tiroler Wirtschaft in Vergangenheit und Gegenwart. Festgabe zur 100-Jahrfeier der Tiroler Handelskammer. Bd. 1: Beiträge zur Wirtschafts- und Sozialgeschichte Tirols (Schlern-Schriften, Bd. 77), Innsbruck 1951, S. 31-52.
1956 Schwaz um 1556, in: Der Anschnitt 8, 1956, H. 6, S. 19-22.
1957 Ludwig Lässl und Jörg Kolber – Verfasser und Maler des Schwazer Bergbuchs, in: Der Anschnitt 9, 1957, H. 1-2, S. 15-19.
1958 Das Wirtschaftswunder im silbernen Schwaz (= Leobener Grüne Hefte, H. 31), Wien 1958.
1963 Das Schmelzbuch des Hans Stöckl. Die Schmelztechnik in den Tiroler Hüttenwerken um 1550, in: Der Anschnitt 15, 1963, Sonderheft 2, S. 3-34.
1964 Schwaz ist aller Bergwerke Mutter, in: Der Anschnitt 16, 1964, H. 3, S. 3-63.
1973 Zum dritten Exemplar des Speculum Metallorum, in: Der Anschnitt 25, 1973, H. 2, S. 12-13.
1975 Die Stöckl in Schwaz. Eine Tiroler Gewerkenfamilie im Frühkapitalismus, in: Bergbauüberlieferungen und Bergbauprobleme in Österreich und seinem Umkreis. Festschrift für Franz Kirnbauer, hrsg. v. Gerhard Heilfurth und Leopold Schmidt (= Veröffentlichungen des Österreichischen Instituts für Volkskunde, Bd. 16), Wien 1975, S. 51-64.
1986 Schwaz vom Anfang bis 1850, in: Egg, Erich/ Gstrein, Peter/ Sternad, Hans: Stadtbuch Schwaz. Natur – Bergbau – Geschichte, Schwaz 1986, S. 78-216.
1988a Schwazer Bergbuch. Faksimile-Ausgabe im Originalformat der Handschrift Codex 10.852 aus dem Besitz der Österreichischen Nationalbibliothek Wien. Kommentarband, Graz 1988.
1988b Schwazer Bergbuch. Faksimile-Ausgabe im Originalformat der Handschrift Codex 10.852 aus dem Besitz der Österreichischen Nationalbibliothek Wien. Faksimile, Graz 1988.
1989 Die Bergleute als neuer Berufsstand im Schwazer Silberbergbau 1450-1550, in: Ludwig, Karl-Heinz/ Sika, Peter (Hrsg.): Bergbau und Arbeitsrecht. Die Arbeitsverfassung im europäischen Bergbau des Mittelalters und der frühen Neuzeit (= Böcksteiner Montana 8), Wien 1989, S. 211-222.

Egg, Erich; Atzl, Albert:
1951 Schwazer Bergwerkshalden, in: Schwazer Buch. Beiträge zur Heimatkunde von Schwaz und Umgebung (= Schlern-Schriften, Bd. 85), Innsbruck 1951, S. 136-145.

Egg, Erich/ Kirnbauer, Franz:
1963 Das Bruderhaus zu Schwaz (= Leobener Grüne Hefte, H. 68), Wien 1963.

Egg, Erich/ Gstrein, Peter/ Sternad, Hans:
1986 Stadtbuch Schwaz. Natur – Bergbau – Geschichte, Schwaz 1986.

Elkar, Rainer S./ Fouquet, Gerhard:
1991 Und sie bauten einen Turm ... Bemerkungen zur materiellen Kultur des Alltags in einer kleineren deutschen Stadt des Spätmittelalters, in: Handwerk und Sachkultur im Spätmittelalter (= Österreichische Akademie der Wissenschaften phil.-hist. Kl. 513: Veröffentlichungen des Instituts für mittelalterliche Realienkunde Österreichs, Bd. 11), Wien 1988, S. 169-201 (leicht veränderter Wiederabdruck in: Dirlmeyer/ Elkar/ Fouquet (Hrsg.), Öffentliches Bauen, St. Katharinen 1991, S. 293-328).

Ennen, Edith:
1979 Die europäische Stadt des Mittelalters, 3., überarbeitete und erweiterte Aufl., Göttingen 1979.

Ercker, Lazarus:
1563/1968 Das Münzbuch von 1563, bearbeitet u. eingeleitet v. Paul Reinhard Beierlein; hrsg. v. Heinrich Winkelmann, Bochum 1968, S. 267-326.

Ermisch, Hubert:
1886 (Hrsg.) Urkundenbuch der Stadt Freiberg in Sachsen, II. Band: Bergbau, Bergrecht und Münze, Leipzig 1886.
1887 Das sächsische Bergrecht des Mittelalters, Leipzig 1887.

Fessner, Michael:
1998 Steinkohle und Salz. Der lange Weg zum industriellen Ruhrrevier (= Veröffentlichungen aus dem Deutschen Bergbau-Museum Bochum, Nr. 73), Bochum 1998.

Fessner, Michael/ Friedrich, Angelika/ Bartels, Christoph:
2002 „gründliche Abbildung des uralten Bergwerks". Eine virtuelle Reise durch den historischen Harzbergbau. CD und Textband (= Montanregion Harz, Bd. 3 = Veröffentlichungen aus dem Deutschen Bergbau-Museum Bochum, Nr. 107), Bochum 2002.

Fettweis, Günter B. L.:
1994 Zu Inhalt und Struktur des „Schwazer Bergbuchs" von Ludwig Lässl 1556 aus bergbaukundlicher Sicht, in: res montanarum 8, 1994, S. 3-13.
1996 Reflexionen über den europäischen und insbesondere den ostalpinen Bergbau zur Zeit des Georgius Agricola – Thesen und Erörterungen zu seiner Bedeutung, in: res montanarum 14, 1996, S. 7-35.
1998 Plädoyer für Ludwig Lässl († 1461) als Verfasser des Schwazer Bergbuchs und als Mitbegründer der Montanwissenschaften, in: Der Mann gibt sich selbst seinen Wert durch Wort und Tat und Sinn. Festschrift für Heinz Walter Wild, hrsg. v. H. Peter Brandt, Hans-Eugen Bühler und Robert Lang. Idar-Oberstein 1998, S. 95-105.
2001 Über Beiträge aus den Ländern der Habsburger Monarchie zur Entwicklung der Montanwissenschaften und damit auch der Geowissenschaften im 16. und 18. Jahrhundert, in: Mensch – Wissenschaft – Magie, in: Mitteilungen der Österreichischen Gesellschaft für Wissenschaftsgeschichte 21, 2001, S. 1-16.
2004 Plädoyer für Ludwig Lässl (+ 1561) als Verfasser des Schwazer Bergbuchs, wissenschaftlicher Autor und Beteiligten bei der Entstehung der Bergbauwissenschaften, in: Ders.: Zur Geschichte und Bedeutung von Bergbau und Bergbauwissenschaften, Wien 2004, S. 171-192.

Fischer, Josef:
1919 Tirols Getreidepolitik von 1527 bis 1601 (= Forschungen zur inneren Geschichte Österreichs, Bd. 13), Innsbruck 1919.

Fischer, Peter:
1999 Bergbeschau am Falkenstein, 1526. Zum Stellenwert oberdeutscher Handelshäuser, insbesondere der Fugger, bei der Versorgung des Tiroler Montansektors in der frühen Neuzeit, in: Scripta Mercaturae 33, 1999, H. 2, S. 92-114.
2001 Die Gemeine Gesellschaft der Bergwerke. Bergbau und Bergleute im Tiroler Montanrevier Schwaz zur Zeit des Bauernkrieges (= Studien zur Wirtschafts- und Sozialgeschichte, Bd. 21), St. Katharinen 2001.

Fornwagner, Christian:
1992 Geschichte der Herren von Freundsberg in Tirol (= Schlern-Schriften, Bd. 288), Innsbruck 1992.

Frantz, Werner Adolf/ Dannenberg, Julius:
1883 Hüttenmännisches Wörterbuch. Verzeichnis und Erklärung der beim Hüttenbetriebe vorkommenden technischen Ausdrücke. Nach dem neuesten Stande der Wissenschaft, Technik und Gesetzgebung, Leipzig 1883.

Frick, Karl:
1993 Die Handschriften des Perckwerch ... 1556 (Schwazer Bergbuch). Zur Entdeckung der 11. Handschrift im Kärntner Landesarchiv, in: Carinthia I 183, 1993, S. 441-447.

Friedrich, O. M.
1968 Die Vererzung der Ostalpen, gesehen als Glied des Gebirgsbaues, in: Archiv für Lagerstättenforschung in den Ostalpen 8, 1968, S. 1-136.

Friese, Franz:
1865 Das Ettenhardische Bergbuch. Ein Beitrag zur vaterländischen Bergwerksgeschichte, in: Berg- und Hüttenmännisches Jahrbuch der k.k. Bergakademie Schemnitz und Leoben 14, 1865, S. 125-173.

Fritzsch, Karl Ewald:
1957 Die Tracht im Schwazer Bergbuch, in: Der Anschnitt 9, 1957, H. 1-2, S. 20-27.

Frölich, Karl:
1953 Goslarer Bergrechtsquellen des früheren Mittelalters, insbesondere das Bergrecht aus der Mitte des 14. Jahrhunderts, Gießen 1953.

Frühmorgen-Voß, Hella; Ott, Norbert H.:
1991 Katalog der deutschsprachigen illustrierten Handschriften des Mittelalters, Bd. I (begründet v. Hella Frühmorgen-Voß, fortgeführt v. Norbert H. Ott, zusammen mit Ulrike Bodemann u. Gisela Fischer-Heetfeld), München 1991, S. 304-324 u. Abb. 154-163.

Fuhrmann, Bernd:
1996 Der Haushalt der Stadt Marburg in Spätmittelalter und früher Neuzeit (1451/52-1622) (= Sachüberlieferung und Geschichte. Siegener Abhandlungen zur Entwicklung der materiellen Kultur, Bd. 19), St. Katharinen 1996.

Fussek, Erich:
1957 Das Bochumer Exemplar des Schwazer Bergbuchs, in: Der Anschnitt 9, 1957, H. 1-2, S. 9-14.
1958 Das „Speculum Metallorum" des Martin Sturtz, in: Der Anschnitt 10, 1958, H. 3, S. 3-10.

Geh, Hans-Peter/ Heinzer, Felix (Hrsg.):
1994 „Unberechenbare Zinsen": bewahrtes Kulturerbe, Stuttgart 1994.

Geyer, Rudolf:
1925 Die Silberbergwerke in den niederösterreichischen Ländern unter Maximilian I., in: Festschrift für Emil von Ottenthal (= Schern-Schriften, Bd. 9), Innsbruck 1925, S. 199-218.

Glaser, Rüdiger:
2001 Klimageschichte Mitteleuropas. 1000 Jahre Wetter, Klima, Katastrophen, Darmstadt 2001.

Goldenberg, Gert/ Rieser, Brigitte:
2004 Die Fahlerzlagerstätten von Schwaz/Brixlegg (Nordtirol). Ein weiteres Zentrum urgeschichtlicher Kupferproduktion in den österreichischen Alpen, in: Weisgerber, Gerd; Goldenberg, Gert (Hrsg.): Alpenkupfer – Rame delle Alpi (= Der Anschnitt, Beiheft 17; Veröffentlichungen aus dem Deutschen Bergbau-Museum Bochum, Nr. 122), Bochum 2004, S. 37-52.

Granichstädten-Czerva, Rudolf:
1958 Erasmus Reislander. Oberster Bergwerks- und Schmelzfaktor in Schwaz, in: Der Anschnitt 10, 1958, H. 4-5, S. 35-36.

Grass, Nikolaus/ Holzmann, Hermann:
1982 Geschichte des Tiroler Metzgerhandwerks und der Fleischversorgung des Landes (= Tiroler Wirtschaftsstudien, Bd. 35), Innsbruck 1982.

Grimm, Jakob/ Grimm, Wilhelm:
1893/1984 Deutsches Wörterbuch, Bde. 1-33, München 1984 (Nachdruck der Leipziger Ausgabe von 1893).

Gritsch, Johanna:
1951 Die Pfarrkirche in Schwaz, Diss., Innsbruck 1939 (teilweiser Abdruck in: Schwazer Buch. Beiträge zur Heimatkunde von Schwaz und Umgebung [= Schlern-Schriften 85], Innsbruck 1951, S. 173-196).

Gritzner, Max Josef:
1842 Commentar der Ferdinandeischen Bergordnung vom Jahre 1553 nebst den dieselbe erläuternden späteren Gesetzen und Verordnungen mit dem Urtexte im Anhang, Wien 1842.

Gstrein, Peter:
1981 Prähistorischer Bergbau am Burgstall bei Schwaz (Tirol), in: Veröffentlichungen des Museums Ferdinandeum Innsbruck 61, 1981, S. 25-46.
1990 Die Bergbaue Tirols aus geologischer, mineralogischer und lagerstättenkundlicher Sicht, in: Silber, Erz und Weißes Gold. Bergbau in Tirol. Tiroler Landesausstellung, Innsbruck 1990, S. 67-73.
1991 Kritische Gedanken zur Faksimileausgabe des Codex Vindobonensis (Schwazer Bergbuch), in: Heimatblätter – Schwazer Kulturzeitschrift 26, 1991, S. 12-17.
1986 Geologie – Lagerstätten – Bergbautechnik, in: Egg, Erich/ Gstrein, Peter/ Sternad, Hans: Stadtbuch Schwaz. Natur – Bergbau – Geschichte, Schwaz 1986, S. 9-77.
2003 Von Schwazer Bergbauirrtümern, in: Ingenhaeff, Wolfgang/ Bair, Johann (Hrsg.): Schwazer Silber – vergeudeter Reichtum? Verschwenderische Habsburger in Abhängigkeit vom oberdeutschen Kapital an der Zeitenwende vom Mittelalter zur Neuzeit. Schwazer Silber. 1. Internationales Bergbausymposium Schwaz 2002, Innsbruck 2003, S. 71-94.
2004 Von den Schwazer Rinnwerken und Wasserkünsten, in: Ingenhaeff, Wolfgang/ Bair, Johann (Hrsg.): Wasser, Fluch und Segen. Schwazer Silber. 2. Internationales Bergbausymposium Schwaz 2003, Innsbruck 2004, S. 33-54.

Gürtler, Eleonore:
1990 Die Auswirkungen des Protestantismus in Tirol im 16. Jahrhundert. Reformation und soziales Aufbegehren, in: Silber, Erz und Weißes Gold. Bergbau in Tirol. Tiroler Landesausstellung, Innsbruck 1990, S. 367-374.

Haas, Wolfdieter:
1983 Friedrich Barbarossa und Heinrich der Löwe beim Tausch von Badenweiler gegen Reichsgüter am Harz, in: Zeitschrift für die Geschichte des Oberrheins 131, 1983, S. 253-269.

Haasis Berner, Andreas
2004 Mittelalterliche Wasserkünste am Beispiel Schwarzwald, Harz und Erzgebirge, in: Ingenhaeff, Wolfgang/ Bair, Johann (Hrsg.): Wasser – Fluch und Segen. Schwazer Silber. 2. Internationales Bergbausymposium Schwaz 2003, Innsbruck 2004, S. 55-75.

Häberlein, Mark:
1996 „Die Tag und Nacht auff Fürkauff trachten". Augsburger Großkaufleute des 16. und beginnenden 17. Jahrhunderts in der Beurteilung ihrer Zeitgenossen und Mitbürger, in: Burkhardt, Johannes (Hrsg.): Augsburger Handelshäuser im Wandel des historischen Urteils, Berlin 1996, S. 46-68.

Hägermann, Dieter:
1984 Deutsches Königtum und Bergregal im Spiegel der Urkunden. Eine Dokumentation bis zum Jahre 1272, in: Kroker, Werner/ Westermann, Ekkehard: Montanwirtschaft Mitteleuropas vom 12. bis 17. Jahrhundert. Stand, Wege und Aufgaben der Forschung (= Der Anschnitt, Beiheft 2 = Veröffentlichungen aus dem Deutschen Bergbau-Museum Bochum, Nr. 30), Bochum 1984, S. 13-23.

Hägermann, Dieter/ Ludwig, Karl-Heinz (Hrsg.):
1986 Europäisches Montanwesen im Hochmittelalter. Das Trienter Bergrecht 1185-1214, Köln/ Wien 1986.
1991 Europäisches Montanrecht in der Toscana. Die Ordinamenta von Massa Marittima im 13. und 14. Jahrhundert, Köln/ Wien 1991.

Hämmerle, Hermann:
1951 Codex Maximilianeus. Zur Geschichte des Schwazer Bergrechtes, in: Schwazer Buch. Beiträge zur Heimatkunde von Schwaz und Umgebung (= Schlern-Schriften, Bd. 85), Innsbruck 1951, S. 146-157.

Haider, Peter W.:
1989 Die Römerzeit in Tirol – ausgewählte historische Probleme, in: Arbeitsgemeinschaft Alpenländer (Hrsg.): Die Römer in den Alpen. I Romani nelle Alpi. Historikertagung in Salzburg 13.-15.11.1986 (= Schriftenreihe der Arbeitsgemeinschaft Alpenländer, N.F. 2), Bozen 1989, S. 21-29.

Hauthaler, Willibald (Bearb.):
1910/87 Salzburger Urkundenbuch, Bd. I: Traditionskodizes, Salzburg 1910 (= ND Aalen 1987).

Hegemann, Manfred:
1977 Die geschichtliche Entwicklung des Erbstollenrechts im deutschen Bergrecht, Diss. TU Clausthal, Clausthal-Zellerfeld 1977.

Heilfurth, Gerhard:
1967 Bergbau und Bergmann in der deutschsprachigen Sagenüberlieferung Mitteleuropas. Bd. 1: Quellen, Marburg 1967.

Heinemeyer, Walter (Hrsg.):
1978 Richtlinien für die Edition landesgeschichtlicher Quellen, Marburg/ Köln 1978.

Heiß, Ernst:
1901 Der Zimmern'sche Totentanz und seine Copien, Heidelberg 1901.

Henschke, Ekkehard:
1974 Landesherrschaft und Bergbauwirtschaft. Zur Wirtschafts- und Verwaltungsgeschichte des Oberharzer Bergbaugebietes im 16. und 17. Jahrhundert, Berlin 1974.

Heydeck, Kurt:
2003 Fechtbuch, in: Becker, Peter Jörg/ Overgaauw, Eef (Hrsg.): Aderlass und Seelentrost. Die Überlieferung deutscher Texte im Spiegel Berliner Handschriften und Inkunabeln, Mainz 2003, S. 398-400.

Hildebrandt, Reinhard:
1991 Die Bedeutung Tirols für die Oberdeutsche Wirtschaft (1500-1618/50), in: Tiroler Heimat. Jahrbuch für Geschichte und Volkskunde 55, 1991, S. 35-46.
1977 Augsburger und Nürnberger Kupferhandel 1500-1619. Produktion, Marktanteile und Finanzierung im Vergleich zweier Städte und ihrer wirtschaftlichen Führungsschicht, in: Schwerpunkte der Kupferproduktion und des Kupferhandels in Europa 1500-1650 (= Kölner Kolloquien zur internationalen Sozial- und Wirtschaftsgeschichte, Bd. 3), Köln/ Wien 1977, S. 190-224.
1996 Diener und Herren. Zur Anatomie großer Unternehmen im Zeitalter der Fugger, in: Burkhardt, Johannes (Hrsg.): Augsburger Handelshäuser im Wandel des historischen Urteils, Berlin 1996, S. 149-174.

Holbach, Rudolf:
1989 Artikel: Fürkauf, in: Lexikon des Mittelalters, Bd. IV: Erzkanzler bis Hiddensee, München/ Zürich 1989, Sp. 1027-1028.

Huter, Franz:
1978 Die historisch-politische Entwicklung Tirols, in: Handbuch der historischen Stätten. Österreich. Bd. 2: Alpenländer mit Südtirol, hrsg. v. Franz Huter. 2., überarb. Aufl., Stuttgart 1978, S. 473-184.

Hye, Franz-Heinz von:
1980 Schwaz. Politischer Bezirk, in: Ders.: Die Städte Tirols. 1. Teil Bundesland Tirol (= Österreichisches Städtebuch, Bd. 5, 1. Teil), Wien 1980, S. 211-227.

2004 Stadt und Bergbau in Tirol mit besonderer Berücksichtigung der Städte Hall und Schwaz, in: Kaufhold, Karl Heinrich; Reininghaus, Wilfried (Hrsg.): Stadt und Bergbau (= Städteforschung Reihe A: Darstellungen, Bd. 64), Köln/ Weimar/ Wien 2004, S. 313-330.

Ingenhaeff, Wolfgang:
2003 Der Anspruch kranker und verletzter Bergleute auf kostenlose berggerichtliche Obsorge. Zum sozialen Netz beim Schwazer Bergbau, in: Ders.; Bair, Johann (Hrsg.): Schwazer Silber – vergeudeter Reichtum? Verschwenderische Habsburger in Anhängigkeit vom oberdeutschen Kapital an der Zeitenwende vom Mittelalter zur Neuzeit. Schwazer Silber. 1. Internationales Bergbausymposium Schwaz 2002, Innsbruck 2003, S. 95-102.
2004 Der Schwazer Brückenstreit, in: Ingenhaeff, Wolfgang/ Bair, Johann (Hrsg.): Wasser – Fluch und Segen. Schwazer Silber. 2. Internationales Bergbausymposium Schwaz 2003, Innsbruck 2004, S. 77-88.
2005 Medizingeschichtliche Quellen im Archiv der Abtei St. Georgenberg-Fiecht, in: Ders.; Bair, Johann(Hrsg.): Bergvolk und Medizin. „Aus der Natur kommen Krankheit und Heilung" (Paracelsus). Schwazer Silber. 3. Internationales Bergbausymposium Schwaz 2004, Innsbruck 2005, S. 141-155.

Ingenhaeff, Wolfgang; Bair, Johann:
2003 Schwazer Silber – vergeudeter Reichtum? Verschwenderische Habsburger in Anhängigkeit vom oberdeutschen Kapital an der Zeitenwende vom Mittelalter zur Neuzeit. Schwazer Silber. 1. Internationales Bergbausymposium Schwaz 2002, Innsbruck 2003.
2004 (Hrsg.): Wasser – Fluch und Segen. Schwazer Silber. 2. Internationales Bergbausymposium Schwaz 2003, Innsbruck 2004.
2005 (Hrsg.): Bergvolk und Medizin. „Aus der Natur kommen Krankheit und Heilung" (Paracelsus). Schwazer Silber. 3. Internationales Bergbausymposium Schwaz 2004, Innsbruck 2005.

Irtenkauf, Wolfgang:
1982 Neues zum „Speculum metallorum", in: Der Anschnitt 34, 1982, Heft 2, S. 89-90.

Isser-Gaudententhurm, Max von:
1904/05 Schwazer Bergwerksgeschichte, in: Berg- und Hüttenmännisches Jahrbuch der k.k. montanistischen Hochschulen zu Leoben und Pribram 52, 1904, S. 407-478, 53, 1905, S. 39-84.
2005: 1905/1924 Schwazer Bergwerks-Geschichte. Eine Monographie über die Schwazer Erzbergbaue. Mit sechs artistischen Kartenbeilagen und einen Anhang „Die Schwazer Bergchronik". Nach archivalen Quellen bearbeitet, 1905 [-1924], hrsg. v. Wolfgang Paul. Spokane/Washington 2005.

Jelinek, Franz:
1911 Mittelhochdeutsches Wörterbuch zu den

deutschen Sprachdenkmälern Böhmens und der mährischen Städte Brünn, Iglau und Olmütz, Heidelberg 1911.

Jockenhövel, Albrecht (Hrsg.):
1996 Bergbau, Verhüttung und Waldnutzung im Mittelalter. Auswirkungen auf Mensch und Umwelt (= VSWG, Beiheft 121), Stuttgart 1996.

Karg, Franz A.:
2003 Fugger in Tirol, in: Ingenhaeff, Wolfgang; Bair, Johann (Hrsg.): Schwazer Silber – vergeudeter Reichtum? Verschwenderische Habsburger in Anhängigkeit vom oberdeutschen Kapital an der Zeitenwende vom Mittelalter zur Neuzeit. Schwazer Silber. 1. Internationales Bergbausymposium Schwaz 2002, Innsbruck 2003, S. 103-116.

Kaufhold, Karl Heinrich
2004 Stadt und Bergbau – Einführung, in: Kaufhold, Karl Heinrich/ Reininghaus, Wilfried (Hrsg.): Stadt und Bergbau (= Städteforschung Reihe A: Darstellungen, Bd. 64), Köln/ Weimar/ Wien 2004, S. VII-XI.

Kaufhold, Karl Heinrich/ Reininghaus, Wilfried (Hrsg.):
2004 Stadt und Bergbau (= Städteforschung Reihe A: Darstellungen, Bd. 64), Köln/ Weimar/ Wien 2004.

Kellenbenz, Hermann (Hrsg.):
1977 Schwerpunkte der Kupferproduktion und des Kupferhandels in Europa 1500-1650 (= Kölner Kolloquien zur internationalen Sozial- und Wirtschaftsgeschichte, Bd. 3), Köln/ Wien 1977.
1988 Kapitalverflechtungen im mittleren Alpenraum. Das Beispiel des Bunt- und Edelmetallbergbaus vom fünfzehnten bis zur Mitte des siebzehnten Jahrhunderts, in: Zeitschrift für bayerische Landesgeschichte 51, 1988, S. 13-50.
1991 Artikel: Konkurs, in: Lexikon des Mittelalters, Bd. 5: Hiera-Mittel-Lukanien, München/ Zürich 1991, Sp. 1336-1337.

Kellner, Hans Jörg:
1985a Raetien im geschichtlichen Wandel, in: Veldidena. Römisches Militärlager und Zivilsiedlung. Nordtirol und die Invasion aus dem Süden vor 2000 Jahren. Innsbruck 1985, S. 77-81.
1985b Geld, Handel und Verkehr, in: Veldidena. Römisches Militärlager und Zivilsiedlung. Nordtirol und die Invasion aus dem Süden vor 2000 Jahren. Innsbruck 1985, S. 85-88.

Kießling, Rolf
2004 Der Inn als Wasserstraße. Beobachtungen zur Versorgung des Schwazer Bergbaureviers im 15. und 16. Jahrhundert, in: Ingenhaeff, Wolfgang/ Bair, Johann (Hrsg.) Wasser – Fluch und Segen. Schwazer Silber. 2. Internationales Bergbausymposium Schwaz 2003, Innsbruck 2004, S. 95-115.

Kirnbauer, Franz:
1937 Das Schwazer Bergbuch, in: Zeitschrift für das Berg-, Hütten- und Salinenwesen im Deutschen Reich 85, 1937, S. 338-346.
1956a 400 Jahre Schwazer Bergbuch 1556-1956. Beschreibung und Bedeutung des Werkes sowie Textproben in neuer Sprachfassung (= Leobener Grüne Hefte, H. 25), Wien 1956.
1956b Das "Schwazer Bergbuch". Eine Bilderhandschrift des österreichischen Bergbaues aus dem Jahre 1556, in: Blätter für Technikgeschichte 18, 1956, S. 77-94.
1961 Speculum metallorum 1575 (= Leobener Grüne Hefte, H. 50), Wien 1961.
1964 Der Tiroler Landreim (1558) (= Leobener Grüne Hefte, H. 75), Wien 1964.

Kirnbauer, Franz/ Schubert, Karl Leopold:
1956 Der Schwazer Bergreim (= Leobener Grüne Hefte, H. 21), Wien 1956.

Klebelsberg, Richard:
1951a Geologie der Schwazer Landschaft, in: Schwazer Buch. Beiträge zur Heimatkunde von Schwaz und Umgebung (= Schlern-Schriften, Nr. 85), Innsbruck 1951, S. 9-15.
1951b Gletscher am Kellerjoch, in: Schwazer Buch. Beiträge zur Heimatkunde von Schwaz und Umgebung (= Schlern-Schriften, Bd. 85), Innsbruck 1951, S. 59-66.

Kluge, Friedrich:
1975 Etymologisches Wörterbuch der Deutschen Sprache. 21. unveränderte Aufl., Berlin/ New York 1975.

Knapp, Ludwig:
1929 Das Werden von Schwaz; Der Beginn des Bergbaues um Schwaz, insbesondere des Bergbaues am Falkenstein. „Schwaz ist aller Bergwerke Mutter", in: Tiroler Heimatblätter 1929, H. 7/8, S. 202-208; 209-215.
1932 Die ersten Rechtsgrundlagen des Schwazer Bergbaues, in: Tiroler Heimatblätter 10, 1932, S. 14-17.

Knapp, Toni:
1951 Die Schwazer Malerin Maria Anna Moser, in: Schwazer Buch. Beiträge zur Heimatkunde von Schwaz und Umgebung (= Schlern-Schriften, Bd. 85), Innsbruck 1951, S. 222-224.

Koch, Manfred:
1963 Geschichte und Entwicklung des bergmännischen Schrifttums (= Schriftenreihe Bergbau-Aufbereitung, Bd. 1), Goslar 1963.

Köberl, Wolfram:
1951 Der Schwazer Barockmaler Christoph Anton Mayr, in: Schwazer Buch. Beiträge zur Heimatkunde von Schwaz und Umgebung (= Schlern-Schriften, Bd. 85), Innsbruck 1951, S. 218-221.

Kofler, Harald:
2004 Quellen zur Geschichte der Streitigkeiten zwischen dem Bergrichter von Gossensaß-Sterzing und dem Landrichter von Sterzing, in: Tiroler Heimat. Jahrbuch für Geschichte und Volkskunde 68, 2004, S. 11-39.

Kohler, Alfred:
2003 Ferdinand I. 1503-1564. Fürst, König und Kaiser, München 2003.

Konrad, Bernd:
1997   Die Buchmalerei in Konstanz, am westlichen und am nördlichen Bodensee von 1400 bis zum Ende des 16. Jahrhunderts, in: Moser, Eva (Hrsg.): Buchmalerei im Bodenseeraum 13. bis 16. Jahrhundert, Friedrichshafen 1997, S. 109-154.

Kranz, Horst
2000   Lütticher Steinkohlenbergbau im Mittelalter. Aufstieg – Bergrecht – Unternehmer – Umwelt – Technik (= Aachener Studien zur älteren Energiegeschichte, Bd. 6); Quellen zum Lütticher Steinkohlenbergbau im Mittelalter. Urkunden – Register- und Rechnungseinträge – Bergrecht (= Aachener Studien zur älteren Energiegeschichte, Bd. 7), Herzogenrath 2000.

2004   Liège-sur-Houille. „Priesterparadies" und Kohlenstadt im Mittelalter, in: Kaufhold, Karl Heinrich/ Reininghaus, Wilfried (Hrsg.) Stadt und Bergbau (= Städteforschung Reihe A: Darstellungen, Bd. 64), Köln/ Weimar/ Wien 2004, S. 1-37.

Kraschewski, Hans-Joachim
1989   Der ‚ökonomische' Fürst. Herzog Julius als Unternehmer-Verleger der Wirtschaft seines Landes, besonders des Harz-Bergbaus, in: Christa Graefe (Hrsg.), Staatsklugheit und Frömmigkeit. Herzog Julius zu Braunschweig-Lüneburg, ein norddeutscher Landesherr des 16. Jahrhunderts, Wolfenbüttel 1989, S. 41-57.

Kreft, Thomas
2002   Das mittelalterliche Eisengewerbe im Herzogtum Berg und in der südlichen Grafschaft Mark (= Aachener Studien zur älteren Energiegeschichte, Bd. 8), Herzogenrath 2002.

Kroker, Evelyn:
1984   Bergbauverwaltung, in: Jeserich, Kurt G. A.; Pohl, Hans; Unruh, Georg-Christoph von (Hrsg.): Deutsche Verwaltungsgeschichte, Bd. 3, Das Deutsche Reich bis zum Ende der Monarchie, Stuttgart 1984, S. 514-526.

Kroker, Werner/ Westermann, Ekkehard (Bearb.):
1984   Montanwirtschaft Mitteleuropas vom 12. bis 17. Jahrhundert. Stand, Wege und Aufgaben der Forschung (= Der Anschnitt, Beiheft 2 = Veröffentlichungen aus dem Deutschen Bergbau-Museum Bochum, Nr. 30), Bochum 1984.

Ladurner, Justinian:
1864   Etwas über das Silberbergwerk bei Schwaz und bei Gossensass, in: Archiv für Geschichte und Alterthumskunde Tirols 1, 1864, S. 316-318.

Lang, Amei:
1985   Noch sind die Raeter Herren des Landes, in: Veldidena. Römisches Militärlager und Zivilsiedlung. Nordtirol und die Invasion aus dem Süden vor 2000 Jahren. Innsbruck 1985, S. 45-67.

Leng, Rainer:
2002   Ars belli. Deutsche taktische und kriegstechnische Bilderhandschriften und Traktate im 15. und 16. Jahrhundert. Bd. 1: Entstehung und Entwicklung, Wiesbaden 2002.

Lerner, Franz:
1979   Die Bedeutung des internationalen Ochsenhandels für die Fleischversorgung deutscher Städte im Spätmittelalter und der frühen Neuzeit, in: Ekkehard Westermann (Hrsg.), Internationaler Ochsenhandel (1350-1750). Akten des 7th International Economic History Congress Edinburgh 1978. Stuttgart 1979, S. 197-217.

Ließmann, Wilfried
2002   Der Bergbau am Beerberg bei Sankt Andreasberg, Duderstadt 2002.

Link, Christoph:
1983   Die Verwaltung in den einzelnen Territorien: § 1 Die Habsburgischen Erblande, die böhmischen Länder und Salzburg, in: Jeserich, Kurt G. A.; Pohl, Hans; Unruh, Georg-Christoph von (Hrsg.): Deutsche Verwaltungsgeschichte. Bd. 1: Vom Spätmittelalter bis zum Ende des Reiches, Stuttgart 1983, S. 468-552.

Ludwig, Karl-Heinz:
1979   Die 21 Artikel der Gesellschaften der Bergwerke 1525, in: Der Anschnitt 31, 1979, H. 1, S. 10-21.

1984   Sozialstruktur, Lehenschaftsorganisation, und Einkommensverhältnisse im Bergbau des 15. und 16. Jahrhunderts, in: Kroker, Werner/ Westermann, Ekkehard (Bearb.), Montanwirtschaft Mitteleuropas vom 12. bis 17. Jahrhundert. Stand, Wege und Aufgaben der Forschung (= Der Anschnitt, Beiheft 2), Bochum 1984, S. 118-124.

1985   Bergordnungen, technischer und sozialer Wandel im Übergang vom Mittelalter zur Neuzeit, in: Technikgeschichte 52, 1985, H. 3, S. 179-196.

1989   Aspekte der Arbeitsverfassung im europäischen Bergbau des Mittelalters und der frühen Neuzeit, in: Ludwig, Karl-Heinz/ Sika, Peter (Hrsg.): Bergbau und Arbeitsrecht. Die Arbeitsverfassung im europäischen Bergbau des Mittelalters und der frühen Neuzeit (= Böcksteiner Montana, Bd. 8), Wien 1989, S. 11-35.

2003   „Der Anlaß" – Ein Konjunkturpolitischer Clou des Jahres 1525 in Tirol, in: Paolo Pecorari (Hrsg.), Europa e America. Nella Storia della Civiltà. Studi in onore di Aldo Stella, Treviso 2003, S. 167-183.

2004   Der Anlass vom Schwazer Falkenstein und seine Confirmation. Zwei bergbaupolitische Dokumente des Jahres 1525, in: Der Anschnitt 56, 2004, S. 98-109.

Ludwig, Karl-Heinz/ Gruber, Fritz:
1987   Gold- und Silberbergbau im Übergang vom Mittelalter zur Neuzeit. Das Salzburger Revier von Gastein und Rauris, Köln/ Wien 1987.

Ludwig, Karl-Heinz/ Schmidtchen, Volker:
1992   Metalle und Macht 1000 bis 1600, in: Wolfgang König (Hrsg.): Propyläen Technikge-

schichte, Bd. 2, Frankfurt a. M./ Berlin 1992.

Ludwig, Karl-Heinz/ Sika, Peter (Hrsg.):
1989 Bergbau und Arbeitsrecht. Die Arbeitsverfassung im europäischen Bergbau des Mittelalters und der frühen Neuzeit (= Böcksteiner Montana, Bd. 8), Wien 1989.

Lukas, W.
1971 Die Siderit-Fahlerz-Kupferkies-Lagerstätte des Arzberges bei Schwaz in Tirol (= Veröffentlichungen des Museums Ferdinandeum, Bd. 51), Innsbruck 1971.

Mernik, Peter:
2003 Betrachtungen zu Tiroler Bergordnungen an der Wende vom Mittelalter zur Neuzeit, in: Ingenhaeff, Wolfgang; Bair, Johann (Hrsg.): Schwazer Silber – vergeudeter Reichtum? Verschwenderische Habsburger in Anhängigkeit vom oberdeutschen Kapital an der Zeitenwende vom Mittelalter zur Neuzeit. Schwazer Silber. 1. Internationales Bergbausymposium Schwaz 2002, Innsbruck 2003, S. 143-156.
2005 „Codex Maximilianeus". Bergwerkserfindungen für Tirol 1408 bis 1542 in 422 Artikeln. Transkription der Handschrift. Übertragung in den heutigen Sprachgebrauch. Kommentar, Innsbruck 2005.

Massetto, Gian P.:
1980 Artikel: Bankrott, in: Lexikon des Mittelalters, Bd. 1: Aachen bis Bettelordenskirchen, München/ Zürich 1980, Sp. 1409-1410.

Maßmann, Hans Ferdinand; Schneller, J. Andreas:
1827/1837 Bayerisches Wörterbuch, 4 Teile, Stuttgart/ Tübingen 1827-1837.

Minerophilus Freibergensis:
1730 Neues und curieuses Bergwercks-Lexikon, worinnen nicht nur alle und iede beym Bergwerck, Schmeltz-Hütten, Brenn-Hause, Saiger-Hütten, Blau-Farben-Mühlen, Hammerwercken etc. vorkommende Benennungen, sondern auch derer Materien, Gefäße, Instrumenten und Arbeits-Arten Beschreibung enthalten, alles nach dem gebräuchlichen bergmännischen Stylo, so wohl aus eigener Erfahrung, als auch aus bewehrtesten Scribenten mit besondern Fleiß zusammen getragen und in alphabetische Ordnung zu sehr bequehmen Nachschlagen gebracht, Chemnitz 1730.

Moser, Eva (Hrsg.):
1997 Buchmalerei im Bodenseeraum 13. bis 16. Jahrhundert, Friedrichshafen 1997.

Moser, Heinz/ Rizzolli, Helmut/ Tursky, Heinz:
1984 Tiroler Münzbuch, Innsbruck 1984.

Müller, Karl Otto:
1955 Quellen zur Handelsgeschichte der Paumgartner von Augsburg (1480-1570) (= Deutsche Handelsakten des Mittelalters und der Neuzeit, Bd. IX), Wiesbaden 1955.

Mutschlechner, Georg:
1951 Vom alten Bergbau am Falkenstein (Schwaz). Nach gedruckten und ungedruckten Quellen, in: Schwazer Buch. Beiträge zur Heimatkunde von Schwaz und Umgebung (= Schlern-Schriften, Bd. 85), Innsbruck 1951, S. 113-125.
1968a Das Kitzbüheler Bergbaugebiet, in: Stadtgemeinde Kitzbühel (Hrsg.): Stadtbuch Kitzbühel, Bd. 2, Vorgeschichte und Bergbau, Kitzbühel 1968, S. 9-102.
1968b Kitzbüheler Bergbaugeschichte, in: Stadtgemeinde Kitzbühel (Hrsg.): Stadtbuch Kitzbühel, Bd. 2, Vorgeschichte und Bergbau, Kitzbühel 1968, S. 137-225.

Naupp, P. Thomas:
2000 Der Streit um die Schwazer Innbrücke zog sich fast über 600 Jahre hin!, in: Schwazer Heimatblätter 44, 2000, S. 11-16.

Neuninger, Heinz/ Pittioni, Richard/ Preuschen, Ernst:
1960 Das Kupfer der Nordtiroler Urnenfelderkultur. Ein weiterer Beitrag zur Relation Lagerstätte – Fertigprodukt, in: Archaeologia Austriaca, Beiheft 5, Wien 1960.

Niemann, Hans-Werner/ Niemann-Witter, Dagmar:
1991 Die Geschichte des Bergbaus in St. Andreasberg, Clausthal-Zellerfeld 1991.

Nöh, Albert:
1951 Bergbau Alte Zeche und Zapfenschuh, in: Schwazer Buch. Beiträge zur Heimatkunde von Schwaz und Umgebung (= Schlern-Schriften, Bd. 85), Innsbruck 1951, S. 126-135.

Ohl de Marais, A.:
1955 Les arts en Lorraine aux XVIe siècle, in: Bulletin de la Société Philomatique Vosgienne 49, 1955, S. 46-51.

Oppitz, Ulrich-Dieter:
1992 Deutsche Rechtsbücher des Mittelalters, Köln-Wien 1992.

Ott, Norbert H.:
2000 Texte und Bilder. Beziehungen zwischen den Medien, Kunst und Literatur in Mittelalter und Früher Neuzeit, in: Wenzel, Horst/ Seipel, Wilfried/ Wunberg, Gotthard (Hrsg.): Die Verschriftlichung der Welt. Bild, Text und Zahl in der Kultur des Mittelalters und der Frühen Neuzeit, Wien 2000, S. 105-144.

Palme, Rudolf:
1984 Rechtliche und soziale Probleme im Tiroler Erzbergbau vom 12. bis zum 16. Jahrhundert, in: Kroker, Werner/ Westermann, Ekkehard (Bearb.): Montanwirtschaft Mitteleuropas vom 12. bis 17. Jahrhundert. Stand, Wege und Aufgaben der Forschung (= Der Anschnitt, Beiheft 2), Bochum 1984, S. 111-117.
1996 Historiographische und rezeptionsgeschichtliche Aspekte der Tätigkeit der Fugger in Tirol, in: Burkhardt, Johannes (Hrsg.): Augsburger Handelshäuser im Wandel des historischen Urteils (= Institut für Europäische Kulturgeschichte der Universität Augsburg. Colloquia Augustana, 3), Berlin 1996, S. 297-307.
1997 Die Unschlittversorgung von Schwaz Mitte der zwanziger Jahre des 16. Jahrhunderts,

in: Westermann, Ekkehard (Hrsg.): Bergbaureviere als Verbrauchszentren im vorindustriellen Europa. Fallstudien zu Beschaffung und Verbrauch von Lebensmitteln sowie Roh- und Hilfsstoffen (13.-18. Jahrhundert), Stuttgart 1997, S. 33-45.

1998 Frühe Neuzeit (1490-1665), in: Fontana, Josef; Haider, Peter W.; Mühlberger, Georg, Palme, Rudolf; Parteli, Othmar; Riedmann, Josef (Hrsg.): Geschichte des Landes Tirol. Bd. 2, 2. überarb. Aufl., Bozen/ Innsbruck/ Wien 1998, S. 3-287.

Palme, Rudolf/ Gstrein, Peter/ Ingenhaeff, Wolfgang:

2002 Glück auf! Faszination Schwazer Silberbergwerk, Innsbruck 2002.

Paul, Wolfgang (Hrsg.):

2005 Max von Isser-Gaudententhurm: Schwazer Bergwerks-Geschichte. Eine Monographie über die Schwazer Erzbergbaue. Mit sechs artistischen Kartenbeilagen und einen Anhang „Die Schwazer Bergchronik". Nach archivalen Quellen bearbeitet, 1905 [-1924]. Spokane/ Washington 2005.

Petrascheck-Heim, Inge:

1957 Die Bergmannskleidung in den Schwazer Bergbüchern von Wien und Leoben, in: Der Anschnitt 9, 1957, H. 3, S. 29-33.

Piątek, Eufrozyna Maria:

1995 Zum Einfluss des Kohlenbergbaus auf die Entwicklung des Dorfes Weißenstein (Biały Kamień) bei Waldenburg (Wałbrzych) vom 16. bis zum 19. Jahrhundert, in: Westermann, Ekkehard (Hrsg.), Vom Bergbau- zum Industrierevier (= VSWG, Beiheft 115), Stuttgart 1995, S. 257-267.

Pirker, Paul/ Paschinger, Hans:

1951 Form und Bild der Stadt Schwaz, in: Schwazer Buch. Beiträge zur Heimatkunde von Schwaz und Umgebung (= Schlern-Schriften, Bd. 85), Innsbruck 1951, S. 234-239.

Pirkl, Herwig:

1961 Geologie des Triasstreifens und des schwazer Dolomits südlich des Inn zwischen Schwaz und Wörgl (Tirol), in: Jahrbuch der Geologischen Bundesanstalt 104, 1961, S. 1-150.

Pizzinini, Meinrad:

1990 Die Verarbeitung der Metalle, in: Silber, Erz und Weißes Gold. Bergbau in Tirol. Tiroler Landesausstellung (Ausstellungskatalog), Innsbruck 1990, S. 312-324.

Pölnitz, Götz von:

1958 Anton Fugger, Bd. 1 (= Studien zur Fugger-Geschichte, Bd. 15), Tübingen 1958.

1960 Die Fugger, 2. Aufl., Frankfurt a. M. 1960.

1963 Anton Fugger, Bd. 2, Teil I (= Studien zur Fugger-Geschichte, Bd. 17), Tübingen 1963.

1967 Anton Fugger, Bd. 2, Teil II (= Studien zur Fugger-Geschichte, Bd. 20), Tübingen 1967.

1971 Anton Fugger, Bd. 3, Teil 1 (= Studien zur Fugger-Geschichte, Bd. 22), Tübingen 1971.

Pölnitz, Götz von/ Kellenbenz, Hermann:

1986 Anton Fugger, Bd. 3, Teil 2 (= Studien zur Fugger-Geschichte, Bd. 29), Tübingen 1986.

Probszt, Günther:

1963 Die Metallversorgung der österreichischen Münzstätten, in: Der Anschnitt 15, 1963, H. 4, S. 3-58.

1966 Die niederungarischen Bergstädte. Ihre Entwicklung und wirtschaftliche Bedeutung bis zum Übergang an das Haus Habsburg 1546 (= Buchreihe der Süddeutschen Historischen Kommission, Bd. 15), München 1966.

Raub, Julius:

1957 Bergmännische Privilegien im Schwazer Bergbuch, in: Der Anschnitt 9, 1957, H. 1-2, S. 35-41.

Rauh, Rudolf (Bearb.):

1953 Systematische Übersicht über die Bestände des Fürstl. von Waldburg-Zeil'schen Gesamtarchivs in Schloß Zeil vor 1806 (1850). Archiv Kißlegg und Archiv Ratzenried (= Württembergische Archivinventare, H. 24), Stuttgart 1953.

Reininghaus, Wilfried

2004 Bergbaustädte im kölnischen Sauerland. Brilon, Hagen, Endorf und Silbach im Mittelalter und in der frühen Neuzeit, in: Kaufhold, Karl Heinrich/ Reininghaus, Wilfried (Hrsg.), Stadt und Bergbau (= Städteforschung, Reihe A: Darstellungen, Bd. 64), Köln/ Weimar/ Wien 2004, S. 39-72.

2005 Artikel: Bergstadt, in: Friedrich Jaeger (Hrsg.): Enzyklopädie der Neuzeit. Bd. 2: Beobachtung – Dürre, Stuttgart/ Weimar 2005, Sp. 41-42.

Rieser, Brigitte:

1999 Urgeschichtlicher Kupferbergbau im Raum Schwaz-Brixlegg. Eine Untersuchung urgeschichtlicher Bergbauspuren und Werkzeugfunde – mit Experimenten. Diss., Innsbruck 1999.

Rieser, Brigitte/ Schrattenthaler, Hanspeter:

1998/99 Urgeschichtlicher Kupferbergbau im Raum Schwaz-Brixlegg, Tirol, in: Archaeologia Austriaca. Beiträge zur Paläoanthropologie, Ur- und Frühgeschichte Österreichs 82-83, 1998/1999, S. 135-179.

2002 Prähistorischer Bergbau im Raum Schwaz-Brixlegg, Urgeschichtliche Bergbauspuren, Werkzeugfunde, Experimente, Mineralien, Reith im Alpbachtal 2002.

Röhrig, Ernst (Bearb.):

1881 Wörterbuch in englischer und deutscher Sprache für Berg- und Hüttentechnik und deren Hilfswissenschaften. Zweiter Theil, Deutsch-Englisch, Leipzig 1881.

Ronsin, Albert:

1982a Le graduel de Saint-Dié et ses enluminures sur les mines (vers 1504-1514), in: Pierres et Terre 25-26, 1982, S. 54-58.

1982b Vautrin Lud, son frère et ses neveaux, maîtres généraux des mines de Lorraine, in: Pierres et Terre 25-26, 1982, S. 51-53.

Save, Gaston:
1889/90 Vautrin Lud et le Gymnase Vosgien, in: Bulletin de la Société Philomatique Vosgienne 15, 1889/1890, S. 253-298.

Schadelbauer, Karl (Hrsg.):
1935/36 Quellen zur Geschichte der Stadt Schwaz. Heft 1: Das älteste Raitbuch U.L. Frauen-Pfarr-Kirche; Heft 2: Die ältesten Pfarrarchivurkunden 1352-1450, o.O. 1935/36.

Schatteiner, Johann F.:
1989 Die Schin- und Markscheidekunst im ostalpinen Bergbau, in: Salzburg-Archiv 9, 1989, S. 17-86.

Schatz, Josef:
1955 Wörterbuch der Tiroler Mundarten (= Schlern-Schriften, Bd. 119/120), Innsbruck 1955.

Scheuermann, Ludwig:
1929 Die Fugger als Montanindustrielle in Tirol und Kärnten. Ein Beitrag zur Wirtschaftsgeschichte des 16. und 17. Jahrhunderts (= Studien zur Fugger-Geschichte, Bd. 8), München/ Leipzig 1929.

Schildt, Bernd:
2002 Artikel: Weistum, in: Lexikon des Mittelalters. Band 8: Stadt (Byzantinisches Reich) bis Werl, München 2002, Sp. 2141-2143.

Schmidegg, Oskar:
1942 Der geologische Bau des Bergwerksgebietes von Schwaz in Tirol, in: Jahrbuch des Reichsamtes für Bodenforschung 63, 1942, S. 185-193.
1951 Die Erzlagerstätten des Schwazer Bergbaugebietes, besonders des Falkenstein, in: Schwazer Buch, Beiträge zur Heimatkunde von Schwaz und Umgebung (= Schlern-Schriften, Bd. 85), Innsbruck 1951, S. 36-58.

Schmidt, Alois Richard:
1868 IV. Die Bergbaue im Unterinnthale (Nach comissionellen Erhebungen, vieljährigen eigenen Beobachtungen und verlässlichen Mittheilungen), in: Berg- und Hüttenmännische Zeitung 27, 1868, Nr. 1, S. 1-3; Nr. 2, S. 9-11; Nr. 7, S. 53-55; Nr. 8, S. 61-62; Nr. 9, S. 69-71; Nr. 12, S. 97-99; Nr. 32, S. 271-273; Nr. 33, S. 277-282; Nr. 35, S. 296-298; Nr. 40, S. 337-338; Nr. 50, S. 419-421; Nr. 51, S. 425-427; Nr. 52, S. 433-435.

Schmidt, Ursula:
1970 Die Bedeutung des Fremdkapitals im Goslarer Bergbau um 1500 (= Beiträge zur Geschichte der Stadt Goslar, Bd. 27), Goslar 1970.

Schönberg, Leo:
1910 Die Technik des Finanzhaushaltes der deutschen Städte im Mittelalter (= Münchener volkswirtschaftliche Studien, Bd. 103), Stuttgart - Berlin 1910.

Schober, Richard (Bearb.):
1990 Die Urkunden des Landschaftlichen Archivs zu Innsbruck (1342-1600) (= Tiroler Geschichtsquellen, Bd. 29), Innsbruck 1990.

Schönherr, David (Hrsg.):
1867 Franz Schweyger´s Chronik der Stadt Hall 1303 bis 1572 (= Tirolische Geschichtsquellen, Bd. 1), Innsbruck 1867.

Schultze, Johannes:
1966 Richtlinien für die äußere Textgestaltung bei der Herausgabe von Quellen zur neueren deutschen Geschichte, in: Blätter für deutsche Landesgeschichte 102, 1966, S. 1-10 (erneut veröffentlicht in: Heinemeyer, Walter (Hrsg.): Richtlinien für die Edition landesgeschichtlicher Quellen, Marburg/ Köln 1978).

Schulze, Winfried:
1987 Deutsche Geschichte im 16. Jahrhundert. 1500-1618 (= Edition Suhrkamp, Bd. 1268; N.F., Bd. 268), Frankfurt a.M. 1987.

Schwind, Ernst von/ Alfons Dobsch (Hrsg.):
1895/1968 Ausgewählte Urkunden zur Verfassungsgeschichte der Deutsch-Österreichischen Erblande im Mittelalter, Innsbruck 1895 (= ND Aalen 1968).

Slotta, Rainer:
1977 Die automatische Kippanlage für Förderwagen in Wolf Jacob Stromers Baumeisterbuch vom Ende des 16. Jahrhunderts, in: Der Anschnitt 29, 1977, H. 5-6, S. 242-245.

Slotta, Rainer/ Bartels, Christoph:
1990: Meisterwerke bergbaulicher Kunst vom 13. bis 19. Jahrhundert. Unter Mitarbeit von Heinz Pollmann und Martin Lochert, Bochum 1990.

Slotta, Rainer/ Just, Christine und Rüdiger/ von Rohr, Alheidis:
2003 Bergwerke auf Glas. Kostbarkeiten (nicht nur) für Kaiser und Edelleute (= Veröffentlichungen aus dem Deutschen Bergbau-Museum Bochum, Bd. 120), Bochum 2003.

Sparber, Anselm (Red.):
1965 Sterzinger Heimatbuch (= Schlern-Schriften, Bd. 232), Innsbruck 1965.

Sperges, Josef von:
1765 Tyrolische Bergwerksgeschichte, mit alten Urkunden und einem Anhange, worinn das Bergwerk zu Schwaz beschrieben wird, Wien 1765.

Spranger, Carolin:
2003 Der Metall- und Versorgungshandel der Fugger in Schwaz zwischen 1560 und 1580: Tiroler Landesherr, Montanverwaltung und Gewerken zwischen Krisen und Konflikten, in: Ingenhaeff, Wolfgang; Bair, Johann (Hrsg.): Schwazer Silber – vergeudeter Reichtum? Verschwenderische Habsburger in Anhängigkeit vom oberdeutschen Kapital an der Zeitenwende vom Mittelalter zur Neuzeit. Schwazer Silber. 1. Internationales Bergbausymposium Schwaz 2002, Innsbruck 2003, S. 181-198.

Spruth, Fritz:
1986 Die Oberharzer Ausbeutetaler von Braunschweig-Lüneburg im Rahmen der Geschichte ihrer Gruben. Ein Beitrag zur Industrie-

archäologie (= Veröffentlichungen aus dem Deutschen Bergbau-Museum Bochum, Nr. 36), Bochum 1986.

Srbik, Robert R. von:
1951 Überblick über die Geschichte der Besiedlung und der politischen Raumbildung des Bezirkes Schwaz, in: Schwazer Buch. Beiträge zur Heimatkunde von Schwaz und Umgebung (= Schlern-Schriften, Bd. 85), Innsbruck 1951, S. 75-93.

Sternad, Hans:
1986 Aus der Geschichte 1850 bis 1980, in: Egg, Erich/ Gstrein, Peter/ Sternad, Hans: Stadtbuch Schwaz. Natur – Bergbau – Geschichte, Schwaz 1986, S. 217-354.

Strätz, Hans-Wolfgang:
1974 Bergmännisches Arbeitsrecht im 15. und 16. Jahrhundert insbesondere nach Tiroler Quellen, in: Festschrift Nikolaus Grass, Bd. 1, hrsg. v. Louis Carlen/ Fritz Steinegger, Innsbruck/ München 1974, S. 533-558.
1976 Bergmännisches Arbeitsrecht im 15. und 16. Jahrhundert, in: Der Anschnitt 28, 1976, H. 3 u. 4, S. 86-94, 114-122.

Stromer, Wolfgang von:
1984 Wassersnot und Wasserkünste im Bergbau des Mittelalters und der frühen Neuzeit, in: Kroker, Werner/ Westermann, Ekkehard (Bearb.): Montanwirtschaft Mitteleuropas vom 12. bis 17. Jahrhundert. Stand, Wege und Aufgaben der Forschung. (= Der Anschnitt, Beiheft 2 = Veröffentlichungen aus dem Deutschen Bergbau-Museum Bochum, Nr. 30) Bochum 1984, S. 50-72.
1986 Gewerbereviere und Protoindustrien in Spätmittelalter und Frühneuzeit, in: Pohl, Hans (Hrsg.): Gewerbe- und Industrielandschaften vom Spätmittelalter bis zum 20. Jahrhundert (= VSWG, Beiheft 78), Stuttgart 1986.

Stuffer, Rupert
2004 Technische Voraussetzungen zur Innschifffahrt, in: Ingenhaeff, Wolfgang/ Bair, Johann (Hrsg.) Wasser – Fluch und Segen. Schwazer Silber. 2. Internationales Bergbausymposium Schwaz 2003, Innsbruck 2004, S. 217-225.

Suhling, Lothar:
1976 Der Seigerhüttenprozeß. Die Technologie des Kupferseigerns nach dem frühen metallurgischen Schrifttum, Stuttgart 1976.
1977 Das Erfahrungswissen des Bergmanns als ein neues Element der Bildung im Zeitalter des Humanismus, in: Der Anschnitt 29, 1977, H. 5-6, S. 212-218.
1978 Innovationsversuche in der nordalpinen Metallhüttentechnik des späten 15. Jahrhunderts, in: Technikgeschichte 45, 1978, S. 134-147.
1983/88 Aufschließen, Gewinnen und Fördern. Geschichte des Bergbaus, Reinbek b. Hamburg 1983; unveränderte Neuauflage, ebd. 1988.
1994 Georgius Agricola und die Hüttentechnik seiner Zeit, in: Agricola-Vorträge 1994, hrsg. v. Werner Kroker (= Die Technikgeschichte als Vorbild moderner Technik, Bd. 19), Bochum 1995, S. 73-85.
2003 Rattenberger und Schwazer Schmelzen auf Silber und Kupfer vor und um 1500 – Zu den Verhüttungsverfahren nach Quellen des späten 15. und frühen 16. Jahrhunderts, in: Ingenhaeff, Wolfgang; Bair, Johann (Hrsg.): Schwazer Silber – vergeudeter Reichtum? Verschwenderische Habsburger in Anhängigkeit vom oberdeutschen Kapital an der Zeitenwende vom Mittelalter zur Neuzeit. Schwazer Silber. 1. Internationales Bergbausymposium Schwaz 2002, Innsbruck 2003, S. 209-224.

Tschan, Wolfgang:
2003 Struktur und Aufgabengebiet der Tiroler Berggerichte und des landesfürstlichen Beamtenapparates im Schwazer Bergbau an der Wende vom Mittelalter zur frühen Neuzeit, in: Tiroler Heimat. Jahrbuch für Geschichte und Volkskunde 67, 2003, S. 123-140.
2004 Zur Geschichte des Schwazer Bergrechts. Quellenkritische Anmerkungen zum „Codex Maximilianeus", in: Tiroler Heimat. Jahrbuch für Geschichte und Volkskunde 68, 2004, S. 41-60.

Tubbesing, Gerrit:
1996 Vögte, Froner, Silberberge. Herrschaft und Recht des mittelalterlichen Bergbaus im Südschwarzwald (= Freiburger Rechtsgeschichtliche Abhandlungen N.F., Bd. 24), Berlin 1996.

Veith, Heinrich:
1870 Deutsches Bergwörterbuch. Mit Beilagen. Erste Abtheilung A bis K, Breslau 1870.
1871 Bergwörterbuch. Mit Beilagen. [Zweite Abteilung L bis Z], Breslau 1871.

Wächtler, Eberhard:
1989 Technologisches Niveau und Arbeitsverfassung – Überlegungen zu den Wechselbeziehungen zwischen beiden in der Geschichte des sächsischen Silberbergbaus, in: Ludwig, Karl Heinz/ Sika, Peter (Hrsg.): Bergbau und Arbeitsrecht. Die Arbeitsverfassung im europäischen Bergbau des Mittelalters und der frühen Neuzeit (= Böcksteiner Montana, Heft 8), Wien 1989, S. 353-364.

Wagenbreth, Otfried/ Wächtler, Eberhard (Hrsg.):
1986/88 Der Freiberger Bergbau. Technische Denkmale und Geschichte. 1. Aufl. Leipzig 1986; 2. durchgesehene Aufl., Leipzig 1988.

Wagenbreth, Otfried/ Wächtler, Eberhard/ Becke, Andreas/ Douffet, Heinrich/ Jobst, Wolfgang:
1990 Bergbau im Erzgebirge. Technische Denkmale und Geschichte, Leipzig 1990.

Wagner, Thomas [von]:
1791 Corpus iuris metallici recentissimi et antiquionis = Sammlung der neuesten und älterer Berggesetze. Leipzig 1791.

Walde, Elisabeth:
1985 Die Römer erobern die Alpen, in: Veldidena. Römisches Militärlager und Zivilsiedlung.

Nordtirol und die Invasion aus dem Süden vor 2000 Jahren, Innsbruck 1985, S. 68-76.

Walter, Rolf:
2003 Das Silbergeschäft der Oberdeutschen in der Zeit Karls V. unter besonderer Berücksichtigung Lateinamerikas, in: Ingenhaeff, Wolfgang; Bair, Johann (Hrsg.): Schwazer Silber – vergeudeter Reichtum? Verschwenderische Habsburger in Anhängigkeit vom oberdeutschen Kapital an der Zeitenwende vom Mittelalter zur Neuzeit. Schwazer Silber. 1. Internationales Bergbausymposium Schwaz 2002, Innsbruck 2003, S. 241-255.

Weingartner, Josef:
1951 Aus der alten Schwazer Bergwerksgeschichte, in: Schwazer Buch. Beiträge zur Heimatkunde von Schwaz und Umgebung (= Schlern-Schriften, Bd. 85), Innsbruck 1951, S. 158-172.

Wenckenbach, Friedrich:
1864 Bergmännisches Wörterbuch. Nebst einem Anhang über das Herzogl. Nass. Mas und Gewicht, Wiesbaden 1864.

Westermann, Angelika:
1993 Entwicklungsprobleme der Vorderösterreichischen Montanwirtschaft im 16. Jahrhundert (= Forschung, Lehren, Lernen, Bd. 8), Idstein 1993.
2004 Zentralität und Funktionalität. Überlegungen zur Bedeutung der Bergbauorte in den Vorderösterreichischen Montanregionen der Frühen Neuzeit, in: Kaufhold, Karl Heinrich/ Reininghaus, Wilfried (Hrsg.): Stadt und Bergbau (= Städteforschung Reihe A: Darstellungen, Bd. 64), Köln/ Weimar/ Wien 2004, S. 73-91.
2005a Artikel: Bergrecht, in: Friedrich Jaeger (Hrsg.): Enzyklopädie der Neuzeit. Bd. 2: Beobachtung – Dürre, Stuttgart/ Weimar 2005, Sp. 33-39.
2005b Artikel: Bergregal, in: Friedrich Jaeger (Hrsg.): Enzyklopädie der Neuzeit. Bd. 2: Beobachtung – Dürre, Stuttgart/ Weimar 2005, Sp. 39-41.

Westermann, Ekkehard:
1979 Forschungsaufgaben des internationalen Ochsenhandels aus mitteleuropäischer Sicht, in: Ekkehard Westermann (Hrsg.), Internationaler Ochsenhandel (1350-1750). Akten des 7th International Economic History Congress Edinburgh 1978. Stuttgart 1979, S. 261-293.
1986a Zur Silber- und Kupferproduktion Mitteleuropas vom 15. bis zum frühen 17. Jahrhundert. Über Bedeutung und Rangfolge der Reviere von Schwaz, Mansfeld und Neusohl, in: Der Anschnitt 38, 1986, H. 5-6, S. 187-211.
1986b Zur Brandsilber- und Kupferproduktion des Falkenstein bei Schwaz 1479 bis 1623. Eine Kritik bisheriger Ermittlungen von Produktionsziffern, in: Tiroler Heimat. Jahrbuch für Geschichte und Volkskunde 50, 1986, S. 109-125.
1988 (Hrsg.): Die Listen der Brandsilberproduktion des Falkenstein bei Schwaz vom 1470 bis 1623 (= Leobener Grüne Hefte N.F., H. 7), Wien 1988.
1995 (Hrsg.): Vom Bergbau- zum Industrierevier (= VSWG, Beiheft 115), Stuttgart 1995.
1997a (Hrsg.): Bergbaureviere als Verbrauchszentren im vorindustriellen Europa. Fallstudien zu Beschaffung und Verbrauch von Lebensmitteln sowie Roh- und Hilfsstoffen (13.-18. Jahrhundert) (= VSWG, Beiheft 130), Stuttgart 1997.
1997/b Zur Versorgung von Bergbaurevieren: Aufgaben künftiger Forschungen, in: Ders. (Hrsg.), Bergbaureviere als Verbrauchszentren im vorindustriellen Europa. Fallstudien zu Beschaffung und Verbrauch von Lebensmitteln sowie Roh- und Hilfsstoffen (13.-18. Jahrhundert) (= VSWG, Beiheft 130), Stuttgart 1997, S. 429-442.
2003 Zum Umfang der Silber- und Kupferproduktion Tirols 1470-1530. Probleme bei der Ermittlung von Produktionsziffern, in: Ingenhaeff, Wolfgang; Bair, Johann (Hrsg.): Schwazer Silber – vergeudeter Reichtum? Verschwenderische Habsburger in Anhängigkeit vom oberdeutschen Kapital an der Zeitenwende vom Mittelalter zur Neuzeit. Schwazer Silber. 1. Internationales Bergbausymposium Schwaz 2002, Innsbruck 2003, S. 271-286.

Wiesflecker, Hermann:
1971-86 Kaiser Maximilian I., Das Reich, Österreich und Europa an der Wende zur Neuzeit. 5 Bde., München 1971-1986.

Wild, Martin:
2005 Ridnauer Dialektwörterbuch, Innsbruck 2005.

Winkelmann, Heinrich:
1956 Schwazer Bergbuch. Privatdruck, hrsg. von der Gewerkschaft Eisenhütte Westfalia, Lünen, Bochum 1956.
1957 Das Schwazer Bergbuch. Ein siebentes Exemplar im Bergbau-Museum Bochum, in: Der Anschnitt 9, 1957, H. 1-2, S. 3-8.
1961 Ein achtes Exemplar des Schwazer Bergbuchs, in: Der Anschnitt 13, 1961, H. 3, S. 3-8.
1962 Bergbuch des Lebertals, hrsg. v. der Gewerkschaft Eisenhütte Westfalia, Wethmar/ Lünen. Privatdruck, Lünen 1962.

Witthöft, Harald:
1993 Artikel: Mark, in: Lexikon des Mittelalters, Bd. VI: Lukasbilder bis Plantagenêt. München/ Zürich 1993, Sp. 296-297.
1991-94 (Hrsg.) Handbuch der Historischen Metrologie, Bd. 1, St. Katharinen 1991; Bd. 2, ebd., 1993; Bd. 3 ebd., 1994; Bd. 4, ebd., 1994.

Wolfstrigl-Wolfskron, Max von:
1903 Die Tiroler Erzbergbaue 1301-1665, Innsbruck 1903.

Worms, Stephen:
1904 Schwazer Bergbau im fünfzehnten Jahrhundert. Ein Beitrag zur Wirtschaftsgeschichte, Wien 1904.

Zycha, Adolf:
1907 Zur neuesten Literatur über die Wirtschafts- und Rechtsgeschichte des deutschen Bergbaues, in: VSWG 5, 1907, S. 238-292.
1939 Montani et Silvani. Zur älteren Bergbauverfassung Goslars, in: Deutsches Archiv für die Geschichte des Mittelalters 3, 1939, S. 175-210.

ohne Verfasserangabe:
1899 Stadt Schwaz 1899. Zur Erinnerung an die Erhebung des Marktes Schwaz zur Stadt, hrsg. im Auftrag der Gemeindevertretung der Stadt Schwaz, Innsbruck 1899.
1951 Schwazer Buch. Beiträge zur Heimatkunde von Schwaz und Umgebung (= Schlern-Schriften, Bd. 85), Innsbruck 1951.
1989 Die Goldene Bulle. Nach König Wenzels Prachthandschrift. Mit der deutschen Übersetzung von Konrad Müller und einem Nachwort von Ferdinand Seibt (= Die bibliophilen Taschenbücher, Nr. 84), 3. Aufl., Dortmund 1989.
1990 Silber, Erz und Weißes Gold. Bergbau in Tirol. Tiroler Landesausstellung (Ausstellungskatalog), Innsbruck 1990.
1984/2004 Wörterbuch der bairischen Mundarten in Österreich (Bayerisch-Österreichisches Wörterbuch: I. Österreich), hrsg. v. Institut für österreichische Dialekt- und Namenlexika. (bisher) 5 Bde., Wien 1984-2004.
2002/3 Wörterbuch der bairischen Mundarten in Österreich (Bayerisch-Österreichisches Wörterbuch: II. Bayern), hrsg. v. Institut für österreichische Dialekt- und Namenlexika. (bisher) 2 Bde., Wien 2002-2003.

Register

Personen

A

Agricola, Georgius: 187, 212, 228, 229, 284, 683, 782, 845, 915, 919
Alber, Mathias: 754, 760, 774, 861, 863, 865, 866, 877, 881
Alber, Dr. Wolfgang: 753, 775
Albrecht, Herzog von Bayern: 665, 757
Andechs, Graf von: 651
Andorfer, Sebastian: 657, 735
Artzknapp, Hans: 709
August, Kurfürst von Sachsen: 816

B

Barth, Dr. Hans Georg: 753
Bartholomäus (Amtszimmermann): 666
Bartholomäus (Meister B.): 794
Bayern, Herzöge von: 651, 712
Bebinger, Ruprecht: 799
Bech, Philipp: 187
Bernhard, Sohn des Erzbischofs Odalbert: 650
Bischoff, Nikolaus: 187
Botsch, Simon: 863, 864, 866, 878
Brandis zu Leonburg, Jakob von: 760, 774, 775, 777, 861, 863, 878, 881
Buffa, Karl von: 189
Burglechner(Burgklehner), Matthäus: 652, 803
Burtenbach, Sebastian Schertlin von: 746, 747

C

Calw, Ulrich Rülein von: 284
Cramer, Wolfgang: 861

D

Dalhamer, Ruep: 784
Dipauli, Andreas 180
Dreiling (Firma): 762, 779, 780, 802, 806, 810, 840, 850, 857, 859, 860, 895, 896, 904, 908
Dreiling, Hans: 736, 778, 779, 839, 865, 888
Duckenstein (Turckenstein), Sebastian: 176, 832, 833

E

Eisenschmid, Cristen: 830
Entfelder, Georg: 803
Ercker, Lazarus 283
Erlacher, Hans: 833, 861, 864
Erlacher, Lamprecht: 709, 735

Erlacher, Sigmund: 696, 697, 734-737, 808, 9020
Erlacher zu Erlach, Hieronimy: 656
Ernstinger, Hans Georg: 655
Ettenhardt, Georg von: 182, 184, 191-197, 615, 620

F

Ferdinand I., König (Kaiser): 181, 192, 198, 199, 201-204, 213, 217, 635, 638, 641, 662, 665, 691, 716, 736, 746-748, 752, 756, 767, 769, 774, 777, 779, 805, 829, 830, 836, 837, 839, 845, 846, 850-852, 858, 858, 860, 862, 865, 875, 886, 887, 889
Feutsperger, Mathis: 838, 861, 864
Fieger (Firma): 767
Fieger, Hans: 763
Fischer, Hans: 787
Franz I., König von Frankreich: 716, 745, 746
Freundsberg, Berthold von: 618, 651, 652
Freundsberg, Hans von: 656, 657-659
Freundsberg, Herren von: 656-659, 707, 709
Freundsberg, Thomas von: 651
Freundsberg, Ulrich von: 657-659
Freundsberg, Wolfgang von: 657, 658
Friedenegg, Anton Ernst Specker Graf von: 190, 192, 193
Friedrich, Erzherzog von Tirol: 618, 708, 709, 909
Friedrich II., Kurfürst von der Pfalz: 746
Friedrich III., König: 708, 762
Friedrich I. Barbarossa, Kaiser: 656, 823
Friedrich IV., König: 657, 658
Froben, Hieronymus 187
Fueger: 685
Fueger (Firma): 685
Fueger, Georg: 774, 777, 861, 863, 878
Fueger, Hans: 716, 882
Fueger, Jakob: 760
Fueger von Friedberg, Christof: 775
Fuchs von Fuchsberg, Degen: 863, 864
Fugger (Firma): 202, 203, 217, 635, 639, 640, 655, 683-685, 693, 694, 697, 698, 717, 721, 733-735, 737, 748-751, 755, 768, 769, 776, 783, 806, 826, 834, 836, 844, 847, 849, 854, 857, 869, 872, 877, 888, 904, 918
Fugger, Anton: 640, 691, 694, 744, 747-750, 756, 767, 769, 821, 840, 845, 846, 851, 862, 864, 907, 908, 912, 918
Fugger, Christof: 620
Fugger, Hans: 620
Fugger, Hans Jakob: 748, 749
Fugger, Hieronymus:767
Fugger, Jakob: 716, 717, 765-767, 781
Fugger, Raymund: 767

G

Gartner, Mathias: 791, 798, 832, 860, 861, 863
Gartinger, Ulrich: 787, 788
Geizkofler, Hans: 860
Gennsperger, Jakob: 753
Gendorf zu Hohenelb, Christoph von: 838

Georg (der Bärtige), Herzog von Sachsen: 717, 816
Gersdorf auf Dobrilug, Heinrich von: 838
Geroldshausen, Georg Rösch von: 647
Gienger: 882, 889
Göschl, Wolfgang: 838, 861
Grauntacher, Wolfgang: 860
Grenner, Wolfgang: 838
Grimmel, Alexius: 748
Gross, Heinrich 284
Grunhofer, Hans: 716
Gschwentlin, Lorenz: 618, 708

H

Habsburg, Haus (Habsburger): 635, 690, 691, 716, 734, 745-748, 754, 799, 818, 821, 913
Habtmann, Joseph: 652
Hader, Hans:838
Hag: 865
Haid, Gregor: 861, 864
Härrer, Leonhard 220, 230, 677, 710, 711
Harrer (Firma): 767
Hartmann, Hans: 763
Haug, Anton: 692, 939, 840, 850, 851
Haug, David: 908
Haug (Firma): 877
Haug & Neidhart (Firma): 747, 768
Hausen, Oswald von: 661
Hauslab, Franz Ritter von: 176
Heidenreich, Erasmus: 777, 791, 798, 878, 881, 889
Heinrich (von Tirol-Görz), König von Böhmen: 618, 651, 652
Heinrich II., König von Frankreich: 749
Heinrich der Jüngere, Herzog von Braunschweig-Wolfenbüttel: 638, 746, 907
Heinrich der Löwe, Herzog von Bayern und Sachsen: 823
Heuntzperger, Mathäus: 861
Henntaler, Peter: 801
Herwart (Firma): 223, 638, 640, 684, 696, 697, 748, 756, 768, 780, 806, 833, 844, 857, 877-890, 904, 905, 915, 918, 919
Herwart, Hans Heinrich: 850, 851
Herwart, Hans Paul: 684, 850, 851, 857-860, 865, 875, 877-890
Hieronymus, Probst zu Neustift: 863
Hiertmair, Michael: 863
Hilmintrud, Tochter des Erzbischofs Odalbert: 650
Höchstätter, Ambrosius: 716
Höchstätter, Hans: 716
Hofer Erben: 767
Hofer, Virgil: 713, 716, 767
Hofer, Wolfgang: 767
Hoffer, Abraham: 709
Hueber, Michael: 860, 861, 863
Hyllpolt, Wolf: 656

I

Issel, Friedrich: 186

J

Jaufner, Rudolf: 711
Jenewein, Propst zu Neustift: 861
Jöchl, Hans: 763
Jöchl, Stefan: 763
Johann, Abt zu Wilten: 861, 863
Johann II., Fürst von Liechtenstein: 176
Johann Friedrich I., Kurfürst von Sachsen: 746, 747
Julius, Herzog von Braunschweig-Wolfenbüttel: 638, 907
Julius III., Papst: 746

K

Kadler, Urban: 709
Kämelmair, Hans: 860
Karl V., Kaiser: 662, 716, 745. 746, 750, 767, 836
Kastner (Castner): 878, 881, 889
Katzbeck, Abraham: 865, 888, 908
Katzbeck, Michael: 908
Kaufmann, Hans: 795
Kempter, Fürstabt Wolfgang von: 774
Kern, Michael: 829
Kerschpaumer, Peter: 861, 864
Kessenthaler (Firma): 697, 802, 810, 895
Kholer, Christian: 618
Khuen von Belasi, Blasius: 774, 861, 862, 878, 888, 889
Khuen von Belasi, Jakob: 860
Kirchhueber, Balthasar:838
Kirchmair, Hans: 833
Kichpüchler, Christof: 661
Kleepuchler, Hans: 775
Klein, Martin: 740
Klekler, Dr.: 882
Kleve-Jülich-Berg, Herzöge von: 746
Klockhen, Ulrich: 759
Köpfl, Veit: 829
Kolar, Adam: 684, 685
Kolber, Jörg: 197
Konrad III., Abt von Georgenberg: 658
Konrad IV. von Urfar, Abt von Georgenberg: 658
Kramer, Wolfgang: 838
Kremser, Hans: 618, 708
Kress (Firma): 780
Küneritz, Christoph von: 838
Kuchenmaister, Konrad: 711
Kurz, Sebastian: 837, 865, 869, 872, 888

L

Ladroner, Jörg: 830
Lang, Hans: 618, 708
Langenauer, Hans: 908
Lassl, Ludwig: 197-199, 202, 203, 205, 230, 281, 829, 834, 857
Lauber, Diebold: 283
Lax: 788
Lichtenstein, Paul von: 710
Link (Firma): 756,780, 806, 837, 844, 865, 877, 878, 888
Link, Ulrich: 839, 840, 850, 851
Lochhausen, Hans: 710
Löscher, Antonius: 205, 791,792, 794, 797-799
Löscher, Wolfgang: 204, 205, 798
Ludwig II., Graf von Löwenstein 186-188:
Ludwig d. Reiche, Herzog von Bayern: 710
Luther, Martin: 745, 920

M

Mair, Urban: 845, 869
Mairhofer, Caspar: 787
Manlich (Firma) 201, 695, 699, 756, 762, 768, 780, 802, 806, 810, 830, 840, 850, 857, 859, 865, 866, 877, 886, 889, 895, 896, 908
Manlich, Christof: 778, 779, 839, 865
Manlich, Mathias: 695, 697, 770, 771, 773-779, 839, 865, 880, 908
Manlich, Melchior: 844, 865, 875, 888, 889
Manlich & Dreiling (Firma): 6965, 697, 844
Maximilian I., Kaiser: 198, 209, 210, 625, 640, 641, 652, 660-662, 676, 686, 689, 690, 692, 711, 716-718, 750, 776, 781, 806, 825, 856, 875, 909
Maximilian II., Kaiser: 187
Megenberg, Konrad von: 283
Mellinger: 882
Merian, Matthäus: 282
Meuting, Ludwig: 638, 712
Meutinger, Konrad: 712
Milesi, Familie von: 188
Möltl, Christian: 202
Möltl, Hans d. Ältere: 202
Möltl, Hans d. Jüngere: 202
Möltl, Katharina: 202
Möltl, Leonhard: 202
Möltl, Stoff: 656
Morgenstern, Mathias: 863
Moritz, Herzog von Sachsen: 222, 635, 746, 747, 749, 751, 770, 830
Mornauer, Ambrosius: 787
Mundler: 783
Mylauer, Jakob: 620
Mylauer, Jörg: 620

N

Neidhart (Firma): 748, 756, 776
Neidhart, Sebastian, 692, 748
Neumair, Jörg: 784
Nidrist, Georg: 838
Nidrist, Sigmund: 861, 863
Nikolaus I. Schieferdecker, Abt von Georgenberg: 658
Norl, Christian: 783

O

Obrist, Caspar: 202, 830, 832
Obrist, Melchior: 202, 203, 834
Obrist, Paul: 211
Odalbert, Erzbischof von Salzburg: 650, 651
Otto, Markgraf von Meißen: 814

P

Pachler, Voss: 656
Pader, Hans: 861
Paul III., Papst: 746
Paumgartner (Firma, Augsburg): 201, 215, 684, 685, 748, 756, 768, 776, 780, 833, 880, 884
Paumgartner, David: 780
Paumgartner, Hans: 635, 712, 767
Paumgartner, Hans Jörg: 780
Paumgartner, Martin: 717, 765, 767
Perl, Anna: 763
Perl, Dorothea: 764
Perl, Jörg: 716, 763
Philipp. Landgraf von Hessen: 745-747
Pimbl (Firma): 697, 748, 768, 865
Plan, Jakob (Faktor der Firma Paumgartner, Augsburg): 215
Pollweiler, Nikolaus Freiherr von: 753
Praun, Georg: 666
Pranntner, Hans: 752
Prell, Hans: 832
Prew, Christof: 739
Pücklmair: 756

R

Rabe, Dr.: 882
Rämlein, Hans: 618, 708
Rebhan, Jörg: 783, 784
Rech, Gerhard: 865
Rech, Matthäus: 865
Rechberg, Barbara von: 659
Rechberg, Bero II. von: 659
Rehlinger (Firma): 776
Rehlinger, Bernhard: 776
Reiff (Firma): 767
Reichl, Hans: 860, 861
Reindl, Hans: 861
Reislander, Erasmus: 201, 202, 205, 224, 228,695, 726, 799, 805, 809, 812, 814, 828, 830-833, 847, 860, 861, 863, 877, 883, 889-892, 894, 895-908, 915, 919
Reiter, Michel: 738, 739
Resch: 862, 865
Rettenstayn, Herren von: 620
Romtl, Kunrat: 709
Ross, Antoni vom: 218
Rottenburg, Heinrich von: 652
Rottenburg, Herren von: 651
Ruebautl, Ull: 784
Rudolf II., Kaiser: 187
Rumel von Lichtenau, Peter: 711, 716
Ruprecht, König: 656

S

Salamanca, Gabriel von: 717
Sailer, Hieronymus: 748
Sauer, Jakob: 863, 864
Schaffer, Josef: 784
Saurwein, Jakob: 860, 861
Schalkhammer, Martin: 903
Schallenberg, Christoph Otto Graf von 183
Scheichenstuel, Albrecht: 857
Schifer, Jakob: 695, 799, 860
Schifer, Oswald: 833
Schlehl, Thomas: 753
Schlosser, Klaus: 711
Schmalzl: 783
Schmalzl, Michael: 787, 788
Schmid, Hans: 696, 697, 734
Schmid, Lienhard: 784
Schönberger, Sigmund: 200-202, 205, 206, 211, 216, 217, 224, 227, 228, 281, 282, 285, 666, 735, 736, 751, 754, 781, 786, 787, 789-791, 794, 798-800, 802, 803, 805-814, 829-834, 861, 863, 872, 878, 881, 892, 915,
Scholl, Mathias: 697, 829
Schondl, Thoman: 829
Schorp, Jörg: 632

Schott, Thoman: 783, 784
Schreibmayr, Wolfgang: 753
Schwaiger, Adam: 753, 754
Schwaiger, Hans: 754
Schwarz, Lienhart: 792
Sebastian: 794, 797
Serntein, Zyprian von: 764, 765
Sewer, Antonius: 784
Sig(is)mund (der Münzreiche), Herzog von Tirol: 195, 209, 616, 638, 657-659, 676, 690, 708, 711, 712, 762
Singer, Georg: 861
Spawer, Chrisandt von: 665-667
Sperges, Joseph von: 182, 184, 189, 192-196, 620, 640, 689, 782, 803
St. Daniel: 179, 181, 187, 279
Staininger: 756
Stauber, Erasmus: 200, 632, 893
Staufer: 823
Stöckl (Firma): 218, 222, 639, 640, 655, 667, 683, 685, 699, 717, 750, 751, 756, 759, 764,766-771, 778-780, 816, 820, 830, 831, 839-841, 850, 860, 912, 913
Stöckl, Georg Viktor: 759, 777, 780
Stöckl, Hans d. Ältere: 655, 716, 717, 763, 764, 777, 778
Stöckl, Hans d. Jüngere: 759, 763, 765, 767, 777, 780
Stöckl, Jörg: 763, 764, 766
Straub, Hans 203
Stromer, Johannes 234

T

Tänzl (Firma): 201, 218, 222, 639, 640, 667, 683, 685, 699, 717, 750, 751, 762, 764, 766-772, 774-776, 7780, 810, 830, 831, 839, 840, 841, 850,860, 912, 913
Tänzl, Christian: 716, 762-764
Tänzl, Christina: 763
Tänzl, Eleonore: 763
Tänzl, Hans Jakob: 766, 768
Tänzl, Jakob d. Jüngere: 762
Tänzl, Kaspar Joachim: 766, 768, 771, 773-777
Tänzl, Stefan: 762-764
Tänzl, Veit Jakob: 762, 765, 766, 768, 771, 776, 913
Taxis, Gabriel von: 850
Tenzpichler, Caspar: 838
Thun, Sigmund von: 8609, 861, 863, 878, 881
Thurzo, Johann: 693
Tilger, Sebastian: /37, 751, 752
Trapp, Jakob von, 861, 864
Tresch, Dr. Andreas: 775
Tresch, Paul: 775
Troll, Achatz: 709
Tschetsch, Herr von: 882, 889
Tubinger, Jakob: 775
Turckenstain: siehe Duckstein

U

Ulrich, Hans: 710
Ulrich, Herzog von Württemberg: 745

V

Vasl, Hans: 787

Vasl, Thoman: 205, 695, 788, 799, 814, 833, 860, 861, 864, 890, 891^, 892, 895-908
Vogler, Lutz G.: 709
Volandt, Benedikt: 861, 864

W

Waltinger, Hans: 838
Welfen: 817-819, 823, 825, 915, 918
Welser: 748
Welser, Bartholomäus: 748
We(t)zinger: 882, 889
Weyer, Jörg: 784
Wichtl, Georg: 776, 829
Wieser (Firma): 767
Wieser, Balthasar: 861
Winckelhofer, Sigmund: 830
Winkelmann, Heinrich 176, 186, 284
Winter, Sigmund: 860, 861, 864
Wörz: 640
Wolgeschaffen, Hans:861, 864
Wolkenstein, Christof Freiherr von: 860, 877, 878, 881
Wolkenstein, Hans Freiherr von: 860
Wolkenstein, Wilhelm Freiherr von: 877, 882

Z

Zehentner, Jakob: 795, 796
Ziegler, Baron Joachim Karl von: 182, 190-193, 620
Zoppl, Jakob: 211, 695, 737, 751, 752, 791, 798, 860, 883,
Zott: 882

Orte

A

Allgäu: 750
Alpenhauptkamm: 616
Alte Zeche (Teilrevier): 190, 614,621, 628, 632, 671, 674, 687, 689, 702, 707, 718, 719, 821
Ambras: 759
Andechs: 651
Anhalt: 745
Aosta: 705
Aquileia: 704
Arzberg: 190, 613, 618, 652, 664, 701, 707
Annaberg: 693, 711, 816, 817
Augsburg: 187, 651, 690, 705, 712, 745, 746, 748, 750, 767, 769, 780, 826, 836, 912
Axam: 759

B

Basel: 187, 653
Bayern: 746, 755, 759

Bochum: 175, 176, 187, 197, 208
Böhmen: 636, 653, 655, 657, 680, 693, 760, 815, 816, 845, 910
Bologna: 647
Bozen: 191, 861
Brand: 816
Brandenburg-Ansbach: 745
Braunschweig-Grubenhagen: 745
Braunschweig-Lüneburg: 745
Braunschweig-Wolfenbüttel, Herzogtum: 746
Bregenz: 705
Bremen: 745
Brennerpass: 616, 634, 704, 705
Brixen: 651
Brixlegg: 702-704, 707, 710, 767
Buch: 651
Budweis: 863
Bugganz: 815
Burgen in alphabetischer Reihenfolge:
    Freundsberg: 188, 190, 620, 633, 651, 652, 707
    Krobsberg: 190
    Lichtenwert: 651
    Mariastein: 651
    Marquartstein: 651
    Matzen: 651
    Mehrnstein: 651
    Neuhaus: 191
    Rosenheim: 651
    Rottenburg: 651
    Schintelberg: 651
    St. Petersberg im Oberinntal: 659
    Straßberg im Wipptal: 659
    Thiersberg: 651
    Trostberg: 651
Burgstall: 613, 625, 702, 734

C

Cambrai: 749
Calw: 284
Chiemgau: 651
Christiansdorf: 814, 815
Clausthal: 817
Cornwall: 815

D

Dänemark: 745, 746, 748
Dilln: 815
Donau: 616

E

Ehrenberg bei Reutte, Festung: 746, 747
Eiblschrofen: 624, 701, 703
Eichhornegg-Revier: 695-700
Einöd: 652
Eisacktal: 191, 704
Elsass: 861, 864
Erfurt: 647, 649
Erzgebirge: 216, 815, 817
Essen: 649
Etschtal: 191, 704
Europa: 821, 822

F

Falkenstein (Revier) 180, 183, 184, 186, 190, 193-195, 200-202, 204, 212-218, 226, 230, 282, 613, 615, 618, 621, 623, 625, 629, 639, 641, 653, 654, 671, 674, 676, 682-687, 689, 690, 692, 693, 700, 703, 707, 708, 714, 715, 718-721, 723-725, 728-732, 734, 738, 740, 741, 743, 752, 763, 767, 768, 771, 776, 780, 781, 786-791, 797, 798, 800, 821, 829, 833, 845, 851, 854, 857, 858, 860, 865-875, 877, 881-886, 889, 891, 895-899, 908
Frankfurt am Main: 649, 745
Frankreich: 746, 748, 822
Freiberg in Sachsen: 213, 692, 814-817
Freundsberg, Gericht (Pflege): 177, 648, 659, 665-667, 708, 811
Fügen: 653
Füssen (Allgäu): 746
Fuggerau: 748

G

Gallien: 705
Gallzein: 613, 702, 703
Gallzeiner Joch: 702
Gastein: 616
Geldern, Grafschaft: 746
Georgenberg s. St. Georgenberg
Geyer: 845
Gittelde: 817
Glurns: 861, 864
Gnein: 619
Görz: 755
Goslar: 213, 638, 656, 661, 691-693, 815, 817, 818, 820, 823-825, 914, 915
Gossensass: 678, 680, 683, 712, 763, 772, 776, 877, 879-884, 886, 889, 909
Gottesgab: 816
Gradisca: 755
Grafschaft Mark: 815
Grund: 817

H

Halberstadt: 746
Hall in Tirol: 183, 185, 191, 193, 282, 630, 631, 651, 666, 690, 712, 755, 756, 759, 760, 836, 837, 843, 847, 851, 852, 861, 867, 886, 888
Hallersberg-Revier (Ringenwechsel): 625
Hamburg: 745
Hannover: 745
Harz: 216, 217, 628, 636, 637, 674, 689, 711, 782, 815, 817, 819-821, 914, 915
Heiligkreuz-Revier: 621
Herrenwald: 190, 282, 687, 689, 738, 833, 885
Herrenzimmern: 283
Herrschaften, alphabetisch geordnet
    Löwenstein: 186
    Scharfeneck: 186
Hertenberg, Gericht: 780
Herzogtum Berg: 815
Hessen: 745, 746
Hippold: 282

Hötting: 183, 191, 193, 282
Hohe Tauern: 616
Hohenkirchen: 748
Horlerberg: 738, 833

I

Iglau: 815
Imst: 776, 860
Innsbruck: 175-177, 180, 181, 183, 185, 187, 188, 191-193, 195, 205, 227, 231, 282, 616, 640,647. 650, 659, 661, 737, 746, 748, 750, 751, 755, 759, 761, 792, 800, 805, 825, 831, 836, 847, 850, 853, 856, 860, 864, 910
Inntal: 181, 188, 222, 613, 616, 617, 634, 645, 651, 655, 702, 707, 710, 712, 748, 750, 755, 757, 770, 801, 827, 830, 910
Istrien: 755
Italien: 616, 705, 706, 815, 845, 846, 851

J

Jenbach: 620, 650, 716, 765-767, 908
Joachimsthal: 646, 647, 680, 693, 816, 821, 845

K

Kärnten: 188, 748, 755, 760
Kaisergebirge: 701
Kempten: 705, 774
Kellerjoch: 613, 621
Kitzbühel: 182, 183, 191-193, 195, 201, 204-206, 216, 217, 282, 616, 632, 646, 693, 702, 704, 712, 713, 759, 791, 792, 794, 797, 798, 802, 805, 860, 892
Klausen: 182, 191-193, 195, 282, 616
Knappei (Schwaz): 619, 652
Königsberg: 815
Kogl: 190, 282
Koglmoos: 703, 708, 896
Kolsaß: 190, 282
Kraken (Schwaz): 619, 652
Kraiburg: 651
Krain: 755
Kremnitz (Slowakei): 815
Kufstein: 205, 646, 712, 756, 759, 765, 767
Kundl: 717, 877, 879, 881, 883, 884
Kursachsen: 746
Kuttenberg: 181, 184-186, 191, 213

L

Lahnbach (Schwaz): 613, 617, 648, 652, 662, 707
Lebertal: 861, 864
Leipzig: 816
Leoben: 186
Lermoos: 746
Libethen (Slowakei): 815
Lienz: 717, 767
Lübeck: 649
Lüttich: 815

M

Madrid: 193
Mähren: 815
Magdeburg: 746
Mals: 861, 864
Mansfeld: 680, 745
Marburg: 646
Marienberg: 816
Matrei: 702, 759
Mehrer Kopf: 624, 701
Meißen: 693, 815
Meran: 706, 712
Metz: 749
Mils: 650
Mittenwald: 776
Mitteldeutschland: 782
Mittelrhein: 822
Mitterberg: 704
Mühlau: 702
Mühlbach: 892, 905, 906
Mühlberg/Elbe: 747
München: 175, 176, 183, 184, 190, 192, 194, 195, 210, 231, 615, 650

N

Nassau: 745, 824
Naters: 860
Neusohl: 693, 748, 799, 815
Neustift (Südtirol): 861, 863
Niederrhein: 745
Nonsberg: 704
Norwegen: 217
Nürnberg: 283, 709, 710, 745, 816

O

Oberpfalz: 815
Obertroi: 703
Oberwiesental: 816

P

Paleiten-Revier: 190, 620, 740
Pegau: 649
Pfaffengruben-Revier (Ringenwechsel): 625, 694-700, 885
Piettenberg: 651
Pill: 614, 620, 621
Pillerbach (Pillbach): 613, 633, 892, 906
Pillberg: 613
Pirchanger: 619, 633, 702
Pommern: 745
Prag: 647

R

Radau-Revier (Rodau-R.): 190, 620, 625, 694-700, 833
Rammelsberg (Goslar): 213, 656, 692, 817-820, 914, 915
Rattenberg 182, 185, 190, 192, 193, 195, 205, 211, 282, 616, 677, 695, 710, 712, 713, 716, 717, 728, 747, 749, 751, 756, 759, 765, 767, 791, 798, 811, 813, 830, 833, 840, 841, 854, 856, 858, 885, 886,

889, 894, 895, 908
Regensburg: 745, 752
Reichenstein: 748
Reither Kopf: 703
Reschenpass: 634, 706
Rettenberg: 190, 203, 205
Reutte: 746
Rheinpreußen: 824
Ridnaun: 763, 772
Ried (Schwaz): 652, 664
Ringenwechsel-Revier: 190, 193, 201, 202, 282, 620, 623, 625, 626, 632, 653, 683, 687, 689, 694-700, 702, 703, 718, 719, 723, 734, 737-767, 807, 833, 840, 841, 854, 856, 858, 885, 886, 889, 894, 899, 908
Ritten: 861, 864
Röhrerbühel: 191, 201 204-206, 216, 217, 791
Roggland-Revier (Ringenwechsel): 625, 694-700, 833
Rom: 705
Roncaglia: 643, 823
Rossköpfle: 734, 833
Rotenstein-Revier: 625, 734, 738, 833
Rottenburg: 651, 659, 728, 759, 771, 811, 836, 840

S

Sachsen: 217, 636, 637, 646, 653, 657, 674, 680, 693, 745, 815-817, 910, 918
Salzberg: 185, 188, 191, 193, 282
Salzburg: 204, 205, 650, 651, 756, 791, 799
Sauerland: 824
Scheibenberg: 816
Scheielmahd-Revier (Ringenwechsel): 625
Schemnitz: 815
Schladming: 195, 641
Schlierbach: 620
Schlingelberg: 652
Schlitterberg: 833
Schlitters: 620, 653
Schmalkalden: 746, 747
Schneeberg: 191, 193, 282, 646, 678, 683, 772, 816, 845, 877, 879-883, 886, 889
Schönwiese: 854
Schwaben: 659, 750, 755
Schwader Eisenstein Revier: 614, 621, 622, 821
Schwarzwald: 692, 823
Schweiz: 705
Siebenbürgen: 815
Siegen: 649
Skandinavien: 745
Slowakei: 217, 815
Slowakisches Erzgebirge: 815
Sonnenburg: 759, 861, 863
Spanien: 716, 746, 747
St. Andreasberg: 817
St. Georgenberg, Stift: 658, 709
St. Joachimsthal: siehe Joachimsthal
St. Leonhard: 649
St. Margarethen: 653
St. Martin, Kirche (Schwaz): 702
Stams: 653, 772, 860
Steiermark: 748, 755, 758, 760
Steinach: 759
Sterzing: 182, 191 192, 195, 616, 659, 763, 776, 860, 861
Strass: 653
Straßburg: 745
Stubai: 759

Süddeutschland: 640, 734, 750, 756
Südtirol: 191, 616, 750, 773

T

Tarrenz: 706
Tauern: 634, 704
Tauernpässe: 634
Taufers: 191
Terlan: 182, 191-193, 282
Thaur: 759
Thüringen: 217, 823
Tischofer Höhle: 701
Toul: 749
Tratzberg, Schloss: 913
Triest: 755

U

Ungarn: 217, 693, 758, 815, 910

V

Valsugana: 704
Venedig: 712, 716
Venetien: 705
Verden: 749
Verdun: 749
Villach: 678. 680
Volders: 190, 193, 282, 702
Vomp: 620, 650, 653, 656, 711
Vorderösterreich: 786

W

Walkenried, Kloster: 681
Wattens: 190, 193, 203, 651
Weißer-Schrofen-Revier: 190, 625, 767, 799, 833
Weittal-Revier (Ringenwechsel): 190, 620, 625, 734, 833
Wertheim am Main: 186, 187
Westfalen: 745
Wien: 176, 177, 184-186, 190, 192, 231, 647, 857
Wiesing: 650, 702
Wilten: 702, 706, 860
Wittenberg: 816
Wolfenbüttel: 283
Wolkenstein: 816

Z

Zapfenschuh (Teilrevier): 571, 572
Zillertal: 193, 613, 620, 707, 886, 889, 908
Zintberg (Schwaz): 652, 664
Zwickau: 816

Sachregister

A

Abbauhohlraum: 629, 807
Abbauort: 239, 808
Abbausohle s. Sohle
Abdarrprozess: 680, 710, 711, 878, 880
Abrechnung: 201, 786, 790, 795, 867, 874
Absolutismus: 229, 809, 826, 827, 906, 907, 919
Abwasser: 662
Adelsherrschaft: 826, 827, 913
Agrarprodukt: 616
Alchemie: 677
Allerheiligen-Stollen (Falkenstein): 624
Allmende: 822
Alte Kuechl (Abbaurevier im Erbstollen): 788
Althalde s. Halde
Ambronen: 705
Anlass: 201, 215, 218, 687, 694, 721-725, 738, 750, 791, 911, 912
Anlegeplatz s. Landungsplatz
Anleihe (-politik): 716, 717, 851
Anteilseigner: 637, 793, 795, 798, 800, 809
Antimon: 627, 628
Antonia-Stollen (Falkenstein): 624
Antoni-Stollen (Falkenstein): 624
Arbeiter: 840
Arbeitsbühne: 236
Arbeitsrecht: 740
Arbeitstracht 231
Archeweg: 666, 667
Arsen: 627
Arzt: 660
Aufbereitung s. Erzaufbereitung
Aufrührer: 753
Aufruhr: 664, 665, 770
Aufschlagwasser: 792, 794, 801
Aufstand: 716, 753, 754
Aufseher: 697, 722
Aufschlussarbeit: 725, 795, 796, 895
Augsburger Interim: 747
Ausbeute: 698
Ausbringen: 675, 900
Ausschuss der Markt- und Dorfleute: 663, 664, 758
Auszimmerung: 629
Autonomie: 647, 825, 910

B

Bäcker: 655, 656, 664, 760, 811
Bankrott: 640, 712, 717, 770, 777
Bannfeiertage s. Feiertage
Bannwald: 631
Bargeld: 806, 913
Bauernkrieg: 215, 229, 655, 694, 721, 821, 911, 912
Bekleidung: 202, 274
Belegschaft: 194, 195, 216, 234, 724, 726-732, 841, 850, 852-854, 856, 886, 892, 895, 907
Belehnung: 206
Benediktiner: 709
Bergamt: 206, 210, 282, 283, 620, 697, 738-740, 808, 810
Bergarbeiter: 850, 852-854, 856, 859
Berg(bau)freiheit: 641, 826, 909
Bergbautechnik: 693, 847

Bergbauverwaltung: 812, 821
Bergbeamter/Bergbeamtenschaft: 192, 200, 206, 207, 211, 215, 217, 223, 228, 232, 271, 632, 639, 681, 694, 695, 698, 700, 728, 736, 738, 739, 744, 752, 753, 759, 787, 789, 791, 792, 795, 799, 800, 801, 802, 805, 808, 822, 827, 828, 834, 844, 847, 849, 852, 853, 855, 859, 867, 872, 887, 891, 907, 913, 915, 920
Bergbeschau: 224, 722-725, 727, 733, 787, 841, 842, 854-856, 858, 860, 862, 865-867, 875, 917
Bergchronik: 194, 653, 654, 675, 676, 708, 751, 753, 782
Bergeisen: 239, 668, 669
Bergematerial: 234, 629, 800
Bergfeste: 242
Bergfreiheit: 221, 280, 642, 645,
Berggemeinde: 209, 229, 665, 823, 825, 863, 909, 910, 918, 920
Berggericht (insbesondere B. Schwaz): 176, 182, 198, 201, 205, 226, 230, 620, 636, 637, 644, 645, 648, 655-660, 665, 708, 761, 768, 811, 831, 832, 838, 909
Berg(gerichts)geschworener: 203, 211, 256, 276
Berggerichtsobrigkeit s. Berggericht
Berggericht Schwaz s. Berggericht
Berggerichtsschreiber: 198, 199, 202, 203, 205, 230, 255, 256, 276, 753, 832-834, 857
Berggerichtsstube (-haus): 198, 202
Berggesetz: 838
Bergherr: 814, 816, 818
Berginstruktion: 217, 728, 736, 838-848, 865
Bergknappe: 192, 271, 274, 849
Berglehen: 685
Berglehenbuch: 708,
Bergmannssiedlung: 816
Bergmannstracht s. Tracht
Bergmeister: 255, 274, 279, 644, 659, 684, 695, 752, 787, 788, 792, 799, 802, 808, 816, 827, 828, 831, 860, 861, 863, 864, 915
Bergordnung: 192, 195, 198, 200, 204-206, 616, 657, 658, 699, 709, 711, 745, 806, 808, 810, 832, 842, 859, 887, 888, 909
Bergrecht: 204, 208, 209, 213, 217, 226, 227, 636-638, 640-642, 645-647, 689, 708, 711, 723, 814, 819, 825, 832, 890, 909, 911, 919
Bergregal: 641, 642, 822-824, 826-828, 909
Bergrichter: 179, 185, 192, 199, 202, 205, 206, 208, 211, 216, 217, 219, 224, 227, 228, 230, 253-255, 272, 274, 279, 282, 630, 631, 644, 648, 656, 657, 659, 660, 663-668, 675, 685, 695, 734, 738, 750-754, 757, 760-762, 769, 773, 783, 784, 786, 787, 789, 791, 792, 794, 798, 799, 802, 807, 827, 829, 831-833, 860, 861, 863, 864, 872, 890, 895
Bergsachverständiger: 838, 858
Bergschmied: 239, 620
Bergschreiber: 238
Bergstadt: 642, 646, 652, 693, 815-822, 823, 825, 910
Bergsturz: 205, 792, 794, 799
Bergsynode: 184, 194, 200, 206, 208-210, 224, 228, 641, 661, 662, 664, 711, 712, 805, 806, 811, 812, 841, 842, 849-877, 900, 907-909, 917, 918
Bergtruhe s. Förderwagen
Bergwerkshandel s. Handel
Berg(werks)verwandte: 635, 641-646, 657, 744, 811, 812, 823, 825, 861, 862, 918
Berg(werksan)teil: 645, 717, 767, 770-773, 778, 780, 812, 813, 818, 833, 840, 878, 881, 883, 886-892, 899, 911-914, 918
Berta-Gänge: 623, 702
Besoldung: 829
Besserung (finanzieller Zuschuss): 741, 742

Bestechungsgeld: 716
Betriebsgewinn: 208
Betriebsplanung: 917
Bettelwesen: 660
Bewaffnung: 232
Blasebalg: 179, 197, 213, 220, 225, 261, 265, 267, 268
Blei: 678-680, 711, 774, 815, 818, 868, 879, 880
Bleibergwerk: 772, 880, 889
Bleierz: 678, 878
Bleiglanz: 621, 623, 628,
Bleisulfid: 679
Blindschacht: 245, 781, 782
Blutgericht: 656
Bohlenbahn ⑧ Gestänge
Bohren: 703
Brandbekämpfung: 660
Brandsilber: 621, 625, 710, 711, 713-716, 718, 720, 721, 733, 747, 751, 763-768, 779, 780, 781, 783, 850, 857, 867-873, 896-898, 902-904
Brandsilberproduktion ⑧ Brandsilber
Braunkohle: 824
Brechstange (-eisen): 242, 251, 277, 668, 669
Bronzezeit: 701-704, 707,
Brotbank: 664
Brücke ⑧ Innbrücke
Bruderhaus (Krankenhaus, Hospital): 225, 226, 266, 273, 651, 662, 666, 667, 754, 820, 911
Brudermeister: 666, 667
Bruderschaft: 656, 757, 811, 911
Bubenhutmann: 179, 185, 207, 278, 279
Buchhalter: 802
Büchsenmacher: 655, 656
Bürgermeister: 655, 910
Bunterzvorkommen: 622
Buntmetall: 815, 817, 823, 824
Burgunderkrieg: 717

C

Colmarer Glasfenster: 234
Constitutio Criminalis Carolina: 746

D

Dachschiefer: 819, 822, 824, 911
Darlehen: 712, 713, 738-740, 747, 767, 912
Daumel (Längenmaß): 243
Dienstreise: 831
Dienstgeld: 203, 833
Dienstvergehen: 854
Direktionsprinzip: 201, 809, 812, 814, 819, 822-827, 833, 847, 890, 891, 892, 896, 908, 915, 917, 919, 920
Dreierlei Scheidwerk: 849, 850, 853-856, 862
Durchschlag: 201, 242, 669

E

Edelmetall: 707, 715, 749, 815, 823, 824, 826-828, 851
Eigengrube: 694, 723, 738, 761
Eigengrübler: 684, 688, 752, 811, 828, 830, 912
Eigengut: 823
Einfahrer: 659, 852, 858, 907
Eisen: 225, 617, 627, 634, 707, 708, 749, 769, 824, 884
Eisenerz: 622, 707
Eisenhütte: 817
Epidemie: 745
Erbstollen: 213-216, 625, 687, 839
Erbstollenrecht: 213, 214, 615
Erbstollentafel: 781, 803, 804
Erfindung (bergrechtliche): 192, 198, 200, 204, 206, 208-210, 218, 223, 226, 227, 230, 280, 750, 806, 811, 814, 825, 842, 856, 859, 860, 891, 918
Ernte: 755, 757
Erzaufbereitung: 179, 184, 190, 191, 210-212, 252, 263, 264, 623, 671, 673-675, 677, 844, 847, 853, 918
Erzbreccie: 626
Erzförderung: 899
Erzgang: 236, 237, 808
Erzgewinnung: 680, 896, 909
Erzkäufer: 202, 211, 258, 273, 276, 681, 695, 736-738, 740, 751, 752, 799, 828-831, 833, 834, 854, 912, 915
Erzkasten: 666, 681, 693, 886
Erzkauf: 211, 868, 869, 890, 897-900, 904, 912
Erzkluft: 788
Erzlosung: 238, 239, 276, 682, 697, 737, 741, 795, 796, 850, 857, 859, 868-870, 872, 891, 897-899
Erzniederlage: 644, 891, 910
Erzmittel (-körper): 238, 671
Erzscheider: 727, 849
Erzscheidung: 849, 850
Erzschlich: 212, 675
Erzteilung: 225, 743, 809, 849
Erzwäscher: 653
Ettenhardsches Bergbuch ⑧ Ettenhard, Georg von
Export: 815

F

Fäustel: 242, 668, 673
Fahlerz: 621, 623, 625-628, 673, 701, 702, 704, 707-709, 781
Fahrte: 629, 782, 783
Faktor: 225, 238, 264, 274, 794, 852, 868, 869, 887, 895
Faktorei: 225, 620, 655
Faktoreihandel ⑧ Österreichischer Handel
Falkensteiner Erzschmelzen: 677
Fechtbuch: 283
Feiertag: 660, 752
Feierschicht: 789
Feinsilber: 771, 867, 870, 871, 873, 874
Feldgrenze ⑧ Grubenfeldgrenze
Feldort: 181, 187, 237, 669, 688, 694, 699, 728, 750, 775, 787-789, 810, 813, 841, 887, 890, 891, 895
Felssturz: 624
Feuersetzen: 703
Finanzrat: 206
Firste: 187, 233, 235, 672, 689, 724, 798,
Firsteisen: 246, 687
Fischfang: 179, 189, 232, 277, 644
Fiskalbetrieb: 919
Flachring: 248
Fleisch: 617, 753-755, 757-760
Fleischbank: 636, 666, 693, 761, 811, 910
Fleischbeschau: 761
Fleischer: 755, 757, 758, 760, 761, 811

Fleischhauer s. Fleischer
Fleischscharn s. Fleischbank
Flößerei: 213, 266
Flussschifffahrt: 187, 616
Focher (= Blasebalg): 187, 225, 261
Focherbube: 179, 207, 279
Förderkübel: 629, 671
Fördermaschine: 190, 845
Förderstollen: 688
Förderung: 201, 820, 838
Fördertruhe s. Förderwagen
Fördertonne: 670
Förderwagen: 181, 183, 185, 241, 247, 251, 619, 629, 669-671, 726, 790
Forstmann: 620
Forstregal: 659
Forstwirtschaft: 642
Franziskanerkloster: 662, 920
Franz-Stollen (Falkenstein): 624
Freiberger Bergrecht: 214
Freierz: 682, 740-742, 790, 795, 796
Freigrübler: 223, 659, 663, 738, 758, 760, 830, 853, 904, 905
Freigrube: 723, 761
Freisilber: 768, 779, 837, 850-852, 868
Freiung: 734, 857
Frieden von Crépy: 746
Frischblei: 774, 776, 813, 870, 871-873, 878
Frischwerk s. Frischblei
Fröner: 258, 681, 697, 742, 790, 795, 796, 809, 828, 854, 909
Fron: 225, 262, 616, 644, 657, 699, 716, 749, 754, 774, 781, 783, 789, 790, 795, 813, 829, 839, 852, 857, 885, 896, 899, 905, 909
Fronbote: 179, 657, 750, 757, 761
Fronwaage: 648
Froschlampe: 252
Frühkapitalismus: 744, 847
Frühmoderner Staat: 847
Fürdinger: 629f.
Fürkauf: 644, 660, 661, 664, 665, 756, 757, 759
Fuder: 630
Fuhrlohn: 868
Fuhrmann: 642, 653, 659, 776
Funktionsträger: 641, 646, 648, 649, 659, 663, 752
Furt: 616

G

Galgen: 656
Gänze (Gennz) 187, 206, 235
Gang, Gangmittel s. Erzgang
Gastwirt: 852
Gedinge: 743, 859
Gedingehauer: 653, 726
Gedingeort: 895
Gedingescheider: 727
Gegenreformation: 747, 920
Gegenschreiber: 202, 830, 833
Geleucht: 243, 245, 265, 896
Gemeine Gesellschaft der Bergleute (des Bergwerks) zu Schwaz: 215, 620, 655, 656, 662, 663, 664, 667, 711, 721, 753, 754, 756, 761, 762, 809, 811, 813, 820, 849, 862, 910, 911, 918
Gemeinkosten: 897, 898
Generalbefahrung: 224, 767
Genossenschaft: 824, 826
Gericht: 205, 656

Gerichtsfronbote 259, 276, 279, 828
Gerichtsknecht: 665
Gerichtsrechte s. Gericht
Geschworener s. Berggerichtsgeschworener
Gesenk: 179, 240, 672, 798, 801
Gestänge: 185, 187, 235, 241, 245, 246, 251, 252, 629, 653, 670, 692, 790, 792, 801,
Gestängeleger s. Gestänge
Getreide: 280, 617, 660, 661, 665, 707, 753, 755, 757-759, 769, 886,
Getreidehändler: 755
Getreidekasten: 756, 776
Getreidesäcke s. Getreide
Getreideversorgung s. Getreide
Gewerke: 188, 205, 214, 222, 232, 271, 641, 681, 684, 693, 699, 709, 712, 713, 716, 719, 725, 728, 738, 742, 751, 760, 768, 769, 774, 780-783, 787, 790, 791, 794, 798, 800, 801, 812, 821, 833, 837, 840, 841, 849, 859, 865, 887, 888, 891, 899, 912, 915
Gewerke und Schmelzer s. Schmelzer und Gewerke
Gewerkschaft: 238, 683, 684
Gewinnungskosten: 839
Gezähe: 232, 260, 277, 279
Gilde: 825
Glätte (= Bleiglätte): 678
Gmind (Längenmaß): 243, 277,
Gnadengeld: 638, 639, 740-742, 767, 768, 777, 779, 790, 795, 801, 807, 810, 811, 813, 814, 833, 839-842, 849, 850, 857, 868, 869, 874-877, 887-891, 895-900, 904, 905, 907
Gnadsilber: 768, 837, 839, 850, 851, 868, 870, 897, 898
Göpelwerk: 184-186, 213
Gold: 704, 815
Goldene Bulle: 642, 824
Goldschmied: 710, 792,
Graduale von St. Dié: 234,
Grobsieb: 185, 251, 252, 673
Großbergwerk s. Großgrube
Großbetrieb: 216, 218, 683, 688, 695, 724, 738, 821, 917, 920
Großgewerke: 217, 222-225, 262, 264, 637, 639, 683, 684, 693, 695, 698, 699, 713, 733-735, 737, 738, 743, 750, 751, 753-757, 762, 768-770, 778, 779, 781, 786, 791, 794, 795, 797, 802, 805, 806, 812-814, 816, 818, 820, 826-828, 834, 837, 841, 842, 843, 845, 846, 849-858, 861-863, 865-867, 871, 873, 875-877, 883, 886-889, 896, 904, 905, 907, 908, 911-913, 917, 918, 920
Großgrube: 216, 217, 688, 700,
Großkaufmann: 635, 638, 690, 777-779, 826, 836, 847, 882, 917
Großsiedlung: 820
Gruben in alphabetischer Reihenfolge (vgl. allgemein S. 827).
(soweit bekannt ist die Zuordnung zu den Teilrevieren in Klammern beigefügt; für den Bereich Falkenstein: vgl. auch Liste S. 730-734)

Alle Heiligen (Ringenwechsel, Bereich Radau): 696
Alle Heiligen in der Paleite: 734
Alle Heiligen St. Jakob (Falkenstein): 722, 732
Alter Kreuz (Falkenstein): 624
Alte Zeche (Revier Alte Zeche): 195, 213, 282
Altmair (Falkenstein): 732
Arzberger: 618
Beim Abraham (Ringenwechsel, Bereich im Boden): 695
Beim Daniel (Ringenwechsel, Bereich im Boden): 695

Blaugrübl (Falkenstein): 694
Brunnlehner (Falkenstein; mit Unser Frau, Prunlehner, St. Matheis): 731, 772
Die Rose (Falkenstein): 751
Erbstollen (St. Sigmund Erbstollen, Falkenstein): 184, 191, 200, 204, 205, 212-214, 216, 226, 282, 624, 625, 677, 685-687, 690, 692, 722, 724, 725, 729, 737, 741, 744, 772, 781-786, 788, 789, 791-795, 797-804
Eisenthür (Falkenstein; mit St. Martein neben der Täxen, Zu der Eisentur): 732
Fürstenbau (Falkenstein) 205, 216, 685-687, 690, 722, 724, 729, 744, 772, 781, 789, 791, 793, 794, 798, 801, 803, 804
Fundgrube und St. Barbara (Ringenwechsel, Bereich Radau): 696
Gertraud am Stier (Falkenstein): 624
Graf (Falkenstein): 624
Grüntal: 624
Heilig Kreuz Brünnel: 730
Heilig Kreuz im Ried (Falkenstein): 730
Herrengrube (Falkenstein): 731, 772
Herrengrube, Wunderburg, St. Pauls in der Wand, St. Johannes Stellwagen, St. Daniel zum Loch, Weinrebe, St. André der Alte, Talheimerin, St. Sigmund, Frasmontag, St. Simon Juda, St. Ruprecht (Zusammenschluss, Falkenstein): 723, 731
Herzog Sigmund (Ringenwechsel, Bereich Im Boden): 695, 696
Im Boden (Ringenwechsel, Bereich Im Boden)
Im Pründl: 880
Jakob am Stier (Falkenstein): 624
Kalchgrube: 729
Kirschbaum (am Röhrerbühel bei Kitzbühel): 206, 216, 282
Könige am Horlaberg: 738
Königin (Ringenwechsel, Bereich Radau): 696
Neue Zeche 204
Obere Auffahrt (Ringenwechsel, Bereich Radau): 696
Pfaffengrube (Ringenwechsel, Teilrevier Pfaffengrube): 694, 695
Pfannholz: 624
Pflanzgarten: 624
Rote Grube (Falkenstein; mit der Rotgruben, Unser Frau, St. Leonhard, St. Dionisi): 730, 772
Rübaglehen (Ringenwechsel, Bereich Radau): 696
Schreiberzeche (Abbaurevier im Erbstollen): 788
Silberzeche (Ringenwechsel, Bereich Radau): 696
Silbermühle (Falkenstein; mit St. Peter, Kuelnluft, St. Rueprecht, St. Daniel, St. Niclas): 731
Sonnenwende: (Falkenstein; mit St. Michel, Obere Sonnwende, Untere Sonnwende, Kandlerin, St. Otmar): 732
St. Achatz und Lettnerin (Falkenstein, mit St. Veit, St. Pauls, St. Rueprecht, Unser Frau Lettnerin, St. Gall): 687, 732
St. Andreas (Ringenwechsel, Bereich Pfaffengrube): 695
St. André im Wald (Falkenstein): 730, 794
St. André im Grüntal (Falkenstein; mit St. Sebastian, St. Notpurg, Auffart): 731, 772
St. Anna im Hohenprandt (Falkenstein): 732
St. Anna in den Roßköpfen: 734
St. Anna im Schreyenwäldchen: 734
St. Anthoni (Falkenstein): 723, 730, 772, 794
St. Augustin (Falkenstein): 730
St. Barbara im Wald (Falkenstein): 730
St. Barthelme (= Bartholomäus): 729
St. Barthelme in den Roßköpfen: 734
St. Christof (Falkenstein): 730

St. Christof am Streit: 734
St. Christof Florentz im Ried (Falkenstein): 772
St. Christof in den Roßköpfen: 734
St. Daniel (Ringenwechsel, Bereich Pfaffengrube): 695
St. Daniel (Ringenwechsel, Bereich Radau): 696
St. Erasmus (Falkenstein): 729
St. Erasmus unter der Brücke (Falkenstein): 723, 729
St. Erhardt (Falkenstein): 729
St. Florenz im Ried: 729
St. Florian (Falkenstein): 729
St. Franzise (Ringenwechsel, Bereich Radau): 696
St. Franziskus: 740
St. Georg (Ringenwechsel, Bereich Radau): 696
St. Georg (Jörg) im Brand (Falkenstein): 696, 731
St. Georg Lucein (Falkenstein): 730, 772
St. Georgen und Unser Frau: 794
St. Gertrud im Burgstall: 734
St. Gertrud André (Falkenstein; mit St. Niclaus): 730, 772
St. Gertrud und Jörg im Weittal (Falkenstein): 734
St. Gilgen (Falkenstein): 729
St. Gilgen (Ringenwechsel): 695
St. Helena (Falkenstein): 729, 798, 801
St. Jakob bei der Texen (Falkenstein): 730
St. Jakob in der Wand (Falkenstein; mit St. Martein, St. Rueprecht, Heilig Kreuz, St. André, St. Gregori, Unser Frau): 731, 771
St. Jakob Stier (Falkenstein): 730, 772
St. Jakob und St. Maria Magdalene am Rotenstein (Falkenstein): 738
St. Jakob unter der Auffahrt (Ringenwechsel, Bereich Radau): 696
St. Jenewein Albein (Falkenstein): 732
St. Jörg (Falkenstein): 729
St. Jörg unter dem Tiefen Stollen (Falkenstein): 723, 729
St. Johann (Ringenwechsel, Bereich Pfaffengrube): 695
St. Johannes (Falkenstein): 730
St. Johannes (Ringenwechsel): 695
St. Johannes und St. Jakob am Brotberg: 738
St. Johannes und Veronika: 636, 723, 729, 772
St. Johanneskrone (Falkenstein; mit Zu der Cron, St. Johann, St. Thoman, Zum Rech, St. Rueprecht, Schafgruben): 687, 722, 732, 771
St. Joseph (Ringenwechsel, Bereich Pfaffengrube): 695
St. Kathrein (Ringenwechsel, Bereich Radau): 696
St. Kathrein am Rotenstein (Falkenstein): 734
St. Leonhard (Falkenstein): 729
St. Leonhard (Ringenwechsel, Bereich Radau): 696
St. Leonhart Michel (Falkenstein; mit St. Michel, St. Lienhardt, Ober Helferin im Brandt): 731, 771
St. Marchem (?Markus?) in den Roßköpfen: 734
St. Margarethe (Ringenwechsel, Bereich Radau): 696
St. Marien Letnerin (Falkenstein): 771
St. Martin (Ringenwechsel, Bereich Pfaffengrube): 695
St. Martin (Ringenwechsel, Bereich Im Boden): 695
St. Martin beim Erzberg (Falkenstein): 177, 708, 723, 730, 772
St. Martin beim Kalkofen (Falkenstein): 723, 729
St. Martin beim Kaltenbrunnen: 729
St. Martin beim Stier (Falkenstein): 730
St. Martin Brenners Gruben (Ringenwechsel, Be-

reich Pfaffengrube): 695
St. Martin ob Unser Frau und Kreuz Tagwerkerin (Ringenwechsel, Bereich Pfaffengrube): 695
St. Martinhütte (Falkenstein): 681, 729, 772
St. Marx (Falkenstein): 730
St. Matthäus (Ringenwechsel, Bereich Pfaffengrube): 695
St. Matthäus (Ringenwechsel, Bereich im Boden): 695
St. Mathias unter dem Wege (Ringenwechsel, Bereich Radau): 696
St. Michael Eloy (Falkenstein): 730, 772, 794?
St. Michael im Herrenwald (Ringenwechsel): 738
St. Michael St. Annen (Ringenwechsel, Bereich Radau): 696
St. Michael Sonnwende: 771
St. Michel (Ringenwechsel, Bereich Pfaffengrube): 695
St. Niclaus (Falkenstein): 730
St. Notburg (Ringenwechsel, Bereich Radau): 696
St. Oswald (Ringenwechsel, Bereich Radau): 696
St. Ottilia: 729
St. Ottilius Marx (Falkenstein): 772
St. Oswald (Falkenstein): 730
St. Paul und Maria Magdalena (Falkenstein): 734
St. Peter (Falkenstein): 730
St. Philipp Jakob (Ringenwechsel, Bereich Radau): 696
St. Philipp und Jakob (Falkenstein): 723, 729
St. Sebastian (Ringenwechsel, Bereich Radau): 696
St. Sebastian Veit (Ringenwechsel): 695
St. Sigmund im Brand (Falkenstein; mit St. Niclas und Unser Frauen): 731, 772
St. Sigmund und Ruprecht am Rotenstein (Falkenstein): 734
St. Stefan (Falkenstein): 730
St. Stefan (Ringenwechsel, Bereich Pfaffengrube): 695
St. Simon Judas (Falkenstein): 723, 729
St. Urban (Ringenwechsel, Bereich Radau): 696
St. Veit im Nassental (Falkenstein): 723, 729
St. Veit am Rotenstein (Falkenstein): 734
St. Veit und Joseph im Nassental (Falkenstein): 723
St. Wolfgang (Falkenstein): 730
St. Wolfgang (Ringenwechsel, Bereich Pfaffengrube): 695
St. Wolfgang im Brand (Falkenstein): 723, 732
St. Wolfgang im Gassl (Falkenstein): 730, 772, 794
St. Wolfgang im Tullergassl (= St. Wolfgang im Gassl, Falkenstein): 723, 730
St. Wolfgang Lux (Falkenstein): 730
St. Wolfgang ob der Kron (Falkenstein): 685, 732, 771
St. Wolfgang über der Hütte (= St. Wolfganghütte, Falkenstein): 681, 685, 687, 723, 729, 772
St. Wolfgang und Simon Judas (Falkenstein): 723
Tiefstollen, St. Niklas bei der Archen, St. Kathrein auf der Laymzech (= Zum Tiefenstollen, Falkenstein): 722, 729, 772
Unsere Frau Graf (Falkenstein; mit Unsere Frau unter der Veronica, St. Katzem zum Grafen): 730
Unsere Frau am Kogelmoos (Falkenstein; mit St. Martin und St. Wolfgang): 731, 771
Unsere Frau (Ringenwechsel, Bereich Radau): 696
Unsere Frau im Eistal (Falkenstein): 723, 729
Unsere Frau im Grünen Rinnen (Ringenwechsel, Bereich Radau): 696
Unsere Frau im Weittal: 734
Unser Frauen Braut (Falkenstein; *Brauff*): 772
Unser Frau Glück (Ringenwechsel, Bereich Pfaffengrube): 695
Unser Frau Glück am Rotenstein (Falkenstein): 734
Unser Frau im Moos und St. Christof (Ringenwechsel, Bereich Radau): 696
Unser Frau Otten Grube (Ringenwechsel, Bereich Pfaffengrube): 695
Vierzehn Nothelfer (Falkenstein): 200, 730, 772
Vierzehn Nothelfer und St. Kathrein (Ringenwechsel, Bereich Pfaffengrube): 695
Zu der Eisentür (Falkenstein): 771
Zu der Kron, St. Johann, St. Thoman, Zum Rech, St. Ruprecht, Schafgrube (= St. Johann Cron, Falkenstein): 722, 732
Zu der Pürchnerin (Falkenstein; mit Pirchnerin, Unter Helferin): 730, 772
Zu der Silbermühl (Falkenstein): 771
Zu der Zwölf Botenschiedung am Rotenstein (Falkenstein): 734
Zu Unser Frauen Frentzel (Falkenstein): 772
Zum Esl und Löchl (Falkenstein): 730
Zum Frännzen (Falkenstein; mit Zum Frentzl, St. Marx): 730
Zum Glück am Rotenstein: 734
Zum Heiligen Kreuz (Falkenstein): 732
Zum Heiligen Kreuzbrünnel (Falkenstein): 772
Zum Kindl im Ried (Falkenstein): 729
Zum Kreuz im Öxlbach: 734
Zum Oberen Kreuz (Ringenwechsel, Bereich Radau): 734
Zum Oswald Ebmair (Falkenstein): 723, 730
Zum Pründl (= Kreuzpründel): 729
Zum Unteren Kreuz (Ringenwechsel, Bereich Radau): 734
Zum Wunderlich (Falkenstein): 731, 771
Zur Brücke (Falkenstein): 723, 729
Grubenausbau: 839
Grubenbeil: 260
Grubenbefahrung: 787-789, 792, 798, 799, 887, 888, 917
Grubenerz: 899, 900
Grubenfeldgrenze: 688
Grubenholz: 838
Grubenhüter: 207, 278, 723, 724
Grubenmaß: 179, 201, 684, 689, 859
Grubenschreiber 179, 185, 207, 279, 642, 722-724
Grundbesitz: 822-824, 826
Grüntal-Stollen (Falkenstein): 624
Grundherrschaft: 826, 827
Grundnahrungsmittel: 664, 757
Gütertransport: 617
Gugel: 231, 232, 237, 239-242, 244-247, 258, 261, 262, 264
Guldiner: 712

H

Häckel: 253-255
Halde: 187, 197, 200, 210, 234, 245, 615, 621, 625, 657, 670, 675, 677, 690, 698, 711, 826, 892
Haldenerz: 211, 212, 674, 698, 790, 899, 900
Haldenkutter: 653
Haldenspanzettel: 180, 205, 212, 225
Haldensturz s. Halde
Halsgerichtsbarkeit: 658, 659
Hammerschmiede: 226
Hammerwerk: 181, 185, 265, 273

Handel: 265, 706, 749, 771, 773-775, 777-779, 812, 854, 911
Handelsgesellschaft: 712, 734, 857, 862
Handelshaus: 851, 862, 911
Handhaspel s. Haspel
‚Handsalbe': 827
Handscheidung: 183, 264, 742
Handstein: 179, 711
Handwerker (-korporation): 811, 825, 911
Hanfseil: 803
Hangendes: 187, 236
Hartwerk: 221, 678, 679, 711
Haspel: 216, 240, 241, 629, 670-672, 737, 752, 782-786, 792
Haspelknecht: 179, 241, 653, 785
Haspler: 207, 278
Hauer: 657, 669, 672, 681, 697, 698, 711, 742, 744, 752, 785
Haufwerk: 240, 672
Hauptschacht: 215, 216
Hauptsohle: 690
Hauskammeramt: 718, 719
Hebamme: 660, 663
Heidenzeche: 701-703
Heiliges Römisches Reich: 913, 917
Heilig-Kreuz-Stollen (Falkenstein): 624
Herdblei: 678
Herrenarbeiter: 198, 238, 276, 726, 740, 849, 859, 877, 888
Herrenhauer 179, 207, 279, 619, 653, 659, 680, 744, 787
Herrenscheider: 653
Hilfe (Hilfsgeld): 638-640, 740, 743, 758, 767, 768, 775, 777, 779, 786-790, 792, 795, 801, 807, 810, 811, 813, 814, 839-841, 850, 857, 868, 874, 877, 887, 888, 891, 895, 899, 907
Hilfe (= Hilfsort): 181, 727, 802, 810, 887, 895
Hinlass: 208, 680, 699, 740, 742-744, 810, 840, 848-850, 853, 857, 877, 883, 890, 891, 896
Hinlassverhandlung (-vertrag): 208, 210, 218, 225, 694, 742, 792, 807, 810, 813, 814, 849, 850, 857, 887
Hochbruch (= Gugel): 241, 672
Hochzeit (-feier): 660, 664
Hofbeamter: 193
Hoffnungsbau: 699
Hofkammer: 182, 191, 192, 754, 781, 783
Hofkanzlei: 860
Hofstätte: 644
Hoheitsrecht: 638
Holz: 213, 707, 709, 798, 801, 802
Holzausbau: 629
Holzeinbau: 672
Holzfällerei: 179
Holzknecht: 267, 630
Holzkohle: 257, 267, 630, 709, 776, 813, 839, 859, 879, 884
Holzlager: 630
Holzmarkt: 801, 802
Holzmeister: 242, 259, 276, 279, 630, 659, 828
Holzordnung: 629, 631, 659
Holzwirtschaft 189, 213, 225
Hospital s. Bruderhaus
Hüttenbesitz: 911
Hüttenbetreiber: 735, 736, 825, 877
Hüttenherr: 818
Hüttenkosten: 871, 873, 897, 898
Hüttenmann (-leute): 267, 271, 620, 653, 659, 710, 771, 824
Hüttenmeister: 695, 751, 752, 791, 798, 810, 828, 830, 833, 860, 883

Hüttenprozess: 213, 225, 677, 721
Hüttentechnik: 220
Hüttenverwalter: 211
Hüttenwerk: 181, 629, 654, 677, 693, 698, 710, 735, 770, 774, 776, 779, 780, 813, 835, 868, 878, 879, 881-884, 886, 889, 908, 912, 918
Hüttenwesen: 187, 226, 638, 776, 819, 839, 904, 911, 912, 917-920
Hundstößer: 247
Hutmann: 219, 653, 659, 688, 694, 711, 722-724, 727, 784, 785, 801, 810, 828, 830
Huznperger Schacht (Abbaurevier im Erbstollen): 788
Hygiene: 757, 761

I

Illyrer: 701
Innbrücke (u. a. Reparatur derselben): 636, 658, 663, 666, 693, 709, 852
Innovation: 894, 895
Investition: 913

J

Jahresfördermenge: 718
Jenbacher Gesellschaft: 917
Joch: 187, 233, 688
Johann-Stollen (Falkenstein): 624
Judenhammer: 249

K

Käse: 886
Kalkspat: 623
Kaltenbrunner Zeche (Abbaurevier im Erbstollen): 787, 788
Kammer Innsbruck: 222, 227, 228, 657, 663, 739, 740, 751, 756, 760, 761, 767, 773, 774, 791, 792, 805, 812, 831, 838, 841-843, 849-851, 860, 861, 863, 864, 869, 871-873, 877-879, 881, 884, 885, 887-889, 913, 914
Kammergut: 795, 890
Kammerleute: 635, 636, 638, 642, 647, 779, 823, 825, 826, 910
Kammerräte s. Räte
Kapital: 813, 827, 904, 913
Kapitalgesellschaft: 733
Kastenzimmerung: 737, 752
Katholizismus: 914, 920
Kaue: 629, 671
Kaufgeld s. Erzkauf
Kaufmann: 655, 656, 691, 692, 839, 851, 862, 911, 912
Kehrrad (-förderung): 212, 213, 802-804
Keil: 185, 242, 249, 250, 668, 669, 673
Keilhaue 231, 248, 249
Kellerjochgneis: 621, 622, 674
Kerbholz: 630
Kern (Aufbereitungsprodukt): 681
Kernsieb: 252, 673
Kette: 803
Kienstock: 678, 679
Kimbern: 705
Klafter: 180, 242-244, 629, 685, 692
Klaubebrett: 212, 262, 273, 277, 674
Klaubebube: 207, 212, 263, 273, 670
Kleidung: 181

Kleinbetrieb: 688, 723, 724, 733, 912
Kleingewerke: 223, 228, 659, 684, 694, 696-698, 733, 734, 738, 739, 810, 821, 899, 904, 905, 912
Kleingrube: 216-218, 636, 684, 685, 688, 696, 700, 721, 737, 912
Kleinhändler: 655, 759
Kleinunternehmen s. Kleinbetrieb
Kleinunternehmer s. Kleingewerke
Kluft: 187, 236, 237, 626, 669
Knappschaft: 859
Knappenaufstand: 753, 851, 853, 890
Knechthutmann: 179, 185, 207, 278, 279
Kniehose: 231
Kobalt: 623
Koblat (= Kobolt): 678, 711
Kodex Maximilianeus: 640
Köhler: 620, 630, 653, 659
Köhlerei: 179, 189, 213, 225, 630, 644, 654, 657
Koglmooser Stollen (Falkenstein): 624
Kohle s. Holzkohle
Kohlenmeiler: 630, 657
Kommission (der Regierung bzw. Kammer): 723, 753, 774, 775, 777-779, 787, 789, 791, 797, 798, 841, 843-845, 857, 858, 860, 861, 863-866, 873, 881-884, 886-888, 917
Kommunale Selbstverwaltung: 655, 693, 910, 911
Kompass: 246, 257, 672
Konfirmation: 200, 662, 806
Konkurs: 640, 767, 770, 777, 779, 914
Konzentrationsprozess: 734
Korn s. Roggen
Krag: 239
Kram: 234, 629, 653, 671
Krankenhaus s. Bruderhaus
Kratze: 207, 232, 239, 240, 248, 263, 264, 669, 670
Kredit: 691, 717, 747-750, 754, 756, 762, 768-771, 776, 778, 818, 826, 836, 838, 839, 841, 851, 875, 912, 913, 917
Kreditgeber: 690, 776, 838, 875, 912, 913
Kretzsilber: 869, 870, 873
Kreuzbrünnelstollen (Falkenstein): 624
Kreuzzeichen (= Vermessungspunkt): 233, 236, 240, 241, 245-247, 252,
Krieg (-dienst): 221, 280, 713, 721, 728, 745, 748, 753, 754, 770, 913, 914
Krise: 821, 914, 915, 917, 920
Krongut: 823
Kübel: 240, 258, 782, 783
Küche: 266
Kunstmeister: 205, 791, 798, 799, 802, 845
Kunstrad: 212, 798
Kunstschacht: 839, 847
Kupfer: 185, 267, 623, 627, 628, 638, 646, 657, 673, 674, 677, 679, 680, 691, 698, 701, 702, 704, 709-711, 720, 721, 747, 749, 754, 762, 763, 769, 771, 778, 779, 781, 790, 815, 818, 839, 862, 866-871, 873, 874, 878-880, 883, 884, 897-899, 902-904, 911, 913
Kupferfahlerz: 623, 627, 709, 711
Kupferkies: 621, 623, 702, 707
Kupferschiefer: 680
Kupferstein: 221, 678-680, 709, 710
Kux: 814, 816

L

Lagerstätte: 616, 814, 820
Landesfürst: 222, 223, 629, 635-642, 646, 651, 652, 657-659, 661-666, 686, 676, 684-686, 690, 694, 699, 700, 711-713, 716, 717, 735, 743, 747, 752, 757, 762, 768-770, 773, 774, 779, 781, 783, 788, 789, 790, 793, 794, 797, 799, 800-802, 814, 816, 826, 828, 832, 836-848, 850, 851, 859, 874, 877, 878, 880, 890, 891, 892, 895, 899, 908-912, 914, 915, 917-919
Landesfürstliches Bergbauunternehmen s. Österreichischer Handel
Landesherr ⑧ Landesfürst
Landesregierung (der oberösterreichischen Lande), Innsbruck: 191, 202, 203, 206, 217, 636, 637, 657, 659-663, 666, 667, 689, 699, 728, 737, 746-748, 751-754, 756, 758, 760, 767, 770, 773, 777, 779, 780, 783, 786-788, 791, 792, 795, 797, 800, 805, 812, 821, 829, 831, 834, 836, 838, 839, 841-843, 846, 847, 849-856, 858, 860, 861, 863-866, 869, 871-873, 877-879, 881, 884, 885, 887-889, 907, 910, 913, 914, 917, 918
Landfleisch: 760, 761
Landgericht: 636, 637, 644, 645, 648, 655, 657-660, 665, 753, 761, 768, 811, 910
Landrecht: 208, 642
Landrichter: 179, 199, 205, 208, 224, 230, 253, 254, 274, 279, 631, 645, 648, 656, 659, 660, 663-665, 750, 751, 753, 757, 758, 760, 761, 769
Landschaft: 836
Landstand (schaft): 655, 717, 860
Landsteuer ⑧ Steuer
Landungsplatz (*Lende*): 616, 631, 661, 665, 755, 879, 884
Lauf ⑧ Hauptsohle
Lauftruhe ⑧ Förderwagen
Lebensmittel: 225, 634, 645, 652, 662, 707, 757, 806, 811, 886, 896
Lebensmittelversorgung (-beschaffung, -kontrolle): 660, 754, 758, 913
Lech: 678
Leder (Arschleder): 232-234, 236-241, 244-247, 255, 257, 258, 261, 262, 280, 634
Ledersack: 804
Lehen (Längenmaß): 180, 244, 629
Lehenhauer: 205, 208, 228, 653, 663, 674, 680-682, 699, 726, 736, 737, 740, 742, 743, 789, 807, 840, 849, 853, 904, 905
Lehenschaft: 208, 210, 218, 223, 225, 238, 619, 659, 669, 674, 680-682, 685, 697, 725, 726, 729-732, 740, 742-744, 787, 789, 790, 795, 800, 819, 821, 850, 853, 854, 859, 877, 887, 891, 909
Lehenschaftsbuch: 789
Lehenscheider: 653
Leitnagel: 185, 247, 670
Liebfrauenkirche: (Schwaz): 663
Liegendes: 187, 236
Lohnarbeiter (= Lidlöhner): 208, 762, 768, 776, 787
Lohnkosten: 692
Losung s. Erzlosung
Losungssilber (vgl. Erzlosung): 897, 898
Luxstollen: 624

M

Magdalena-Stollen (Falkenstein): 624
Mangan: 627, 628
Markscheide: 246, 687
Markscheider: 206, 217, 245, 246, 256, 657, 794, 828
Markt: 648, 652, 707, 913
Marktgemeinde (-flecken): 618, 621, 652, 655, 693,

852, 910, 911
Marktkirche Zu unserer Lieben Frau: 762
Marktleute: 760, 761
Marktort: 617, 620
Marktplatz: 820
Marktrecht: 618
Marktsiedlung s. Marktgemeinde
Marktviertel s. Marktgemeinde
Martinhütt-Stollen (Falkenstein): 624, 625
Maschine: 845, 905
Maurer: 655, 656
Maut: 774
Mengenakkord: 742
Meierstätte: 644
Messband (-kette, -schnur): 246, 257, 265
Messing (-herstellung): 185, 226
Metallerzeugung s. Metallproduktion
Metallhändler: 637, 639, 712, 818, 825
Metallhandel: 638, 712, 713, 733, 734, 736, 748, 836
Metallproduktion: 635, 721, 728
Metzger: 655, 656, 662, 663, 666, 755, 757-761
Michael-Stollen (Falkenstein): 624
Militär: 646
Miniatur: 177, 179, 181, 183-185, 187, 189, 193, 207, 212, 219, 221, 223, 225, 274, 687, 745
Missernte: 755
Mitbaurecht: 636, 909
Mittelbetrieb: 688, 899
Mittelgewerke: 733, 734, 821, 899, 904, 907, 912
Mittelstand: 820, 907, 920
Montanhandel: 857, 878
Montanwissenschaft: 919
Mühle: 776
Müller: 655, 656
Münze (in Hall): 179, 191, 226, 280, 690, 712, 733, 768, 791, 836-839, 842-844, 846, 851, 852, 858, 868, 912, 918
Münzbuch: 283
Münzedikt: 836, 838, 846, 847
Münzergilde: 818
Münzgewinn: 847
Münzmeister: 870, 872
Münzordnung: 844
Münzreform: 712
Münzstätte: 280
Münzwesen: 280, 842-844, 858
Mundloch: 183, 233-237, 240, 241, 245, 246, 252, 261, 280: 670, 671, 702
Mure: 617, 620

N

Nachhaltigkeit: 217
Nachthutmann: 179, 185, 207, 278, 279
Nahrungsmittel s. Lebensmittel
Nebengestein: 211
Neue Zeche (Abbaurevier im Erbstollen): 204, 784, 786-790
Neujahr-Stollen (Falkenstein): 624
Neuntel (Grubenneuntel): 636, 681, 688, 696-698, 734, 737, 738, 740, 771, 880
Neuschurf: 187, 201, 206, 233, 668
Nickel: 623
Nikolaus-Stollen (Falkenstein): 624
Nothelferstollen: 624
Nürnberger Religionsfrieden: 745

O

Obergaßl-Stollen: 624
Oberstollen (Falkenstein): 624
Öffnung: 242
Österreichischer Handel (Faktoreihandel): 224, 633, 684, 813, 833, 884, 886, 889-892, 895, 902, 903, 905, 906, 908, 915, 919
Ottilien-Stollen (Falkenstein): 624
Oxidationsmineral: 628

P

Pacht: 832
Peinliche Gerichtsbarkeit s. Halsgerichtsbarkeit
Pest: 915
Pfahl: 187, 235
Pfand: 818, 911, 912
Pfennwert: 663, 728, 759, 769, 806, 854, 884
Pfennwerthandel: 644, 645, 755, 758, 760, 773, 776, 854, 867-869, 873, 886, 891
Pferdegöpel s. Göpelwerk
Pfleger: 179, 208, 224, 253, 254, 274, 279, 631, 648, 856, 859, 660, 663, 666, 667, 750, 757, 758, 864
Pfund Berner (= Veroneser) Pfennige: 176, 207, 629, 664, 680, 699, 741
Pinnmarke: 185, 187
Pochgut: 681
Pochknecht: 653
Pochsand: 212, 633
Pochwerk (s. Schießer): 184, 190, 191, 200, 210-213, 223, 228, 632, 633, 653, 674-677, 844, 892, 895, 907
Prachthandschrift: 181, 192, 620
Preise: 757
Privatunternehmen: 637
Privileg: 840, 841, 851, 852, 858-860, 866, 886
Probieren (von Erz): 867, 871, 900
Probierer: 257, 828-830, 900
Probierofen: 257
Probiersilber: 869, 870, 873
Produktionsdaten: 728, 867-874
Prospektion: 688, 914
Prospektor: 707
Protestantismus: 914, 920
Pumpe: 201, 790, 820

Q

Quarz: 623
Quecksilber: 627, 628

R

Räte: 666, 699, 711, 748, 752-754, 760, 769, 774, 775, 777, 786, 787, 791, 792, 798
Raffination: 900
Raitung: 194, 195, 727, 786, 787, 789, 790, 865, 867-874
Rat s. Stadtrat
Rathaus: 640, 820, 913
Raubbau: 691, 819, 821, 862, 913
Rechnungsbuch: 802, 871
Rechnungsrat: 227, 831
Reformation: 229, 857, 920

Reformprogramm: 915
Regalrecht: 636, 638, 639, 656, 657, 814, 822, 823, 826-828, 890, 913, 915
Regierung s. Landesregierung
Regiebetrieb: 905
Regnum Noricum: 705
Reibeisen: 185, 251, 277
Reich ⑧ Heiliges Römisches Reich
Reicherz: 229, 628, 674, 821, 913, 919
Reichsfürst: 826
Reichsmünzordnung: 836, 838, 842, 843, 846, 847, 851, 852, 858, 917
Reichspolitik: 846, 847
Reichstag: 642, 745-747, 823, 836, 851
Reichsvogtei: 823
Reitpferd: 831
Rendite: 750, 849
Rengstange ⑧ Brechstange, -eisen
Richtschacht: 201
Rinnwerk: 633, 893
Ritzeisen: 185, 250, 669
Römerzeit: 704-706
römische Kaiser: 705, 706
Römisches Recht: 822, 919
Rösten: 711
Roggen: 756, 757, 760, 896
Roherz: 675, 678, 682, 698, 736, 742, 743, 844, 862, 868, 869, 871, 872, 887, 890, 897, 899, 900, 904, 905, 912
Rohstein: 681
Rosenstollen (Falkenstein): 624
Rotgültigerz: 621, 623, 628

S

Saigermaß: 244
Saline: 631
Salz: 823, 824
Samkost: 239, 682, 697, 737, 741, 795, 796, 868, 870, 872, 891, 897-900
Säuberbube: 179, 207, 264 279, 653, 670
Saumtiertreiber: 642, 659
Schacht: 240, 241, 244, 639, 782-785, 791-794, 797, 799-802, 804, 826
Schachtbau: 201, 781, 784, 791
Schachtförderung: 671, 819
Schachtrecht: 206
Scharrn s. Fleischbank
Scheidebank: 803
Scheidehaus: 629, 670, 727
Scheideisen: 185, 250, 673
Scheidwerk: 210, 211, 629, 674, 752, 753, 834, 849, 850, 853, 854
Schicht: 252, 711, 783, 786, 787, 790
Schichtmeister :257, 276, 279, 630, 695, 799, 810, 828, 831, 834, 854
Schichtordnung: 225
Schiffer (Inn): 659
Schifffahrt (Inn): 187, 634
Schießer (⑧ Pochwerk): 200, 674
Schießen (mit Schwarzpulver): 674
Schiner: 206, 246, 256, 279, 657, 680, 828, 854
Schlacke: 677
Schlägel: 185, 232, 243, 249, 250, 668
Schlägel und Eisen: 236-238, 279, 668, 669, 703, 803
Schladminger Bergrecht (-ordnung): 641, 909
Schlammsieb: 252, 673, 674
Schlenkerfäustel (= Schwinghammer): 238, 242, 249, 669,
Schleuse: 633
Schlosser: 655, 656
Schmalkaldischer Bund: 745-748
Schmalkaldischer Krieg: 635, 745, 748, 915
Schmalz: 759, 769, 853, 854, 886, 896
Schmelzender Gewerke s. Schmelzer und Gewerke
Schmelzer und Gewerke: 200, 206, 629, 641, 642, 659, 663, 666, 667, 694, 699, 711, 713, 714, 716, 720, 728, 733-736, 744, 757, 758, 761, 764-766, 768, 783, 786, 788-790, 792-795, 798-800, 802, 805, 807, 809-812, 814, 839, 851, 852, 856-860, 863, 865- 871, 873, 877, 883, 887-889, 891, 894, 895, 905, 912, 914, 917
Schmelzhandel: 215, 750, 763, 768, 771, 773-775, 777-779, 870, 877, 878, 884, 886, 887
Schmelzherr: 630, 641, 667, 717, 733, 755, 802
Schmelzhütte: 226, 267, 273, 618, 657, 658, 684, 709, 753, 767, 772, 809, 886
Schmelzhüttenbetreiber s. Schmelzherr
Schmelzmeister: 710
Schmelzofen: 179, 181, 183-185, 190, 191, 268
Schmelzprozess (-verfahren, -wesen): 221, 230, 677, 679, 710, 711
Schmelztiegel: 257
Schmelzwerk: 644, 717, 776, 879, 884
Schmied: 642, 653, 656, 659
Schmiede: 239, 644
Schmiedekosten: 239, 276
Schneider: 655
Schram: 242, 249, 681
Schreiber: 659
Schreibstube: 180, 255
Schütte: 879
Schuster: 655
Schwader Eisenstein: 621, 622
Schwäbischer Bund: 717
Schwanzhammer s. Hammerwerk
Schwarzer Tod: 757
Schwazer Bergwerksverein: 675, 677, 703
Schwazer Dolomit: 621, 623-628, 673, 674, 698, 701, 702, 821
Schwazer Eisenstein: 622
Schwazit: 627, 673
Schwefelkies: 623
Schweinefleisch: 759-762
Schwerkraftsortierung: 675
Schwerkriminalität: 645, 910
Schwerspat: 623
Seigerhütte: 220, 221, 638
Seigerhüttenprozess: 680, 709, 710
Seigerkrätze: 678
Seigermeister: 710
Seigerverfahren s. Seigerhüttenprozess
Selbstverwaltung s. Kommunale Selbstverwaltung
Setzfass: 673f.
Setzsieb: 673
Seuche: 221, 280, 892-894, 896, 913, 914
Sigmund-Erbstollen (Falkenstein) s. Gruben in alphabetischer Reihenfolge
Silber: 627, 628, 638, 657, 673, 674, 676, 677, 679-681, 690, 691, 698, 701, 709, 711, 712, 718, 719, 721, 722, 724, 725, 727, 733, 735, 747, 749, 754, 762, 763, 767-769, 778, 779, 791, 815, 818, 836-840, 842-848, 850, 851, 862, 866, 869-874, 878-880, 895, 897-899, 902-904, 909, 911, 913
Silberbarren: 716, 851
Silberblende: 621
Silberblick: 678
Silberbrenner: 257, 258, 828, 830, 853, 870, 872, 903
Silbererz: 708, 815

Silbererzeugung s. Silberproduktion
Silbergehalt: 627, 741, 742, 867
Silberkauf: 712, 771, 791, 836, 837, 858, 873
Silberproduktion: 215, 635, 712, 718, 719, 721, 850, 897, 909
Silberschmuggel: 845, 846
Silberverkauf: 770, 843-846, 851, 858, 868
Sitzort: 236
Sohle: 187, 235, 252, 689, 781, 782, 791, 793, 801
Sohleisen: 185, 246, 247, 687
Söllhaus: 645, 652
Söllleute: 663, 758, 760
Spanzettel: 180, 205, 208, 210, 218, 680, 681, 859
Spateisenstein: 623
Speculum Metallorum: 189, 220, 284, 916
Spitalkirche: 820, 760
Sporteln: 832
Sprengstoff: 703
Spurnagel s. Leitnagel
St.-Martins-Kirche: 702
St.-Nikolaus-Stollen (St.-Klaus-Stollen und Kram; Revier Alte Zeche): 615, 622, 624, 632
Staatsbetrieb: 637
Stab (Längenmaß): 243
Stadt: 815-822, 915
Stadtgericht: 655
Stadtgeschichte: 910, 911
Stadtmauer: 655
Stadtrat: 818, 910
Stadtrecht: 642, 646, 647, 814, 818, 910
Stadtregiment: 635, 818, 915
Stadtverwaltung: 820
Stand (Ständevertretung): 716, 717
Statthalter: 666, 699, 774
Steigbaum: 629
Steiger: 744
Steinkohle: 630, 815, 824
Stempel: 187, 233, 688
Stempelhacke: 185, 251, 260
Sterben: s. Epidemie
Steuer: 642, 645, 656, 663, 716, 717, 811, 817, 836, 851, 852, 859
Stöcklsches Schmelzbuch: 220
Stollen 180, 187, 194, 201, 233, 235, 240, 241, 245, 252, 261, 613, 614, 625, 629, 639, 670, 684-687, 689, 694, 698, 699, 702, 709, 722, 726, 727, 790, 798, 807, 808, 813, 827, 895, 906
Stollenrecht: 657
Stollensohle: 213, 215, 247, 261, 625, 639, 690, 692, 792, 798,
Straße: 617, 690, 706
Strecke: 629, 685, 782, 801, 807, 808, 813
Streik: 784
Stück: 185, 249
Stufeisen: 185, 250, 669
Stuferz: 681
Suchort: 689, 726, 813, 841, 877
Sümpfen: 799, 801
Synode s. Bergsynode

T

Taghutmann: 179, 185, 207, 278, 279
Taler: 712, 837, 852
Teilerz: 681, 682, 740-743, 790, 795, 796,
Territorialherrschaft: 823, 826
Testsilber: 869, 870, 873
Teuerung: 222, 280, 745, 9132, 914

Teutonen: 705
Thalhammer-Stollen: 624
Tiefbau: 213, 621, 625, 639, 657, 690, 692, 693, 716, 724, 725, 767, 781-783, 786, 787, 789-792, 794, 795, 797, 799, 800, 801, 818, 820, 847, 896, 905
Tiefbauschacht: 204
Tiegel: 867
Tiroler Handel (der Fugger): 694, 698
Tiroler Landreim: 647, 653
Tiroler Landtag/ Landschaft: 655, 836, 846, 847, 851, 854
Tirolische Kanzlei: 178
Tischler: 655, 656
Tracht: 240, 241, 244, 254, 258, 262
Transportarbeiter: 620
Transportwesen: 636, 654, 658, 742, 757
Treibherd: 220, 711
Trienter Bergrecht: 214
Trog: 207, 239, 669
Trockenmauer: 672
Truhenläufer: 179, 207, 278, 653, 671
Tscherpermesser: 231, 233
Türkenkrieg: 745, 746, 839, 857
Türstockausbau: 241

U

Überflutung: 617, 619, 769
Unfall: 783
Universitas Montanorum: 805, 811, 822, 824, 826, 861-863, 876, 909, 918-920
Unruhe: 716, 750, 751
Unschlitt: 179, 225, 265, 617, 634, 680, 7o7, 749, 761, 769, 773, 776, 884, 896
Untergaßl-Stollen (Falkenstein): 624
Unter-Stollen (Falkenstein): 624
Unterwerksbau: 240

V

Valutageschäft: 851
Verbauen: 698, 722, 725, 769, 790, 795, 800, 812, 814, 840-842, 857, 867, 869, 874, 875, 888
Verbrauchsgüter: 645
Verhau: 240
Verhüttung □ Hüttenwesen
Verkehrsweg: 616
Verladestation: 615, 621
Verleihung: 688
Vermessung: 233, 245, 247, 794
Verpfändung: 638, 819
Versatz: 672
Verweser: 642, 659, 887
Viehhändler: 662, 758
Viertel (Grubenteil): 636, 688, 696, 697, 734, 737, 738, 771
Viertelsmeister: 656
Vogelfang: 179, 189, 232, 644
Vortiegel: 221
Vortrieb: 877

W

Waage: 664

Wachsscheibe: 246, 247, 256
Wächter: 660, 663
Waffe: 909
Waldarbeit: 654, 659
Waldmeister: 631
Waldnutzung: 213, 818, 839, 884
Waldordnung: 198, 213, 221, 280, 632
Wappen: 181, 185, 193, 195, 262, 279, 615
Wartgeld s. Dienstgeld
Waschherd: 212, 674, 675
Waschwerk: 210, 212, 632, 633, 893
Wassereinbruch: 204
Wasserhaltung: 201, 214-216, 671, 692, 693, 782, 790, 792, 800, 801, 819, 905
Wasserhebemaschine s. Wasserkunst
Wasserheber: 204, 692, 782-784, 786, 787, 789-792, 800
Wasserknecht: 692, 783-787, 790, 793
Wasserkraft: 212, 633, 639, 892-894
Wasserkunst: 184-186, 191, 194, 204, 205, 212, 214, 282, 625, 633, 639, 675, 686, 737, 781- 784, 791-795, 797-804, 839, 847, 896, 905, 907
Wasserrad: 266, 633, 671, 674, 692, 782, 794, 798, 803, 820, 893
Wasserschacht: 7843, 786, 787, 789, 790
Weber: 655, 656
Wechsel (im Geschäftsverkehr): 913
Wechsel (Abgabe von der Silberproduktion, schwerer W, [ge]ringer W.): 616,623, 639, 644, 657, 677, 691, 699, 712, 716, 735, 749, 751, 754, 760, 761, 767, 768, 771, 772, 774, 776, 779, 781, 783, 786, 788-791, 794-799, 800, 813, 830, 839, 85o, 852, 868-871, 886, 896, 903-905, 909
Wechselgeld: 897, 898
Wege: 666, 852
Wein: 854
Weistum: 209, 229, 662, 711, 863, 909
Weizen: 756, 757
Wiener Gewicht: 838, 842
Wiener Mark: 839
Wildschönauer Schiefer: 623
Wirt: 655, 664, 751, 760, 852
Wochenlohn: 198
Wochenmarkt: 618, 707
Wolfgang-Stollen (Falkenstein): 624

Z

Zeche: 670
Zehnt: 817, 839
Zimmermann (-leute): 179, 185, 197, 205, 225, 260, 261, 273, 631, 642, 653, 655, 656, 659
Zimmernscher Totentanz: 283
Zink: 627, 628
Zinkblende: 621, 623
Zinn: 628,815
Zins: 818, 840, 913
Zoll: 642, 646, 663, 716, 774, 859
Zubuße: 795, 888
Zunft: 811, 825
Zweiter Weltkrieg: 186, 210, 650

Veröffentlichungen aus dem Deutschen Bergbau-Museum Bochum

Nr. 1: „Ausbeutemünzen und -medaillen als wirtschafts- und technikgeschichtliche Quellen". Katalog zur Ausstellung im Deutschen Bergbau-Museum (1969) (vergriffen)

Nr. 2: „Bergarbeiter - Zur Geschichte der organisierten Bergarbeiterbewegung in Deutschland". Katalog zur Ausstellung im Deutschen Bergbau-Museum (1969) (vergriffen)

Nr. 3: „Constantin Meunier". Katalog zur Ausstellung im Deutschen Bergbau-Museum (1970) (vergriffen)

Nr. 4: „Wolfgang Fräger". Katalog zur Ausstellung im Deutschen Bergbau-Museum (1971) (vergriffen)

Nr. 5: „Timna - Tal des biblischen Kupfers". Katalog zur Ausstellung im Deutschen Bergbau-Museum (1973) (vergriffen)

Nr. 6: Fritz Spruth: Die Bergbauprägungen der Territorien an Eder, Lahn und Sieg (1974) (vergriffen)

Nr. 7: Rainer Slotta: Technische Denkmäler in der Bundesrepublik Deutschland, Bd. 1 (1975) (vergriffen)

Nr. 8: „Friedrich Gräsel - Identifikationen". Katalog zur Ausstellung im Deutschen Bergbau-Museum (1975) (vergriffen)

Nr. 9: „Tisa - Menschen vor Ort". Katalog zur Ausstellung im Deutschen Bergbau-Museum (1977) (vergriffen)

Nr. 10: Rainer Slotta: Technische Denkmäler in der Bundesrepublik Deutschland, Bd. 2: Elektrizitäts-, Gas- und Wasserversorgung, Entsorgung (1977) (vergriffen)

Nr. 11: Evelyn Kroker: Das Bergbau-Archiv und seine Bestände (1977) (vergriffen) (s. Nr. 94)

Nr. 12: Fritz Spruth: Die Bergbauprägungen der rheinpfälzischen Silbergruben (1977) (vergriffen)

Nr. 13: Werner Kroker (Bearb.): SICCIM (Second International Congress on the Conservation of Industrial Monuments), Verhandlungen/Transactions (1978)

Nr. 14: „Eisen + Archäologie - Eisenerzbergbau und -verhüttung vor 2000 Jahren in der VR Polen". Katalog zur Ausstellung im Deutschen Bergbau-Museum (1978) (vergriffen)

Nr. 15: Gabriele Unverferth/Evelyn Kroker: Der Arbeitsplatz des Bergmanns in historischen Bildern und Dokumenten, 1979, 4. Aufl. (1994) (vergriffen)

Nr. 16: Friedrich Gräsel/Jürgen Morschel: Identifikationsprozesse. Beispiel: Maschinenhalle Zollern II (1979)

Nr. 17: Rainer Slotta: Förderturm und Bergmannshaus - Vom Bergbau an der Saar (1979) (vergriffen)

Nr. 18: Rainer Slotta: Technische Denkmäler in der Bundesrepublik Deutschland, Bd. 3: Die Kali- und Steinsalzindustrie (1980)

Nr. 19: Evelyn Kroker/Norma von Ragenfeld (Bearb.): Findbuch zum Bestand 33: Rheinisch-Westfälisches Kohlen-Syndikat 1893-1945 (1980) (vergriffen)

Nr. 20: Hans Günther Conrad/Beno Rothenberg (Bearb.): Antikes Kupfer im Timna-Tal. 4000 Jahre Bergbau und Verhüttung in der Arabah (Israel) (DER ANSCHNITT Beiheft Nr. 1, 1980)

Nr. 21: Elisabeth Kessler-Slotta/Rainer Slotta/Marlene Jochem: „Kostbar wie Gold - Porzellan und Glas im Deutschen Bergbau-Museum". Katalog zur Ausstellung im Deutschen Bergbau-Museum (1980)

Nr. 22: Gerd Weisgerber/Rainer Slotta/Jürgen Weiner (Bearb.): „5000 Jahre Feuersteinbergbau. Die Suche nach dem Stahl der Steinzeit". Katalog zur Ausstellung im Deutschen Bergbau-Museum (1980) (vergriffen) (s. Nr. 77)

Nr. 23: Fritz Spruth: Die Hildesheimer Bergbautaler des Bischofs Jobst Edmund v. Brabeck der Grube St. Antonius Eremita in Hahnenklee (1981)

Nr. 24: Evelyn Kroker: 50 Jahre Deutsches Bergbau-Museum Bochum. Fotodokumentation (1981) (vergriffen)

Nr. 25: Rainer Slotta: Das Herder-Service. Ein Beitrag zur Industriearchäologie des Bergbaus (1981)

Nr. 26: Rainer Slotta: Technische Denkmäler in der Bundesrepublik Deutschland, Bd. 4: Der Metallerzbergbau, Teil I/II (1983) (vergriffen)

Nr. 27: „Lagerstätten, Bergbau und Münzen - Die Sammlung der Preussag". Katalog zur Ausstellung im Deutschen Bergbau-Museum (1983)

Nr. 28: „H.D. Tylle - Bilder aus dem Steinkohlen- und Kalisalzbergbau". Katalog zur Ausstellung im Deutschen Bergbau-Museum (1984)

Nr. 29: Bruno Lewin/Andreas Hauptmann (Bearb.): Kodozuroku. Illustrierte Abhandlungen über die Verhüttung des Kupfers (1801) (1984)

Nr. 30: Werner Kroker/Ekkehard Westermann (Bearb.): Montanwirtschaft Mitteleuropas vom 12. bis 17. Jahrhundert (DER ANSCHNITT Beiheft Nr. 2, 1984)

Nr. 31: Günther A. Wagner/Gerd Weisgerber (Bearb.): Silber, Blei und Gold auf Sifnos. Prähistorische und antike Metallproduktion (DER ANSCHNITT Beiheft Nr. 3, 1985)

Nr. 32: Rainer Slotta: Das Carnall-Service als Dokument des Oberschlesischen Bergbaus (1985)

Nr. 33: Andreas Hauptmann: 5000 Jahre Kupfer in Oman, Bd. 1: Die Entwicklung der Kupfermetallurgie vom 3. Jahrtausend bis zur Neuzeit (DER ANSCHNITT Beiheft Nr. 4, 1985)

Nr. 34: Werner Kroker/Evelyn Kroker (Bearb.): DER ANSCHNITT. Generalregister der Jahrgänge 1(1949) - 35(1983) (1985)

Nr. 35: „Friedrich Bergius und die Kohleverflüssigung - Stationen einer Entwicklung". Katalog zur Ausstellung im Deutschen Bergbau-Museum (1985) (vergriffen)

Nr. 36: Fritz Spruth: Die Oberharzer Ausbeutetaler von Braunschweig-Lüneburg im Rahmen der Geschichte ihrer Gruben (1986)

Nr. 37: Evelyn Kroker: Der Arbeitsplatz des Bergmanns, Bd. 2: Der Weg zur Vollmechanisierung (1986)

Nr. 38: Rainer Slotta: Technische Denkmäler in der Bundesrepublik Deutschland, Bd. 5: Der Eisenerzbergbau, Teil I (1986)

Nr. 39: Cäcilia Schmitz: Bergbau und Verstädterung im Ruhrgebiet (DER ANSCHNITT Beiheft Nr. 5, 1987)

Nr. 40: Joachim Huske: Die Steinkohlenzechen im Ruhrrevier. Daten und Fakten von den Anfängen bis 1986 (1987) (vergriffen) (s. Nr. 74)

Nr. 41: Luftaufnahmen aus geringer Flughöhe. Arbeitstagung Internationale Gesellschaft für Photogrammetrie und Fernerkundung (1988)

Nr. 42: Günther A. Wagner/Gerd Weisgerber (Hrsg.): Antike Edel- und Buntmetallgewinnung auf Thasos (DER ANSCHNITT Beiheft Nr. 6, 1988) (vergriffen)

Nr. 43: Rainer Slotta: Technische Denkmäler in der Bundesrepublik Deutschland, Bd. 5: Der Eisenerzbergbau, Teil III: Die Hochofenwerke (1989) (vergriffen)

Nr. 44: Andreas Hauptmann/Ernst Pernicka/Günther A. Wagner (Hrsg.): Archäometallurgie der Alten Welt/Old World Archaeometallurgy (DER ANSCHNITT Beiheft Nr. 7, 1989) (vergriffen)

Nr. 45: „Frauen und Bergbau - Zeugnisse aus fünf Jahrhunderten". Katalog zur Ausstellung im Deutschen Bergbau-Museum (1989) (vergriffen)

Nr. 46: Mustapha Skalli (Bearb.): Colloque International du Patrimoine Architectural et Urbain au Maroc: La photogrammétrie, Ouarzazate 1989 (1990)

Nr. 47: Fritz Spruth: Die Siegerländer Silber- und Kupferhütten (1990)

Nr. 48: Rainer Slotta/Christoph Bartels: Meisterwerke bergbaulicher Kunst vom 13. bis 19. Jahrhundert. Katalog zur Ausstellung im Deutschen Bergbau-Museum (1990)

Nr. 49: „Bergbau – Berührungen" - Bilder von den Gruben Konrad, Gorleben und Lengede. Katalog zur Ausstellung im Deutschen Bergbau-Museum (1990)

Nr. 50: Rainer Slotta/Mustapha Skalli (Bearb.): International Symposium on Preservation and Presentation of the Cultural Heritage of Lesotho, Maseru 1991 (1991) (vergriffen)

Nr. 51: Evelyn Kroker: Das Bergbau-Archiv Bochum. Kurzführer, 1992, 2. Aufl. (1992) (vergriffen) (s. Nr. 94)

Nr. 52: „Willi Sitte – Schichtwechsel". Katalog zur Ausstellung im Deutschen Bergbau-Museum (1992) (vergriffen)

Nr. 53: Jahresbericht 1992 (1993) (vergriffen)

Nr. 54: Christoph Bartels: Vom frühneuzeitlichen Montangewerbe zur Bergbauindustrie. Erzbergbau im Oberharz 1635-1866 (1992)

Nr. 55: Bernd Ernsting (Hrsg.): „Georgius Agricola. Bergwelten 1494-1994". Katalog zur Ausstellung im Deutschen Bergbau-Museum (1995) (vergriffen)

Nr. 56: Rainer Slotta (Hrsg.): „Negro. Fünf asturische Künstler stellen sich vor". Katalog zur Ausstellung im Deutschen Bergbau-Museum (1994)

Nr. 57: Jahresbericht 1993 (1994) (vergriffen)

Nr. 58: Evelyn Kroker (Hrsg.): „Wer zahlt die Zeche? Plakate und Flugblätter aus dem Bergbau-Archiv Bochum". Katalog zur Ausstellung im Deutschen Bergbau-Museum (1995)

Nr. 59: Jahresbericht 1994 (1995) (vergriffen)

Nr. 60: Gernot Schmidt: „Das löbliche Saltzwerck zu Sülbeck". Geschichte und Entwicklung einer niedersächsischen Saline (1995)

Nr. 61: „Aufbruch und Abbruch". Industrielandschaften von Fritz Kreidt. Katalog zur Ausstellung im Deutschen Bergbau-Museum (1996)

Nr. 62: Jahresbericht 1995 (1996) (vergriffen)

Nr. 63: Volker Wollmann: Der Erzbergbau, die Salzgewinnung und die Steinbrüche im Römischen Dakien (1996) (vergriffen)

Nr. 64: Michael Ganzelewski/Rainer Slotta (Hrsg.): „Bernstein - Tränen der Götter". Katalog zur Ausstellung im Deutschen Bergbau-Museum (1996) (vergriffen)

Nr. 65: Isabel Galaor/Daniela Gloner/Bernd Hausberger (Hrsg.): Las minas hispanoamericanas a mediados del siglo XVIII. Informes enviados al Real Gabinete de Historia Natural de Madrid (Quellen zur lateinamerikanischen Bergbaugeschichte) (1998)

Nr. 66: Michael Ganzelewski/Thilo Rehren/Rainer Slotta: „Neue Erkenntnisse zum Bernstein" - Internationales Symposium im Deutschen Bergbau-Museum (1997) (vergriffen)

Nr. 67: Jahresbericht 1996 (1997)

Nr. 68: Christoph Bartels/Herbert Lutz/Wolfram Blind/Astrid Opel: „Schatzkammer Dachschiefer. Die Lebenswelt des Hunsrückschiefer-Meeres". Katalog zur Ausstellung im Deutschen Bergbau-Museum (1997) (vergriffen)

Nr. 69: Rainer Slotta/Jozef Labuda (Hrsg.): „Bei diesem Schein kehrt Segen ein - Gold, Silber und Kupfer aus dem Slowakischen Erzgebirge". Katalog zur Ausstellung im Deutschen Bergbau-Museum (1997)

Nr. 70: Jahresbericht 1997 (1998)

Nr. 71: Evelyn Kroker/Michael Farrenkopf: Grubenunglücke im deutschsprachigen Raum. Katalog der Bergwerke, Opfer, Ursachen und Quellen (1998) (vergriffen) (s. Nr. 79)

Nr. 72: Thilo Rehren/Andreas Hauptmann/James D. Muhly (Hrsg.): Metallurgica Antiqua. In Honour of Hans-Gert Bachmann and Robert Maddin (DER ANSCHNITT Beiheft Nr. 8, 1998)

Nr. 73: Michael Fessner: Steinkohle und Salz. Der lange Weg zum industriellen Ruhrrevier (1998)

Nr. 74: Joachim Huske: Die Steinkohlenzechen im Ruhrrevier. Daten und Fakten von den Anfängen bis 1997, 2. überarb. u. erw. Aufl. (1998)

Nr. 75: Rainer Slotta/Gerhard Lehmann/Ulrich Pietsch: „Ein fein bergmannig Porcelan". Abbilder vom Bergbau in „weißem Gold". Katalog zur Ausstellung im Deutschen Bergbau-Museum (1999)

Nr. 76: Konrad Gappa: Wappen - Technik - Wirtschaft. Bergbau und Hüttenwesen, Mineral- und Energiegewinnung sowie deren Produktverwertung in den Emblemen öffentlicher Wappen, Bd. 1: Deutschland (1999)

Nr. 77: Jahresbericht 1998 (1999)

Nr. 77: Gerd Weisgerber/Jürgen Weiner/Rainer Slotta: „5000 Jahre Feuersteinbergbau" – Die Suche nach dem Stahl der Steinzeit. Katalog zur Ausstellung im Deutschen Bergbau-Museum, 3. überarb. u. erw. Aufl. (1999)

Nr. 78: Hans-Otto Pollmann: „Obsidian – Bibliographie". Artefakt und Provenienz (DER ANSCHNITT Beiheft Nr. 10, 1999)

Nr. 79: Evelyn Kroker/Michael Farrenkopf: Grubenunglücke im deutschsprachigen Raum. Katalog der Bergwerke, Opfer, Ursachen und Quellen, 2. überarb. und erw. Aufl. (1999)

Nr. 80: Verein Mansfelder Berg- und Hüttenleute e.V./Deutsches Bergbau-Museum Bochum (Hrsg.): Mansfeld. Die Geschichte des Berg- und Hüttenwesens (1999), Bd . 1

Nr. 81: „Metamorphosen" – Wismut, Uran und die Wismut GmbH. Bildwerke aus der Wismut Galerie. Katalog zur Ausstellung im Deutschen Bergbau-Museum (1999)

Nr. 82: Robert B. Heimann/Rainer Slotta: Curt Adolph Netto. Ein Kosmopolit aus Freiberg/Sachsen (1847 – 1909) (1999)

Nr. 83: Dietmar Bleidick: „Die Hibernia-Affäre". Der Streit um den Preußischen Staatsbergbau im Ruhrgebiet zu Beginn des 20. Jahrhunderts (1999)

Nr. 84: Andreas Hauptmann/Ernst Pernicka/Thilo Rehren/Ünsal Yalçın (Hrsg.): The Beginnings of Metallurgy (DER ANSCHNITT Beiheft Nr. 9, 1999)

Nr. 85: Rainer Slotta/Volker Wollmann/Jon Dordea: Silber und Salz in Siebenbürgen, Bd. 1-3. Katalog zur Ausstellung im Deutschen Bergbau-Museum (2000)

Nr. 86: Corinna Raddatz (Bearb.): Eduard August Emil Mühlenpfordt - Mejicanische Bilder. Reiseabenteuer, Gegenden, Menschen und Sitten (1999)

Nr. 87: Andreas Hauptmann: Zur frühen Metallurgie des Kupfers in Fenan/Jordanien (DER ANSCHNITT Beiheft Nr. 11, 2000)

Nr. 88: Nina Nikolajewna Gurina: Prähistorische Feuersteinbergwerke in der ehemaligen UdSSR, Kiev 1976 (DER ANSCHNITT Beiheft Nr. 12, 2001)

Nr. 89: Johannes Pfeufer: Der Oberpfälzer Eisenerzbergbau nach dem Zweiten Weltkrieg (2000) (vergriffen)

Nr. 90: Rainer Slotta: Deutsche Bergbaufahnen (2000)

Nr. 91: Jahresbericht 1999 (2000)

Nr. 92: Ünsal Yalçın: Anatolian Metal I (DER ANSCHNITT Beiheft Nr. 13, 2000)

Nr. 93: Michael Ganzelewski/Rainer Slotta: Die Denkmal-Landschaft „Zeche Zollverein". Eine Steinkohlenzeche als Weltkulturerbe?! (2000)

Nr. 94: Evelyn Kroker: Das Bergbau-Archiv und seine Bestände (2001)

Nr. 95: Eberhard Auer/Siegfried Müller/Rainer Slotta: 250 Jahre Nickel (2001)

Nr. 96: Stefan Brüggerhoff/Ruth Tschäpe (Hrsg.): Qualitätsmanagement im Museum?! Qualitätssicherung im Spannungsfeld zwischen Regelwerk und Kreativität – Europäische Entwicklungen (2001)

Nr. 97: Jahresbericht 2000 (2001)

Nr. 98: Hans-Jürgen Gerhard/Karl Heinrich Kaufhold/Ekkehard Westermann: Europäische Montanregion Harz [Christoph Bartels/Karl Heinrich Kaufhold/Rainer Slotta (Hrsg.): „Montanregion Harz", Bd. 1] (2001)

Nr. 99: Johannes Pfeufer: Oberfrankens Eisenerzbergbau während des Dritten Reichs (2001)

Nr. 100: Irine Gambaschidze/Andreas Hauptmann/Rainer Slotta/Ünsal Yalçın (Hrsg): „Georgien – Schätze aus dem Land des Goldenen Vlies". Katalog zur Ausstellung im Deutschen Bergbau-Museum (2001) (vergriffen)

Nr. 101: Sigrid Schneider: Einblicke in eine unbekannte Welt – Fotografien von Arthur Oskar Bach, Albert Schotsch, Bazil Roman (Katalog zur Ausstellung im Deutschen Bergbau-Museum „Silber und Salz in Siebenbürgen", Bd. 6) (2001)

Nr. 102: Stefan Przigoda: Unternehmensverbände im Ruhrbergbau. Zur Geschichte von Bergbau-Verein und Zechenverband 1858-1933 (2001)

Nr. 103: Hubert Siebert: Wasser und Kohle – Entwicklung und Stand der Hydrotechnik im Steinkohlenbergbau (DER ANSCHNITT Beiheft Nr. 14, 2002)

Nr. 104: Jenny Mex: Der kurhannoversche Eisenhüttenverbund und sein Markt. [Christoph Bartels/Karl Heinrich Kaufhold/Rainer Slotta (Hrsg.): Montanregion Harz, Bd. 2] (2002)

Nr. 105: Wenger-Stiftung für Denkmalpflege/Niedersächsisches Landesamt/Deutsches Bergbau-Museum (Hrsg.): Die Bilderdecke der Hildesheimer Michaeliskirche - Aktuelle Befunde der Denkmalpflege im Rahmen der interdisziplinären Bestandssicherung und Erhaltungsplanung für das Weltkulturerbe (2002)

Nr. 106: Jahresbericht 2001 (2002)

Nr. 107: Michael Fessner/Angelika Friedrich/Christoph Bartels: gründliche Abbildung des uralten Bergwerks: eine virtuelle Reise durch den historischen Harzbergbau; CD und Textband. [Christoph Bartels/Karl Heinrich Kaufhold/Rainer Slotta (Hrsg.): Montanregion Harz, Bd. 3] (2002)

Nr. 108: Niedersächsisches Landesamt für Denkmalpflege und Deutsches Bergbau-Museum (Hrsg.), Peter Königfeld/Stefan Brüggerhoff (Bearb.): Farbige Eisengitter der Barockzeit - Beiträge zu Bestand und Funktion, Korrosion und Konservierung (2002)

Nr. 109: Ünsal Yalçın: Anatolian Metal II (DER ANSCHNITT Beiheft Nr. 15, 2002)

Nr. 110: Claudia Küpper Eichas: Vom Montanrevier zum Krisengebiet. Niedergang, Perspektiven und soziale Wirklichkeit im Oberharz, 1910 - 1933. [Christoph Bartels/Karl Heinrich Kaufhold/Rainer Slotta (Hrsg.): Montanregion Harz, Bd. 4] (2002)

Nr. 111: Rainer Slotta/Volker Wollmann/Ion Dordea (Hrsg.): Quellen aus dem Montan-Thesaurariats-Archiv von Cluj-Napoca/Klausenburg. Katalog zur Ausstellung im Deutschen Bergbau-Museum „Silber und Salz in Siebenbürgen", Bd. 5 (2002)

Nr. 112: Rainer Slotta/Volker Wollmann/Ion Dordea (Hrsg.): Einleitende Sätze, Reiseberichte sowie geologische und mineralogische Literatur. Katalog zur Ausstellung im Deutschen Bergbau-Museum „Silber und Salz in Siebenbürgen", Bd. 4 (2002)

Nr. 113: Thomas Stöllner: Der prähistorische Salzbergbau am Dürrnberg bei Hallein II. Die Funde und Befunde der Untertageausgrabungen 1990-2000. Dürrnberg-Forschungen 3. (2002)

Nr. 114: Thomas Stöllner/Gabriele Körlin/Gero Steffens/Jan Cierny (Hrsg.): Man and Mining – Mensch und Bergbau. Studies in honour of Gerd Weisgerber on occasion of his 65th birthday (DER ANSCHNITT Beiheft Nr. 16, 2003)

Nr. 115: Hans Joachim Kraschewski: Betriebsablauf und Arbeitsverfassung des Goslarer Bergbaus am Rammelsberg vom 16. bis 18. Jahrhundert. [Christoph Bartels/Karl Heinrich Kaufhold/Rainer Slotta (Hrsg.): Montanregion Harz, Bd. 5] (2002)

Nr. 116: Heinz Bartl/Günter Döring/Karl Hartung/Christian Schilder/Rainer Slotta: Kali im Südharz-Unstrut-Revier. Ein Beitrag zum 2. Thüringer Bergmannstag in Sondershausen vom 04. bis 07. September 2003 (2003)

Nr. 117: Michael Farrenkopf (Hrsg.): Koks. Die Geschichte eines Wertstoffes, Bd. 1: Beiträge zur Entwicklung des Kokereiwesens, Bd. 2: Chronik zur Entwicklung des Kokereiwesens (2003)

Nr. 118: Zdzislaw Jedynak/Janusz Golaszewski (Bearb.): Die preussische Berg-, Hütten- und Salinenverwaltung 1763-1865 (2003)

Nr. 119: Jahresbericht 2002 (2003)

Nr. 120: Rainer Slotta/Christine und Rüdiger Just/Alheidis von Rohr: Bergwerke auf Glas – Kostbarkeiten (nicht nur) für Kaiser und Edelleute. Katalog zur Ausstellung im Deutschen Bergbau-Museum (2003)

Nr. 121: Michael Farrenkopf: Schlagwetter und Kohlenstaub. Das Explosionsrisiko im industriellen Ruhrbergbau (1850-1914) (2003)

Nr. 122: Gert Goldenberg/Gerd Weisgerber: Alpenkupfer - Rame delle Alpi
(DER ANSCHNITT Beiheft Nr. 17, 2004)

Nr. 123: Holger Menne/Michael Farrenkopf (Bearb.): Zwangsarbeit im Ruhrbergbau während des Zweiten Weltkrieges. Spezialinventar der Quellen in nordrhein-westfälischen Archiven (2004)

Nr. 124: Ünsal Yalçın: Anatolian Metal III (DER ANSCHNITT Beiheft Nr. 18, 2004)

Nr. 125: Jahresbericht 2003 (2004)

Nr. 126: Verein Mansfelder Berg- und Hüttenleute e.V./Deutsches Bergbau-Museum Bochum (Hrsg.): Mansfeld. Die Geschichte des Berg- und Hüttenwesens, Band 2: Bildband (2004)

Nr. 127: Rainer Slotta/Volker Wollmann/Ion Dordea (Hrsg.): Rodenau's Silber-Bistritz' Glanz.
Zur Geschichte und Entwicklung eines Bergorts in den Karpaten. Katalog zur Ausstellung im Deutschen Bergbau-Museum „Silber und Salz in Siebenbürgen", Bd. 7 (2004)

Nr. 128: Thomas Stöllner/Rainer Slotta/Abdolrasool Vatandoust (Hrsg.): Persiens Antike Pracht - Bergbau - Handwerk - Archäologie. Katalog zur Ausstellung im Deutschen Bergbau-Museum (2004)

Nr. 129: Thomas Stöllner/Rainer Slotta/Abdolrasool Vatandoust (Hrsg.): Persiens Antike Pracht – Bergbau – Handwerk – Archäologie (Kurzführer zur Ausstellung im Deutschen Bergbau-Museum (2004)

Nr. 130: Stefan Przigoda (Bearb.): Bergbaufilme. Inventar zur Überlieferung in Archiven, Museen und anderen Dokumentationsstellen in der Bundesrepublik Deutschland (2005)

Nr. 131: Mechthild Black-Veldtrup/Michael Farrenkopf/Wilfried Reininghaus (Hrsg.): Die Überlieferung der preußischen Bergverwaltung. Erfahrungen und Perspektiven zur Bearbeitung des sachthematischen Inventars der preußischen Berg-, Hütten- und Salinenverwaltung, 1763-1865 (2005)

Nr. 132: Heinz Bartl/Günter Döring/Karl Hartung/Christian Schilder/Rainer Slotta (Hrsg.): Kali im Südharz-Unstrut-Revier, Bd. 3 (2005)

Nr. 133: Wolfgang Lobisser: Die eisenzeitlichen Bauhölzer der Gewerbesiedlung im Ramsautal am Dürrnberg bei Hallein. Dürrnberg-Forschungen, Bd. 4 (2005)

Nr. 134: Rainer Slotta (Hrsg.): 75 Jahre Deutsches Bergbau-Museum Bochum (1930 bis 2005) – Vom Wachsen und Werden eines Museums (2005)

Nr. 135: Atlas of the Ancient Silver Mining Area Ar-Radrad (2005)

Nr. 136: Jahresbericht 2004 (2005)

Nr. 137: Ewald Jackwerth: Alchemie & Artverwandtes. Der Traum von der seelischen und materiellen Vollkommenheit (2005)

Nr. 138: Ünsal Yalçın/Cemal Pulak/Rainer Slotta (Hrsg.): Das Schiff von Uluburun – Welthandel vor 3000 Jahren (Ausstellungskatalog) (2005)

Nr. 139: Ünsal Yalçın/Cemal Pulak/Rainer Slotta (Hrsg.): Das Schiff von Uluburun – Welthandel vor 3000 Jahren (Ausstellungskatalog in türkischer Übersetzung) (2005)

Nr. 140: Ünsal Yalçın: Das Schiff von Uluburun – Welthandel vor 3000 Jahren (Kurzführer zur Ausstellung) (2005)

Nr. 141: Stephan Kapke: Vom Zimmergesellen zum Kunstmeister. Die berufliche Karriere von Christian Schwarzkopf (1685-1760) im Oberharzer Bergbau. [Christoph Bartels/Karl Heinrich Kaufhold/Rainer Slotta (Hrsg.): Montanregion Harz, Bd. 6] (2005)

Nr. 142: Christoph Bartels/Andreas Bingener/Rainer Slotta (Hrsg.): Das Schwazer Bergbuch (3 Bde.) (2006)

Nr. 143: Michael Farrenkopf: Courrières 1906 – Eine Katastrophe in Europa. Explosionsrisiko und Solidarität im Bergbau. Führer und Katalog zur Ausstellung, unter Mitarbeit von Michael Ganzelewski und Stefan Przigoda (2006)